TRATADO DE DIREITO PENAL TRIBUTÁRIO BRASILEIRO

www.saraivaeducacao.com.br
Visite nossa página

LEANDRO PAULSEN

Doutor em Direitos e Garantias do Contribuinte (2012) e doutorando em Administração, Fazenda e Justiça no Estado Social pela Universidade de Salamanca (Espanha). Mestre em Teoria do Direito e Direito do Estado pela UFRGS. Especialista em Filosofia e Economia Política pela PUCRS. Desembargador Federal da 1ª Turma do TRF4 (Tributária) desde 2021, também atuou na 8ª Turma (Penal) entre 2013 e 2021.

TRATADO DE DIREITO PENAL TRIBUTÁRIO BRASILEIRO

2ª edição
Revista e atualizada
2023

saraiva jur

saraiva EDUCAÇÃO | saraivaJur

Av. Paulista, 901, Edifício CYK, 4º andar
Bela Vista – São Paulo – SP – CEP 01310-100

SAC | sac.sets@saraivaeducacao.com.br

Diretoria executiva	Flávia Alves Bravin
Diretoria editorial	Ana Paula Santos Matos
Gerência de produção e projetos	Fernando Penteado
Gerência editorial	Thais Cassoli Reato Cézar
Novos projetos	Aline Darcy Flôr de Souza
	Dalila Costa de Oliveira
Edição	Jeferson Costa da Silva (coord.)
	Deborah Caetano de Freitas Viadana
Design e produção	Daniele Debora de Souza (coord.)
	Rosana Peroni Fazolari
	Camilla Felix Cianelli Chaves
	Deborah Mattos
	Lais Soriano
	Tiago Dela Rosa
Planejamento e projetos	Cintia Aparecida dos Santos
	Daniela Maria Chaves Carvalho
	Emily Larissa Ferreira da Silva
	Kelli Priscila Pinto
Diagramação	Rafael Cancio Padovan
Revisão	Elaine Pires
Capa	Tiago Dela Rosa
Produção gráfica	Marli Rampim
	Sergio Luiz Pereira Lopes
Impressão e acabamento	Gráfica Paym

DADOS INTERNACIONAIS DE CATALOGAÇÃO NA PUBLICAÇÃO (CIP)
VAGNER RODOLFO DA SILVA – CRB-8/9410

C352d   Paulsen, Leandro
         Tratado de Direito Penal Tributário brasileiro / Leandro Paulsen. – 2. ed. – São Paulo : SaraivaJur, 2023.
         424 p.
         ISBN: 978-65-5559-645-8 (Impresso)
         1. Direito. 2. Direito Penal. 3. Direito Tributário. 4. Direito Penal Tributário. I. Título.

2023-321   CDD 341.39
                 CDU 34:336.2

Índices para catálogo sistemático:
1. Direito tributário   341.39
2. Direito tributário   34:336.2

Data de fechamento da edição: 27-2-2023

Dúvidas? Acesse www.saraivaeducacao.com.br

Nenhuma parte desta publicação poderá ser reproduzida por qualquer meio ou forma sem a prévia autorização da Saraiva Educação. A violação dos direitos autorais é crime estabelecido na Lei n. 9.610/98 e punido pelo art. 184 do Código Penal.

| CÓD. OBRA | 706899 | CL | 607896 | CAE | 820254 |

Dedico este trabalho à minha esposa, Amalia,
com quem uma vida só é pouco!
E aos meus filhos, Bernardo, Ana Vitória, Francisco e Helena,
que já nasceram, cada qual ao seu tempo, entre livros, argumentos e decisões.

Nota do autor

Esta obra é produto da nossa experiência em ambas as áreas, tributária e penal. O que oferecemos é o compartilhamento dos nossos estudos.

Denominamos a presente obra *Tratado de direito penal tributário brasileiro* porque, embora seu projeto fosse modesto, acabou constituindo um estudo bastante abrangente da matéria. DE PLÁCIDO E SILVA nos ensina que "tratado" vem do latim *tractatus*, de *tractare*, que significa levar, conduzir, discutir, cumprir, trabalhar. Aqui se estudam e se discutem as questões relacionadas à resposta penal que o legislador estabeleceu às ofensas à ordem tributária. Procura-se levar ou conduzir o leitor pela problemática das infrações tributárias, seus fundamentos e sua medida. No *Dicionário da Academia Brasileira de Letras Jurídicas*, "tratado" aparece como a "obra didática ou doutrinária que trata ou desenvolve amplamente uma ciência ou arte". Procuramos esclarecer a evolução legislativa, passar pelos grandes questionamentos, abordar os problemas práticos e enfrentar as novidades. A revisão bibliográfica foi abrangente. Aliás, surpreendemo-nos com a quantidade de trabalhos já dedicados à matéria, alguns de cunho acadêmico, outros comentários à legislação e alguns no formato de manual.

O foco e a preocupação do livro estão em expor a matéria conforme posta pelo nosso ordenamento e considerada pelos nossos doutrinadores e magistrados. Mas, como já ensinava há muito tempo Carlos Maximiliano, em sua obra *Hermenêutica e aplicação do direito*, não é dado ao jurista desconhecer o direito comparado, razão pela qual o direito estrangeiro é invocado quando relevante para ilustrar o texto, apontar caminhos e evidenciar avanços.

A investigação está estruturada em três partes.

A Parte I, intitulada "A ordem tributária e a sua tutela penal", está voltada ao estudo da ordem tributária enquanto bem jurídico tutelado, de modo que se tenha clareza quanto ao sistema e aos valores que se pretende preservar. Nessa parte, ainda cuidamos das relações entre os direitos penal e tributário, bem como entre as respectivas jurisdições.

A Parte II, intitulada "Crimes de servidores contra a ordem tributária e correlatos" enfrenta as violações à ordem tributária que podem advir de condutas das autoridades fiscais. Também abordamos eventuais crimes de abuso de autoridade no que toca a fiscalização administrativa e a persecução penal em matéria de crimes contra a ordem tributária.

A Parte III, intitulada "Crimes de particulares contra a ordem tributária e correlatos", é a mais longa. Nela, analisamos os crimes de descaminho, de sonegação, de apropriação indébita e, ainda, as causas excludentes de tipicidade, de ilicitude e de culpabilidade, o concurso de agentes e de crimes e a dosimetria. Finalizamos o texto enfrentando questão bastante controversa, qual seja, a lavagem de dinheiro do produto de crimes tributários.

Aprendemos muito durante as pesquisas e a elaboração do texto. Esperamos que o resultado, ainda que possa apresentar lacunas e conter alguma imprecisão, seja útil também ao leitor nessa interseção tão delicada de ramos do direito.

Sumário

Nota do autor VII

Parte I
A ORDEM TRIBUTÁRIA E A SUA TUTELA PENAL

Capítulo 1
A Ordem Tributária Enquanto Bem Jurídico

1. Entre direitos e deveres fundamentais 3
2. A ordem tributária como bem jurídico tutelado 4
3. Os princípios da capacidade contributiva, da capacidade colaborativa, da segurança jurídica, da isonomia e da praticabilidade da tributação 14
4. A previdência social: direito fundamental social, caráter contributivo, princípio da solidariedade e tipos penais especiais 32
5. Levando a tributação a sério: o combate aos ilícitos tributários como imperativo ético e legal 36
6. Os atores da cena tributária: servidores públicos, contribuintes e colaboradores que violam suas obrigações, comprometendo a ordem tributária 42

Capítulo 2
O Direito Penal em Face do Direito Tributário

7. O direito penal tributário como direito de sobreposição ao direito tributário.... 47

8. Unidade do ilícito (ou unidade do injusto) e resguardo da competência jurisdicional tributária: da pendência de ação judicial tributária, das questões prejudiciais e da suspensão do processo penal.. 50
9. O *ne bis in idem* em matéria punitiva e a dupla punição (administrativa e penal) dos ilícitos tributários.. 57
10. A inconstitucionalidade da prisão civil por dívida e a ação de depósito fiscal..... 68
11. As sanções administrativas: multas simples e qualificadas 70
12. As sanções penais em face da fragmentariedade, da subsidiariedade e da *ultima ratio* do direito penal: privação de liberdade, multas e restrições a direitos 74
13. A responsabilidade administrativa em matéria tributária, os terceiros, as infrações, a denúncia espontânea e a responsabilidade penal.. 77

Parte II
CRIMES PRATICADOS POR SERVIDORES CONTRA A ORDEM TRIBUTÁRIA E CORRELATOS

Capítulo 3
O Poder de Polícia Fiscal e os Servidores como Autores de Crimes contra a Ordem Tributária

14. Administração tributária e os princípios que a regem 95
15. Fiscalização tributária e suas prerrogativas.. 97
16. Acesso do Fisco à informação sigilosa... 103
17. Acesso do Fisco aos acordos de colaboração premiada e de leniência.................. 108
18. O sigilo fiscal, sua preservação e o compartilhamento de informações com o Ministério Público... 110
19. Os crimes praticados por servidores públicos contra a ordem tributária............. 114

Capítulo 4
Crimes dos Servidores em Detrimento da Administração para o Favorecimento dos Contribuintes

20. Corrupção passiva fiscal.. 117
21. Advocacia administrativa fiscal... 121
22. Inserir dados falsos em sistema de informações 122
23. Facilitação ao descaminho.. 124

Capítulo 5
Outros Crimes dos Servidores em Prejuízo dos Contribuintes

24. Extravio, sonegação ou inutilização de livro, processo ou documento fiscal 127
25. Excesso de exação 128
26. Violação de sigilo fiscal 129

Capítulo 6
Crimes de Abuso de Autoridade em Matéria Fiscal

27. Os limites do poder de polícia fiscal e o abuso de autoridade 133
28. Abuso por invasão de imóvel 140
29. Abuso por obtenção de prova por meio ilícito ou sua utilização 143
30. Abuso por instauração de investigação sem indício de infrações 148
31. Abuso por instauração de persecução sem justa causa 152
32. Abuso por procrastinação injustificada 155
33. Abuso por negativa de acesso a procedimento de investigação 159
34. Abuso por exigência de informação ou de cumprimento de obrigação sem amparo legal 163
35. Abuso por excesso de indisponibilidade de ativos financeiros 166

Parte III
CRIMES DE PARTICULARES CONTRA A ORDEM TRIBUTÁRIA E CORRELATOS

Capítulo 7
Crime de Descaminho

36. Descaminho 173

Capítulo 8
Crime de Sonegação de Tributos

37. A evolução legislativa dos crimes praticados por particulares contra a ordem tributária 177

38. Constituição definitiva do crédito tributário como condição objetiva de punibilidade dos crimes materiais contra a ordem tributária: Súmula Vinculante 24 do STF 180
39. Processo administrativo de imposição de multa tributária e ação penal por crime contra a ordem tributária 185
40. Representação fiscal para fins penais 187
41. Ação penal pública 190
42. Não há crime culposo contra a ordem tributária, apenas doloso 190
43. Planejamento tributário e os conceitos de elisão e evasão 191
44. Conformidade e medidas para evitar as infrações tributárias: departamentos e assessorias contábeis e tributárias, auditorias e *compliance* tributário 196
45. Autoria e concurso de autores nos crimes contra a ordem tributária e a teoria do domínio do fato 199
46. Responsabilidade penal dos contribuintes, diretores, membros dos conselhos de administração e fiscal, advogados, contadores e demais pessoas que concorram para os crimes tributários 204
47. Irresponsabilidade das pessoas jurídicas 214
48. Questões conceituais envolvendo as palavras "sonegação" e "defraudação" 215
49. Sonegação de tributos: a supressão ou redução de tributos como elemento comum às diversas condutas caracterizadoras de crime material contra a ordem tributária 219
50. Sonegação de tributos mediante omissão de informação ou declaração falsa, tais como omissão de receitas etc. 220
51. Sonegação de tributos mediante fraude, tais como enquadramento indevido no Simples Nacional e compensação de créditos inexistentes etc. 222
52. Sonegação de tributos por falsificação ou alteração de documento 232
53. Sonegação de tributos por emissão de documento falso ou inexato 235
54. Sonegação de tributos por não emissão de documento fiscal de venda 237
55. O tipo especial de sonegação de contribuições previdenciárias 240
56. Sonegação de contribuição previdenciária mediante omissão de segurado na folha de pagamento ou documento de informações 244
57. Sonegação de contribuição previdenciária mediante conduta de deixar de lançar na contabilidade as quantias descontadas dos segurados ou as devidas pelo empregador ou tomador de serviços 245
58. Sonegação de contribuição previdenciária mediante omissão de fatos geradores de contribuições previdenciárias como remunerações, receitas e lucros 246

Capítulo 9
Apropriação Indébita Tributária

59. Apropriação indébita de tributos em geral 249
60. Deixar de recolher tributos descontados ou cobrados 249
61. Deixar de recolher imposto indireto (IPI/ICMS/ISS) 253
62. Deixar de recolher tributos sob substituição tributária 260
63. Tipo especial de apropriação indébita de contribuição previdenciária 262
64. Deixar de repassar as contribuições previdenciárias recolhidas dos contribuintes ... 262
65. Deixar de recolher contribuição previdenciária descontada de pagamento efetuado a segurado ou arrecadada do público 267
66. Deixar de recolher contribuição previdenciária que tenha integrado despesas ou custos relativos à venda de produtos ou serviços 268
67. Deixar de pagar benefício devido a segurado quando os valores já tiverem sido reembolsados à empresa pela previdência social 269
68. Apropriação indébita pelo depositário infiel em execução fiscal 270

Capítulo 10
Crimes Formais contra a Ordem Tributária

69. Crimes formais contra a ordem tributária e a violação de obrigações acessórias, formais ou instrumentais 275
70. Fazer declaração falsa ou omitir declaração sobre rendas, bens ou fatos ou empregar outra fraude para eximir-se de pagamento de tributo 279
71. Exigir, pagar ou receber qualquer percentagem sobre parcela de incentivo fiscal 281
72. Deixar de aplicar conforme estatuído incentivo fiscal ou parcelas de imposto liberadas por órgão ou entidade de desenvolvimento 284
73. Utilização ou divulgação de programa para adulteração da informação contábil 287
74. Falsificação de papéis públicos tributários 288

Capítulo 11
Excludentes de Tipicidade, Ilicitude e Culpabilidade

75. Excludentes de tipicidade, ilicitude e culpabilidade nos crimes contra a ordem tributária 291

76. Insignificância 292
77. Adequação social 297
78. Erro de proibição 297
79. Estado de necessidade 298
80. Inexigibilidade de conduta diversa 299

Capítulo 12
Concurso, Consunção, Continuidade e Dosimetria

81. Concurso de crimes nas ações penais tributárias 307
82. Consunção ou absorção dos crimes-meio pelos crimes-fim contra a ordem tributária 309
83. Concurso de crimes ou crime único na sonegação de diversos tributos 312
84. Continuidade delitiva nos crimes contra a ordem tributária 314
85. Dosimetria nos crimes contra a ordem tributária: a atenuante da reparação do dano e a causa de aumento da pena por grave dano ao erário 316

Capítulo 13
Institutos Despenalizantes em Face dos Crimes contra a Ordem Tributária

86. Evitando ações penais e penas privativas de liberdade 319
87. "A denúncia espontânea" como instituto tributário a ser utilizado para purgar o ilícito, afastando quaisquer sanções administrativas e penais 320
88. Causas suspensivas e extintivas da punibilidade dos crimes contra a ordem tributária e seus efeitos 322
89. Suspensão da punibilidade pelo parcelamento 323
90. Suspensão da punibilidade como decorrência de outras causas suspensivas da exigibilidade do crédito tributário 334
91. Suspensão da punibilidade pela moratória 337
92. Suspensão da punibilidade por decisão judicial em ação tributária (liminar, sentença ou acórdão recorríveis) 339
93. Depósito do montante integral em ação tributária 341
94. Suspensão da punibilidade mediante penhora em execução fiscal e outras formas de oferecimento de garantia 342
95. Extinção da punibilidade pelo pagamento 345

96. Extinção da punibilidade por outros modos de extinção e de exclusão do crédito tributário 350
97. Extinção da punibilidade por compensação tributária 353
98. Extinção da punibilidade por transação tributária 355
99. Extinção da punibilidade por remissão do crédito tributário 357
100. Extinção da punibilidade pela decadência do direito de lançar 359
101. Extinção da punibilidade pela prescrição da ação para execução do crédito tributário 360
102. Extinção da punibilidade pela anistia na regularização cambial e tributária da Lei n. 13.254/2016 361
103. Transação penal 363
104. Acordo de não Persecução Penal 363
105. Suspensão condicional do processo 364
106. Substituição das penas privativas de liberdade por restritivas de direitos 365
107. Suspensão condicional da pena 366

Capítulo 14
Crime de Lavagem de Dinheiro da Sonegação

108. Lavagem de dinheiro do produto da sonegação ou da apropriação indébita tributárias 367

Referências 383

Índice alfabético-remissivo 397

Parte I

A ORDEM TRIBUTÁRIA E A SUA TUTELA PENAL

Capítulo 1

A Ordem Tributária Enquanto Bem Jurídico

1. Entre direitos e deveres fundamentais

> Caríssimos irmãos, meus bons amigos: na França, há um milhão, trezentas e vinte mil casas de camponeses que só têm três aberturas; um milhão, oitocentas e dezessete mil que têm duas aberturas, uma porta e uma janela; e, finalmente, trezentas e quarenta e seis mil cabanas, cuja única abertura é a porta. E isso por causa do denominado imposto de portas e janelas! Coloquem pobres famílias, velhas senhoras e criancinhas dentro dessas habitações, e verão as febres e as doenças! Oh! Deus dá o ar aos homens e a lei o vende! Não acuso a lei, mas bendigo a Deus[1].

Os direitos e os deveres fundamentais são faces da mesma moeda. De modo maduro e consequente, não há como pensar em direitos sem os seus deveres correlatos. Aliás, o título da Constituição que cuida Dos Direitos e Garantias Fundamentais começa pelo capítulo intitulado "Dos direitos e deveres individuais e coletivos".

Os direitos fundamentais têm uma dimensão horizontal que vincula cada indivíduo enquanto sujeito ativo e passivo. As pessoas têm direitos e obrigações recíprocos, relacionando-se mutuamente. Cada qual é titular de direitos fundamentais, titularizando-os e tendo a pretensão de demandá-los, e, igualmente, é obrigado a respeitar os direitos fundamentais das demais pessoas.

Os direitos fundamentais ostentam, ainda, uma dimensão vertical, exigindo do Estado que assegure os direitos fundamentais de primeira geração e que promova os direitos fundamentais de segunda, terceira, quarta e quinta gerações. Também essa

---
1. HUGO, Victor. *Os miseráveis*. Título original: *Lês misérables* (1862). Tradução feita a partir da edição *Le Livre de Poche-Classique*: Librairie Générale. Tradução e notas de Regina Célia de Oliveira. São Paulo: Martin Claret, p. 52.

dimensão vertical obriga os indivíduos, embora indiretamente, porquanto lhes cabe financiar a atuação estatal. A primariedade e a magnitude desse ônus de contribuir para as despesas públicas, que acompanha todos os que ostentam capacidade contributiva, fazem do pagamento de tributos um dever fundamental inerente à vida em sociedade.

A Declaração Interamericana de Direitos e Deveres do Homem proclama, em seu art. 36, que "Toda pessoa tem o dever de pagar os impostos estabelecidos pela lei para a manutenção dos serviços públicos". Cuida-se, portanto, de um dever explícito, inequívoco.

A jurisprudência dos tribunais brasileiros também vem repercutindo esse dever do qual, todavia, não se podem extrair, diretamente, obrigações tributárias concretas, intermediadas que devem ser por lei. É que a Constituição reserva ao Poder Legislativo instituir os tributos, nos termos do seu art. 150, inciso I, segundo o qual é vedado à União, aos Estados, ao Distrito Federal e aos Municípios "exigir ou aumentar tributo sem lei que o estabeleça". O Direito Tributário é pautado, assim, pela legalidade; as obrigações tributárias principais cujo conteúdo seja o pagamento de tributo tem seu esteio em fonte primária do direito, qual seja, a lei definidora da regra matriz de incidência tributária e do seu consequente normativo, que define quem é o contribuinte e como se calcula o valor a pagar.

As leis tributárias impõem o ônus fiscal tendo como referência as revelações de capacidade contributiva. Cumpri-las é atender ao dever fundamental de pagar tributos.

2. A ordem tributária como bem jurídico tutelado

A matéria do imposto não foi fácil achá-la. Tudo já estava tributado em Itaguaí[2].

ROXIN afirma que o conteúdo do Direito Penal é a "protección subsidiaria de bienes jurídicos"[3]. Bens jurídicos "son circunstancias dadas o finalidades que son útiles para el individuo y su libre desarrollo en el marco de un sistema social global estructurado sobre la base de esa concepción de los fines o para el funcionamiento del propio sistema"[4]. DOTTI elenca, dentre os princípios fundamentais do direito penal, o Princípio da Proteção dos Bens Jurídicos. Anota que "a existência do crime depende de um

---

2. ASSIS, Machado de. *O alienista*. São Paulo: Ciranda Cultural, 2009, p. 9.
3. ROXIN, Claus. *Derecho penal*: parte general. Tomo I. Fundamentos. La estructura de la teoría del delito. Título original: Strafrecht. Allgemeiner Teil, Band I: Grandlagen. Der Aufbau der Verbrechenslehre. Madrid: Civitas Ediciones, 1997, p. 51.
4. ROXIN, Claus. *Derecho penal*: parte general. Tomo I. Fundamentos. La estructura de la teoría del delito. Título original: Strafrecht. Allgemeiner Teil, Band I: Grandlagen. Der Aufbau der Verbrechenslehre. Madrid: Civitas Ediciones, 1997, p. 56.

resultado, ou seja, de um dano ou um perigo de dano a um bem tutelado pelo direito penal"[5]. E frisa: "O crime lesiona (ofende) um bem jurídico"[6]. Em outro texto, prefaciando obra sobre crimes tributários, reforça "o caráter limitado do direito penal, sob dois aspectos: a) o da subsidiariedade de sua proteção a bens jurídicos; b) o dever estar condicionada a sua intervenção ao relevo ou gravidade da lesão"[7]. TAVARES também é categórico: "Uma vez que não se possa demonstrar que a conduta incriminada implique uma lesão ou um perigo concreto de lesão de bem jurídico, não haverá infração penal, nem será legítima a norma que dispense essa demonstração"[8].

O Estado é laico e comprometido com o pluralismo, com a diversidade, com a ordem que enseje que cada pessoa possa buscar o desenvolvimento da sua personalidade como ser único, com dignidade e liberdade. Não se reprimem pecados religiosos, tampouco desvios morais por adstrição às ordens divinas e culturais de determinados grupos. A liberdade das pessoas é resguardada, seja ela a liberdade de crença, a liberdade de conformação a tal ou qual estilo de vida, a liberdade de orientação sexual, a liberdade econômica e tantas outras. Não é preciso justificar as liberdades; é preciso, sim, justificar, com elevado ônus argumentativo, as restrições à liberdade. Não é preciso justificar a igualdade jurídica; é preciso justificar, sim, quanto ao fim, à necessidade, à adequação, ao critério e à proporção, toda e qualquer imposição de tratamento diferenciado.

Necessitam de tutela e a justificam os bens jurídicos essenciais, tanto os de caráter privatista ou individual, como os supraindividuais, tal qual a fé pública. E, a par disso, também merecem tutela a dimensão social da economia, a relação dos cidadãos entre si enquanto partes da sociedade, com respeito aos grandes princípios que pautam as ordens política e social.

Quanto aos crimes tributários, muitas já foram as abordagens. XEREZ distingue o modelo patrimonialista dos modelos funcionalistas. Aquele teria como *standard* o § 370 da *Abgabenordnung*, "na medida em que a fórmula eleita pelo Estado alemão, de não conceber o crime fiscal sem a ocorrência de efetiva lesão da pretensão tributária ou de descimento concreto da arrecadação, favorece a difusão da compreensão patrimonialista das incriminações fiscais"[9]. Já os modelos funcionalistas incorporariam o

---

5. DOTTI, René Ariel. *Curso de direito penal*: parte geral. 6. ed. São Paulo: Thomson Reuters Brasil, 2018, p. 159.
6. DOTTI, René Ariel. *Curso de direito penal*: parte geral. 6. ed. São Paulo: Thomson Reuters Brasil, 2018, p. 160.
7. DOTTI, René Ariel. Prefácio. In: GUZELLA, Tathiana Laíz. *Crimes tributários*: aspectos e crítica. Curitiba: Juruá, 2011.
8. TAVAREZ, Juares. Prefácio. In: BADARÓ, Gustavo Henrique; BREDA, Juliano (coord.). *Comentários à Lei de Abuso de Autoridade*: Lei n. 13.869, de 5 de setembro de 2019. São Paulo: Thomson Reuters Brasil, 2020, p. 9.
9. XEREZ, Hugo Vasconcelos. *Crimes tributários*: teoria à extinção da punibilidade pelo pagamento. Curitiba: Juruá, 2017, p. 135.

entendimento de que os crimes tributários lesam as próprias "funções estatais decorrentes da atividade tributária, o que vai muito além do simples prejuízo patrimonial". Para os funcionalistas, o crime tributário sobreleva a questão patrimonial, devendo ser levada em consideração a "íntima ligação havida entre os objetivos perseguidos por meio da arrecadação de tributos em um Estado Social e Democrático de Direito e a intervenção punitiva estatal". Dentre os modelos funcionalistas que logrou identificar, aponta os que colocam como bem jurídico tutelado a estrutura econômica e tributária em que se assenta o Estado, o dever de obediência, os deveres de colaboração, legalidade e transparência, a função tributária e a função social dos tributos [10].

REIG e RAMÍRES, respectivamente, professores catedráticos das Universidades de Alicante e Autônoma de Barcelona, analisando a reforma legislativa que, em 1985, incorporou ao Código Penal espanhol os chamados delitos contra a Fazenda Pública, em substituição ao até então delito fiscal, dedicaram-se a determinar o objeto de proteção desses delitos em uma pequena brochura, quase um opúsculo. Faço uso das próprias palavras de REIG e RAMÍREZ, em tradução livre, para destacar que a atuação do Estado na proteção de bens jurídicos não há que se restringir àqueles que podem ser afetados pontualmente na convivência social. Tratando-se de delitos socioeconômicos, destacam que se cuida de proteger bens jurídicos de caráter macrossocial. Assim, a ênfase não está posta na inter-relação entre um indivíduo e outro, mas em determinadas funções do sistema. Ressaltam que a eficácia prática de um tipo legal depende da clareza quanto ao injusto, e isso só pode surgir mediante uma determinação precisa do bem jurídico, ou seja, do que se está protegendo. Analisam, então, os bens jurídicos que costumam ser apontados como protegidos pelos crimes tributários, ressaltando seu viés equivocado ou insuficiente para justificar a tutela penal. Criticam a perspectiva de que estariam preservando a fé pública, ressaltando que o problema dos crimes tributários não reside na verdade jurídica, mas no ânimo de defraudar e na necessidade de proteger o pagamento dos tributos, sendo, as falsificações, apenas meios para o cometimento do crime. Por sua vez, pelo viés do dever de lealdade, se estaria legitimando uma utilização demasiadamente vasta do direito penal e tornando o cidadão suscetível a qualquer incriminação. Na linha da proteção do patrimônio, estaríamos tratando a questão como uma tutela individual e seriam prescindíveis os tipos penais tributários. A linha da tutela da fazenda pública ou do erário público configuraria um critério eclético que pretende considerar o crime tributário como pluriofensivo, mas também se prende a uma concepção patrimonialista, seja individual ou voltada a um patrimônio supraindividual, de qualquer modo insuficiente para abarcar o ânimo de defraudar. Ressaltam que, fossem esses os bens jurídicos, já estariam contemplados por tipos mais gerais. E avançam defendendo que os crimes tributários tutelam a "função do tributo". Concretamente, é

---

10. XEREZ, Hugo Vasconcelos. *Crimes tributários*: teoria à extinção da punibilidade pelo pagamento. Curitiba: Juruá, 2017, p. 139-150.

protegido todo o processo de arrecadação de ingressos e de distribuição ou redistribuição de rendas. Os crimes tributários afetam todos os cidadãos, como ocorre também com os crimes ambientais[11].

A Lei brasileira n. 8.137/90, ao revogar tacitamente a legislação anterior, enunciou os crimes tributários como crimes contra a ordem tributária, de modo que nos cabe identificar, com clareza, o que se deve ter por ordem tributária, esse bem jurídico expressamente tutelado. E mais: quais são os bens jurídicos específicos relativos a cada classe de crimes contra a ordem tributária.

A Lei Geral Tributária portuguesa (DL n. 398/98) principia pelo Título I, Da Ordem Tributária, que abrange seus 14 primeiros artigos, dedicados, conforme sua exposição de motivos, "à definição dos princípios fundamentais da ordem tributária, acolhendo as normas da Constituição fiscal e clarificando as regras de aplicação das leis tributárias no tempo e no espaço"[12]. Mas não chega a definir o que seja a ordem tributária. Cuida das infrações tributárias a Lei n. 15/2001, que aprovou o Regime Geral de Infrações Tributárias.

A Constituição brasileira utiliza-se do termo "ordem" ao se referir, *e.g.*, à "ordem econômico-financeira" (Título VII, arts. 170 e seguintes) e à "ordem social" (Título VIII, arts. 193 e seguintes). Quanto à primeira, elenca seus fundamentos, finalidades e princípios[13]. Quanto à segunda, refere-se a sua base e seu objetivo[14]. As expressões fundamento e base são equivalentes, assim como finalidades e objetivos. Há uma ideia pressuposta, portanto, na referência à ordem. Remete a um sistema estruturado a partir de certas premissas, com vista a alcançar determinados objetivos, considerados determinados valores. Opõem-se a um universo aleatório de regras em face da realidade caótica.

---

11. REIG, Javier Boix; RAMÍREZ, Juan Bustos. *Los delitos contra la Hacienda Pública*: bien jurídico y tipos legales. Madrid: Editorial Tecnos, 1987, p. 15-26.
12. PGDL. Procuradoria-Geral Distrital de Lisboa. Disponível em: http://www.pgdlisboa.pt/leis/lei_mostra_articulado.php?nid=253&tabela=leis. Acesso em: 2 out. 2021.
13. CF: "Art. 170. A ordem econômica, fundada na valorização do trabalho humano e na livre-iniciativa, tem por fim assegurar a todos existência digna, conforme os ditames da justiça social, observados os seguintes princípios: I – soberania nacional; II – propriedade privada; III – função social da propriedade; IV – livre concorrência; V – defesa do consumidor; VI – defesa do meio ambiente, inclusive mediante tratamento diferenciado conforme o impacto ambiental dos produtos e serviços e de seus processos de elaboração e prestação; (Redação dada pela Emenda Constitucional n. 42, de 19-12-2003); VII – redução das desigualdades regionais e sociais; VIII – busca do pleno emprego; IX – tratamento favorecido para as empresas de pequeno porte constituídas sob as leis brasileiras e que tenham sua sede e administração no País. (Redação dada pela Emenda Constitucional n. 6, de 1995) Parágrafo único. É assegurado a todos o livre exercício de qualquer atividade econômica, independentemente de autorização de órgãos públicos, salvo nos casos previstos em lei".
14. CF: "Art. 193. A ordem social tem como base o primado do trabalho, e como objetivo o bem-estar e a justiça sociais".

Uma ordem implica normas coordenadas e funcionalizadas axiológica e pragmaticamente. Através da estruturação jurídico-constitucional da ordem econômico-financeira, da ordem social e do sistema tributário, busca-se conformar a realidade a determinados parâmetros que foram produto de uma deliberação política fundamental.

A Constituição não se utiliza da expressão "ordem tributária"; a legislação penal especial é que a ela se refere ao definir os crimes tributários. Mas a ordem tributária está constitucionalmente desenhada, porquanto é no texto maior que são estabelecidos os fundamentos, os princípios e os objetivos da tributação, ora de modo expresso, ora de modo implícito. No Título dedicado à tributação e ao orçamento (Título VI, arts. 145 e seguintes), dispõe sobre o Sistema Tributário Nacional. Traça seus princípios gerais, especifica as espécies e as competências tributárias, positiva os princípios da capacidade contributiva e da isonomia, autoriza a progressividade em diversos pontos, prevê o acesso à informação sobre a situação econômica dos contribuintes, estabelece a possibilidade de que alguns contribuintes sejam obrigados a colaborar com o fisco no recolhimento de tributos devidos por outros através do instituto da substituição tributária para frente, resguarda a segurança jurídica através das garantias da legalidade, da irretroatividade e das anterioridades, proíbe o confisco, preserva da tributação as liberdades de pensamento e de crença, estimula atividades assistenciais e educacionais etc. Também cuida da repartição de receitas tributárias e impede a retenção das participações, firmando a autonomia tributária como fiel da autonomia político-administrativa dos entes federados. Em matéria de custeio da seguridade social, prevê a universalidade da base de custeio, a participação de toda a sociedade, a solidariedade.

Os tributos aparecem como principal receita do Estado, voltada ao cumprimento do seu papel na construção de uma sociedade livre, justa e solidária. A todos, compete o pagamento dos tributos estabelecidos por lei, de modo que contribuam para as despesas públicas na medida das suas capacidades contributivas, segundo os critérios legais. Cuida-se de dever fundamental a que estão jungidos, de modo que a carga tributária seja suficiente e suportável. A relação entre o fisco e os obrigados tributários, enquanto contribuintes ou colaboradores, é pautada, sobretudo, pelos princípios gerais de direito, com destaque para a boa-fé e a confiança, e pelos princípios de direito tributário e de direito administrativo.

Podemos dizer, portanto, que a ordem tributária consiste na tributação organizada e aplicada à luz de princípios como o da capacidade contributiva e o da capacidade colaborativa, da igualdade e da solidariedade, para, respeitadas as decisões políticas estampadas na legislação tributária quanto à distribuição da carga tributária e a participação de cada qual, prover os recursos necessários para que o estado realize as políticas públicas. Cada obrigado deve conformar sua conduta à legislação, cumprindo suas obrigações tributárias, tanto as principais de prestar dinheiro, como as instrumentais ou formais de colaborar com a Administração mediante a elaboração de controles, a emissão de documentos, a facilitação de informação e o auxílio à arrecadação, dentre outras condutas do interesse da administração tributária.

As infrações à legislação tributária praticadas pelos obrigados enquanto contribuintes ou colaboradores, ou mesmo por agentes do fisco ao ensejo do exercício do seu poder de polícia fiscal, desde que sejam significativas, têm o potencial de afetar a ordem tributária, ou seja, o estado de coisas, axiológica e funcionalmente orientado, que se pretende com a adequada implementação do Sistema Tributário Nacional. Por certo que os crimes materiais contra a ordem tributária ofendem a arrecadação[15], mas seu potencial lesivo é bastante mais abrangente.

FERREIRA afirma que "as condutas descritas na Lei n. 8.137/90, longe de constituírem meras sonegações fiscais, representam uma violação à normalidade da ordem tributária" e provocam "um dano ou lesão, que se difunde por toda a sociedade e de difícil quantificação"[16].

MORILLAS CUEVA já afirmava que o bem jurídico protegido inicialmente seria a Fazenda Pública, mas que não desde sua perspectiva exclusivamente patrimonial, e sim do interesse do Estado e da própria Fazenda Pública de que a carga tributária se realize conforme o modo estabelecido por lei, protegendo-se, em consequência, o processo de arrecadação dos ingressos e de distribuição destes no gasto público[17]. Outra perspectiva, já na linha de PEREZ ROYO e MARTÍNEZ-BUJÁN, seria a de considerar a função tributária como digna de proteção, enquanto conceito geral que resume a posição em que o ordenamento coloca a Administração para a defesa do interesse público relativo à efetiva aplicação das normas tributárias[18]. Os bens jurídicos tutelados pelos crimes tributários, novamente de acordo com MARTÍNEZ-BUJÁN, adquiririam uma certa unidade pela referência à função tributária como atividade da Administração orientada à concretização da repartição da carga tributária de acordo com a lei[19]. No dizer de RIOS, a justificação do crime fiscal encontra-se no fato de que a conduta delituosa "acaba por atingir o valor constitucional da solidariedade de todos os cidadãos na contribuição da

---

15. COSTA, Cláudio. *Crimes de sonegação fiscal*. Rio de Janeiro: Revan, 2003, p. 37.
16. FERREIRA, Roberto dos Santos. *Crimes contra a ordem tributária*. São Paulo: Malheiros, 1996, p. 19.
17. MORILLAS CUEVA, Lorenzo. Delitos contra la Hacienda Pública y contra la seguridad social. In: ROSAL, Manuel Cobo del. *Curso de derecho penal español*. Parte Especial. v. I. Madrid: Marcial Pons, 1996, p. 863. Apud RIOS, Rodrigo Sanches. *O crime fiscal*. Porto Alegre: Sergio Antonio Fabris Editor, 1998, p. 43.
18. *Apud* RIOS, Rodrigo Sanches. *O crime fiscal*. Porto Alegre: Sergio Antonio Fabris Editor, 1998, p. 46.
19. *Apud* RIOS, Rodrigo Sanches. *O crime fiscal*. Porto Alegre: Sergio Antonio Fabris Editor, 1998, p. 49.

manutenção dos gastos públicos"[20]. NABAIS fala na "violação do dever de cidadania de pagar impostos" e em "crimes contra a sociedade organizada em Estado fiscal social"[21].

Infrações à legislação tributária estão sujeitas a respostas sancionadoras administrativas e penais.

Em regra, apenas sanções administrativas são aplicadas. São multas moratórias, devidas em razão da simples extrapolação do prazo de vencimento do tributo[22], ou multas de ofício, impostas pela administração tributária quando verificada a ocorrência de alguma irregularidade maior, algumas tão graves que delas se ocupará também o direito penal, conforme veremos em seguida[23]. Há, também, as chamadas multas isoladas, aplicadas em face do descumprimento de obrigações acessórias de fazer, não fazer ou tolerar. Ainda no âmbito administrativo, encontram-se outras penas menos comuns, como o cancelamento de registro especial do contribuinte produtor de cigarros que seja inadimplente sistemático e contumaz[24] e o perdimento de bens descaminhados[25]. É o chamado direito tributário sancionador.

Por vezes, o legislador criminaliza determinadas condutas dolosas que apresentam especial caráter ofensivo, exigindo inibição e repressão mais intensas. Sem prejuízo das sanções administrativas a que estejam sujeitas, essas condutas, uma vez tipificadas e a elas cominadas penas privativas de liberdade, passam a configurar crime também. Estamos, então, no âmbito do direito penal tributário.

Dois diplomas legais ocupam-se dessa criminalização. A Lei n. 8.137/90 cuida dos crimes contra a ordem tributária praticados por particulares (arts. 1º e 2º) e por servidores públicos (art. 3º). Mas também o Código Penal traz artigos que criminalizam condutas tributárias, como, em seus arts. 334 e 318, o descaminho e a facilitação ao descaminho, e, nos arts. 168-A e 337-A, a apropriação indébita de contribuições previdenciárias e a sonegação de contribuições previdenciárias. Embora situados no Código Penal, os crimes dos arts. 168-A e 337-A constituem, desenganadamente, crimes contra a ordem tributária. ESTELLITA e HORTA justificam à exaustão: "As condutas previstas nos arts. 168-A e 337-A nada mais são do que a criminalização em dois blocos de condutas daquelas anteriormente previstas nos diversos incisos do art. 95 da Lei n. 8.212/91,

---

20. *Apud* RIOS, Rodrigo Sanches. *O crime fiscal*. Porto Alegre: Sergio Antonio Fabris Editor, 1998, p. 50.
21. NABAIS, José Casalta. *Direito fiscal*. Coimbra: Almedina, 2007, p. 455.
22. Lei n. 9.430/96, art. 61.
23. Lei n. 9.430/96, art. 44.
24. Decreto-Lei n. 1.597/77, art. 2º, II, cuja constitucionalidade está sendo analisada pelo STF no RE 550.769/RJ, rel. Min. Joaquim Barbosa.
25. Decreto-Lei n. 37/66, arts. 104 e 105; Decreto-Lei n. 1.455/76, arts. 23 e 27; e Decreto n. 6.759/2009, arts. 675 e seguintes.

que dispôs sobre a organização da Seguridade Social"; "as contribuições sociais devidas à Seguridade Social têm a natureza de tributos, tais quais os 'tributos e contribuições sociais' tutelados pela Lei n. 8.137/90"; "é o próprio legislador quem reconhece expressamente que aos 'crimes tributários' – ou seja, aqueles que tutelam a arrecadação de tributos – deve ser dado tratamento uniforme quanto aos efeitos do pagamento e do parcelamento: a Lei n. 10.684/2003, que determinou um tratamento único para os efeitos do parcelamento e do pagamento quanto 'aos crimes previstos nos arts. 1º e 2º da Lei n. 8.137 [...] e nos arts. 168-A e 337-A do Código Penal, tratamento que se repetiu nos dois diplomas legais que a sucederam: arts. 68 e 69 da Lei n. 11.941/2009; e as alterações promovidas pelo art. 6º da Lei n. 12.382/2011, ao disposto no art. 83 da Lei n. 9.430/96"; "Pouco antes, em 2010, também o legislador é quem passa a exigir igualmente para os crimes dos arts. 168-A e 337-A, CP, que a representação fiscal para fins penais só fosse encaminhada ao Ministério Público depois de proferida a decisão final, na esfera administrativa, sobre a exigência fiscal do crédito tributário correspondente"[26].

A lei penal tipifica determinadas condutas visando à maior proteção dos bens jurídicos por ela tutelados. No caso dos crimes contra a ordem tributária, todos eles tutelam a aspectos relevantes para a preservação da ordem tributária em sentido amplo. Pontualmente, em face de cada tipo penal, podemos vislumbrar bens jurídicos mais específicos, como a arrecadação, a equidade na repartição da carga tributária, a confiabilidade dos documentos e declarações fiscais, e a higidez das políticas de incentivos fiscais.

Já seria legítimo tutelar a arrecadação enquanto patrimônio do ente público, porquanto, num Estado de Direito, o Estado também é parte nas relações jurídicas, titular de direitos e obrigações, devendo ser protegido contra a falsidade, a fraude, enfim, contra as manobras ilícitas que violam substancialmente seus direitos. De qualquer modo, considere-se, também e sempre, a arrecadação tributária como "instrumento de formação de receita pública e de consecução e implemento das metas socioeconômicas definidas na Constituição"[27], conforme ressalta SALOMÃO em trecho também destacado por GUZELLA[28].

Tratando-se de crimes praticados por servidores públicos, também se tutela a boa administração, a moralidade administrativa e a eficiência. Ademais, muitos dos chamados crimes contra a ordem tributária, em verdade, são pluriofensivos. A análise do potencial lesivo das condutas, por isso, deve levar em conta esses diversos bens jurídicos.

....

26. ESTELLITA, Heloisa; HORTA, Frederico. Lavagem de capitais provenientes de sonegação de contribuição previdenciária (art. 337-A, CP). *Revista do Instituto de Ciências Penais*, v. 6, n. 1, p. 62, jun. 2021.
27. SALOMÃO, Heloisa Estellita. *A tutela penal e as obrigações tributárias na Constituição Federal*. São Paulo: Revista dos Tribunais, 2001, p. 188.
28. GUZELLA, Tathiana Laíz. *Crimes tributários*: aspectos e crítica. Curitiba: Juruá, 2011, p. 80.

Deve-se considerar, ainda, que só se justifica o uso do direito penal, com seus efeitos sobre a liberdade das pessoas, quando essa resposta punitiva for proporcional à infração cometida, sendo certo que não se haverá de admitir a punição de infrações insignificantes, incapazes de ofenderem, de modo efetivo, os bens jurídicos tutelados pelos tipos penais. Adiante, em item próprio, cuidamos da insignificância nos crimes contra a ordem tributária.

Aliás, aos crimes tributários aplicam-se, efetivamente, os princípios próprios do direito penal, sob a perspectiva da tipicidade material, assegurando-se o respeito às garantias individuais da legalidade (art. 5º, XXXIX), da irretroatividade (art. 5º, XL), da pessoalidade (art. 5º, XLV) e da presunção de inocência (LVII). Merecem especial atenção, ainda, o direito à ampla defesa e ao contraditório (art. 5º, LV) e a possibilidade da utilização do *habeas corpus* para o relaxamento de prisão irregular ou para o trancamento de ação penal sem justa causa (art. 5º, LXVIII).

O Produto Interno Bruto (PIB) brasileiro está em torno de 7 trilhões de reais[29]. A carga tributária, que é a relação percentual entre o volume de tributos arrecadados e o total da riqueza produzida, oscila em torno de 32%, conforme o ano e a fonte[30]. Costuma-se dizer que se trata de uma das maiores cargas do mundo, o que não corresponde à verdade. O custo-benefício dessa carga tributária, isso sim, pode ser bastante negativo, considerando-se a qualidade e a cobertura dos serviços públicos ou, se preferirmos, o Índice de Desenvolvimento Humano (IDH), calculado pela Organização das Nações Unidades (ONU), que considera riqueza, alfabetização, educação e expectativa de vida, que, em uma escala de 0 a 1, não ultrapassa 0,755 no Brasil.

Alemanha, Portugal, Espanha e Reino Unido têm carga tributária semelhante à nossa. Encontram-se, de outro lado, países com cargas bastante superiores, como Dinamarca, França, Bélgica, Itália e Áustria, na casa dos 40% ou até mais, e países com cargas menores, como Estados Unidos e Japão, em torno de 25%.

É preciso atentar não apenas para a carga tributária e para a qualidade dos serviços públicos, mas, sobretudo, para a distribuição do sacrifício tributário, e não apenas pelo legislador, mas no cumprimento e na aplicação da lei tributária. A igualdade perante a lei é relevante, mas tanto quanto é a igualdade na submissão ou na aplicação da lei, requisito de legitimidade do sistema. A legislação tributária tem de ser cumprida por todos e é essencial que, em face de infrações, a ordem tributária seja protegida,

---

29. AGÊNCIA IBGE NOTÍCIAS. PIB avança 1,0% em 2017 e fecha ano em R$ 6,6 trilhões. 2018. Disponível em: https://agenciadenoticias.ibge.gov.br/agencia-noticias/2013-agencia-de-noticias/releases/20166-pib-avanca-1-0-em-2017-e-fecha-ano-em-r-6-6-trilhoes.html. Acesso em: 2 out. 2021.
30. Disponível em: https://observatorio-politica-fiscal.ibre.fgv.br/series-historicas/carga-tributaria/carga-tributaria-no-brasil-1990-2020. Acesso em: 14 nov. 2021.

buscando-se a conformidade dos contribuintes mediante soluções alternativas de conflitos ou mesmo mediante ações punitivas, capazes de reprimir a evasão e de inibir nossos ilícitos, tornando-os um mau negócio.

Conforme já destacamos alhures, a sonegação, no Brasil, é estimada em 27,5% da arrecadação, o que é próximo ao estimado em outros países da América Latina[31], mas muito superior, por exemplo, à do Reino Unido, onde a medida da evasão está em apenas 5%[32]. Quanto maior a evasão, mais injusto o sistema, porquanto a carga tributária não resta bem distribuída; pelo contrário, por força da desigualdade na aplicação da lei, fica concentrada em um número menor de contribuintes, sobrecarregando-os, enquanto outros não pagam ou pagam pouquíssimo.

BOSSA e RUIVO entendem que a redução do chamado *brasilian tax gap* – a diferença entre os tributos que deveriam ser recolhidos ao erário e o montante de fato recolhido – depende de inúmeras medidas, de variadas naturezas: da "reformulação do sistema tributário brasileiro, da imposição de contrapartidas mensuráveis quando da instituição de eventuais benefícios fiscais, bem como da adoção de medidas de transparência e de redução do gasto público capazes de estimular o adimplemento tributário"[33]. A par disso, frisam e criticam o uso e o abuso de medidas repressivas: "O Estado Contemporâneo é sabidamente um 'Estado Fiscal' que tem os tributos como fonte primária de receitas. Nesse sentido, as condutas capazes de elidir, reduzir ou eliminar o recolhimento dos tributos tendem a ser fortemente combatidas e criminalizadas, mesmo quando legítimas"[34].

MACHADO, na apresentação da obra que coordenou sobre as sanções penais tributárias, na linha do penalista espanhol MOURULLO, frisa que a definição do ilícito tributário como crime "pode ser fruto da convicção de que conseguiu um sistema tributário tanto quanto possível justo, merecedor do respeito de todos e que, portanto, a infração tributária é intolerável" ou "pode ser fruto da comprovação estatística de que quase todos sonegam e que, por conseguinte, é preciso desencadear o terror penal para que as pessoas paguem seus tributos". E adverte que "infelizmente parece que estamos na segunda dessas duas hipóteses", porquanto "nosso sistema tributário é injusto e

---

31. SINDICATO NACIONAL DOS PROCURADORES DA FAZENDA NACIONAL (SINPROFAZ). Sonegação no Brasil: uma estimativa do desvio da arrecadação do exercício de 2018. *Quanto custa o Brasil*. 2019. Disponível em: http://www.quantocustaobrasil.com.br/artigos/sonegacao-no-brasil-uma-estimativa-do-desvio-da-arrecadacao-do-exercicio-de-2018. Acesso em: 2 out. 2021.
32. Conforme dados divulgados por autoridade tributária inglesa em Congresso de que participei em Brasília, em 2019.
33. BOSSA, Gisele Barra; RUIVO, Marcelo Almeida (coord.). *Crimes contra ordem tributária*. São Paulo: Almedina, 2019, p. 7.
34. BOSSA, Gisele Barra; RUIVO, Marcelo Almeida (coord.). *Crimes contra ordem tributária*. São Paulo: Almedina, 2019, p. 6.

complicado, nossa carga tributária é excessivamente pesada especialmente se levarmos em conta o baixo padrão dos serviços públicos que o governo nos oferece" e, além disso, "a prática do arbítrio é um comportamento ordinário do Fisco"[35].

É certo que os aperfeiçoamentos no sistema tributário e na relação entre o Fisco e os sujeitos passivos podem resultar em maior conformidade dos contribuintes e colaboradores. Mas não se deve olvidar, de outro lado, que são recorrentes os casos daqueles que praticam infrações dolosas graves, violando a ordem tributária e obtendo vantagens competitivas artificiais perante os demais agentes econômicos. Reduzida ao máximo possível a evasão, poderíamos manter a mesma carga tributária com sacrifício substancialmente menor de cada contribuinte e com neutralidade, afastando a concorrência desleal daqueles que se financiam com a disponibilidade de valores equivalentes aos tributos não pagos e que reduzem artificialmente seus custos mediante sonegação.

Mesmo em face da realidade portuguesa, NABAIS destaca que "a evasão fiscal atinge actualmente proporções tão escandalosas que os danos causados pela maioria dos tradicionais crimes patrimoniais se revelam verdadeiras 'bagatelas' face aos danos provocados por um tal fenômeno". E prossegue: "há a acrescentar o facto de a evasão fiscal implicar um agravamento da carga fiscal com sacrifícios significativamente acrescidos para os contribuintes que, não dispondo de condições reais para fugirem aos impostos, acabam por suportar não só os impostos deles como os impostos dos outros". Ao fim, adverte: "o que não é pago por uns acaba inevitavelmente por ser pago por outros"[36].

Os infratores precisam ser reconduzidos à conformidade e novas infrações inibidas. Legitimam-se tanto a solução alternativa de conflitos como o lançamento e a cobrança compulsória dos tributos em aberto, acrescidos de multas e juros, bem como, quando significativas as infrações, também a responsabilização criminal dos agentes. Por certo, há de se respeitar, sempre, as dimensões material e formal do devido processo legal, com destaque para a subsidiariedade do direito penal e para a proporcionalidade da resposta punitiva.

3. Os princípios da capacidade contributiva, da capacidade colaborativa, da segurança jurídica, da isonomia e da praticabilidade da tributação

> É o estado fiscal que paga a conta do estado social[37].

---

35. MACHADO, Hugo de Brito (coord.). *Sanções penais tributárias*. São Paulo: Dialética; Fortaleza: ICET, 2005, p. 10.
36. NABAIS, José Casalta. *Direito fiscal*. Coimbra: Almedina, 2007, p. 452.
37. NABAIS, José Casalta. *O dever fundamental de pagar impostos*. Coimbra: Almedina, 1998, p. 575.

A ordem tributária é estruturada para alcançar a otimização de princípios gerais de direito tributário capazes de levar à afirmação de valores muito caros à sociedade.

Os princípios gerais em matéria tributária evidenciam-se na plêiade de prerrogativas atribuídas aos entes políticos e suas administrações tributárias e no rol de garantias asseguradas aos sujeitos passivos. Dentre esses princípios, ressoam os da capacidade contributiva, da capacidade colaborativa, da isonomia, da segurança jurídica e da praticabilidade da tributação.

O princípio da capacidade contributiva não se presta apenas como critério de justiça fiscal capaz de fundamentar tratamento tributário diferenciado de modo que seja considerado como promotor e não como violador da isonomia; orienta, isso sim, toda a tributação, inspirando o legislador e orientando os aplicadores das normas tributárias.

A previsão de graduação dos impostos segundo a capacidade econômica do contribuinte está expressa no art. 145, parágrafo único, da CF. Embora o texto constitucional o faça em dispositivo no qual são referidos apenas os impostos – que devem, sempre que possível, ser pessoais e graduados conforme a capacidade econômica do contribuinte –, cuida-se de princípio fundamental de tributação aplicável a todas as espécies tributárias, ainda que de modo distinto conforme as características de cada qual.

Para CANAZARO, a capacidade contributiva "apresenta-se como um critério de comparação, garantindo a igualdade horizontal e a igualdade vertical, em relação à graduação do ônus de alguns tributos". Nessa linha, frisa que a "igualdade horizontal é promovida por meio da edição de lei que estabeleça tratamento equânime para contribuintes que possuam a mesma capacidade para suportar o encargo fiscal", enquanto a "igualdade vertical é promovida por meio da edição de norma que estabeleça tratamento diverso para contribuintes com capacidades diversas"[38].

A possibilidade de graduação do tributo conforme a capacidade contributiva pressupõe, evidentemente, que tenha como hipótese de incidência situação efetivamente reveladora de tal capacidade, do que se depreende que o princípio encontra aplicação plena aos tributos com fato gerador não vinculado, quais sejam, os impostos e, normalmente, também os empréstimos compulsórios e as contribuições. Não será aplicável às taxas, tributo com fato gerador vinculado, porque estas estão fundadas em critério de justiça comutativa e não distributiva. As pessoas que individualmente se beneficiem de serviço público específico e divisível ou que exerçam atividade que exija fiscalização por parte do Poder Público suportarão os respectivos ônus. A própria cobrança da taxa, com vista ao ressarcimento do custo da atividade estatal, portanto, já realiza o ideal de justiça fiscal. Não é adequado pretender que a taxa varie conforme a capacidade

---

38. CANAZARO, Fábio. *Essencialidade tributária*: igualdade, capacidade contributiva e extrafiscalidade na tributação sobre o consumo. Porto Alegre: Livraria do Advogado, 2015, p. 153.

contributiva do contribuinte, uma vez que seu fato gerador é a atividade estatal, e não situação reveladora da riqueza do contribuinte.

O princípio da capacidade contributiva também se projeta nas situações extremas, de pobreza ou de muita riqueza. Impõe, de um lado, que nada seja exigido de quem só tem recursos para sua própria subsistência e, de outro lado, que a elevada capacidade econômica do contribuinte não sirva de pretexto para tributação em patamares confiscatórios que, abandonando a ideia de contribuição para as despesas públicas, imponha desestímulo à geração de riquezas e tenha efeito oblíquo de expropriação.

Tais conteúdos normativos extremos (preservação do mínimo vital[39] e vedação de confisco) aplicam-se a todas as espécies tributárias, inclusive aos tributos com fato gerador vinculado, como as taxas. Ainda que as taxas, por terem fato gerador vinculado à atividade estatal, não possam ser graduadas conforme a capacidade econômica do contribuinte, devendo guardar vinculação com o custo da atividade do Estado, há outros enfoques sob os quais pode ser considerada a capacidade contributiva relativamente a tal espécie tributária. O princípio da capacidade contributiva poderá atuar, por exemplo, mesmo nos tributos com fato gerador vinculado, fundamentando eventual isenção para contribuintes que não revelem nenhuma capacidade para contribuir[40].

---

39. "Neste contexto, parece-nos que se poderá afirmar, pelo menos, o direito à não tributação do rendimento necessário ao mínimo de existência – não apenas porque se trata de uma prestação jurídica que se traduz numa prestação de facto negativa (embora envolva um custo econômico), mas também porque representa, logicamente, o mínimo dos mínimos: se o Estado não é obrigado a assegurar positivamente o mínimo de existência a cada cidadão, ao menos que não lhe retire aquilo que ele adquiriu e é indispensável à sua sobrevivência com o mínimo de dignidade" (ANDRADE, José Carlos Vieira de. *Os direitos fundamentais na Constituição portuguesa de 1976*. 2. ed. Coimbra: Almedina, p. 388).

40. "Quanto ao princípio da capacidade contributiva, a doutrina está dividida. A disceptação decorre mais do ângulo em que se coloca o estudioso do que propriamente dos fundamentos opinativos de cada um. Ora, se se pensar em valores diferenciados ou em 'taxas progressivas', mais onerosas, em razão da capacidade contributiva do contribuinte, é evidente que não cabe a invocação do princípio (formulação positiva do princípio). O fato gerador das taxas, vimos, radica em manifestações estatais (atuações concretas do Estado) e não na capacidade do contribuinte (renda, trabalho, patrimônio etc.). Portanto, não há que se falar, por esse ângulo, em aplicação do princípio da capacidade contributiva, cujo campo predileto seriam os tributos não vinculados (impostos), assim mesmo aqueles chamados de 'diretos' ou 'de medida', em contraposição aos 'indiretos' ou 'de mercado'. Não obstante, o princípio da capacidade contributiva não se liga tão somente à técnica da progressividade, cujo objetivo é tributar mais quem mais tem, senão que fomenta institutos tributários de variegada índole. Cabe exemplificar com as isenções subjetivas em matéria de taxas. As leis, com frequência, isentam os pobres em relação a inúmeras taxas, reconhecendo, assim, a incapacidade contributiva dos mesmos. A taxa judiciária e as custas são dispensadas dos litigantes sem recursos ou presumidamente sem recursos, por serem pobres em sentido legal. O fundamento de todas as isenções, por isso legítimas, nas taxas, é justamente a incapacidade contributiva (formulação negativa do princípio)" (COÊLHO, Sacha Calmon Navarro. *Curso de direito tributário brasileiro*. 10. ed. Rio de Janeiro: Forense, 2009, p. 131).

Aliás, há modos diferentes através dos quais se revela e se viabiliza a aplicação do princípio da capacidade contributiva, dentre os quais: a) imunidade; b) isenção; c) seletividade; d) progressividade.

Através de imunidade, a própria Constituição afasta a possibilidade de tributação de pessoas reconhecidamente pobres relativamente à obtenção de certidão de nascimento e de óbito[41], ou seja, impede que o legislador tenha competência para determinar a incidência de taxa de serviço nesses casos.

Através de isenção, podem-se dispensar do pagamento de determinado tributo pessoas que não tenham capacidade contributiva, como no caso da isenção, para desempregados, de taxa de inscrição em concurso público[42].

A progressividade constitui técnica de agravamento do ônus tributário conforme aumenta a base de cálculo. Não se confunde com a seletividade, pois esta implica tributação diferenciada conforme a qualidade do que é objeto da tributação, atribuindo-se alíquotas diferentes para produtos diferentes.

A progressividade, implicando tributação mais pesada quando a base de cálculo for maior, pressupõe maior capacidade contributiva daquele submetido às maiores alíquotas. A progressividade pode ser simples ou gradual: simples quando haja elevação de alíquotas em face do aumento da base de cálculo; gradual quando se dê mediante aplicação de alíquotas maiores para a parte da base de cálculo que ultrapasse o limite previsto para a alíquota inferior[43]. Há quem entenda que apenas a progressividade gradual é válida[44]. Os impostos reais só podem ser progressivos mediante autorização

---

41. CF, art. 5º, LXXVI.
42. STF, Tribunal Pleno, ADI 2.672, 2006.
43. "Há duas maneiras diferentes de aplicar, para efeitos de cálculo do montante do imposto a pagar, a tabela de alíquotas progressivas [...]: a) de forma gradual (vários cálculos sucessivos, por etapas, graus ou degraus); e b) de forma simples (cálculo único). O cálculo será, pois, simples, quando se deve adotar apenas a alíquota prevista para a faixa na qual se enquadra o valor a tributar [...]. A maneira de cálculo será, pois, gradual, quando uma a uma das alíquotas previstas para o valor a tributar devem ser utilizadas, tendo-se, assim, como montante devido, o valor que resultar da soma de todos os cálculos parciais sucessivamente efetuados. [...] A forma (progressiva) gradual de cálculo é utilizada pela atual lei do IR [...], sendo que a tabela respectiva costuma ser divulgada para fins de cálculo prático, com o acréscimo de mais uma coluna, chamada de 'dedução' que é, na verdade, o valor a ser descontado do resultado da multiplicação da alíquota prevista para a faixa onde se encontra o valor a tributar, correspondendo, assim, na prática, à diferença havida nas faixas anteriores, de tributação menor. Assim, ao invés de efetuar-se vários cálculos (faixa por faixa), utiliza-se somente uma alíquota (a prevista para o valor a tributar), deduzindo-se do resultado da sua aplicação, porém, a soma dos valores tributados com alíquotas menores nas faixas anteriores, chegando-se, por outro caminho, ao mesmo resultado" (VOLKWEISS, Roque Joaquim. *Direito tributário nacional*. 3. ed. Porto Alegre: Livraria do Advogado, 2002, p. 33-34).
44. É "a progressividade aplicável tão somente para os chamados impostos pessoais, e, assim mesmo, a do tipo gradual, não havendo hoje, na Constituição Federal, como se disse, nenhuma

constitucional expressa, pois a orientação do STF é no sentido de que, tendo por base uma riqueza estática, não se vocacionam a tal tipo de graduação[45].

A Constituição impõe, como critério para a seletividade, a essencialidade do produto, mercadoria ou serviço (art. 153, § 3º, I, para o IPI, e art. 155, § 2º, III, para o ICMS)[46], tendo como pressuposto, portanto, a presunção de que "produtos supérfluos são adquiridos por aqueles com maior capacidade contributiva"[47].

A Constituição também estabelece, como critério de seletividade, o tipo e a utilização do veículo automotor (art. 155, § 6º, II, para o IPVA) e a localização e o uso do imóvel (art. 156, § 1º, II, para o IPTU).

Tanto a progressividade como a seletividade (considerada na perspectiva dos seus conteúdos materiais de seleção, em que predomina a essencialidade) podem ser consideradas subprincípios da capacidade contributiva, conforme destaca o professor TORRES[48]. Mas vale destacar que CANAZARO opta por dar à essencialidade autonomia diante da capacidade contributiva, considerando a própria essencialidade como subprincípio da igualdade. Afirma: "A essencialidade tributária é princípio. É norma que orienta o intérprete na promoção da igualdade, no que tange à distribuição do ônus nos impostos sobre o consumo"[49].

O princípio da capacidade contributiva tem papel extremamente importante, ainda, na adequada interpretação das bases econômicas dadas à tributação e da própria norma tributária impositiva, particularmente quanto ao seu fato gerador e à sua base de cálculo.

Quando a Constituição autoriza a tributação da renda (art. 153, III) ou da receita (art. 195, b), o faz tendo em conta a renda e a receita enquanto manifestações de capacidade contributiva. Na análise de tais conceitos para a determinação daquilo que pode ou não ser alcançado pela tributação, o princípio da capacidade contributiva assume papel fundamental. Jamais se poderia, para fins tributários, considerar as indenizações por dano material como renda tributável[50] ou a contabilização das vendas inadimplidas[51]

---

autorização para a utilização da progressividade do tipo simples" (VOLKWEISS, Roque Joaquim. *Direito tributário nacional*. 3. ed. Porto Alegre: Livraria do Advogado, 2002, p. 35).
45. STF, Tribunal Pleno, RE 153.771, 1996.
46. Há autorização constitucional expressa para que o ITR seja progressivo (art. 153, § 4º, I) e para que o IPTU seja progressivo (art. 156, § 1º, I, e art. 182, § 4º, II).
47. CONTI, José Maurício. *Sistema constitucional tributário interpretado pelos tribunais*. São Paulo: Oliveira Mendes e Del Rey, 1997, p. 166.
48. TORRES, Ricardo Lobo. *Curso de direito financeiro e tributário*. 16. ed. São Paulo: Renovar, 2009, p. 94.
49. CANAZARO, Fábio. *Essencialidade tributária: igualdade, capacidade contributiva e extrafiscalidade na tributação sobre o consumo*. Porto Alegre: Livraria do Advogado, 2015, p. 154.
50. STF, RE 188.684, 2002.
51. TRF4, AMS 2005.71.11.002457-8.

como receita tributável, uma vez que, ausente qualquer capacidade contributiva a elas atrelada, implicaria cobrar tributo quando ausente a capacidade para contribuir, com violação, portanto, do princípio da capacidade contributiva. Onde inexiste riqueza, não pode haver tributação. E a riqueza tem de ser real, não apenas aparente.

Mudando de foco, cabe-nos evidenciar e esclarecer a importância e o alcance do princípio da capacidade colaborativa[52]. Trata-se de desdobramento do dever de colaboração que temos perante a administração tributária.

O princípio da capacidade colaborativa constitui critério para a validação constitucional das obrigações acessórias e de terceiros, provendo instrumentos para o seu controle. Está para a instituição de obrigações acessórias assim como o princípio da capacidade contributiva está para a instituição de tributos: confere-lhes suporte, justificativa e medida. Enquanto a capacidade contributiva é requisito para a instituição de tributos, a capacidade colaborativa o é para a instituição de obrigações de colaboração. O paralelo é pertinente e esclarecedor.

Decorre do princípio da capacidade colaborativa que o Estado exija das pessoas que colaborem com a tributação à vista da sua efetiva capacidade para agir no sentido de viabilizar, simplificar ou tornar mais efetivas a fiscalização e a arrecadação tributárias, sem que tenham, para tanto, de se desviar das suas atividades ou de suportar demasiados ônus ou restrições às suas liberdades.

Não se pode exigir colaboração de quem não tem aptidão para tanto, de quem não tem a possibilidade – seja de fato, jurídica ou econômica – de realizar o que se pretende. É preciso que o cumprimento da obrigação de colaboração seja viável. Quando se impõe a alguém a apresentação de documentos à fiscalização tributária em determinado prazo, por exemplo, é preciso que esse tempo seja suficiente para tanto. Quando se impõe a prestação de declarações, não se pode violar o sigilo profissional. Quanto se exige de uma pessoa que observe determinadas rotinas de emissão e manutenção de documentos, livros e registros, não podem ser demasiadamente onerosas a ponto de inviabilizar seu negócio.

A capacidade colaborativa decorre da especial relação que qualquer pessoa mantenha com os fatos geradores ou com os contribuintes. Essa relação deve habilitá-la, por exemplo, a emitir documentos ou prover informação útil para a fiscalização tributária (emissão de nota fiscal, manutenção de livros e registros, declarações sobre operações próprias ou alheias), a efetuar retenções e repasses que assegurem a arrecadação (atuação como agente de retenção ou substituto tributário) ou a adotar cautelas que inibam ou impeçam a sonegação (diligência na gestão fiscal da empresa, sem infrações à lei, obrigação de não

---

52. Cunhamos esse princípio e o expusemos de modo sistemático e detalhado na obra: PAULSEN, Leandro. *Capacidade colaborativa*: princípio de direito tributário para obrigações acessórias e de terceiros. Porto Alegre: Livraria do Advogado, 2014.

transportar mercadoria sem nota ou, ainda, de não lavrar escritura sem a prévia comprovação do pagamento do imposto sobre a transmissão do bem imóvel).

Não apenas o contribuinte ostenta capacidade colaborativa que o habilita a emitir documentos e prestar declarações sobre os tributos devidos. Terceiros que não ocupam o polo ativo nem o polo passivo da relação contributiva, mas que de algum modo se relacionam com os contribuintes, testemunhando ou mesmo participando da realização dos fatos geradores, também poderão ter evidenciada sua capacidade de colaboração com a administração tributária. As pessoas que dispuserem de informações valiosas para a fiscalização tributária, por exemplo, podem ser obrigadas a prestá-las ao Fisco. É o caso das empresas administradoras de cartões de créditos relativamente às operações realizadas pelos seus clientes, que permitem o cotejo com as bases de cálculo de contribuições sobre a receita e dos impostos sobre a circulação de mercadorias e a prestação de serviços. Também é a situação dos conselhos de fiscalização profissional relativamente à lista dos profissionais habilitados que são contribuintes do imposto sobre serviços. O princípio da capacidade colaborativa tem "o mérito de apontar a necessária correspondência entre o dever instrumental instituído e a obrigação tributária com a qual se articula, no que se refere à eleição do sujeito passivo possível da relação jurídica decorrente daquele dever"[53].

O art. 128 do CTN, ao dizer da possibilidade de a lei atribuir a responsabilidade pelo crédito tributário a terceira pessoa, adverte: "vinculada ao fato gerador da respectiva obrigação". Esse requisito consubstancia justamente a exigência de capacidade de colaboração. Só quem está vinculado ao fato gerador e, portanto, dele tem conhecimento, relacionando-se com o contribuinte, é que tem condições de colaborar com a administração tributária e, eventualmente, por descumprir tais deveres, ensejando dano ao Fisco, ser colocado como garantidor do crédito tributário. A substituição tributária normalmente faz-se mediante retenção, o que pressupõe a disponibilidade, pelo substituto, dos valores de titularidade do contribuinte.

Os arts. 134 e 135 do CTN, ao disporem sobre a responsabilidade de terceiros, sempre a estabelecem em face do vínculo desses terceiros com o contribuinte, pressupondo até mesmo certa ascendência relativamente a este, de modo que tenham como colaborar para evitar o descumprimento da obrigação pelo contribuinte. São os casos dos pais relativamente aos filhos menores, dos tutores e curadores relativamente aos tutelados e curatelados, dos administradores de bens de terceiros relativamente a estes, do inventariante relativamente ao espólio, do administrador judicial relativamente à empresa sob recuperação ou falência, dos tabeliães relativamente às partes dos negócios realizados perante eles, dos sócios relativamente às sociedades de pessoas que integram. Também é o caso

---

53. TAKANO, Caio Augusto. *Deveres instrumentais dos contribuintes*: fundamentos e limites. São Paulo: Quartier Latin, 2017, p. 278.

dos mandatários, prepostos e empregados, diretores, gerentes ou representantes relativamente às empresas em nome das quais agem ou que representam.

O art. 197 do CTN, ao dizer da prestação de informações à autoridade administrativa, refere as "informações de que disponham com relação aos bens, negócios ou atividades de terceiros". Efetivamente, deve estar ao alcance do sujeito passivo da obrigação acessória prestar a colaboração que dele se exige.

De qualquer modo, por maior que seja a capacidade colaborativa de uma pessoa, não pode ser exigida colaboração exagerada consubstanciada em obrigações múltiplas, complexas e sobrepostas. Ademais, colaboração não pode pressupor recursos materiais e humanos demasiadamente onerosos. Essas obrigações esbarrariam na vedação do excesso. Isso porque a coordenação dos interesses do Fisco com as liberdades das pessoas se impõe para a preservação dos diversos valores consagrados constitucionalmente.

O princípio da segurança jurídica, por sua vez, decorre naturalmente da própria ideia de direito e do sistema jurídico. O preâmbulo da Constituição da República Federativa do Brasil anuncia a instituição de um Estado democrático que tem como valor supremo, dentre outros, a segurança. Segurança é a qualidade daquilo que está livre de perigo, livre de risco, protegido, acautelado, garantido, do que se pode ter certeza ou, ainda, daquilo em que se pode ter confiança, convicção. O Estado de Direito constitui, por si só, uma referência de segurança. Esta se revela com detalhamento, ademais, em inúmeros dispositivos constitucionais, especialmente em garantias que visam proteger, acautelar, garantir, livrar de risco e assegurar, prover certeza e confiança, resguardando as pessoas do arbítrio.

O princípio da segurança jurídica constitui, ao mesmo tempo, um subprincípio do princípio do Estado de Direito (subprincípio porque se extrai do princípio do Estado de Direito e o promove) e um sobreprincípio relativamente a princípios decorrentes que se prestam à afirmação de normas importantes para a efetivação da segurança (sobreprincípio porque dele derivam outros subprincípios a serem promovidos na linha de desdobramento da sua concretização)[54].

Pode-se afirmar que: "O princípio da segurança jurídica demanda que o Direito seja compreensível, confiável e calculável, o que só ocorre quando o indivíduo conhece e compreende o conteúdo do Direito, quando tem assegurados no presente os direitos que conquistou no passado e quando pode razoavelmente calcular as consequências que serão aplicadas no futuro relativamente aos atos que praticar no presente"[55].

---

54. Diversos ministros do STF referem-se à segurança jurídica como sobreprincípio em matéria tributária, conforme se pode ver dos votos proferidos quando do julgamento do RE 566.621, relativo à aplicação retroativa da LC 118/2005.
55. ÁVILA, Humberto. *Constituição, liberdade e interpretação*. São Paulo: Malheiros, 2019, p. 76.

Todo o conteúdo normativo do princípio da segurança jurídica se projeta na matéria tributária.

O conteúdo de certeza do direito diz respeito ao conhecimento do direito vigente e aplicável aos casos, de modo que as pessoas possam orientar suas condutas conforme os efeitos jurídicos estabelecidos, buscando determinado resultado jurídico ou evitando consequência indesejada. A compreensão das garantias dos arts. 150, I (legalidade estrita), 150, III, *a* (irretroatividade), *b* (anterioridade de exercício) e *c* (anterioridade nonagesimal mínima), e 195, § 6º (anterioridade nonagesimal das contribuições de seguridade social), da Constituição como realizadoras da certeza do direito no que diz respeito à instituição e à majoração de tributos permite que se perceba mais adequadamente o alcance de cada uma e o acréscimo de proteção que representam relativamente às garantias gerais da legalidade relativa (art. 5º, II, da CF), do direito adquirido, do ato jurídico perfeito e da coisa julgada (art. 5º, XXXVIII, da CF).

O conteúdo de intangibilidade das posições jurídicas pode ser vislumbrado, por exemplo, no que diz respeito à consideração da formalização de um parcelamento de dívida tributária como ato jurídico perfeito, a vincular o contribuinte e o ente tributante, gerando todos os efeitos previstos nas normas gerais de direito tributário, como a suspensão da exigibilidade do crédito tributário (art. 151, VI, do CTN) e o consequente direito a certidões negativas de débito (art. 206 do CTN). Já no caso das isenções onerosas, cumpridas as condições, surge para o contribuinte direito adquirido ao gozo do benefício pelo prazo previsto em lei, restando impedida a revogação ou modificação da isenção a qualquer tempo quando concedida por prazo certo e em função de determinadas condições (art. 178 do CTN). Nesses casos, inclusive, é aplicável a garantia estampada no art. 5º, XXXVI, da CF.

O conteúdo de estabilidade das situações jurídicas evidencia-se nos arts. 150, § 4º, 173 e 174 do CTN, que estabelecem prazos decadenciais (para a constituição de créditos tributários) e prescricionais (para a exigência compulsória dos créditos), ambos quinquenais. Também há garantia de estabilidade no art. 168 do CTN, em combinação com o art. 3º da LC n. 118/2005, que estabelece prazo quinquenal, desta feita contra o contribuinte, dentro do qual deve exercer seu direito ao ressarcimento de indébito tributário por compensação ou pleitear a repetição.

O conteúdo de proteção à confiança do contribuinte, por sua vez, fundamenta, por exemplo, o art. 100 do CTN, que estabelece que a observância das normas complementares das leis e dos decretos (atos normativos, decisões administrativas com eficácia normativa, práticas reiteradamente observadas pelas autoridades administrativas e convênios entre os entes políticos) exclui a imposição de penalidades e a cobrança de juros de mora e inclusive a atualização do valor monetário da base de cálculo do tributo. O art. 146 do CTN, igualmente, resguarda a confiança do contribuinte, mas quanto a mudanças nos critérios jurídicos adotados pela autoridade administrativa para fins de lançamento. Mesmo a título de proteção à boa-fé, tem-se, ainda, a proteção do contribuinte em casos de circulação de bens importados sem o pagamento dos tributos devidos. Em todos esses casos, assegura-se a confiança no tráfego jurídico.

O conteúdo de devido processo legal nota-se na ampla gama de instrumentos processuais colocados à disposição do contribuinte para o questionamento de créditos tributários, tanto na esfera administrativa, através, principalmente, do Decreto n. 70.235/72 (o chamado processo administrativo fiscal, que assegura direito à impugnação e recursos), como na esfera judicial, destacando-se a amplitude que se reconhece ao mandado de segurança em matéria tributária[56] e os meios específicos para a dedução de direitos em juízo, como a ação anulatória prevista no art. 40 da LEF e as ações consignatória e de repetição de indébito tributário, disciplinadas, respectivamente, nos arts. 164 e 165 do CTN. Tratando-se de acesso à jurisdição, remédios e garantias processuais, impende considerar, ainda, que têm plena aplicação, também em matéria tributária, dentre outros, os incisos XXXV, LIV, LV, LVI, LXIX e LXX do art. 5º da Constituição. Evidencia-se, assim, a segurança jurídica enquanto devido processo legal e, mais particularmente, enquanto acesso à jurisdição.

O STF reconhece que a própria alteração abrupta da jurisprudência pode implicar violação "ao princípio da segurança jurídica e aos postulados da lealdade, da boa-fé e da confiança legítima, sobre os quais se assenta o próprio Estado Democrático de Direito"[57].

É imperativo que tratemos, ainda que sumariamente, também do princípio da isonomia tributária[58].

A igualdade é valor de enorme destaque numa república, configurando princípio geral de direito e repercutindo nas diversas áreas, dentre elas a tributária. Temos a igualdade como princípio também do direito tributário, referido como princípio da isonomia tributária.

A igualdade perante a lei (1: submissão de todos à lei) e na lei (2: tratamento legal igualitário) não precisa ser justificada; a desigualdade, sim. De outro lado, a busca de justiça faz com que se deva ter preocupação não apenas com a igualdade formal, mas também com a igualdade material, o que acaba justificando e até mesmo impondo que a lei considere as diferenças para buscar tratamentos adequados a cada condição (3: tratamento legal conforme a situação de cada um para a promoção da igualdade material), o que, em matéria tributária, pode ocorrer, por exemplo, com a cobrança de tributo em percentuais

---

56. *Vide*, por exemplo: MACHADO, Hugo de Brito. *Mandado de segurança em matéria tributária*. São Paulo: Dialética, 2006; ALVIM, Eduardo Arruda. *Mandado de segurança no direito tributário*. São Paulo: Revista dos Tribunais, 1998.
57. STF, ARE 951533, 2018.
58. Sobre a isonomia tributária, vale consultar as monografias: VELLOSO, Andrei Pitten. *O princípio da isonomia tributária*: da teoria da igualdade ao controle das desigualdades impositivas. Porto Alegre: Livraria do Advogado, 2010; ÁVILA, Humberto. *Teoria da igualdade tributária*. São Paulo: Malheiros, 2008.

distintos conforme a riqueza ostentada pelos contribuintes, em atenção à sua capacidade contributiva[59]. Cabe apontar, ainda, a necessidade de igualdade na aplicação da lei (4: aplicação efetiva a todos, no plano prático, da igualdade promovida pelas leis), de modo que se torne efetiva. São várias dimensões ou perspectivas do mesmo princípio.

Lembre-se que figurou como bandeira da própria Revolução Francesa, em 1789. Naquela oportunidade, SIEYÈS afirmou que a nobreza, ameaçada nos seus privilégios, acedera em também pagar impostos, como se tal configurasse algum tipo de generosidade ou piedade. Destacou, todavia, que a sociedade exigia tal submissão de todos à lei comum por uma questão de justiça[60].

Vale transcrever a lição de CARRAZZA:

> [...] com a República, desaparecem os privilégios tributários de indivíduos, de classes ou de segmentos da sociedade. Todos devem ser alcançados pela tributação. Esta assertiva há de ser bem entendida. Significa, *não que todos* devem ser submetidos a *todas* as leis tributárias, podendo ser gravados com *todos* os tributos, *mas, sim*, que *todos* os que realizam a situação de fato a que a lei vincula o dever de pagar um dado tributo estão obrigados, sem discriminação arbitrária alguma, a fazê-lo. Assim, é fácil concluirmos que o princípio republicano leva ao princípio da generalidade da tributação, pelo qual a carga tributária, longe de ser imposta sem qualquer critério, alcança a todos com *isonomia e justiça*. Por outro raio semântico, o sacrifício econômico que o contribuinte deve suportar precisa ser igual para todos os que se acham na mesma situação jurídica. [...] Em suma, o princípio republicano exige que todos os que realizam o *fato imponível tributário* venham a ser tributados com igualdade. Do exposto, é intuitiva a interferência de que o princípio republicano leva à igualdade da tributação. Os dois princípios interligam-se e completam-se. De fato, o princípio republicano exige que os contribuintes (pessoas físicas ou jurídicas) recebam tratamento isonômico. [...] O tributo, ainda que instituído por meio de lei, editada pela pessoa política competente, não pode atingir apenas um ou alguns contribuintes, deixando a salvo outros que, comprovadamente, se achem nas mesmas condições. Tais ideias valem, também, para as *isenções tributárias*: é vedado às pessoas políticas concedê-las levando em conta, arbitrariamente, a profissão, o sexo, o credo religioso, as convicções políticas etc. dos contribuintes. São os princípios republicano e da igualdade que, conjugados, proscrevem tais práticas[61].

---

59. "Do princípio fundamental da igualdade derivam dois deveres: o dever de tratamento igualitário e o dever de tratamento diverso" (CANAZARO, Fábio. *Essencialidade tributária*: igualdade, capacidade contributiva e extrafiscalidade na tributação sobre o consumo. Porto Alegre: Livraria do Advogado, 2015, p. 152).
60. SIEYÈS, Emmanuel Joseph. *A constituinte burguesa*: Qu'est-ce que le Tiers État? Tradução de Norma Azeredo. Rio de Janeiro: Liber Juris, 1986, p. 102.
61. CARRAZZA, Roque Antonio. *Curso de direito constitucional tributário*. 31. ed. São Paulo: Malheiros, 2017, p. 71 e seguintes.

O art. 150, II, da Constituição Federal impede que haja diferenciação tributária entre contribuintes que estejam em situação equivalente:

> Art. 150. Sem prejuízo de outras garantias asseguradas ao contribuinte, é vedado à União, aos Estados, ao Distrito Federal e aos Municípios:
> II – instituir tratamento desigual entre contribuintes que se encontrem em situação equivalente, proibida qualquer distinção em razão de ocupação profissional ou função por eles exercida, independentemente da denominação jurídica dos rendimentos, títulos ou direitos; [...].

Esse dispositivo não deixa espaço para simples privilégios em favor de tais ou quais contribuintes[62]. Mas isso deve ser considerado na sua complexidade: impõe não apenas que a diferenciação arbitrária é vedada, mas também que as diferenciações, ainda quando fundadas, devem guardar razoabilidade e proporcionalidade, justificando-se tanto a sua existência como a sua medida.

Veja-se que a diferença de tratamento entre pessoas ou situações é absolutamente presente em qualquer ramo do direito, inclusive no tributário. As normas de isenção, por exemplo, identificam pessoas ou situações que de outro modo estariam normalmente sujeitas à imposição tributária e excluem, apenas quanto a elas, o respectivo crédito, desonerando-as.

O problema não está na instituição de tratamento diferenciado que, em si, nada revela quanto à validade da norma. Importam, isso sim, as razões e os critérios que orientam a discriminação[63].

Efetivamente, o princípio da isonomia não apenas proíbe tratamentos diferenciados sem uma justificação constitucional, como exige tratamentos diferenciados onde haja distinta capacidade contributiva ou essencialidade do produto. Justifica-se a diferenciação

---

62. "[...] privilegios, en el estricto sentido de la palabra, es decir, en el sentido de disposiciones excepcionales, no justificadas por un determinado fin de utilidad pública, no pueden existir en el Estado moderno, estando excluidos por disposiciones acogidas en todas las Constituciones, que proclama la igualdad de todos los miembros del Estado ante el deber tributario" (VANONI, E. *Natura ed interpretazione delle leggi tributarie*. 1932. A transcrição é da edição espanhola de 1961, publicada pelo Instituto de Estudios Fiscales, Madri, p. 159).

63. "[...] afirmar que legislar respeitando o princípio da igualdade na lei consiste em 'tratar igualmente os iguais e desigualmente os desiguais' é afirmar rigorosamente nada! O problema está em saber quais os critérios legítimos de discriminação de grupos 'iguais' para os fins legais. Assim, também a aparente unanimidade em torno à ideia de igualdade no âmbito jurídico, e mesmo relativamente àquele conceito supostamente aristotélico, não passa de mera retórica, de afirmação sem qualquer significado útil, eis que sem a identificação dos legítimos critérios segundo os quais as pessoas serão discriminadas não pode haver efetiva aplicação do princípio da isonomia" (FERRAZ, Roberto. A igualdade na lei e o Supremo Tribunal Federal. *RDDT* 116/119, maio 2005).

tributária quando, presente uma finalidade constitucionalmente amparada, o tratamento diferenciado seja estabelecido em função de critério que com ela guarde relação e que efetivamente seja apto a levar ao fim colimado. Conforme CANAZARO: "A adoção de condutas, por parte do destinatário da norma da igualdade, ocorre com base na compreensão e na consideração dos quatro elementos que compõem (ou integram) a sua estrutura: (i) os sujeitos, (ii) o critério de comparação, (iii) o fator de diferenciação, e (iv) o fim constitucionalmente protegido"[64].

VELLOSO ensina, ainda, que "deve haver uma relação de adequação e proporcionalidade entre a dessemelhança da(s) propriedade(s) levada(s) em consideração (diferença fática) e a diferenciação jurídica", pois, "mesmo que haja distinção de capacidade contributiva entre os contribuintes do Imposto de Renda e sejam estabelecidos gravames tributários diferenciados [...], é mister que a diferenciação de carga tributária seja adequada e proporcional à dessemelhança fática apurada: revelar-se-ia ilegítima, *v.g.*, uma majoração vultosa do tributo com base numa singela diversidade de capacidade contributiva"[65].

As razões que podem dar sustentação às normas de tratamento diferenciado revelam duas categorias: a) razões de capacidade contributiva; b) razões extrafiscais.

As razões de capacidade contributiva justificam-se internamente[66], porquanto a capacidade contributiva constitui medida de justiça fiscal com suporte expresso no art. 145, § 1º, da Constituição. Sob certa perspectiva, pode-se considerar que o tratamento diferenciado na lei, nesses casos, em vez de violar o princípio da igualdade, o promove, porquanto visa à igualdade material.

Excepcionalmente, pode-se admitir tratamento diferenciado embasado em razões extrafiscais, as quais terão de encontrar amparo constitucional.

A Constituição autoriza a utilização extrafiscal do IPTU e do ITR para induzir o cumprimento da função social da propriedade (arts. 170, III, e 182, § 4º, II, da CF), a concessão de benefícios fiscais de incentivo regional (art. 151, I, da CF), o estabelecimento de tratamento tributário voltado a estimular o cooperativismo (art. 146, III, *c*, c/c o art. 174, § 2º, da CF), a concessão de tratamento favorecido para as microempresas e empresas de pequeno porte (art. 146, III, *d*, da CF), o tratamento diferenciado em função da atividade econômica ou da utilização intensiva de mão de obra, do porte da empresa ou da condição estrutural do mercado de trabalho (art. 195, § 9º, da CF, com a redação da EC 47/2005) e o dimensionamento de certos tributos de modo mais flexível,

---

64. CANAZARO, Fábio. *Essencialidade tributária*: igualdade, capacidade contributiva e extrafiscalidade na tributação sobre o consumo. Porto Alegre: Livraria do Advogado, 2015, p. 152.
65. VELLOSO, Andrei Pitten. *Constituição tributária interpretada*. São Paulo: Atlas, 2007, p. 136.
66. BERLIRI já afirmava: "[...] ai fini di giudicare se una legge rispetti il principio di uguaglianza si deve avere riguardo soltanto alla capacità contributiva" (BERLIRI, Antonio. *Principi di diritto tributario*. 2. ed. Milão: Giuffrè, 1967. v. I, p. 264).

pelo Executivo, como o II, o IE, o IPI, o IOF e a Cide-combustíveis (arts. 150, § 1º, 153, § 1º, 177, § 4º, I, *b*, da CF), o que lhe dá instrumentos para controle do comércio exterior (art. 137 da CF) e da moeda.

O STF entende válida a fixação de alíquota maior de contribuição social sobre o lucro para instituições financeiras, forte no art. 195, § 9º, da CF, porquanto "pode-se afirmar que, objetivamente consideradas, as pessoas jurídicas enquadradas no conceito de instituições financeiras ou legalmente equiparáveis a essas auferem vultoso faturamento ou receita – importante fator para a obtenção dos lucros dignos de destaque e para a manutenção da tenacidade econômico-financeira", de modo que "a atividade econômica por elas exercida é fator indicativo de sua riqueza; sobressai do critério de discrímen utilizado na espécie a maior capacidade contributiva dessas pessoas jurídicas"[67]. Também considera válidas as alíquotas maiores para as instituições financeiras relativamente às contribuições previdenciárias[68] e à Cofins[69].

Também reconhece como hígida a isenção de taxa de inscrição em concurso público para desempregados, o que efetivamente se sustenta, porquanto se presume que os desempregados têm sua capacidade econômica e, consequentemente, contributiva comprometida, com enormes dificuldades para proverem suas necessidades básicas, de modo que a dispensa do pagamento da taxa de inscrição atende à capacidade contributiva (não cobrar de quem não a tem), além do que assegura o acesso aos cargos públicos[70]. Entendeu válida, também, isenção de taxa florestal às empresas que estivessem promovendo reflorestamento proporcional ao seu consumo de carvão vegetal[71].

Inválida deveria ter sido reconhecida, contudo, a majoração de alíquota da Cofins (contribuição sobre a receita), de 2% para 3%, associada à possibilidade de compensação de tal aumento com a CSLL (contribuição sobre o lucro) devida, pois acabou implicando aumento de tributo apenas para as empresas com prejuízo, que nada tiveram a compensar, já que, ausente o lucro, não havia o que pagar a tal título. Note-se que tal aumento de tributo, com finalidade meramente fiscal, apenas para empresas não lucrativas (portanto, com menor capacidade contributiva), não se sustentava, pois não apenas deixou de promover a tributação igualitária conforme a capacidade contributiva como a contrariou, onerando mais quem podia menos[72].

---

67. STF, RE 231673 AgR, 2016.
68. STF, Plenário, RE 598572, 2016; RE 599309, 2018.
69. STF, RE 656089, 2018.
70. STF, Tribunal Pleno, ADI 2.672, 2006.
71. STF, RE 239.397, 2000.
72. No RE 336.134, contudo, o STF entendeu válida a inovação, sob o argumento de que, estando em situações diferentes as empresas lucrativas e as não lucrativas, o tratamento diferenciado se justificava: STF, Tribunal Pleno, 2002.

Por fim, nos debruçaremos um pouco sobre o princípio da praticabilidade da tributação.

A atribuição de competência tributária aos entes políticos ocorre para que possam, legitimamente, buscar recursos no patrimônio privado para fazer frente aos gastos públicos com custeio e investimentos. O exercício da tributação não é um fim em si mesmo, mas um instrumento. Só se admite a intervenção no patrimônio das pessoas porque é necessário para o financiamento das atividades que cabe ao Estado promover. É essencial, por isso, que a tributação ocorra por mecanismos que lhe permitam chegar aos seus objetivos do modo mais simples, econômico, confortável e eficiente possível.

É necessário, assim, que as leis tributárias sejam aplicáveis, de modo que a apuração dos créditos seja viável e que o Fisco disponha de mecanismos que reduzam o inadimplemento e a sonegação, bem como facilitem e assegurem a fiscalização e a cobrança.

BECKER já dizia que "a regra jurídica somente existe (com natureza jurídica) na medida de sua praticabilidade. [...] A regra jurídica deve ser construída não para um mundo ideal, mas para agir sobre a realidade social"[73].

COSTA define: "'Praticabilidade' é a qualidade ou característica do que é praticável, factível, exequível, realizável. Tal atributo está intimamente relacionado ao direito, permeando-o em toda a sua extensão, pois este só atua no campo da possibilidade – vale dizer, somente pode operar efeitos num contexto de realidade"[74].

Como princípio jurídico, a praticabilidade aparece implicitamente[75]. DERZI ensina:

> A praticabilidade não está expressamente em nenhum artigo da Constituição, mas está em todos, porque nada do que dissemos aqui teria sentido se as leis não fossem viáveis, exequíveis, executáveis e não fossem efetivamente concretizadas na realidade; portanto, a praticabilidade tem uma profunda relação com a efetividade das normas constitucionais. Praticabilidade é um nome amplo, genérico, e significa apenas um nome para designar todos os meios, todas as técnicas usadas para possibilitar a execução e a aplicação das leis. Sem execução e sem aplicação, as leis não têm sentido; elas são feitas para serem obedecidas. Por isso a praticabilidade é um

---

73. BECKER, Alfredo Augusto. *Teoria geral do direito tributário*. 2. ed. São Paulo: Saraiva, 1972, p. 63-64.
74. COSTA, Regina Helena. *Praticabilidade e justiça tributária. Exequibilidade de lei tributária e direitos do contribuinte*. São Paulo: Malheiros, 2007, p. 52.
75. A legislação portuguesa, de fato, faz referência expressa ao princípio da praticabilidade, mas para fins procedimentais no Código de Procedimento e de Processo Tributário, aprovado pelo DL 433/99, em seu título II: "Art. 46. Os actos a adaptar no procedimento serão os adequados aos objetivos a atingir, de acordo com os princípios da proporcionalidade, eficiência, praticabilidade e simplicidade".

princípio constitucional básico, fundamental, embora implícito [...] o legislador, para tornar viável a aplicação da lei, muitas vezes cria presunções, ficções, padronizações[76].

DERZI refere a praticabilidade como instrumento necessário à aplicação *em massa* da lei tributária[77]. ROCHA reconhece que, em face da complexidade do sistema tributário, não há como o Estado "deixar de lançar mão [...] da ideia, objetivada na praticabilidade, de [...] facilitar a execução e a fiscalização da regra-matriz de incidência, [...] pois os fiscos não dispõem de recursos técnicos, administrativos ou de pessoal suficientes para, satisfatoriamente, dar a todos os fatos imponíveis a atenção individual [...]". E prossegue, destacando que a tributação individualizada "em grande parte dos casos, possibilita a fraude, a evasão e a sonegação fiscal, de forma que esse conjunto de fatores justifica a tributação massificada, refletida na praticabilidade"[78]. COSTA cita exemplos: as abstrações generalizantes – presunções, ficções, indícios, normas de simplificação, conceitos jurídicos indeterminados, cláusulas gerais, normas em branco –, a analogia, a privatização da gestão tributária e os meios alternativos de solução de conflitos tributários[79].

Estão no rol dessas medidas de praticabilidade da tributação, por exemplo, as obrigações dos substitutos tributários, especialmente quando envolvem presunções e ficções[80]. Aliás, estão nesta linha as diversas obrigações impostas às pessoas que, mesmo não integrantes da relação tributária contributiva, são chamadas a adotar medidas relacionadas à apuração, fiscalização, arrecadação e cobrança dos tributos, de modo que sejam mais simples e efetivas, ou seja, medidas que colaboram para a praticabilidade da tributação.

DERZI distingue a praticabilidade horizontal, adotada através de medidas estabelecidas pela própria lei, e a praticabilidade vertical, em que as medidas são adotadas por atos normativos com vista a dar a aplicação possível à lei. Mas adverte: "É função fundamental do regulamento viabilizar a execução das leis, mas dentro dos limites da lei, jamais desprezando diferenças individuais, que para a lei são fundamentais"[81].

Efetivamente, se, de um lado, a invocação da necessidade de praticabilidade da tributação justifica certas medidas simplificadoras e generalizantes, de outro é necessário

---

76. DERZI, Misabel. Princípio da praticabilidade do direito tributário: segurança jurídica e tributação. *Revista de Direito Tributário*, São Paulo, n. 47, p. 166-179, jan./mar. 1989.
77. DERZI, Misabel. Princípio da praticabilidade do direito tributário: segurança jurídica e tributação. *Revista de Direito Tributário*, São Paulo, n. 47, p. 166-179, jan./mar. 1989.
78. ROCHA, Eduardo Morais da. *Teoria institucional da praticabilidade tributária*. São Paulo: Noeses, 2016, p. 419.
79. COSTA, Regina Helena. *Praticabilidade e justiça tributária. Exequibilidade de lei tributária e direitos do contribuinte*. São Paulo: Malheiros, 2007.
80. COSTA, Regina Helena. *Praticabilidade e justiça tributária. Exequibilidade de lei tributária e direitos do contribuinte*. São Paulo: Malheiros, 2007.
81. DERZI, Misabel. Princípio da praticabilidade do direito tributário: segurança jurídica e tributação. *Revista de Direito Tributário*, São Paulo, n. 47, p. 166-179, jan./mar. 1989.

destacar que os mecanismos de praticabilidade estão sujeitos a limites. COSTA adverte: "as técnicas de praticabilidade, tanto quanto possível, devem ser veiculadas por lei"[82]. E, ainda: "a instituição das normas de simplificação deve ser justificada pela idoneidade que ostentem de permitir o controle administrativo e pela necessidade de sua adoção, sem a qual esse controle não seria possível"[83].

Sobre as *pautas fiscais* (as bases estabelecidas com presunção absoluta que dispensam a definição da base em concreto), ROCHA destaca que não podem, sob a justificativa de atribuírem praticabilidade à tributação, ser irrazoáveis ou implicar violação à capacidade contributiva e à vedação do confisco[84]. Advirta-se, ainda, que não justificam extrapolação das normas de competência.

---

82. COSTA, Regina Helena. *Praticabilidade e justiça tributária. Exequibilidade de lei tributária e direitos do contribuinte*. São Paulo: Malheiros, 2007, p. 216.

83. COSTA, Regina Helena. *Praticabilidade e justiça tributária. Exequibilidade de lei tributária e direitos do contribuinte*. São Paulo: Malheiros, 2007, p. 219; 398-406: "É preciso empreender esforço para compatibilizar, de um lado, os benefícios propiciados pela praticabilidade e, de outro, o prejuízo que as técnicas voltadas ao seu alcance certamente acarretam à justiça individual, buscando um ponto de equilíbrio entre os dois valores. [...] podemos apontar como limites à praticabilidade tributária os seguintes: (i) a veiculação dos instrumentos de praticabilidade tributária por lei; (ii) a observância do princípio da capacidade contributiva e subsidiariedade da utilização de técnicas presuntivas; (iii) a impossibilidade da adoção de presunções absolutas ou ficções para efeito de instituição de obrigações tributárias; (iv) a transparência na adoção de técnicas presuntivas; (v) a observância do princípio da razoabilidade; (vi) o respeito à repartição constitucional de competências tributárias; (vii) a justificação das normas de simplificação; (viii) o caráter opcional e benéfico aos contribuintes dos regimes normativos de simplificação ou padronização; (ix) a limitação do recurso às cláusulas gerais, conceitos jurídicos indeterminados e de competências discricionárias pelo princípio da especificidade conceitual (ou tipicidade); (x) o equilíbrio na implementação da privatização da gestão tributária; e (xi) o respeito aos direitos e princípios fundamentais. [...] No plano hipotético, cumpre ao legislador buscar o ponto de equilíbrio entre a justiça e a praticabilidade, para que, ao invés de utilizá-la como instrumento ofensivo à ideia de justiça, esta seja realizável por meio daquela. A praticabilidade realiza a justiça viável, exequível. De nada adiantaria falar numa justiça tributária inatingível, etérea, autêntico devaneio diante de um ordenamento jurídico cuja aplicação não leva em conta os valores que a compõem. [...] Diversamente, se o embate entre justiça e praticabilidade se revelar diante de um caso concreto, estaremos diante de verdadeira colisão de princípios constitucionais, a ser resolvida pelo método da ponderação, desenvolvido por Robert Alexy. Assim, verificada a colisão de tais princípios, forçoso empreender a construção de uma regra para o caso concreto, mediante a atribuição de pesos aos diferentes interesses colidentes, de modo a dar aplicação, na maior medida possível, ao princípio mais relevante em face das circunstâncias específicas sob apreciação".

84. "A adoção, em face da praticabilidade, de pautas fiscais fictícias nas quais a presunção de valores ali constantes é absoluta, além de irrazoável, viola a capacidade econômica do contribuinte, confiscando seu patrimônio, tendo em vista que não lhe possibilita provar a real base de cálculo" (ROCHA, Eduardo Morais da. Um exame crítico do julgado do Supremo Tribunal Federal que admitiu a construção de pautas fiscais de caráter absoluto na substituição tributária progressiva. *Revista Dialética de Direito Tributário*, São Paulo, n. 179, p. 36-42, ago. 2010).

Desse modo, a invocação da praticabilidade não deve servir como panaceia, como remédio que cure todos os males e que justifique quaisquer medidas adotadas em favor do Fisco. É preciso analisar se a medida adotada viola princípios básicos de tributação, como a legalidade e a capacidade contributiva, bem como se é irrazoável ou desproporcional.

Há quem diga que a praticabilidade sequer poderia ser considerada um princípio jurídico, constituindo, isto sim, mera técnica utilizada em favor da eficiência[85]. Não há dúvida de que a ideia de eficiência está presente na praticabilidade. E ÁVILA ensina que a eficiência não cria nenhum novo poder, sendo, isto sim, o modo de realização de um poder anteriormente concedido[86].

Vale destacar, ainda, que a própria eficiência também apresenta outra face, estabelecida sob a perspectiva do contribuinte. Nesse sentido, afirma COSTA: "Dentro da noção maior de eficiência, cremos ser possível deduzir, no direito pátrio, princípio apontado no direito tributário espanhol, qual seja, o da limitação de custos indiretos, segundo o qual há que se minimizar os custos indiretos derivados das exigências formais necessárias para o cumprimento das obrigações tributárias. [...] o vetor sob exame rechaça a imposição de deveres instrumentais tributários que se revelem demasiadamente custosos ao contribuinte, estimulando seu descumprimento e, consequentemente, comprometendo a eficiente arrecadação tributária"[87].

---

85. "Chegamos ao entendimento de que se trata de uma técnica usada em prol da eficiência e da boa administração, e não de um princípio, como entendem muitos autores. A praticidade, ainda que considerada como um princípio, seria, como afirma Misabel Derzi, um princípio técnico, razão pela qual entendemos não teria supremacia sobre os princípios decorrentes do primado da justiça. [...] em nome da praticidade são postos vários mecanismos como esquematizações, abstrações, generalizações, presunções, ficções, enumerações taxativas etc. Isto tudo sempre visando possibilitar uma execução simplificada, econômica e viável das leis. No entanto, para aplicação [...] de preceitos fundados na praticidade, é preciso previamente aferir a existência de possíveis dissonâncias dos mecanismos deste instituto em face de todos os valores desenhados na Constituição Federal [...]" (FERNANDES, Bruno Rocha Cesar. Praticidade no direito tributário: princípio ou técnica? Uma análise à luz da justiça federal. *RET*, n. 56, p. 106, jul./ago. 2007).
86. "A eficiência não estabelece algo objeto de realização. Ela prescreve, em vez disso, o modo de realização de outros objetos. [...] o dever de eficiência não cria poder, mas calibra o exercício de um poder já previamente concedido. Nem poderia ser diferente: se a CF/88 se caracteriza por atribuir poder aos entes federados por meio de regras de competência, o dever de eficiência não as poderia contradizer, criando poder que elas não criaram. [...] os entes federados não podem, em nome da eficiência, supor a existência de renda onde ela não estiver comprovada; conjecturar a existência de venda de mercadoria nos casos em que ela não for verificada, e assim sucessivamente" (ÁVILA, Humberto. Imposto sobre a Circulação de Mercadorias – ICMS. Substituição tributária. *RDDT 123/122*, dez. 2005).
87. COSTA, Regina Helena. *Praticabilidade e justiça tributária. Exequibilidade de lei tributária e direitos do contribuinte*. São Paulo: Malheiros, 2007, p. 14.

Assim, a adoção de medidas de praticabilidade da tributação, para que seja efetiva, com o máximo de eficiência, também deve atentar para a necessidade de que haja o mínimo de restrição aos direitos das pessoas, sejam contribuintes ou terceiros chamados a colaborar com a administração tributária. Como bem destaca CARDOSO: "O que se impõe, na verdade, é a adaptação das medidas tributárias de praticidade aos princípios constitucionais tributários. A sua validade de forma alguma pode estar vinculada simplesmente a um raciocínio utilitarista, como se a garantia da tributação fosse um valor superior aos demais"[88].

Aliás, devem ser observados apenas os princípios tributários, mas também os princípios da razoabilidade e da proporcionalidade, que, indiscutivelmente, têm larga aplicação à matéria tributária.

Note-se que a própria Constituição, por exemplo, ao autorizar a substituição tributária para frente, ressalvou o direito de imediata e preferencial restituição da quantia paga caso não se realize o fato gerador presumido, nos termos do art. 150, § 7º. Com isso, a um só tempo, prestigiou a praticabilidade da tributação e preservou a proporcionalidade de tal instrumento.

Esses princípios que acabamos de analisar permeiam toda a ordem tributária e, portanto, restam afetados quando da sua violação. Mas não é só. Há crimes contra a ordem tributária que guardam certa autonomia ao se vincularem, especificamente, ao custeio da previdência social, como veremos.

4. A previdência social: direito fundamental social, caráter contributivo, princípio da solidariedade e tipos penais especiais

No estudo do direito penal tributário, chama atenção o fato de o legislador ter se ocupado, de modo especial, com as infrações relacionadas às contribuições previdenciárias. Procuraremos, neste item, evidenciar o que há de particular relativamente a tais tributos, o porquê da sua destacada importância e, como consequência, a razão da tipificação própria dos crimes relacionados ao custeio da previdência social.

Inicialmente, importa fazer uma distinção conceitual. Não se pode confundir a seguridade social com a previdência social. Aquela é continente; esta, conteúdo; aquela é gênero; esta, espécie. A seguridade social "compreende um conjunto integrado de ações de iniciativa dos Poderes Públicos e da sociedade, destinado a assegurar os direitos

---

88. CARDOSO, Alessandro Mendes. A responsabilidade do substituto tributário e os limites à praticidade. Belo Horizonte, ano 4, n. 21, maio 2006. Disponível em: http://www.editoraforum.com.br/bid/bidConteudoShow.aspx?idConteudo=36066. Acesso em: 11 fev. 2011.

relativos à saúde, à previdência e à assistência social"[89]. Saúde, previdência e assistência são direitos sociais[90] e, portanto, direitos a prestações, direitos que custam muito à sociedade por demandarem do Estado não apenas abstenções e ações de salvaguarda, mas o desenvolvimento de políticas públicas ativas e a prestação de serviços. São, por isso, considerados direitos fundamentais de segunda geração, implicando gastos públicos substanciais.

Aliás, tal é a relevância da seguridade social e o gigantismo dos recursos nela envolvidos que conta com orçamento próprio, sendo "financiada por toda a sociedade", o que revela o caráter solidário do seu custeio. A seguridade social conta com recursos dos orçamentos dos entes políticos, de contribuições dos trabalhadores e demais segurados da previdência e contribuições das pessoas jurídicas sobre a folha de salários e os demais pagamentos a pessoas físicas por trabalho prestado, sobre a receita e sobre o lucro, bem como com contribuições sobre o concurso de prognósticos e as importações, sem prejuízo da instituição de outras contribuições por lei complementar[91].

Efetivamente, a Constituição autoriza que pessoas físicas e jurídicas sejam obrigadas a contribuir independentemente de serem ou não destinatárias de benefícios. Aliás, as pessoas jurídicas jamais serão destinatárias de benefícios de previdência social, jamais serão alcançadas por prestações assistenciais ou se utilizarão de serviços de saúde pública. A solidariedade impõe sacrifício financeiro daqueles que revelam capacidade para contribuir ainda que não beneficiários dos serviços e benefícios da seguridade social. Todos são solidariamente responsáveis no sentido de que a todos cabe a manutenção do sistema de seguridade social, tal como venha a ser estabelecido por lei.

Essa solidariedade, por certo, não é fundamento *per se* para cobrança de tributos, não autorizando que tal ocorra sem lei que o estabeleça. Enfim, a solidariedade não autoriza que seja desconsiderada a legalidade que condiciona o exercício válido da competência tributária relativamente a quaisquer tributos. Em outras palavras, do princípio da solidariedade em matéria de seguridade social não é possível extrair obrigações tributárias concretas, cuja cobrança pressupõe lei que institua as respectivas contribuições.

Mas há diferenças entre a saúde e a assistência social, de um lado, e a previdência social, de outro.

As ações e serviços de saúde são de acesso universal e igualitário, conforme o art. 196 da Constituição, não demandando contrapartida específica por parte dos usuários. Conforme a Constituição, a saúde é direito de todos e dever do Estado, garantido mediante políticas sociais e econômicas que visem à redução do risco de doença e de outros

---

89. CF, art. 194.
90. CF, art. 6º.
91. CF, art. 195.

agravos e ao acesso universal e igualitário às ações e serviços para sua promoção, proteção e recuperação[92]. As ações e serviços públicos de saúde integram um sistema único descentralizado, com atendimento integral e com a participação da comunidade.

Os serviços e benefícios assistenciais, por sua vez, por determinação expressa do art. 203 da Constituição, também são gratuitos, prestados a quem necessitar, independentemente de contribuição. A assistência social tem como objetivos a proteção à família, à maternidade, à infância e à velhice, o amparo às crianças e adolescentes carentes, a promoção da integração ao mercado de trabalho, a habilitação e reabilitação das pessoas portadores de deficiência e a promoção da sua integração à vida comunitária, bem como a garantia de um salário mínimo de benefício mensal à pessoa portadora de deficiência e ao idoso que comprovem não possuir meios para proverem a própria manutenção ou de tê-la provida por sua família[93].

A previdência social, diferentemente, organizada sob a forma de regime geral, é de filiação obrigatória e tem caráter contributivo, conforme estabelece o art. 201 da Constituição, com a redação da EC n. 20/98. É financiada, em grande parte, através de contribuições devidas pelos próprios segurados. A filiação é obrigatória, assim como o pagamento de contribuição, sem o que não se adquire direito aos benefícios. Todos os segurados obrigatórios que, de uma ou outra forma, exercem atividade econômica, independentemente do nível de renda que possuam, têm de contribuir para a previdência social. Atualmente, inclusive, o benefício de aposentadoria já não tem mais como requisitos o tempo de trabalho associado a determinado período contributivo de carência, sendo concedido, isso sim, em face do tempo de contribuição, atendidos, ainda, requisitos de idade mínima. A contribuição do segurado, portanto, tem um caráter híbrido: é tributária e é securitária. O preenchimento dos requisitos legais, dentre eles o contributivo, gera direito subjetivo ao benefício quando verificada a situação de risco social que lhe é própria. A par da contribuição dos segurados, as pessoas jurídicas que os remuneram também contribuem sobre a folha de salários e sobre os pagamentos por trabalhos prestados por pessoas físicas.

As contribuições previdenciárias tem fundamento constitucional no art. 195, I, *a*, e II, da CF e se encontram instituídas pelos arts. 20 a 25-A da Lei n. 8.212/91. No livro *Contribuições no Sistema Tributário Brasileiro*[94], coube-me abordar justamente as contribuições previdenciárias, subdivididas em capítulos específicos sobre aquelas de seguridade social previdenciárias do empregador doméstico e das empresas e sobre as contribuições de seguridade social previdenciárias dos segurados. Vejamos o seu rol:

---

92. CF, art. 196.
93. CF, art. 203.
94. PAULSEN, Leandro; VELLOSO, Andrei Pitten. *Contribuições no Sistema Tributário Brasileiro*. 4. ed. São Paulo: Saraiva, 2019.

Contribuições do empregador, da empresa e da entidade a ela equiparada

- do empregador doméstico – art. 24 da Lei n. 8.212/91
- da empresa e dos equiparados sobre a remuneração de empregados e avulsos:
  - de 20% – art. 22, I, da Lei n. 8.212/91
  - de 1% a 3% a título de SAT/RAT – art. 22, II, da Lei n. 8.212/91
  - adicional de 2,5% devida pelas instituições financeiras e assemelhadas – art. 22, § 1º, da Lei n. 8.212/91
- em substituição às contribuições sobre o pagamento de empregados e avulsos – art. 195, § 13, da CF:
  - das empresas de tecnologia da informação e comunicação, empresas do setor hoteleiro e outras – arts. 7º a 9º da Lei n. 12.546/2011
- dos clubes de futebol profissional – art. 22, § 6º, da Lei n. 8.212/91
- do empregador rural pessoa jurídica – art. 25, I e II, da Lei n. 8.870/98
- do empregador rural pessoa física – art. 25 da Lei n. 8.212/91
- da agroindústria – art. 22-A da Lei n. 8.212/91
- sobre a remuneração de segurados contribuintes individuais
  - de 20% – art. 22, III, da Lei n. 8.212/91
  - adicional de 2,5% devida pelas instituições financeiras – art. 22, § 1º, da Lei n. 8.212/91
- das empresas tomadoras de serviços de cooperativas – art. 22, IV, da Lei n. 8.212/91

Contribuições sociais de seguridade social previdenciárias dos segurados

- do empregado, inclusive do doméstico, e do trabalhador avulso – art. 20 da Lei n. 8.212/91
- dos contribuintes individual e facultativo – art. 21 da Lei n. 8.212/91
- do segurado especial – art. 195, § 8º, da CF e art. 25 da Lei n. 8.212/91
- dos servidores públicos para os regimes próprios de previdência
- dos servidores inativos e pensionistas
- do militar

Esse é o universo das contribuições previdenciárias. E a relevância da sua identificação está em que eventuais crimes tributários que as envolvam atraem a incidência de tipos especiais. Isso porque o legislador, ao aprovar a Lei n. 9.983/2000, acrescentou os arts. 168-A e 337-A à Parte Especial do Código Penal, aquele tipificando a apropriação indébita previdenciária e este a sonegação de contribuição previdenciária.

Tratando-se de crimes tributários envolvendo contribuições previdenciárias, portanto, migramos da Lei n. 8.137/90 para os arts. 168-A e 337-A do Código Penal, tipos que prevalecem no conflito aparente de normas pela aplicação do critério da especialidade.

Mas, reitero, não basta estarmos cuidando de contribuições de seguridade social, área que envolve saúde, previdência e assistência, conforme o art. 194 e seguintes da Constituição Federal. Os tipos especiais referem ilícitos relacionados, exclusivamente, às contribuições previdenciárias, as quais constituem subespécies de contribuições de seguridade social.

5. Levando a tributação a sério: o combate aos ilícitos tributários como imperativo ético e legal

O tributo evoluiu ao longo dos tempos deixou de se apresentar como um sacrifício exigido à força pelos soberanos para constituir o objeto de relações jurídico-obrigacionais entre o Estado-Administração e os contribuintes. Ainda assim, por muito tempo, persistiu a ideia de polarização entre Estado e sociedade civil, entre Fisco e contribuinte.

Em 1933, em sua obra *Steuerrecht*, um dos pais do direito tributário, HENSEL, destacava que parte da doutrina penalista ainda pretendia privar o direito penal tributário de qualquer conexão interna com o direito penal porque os ilícitos tributários consistiriam na desobediência, pura e simples, de uma ordem administrativa, mas não na vulneração de deveres ético-jurídicos que a sociedade exige do indivíduo em relação ao seu comportamento moral[95]. HENSEL apontava, porém, não ser possível prosseguir sustentando que a evasão fiscal consistisse em uma mera contravenção formal, enquanto "delito do homem honesto". A defraudação dolosa já passara a estar sujeita a penas privativas de liberdade e não apenas a multas tributárias[96].

Com a evolução dos regimes democráticos, passou-se, efetivamente, a perceber e a assentar que o tributo é instrumento da própria sociedade para viabilizar que os poderes constituídos realizem seus misteres constitucionais em prol da promoção dos direitos fundamentais. Desenvolveu-se a consciência de que o pagamento dos tributos é um imperativo que a todos importa e aproveita e que deve haver um comprometimento dos contribuintes e colaboradores com o cumprimento das suas obrigações.

---

95. HENSEL, Albert. *Derecho tributário*. Título original: Steuerrecht. Berlín/Heidelberg: Julius Springer, 1933. Traducción y estudio preliminar por Andrés Báez Moreno, Marisa Luisa González-Cuéllar Serrano y Enrique Ortiz Calle. Madri: Marcial Pons, 2005, p. 396.
96. HENSEL, Albert. *Derecho tributário*. Título original: Steuerrecht. Berlín/Heidelberg: Julius Springer, 1933. Traducción y estudio preliminar por Andrés Báez Moreno, Marisa Luisa González-Cuéllar Serrano y Enrique Ortiz Calle. Madri: Marcial Pons, 2005, p. 397.

NABAIS ensina que "de um quadro em que essa fuga se configurava como um mero delito de cavalheiros, que, mais do que censura social, despertava sentimentos de admiração e respeito, passou-se, com o advento do Estado social, para outro em que se começou a apelar para ideias como a de que é através da cobrança dos impostos que o Estado realiza os objectivos de justiça social que a sua dimensão democrática lhe impõe". E segue: "a crescente eticidade, que hoje em dia se reconhece ao ilícito tributário, entroncaria assim na relevância ética que actualmente se atribui ao sistema fiscal como meio privilegiado de realização da justiça retributiva, o qual, nos termos do art. 103, n. 1, da nossa Constituição, visa não só a satisfação das necessidades financeiras do Estado e demais entidades públicas, mas também uma repartição justa dos rendimentos e da riqueza"[97]. Vale, porém, a ressalva de RODRIGUES em obra que prefaciamos sobre os fundamentos éticos da tributação: "a concepção do dever de contribuir, como dever de cidadania, não se presta de forma alguma a legitimar abusos ou ilegalidade. Pelo contrário, o conhecimento do fundamento da tributação atua em duas frentes: se, de um lado, integra valor ao dever do contribuinte; de outro, dá uma consciência dos seus direitos como cidadão-contribuinte, o que lhe permite detectar e se insurgir contra desmandos ou arbitrariedades, porventura cometidas, no exercício da tributação. Inserido, por excelência, no campo constitucional, o dever tributário se relaciona, efetivamente, com o conjunto de princípios e direitos que caracterizam o constitucionalismo moderno"[98].

O exercício da tributação, conforme desenhada pelo Sistema Tributário Nacional, precisa ser efetivo e primar pela generalidade e pela igualdade também na aplicação das leis, sendo do interesse de todos que não haja tolerância com os inadimplentes contumazes e com os sonegadores. Mas o combate à sonegação não é, apenas, uma questão de aplicação da legislação que pune as infrações tributárias, destacando-se, antes e sobretudo, a percepção de que o sonegador vive como um parasita da sociedade, às custas dos tributos pagos pelos outros, que o carregam nas costas. Cuida-se, portanto, também de um imperativo ético.

VELOSO destaca que é preciso "diferenciar as situações de ignorância da lei e de insolvência, daquela outra na qual o contribuinte, apesar de praticar fatos geradores da obrigação tributária, deixa de cumprir o dever jurídico de recolher tributos, fraudando o erário com práticas ilícitas e dolosas". Ressalta que "esse tipo de evasão, mediante fraude, é repudiada pela sociedade que vê nos sonegadores pessoas inescrupulosas e desonestas, daí ser plenamente justificada a existência de uma legislação que as coíba"[99].

---

97. NABAIS, José Casalta. *Direito fiscal*. Coimbra: Almedina, 2007, p. 451.
98. RODRIGUES, Raphael Silva. *Fundamentos éticos da tributação*. Belo Horizonte: D'Plácido, 2021, p. 215.
99. VELOSO, Roberto Carvalho. *Crimes tributários*. São Paulo: Quartier Latin, 2011, p. 98.

Tenha-se sempre presente que a supressão e redução de tributos, a par de violar os interesses imediatos do erário, afronta a igualdade e a livre concorrência.

Se o sacrifício tributário se impõe como um dever fundamental, que seja arcado de modo equitativo por todos! Se a economia de mercado pressupõe igualdade nas regras do jogo, que o pagamento dos tributos seja feito ou imposto a todos, assumindo neutralidade!

Ganhando consistência a compreensão da importância e da legitimidade do crédito tributário, abriu-se espaço para uma ação mais dura contra os inadimplentes contumazes, os sonegadores e aqueles que praticam apropriação indébita tributária.

São aplicadas multas por infrações tributárias que, em casos de fraude e sonegação, podem chegar a 150%[100], ainda que o STF tenha firmado posição no sentido de limitar essas multas a 100% para que não assumam efeito confiscatório[101].

Ademais, muitas medidas que outrora talvez fossem consideradas sanções políticas contra os devedores, mecanismos ilegítimos de retaliação aos contribuintes faltosos, violadoras dos direitos individuais e, por isso, inválidas, passaram a ser admitidas. Refiro-me, exemplificativamente, à cassação de registro especial do inadimplente contumaz, à exigência de regularidade fiscal para ingresso e permanência no simples, ao protesto de CDAs, à publicização de cadastros de devedores da dívida ativa, à validade do arrolamento administrativo com efeito de indisponibilidade e à solicitação direta de compartilhamento de dados sob sigilo bancário.

Vejamos essa questão das sanções políticas com um pouco mais de detalhamento, sobretudo para identificar as restrições a direitos consideradas proporcionais pela jurisprudência atual.

O STF possui jurisprudência consolidada no sentido de que "o Estado não pode valer-se de meios indiretos de coerção, convertendo-os em instrumentos de acertamento da relação tributária, para, em função deles – e mediante interdição ou grave restrição ao exercício da atividade empresarial, econômica ou profissional – constranger o contribuinte a adimplir obrigações fiscais eventualmente em atraso". Considera que "discrepa, a mais não poder, da Carta Federal a sanção política objetivando a cobrança de tributos", assim considerada a "medida coercitiva do recolhimento do crédito tributário que restrinja direitos fundamentais dos contribuintes devedores de forma desproporcional e irrazoável".

Efetivamente, são inadmissíveis restrições que impeçam ou inviabilizem o gozo do direito ao livre exercício de atividade econômica ou profissional em razão da pura e simples existência de débitos do contribuinte.

---

100. Lei n. 9.430/96, art. 44, I e § 1º.
101. STF, ARE 776.273 AgR, 2015; AI 838.302 AgR, 2014; ARE 776.273 AgR, 2015; RE 863.049 AgR-ED, 2015.

A jurisprudência do STF está consolidada nos seguintes enunciados:

> Súmula 70 do STF: *É inadmissível a interdição de estabelecimento como meio coercitivo para cobrança de tributo.*
>
> Súmula 323 do STF: *É inadmissível a apreensão de mercadorias como meio coercitivo para pagamento de tributos.*
>
> Súmula 547 do STF: *Não é lícito à autoridade proibir que o contribuinte em débito adquira estampilhas, despache mercadorias nas alfândegas e exerça suas atividades profissionais.*

Assim, constituem sanções políticas medidas como a interdição de estabelecimento, não autorização da emissão de documentos fiscais e cassação da habilitação profissional. Ainda "consubstancia sanção política visando o recolhimento de tributo condicionar a expedição de notas fiscais a fiança, garantia real ou fidejussória por parte do contribuinte"[102].

O STJ entende que "a inscrição da empresa no rol de contribuintes considerados inaptos pelo Fisco sergipano configura sanção política", porquanto "dificulta o exercício de sua atividade", na medida em que atrai regra própria de responsabilização tributária do transportador, procedimento diferenciado para recolhimento do imposto e aumento da carga tributária ao considerar maior percentual de margem de valor agregado.

As sanções políticas são proscritas e, se forem adotadas, mesmo que mediante lei, serão inválidas por inconstitucionais. Mas nem todas as restrições a direitos constituem sanções políticas. A condição de contribuinte inadimplente, por vezes, implica restrições que não se mostram desproporcionais nem abusivas.

Não há que se considerar como restrição desproporcional ao exercício de direitos, *e.g.*, a exigência de demonstração do pagamento de tributo inerente a determinada operação. É descabido invocar, no ponto, a Súmula 323 do STF, porquanto não se confundem a apreensão de mercadorias com a sua retenção até que demonstrada a regularidade fiscal da operação. Assim é que não há impedimento à exigência da prova do pagamento dos tributos incidentes na importação como condição ao desembaraço e à liberação dos produtos. Esse entendimento também é aplicado pelo STJ relativamente aos direitos *antidumping*: "A quitação dos direitos *antidumping* é requisito para perfectibilização do processo de importação. A retenção de mercadorias e a exigência do recolhimento de tributos e multa ou prestação de garantia integram a operação aduaneira. Inaplicabilidade da Súmula 323 do Supremo Tribunal Federal"[103].

---

102. STF, Tribunal Pleno, RE 565048, 2014.
103. STJ, REsp 1.728.921, 2018.

O STF já decidiu que não constitui sanção política, ainda, o protesto extrajudicial de CDAs. Frisou que não implica restrição efetiva a direitos fundamentais dos contribuintes, inexistindo afronta ao devido processo legal. Isso porque "o fato de a execução fiscal ser o instrumento típico para a cobrança judicial da Dívida Ativa não exclui mecanismos extrajudiciais, como o protesto de CDA". Além disso, "o protesto não impede o devedor de acessar o Poder Judiciário para discutir a validade do crédito". E, de outro lado, "a publicidade que é conferida ao débito tributário pelo protesto não representa embaraço à livre-iniciativa e à liberdade profissional, pois não compromete diretamente a organização e a condução das atividades societárias (diferentemente das hipóteses de interdição de estabelecimento, apreensão de mercadorias etc.)". Ademais, "Eventual restrição à linha de crédito comercial da empresa seria, quando muito, uma decorrência indireta do instrumento, que, porém, não pode ser imputada ao Fisco, mas aos próprios atores do mercado creditício". Entendeu, ainda, que a "medida é adequada, pois confere maior publicidade ao descumprimento das obrigações tributárias e serve como importante mecanismo extrajudicial de cobrança, que estimula a adimplência, incrementa a arrecadação e promove a justiça fiscal"; "é necessária, pois permite alcançar os fins pretendidos de modo menos gravoso para o contribuinte (já que não envolve penhora, custas, honorários etc.) e mais eficiente para a arrecadação tributária em relação ao executivo fiscal (que apresenta alto custo, reduzido índice de recuperação dos créditos públicos e contribui para o congestionamento do Poder Judiciário)"; e "é proporcional em sentido estrito, uma vez que os eventuais custos do protesto de CDA (limitações creditícias) são compensados largamente pelos seus benefícios, a saber: (i) a maior eficiência e economicidade na recuperação dos créditos tributários, (ii) a garantia da livre concorrência, evitando-se que agentes possam extrair vantagens competitivas indevidas da sonegação de tributos, e (iii) o alívio da sobrecarga de processos do Judiciário, em prol da razoável duração do processo"[104].

Do mesmo modo, não há impedimento a que se condicione o julgamento de partilha ou adjudicação à prova da quitação dos tributos relativos aos bens do espólio, o que aliás constitui norma geral estabelecida pelo art. 193 do CTN. Não constitui sanção política, ainda, exigir o pagamento prévio de taxa para a obtenção de passaporte.

Justifica-se, ainda, excepcionalmente, a cassação ou não renovação de registros especiais de contribuinte inadimplente contumaz, conforme reconheceu o STF na AC 1.657-6 relativamente a uma indústria de cigarros que foi impedida de funcionar por deixar de pagar, reiteradamente, o IPI. Isso porque a inadimplência contumaz implica não apenas prejuízos ao Fisco, como também desequilíbrios na concorrência, mormente em setores mais sensíveis em que a tributação assume patamares muito onerosos. Os tributos constituem custos importantes da atividade produtiva, sendo impositivo que

---

104. STF, ADI 5135, 2016.

os empresários cumpram suas obrigações, sob pena de se criarem vantagens competitivas artificiais. Na oportunidade, o ministro Joaquim Barbosa ponderou que "para ser reputada inconstitucional, a restrição ao exercício de atividade econômica deveria ser desproporcional".

Há, ainda, restrições de caráter geral, que não aparecem propriamente como penalidades, mas que limitam o tráfego jurídico das pessoas quando em situação fiscal irregular. A participação em licitações, por exemplo, está condicionada à regularidade fiscal do interessado, o que se justifica porquanto o Poder Público não está obrigado a contratar com quem não vem cumprindo suas obrigações fiscais, constituindo a restrição, também, um incentivo aos contribuintes que se mantêm em dia. Da mesma maneira, válida é a legislação que condiciona à regularidade fiscal o acesso a linhas de financiamento públicas. Além disso, em novembro de 2013, o STF decidiu pela constitucionalidade da admissão ao Simples Nacional apenas das empresas que ostentem regularidade fiscal. Não concordamos com tal orientação, mas é o que se vê do RE 627.543, em que restou afirmada a constitucionalidade do art. 17, V, da LC n. 123/2006.

Vale destacar, também, o lançamento de um aplicativo para *smartphones* pela Procuradoria-Geral da Fazenda Nacional, em janeiro de 2020, intitulado *Dívida Aberta*, que, a partir da fotografia do código QR de uma nota fiscal, permite saber se o emissor tem dívidas tributárias e de FGTS, bem como visualizar a localização dos devedores mais próximos[105].

Além do aperto do cerco aos inadimplentes e sonegadores através dessas medidas administrativas de reforço à fiscalização e de restrição à posição dos inadimplentes, os fiscos[106] passaram a realizar representações fiscais para fins penais em maior número e o Ministério Público a oferecer denúncias com frequência. Inclusive, passou-se a entender alcançadas pelo direito penal condutas que, anteriormente, sequer eram objeto de denunciação. Refiro-me, exemplificativamente, à interpretação de que a apropriação indébita tributária abarca a situação dos tributos próprios indiretos embutidos nos preços e não repassados ao Fisco. Antes considerada como hipótese de simples inadimplemento em matéria de ICMS e de ISS, agora é considerada conduta criminosa, com a chancela do STF, que considerou constitucional essa interpretação do art. 2º, II, da Lei n. 8.137/90[107].

O crédito tributário vem assumindo, assim, um novo e mais elevado *status*. Objeto de atenção do legislador com a ampliação paulatina das prerrogativas da fiscalização tributária e das garantias do crédito, de forte atuação da Administração tributária com medidas cada vez mais efetivas e de decisões judiciais em que o juízo

....

105. AGÊNCIA BRASIL. Governo lança aplicativo que lista devedores da União. 2020. Disponível em: http://agenciabrasil.ebc.com.br/economia/noticia/2020-01/governo-lanca-aplicativo-que--lista-devedores-da-uniao. Acesso em: 3 out. 2021.
106. Federal, estaduais e municipais.
107. Trabalhamos esta questão, com detalhamento, em item próprio adiante.

de proporcionalidade tem em alta consideração a legitimidade da tributação, os créditos vêm sendo constituídos e exigidos com rigor. Com isso, a situação dos contribuintes sonegadores ou mesmo simplesmente inadimplentes está, dia a dia, mais complicada.

É importante que haja a conscientização dos contribuintes quanto à necessidade de cumprimento escorreito das suas obrigações e da gravidade das infrações à legislação tributária, em especial, as dolosas, que configuram, muitas vezes, crime contra a ordem tributária. A conduta outrora disseminada de resistência à tributação, de evasão a todo custo, mediante omissões ou fraudes, mostra-se absolutamente inadmissível e gera consequências muito gravosas para os seus agentes.

O cumprimento do dever fundamental de pagar tributos, através do cumprimento das obrigações tributárias instituídas por lei, é de elevada importância jurídica. As infrações a tais obrigações são punidas com sanções administrativas e, quando dolosas, também com sanções criminais.

6. Os atores da cena tributária: servidores públicos, contribuintes e colaboradores que violam suas obrigações, comprometendo a ordem tributária

A tributação constitui função estatal. As competências da União, dos Estados, do Distrito Federal e dos Municípios estão estabelecidas nos arts. 145, 148, 149 e 153 a 156 da Constituição Federal.

Os entes políticos instituem os tributos e figuram, eles próprios, como sujeitos ativos, podendo a lei colocar nessa posição, ainda, outra pessoa jurídica de direito público, como as autarquias. Efetivamente, no polo ativo da relação jurídico-tributária, figura, necessariamente, uma pessoa jurídica de direito público que exerce a atividade administrativa plenamente vinculada de regulamentar, fiscalizar e cobrar os tributos. O art. 119 do CTN assim dispõe: "Art. 119. Sujeito ativo da obrigação é a pessoa jurídica de direito público, titular da competência para exigir o seu cumprimento". Esse dispositivo está em plena sintonia com o quanto previsto já no art. 3º do CTN: "Tributo é toda prestação pecuniária compulsória, em moeda ou cujo valor nela se possa exprimir, que não constitua sanção de ato ilícito, instituída em lei e cobrada mediante atividade administrativa plenamente vinculada".

Há todo um sistema normativo de direito administrativo regulando o funcionamento da Administração Tributária. Regula as carreiras tributárias, as atribuições de auditores e procuradores fiscais, bem como as prerrogativas de fiscalização, os atos administrativos de lançamento e tudo o mais que diz respeito à atuação da Administração nessa área. Tem cunho eminentemente administrativo, organizando e instrumentalizando a máquina estatal para que leve a bom termo a fiscalização, a arrecadação tributária e a cobrança dos tributos.

O art. 37 da CF não só constitucionaliza os princípios aplicáveis à Administração Pública em geral como estabelece, em seu art. XVIII, que "a administração fazendária e seus servidores fiscais terão, dentro de suas áreas de competência e jurisdição, precedência sobre os demais setores administrativos, na forma da lei". O CTN também se estende sobre a matéria, por exemplo, assegurando, aos agentes fiscais, amplo acesso aos registros contábeis, mercadorias e documentos (art. 195), enquanto a LC n. 105/2001 enseja a solicitação de informações pelo Fisco diretamente às instituições financeiras, desde que em face de procedimento de fiscalização instaurado e fundamentada a sua necessidade por decisão administrativa. A Lei n. 11.457/2007, por sua vez, dispõe sobre a unificação da administração tributária federal, e a Lei n. 10.593/2002 disciplina a carreira da Auditoria da Receita Federal.

Inequivocamente, portanto, a tributação se faz pela ação dos servidores públicos que exercem funções administrativas relacionadas à tributação. São os auditores-fiscais das delegacias e das inspetorias da Receita Federal do Brasil (SRFB: DRFB e IRFB), os fiscais de tributos ou auditores fiscais das Secretarias da Fazenda (Sefaz) dos Estados e dos Municípios e os demais servidores dos quadros desses órgãos, que viabilizam a sua atuação, bem como os procuradores da Fazenda Nacional, dos Estados e dos Municípios, muitas vezes com atribuições que envolvem a inscrição em dívida ativa, a realização de parcelamentos, transações e cobrança compulsória.

No exercício das suas funções, por certo que tais servidores devem pautar-se pelos princípios que regem a Administração, como a legalidade, a impessoalidade, a transparência, a moralidade e a eficiência e que devem cumprir seus deveres funcionais, estabelecidos nos regimes jurídicos próprios. O descumprimento dos deveres funcionais pode afetar a regularidade da ordem tributária, estando, algumas condutas, definidas como crimes. Temos, por exemplo, os crimes de excesso de exação, corrupção passiva fiscal, extravio, sonegação ou inutilização de livro, processo ou documento fiscal, facilitação ao descaminho e advocacia administrativa fiscal. Nesses casos, atuando em prol ou em detrimento dos contribuintes, com ilegalidade e desvio de finalidade, ofendem a ordem tributária.

Mas se num lado da relação jurídico-tributária está a pessoa jurídica de direito público que figura como sujeito ativo (art. 119 do CTN), atuando através dos seus servidores, no outro polo dessa relação figuram os obrigados enquanto sujeitos passivos (arts. 121 e 122 do CTN).

O art. 121 do CTN cuida do "sujeito passivo" da obrigação tributária principal. Ao fazê-lo, limita-se a dizer que sujeito passivo "é a pessoa obrigada ao pagamento de tributo ou penalidade pecuniária" e que pode ser "contribuinte, quando tenha relação pessoal e direta com a situação que constitua o respectivo fato gerador" ou "responsável, quando, sem revestir a condição de contribuinte, sua obrigação decorra de disposição expressa de lei". Cuida-se, contudo, de uma simplificação grosseira e que leva a diversos equívocos na interpretação e na aplicação das normas tributárias.

O art. 121 não esclarece, por exemplo, que o contribuinte e o responsável não são sujeitos passivos de uma mesma relação jurídica. O contribuinte é obrigado no bojo de uma relação contributiva, instituída por lei forte no dever fundamental de pagar tributos. O terceiro – referido pelo art. 121, simplesmente, como "responsável" – é obrigado no bojo de uma relação de colaboração com a Administração, para a simplificação, a facilitação ou a garantia da arrecadação.

Tanto o contribuinte como o terceiro podem vir a ser obrigados ao pagamento do tributo, sujeitando-se à cobrança e à execução no caso de inadimplemento. Mas suas obrigações decorrem de diferentes dispositivos legais, têm diferentes hipóteses de incidência e surgem em momentos próprios. Enfim, são inconfundíveis. É falso imaginar que, ocorrido o fato gerador do tributo, dele decorra diretamente a obrigação de qualquer outra pessoa que não o contribuinte. O terceiro só pode ser obrigado ao pagamento do tributo mediante previsão legal específica. Pagará com recursos do próprio contribuinte, na qualidade de responsável tributário por substituição ou substituto tributário, ou com recursos próprios, mas, neste último caso, em decorrência do descumprimento de uma obrigação sua de colaboração para com o Fisco (na qualidade de substituto tributário quando tenha deixado de proceder à retenção e ao repasse ou na qualidade de responsável tributário por transferência, na chamada responsabilidade de terceiros). Cabe notar que o obrigado ao pagamento de penalidade é, necessariamente, quem cometeu a infração, o infrator, seja ele o próprio contribuinte ou um terceiro colaborador.

O art. 121 ainda nos leva a uma visão demasiadamente simplificadora dos sujeitos passivos. Isso porque refere tão somente duas categorias: contribuinte e responsável. Nesta última, insere qualquer terceiro não contribuinte. A exata compreensão das relações jurídicas que vinculam terceiros ao Fisco exige, porém, um maior detalhamento. Tanto a doutrina estrangeira como a nacional cuidam de distinguir, dentre os terceiros, o substituto tributário, de um lado, e o responsável tributário, de outro, isso quando não detalham ainda mais, dando autonomia a outras categorias, como aos chamados agentes de retenção.

Considera-se substituto tributário o terceiro obrigado diretamente ao pagamento do tributo em lugar do contribuinte, mas com recursos que possa cobrar ou reter dele. Considera-se responsável tributário o terceiro obrigado subsidiariamente ao pagamento do tributo forte no inadimplemento por parte do contribuinte e do descumprimento, pelo responsável, de um dever seu de colaboração para com a Administração que tenha favorecido aquele inadimplemento.

Não constitui sujeito passivo o mero pagador que, por liberalidade, paga tributo em nome de outrem. Também não é sujeito passivo o chamado contribuinte de fato, a quem é diretamente transferido o ônus econômico do tributo mediante destaque expresso do valor devido na operação, mas que não está obrigado ao pagamento e não pode ser demandado pelo Fisco.

Quanto ao sujeito passivo de obrigação tributária acessória, não entra em questão se a pessoa a ela obrigada é contribuinte, substituto ou responsável tributário, se goza ou não de imunidade ou de algum benefício fiscal como a isenção. Todos, contribuintes ou não, seja em que situação estiverem, podem ser obrigados por lei ao cumprimento de deveres formais, forte no dever fundamental de colaboração com a fiscalização tributária e desde que revelem capacidade colaborativa.

A condição de sujeito passivo de obrigação acessória dependerá única e exclusivamente da previsão, pela legislação tributária, de que lhe seja atribuído determinado dever formal de fazer (*e.g.,* elaborar folha de salários indicando as contribuições previdenciárias devidas), não fazer (*e.g.,* não transportar mercadoria sem nota fiscal) ou tolerar (*e.g.,* facultar o acesso dos auditores fiscais à documentação fiscal da empresa) em benefício da atividade tributária.

Assim colocada a cena tributária, vê-se que, em regra, seus atores são, de um lado, os servidores da Administração Tributária e das Procuradorias Fiscais e, de outro, os sujeitos passivos de obrigações tributárias principais e acessórias, sejam eles contribuintes ou terceiros colaboradores, como os substitutos e os responsáveis tributários. Essas são as pessoas, às vezes coadjuvadas por outras, que, descumprindo suas obrigações, podem violar a ordem tributária e, desse modo, ser agentes de crimes contra a ordem tributária quando suas condutas se enquadrarem nos respectivos tipos penais.

Capítulo 2

O Direito Penal em Face do Direito Tributário

7. O direito penal tributário como direito de sobreposição ao direito tributário

O tema da unidade do direito é essencial à sua compreensão enquanto sistema jurídico. CANARIS observa que a unidade é característica do conceito geral de sistema, não permitindo "uma dispersão numa multitude de singularidades desconexas, antes devendo deixá-las reconduzir-se a uns quantos princípios fundamentais"[1]. XAVIER desenvolve o tema e afirma que, se de um lado é possível vislumbrar subsistemas específicos por ramo do direito, "não menos verdade é a constatação de que há princípios fundamentais que entrelaçam todos estes 'ramos' e reclamam congruência entre as soluções por eles apresentadas aos casos concretos"[2]. Afirma: "há que lidar com os diversos ramos do direito em termos articulados"[3]. DIFINI destaca que "autonomia não significa ausência de interpenetrações ou vasos comunicantes entre os diversos ramos do direito"[4].

BECKER pontua que "a 'autonomia' de qualquer ramo do direito positivo é sempre e unicamente didática para, investigando-se os efeitos jurídicos resultantes da incidência

---

1. CANARIS, Claus-Wilhem. *Pensamento sistemático e conceito de sistema na ciência do direito*. 2. ed. Lisboa: Fundação Calouste Gulbenkian, 1996, p. 1213.
2. XAVIER, Leonardo Ventimiglia. *Direito sancionador tributário*: a necessária sistematização do direito de punir infrações tributárias. Dissertação de Mestrado sob a orientação do Prof. Dr. Luiz Felipe Silveira Difini. Porto Alegre: UFRGS, 2017, p. 34.
3. XAVIER, Leonardo Ventimiglia. *Direito sancionador tributário*: a necessária sistematização do direito de punir infrações tributárias. Dissertação de Mestrado sob a orientação do Prof. Dr. Luiz Felipe Silveira Difini. Porto Alegre: UFRGS, 2017, p. 35.
4. DIFINI, Luiz Felipe Silveira. *Manual de direito tributário*. 4. ed. São Paulo: Saraiva, 2008, p. 10.

de determinado número de regras, descobrir a concatenação lógica que as reúne num grupo orgânico e que une este grupo à totalidade do sistema jurídico"[5].

Há ramos do direito que recaem sobre uma realidade já regulada pelo direito, tomando como pressuposto para a sua incidência situações e relações jurídicas sob a disciplina de outro subsistema. O próprio Direito Tributário frequentemente opera desse modo. É muito comum que as normas tributárias pressuponham posições jurídicas definidas pelo direito do trabalho, pelo direito empresarial ou pelo direito civil. COÊLHO e MOREIRA ensinam: "O direito tributário é um direito de superposição, que atua sobre as relações que se formam sob a égide das demais normas do ordenamento jurídico". E seguem: "É a apreensão de um dado da realidade fática, ocorrido sob o pálio de normas jurídicas oriundas de outros ramos do direito (mormente o direito privado, consoante referido), que possibilitará a cobrança de tributos por parte do Estado-Administração. O direito privado abarca todo o rol de relações civis, comerciais, industriais, marítimas, *et caterva*"[6]. CASTRO também reconhece: "O legislador tributário pode se utilizar de conceitos com conteúdo econômico desenvolvidos no seio do direito privado para viabilizar a mecânica do fenômeno tributário. Nesses casos, os conceitos em questão, que não precisam ser reconstruídos no espaço tributário, porque já consolidados no direito privado mais antigo, de maturação mais longa, serão tomados com os contornos presentes na seara privada"[7]. VELLOSO analisa todo o desenvolvimento dessa questão relativa às mutações conceituais e invoca Wilhelm Hartz no ponto em que, considerando o postulado da unidade do ordenamento jurídico, diz que o direito tributário deve, em princípio, a ele se ajustar. E segue: "na linguagem jurídica os termos devem, em geral, ter o mesmo significado. A inobservância dessa regra, com a atribuição de sentido arbitrário a signos de significado estável, levaria [...] a uma babilônica confusão da linguagem"[8].

Não se está defendendo a impossibilidade de o legislador tributário estabelecer seus próprios conceitos ou de concebê-los em tal ou qual extensão para lhes atribuir efeitos tributários específicos, mas do descabimento de se pressupor uma mutação conceitual *a priori*. Caso o legislador tributário atribua sentido próprio a conceitos cunhados originalmente em outros ramos do direito, caberá ao aplicador tomá-lo sob

---

5. BECKER, Alfredo Augusto. *Teoria geral do direito tributário*. 2. ed. São Paulo: Saraiva, 1972, p. 28-29.
6. COÊLHO, Sacha Calmon Navarro; MOREIRA, André Mendes. Reflexos do novo Código Civil no Direito Tributário. *Direito tributário e o novo Código Civil*. *In*: GRUPENMACHER, Betina Treiger (org.). *Direito tributário e o novo Código Civil*. São Paulo: Quartier Latin, 2004, p. 197-250.
7. CASTRO, Aldemario Araujo. Diretrizes hermenêuticas na jurisprudência tributária do Supremo Tribunal Federal: um debate fundamental em torno dos conceitos presentes na Constituição. Disponível em: http://www.aldemario.adv.br/a2.pdf. Acesso em: 4 out. 2021.
8. VELLOSO, Andrei Pitten. *Conceitos e competências tributárias*. São Paulo: Dialética, 2005, p. 72.

o critério da especialidade, como também ressalta CASTRO[9]. Efetivamente, há de se ter em conta, com SCHICK, que não é correto falar em primazia de um ramo do direito sobre o outro, pois estão lado a lado[10].

E, como bem adverte VELLOSO, amparado em Giannini, "não é peculiaridade do direito tributário estabelecer normas jurídicas cujas hipóteses de incidência são compostas por situações regradas por outro ramo do direito, o que ocorre com frequência no direito penal"[11].

Quando analisamos o direito penal tributário, percebemos isso com clareza, porquanto se reveste das características próprias de um direito de sobreposição ou de superposição. Basta que tenhamos em conta o entendimento consolidado pelo STF na Súmula Vinculante 24, no sentido de que as ações por crimes materiais contra a ordem tributária pressupõem a constituição dos respectivos créditos pelas autoridades administrativas. Respostas sobre como o crédito tributário é constituído e quando se considera definitivamente constituído só o direito tributário provê.

No tipo do art. 1º da Lei n. 8.137/90, por sua vez, temos a criminalização da conduta de suprimir ou reduzir tributo devido mediante omissões ou condutas fraudulentas. É o direito tributário que aponta se a relação jurídico-tributária se estabeleceu de modo hígido, quais eram as obrigações do sujeito passivo e quanto deveria ter prestado. Tenha-se em conta, ainda, o tipo penal de excesso de exação, do art. 316, § 1º, do Código Penal, que se perfaz pela ação do servidor que exige tributo "que sabe ou deveria saber indevido", o que pressupõe a definição sobre a existência do crédito tributário, conforme as normas de direito tributário.

Todos esses casos evidenciam a sobreposição do direito penal a situações reguladas pelo direito tributário.

DERZI é precisa ao enfatizar que os crimes contra a ordem tributária "são disciplinados em normas penais de sobreposição, de modo que sua identificação e penalização dependem da exata compreensão e extensão das normas tributárias, relacionadas com a espécie. Saber o que é tributo devido e se ele é devido ou quais são as obrigações acessórias, previstas nas leis tributárias, é essencial para o encontro da espécie penal"[12]. E segue a eminente jurista mineira: "A lei penal, que descreve delitos de fundo tributário,

---

9. CASTRO, Aldemario Araujo. Diretrizes hermenêuticas na jurisprudência tributária do Supremo Tribunal Federal: um debate fundamental em torno dos conceitos presentes na Constituição. Disponível em: http://www.aldemario.adv.br/a2.pdf. Acesso em: 4 out. 2021.
10. SCHICK, Walter. Haftung für Steuerschulden auf Grund Privatrechts?: Zugleich ein Beitrag zur Abgrenzung Steuerrecht – Privatrecht. Köln: Verlag Dr. Otto Schmidt KG, 1993, p. 42.
11. VELLOSO, Andrei Pitten. *Conceitos e competências tributárias*. São Paulo: Dialética, 2005, p. 68.
12. DERZI, Misabel Abreu Machado. Notas de atualização. *In*: BALEEIRO, Aliomar. *Direito tributário brasileiro*. 11. ed. Rio de Janeiro: Forense, 1999, p. 761.

como a sonegação fiscal, não pode ser aplicada sem apoio no direito tributário, porque as espécies penais nela estabelecidas são complementadas pelas normas tributárias"[13].

Não é por outra razão, aliás, que os juízos criminais se abstêm de adentrar as questões de direito tributário, tomando como pressuposto o quanto decidido na esfera administrativa tributária ou, se discutida perante o Judiciário, no juízo tributário.

Mas o direito penal tributário não se sobrepõe, apenas, ao direito tributário. Sobrepõe-se ao direito administrativo também. Isso porque há tipos de crimes contra a ordem tributária praticados por servidores públicos, agentes da administração tributária, que dizem respeito ao exercício das suas funções em conformidade, por exemplo, com a legalidade, a moralidade e a impessoalidade. É o caso do crime de corrupção passiva fiscal, de que trata o art. 3º, II, da Lei n. 8.137/90.

Essa peculiaridade do direito penal tributário faz com que o direito penal, o direito tributário e o direito administrativo, no ponto, estejam bastante imbricados.

Em palestras e cursos que ministrei sobre os crimes de sonegação tributária, destaquei a necessidade de tratamento conjunto da matéria por profissionais especializados, em parceria. Devem figurar, lado a lado, criminalistas e tributaristas, dado o caráter decisivo que a análise das questões tributárias pode exercer sobre punibilidade e a culpabilidade dos crimes contra a ordem tributária. Questões como a decadência do direito do Fisco de constituir o crédito tributário, a demonstração de que determinada obrigação, à época dos fatos, não era clara conforme o estado da jurisprudência de então, se era ou não admitida a compensação tributária de tal ou qual modo, se determinado planejamento tributário pode ser percebido como fraudulento, todas envolvem conhecimentos específicos e especializados de direito tributário. Efetivamente, há aspectos que dizem respeito à existência do crédito e ao dolo no comportamento do agente só descortináveis, muitas vezes, pelo conhecimento dos tributaristas, forte na sua bagagem teórica e dogmática e na sua experiência com a tributação.

8. Unidade do ilícito (ou unidade do injusto) e resguardo da competência jurisdicional tributária: da pendência de ação judicial tributária, das questões prejudiciais e da suspensão do processo penal

Sanção, esclarece AURÉLIO, é "medida repressiva infligida por uma autoridade"[14]. Em sentido jurídico, ensina SILVA, "significa o meio coercitivo disposto pela própria

---
13. DERZI, Misabel Abreu Machado. Notas de atualização. *In*: BALEEIRO, Aliomar. *Direito tributário brasileiro*. 11. ed. Rio de Janeiro: Forense, 1999, p. 766.
14. FERREIRA, Aurélio Buarque de Holanda. *Novo Dicionário Aurélio da Língua Portuguesa*. 4. ed. Curitiba: Positivo, 2009, p. 1799.

lei, para que se imponha o seu mando, ou a sua ordenança", assinalando as penalidades decorrentes da falta de cumprimento[15]. GOLDSCHMIDT, dedicando-se a aclarar a noção de sanção, principia retomando critérios para a definição de castigo, definindo-o como "um mal a serviço do bem", desde que observada a proporcionalidade[16]. CUNHA esclarece que "o termo 'sanção', não raras vezes, é equivocadamente utilizado como sinônimo de coerção e de coação", mas que há diferenças entre eles. Enquanto a coerção consiste na coação psíquica ou psicológica, com vista a prevenir transgressões, incutindo nos destinatários da norma o medo de que indesejáveis consequências jurídicas previstas na norma legal se realizem", "o termo 'coação' refere-se à imposição concreta da sanção disposta na norma jurídica (modo de efetivação da sanção), utilizando-se de necessário constrangimento que força o destinatário da norma a subjugar-se na punição ou mera consequência normativa", sendo a sanção a "consequência jurídica prevista nas normas (costumeiramente associada a uma consequência ruim) para o descumprimento do enunciado normativo"[17]. Na literatura, encontramos obras clássicas com títulos correlatos, relacionados à questão penal, como *Dos delitos e das penas*[18] e *Crime e castigo*[19].

Mas ilícito e sanção são gêneros que se desdobram por todo o ordenamento jurídico. Para ANDRADE FILHO, "há sanção quando uma norma prevê qualquer espécie de penalidade, sendo, em princípio, irrelevante o fato de que a norma violada esteja alojada num determinado diploma normativo que 'pertença' ao direito civil, direito penal, direito administrativo, direito tributário etc."[20].

Conforme PADILHA, o direito penal, enquanto ramo autônomo que primeiramente formou-se, "não monopoliza a ideia de 'ilicitude' e 'sanção', de tal sorte que há normas sancionatórias incluídas em classes pertencentes a outros ramos jurídicos"[21]. Assenta que "a sanção será penal, se for consequência de ilícito tipificado na lei penal, como crime ou contravenção", "será administrativa para os ilícitos tipificados na lei administrativa que disciplina as atividades da Administração", "será tributária para os ilícitos tipificados na lei tributária ou fiscal, reguladora da instituição, arrecadação e fiscalização dos tributos, disciplinando a relação entre o sujeito passivo – titular do dever jurídico

---

15. SILVA, De Plácido e. *Vocabulário jurídico*. 32. ed. Rio de Janeiro: Forense, 2016, p. 1262.
16. GOLDSCHMIDT, Fabio Brun. *Teoria da proibição de bis in idem no direito tributário e sancionador tributário*. São Paulo: Noeses, 2014, p. 346-351.
17. CUNHA, Leonardo Dias da. *A ilegitimidade da responsabilização objetiva por infração tributária*. Belo Horizonte: Arraes Editores, 2019, p. 57-58.
18. BECCARIA, Cesare. *Dos delitos e das penas*. São Paulo: Edipro, 2017.
19. DOSTOIÉVSKI, Fiódor. *Crime e castigo*. São Paulo: Editora 34, 2016.
20. ANDRADE FILHO, Edmar Oliveira. *Direito penal tributário*: crimes contra a ordem tributária e contra a previdência social. 7. ed. São Paulo: Atlas, 2015, p. 5-6.
21. PADILHA, Maria Ângela Lopes. *As sanções no direito tributário*. São Paulo: Noeses, 2015, p. 61.

de recolher o tributo e cumprir os deveres instrumentais – e sujeito ativo – titular do direito subjetivo de exigir referidos deveres tributários"[22].

Ainda na lição de PADILHA, "os ilícitos fiscais e correlatas sanções aproximam-se dos ilícitos penais e suas penalidades em decorrência de sua identidade ontológica e teleológica, respectivamente, implicando uma sujeição simultânea dessas entidades a princípios comuns de repressão"[23]. GOLDSCHMIDT, por sua vez, dedica todo um item da sua obra para discorrer acerca da "identidade ontológica do ilícito penal e do ilícito administrativo" e para firmar "a unicidade do *jus puniendi* e as consequências daí decorrentes"[24].

GOMES e BIANCHINI, refletindo sobre os crimes tributários, de antemão firmam a premissa: "Ontologicamente inexiste diferenciação entre a sanção tributária e aquela oriunda da condenação em um processo administrativo. Muitas vezes, inclusive, ambas sanções (penal tributária e administrativa tributária) são idênticas". E seguem categóricos: "A opção entre considerar determinada conduta como sendo um crime ou de remetê-la para o âmbito de um ilícito administrativo pertence ao legislador. Tal escolha, entretanto, deve estar fundada em criteriosa análise, já que a remessa para o direito penal deve, sempre, ser feita de forma muito parcimoniosa, em face dos princípios da subsidiariedade e da fragmentariedade"[25].

Em 1962, SAINZ DE BUJANDA já afirmava: "las infracciones tributarias constituyen, lisa y llanamente, una espécie de infracción del orden jurídico, de naturaleza sustancialmente idéntica de las incorporadas al Código Penal y las leyes penales especiales. La circunstancia de que esas infracciones, y las sanciones inherentes a ellas, se contengan en leyes de tipo tributario, no altera la anterior afirmación. Efectivamente, las normas en que se definen las infracciones y se establecen las sanciones son de naturaleza 'jurídico penal', cualquiera que sea el texto positivo en que se encuentren incorporadas"[26].

A importância de se identificar a natureza punitiva das normas que estabelecem sanções, sejam essas normas administrativas ou penais, é que, a partir de tal premissa, resta definido o regime jurídico que lhes é comum e ao qual estão submetidas, especialmente no que tange aos seus parâmetros de validade e à orientação das suas interpretação

---

22. PADILHA, Maria Ângela Lopes. *As sanções no direito tributário*. São Paulo: Noeses, 2015, p. 63.
23. PADILHA, Maria Ângela Lopes. *As sanções no direito tributário*. São Paulo: Noeses, 2015, p. 100.
24. GOLDSCHMIDT, Fabio Brun. *Teoria da proibição de bis in idem no direito tributário e sancionador tributário*. São Paulo: Noeses, 2014, p. 351.
25. GOMES, Luiz Flávio; BIANCHINI, Alice. Reflexões e anotações sobre os crimes tributários. *In*: MACHADO, Hugo de Brito (coord.). *Estudos de direito penal tributário*. São Paulo: Atlas, 2002, p. 509.
26. SAIZ DE BUJANDA, Fernando. *Hacienda y derecho*. Madri: Instituto de Estudios Políticos, 1962. v. II, p. 213.

e aplicação. Há um macrossistema repressivo, orientado constitucionalmente, com garantias fundamentais que lhe impõem função, limites e modos, projetando-se nos diversos subsistemas do direito. Abarca o direito penal, por excelência, e todos os demais ramos do direito no que diz respeito aos preceitos que lhes dão coercibilidade, *es decir*, às sanções cominadas pelo descumprimento das normas por eles próprios estabelecidas. Valendo-se da teoria de LUHMANN[27] e aplicando-a ao mundo jurídico, CUNHA afirma que se deve "considerar a comunicabilidade/permeabilidade entre os subsistemas, que são diretamente influenciados ou mesmo comandados por regras gerais fundantes do macrossistema (o ordenamento jurídico, formado por seus subsistemas – ramos do direito, didaticamente considerados autônomos)"[28]. E acrescenta: "como decorrência da unidade do ilícito, no sancionamento jurídico há uma permeabilidade dos princípios constitucionais, dos princípios gerais do direito e dos princípios gerais de repressão, devendo-se ressaltar que a regra jurídica a ser aplicada em cada caso decorre da integração normativa de todo o ordenamento em relação a dada matéria, preservando-se a própria hierarquia das normas, com prevalência das normas constitucionais"[29].

Mais uma vez, estamos em face do grande tema da unidade do direito – já abordado no item em que trabalhamos o direito penal como direito de sobreposição – e, em especial, da unidade do ilícito.

SCHMIDT, "diante da evidente unicidade de ilicitude", ensina que, em se tratando de crimes de sonegação fiscal, "estamos diante de uma infração penal em que é pressuposto do ilícito penal, no mínimo, o ilícito fiscal". E esclarece: "Afirmar-se a independência das instâncias administrativa e penal é uma conclusão de natureza processual; afirmar-se que a ilicitude é uma só, ao contrário, é uma afirmativa de natureza material, e esta é que nos interessa"[30]. E prossegue afirmando que a unidade do ordenamento jurídico "determina a formulação de um conceito de ilicitude único para todas as áreas do direito". Segue afirmando que, nos delitos de sonegação fiscal, "a edição de tipos penais incriminadores [...] simplesmente seleciona os mais graves ilícitos fiscais para, mediante a sanção penal, conferir proteção ao bem jurídico protegido pela norma"[31].

....

27. LUHMANN, Niklas. *Sistemas sociais*: esboço de uma teoria geral. Petrópolis: Vozes, 2016. *Vide*, também: LUHMANN, Niklas. *Teoria dos sistemas na prática*. Petrópolis: Vozes, 2020. v. I a III.
28. CUNHA, Leonardo Dias da. *A ilegitimidade da responsabilização objetiva por infração tributária*. Belo Horizonte: Arraes Editores, 2019, p. 75.
29. CUNHA, Leonardo Dias da. *A ilegitimidade da responsabilização objetiva por infração tributária*. Belo Horizonte: Arraes Editores, 2019, p. 213.
30. SCHMIDT, Andrei Zenkner. *Exclusão da punibilidade em crimes de sonegação fiscal*. Rio de Janeiro: Lumen Juris, 2003, p. 77.
31. SCHMIDT, Andrei Zenkner. *Exclusão da punibilidade em crimes de sonegação fiscal*. Rio de Janeiro: Lumen Juris, 2003, p. 78.

DERZI, por sua vez, ensina: "Todas as vezes, sem exceção, em que houver ilícito penal, haverá ilícito tributário. Não há possibilidade de o direito penal sancionar procedimento, ação ou omissão, que o direito tributário autoriza. O fato ilícito, penalmente punível, é somente aquele executado sem direito, ou seja, em desacordo com o restante da ordem jurídica, no caso, a tributária. Por isso, a doutrina consagra o princípio da unidade do injusto"[32]. Ainda esclarece e detalha: "Nos delitos de fundo tributário, as normas que valoram, que são efetivamente lesadas, são aquelas tributárias. O comportamento descrito na lei penal – de sonegação fiscal, de infringência à ordem tributária – se concretizado, realizará a lei penal. Mas a antijuridicidade (vale dizer, o injusto ou a ilicitude da ação) só se compreende por meio da interpretação e integração das leis tributárias, que definirão os deveres e direitos que devem ser observados. Por isso, Adolf Merkel, com base nessas premissas, acentuou o critério unitário do injusto. [...] O que é importante realçar é que a compreensão do injusto penal depende da compreensão do injusto tributário. A lei penal, que descreve delitos de fundo tributário, como a sonegação fiscal, não pode ser aplicada sem apoio no direito tributário, porque as espécies nela estabelecidas são complementadas pelas normas tributárias"[33]. Por fim, assenta com firmeza: "O princípio da unidade do injusto penal e tributário [...], por força do qual aquilo que é penalmente sancionado é também ilícito para a totalidade do sistema jurídico, não encontra nenhuma exceção"[34]. VELOSO, na mesma linha, aponta que "os delitos contra a ordem tributária supõem não só a realização das condutas típicas, descritas na lei penal, mas também e principalmente, a transgressão dos deveres tributários", sendo que "se o direito tributário autoriza o comportamento, exclui-se a antijuridicidade e não se configura crime"[35].

Colhe-se da jurisprudência que "para a seara criminal, basta a existência de lançamento definitivo em vigor, valendo a presunção de legitimidade do ato administrativo"[36]. Mais: "para fins de persecução penal, o procedimento fiscal constitui prova, na acepção técnica do termo, da materialidade dos fatos tipificados no art. 1º da Lei n. 8.137/90, porquanto produzido sob o crivo do contraditório e da ampla defesa[...], sendo presumidamente regular e legítimo"[37].

Isso porque a constituição definitiva do crédito tributário dá segurança quanto à sua existência e liquidez, de modo que, quando objeto de crime contra a ordem tributária, serve de suporte para a pretensão punitiva.

....

32. DERZI, Misabel Abreu Machado. Notas de atualização. *In*: BALEEIRO, Aliomar. *Direito tributário brasileiro*. 11. ed. Rio de Janeiro: Forense, 1999, p. 760.
33. DERZI, Misabel Abreu Machado. Notas de atualização. *In*: BALEEIRO, Aliomar. *Direito tributário brasileiro*. 11. ed. Rio de Janeiro: Forense, 1999, p. 766-767.
34. DERZI, Misabel Abreu Machado. Notas de atualização. *In*: BALEEIRO, Aliomar. *Direito tributário brasileiro*. 11. ed. Rio de Janeiro: Forense, 1999, p. 767.
35. VELOSO, Roberto Carvalho. *Crimes tributários*. São Paulo: Quartier Latin, 2011, p. 75.
36. TRF4, ACR 5006364-27.2015.4.04.7113, 2020, excerto do voto condutor.
37. TRF4, ACR 5001080-67.2017.4.04.7016, 2020, excerto do voto condutor.

É certo que os atos da Administração Tributária sujeitam-se à apreciação do Judiciário. O acesso à Justiça é livre, é amplo, está sempre à disposição. Afinal, "a lei não excluirá da apreciação do Poder Judiciário lesão ou ameaça a direito" (art. 5º, XXXV, da CF).

Desse modo, o crédito tributário constituído definitivamente na esfera administrativa e que serve de suporte à ação penal pode ser discutido judicialmente quanto à sua forma, à higidez do procedimento de lançamento e mesmo quanto ao mérito do crédito e seu montante, mas na via própria.

A jurisprudência é firme no sentido de que "é descabida a discussão sobre a nulidade ou não do procedimento administrativo fiscal em processo criminal", porquanto "a alegação da existência de vícios no referido procedimento deve ser manejada na esfera adequada para o exercício da pretensão anulatória do crédito tributário, e não no âmbito da Justiça Criminal"[38]. Considera-se que "o processo penal não é a via adequada para a impugnação de supostas irregularidades ou nulidades ocorridas durante o procedimento administrativo", ou seja, "eventuais vícios na constituição do crédito tributário são, em princípio, examináveis na competente via administrativa e/ou cível (âmbito judicial) não competindo ao juízo criminal imiscuir-se nessa matéria"[39]. Em outros termos, "o processo criminal não é a via adequada para a impugnação de eventuais nulidades ocorridas no procedimento administrativo de lançamento do crédito tributário"[40].

Resta perquirir qual o efeito do ajuizamento de ação tributária anulatória sobre a ação penal tributária. Pode-se dizer, com tranquilidade, que o simples ajuizamento não produz qualquer efeito *in re ipsa*. O STJ reconhece que "havendo lançamento definitivo, a propositura de ação cível discutindo a exigibilidade do crédito tributário não obsta o prosseguimento da ação penal que apura a ocorrência de crime contra a ordem tributária, tendo em vista a independência das esferas cível e penal"[41], também já tendo afirmado que "a existência de ação anulatória de débito fiscal não obsta o recebimento da denúncia e o prosseguimento da ação penal", sendo que, deparando-se com tal situação, decidiu por "determinar o prosseguimento da ação penal"[42]. O acesso à Justiça é livre, mas acessá-la não significa ter razão, não cria qualquer presunção de procedência do pleito nem interfere sobre a realidade. Conforme o STJ, "Eventuais vícios no procedimento administrativo fiscal, enquanto não reconhecidos na esfera cível, não repercutem no processo em que houve condenação por sonegação fiscal"[43].

---

38. STJ, AgRg no AREsp 469137, 2017.
39. TRF4, ACR 5001080-67.2017.4.04.7016, 2020, excerto do voto condutor. Assim também: TRF4, ACR 5059797-48.2016.4.04.7100, 2020. E, ainda: TRF4, ACR 5006364-27.2015.4.04.7113, 2020, excerto do voto condutor.
40. STJ, REsp 1130197/PR, 2013, excerto do voto condutor.
41. STJ, RHC 149961, 2021.
42. STJ, HC 777489, 2009.
43. STJ, AgRg no REsp n. 1.840.604, 2022.

O Código de Processo Penal, ao cuidar das questões prejudiciais, prevê a hipótese de "o reconhecimento da existência da infração penal depender de decisão sobre questão [...] da competência do juízo cível", determinando que, "se neste houver sido proposta ação para resolvê-la, o juiz criminal poderá, desde que essa questão seja de difícil solução e não verse sobre direito cuja prova a lei civil limite, suspender o curso do processo, após a inquirição das testemunhas e realização das outras provas de natureza urgente" (art. 93 do CPP). E prossegue dispondo que "O juiz marcará o prazo da suspensão, que poderá ser razoavelmente prorrogado, se a demora não for imputável à parte", sendo que "Expirado o prazo, sem que o juiz cível tenha proferido decisão, o juiz criminal fará prosseguir o processo, retomando sua competência para resolver, de fato e de direito, toda a matéria da acusação ou da defesa" (§ 1º). Havendo ação ajuizada no juízo tributário buscando a anulação do crédito tributário, faculta-se ao juiz[44], portanto, a suspensão do processo penal pelo prazo que marcar e com a possibilidade de ser "razoavelmente prorrogado". Conforme EISELE, não há obrigação de suspensão do processo penal, por exemplo, "quando a ação civil se demonstrar meramente protelatória, pela evidente fragilidade de seu substrato fático ou jurídico"[45].

Suspenso o processo, incumbe ao Ministério Público intervir na ação tributária para "promover-lhe o rápido andamento", conforme determina do art. 93, § 2º, do CPP.

A concessão de tutela provisória em ação anulatória ou outras decisões eficazes, como a sentença em mandado de segurança e o acórdão em ação anulatória não sujeito a recurso com efeito tempestivo, impõem a suspensão da ação penal. É que lançam incerteza quanto à existência do crédito tributário, razão pela qual, inclusive, nos termos do art. 151, IV e V, do CTN, implicam a suspensão da sua exigibilidade. No dizer do STJ, "a existência de decisão administrativa ou judicial favorável ao contribuinte provoca inegável repercussão na própria tipificação do delito, caracterizando questão prejudicial"[46]. A tutela de evidência aponta para o reconhecimento de ampla probabilidade de acolhimento final da pretensão quando fundada em tese firmada em julgamento de casos repetitivos ou em súmula vinculante (art. 311, II, do CPC). A tutela de urgência, por sua vez, embora concedida em face de perigo de dano ou risco ao resultado útil do processo, também pressupõe elementos que evidenciem a probabilidade do direito (art. 300 do CPC), de modo que gera a presunção de que o pleito será ao final acolhido. Já as sentenças em mandado de segurança e acórdãos em geral constituem juízos definitivos que, embora não transitados em julgado, possuem eficácia que vincula as partes. Nessas hipóteses, portanto, deve-se considerar que cabe ao juízo tributário,

---

44. DOMAIN, Pedro Roberto. *Crimes contra a ordem tributária*. 4. ed. Belo Horizonte: Fórum, 2008, p. 736.
45. EISELE, Andreas. *Crimes contra a ordem tributária*. 2. ed. São Paulo: Dialética, 2002, p. 243.
46. STJ, REsp 1413829, 2014.

necessariamente, o conhecimento da questão tributária e que a matéria resta suficientemente controvertida para que se apliquem os arts. 93 e 94 do CPP, suspendendo-se a ação penal com vista a aguardar a solução tributária final.

Já a anulação do crédito tributário por sentença ou acórdão transitado em julgado também repercutirá, por certo, sobre a ação penal tributária. Variam os efeitos conforme a anulação tenha se dado por razões materiais ou formais. Se por razões materiais que afirmam a inexistência do débito, o crédito tributário jamais deveria ter sido constituído (formalizado, documentado), pois não existe, o que abordamos em item específico sobre a extinção da punibilidade pela extinção do crédito decorrente de decisão judicial. Se por razões formais (forma ou procedimento), retorna-se ao estado original onde pode até existir a obrigação, mas em que só se poderá disso ter certeza se o respectivo crédito for regular e definitivamente constituído. Tendo sido anulado e, portanto, desconstituído o crédito tributário, ainda que por razão formal, o efeito sobre a ação penal é imediato e impede a persecução penal, tendo em conta que a constituição definitiva do crédito tributário é condição de procedibilidade, nos termos da Súmula Vinculante 24 do STF[47]. Toda a ação penal resta sem justa causa, devendo ser anulada e extinta. Efetivamente, "Anulado o procedimento administrativo no Juízo cível, com trânsito em julgado para as partes, inexiste a constituição definitiva do crédito tributário, motivo pelo qual não se tipifica crime material contra a ordem tributária, previsto no art. 1º, I, da Lei n. 8.137/90"[48]. Desenvolvemos esse ponto no item dedicado à Súmula Vinculante 24 do STF, que reconhece condição objetiva de punibilidade para os crimes materiais contra a ordem tributária.

9. O *ne bis in idem* em matéria punitiva e a dupla punição (administrativa e penal) dos ilícitos tributários

O tema da unidade do direito enseja que compreendamos o caráter sempre relativo da autonomia dos seus diversos ramos, que formam subsistemas especializados, orientados não apenas pelos princípios gerais, mas também por princípios próprios e inconfundíveis, inerentes aos seus objetos e fins. E suscita outros questionamentos. Refiro-me ao âmbito da repressão dos ilícitos: se pode ou não ser plural, múltipla, projetando-se de modo independente em diversos ramos do direito com a imposição paralela de diversas sanções

---

47. SCHMIDT entende que configura equívoco doutrinário a "atribuição da natureza de condições objetivas de punibilidade para eventos cuja verificação caracteriza o resultado exigido pelo tipo penal". Esclarece que os "limites de natureza processual à iniciativa da jurisdição estatal" constituem condições de procedibilidade. Forte em Paganella Boschi aponta que as condições de procedibilidade "não atuam propriamente como requisitos para que a 'ação possa ser exercida', mas, isto sim, como requisitos para que a inicial acusatória (que é o instrumento que veicula o direito ou poder-dever de ação) possa 'em pronunciamento da jurisdição' ser 'admitida' e processada". *Vide*: SCHMIDT, Andrei Zenkner. *Exclusão da punibilidade em crimes de sonegação fiscal*. Rio de Janeiro: Lumen Juris, 2003, p. 60-61.
48. STJ, AgRg no REsp n. 1.966.379, 2022.

ao mesmo infrator a títulos diversos. Tem ou não aplicação à matéria o *ne bis in idem*, que, como tantos outros brocardos, no dizer do saudoso ministro Teori Zavascki, "não raro de fácil compreensão popular", tem "aptidão para sintetizar razões jurídicas com elevado poder de expressividade, que conseguem atravessar os tempos, preservando sua carga suasória para muito além dos séculos, dos sistemas de governo e das diferenças culturais?"[49].

Em matéria tributária, a principal resposta punitiva é a imposição de multas pela Administração Tributária. Essas multas costumam variar conforme a gravidade da infração. Na esfera federal, quando as infrações são dolosas e praticadas com fraude ou sonegação, a pena de multa é dobrada. Ou seja, considera-se a supressão total ou parcial de tributo mediante condutas dolosas de fraude ou sonegação como critério para reconhecer a maior reprovabilidade da conduta e impor penalidade pecuniária mais elevada, capaz de inibi-la e reprimi-la. Esse dolo que autoriza e fundamenta a duplicação da multa administrativa é justamente o elemento subjetivo que a legislação penal exige para considerar a conduta um crime contra a ordem tributária, conforme se vê da combinação do art. 18, parágrafo único, do Código Penal com o art. 1º da Lei n. 8.137/90, que cuida dos crimes materiais contra a ordem tributária.

É pertinente, portanto, a colocação de algumas questões:

a) o infrator tributário pode ser punido duas vezes em razão do dolo e da fraude, uma na esfera administrativa e outra na penal?
b) em homenagem à autonomia dessas esferas, pode ser admitida a sobreposição de penas de mesma natureza (multa administrativa e multa penal) ou de diversa natureza (multa administrativa e privação de liberdade)?
c) eventuais penas de mesma natureza (multas) devem ser acumuladas ou compensadas?

SCHOUERI entende que o ilícito administrativo tem como fundamento o *ius tributandi*, enquanto os crimes tributários o *ius puniendi*. Daí porque a competência para estabelecer as sanções administrativas é decorrente da própria competência tributária e, portanto, do ente político a quem é atribuída, sejam a União, os Estados ou os Municípios, e a competência de punir é exclusiva da União[50]. Assim, manifesta reserva quanto à invocação do *ne bis in idem* no cenário brasileiro. Argumenta, com amparo em SILVA[51], que a imposição de sanções administrativas tributárias, como decorrência da competência tributária, estaria sujeita às limitações ao poder de tributar, como a vedação do confisco e a capacidade contributiva[52]. Não concordamos com esse entendimento

---

49. ZAVASCKI, Teori Albino. Prefácio. *In*: GOLDSCHMIDT, Fabio Brun. *Teoria da proibição de bis in idem no direito tributário e sancionador tributário*. São Paulo: Noeses, 2014, p. XXIII.
50. SCHOUERI, Luís Eduardo. *Direito tributário*. 10. ed. São Paulo: Saraiva, 2021, p. 883-884.
51. SILVA, Paulo Roberto Coimbra. *Direito tributário sancionador*. São Paulo: Quartier Latin, 2007, p. 229.
52. SCHOUERI, Luís Eduardo. *Direito tributário*. 10. ed. São Paulo: Saraiva, 2021, p. 884. Esse entendimento também foi exposto em painel de curso sobre Sanções e Crimes Tributários, promoção conjunta do IET e do IBDT, em maio de 2021.

que nos remete à chamada "teoria tributária" da compreensão dos ilícitos e das sanções tributárias[53]. Isso porque tanto as sanções administrativas como as criminais constituem

---

53. A respeito das teorias sobre a natureza jurídica do ilícito tributário e de suas sanções, vale recordar o trabalho de BELSUNCE no ponto em que resume seus fundamentos: *"Teoria penalista.* Encuentro dos critérios nitidamente diferenciables entre los autores que adoptan esta posición: A) *Que no hay diferencia ontológica o cualitativa entre el ilícito penal común y el ilícito tributario.* Que ello significa identidad en uno y otro campo del bien jurídico tutelado (Schwaiger, Mayer, Wagner, Hensel, Blumenteins, Sáinz de Bujanda, Soler, Manzini, Jarach, Marienhoff, Rizzi, Terán Lomas y Rodríguez Devesa). Sin embargo, algunos de los autores que participan de esta opinión admiten la distinción entre delito y contravención por diferencia entre el bien protegido, aunque en ambos casos le asignan naturaleza pena, mientras que otros fundan la distinción en la naturaleza o gravedá de la pena. B) Quienes consideran que *el carácter penal del ilícito tributario está dado solo por la naturaleza penal de la sanción*. Es próprio de este critério el considerar que la sanción tributaria, como la del derecho penal común importa uma disminución de un bien jurídico del trasgresor; o sea, que es retributiva (en el sentido penal) al decir de algún autor, represiva o sancionatoria, y no compensatória o resarcitoria, de importancia equivalente a las sanciones específicas del derecho penal común (Soler, Manzini, Jarach, Marienchoff, Bielsa, Freytes, Zanelli y Martínez). Teoría administrativista. He señalado três criterios diferenciables para fundamentar estas teorías: A) El ilícito tributario y SUS sanciones son de naturaleza administrativa, porque *el bien jurídico tutelado es distinto ontológica y cualitativamente del protegido por el derecho penal común*. En aquél es la actividad estatal, um interés público, la prosperidad del estado, un interés jurídico mediato del contribuyente. El derecho penal común tiende a la protección de los derechos naturales y sociales de los indivíduos, a darles seguridad, a proteger el orden jurídico. Son los argumentos que se utilizan para distinguir la contravención del delito (Goldschmidt, Waline, Delogy, Nunez, Andreozzi y Villegas – este también acepta la distinción en función de la pena). B) Quienes consideran que el caracter administrativo está *dado por la naturaleza, características o efectos de la pena*, que no tiende a disminuir un bien jurídico del trasgresos (como dicen los penalistas), sino a reparar o indemnizar al fisco por la conducta antijurídica del contribuyente (Villegas y Fernández Lalanne). C) Porque *la jurisdicción en las infracciones tributarias es administrativa*, en cuanto es la administración activa o contencioso-administrativa la que juzga y aplica las sanciones (sin perjuicio de los recursos judiciales ulteriores), mientras que el derecho penal es acto de jurisdicción judicial (Villegas, Basavilbaso y Diez). *Teoría tributaria.* Cuatro critérios conducen a la misma conclusión: A) La *unidad y especificidad del ilícito tributario* no admiten distinciones en ramas, autónomas o no, que impliquen alterar esa unidad de todos los aspectos de um complejo único y específico, sea que unos regulen la parte sustantiva o material, o la administrativa o formal, o la represiva o la procesal, etc. (Caranno Donvito y Giuliani Fonrouge). B) Si el derecho tributario es autónomo, esa autonomia tiene que extenderse, sin excepción alguna, a todas sus ramas y sería alterar este concepto que el derecho penal tributario o aspecto sancionador o represivo del derecho tributario tuviera una naturaleza distinta, como dependiente o subsidiario de outra rama del derecho (Dematteirs). C) El poder de legislar tipificando ilícitos tributários y aplicandoles sanciones determinadas, no es sino una consecuencia o derivación del poder tributario del estado, que sin aquél sería un poder incompleto y utópico. Por ello, el derecho penal tributario es un capítulo del derecho tributario, a pesar de que se admita que las penas tienen un carácter sancionador, y no resarcitorio o indemnizatorio, y de que *el código penal es aplicable al derecho penal tributario tan solo cuando la ley fiscal se remita a él* (posición totalmente opuesta a la penalista que considera que las disposiciones del Código Penal son aplicables al derecho penal tributario, en algunas opiniones sin admitir excepción, y en otras aceptando excepción cuando

manifestação do poder de punir do Estado, têm idêntico fundamento e se regem pelos mesmos princípios. Invocar a capacidade contributiva em matéria de penalidades implica confundir os subsistemas da própria legislação tributária, cada qual regido por fundamentos e princípios próprios. Ademais, a invocada distinta competência legislativa não se sustenta como amparo de tal entendimento, porquanto a sua distribuição decorre da estrutura federativa do Estado brasileiro, sendo que, num Estado unitário, nem existe, além do que a distribuição de competências não afeta o caráter unitário do poder de tributar nem de punir, e a necessidade, num Estado federal, de coordenação das fontes e da aplicação do direito. De qualquer modo, o próprio SCHOUERI reconhece que predomina "a ideia unitária de que não há diferença de natureza material ou qualitativa entre os ilícitos penais e administrativos"[54], bem como diz da excelente acolhida de teses no sentido do repúdio ao *bis in idem*[55].

ZAVASKI realçava que a vedação ao *bis in idem* "repudia a possibilidade de que um mesmo fato, normalmente ilícito, venha a ser tomado, simultânea ou sucessivamente, como objeto de diferentes juízos estatais de censura capazes de culminar na imposição de mais de uma sanção contra o infrator", e ensina que se trata de "concepção jurídica de conteúdo invariavelmente humanista, postada a serviço da proteção da dignidade humana frente ao arbítrio estatal"[56]. GOLDSCHMIDT, na própria obra prefaciada por Teori, afirma que "a superação do mito da independência das esferas é exigência da proibição de *bis in idem*, para o efeito de garantir que autoridades distintas e – mais importante – Poderes distintos possam coordenar-se, de forma a exercer suas competências de modo harmônico, isto é, cientes do simultâneo ou sucessivo exercício de idênticas competências repressivas por outra(s) autoridades(s), sempre em prol da máxima proteção às garantias individuais que lhes são superiores". E segue: "a outorga

....

la ley tributaria lo dispone expresamente o cuando la norma penal fuere opuesta a la naturaleza intrínseca o valoraciones jurídicas o sociales implícitas en el ilícito tributario) (Giuliani Fonrouge y Gomes de Sousa). D) La sanción, conforme a la teoría general del derecho (Kelsen), es parte o consecuencia de la norma. No puede Haber hecho imponible separado de la sanción de la conducta antijurídica, o sea, del incumplimiento o violación de aquél (Godoy)" (BELSUNCE, García. *Derecho tributario penal*. Buenos Aires: Depalma, 1985, p. 48-50).

54. SCHOUERI, Luís Eduardo. *Direito tributário*. 10. ed. São Paulo: Saraiva, 2021, p. 883.
55. Refere as teses: SABOYA, Ketty M. F. S. *Punir e (re)punir*: uma investigação sobre a impossibilidade de acumulação de sanções penais e sanções administrativas à luz do princípio do *ne bis in idem*. Rio de Janeiro: UERJ, 2012; e COSTA, Helena R. L. *Direito penal econômico e direito administrativo sancionador*: ne bis in idem como medida de política sancionadora integrada. Tese de Livre-Docência. São Paulo: USP, 2013. Obs.: tivemos acesso à tese de SABOYA com outro título: *Dimensões do princípio do* ne bis in idem. À tese de COSTA não conseguimos acesso, porquanto está em meio exclusivamente físico, inacessível durante a pandemia, em 2021.
56. ZAVASCKI, Teori Albino. Prefácio. *In*: GOLDSCHMIDT, Fabio Brun. *Teoria da proibição de* bis in idem *no direito tributário e sancionador tributário*. São Paulo: Noeses, 2014, p. XXIV.

do Poder de punir pela lei a mais de uma autoridade não pode implicar autorização para a dupla punição (simultânea ou sucessiva), para a punição exagerada, ou mesmo para a geração de insegurança (mediante novos processos sobre idênticos fatos já julgados)"[57].

No que diz respeito "às formas de se emprestar eficácia à proibição de *bis in idem*", GOLDSCHMIDT ensina que vários caminhos foram desenvolvidos para afastar a superposição ou seus efeitos nocivos de desproporção. Impedindo a superposição, há sistemas que "tomam a proibição de *bis in idem* como regra de caráter preclusivo, segundo a qual, imposta uma pena, ficará obstada a possibilidade de imposição de uma segunda", considerando-se esgotado o poder de punir. Afastando a desproporção punitiva, noutros sistemas, utiliza-se a técnica do desconto, considerado "'princípio geral de Direito da União Europeia' e 'exigência de equidade'", de modo que "a segunda sanção deva deitar-se, exclusivamente, sobre o 'excedente de culpa' ainda não punido, evitando-se que a porção de culpa, já objeto de reação punitiva, seja duplamente considerada". Ainda de modo a evitar a desproporção da dupla punição, também se encontra o critério do *cumul plafonné*, ou seja, da "cumulação com teto", em que a segunda sanção "é aplicada até o limite máximo da sanção mais grave". Esses diversos "instrumentos de interdição do *bis in idem* sancionador" variam "de acordo com a lei e a jurisprudência de cada país"[58].

GRECO, no livro *Tributação do ilícito*[59], invoca o caso Grande Stevens e outros vs. Itália, em que a Corte Europeia de Direitos Humanos afirmou que "um único fato punido com uma sanção administrativa gravosa (que corresponde a um dos critérios para identificar uma sanção como de caráter penal) e que se pretendia novamente punir criminalmente pelo órgão judicial competente, fere a garantia do *ne bis in idem*". A decisão foi baseada no item 4 do Protocolo n. 7 à Convenção Europeia de Direitos Humanos, "que consagra o direito de não ser processado, nem punido duas vezes pelo mesmo fato": "Article 4. Right not to be tried or punished twice. 1. No one shall be liable to be tried or punished again in criminal proceedings under the jurisdiction of the same State for an offence for which he has already been finally acquitted or convicted in acordance with the law and penal procedure of that State". Observe-se que, no julgado referido, restou vedada a sobreposição de uma sanção administrativa com uma judicial, embora em razão da gravosidade da sanção administrativa aplicada, considerada como de caráter penal.

....

57. GOLDSCHMIDT, Fabio Brun. *Teoria da proibição de* bis in idem *no direito tributário e sancionador tributário*. São Paulo: Noeses, 2014, p. 480.
58. GOLDSCHMIDT, Fabio Brun. *Teoria da proibição de* bis in idem *no direito tributário e sancionador tributário*. São Paulo: Noeses, 2014, p. 389-394.
59. GRECO, Marco Aurélio. A duplicação da multa e sanção penal: um *bis in idem* vedado? *In*: ADAMY, Pedro; FERREIRA NETO, Arthur M. (coord.). *Tributação do ilícito*: estudos em comemoração aos 25 anos do Instituto de Estudos Tributários – IET. São Paulo: Malheiros, 2018, p. 79.

Também invoca o Pacto Internacional sobre Direitos Civis e Políticos firmado no âmbito das Nações Unidas em 1966 e internalizado na nossa legislação brasileira em 1992. O item 7 do seu art. 14 estabelece que "Ninguém poderá ser processado ou punido por um delito pelo qual já foi absolvido ou condenado por sentença passada em julgado, em conformidade com a lei e os procedimentos penais de cada país". GRECO extrai, dessa cláusula, uma vedação genérica ao não duplo processamento e punição: "E basta!". Assim, frisa que, "identificada uma infração de caráter penal, deflagra-se a proibição referida". E segue, analisando nossa legislação. Diz que a Lei n. 9.430/96, ao determinar a duplicação da multa quando a supressão de tributos for intencional, cuida, justamente, do crime contra a ordem tributária tipificado pela Lei n. 8.137/90. Então, explica: "[...] o Fisco federal, ao lavrar um auto de infração em que se afirma existirem os pressupostos para a duplicação da multa (150%), concomitantemente, e com frequência, formula uma representação fiscal para fins penais. À vista do mesmo fato, manifesta-se uma acusação de natureza penal, identificada, inclusive, pela severidade das sanções a serem aplicadas. E, deflagram-se dois conjuntos de medidas". E conclui: "De minha parte, ou duplica-se a multa e não se instaura o processo penal, ou se deve ser instaurado o processo penal, então que não se duplique a multa. Pretender ambas as sanções é impor um *bis in idem* vedado".

Na mesma linha de se impedir o duplo processamento e a dupla punição, temos, ainda, as conclusões do congresso anual de 2015 da Associação Europeia de Professores de Direito Tributário, que versou sobre o tema Sobretaxas e Penalidades em Direito Tributário (*Surcharges and Penalties in Tax Law*)[60]. Formou-se o entendimento de que "apenas uma penalidade, seja administrativa ou judicial, deve ser imposta a mesma pessoa pela mesma conduta" e, sob a perspectiva procedimental, que "uma maior relação entre os procedimentos administrativo e criminais deve ser criada", de modo que "se a penalidade criminal, ou alternativamente, a penalidade administrativa for imposta primeiro, a outra categoria deve ser descontinuada", devendo, as autoridades fiscais "decidir assim que possível se devem considerar as consequências de uma infração fiscal como uma questão tributária ou se devem deixá-la com o Ministério Público como uma questão criminal"[61].

TESAURO, cuidando do direito italiano, é enfático: "Sanzione penale e sanzione amministrativa non si cumulano. Il sistema è improntato alla regola della unicità della sanzione, quale conseguenza del principio di specialità, in forza del quale, quando uno stesso fatto è punito sia con sanzione penale, sia con sanzione amministrativa, si applica solo la disposizione speciale (D. lgs. N. 74, art. 19, c.1). Si applica, insomma,

---

60. EUROPEAN ASSOCIATION OF TAX LAW PROFESSORS. Congress 2015. Disponível em: https://www.eatlp.org/congress-milan-2015. Mediante *login*. Acesso em: 4 out. 2021.
61. *Apud* HALPERIN, Eduardo Kowarick. *Multa qualificada no direito tributário*. Orientador: Prof. Titular Dr. Humberto Bergmann Ávila. Dissertação de Mestrado, USP, 2021, p. 138.

lo stesso principio che vale, ai sensi dell'art. 15 c. p., quando un medesimo fatto è previsto da più norme penali". E segue: "dal confronto tra norme sanzionatorie amministrative e penali, emerge che le norme penali presentano, costantemente, un elemento in più, vale a dire il dolo: di regola, la norma penale è speciale rispetto a quella che prevede l'illecito amministrativo. E, quindi, il principio di specialità, secondo l'attuale legislazione, comporta costantemente l'applicazione della sanzione penale"[62]. Esclarece, ainda, um ponto interessantíssimo: o princípio da especialidade não opera para todos os ilícitos cometidos no âmbito societário, *in verbis*: "Quando, per la sanzione amministrativa, è solidalmente responsabile (con la persona física che há commesso um illecito) uma società, l'obbligazione pecuniária che grava sulla società si cumula con la sanzione penale irrogabile allá persona física". Em suma: "In sostanza, il principio di specialità impedisce che, per il medesimo fatto, la sanzione penale e quella amministrativa vengano inflitte alla stessa persona, ma non impedisce che, per lo stesso fatto, vengano applicate sanzioni diverse a soggetti diversi (sanzione penale all-amministratore e sanzione amministrativa allá società)"[63]. Esse último ponto ganha consistência porquanto a pessoa jurídica não está sujeita à responsabilidade penal, mas responde administrativamente.

Na legislação espanhola, as sanções administrativas por infração à legislação tributária estão reguladas pelos arts. 178 e seguintes da Ley General Tributaria, sendo que os tipos de infração constam dos arts. 183 a 186, e o procedimento sancionador nos arts. 207 a 212. Já os crimes tributários constam do próprio Código Penal, a partir do art. 305. Não há cumulação ou concorrência das sanções administrativas e penais. Se a infração constitui crime, é punida criminalmente tão-somente. Efetivamente, a Lei Geral Tributária espanhola (Ley n. 58/2003), em seu art. 250, estabelece que a Administração, quando se depare com indícios de crime tributário, continuará com a tramitação do procedimento de lançamento, sem prejuízo de remeter expediente ao Ministério Público, no que diz respeito à culpa penal, abstendo-se de iniciar ou de continuar com o procedimento administrativo sancionador. E dispõe, em seu item 2, terceiro parágrafo: "La sentencia condenatória de la autoridad judicial impedirá la imposición de sanción administrativa por los mismos hechos". Se não houve condenação penal, a Administração Tributária poderá retomar o procedimento administrativo sancionador. Com isso, evita o *bis in idem*: a punição pelo ilícito tributário será exclusivamente penal, quando configure crime, ou, quando não tenha essa dimensão, será exclusivamente administrativa.

---

62. TESAURO, Francesco. *Compendio di diritto tributario*. 5. ed. 1. reimpr. Milianofiori Assago: UTET Giuridica, 2014, p. 203.
63. TESAURO, Francesco. *Compendio di diritto tributario*. 5. ed. 1. reimpr. Milianofiori Assago: UTET Giuridica, 2014, p. 204.

LAGO e MORA ensinam que "La regla del *non bis in idem* proscribe la reiteración sancionadora porque origina un castigo ajeno al juicio de proporcionalidad"[64]. AYALA e BECERRIL ressaltam que não apenas os princípios da culpabilidade e do *in dubio pro reo* são reconhecidos no campo das infrações tributárias, como "el principio de no concurrencia de sanciones tributarias o *non bis in idem*, que impide aplicar, a un mismo comportamiento infractor, las sanciones tributarias administrativas y las penas previstas en los artículos 305 y siguientes del Código Penal"[65]. ORTEGA afirma que o princípio *non bis in idem*, "principio básico del derecho sancionatorio es aplicable a las sanciones tributarias" e que "El ejemplo más claro de transgresión del principio *non bis in idem* sería la acumulación de sanciones tributarias y penales por un mismo hecho"[66]. LAPATZA já ensinava, inclusive invocando decisão do Tribunal Constitucional espanhol, na edição de 2000 da sua obra então editada em três volumes:

> Las normas penales (propias o impropias, es decir, penales administrativas) conforman un único ordenamiento jurídico. Tal unidad postula, junto a otras razones que en él inciden, el mantenimiento del principio *non bis in idem* en todos los casos.
> "El principio general del derecho conocido por *non bis in idem* – ha declarado el Tribunal Constitucional (S. de 30 de enero de 1981) – supone en una de sus más conocidas manifestaciones, que no recaiga duplicidad de sanciones – administrativa y penal – en los casos en los que se aprecie la identidad del sujeto, hecho y fundamento sin existencia de una relación de supremacia especial de la Administración – relación de funcionario, servicio público, concesionario, etc. – que justificase el ejercicio del *ius puniendi* por los Tribunales y a su vez de la potestad sancionadora de la Administración." [...] La L.R.J. y P.A.C. ha sancionado la vigencia del principio *non bis in idem* en el ámbito del derecho administrativo y, por ende, del tributario al señalar en su artículo 133 que "no podrán sancionarse los hechos que hayan sido sancionados penal o administrativamente, en los casos em que se aprecie identidad de sujeto, hecho y fundamento"[67].

Em Portugal, a Lei n. 15/2001 aprovou o Regime Geral de Infrações Tributárias, que abrange tanto o direito contra-ordenacional (sanções administrativas) como os crimes tributários (direito penal com penas privativas de liberdade). Os crimes tributários são disciplinados nessa lei própria e não no Código Penal. NABAIS esclarece: "aí temos:

---

64. LAGO, Miguel Angel Martínez; MORA, Leonardo Garcia de la. *Lecciones de derecho financiero y tributario*. Madri: Iustel, 2009, p. 511.
65. AYALA, Jose Luis Perez; BECERRIL, Miguel Perez de Ayala. *Fundamentos de derecho tributario*. 7. ed. Madri: GL, 2007, p. 196.
66. ORTEGA, Rafael Calvo. *Curso de derecho financiero. I. Derecho tributario (parte general)*. 11. ed. Thomson; Civitas, 2007, p. 404.
67. LAPATZA, José Juan Ferreiro. *Curso de derecho financiero español*. 22. ed. Madri: Marcial Pons, 2000. v. II, p. 23-124.

de um lado, infrações penais, qualificadas como crimes tributários, e as correspondentes sanções penais, constituídas pelas penas de prisão (aplicável naturalmente apenas às pessoas singulares) e de multa; e, de outro, as infracções contra-ordenacionais, designadas por contra-ordenações, e as correspondentes sanções conhecidas por coimas"[68]. Dentre os crimes tributários, estão os crimes tributários comuns, consistentes em burla tributária, frustração de créditos, associação criminosa, desobediência qualificada e violação de segredo, os crimes aduaneiros, os crimes fiscais, consistentes em fraude fiscal, fraude qualificada e abuso de confiança, e os crimes contra a segurança social[69].

O Tribunal Constitucional português, diga-se, em decisão de 2013, considerou inconstitucional o art. 8º, n. 7, do Regime Geral das Infrações Tributárias, que dizia da solidariedade dos administradores e gerentes de pessoas coletivas e sociedades pelas multas ou coimas aplicadas no período de exercício do seu cargo ou por fatos anteriores, quando, por sua culpa, a pessoa jurídica tenha se tornado insolvente ou deixado de pagar multas de que tenha sido notificada durante seu período de exercício. Considerou inconstitucional o dispositivo "quando aplicável a gerente de uma pessoa coletiva que foi igualmente condenado a título pessoal pela prática da mesma infração tributária". Da fundamentação colhe-se: "Faz aqui sentido chamar à colação o princípio *ne bis in idem* consagrado no art. 29, n. 5, da Constituição e que na sua dimensão de direito subjetivo fundamental proíbe que as normas penais possam sancionar substancialmente, de modo duplo, a mesma infração (cf. acórdãos do Tribunal Constitucional n. 244/99, 303/2005, 356/2006 e 319/2012)". Mais: "a responsabilidade sancionatória decorrente dessa disposição está interdita por implicar uma dupla valoração do mesmo facto para efeitos penais"[70].

Na legislação brasileira, as sanções administrativas constam das diversas legislações dos entes políticos, sendo que, no âmbito federal, são disciplinadas, essencialmente, pelos arts. 44 e 61 da Lei n. 9.430/96, enquanto os crimes tributários, de competência legislativa privativa da União, são tipificados pela Lei n. 8.137/90 e pelos arts. 168-A e 337-A do Código Penal. E a praxe jurídica é a invocação da independência dos ramos do direito para justificar a repressão do mesmo ilícito mediante aplicação sucessiva e sobreposta de penalidades previstas na legislação tributária e na legislação penal.

Sigamos pensando no tema.

Vejamos um exemplo de situação que pode tocar diversos ramos do direito, cada qual exigindo a extração de determinados efeitos jurídicos: um servidor público, auditor

---

68. NABAIS, José Casalta. *Direito fiscal*. Coimbra: Almedina, 2007, p. 445.
69. NABAIS, José Casalta. *Direito fiscal*. Coimbra: Almedina, 2007, p. 456-460.
70. PORTUGAL. Tribunal Constitucional. 3ª Secção. Acórdão n. 1/2013. Processo n. 373/2012. *Diário da República*, 2ª série, n. 38, 22 de fevereiro de 2013. Disponível em: https://www.tribunalconstitucional.pt/tc/acordaos/20130001.html. Acesso em: 14 nov. 2021.

fiscal da Receita Federal do Brasil, recebeu propina milionária para deixar de lavrar auto de infração e de constituir crédito tributário relativamente a uma pessoa jurídica que sonegou dezenas de milhões de reais. Os fatos acabaram sendo descobertos dois anos depois. Vejamos as consequências no que diz respeito ao servidor:

- no âmbito das relações funcionais, será aberto processo administrativo disciplinar para a apuração dos fatos que, por sua gravidade, poderão levar à exoneração do servidor a bem do serviço público (Lei n. 8112/91);
- ainda no âmbito do Direito Administrativo, mas por via judicial, será ajuizada ação de improbidade administrativa para a aplicação das penas de "perda dos bens ou valores acrescidos ilicitamente ao patrimônio, ressarcimento integral do dano, quando houver, perda da função pública, suspensão dos direitos políticos de oito a dez anos, pagamento de multa civil de até três vezes o valor do acréscimo patrimonial e proibição de contratar com o Poder Público ou receber benefícios ou incentivos fiscais ou creditícios, direta ou indiretamente, ainda que por intermédio de pessoa jurídica da qual seja sócio majoritário, pelo prazo de dez anos" (arts. 9º e 12, I, da Lei n. 8.429/92);
- no âmbito civil, será ajuizada ação pela União buscando indenização pelos prejuízos causados aos cofres públicos (art. 927 do Código Civil);
- no âmbito penal, será instaurado inquérito e, na sequência, oferecida denúncia para a responsabilização criminal do servidor, com aplicação das penas cominadas no tipo de corrupção passiva, quais sejam, pena privativa de liberdade e multa, com perda do produto e do proveito do crime, possível perda do cargo como efeito da condenação e fixação do valor mínimo para reparação do dano, isso sem falar na possibilidade de persecução, se for o caso, por crime de lavagem de dinheiro caso tenha ocorrido ocultação ou dissimulação da "natureza, origem, localização, disposição, movimentação ou propriedade de bens, direitos ou valores provenientes, direta ou indiretamente, de infração penal" (arts. 92 e 317 do Código Penal, art. 1º da Lei n. 9.613/98 e art. 387, IV, do Código de Processo Penal);
- no âmbito tributário, terá início fiscalização para verificar se o montante recebido implicou efetiva disponibilidade econômica ou jurídica de renda (de origem lícita ou não, o servidor dispôs e, quem sabe, consumiu, elevada renda), de modo que seja constituído o crédito tributário respectivo e aplicada pena de multa (Lei 7.713/88 e art. 44 da Lei 9.430/96);
- no âmbito penal, mais adiante, após a constituição definitiva do crédito tributário, poderá ser oferecida denúncia por crime contra a ordem tributária em razão da sonegação do tributo devido (art. 1º da Lei n. 8.137/90.

Observe-se que, no caso sugerido, cada ramo do direito busca a aplicação de determinados efeitos jurídicos que, ao menos em parte, lhes são próprios e inconfundíveis. Não há como exigir que todas essas consequências sejam aplicadas num mesmo processo, porquanto o direito está estruturado em subsistemas que estabelecem ritos próprios e princípios específicos que resguardem a adequada apuração e aplicação de cada efeito jurídico. E, embora a situação seja a mesma, é avaliada sob distintas perspectivas e com requisitos diversos. A aplicação de um efeito não afasta a necessidade dos demais e não se tem como abrir horizontalmente a análise sem perdermos a especialidade própria de cada ramo. Certos efeitos podem ser aplicados pela administração; outros, não, em razão da especial proteção que se dá, por exemplo, à liberdade. Levar à jurisdição penal a análise detida de efeitos administrativos funcionais, administrativos tributários e civis, transformá-la-ia em um juízo universal, disperso em temas que não são essenciais e próprios do juízo de culpabilidade penal e que não seguem o mesmo *standard* probatório.

O direito penal, aliás, de certo modo, já contempla essa compreensão. Na sentença criminal, não apenas se aplica pena privativa de liberdade e multa, mas também, como efeito da condenação, a perda do cargo, e se define o valor mínimo para reparação do dano, mas sem se adentrar a análise da exatidão do prejuízo causado, porquanto tal poderia demandar dilação probatória específica que é deixada ao juízo cível.

A perda do produto e dos proveitos do crime, a perda do cargo e o valor mínimo para reparação, embora constante da sentença penal condenatória com vista a uma maior eficácia da jurisdição, harmonizam-se com eventuais decisões tomadas no processo administrativo e nos processos judiciais de cunhos administrativo e civil: a perda dos bens ou valores acrescidos ilicitamente ao patrimônio, ainda que determinada por duas decisões, pela sua própria natureza, têm um único objeto; a exoneração ou perda do cargo ou função pública também; a indenização fixada e executada diretamente a partir da sentença penal é compensada com a reparação fixada nas ações de improbidade administrativa e de responsabilidade civil.

Note-se, de outro lado, que há penas próprias de cada ramo, como a privação de liberdade própria da justiça penal, de um lado, e suspensão dos direitos políticos de oito a dez anos própria da ação de improbidade administrativa, de outro.

O que não se pode admitir são incoerências sistêmicas entre esses efeitos ou sobreposições de penalidades da mesma natureza, como multas administrativas e nas ações de improbidade administrativa e penal. Para XAVIER, "a sobreposição irrefletida de multas tributárias qualificadas e multas criminais cujo escopo é punir a sonegação fiscal cria um *tertium genus* sancionador jamais antevisto pelo legislador"[71].

---

71. XAVIER, Leonardo Ventimiglia. *Direito sancionador tributário*: a necessária sistematização do direito de punir infrações tributárias. Dissertação de Mestrado sob a orientação do Prof. Dr. Luiz Felipe Silveira Difini. Porto Alegre: UFRGS, 2017, p. 217.

A incoerência faria ruir a razoabilidade do sistema, a lógica que o sustenta e legitima. E isso já é reconhecido pelo ordenamento. As sentenças penais absolutórias que tenham como fundamento a inexistência do fato ou da autoria (e não a simples carência de provas ou o *in dubio pro reo*) têm efeitos na esfera civil, conforme o art. 66 do Código de Processo Penal.

A não constituição do crédito tributário na esfera administrativa ou sua anulação ainda em sede de processo administrativo fiscal impede a persecução penal por crime material contra a ordem tributária porquanto esta pressupõe a supressão ou redução de tributo devido, e a Súmula Vinculante 24 do STF exige a constituição definitiva do crédito tributário como condição objetiva de punibilidade.

Já a aplicação de efeitos punitivos na esfera administrativa não impede a absolvição penal; à medida que o juízo de culpabilidade criminal exige o dolo, as garantias asseguradas ao acusado em processo criminal são maiores, e o *standard* probatório é mais elevado, ou seja, o grau de convencimento extraído do conjunto probatório precisa ser maior, de modo que não haja condenações temerárias.

10. A inconstitucionalidade da prisão civil por dívida e a ação de depósito fiscal

A legislação brasileira já previu a prisão civil de quem retivesse ou recebesse tributos e deixasse de os recolher aos cofres públicos.

A Lei n. 8.866/94 dispôs sobre "o depositário infiel de valor pertencente à Fazenda Pública". No dizer do ministro relator da ADI 1.055, essa ação de depósito fiscal "tinha o escopo primordial de coagir, sob pena de prisão, o devedor a depositar o valor referente à dívida". Outro ministro destacou que, com essa lei, "transformou-se o responsável tributário, por ficção jurídica, em depositário", partindo-se "para a possibilidade de prisão desse responsável tributário, uma vez não efetuado o depósito na ação ajuizada pela Fazenda, após a citação para contestar", ou seja, "previu-se a prisão – e tendo-se a ficção jurídica, considerada a figura do depositário infiel – antes mesmo de contestada a ação". Efetivamente, essa lei considerou depositário da Fazenda Pública "a pessoa a que a legislação tributária ou previdenciária imponha a obrigação de reter ou receber de terceiro, e recolher aos cofres públicos, impostos, taxas e contribuições, inclusive à Seguridade Social". Aperfeiçoava-se o depósito "na data da retenção ou recebimento do valor a que esteja obrigada a pessoa física ou jurídica". Seria considerado depositário infiel aquele que não entregasse à Fazenda Pública o valor retido ou recebido "no termo e forma fixados na legislação tributária ou previdenciária". Caberia ao representante judicial da Fazenda ajuizar ação civil – denominada ação de depósito – a fim de exigir o recolhimento, com seus acréscimos. O depositário seria citado para recolher ou depositar o valor, sob cominação da pena de prisão. Não recolhida nem depositada a importância, o juiz, nos quinze dias seguintes à citação, decretaria a prisão do depositário infiel por até noventa dias. Quando o depositário infiel fosse pessoa jurídica, seria decretada a prisão dos seus diretores, administradores, gerentes ou empregados que movimentassem recursos financeiros. Cessaria a prisão com o recolhimento.

A Constituição (*vide* art. 153, § 17, da EC n. 1, de 1969, à CF de 1967) vedava a prisão por dívida, ressalvando, contudo, o caso do depositário infiel e o do responsável pelo inadimplemento de obrigação alimentar. A Constituição de 8 de outubro de 1988, em vigor, seguiu a mesma linha no art. 5º, ao enunciar os direitos e garantias individuais: "LXVII – não haverá prisão civil por dívida, salvo a do responsável pelo inadimplemento voluntário e inescusável de obrigação alimentícia e a do depositário infiel". Mas também estabeleceu, no § 2º do mesmo dispositivo, que os direitos e garantias nela enunciados "não excluem outros decorrentes do regime e dos princípios por ela adotados, ou dos tratados internacionais em que a República Federativa do Brasil seja parte". Esse último dispositivo deu ensejo ao alargamento da proteção. Isso porque o art. 7º da Convenção Americana sobre Direitos Humanos, de 1969, ao qual o Brasil aderiu em 1992, estabelece que "Ninguém deve ser detido por dívidas", excepcionando, tão-somente, "os mandados de autoridade judiciária competente expedidos em virtude de inadimplemento de obrigação alimentar". Incorporado esse enunciado ao rol dos direitos e garantias fundamentais, forte no art. 5º, § 2º, da Constituição de 1988, não mais se viabilizou a prisão civil do depositário infiel.

O Tribunal Pleno do STF, no RE 466.343, em 2008, considerando o art. 5º, LXVII e §§ 1º, 2º e 3º, da CF, à luz do art. 7º, § 7º, da Convenção Americana de Direitos Humanos (Pacto de San José da Costa Rica), afirmou ser "ilícita a prisão civil do depositário infiel, qualquer que seja a modalidade do depósito". Na mesma linha, decidiu a 1ª Turma daquela Corte no AI 526.078 AgR, em 2014, reafirmando que "a prisão civil de depositário infiel é incompatível com a ordem jurídica em vigor". Finalmente, na ADI 1.055, o Tribunal Pleno, em 2016, confirmou decisão liminar concedida ainda em 1994 e julgou procedente a Ação Direta para reconhecer a inconstitucionalidade da Lei n. 8.866/94, negando validade à ação de depósito fiscal.

A Constituição Federal e a Convenção Americana de Direitos Humanos, ao proibirem a prisão civil por dívida, salvo a de alimentos, porém, não implicam a invalidade da tipificação de crimes tributários, ainda que o crime de apropriação indébita tributária de tributo retido ou cobrado do contribuinte pressuponha situação semelhante à objeto da inconstitucional ação de depósito fiscal. No HC 163.334, em que o STF considerou configurado o crime quando do não repasse do ICMS destacado na nota de venda de mercadoria, em 2019, um dos ministros destacou "a compatibilidade da tipificação penal com os limites impostos pela garantia fundamental do art. 5º, LXVI, da Constituição Federal 2 e pelo disposto no artigo 7º, item 7, da Convenção Americana de Direitos Humanos", tendo, inclusive, rememorado o quanto decidido pelo STF no julgamento do ARE 999.425-RG, em que reafirmada a jurisprudência da Corte "no sentido de que os crimes previstos na Lei n. 8.137/90 não violam o disposto no art. 5º, LXVII, da

Constituição". É que, tanto no caso da sonegação fiscal como no da apropriação indébita previdenciária, estamos é em face de crimes dolosos em que há a ação consciente de suprimir ou reduzir tributo mediante omissão ou fraude ou de deixar de repassar o montante retido ou cobrado num contexto de contumácia e com dolo de apropriação[72], sendo apurada a responsabilidade penal com observância do devido processo legal. Na responsabilidade penal, destaco, há a análise da culpabilidade do agente e, portanto, da alta reprovabilidade da sua conduta.

11. As sanções administrativas: multas simples e qualificadas

A legislação tributária contempla punições ao seu descumprimento.

Com vistas à inibição e à repressão dos ilícitos tributários, a lei pode estabelecer "a cominação de penalidades para as ações ou omissões contrárias a seus dispositivos, ou para outras infrações nela definidas" (art. 97, V, do CTN). SCHOUERI destaca que essa competência legislativa é dos diversos entes federados, como decorrência da competência tributária de cada qual[73].

As infrações à legislação tributária por parte dos sujeitos passivos[74] consistem no descumprimento de obrigações contributivas (pagar tributo) ou de colaboração com a administração tributária (descumprimento de obrigações acessórias, não realização de retenções e de repasses etc.).

As multas são as principais penalidades impostas pelas leis tributárias. Todas as multas constituem respostas a um ilícito tributário, revestindo-se, portanto, de caráter sancionatório, punitivo. Considerando que as sanções pecuniárias "não são dimensionadas na exata proporção do dano causado" e que "não substituem a obrigação principal, pelo contrário, são sempre exigidas junto com o tributo", PADILHA afirma que "as multas tributárias não cumprem a função de reparar/indenizar o dano, configurando verdadeira sanção repressiva, com a finalidade primordial de punir, reprimir e repreender o ilícito tributário". E conclui: "independentemente da denominação – multa de ofício, multa de mora, multa punitiva, multa isolada, multa agravada, multa qualificada –, a 'multa tributária' apresenta-se como medida repressiva (ou punitiva)"[75].

Configurando obrigação tributária principal, ao lado dos tributos, nos termos do art. 113, § 1º, do CTN, as multas também são objeto de lançamento e, até mesmo, de cobrança executiva, normalmente em conjunto com os tributos a que dizem respeito.

---

72. STF, Segunda Turma, RHC 197388 AgR, 2021.
73. SCHOUERI, Luís Eduardo. *Direito tributário*. 10. ed. São Paulo: Saraiva, 2021, p. 884.
74. Refiro-me às praticadas por contribuintes, substitutos e colaboradores em geral, mas não aos agentes públicos que atuam em nome do Fisco.
75. PADILHA, Maria Ângela Lopes. *As sanções no direito tributário*. São Paulo: Noeses, 2015, p. 266.

Há diversas classificações possíveis para as multas tributárias. A mais tradicional, inclusive adotada pela legislação, é a que destaca três classes de multa: moratórias, de ofício e isoladas. As multas moratórias constituem penalidades aplicadas em razão do simples atraso no pagamento de tributo. As multas de ofício são aplicadas pela autoridade fiscal através de auto de infração quando verifique que o contribuinte deixou de pagar tributo mediante equívoco, omissão ou fraude. As multas isoladas, por sua vez, são aplicadas pelo descumprimento de obrigações acessórias (formais ou instrumentais), as quais independem de ser ou não devido o tributo a que digam respeito.

Essa classificação, porém, não tem consistência técnica, porquanto, a um só tempo, utiliza critérios variados e coloca, lado a lado, gênero e espécie. Por isso, sugerimos outras classificações que entendemos possam melhor contribuir para a compreensão e a aplicação das multas.

Quanto ao procedimento, as multas são devidas automaticamente ou dependem de lançamento de ofício. As multas automáticas são as consideradas devidas independentemente de lançamento, como ocorre com as moratórias. Quando o contribuinte, fora do prazo, vai preencher guia para pagamento de tributo, deve fazer incidir os juros e a multa por iniciativa própria, em cumprimento à legislação. O próprio sistema informatizado que auxilia o preenchimento de guias já acrescenta tal. Caso o contribuinte que declarou determinado débito se mantenha inadimplente, sua inscrição em dívida ativa é feita também com a multa moratória, sem a necessidade de procedimento para aplicação de tal multa e sem notificação para defesa. As multas de ofício, por sua vez, são aquelas constituídas por lançamento em que a autoridade, verificando infração, aplica a multa, notificando o contribuinte para se defender ou pagar. Normalmente, são aplicadas de ofício as multas mais graves, em casos de omissão ou fraude, ou mesmo as multas isoladas por descumprimento de obrigação acessória.

Quanto à infração cometida, temos multas pelo atraso no pagamento, pela falta de antecipação de tributo sujeito a ajuste, pelo inadimplemento mediante omissão, pelo inadimplemento mediante fraude e por descumprimento de obrigação acessória, dentre outras. Por certo que esse rol não é exaustivo, refletindo as infrações previstas na maior parte das legislações tributárias dos diversos entes políticos.

Quanto à gravidade da infração, as multas são comuns ou qualificadas. As multas tributárias costumam ser escalonadas em percentuais graduados conforme a gravidade da infração. As decorrentes de infrações que dispensam o dolo são as comuns; as decorrentes de infrações praticadas com dolo, que merecem maior reprovabilidade, são aplicadas em percentual superior e denominadas multas qualificadas.

Quanto à autonomia, as multas podem ser dependentes ou isoladas. Há infrações que pressupõem o não pagamento de tributo (atraso, omissão ou sonegação), e outras que independem de qualquer obrigação principal, tendo como pressuposto o descumprimento de obrigações acessórias. No primeiro caso, o lançamento e/ou a cobrança da multa costuma ser realizada juntamente com o respectivo tributo; no caso das isoladas, é lançada e cobrada apenas a multa.

Quanto ao valor, as multas são fixas ou proporcionais. Fixas são as estabelecidas em montante invariável; proporcionais, as que variam mediante a aplicação de uma alíquota sobre determinado referencial, normalmente o montante do tributo devido ou da informação omitida.

Quanto ao comportamento posterior do agente, as multas podem ser aumentadas ou reduzidas. Isso porque, por vezes, a legislação estabelece causas de aumento da multa na hipótese de o contribuinte deixar de prestar esclarecimentos ou outros elementos solicitados pela fiscalização tributária e que seriam relevantes para a verificação da infração. Noutras, reduz a multa para o contribuinte que, notificado, abre mão de impugnar ou de recorrer e procede voluntariamente ao pagamento ou ao parcelamento do débito.

No âmbito dos tributos administrados pela SRFB, incluindo as contribuições de seguridade social, substitutivas e devidas a terceiros, a multa moratória é de 0,33% por dia de atraso até o limite de 20% (art. 61 da Lei n. 9.430/96). Esse percentual da multa moratória, de 20%, é chancelado pelo STF, que não o considera confiscatório. É inaplicável o limite de 2% estabelecido pelo Código de Defesa do Consumidor, porquanto, além de haver lei específica para a matéria tributária, não se pode de modo algum qualificar o contribuinte de consumidor.

Para a hipótese de falta de antecipação de tributos sujeitos a ajuste, será aplicada multa de ofício de 50% (art. 44, II, da Lei n. 9.430/96), que se trata de multa isolada, apenas por não ter ocorrido a antecipação. Caso o contribuinte efetivamente não reconheça o débito e não recolha o imposto devido, restando devedor após o período para ajuste, o Fisco agirá de outro modo: procederá ao lançamento de ofício do tributo e aplicará a multa do inciso I, de 75%. Importante é considerar que, nessa hipótese, a multa de 50% fica absorvida pela multa superior aplicada, não havendo que se falar em cumulação de multas.

Para os casos de falta de pagamento ou recolhimento, de falta de declaração e nos de declaração inexata, configurados não pelo simples inadimplemento (como já visto, sujeito à multa de até 20% do art. 61), mas pela omissão culposa em levar a informação completa e fidedigna ao conhecimento do Fisco, a multa de ofício é de 75% (art. 44, I, da Lei n. 9.430/96), percentual este que dobra para 150% nos casos de fraude, sonegação ou conluio (art. 44, § 1º, da Lei n. 9.430/96). Por definição legal, fraude "é toda ação ou omissão dolosa tendente a impedir ou retardar, total ou parcialmente, a ocorrência do fato gerador da obrigação tributária principal, ou a excluir ou modificar as suas características essenciais, de modo a reduzir o montante do imposto devido, ou a evitar ou diferir o seu pagamento" (art. 72 da Lei n. 4.502/64). Sonegação, também definida por lei, é "toda ação ou omissão dolosa tendente a impedir ou retardar, total ou parcialmente, o conhecimento por parte da autoridade fazendária: I – da ocorrência do fato gerador da obrigação tributária principal, sua natureza ou circunstâncias materiais; II – das condições pessoais de contribuinte, suscetíveis de afetar a obrigação tributária principal ou o crédito tributário correspondente" (art. 71 da Lei n. 4.502/64). Conluio, por sua vez, "é o ajuste doloso entre duas ou mais pessoas naturais ou jurídicas", visando à fraude ou à sonegação (art. 73 da Lei n. 4.502/64).

A falta de colaboração do contribuinte, quando chamado a esclarecer e a apresentar documentos relacionados à possível infração cometida, é caso de aumento de metade das penas de multa, que são de 75% ou de 150% (art. 44, § 2º, da Lei n. 9.430/96), podendo elevá-las, portanto, a 112,5% e a 225%, respectivamente. Esses aumentos são bastante discutíveis, tendo em conta o direito à não autoincriminação, mormente em face de que o ilícito tributário pode também ser qualificado como ilícito penal tributário quando da supressão ou redução de tributos mediante omissão ou fraude. Aliás, a garantia *nemo tenetur se ipsum accusare* não apenas tem caráter constitucional (art. 5º, LXIII, da CF), como se estende pela lei processual penal (arts. 6º, V, e 186 do CPP). Abrange o direito ao silêncio e o direito de não ser obrigado a produzir prova contra si mesmo. MARINO destaca que se, de um lado, o contribuinte tem o dever de informar, de outro também tem "o direito de não prestar qualquer informação, ou prestá-la incorretamente, sempre que, através dessa informação, se prestada corretamente, acabe por confessar que cometeu um crime contra a ordem tributária ou outro de qualquer natureza". E reforça: "Essa omissão em informar ou a apresentação de informação irreal, desde que não seja o modo com que se pratique um crime contra a ordem tributária, mas tão-somente um meio de não confessar um crime anteriormente praticado, é um comportamento lícito"[76].

Mas também há previsão de redução das multas para a hipótese de o contribuinte efetuar o pagamento ou requerer parcelamento de pronto ou após a rejeição da sua impugnação por decisão de primeira instância do processo administrativo. Essa redução varia de 50% a 20% do valor da multa. Será de 50% do valor da multa no caso de pagamento ou compensação efetuados em 30 dias da notificação, de 40% do valor da multa no caso de o contribuinte, nesse prazo, requerer o parcelamento do débito, de 30% do valor da multa no caso de o pagamento ou a compensação serem efetuados em 30 dias da notificação da decisão administrativa de primeira instância, e de 20% do valor da multa se, nesse último prazo, for requerido parcelamento (art. 6º da Lei n. 8.218/91, com a redação da Lei n. 11.941/2009).

---

76. MARINO, Pedro Luiz Amaral. O dever de informar e o direito ao silêncio: o direito ao silêncio (CF, art. 5º, LXII; o dever de informar (CTN, art. 197) e o direito de não se autoincriminar. Inadmissibilidade de discriminação contra o contribuinte. *In*: OLIVEIRA, Antônio Cláudio Mariz de; CAMPOS, Dejalma de (coord.). *Direito penal tributário contemporâneo*: estudos de especialistas. São Paulo: Atlas, 1996, p. 114-115.

Vale referir, ainda, que é cominada multa isolada de 50% para o caso de declaração de compensação não homologada (art. 74, § 17, da Lei n. 9.430/96). Mas essa multa foi considerada inconstitucional pelo TRF, tendo em conta a afronta ao direito de petição[77].

Ademais, a previsão legal de que se aplicaria multa de 75% no caso de deduções e compensações indevidas informadas na Declaração de Ajuste Anual da pessoa física foi revogada. Atualmente, por força da Lei n. 12.249/2010, que deu nova redação ao § 5º do art. 44 da Lei n. 9.430/96, apenas quando comprovado dolo ou má-fé do contribuinte é que essa multa poderá ser aplicada no caso de a parcela do imposto a restituir informado pelo contribuinte pessoa física deixar de ser restituída por infração à legislação tributária.

Essas multas, com seus percentuais, são aplicadas, reitero, pela Receita Federal do Brasil; no âmbito da União, portanto. Estados e Municípios têm as suas próprias leis.

Multas excessivamente elevadas, desproporcionais à infração cometida, não são admitidas. O STF permite, inclusive, a invocação da vedação de confisco nesses casos. Assim é que considera descabida a multa superior a 100% do tributo devido[78]. Vale frisar, ainda, que o STJ entende aplicável às multas tributárias, enquanto sanções, "a lógica do princípio penal da consunção, em que a infração mais grave abrange aquela menor que lhe é preparatória ou subjacente"[79].

Mas, como há muito já dizia VILLEGAS, "la falta de pago del tributo puede no solo deberse a una simple omisión, sino a manobras deliberadamente dirigidas a ese propósito, o destinadas a pagar menos de la suma que corresponde"[80]. Esses ilícitos tributários graves, a par de sujeitarem os infratores à aplicação de multas de ofício qualificadas ou isoladas pela Administração Tributária, também configuram ilícitos penais. Trata-se de condutas dolosas configuradoras de evasão tributária ou violadoras de deveres de colaboração importantíssimos para a fiscalização e a arrecadação tributária. Em regra, perfazem-se mediante omissões graves, fraudes ou apropriações indébitas.

12. As sanções penais em face da fragmentariedade, da subsidiariedade e da *ultima ratio* do direito penal: privação de liberdade, multas e restrições a direitos

O art. 5º, XXXIV, da Constituição Federal, assegura que "não há crime sem lei anterior que o defina, nem pena sem prévia cominação legal".

---

77. TRF4, Corte Especial, ARGINC 5007416-62.2012.404.0000, 2012.
78. STF, Segunda Turma, RE 748257 AgR, 2013.
79. STJ, REsp 1.496.354-PR, 2015.
80. VILLEGAS, Hector B. *Derecho penal tributario*. Buenos Aires: Ed. Lerner, 1965, p. 91.

O art. 1º da Lei de Introdução ao Código Penal (DL 3.914/41) traz o conceito formal de crime: "Considera-se crime a infração penal que a lei comina pena de reclusão ou de detenção, quer isoladamente, quer alternativa ou cumulativamente com a pena de multa". A reclusão e a detenção são penas privativas de liberdade.

Mas é preciso que se tenha em conta, também, o conceito material de crime, que o vincula, necessariamente, à violação do bem jurídico tutelado. A liberdade é dos principais direitos fundamentais, estando arrolada no próprio *caput* do art. 5º da Constituição, logo após o direito à vida: "Art. 5º Todos são iguais perante a lei, sem distinção de qualquer natureza, garantindo-se aos brasileiros e aos estrangeiros residentes no País a inviolabilidade do direito à vida, à liberdade, à igualdade, à segurança e à propriedade". A privação e mesmo a restrição a esse direito fundamental dependem de um juízo de proporcionalidade bastante rigoroso, feito, primeiramente, pelo legislador, mas também pelos aplicadores das leis. Não é à toa que a doutrina e a jurisprudência ocupam-se dos princípios da fragmentariedade (a lei penal só pode alcançar uma parte dos ilícitos: os mais graves) e da subsidiariedade (a lei penal só deve atuar quando os demais meios de controle social, inclusive o direito administrativo sancionador, não deem conta de inibir e de reprimir de modo suficiente os ilícitos), referindo o direito penal como a *ultima ratio*. A repressão penal somente se justifica quando ocorrida violação significativa aos bens jurídicos tutelados pela lei penal. GOMES é muito enfático: "Não há crime sem conduta, não há conduta penalmente relevante sem ofensa a um bem jurídico; não há ofensa penalmente punível senão quando for intolerável; porém, em razão da intervenção mínima do direito penal, nem toda ofensa intolerável deve constituir delito, porque pode haver outros meios mais idôneos para sua proteção"[81].

Os ilícitos tributários culposos não são alcançados pelo direito penal tributário. Não temos, no nosso direito, a criminalização de condutas culposas nessa seara. O descumprimento das obrigações principais e acessórias por negligência ou imperícia encontra repressão efetiva e suficiente com as penalidades aplicadas pelo Fisco mediante lavratura de autos de infração: em regra, multas moratórias, de ofício ou isoladas. Temos, aqui, a aplicação da ideia de fragmentariedade.

Os ilícitos tributários dolosos, por sua vez, quando de baixíssimo potencial ofensivo, incapaz de causar violação efetiva à ordem tributária, também não implicam crime, sendo, tais condutas, consideradas penalmente insignificantes. Refiro-me às sonegações de valor diminuto que o próprio Fisco entende justificarem, sequer, a inscrição em dívida ou a cobrança executiva. Entende-se, nesses casos, que não há justa causa para a persecução penal. O conceito material de crime, portanto, é observado. Essa questão é analisada em detalhes em outro capítulo.

---

81. GOMES, Luiz Flávio. *Princípio da ofensividade no direito penal*. São Paulo: Revista dos Tribunais, 2002, p. 41.

Os ilícitos tributários dolosos que configuram crime (formal e materialmente), ainda assim não ensejam a aplicação do direito penal quando o infrator repara integralmente o dano (paga o tributo devido com os juros) e se submete à penalidade administrativa que lhe tenha sido aplicada (paga a multa qualificada), satisfazendo integralmente o crédito tributário. Nesse caso, tendo sido recomposta a ordem e efetiva a repressão administrativa, a lei considera extinta a punibilidade, impedindo a persecução penal. A subsidiariedade, como se vê, opera por força de lei. Tratamos desse ponto em item específico adiante.

Apenas ao infrator renitente que ofende a ordem tributária, não a recompõe e não cumpre a sanção administrativa, deixando se suportar a repressão correspondente, é que se aplica o direito penal tributário, como *ultima ratio*.

Para a sonegação de tributos em geral e de contribuição previdenciária, previstas nos arts. 1º da Lei n. 8.137/90 e 337-A do Código Penal, bem como para a apropriação indébita de contribuição previdenciária, prevista no art. 168-A do Código Penal, estão cominadas penas privativas de liberdade de 2 (dois) a 5 (cinco) anos e multa, fixada esta em dias-multa.

Para a apropriação indébita de outros tributos que não contribuição previdenciária, prevista no art. 2º, II, da Lei n. 8.137/90, é cominada pena privativa de liberdade de detenção de 6 (seis) meses a 2 (dois) anos e multa. Essa mesma pena é cominada, pelo art. 2º da Lei n. 8.137/90, aos crimes previstos nos seus demais incisos, quais sejam: "fazer declaração falsa ou omitir declaração sobre rendas, bens ou fatos, ou empregar outra fraude, para eximir-se, total ou parcialmente, de pagamento de tributo", "exigir, pagar ou receber, para si ou para o contribuinte beneficiário, qualquer percentagem sobre a parcela dedutível ou deduzida de imposto ou de contribuição como incentivo fiscal", "deixar de aplicar, ou aplicar em desacordo com o estatuído, incentivo fiscal ou parcelas de imposto liberadas por órgão ou entidade de desenvolvimento" e "utilizar ou divulgar programa de processamento de dados que permita ao sujeito passivo da obrigação tributária possuir informação contábil diversa daquela que é, por lei, fornecida à Fazenda Pública". Esse patamar de pena privativa de liberdade, de até dois anos, caracteriza tais crimes como de "menor potencial ofensivo", sendo da competência dos Juizados Especiais, nos termos dos arts. 60 e 61 da Lei n. 9.099/95.

Em matéria de crimes contra a ordem tributária, têm ensejo os negócios processuais como a transação penal, quando de menor potencial ofensivo, e o acordo de não persecução penal, que afastam o próprio oferecimento ou recebimento da denúncia. Desses e de outros institutos despenalizantes cuidamos ao final desta obra.

E, ainda que os ilícitos penais configurem crime e que seus infratores sejam submetidos à persecução penal e condenados, a pena privativa de liberdade aplicada, muito provavelmente, será inferior a quatro anos e multa, o que enseja que o magistrado, já na sentença, substitua a privativa de liberdade por penas restritivas de direitos sempre que tal se revele suficiente para a repressão do crime, nos termos do art. 44 do Código Penal. Essas penas ditas "restritivas de direitos" consistem em prestação pecuniária, perda de bens e valores, limitação de fim de semana, prestação de serviço à comunidade ou a entidades públicas, interdição temporária de direitos ou limitação de fim de semana. Desse modo, na prática, a pena a ser efetivamente cumprida acaba consistindo no pagamento de multa e de outra prestação pecuniária e na prestação de serviços à comunidade. As multas e as prestações pecuniárias, seguindo os critérios estabelecidos pelo Código Penal, costumam ser fixadas em valores bastante módicos. Normalmente, ficam muitíssimo abaixo das multas administrativas aplicadas pelo Fisco.

13. A responsabilidade administrativa em matéria tributária, os terceiros, as infrações, a denúncia espontânea e a responsabilidade penal

É preciso ter muito cuidado com a responsabilidade no direito tributário brasileiro. Nossos estudos de doutorado na Universidade de Salamanca versaram sobre o tema, tendo dado origem ao livro intitulado *Responsabilidade e substituição tributárias*[82]. O desenvolvimento do ponto ainda nos levou a mais um passo, qual seja, evidenciar o princípio da capacidade colaborativa como fundamento, medida e limite das obrigações de terceiros, o que também compartilhamos com a comunidade jurídica em um pequeno livro[83].

O tema reveste-se da maior importância para a compreensão da matéria penal tributária, porque apresenta conexões importantes. Os terceiros a quem a lei atribui responsabilidade tributária, sobretudo os gestores de pessoas jurídicas, costumam ser os agentes dos crimes tributários. O instituto da substituição tributária, por sua vez, dá ensejo às retenções que podem ser objeto de apropriação indébita tributária. A responsabilidade administrativa por infrações à legislação tributária dá-se mediante presunção de culpa, o que explica o lançamento de multas sem a investigação do aspecto subjetivo, só necessária para a aplicação de multas qualificadas. O instituto da denúncia espontânea afasta a responsabilidade por infrações à legislação tributária e, por coerência sistêmica, há de se reconhecer efeito extintivo também da punibilidade quanto aos crimes tributários. Enfim, há diversos pontos relevantes que precisam ser compreendidos por quem analisa os ilícitos tributários e seus potenciais efeitos penais.

Nas linhas que seguem, trataremos brevemente da responsabilidade tributária de terceiros e da responsabilidade administrativa do infrator. Ao final, faremos menção à responsabilidade penal.

---

82. PAULSEN, Leandro. *Responsabilidade e substituição tributárias*. 2. ed. Porto Alegre: Livraria do Advogado, 2014.
83. PAULSEN, Leandro. *Capacidade colaborativa*: princípio de direito tributário para obrigações acessórias e de terceiros. Porto Alegre: Livraria do Advogado, 2014.

A primeira questão é a da responsabilidade do próprio contribuinte pelos tributos devidos ao Fisco. De modo inequívoco, o primeiro responsável pelo cumprimento da obrigação tributária de pagar tributo[84] é o próprio contribuinte. Nos termos do art. 121, I, do CTN, o contribuinte guarda relação pessoal e direta com a situação que constitua o respectivo fato gerador. Nos tributos com fato gerador não vinculado (cujo fato gerador não diz respeito a nenhuma atividade do Estado específica relativa ao contribuinte), contribuinte é a pessoa cuja capacidade contributiva é objeto de tributação, ou seja, uma das pessoas que pratica o ato ou negócio jurídico ou que está na situação indicada por lei como geradora da obrigação tributária, por exemplo, o titular da receita, do lucro, da propriedade, o que vende ou adquire mercadorias e o que importa produto estrangeiro. É o que ocorre com os impostos e contribuições. Nos tributos com fato gerador vinculado à atividade estatal, contribuinte será aquele que demanda o serviço público, que sofre o exercício do poder de polícia ou que tem o seu imóvel valorizado pela obra pública. É o que caracteriza as taxas e contribuições de melhoria. O fundamento jurídico mediato, que permite ao legislador a instituição dos tributos, é o dever fundamental das pessoas de pagar tributos para viabilizar as atividades estatais. O fundamento jurídico direto da sua obrigação é a lei instituidora do tributo. Conforme a natureza do tributo, segue critérios de justiça distributiva, fundada na capacidade contributiva de cada pessoa, ou de justiça comutativa, buscando de cada um o custeio da atividade estatal que lhe diz particularmente respeito, por ser divisível e específica.

Em sentido estrito e técnico, porém, próprio do jargão jurídico-tributário, "responsável tributário" é o terceiro (outrem que não o contribuinte) a quem a lei atribua responsabilidade, o que acontece através de algumas normas gerais presentes no CTN (*e.g.*, arts. 134 e 135 do CTN) ou de normas bastante específicas relativas a cada tributo, constantes da legislação ordinária. Conforme o art. 128 do CTN, "a lei pode atribuir de modo expresso a responsabilidade pelo crédito tributário a terceira pessoa, vinculada ao fato gerador da respectiva obrigação, excluindo a responsabilidade do contribuinte ou atribuindo-a a este em caráter supletivo do cumprimento total ou parcial da referida obrigação". Esse dispositivo abre ensejo para as chamadas responsabilidade tributária por substituição e responsabilidade tributária por transferência.

A responsabilidade tributária do terceiro pode dar-se por substituição ou por transferência. Quando por substituição, denomina-se o terceiro obrigado "substituto tributário"; quando por transferência, denomina-se o terceiro obrigado "responsável tributário", em sentido ainda mais estrito.

---

84. "Obrigação tributária de pagar tributo" não é uma redundância, pois há obrigações tributárias acessórias de fazer, não fazer ou tolerar, cujo conteúdo, portanto, não é um pagamento, mas uma colaboração com a Administração Tributária.

A atribuição da responsabilidade tributária a terceiro jamais será presumida ou implícita; decorrerá, necessariamente, de dispositivo do CTN ou da legislação ordinária que assim determine. A par da norma tributária que estabelece a obrigação do contribuinte, teremos, ainda, uma norma específica impondo a responsabilidade tributária a outra pessoa: "A responsabilidade tributária pressupõe duas normas autônomas: a regra matriz de incidência tributária e a regra matriz de responsabilidade tributária, cada uma com seu pressuposto de fato e seus sujeitos próprios"[85].

O CTN estabelece alguns casos de responsabilidade tributária e deixa ao legislador ordinário a possibilidade de estabelecer outras hipóteses específicas. Seu art. 128 é inequívoco no sentido de que "a lei pode atribuir de modo expresso a responsabilidade pelo crédito tributário a terceira pessoa, vinculada ao fato gerador da respectiva obrigação, excluindo a responsabilidade do contribuinte ou atribuindo-a a este em caráter supletivo do cumprimento total ou parcial da referida obrigação". Não poderá o legislador ordinário, por certo, contrariar o disposto no CTN[86].

Note-se que o art. 128 do CTN só permite ao legislador atribuir responsabilidade tributária a terceiro vinculado ao fato gerador da respectiva obrigação. É imprescindível, portanto, que tenha "capacidade de colaboração", ou seja, que esteja em situação tal que enseje a prática de atos que possam facilitar ou assegurar a tributação sem que sejam para si demasiadamente trabalhosos. Isso porque o responsável tributário não integra a relação contributiva. É sujeito passivo de obrigação própria de colaboração com o Fisco, cumprindo deveres que facilitam a fiscalização ou que impedem o inadimplemento. Só no caso de descumprimento da sua obrigação de colaboração é que assume a posição de garante, passando, então, à posição de responsável pela satisfação do crédito tributário. Exemplo é o caso do tabelião que tem a obrigação de exigir do comprador o comprovante de pagamento do ITBI, com o que impede que o negócio seja feito sem que esse tributo tenha sido devidamente recolhido. Caso o tabelião cumpra as suas obrigações, exigindo a apresentação da guia de pagamento do imposto, seu patrimônio nada terá de suportar. Descumprindo, contudo, poderá ser obrigado a satisfazer o tributo inadimplido pelo contribuinte. Não tivesse ele nenhuma relação com o fato gerador ou com o contribuinte, nem sequer poderia ser colocado na posição de responsável tributário, pois não teria como interceder junto a este.

....
85. STF, Tribunal Pleno, RE 562276, 2011.
86. A Lei n. 8.620/93, que dispôs sobre a responsabilidade dos sócios de sociedades por quotas de responsabilidade limitada, estabelecendo pura e simples solidariedade relativamente aos débitos junto à Seguridade Social, em sobreposição ao já disciplinado pelo art. 135 do CTN, que estabelecia requisitos mais rígidos para a responsabilização dos sócios, teve a sua inconstitucionalidade reconhecida pelo Tribunal Pleno do TRF4, AI 1999.04.01.096481-9. Vide, também, do STF, o RE 562.276.

O substituto tributário é o terceiro que a lei obriga a apurar o montante devido e cumprir a obrigação de pagamento do tributo "em lugar" do contribuinte. O substituto atua em lugar do contribuinte no que diz respeito à realização do pagamento, mas jamais ocupa seu lugar na relação contributiva. Embora o substituto seja obrigado "em lugar" do contribuinte, não há o afastamento automático da responsabilidade do próprio contribuinte, o que depende de ter suportado a retenção ou de a lei expressamente afastar a sua responsabilidade. Note-se que, na substituição tributária, a obrigação surge diretamente para o substituto, a quem cabe substituir o contribuinte na apuração e no cumprimento da obrigação de pagar, total ou parcialmente, o tributo devido pelo contribuinte, mas com recursos alcançados pelo próprio contribuinte ou dele retidos (arts. 150, § 7º, da CF, 45, parágrafo único, e 128 do CTN e diversas leis ordinárias). O terceiro, por ser colocado na posição de substituto, não se torna contribuinte do montante que tem de recolher. É sujeito passivo, sim, mas da relação própria de substituição, e não da relação contributiva.

Esse terceiro sempre terá relação com o fato gerador e a prerrogativa de reter o montante do tributo ou de exigi-lo do contribuinte. Isso porque o substituto operacionaliza o pagamento em lugar, em nome e com o dinheiro do contribuinte. É um terceiro que o legislador intercala entre o contribuinte e o Fisco para facilitar a arrecadação e a fiscalização dos tributos.

A substituição tributária existe para atender a princípios de racionalização e efetividade da tributação, ora simplificando os procedimentos, ora diminuindo as possibilidades de inadimplemento. Cuida-se de instituto que dá maior praticabilidade à tributação[87].

O legislador pode estabelecer a substituição tributária nas hipóteses em que terceiro, em razão das suas particulares relações com o contribuinte, tenha a possibilidade de colaborar com o Fisco, verificando a ocorrência do fato gerador praticado pelo contribuinte e procedendo ao cálculo e ao recolhimento do tributo com recursos obtidos junto ao contribuinte mediante retenção ou cobrança. Pressupõe, assim, que o substituto efetivamente tenha "capacidade de colaboração", ou seja, que esteja em situação que o habilite a proceder ao pagamento sem que tenha de suportar pessoalmente o ônus tributário. Isso porque a relação contributiva se dá entre o Fisco e o contribuinte, servindo o substituto como um facilitador do recolhimento do tributo, forte no seu dever de colaboração. A relação que vincula o substituto ao Fisco não tem natureza contributiva, mas colaborativa. A obrigação de retenção e de recolhimento "caracteriza-se como uma prestação de fazer preordenada ao cumprimento da obrigação tributária"[88].

....

87. Consulte-se: PAULSEN, Leandro. *Responsabilidade e substituição tributárias*. 2. ed. Porto Alegre: Livraria do Advogado, 2014. *Vide*, também: FERREIRA NETO, Arthur M.; NICHELE, Rafael (coord.). *Curso avançado de substituição tributária*: modalidades e direitos do contribuinte. São Paulo: IOB, 2010.

88. TAKANO, Caio Augusto. *Deveres instrumentais dos contribuintes*: fundamentos e limites. São Paulo: Quartier Latin, 2017, p. 276.

O substituto só poderá ser chamado a recolher o tributo com recursos próprios quando tenha descumprido suas obrigações de colaboração com o Fisco (retenção e recolhimento), pois tal o coloca na posição de garantidor da satisfação do crédito tributário. A opção do legislador por eleger um substituto tributário normalmente visa à concentração de sujeitos, ou seja, a que um único substituto possa responsabilizar-se pela retenção e recolhimento dos tributos devidos por inúmeros contribuintes que com ele se relacionam. Isso evita o inadimplemento pelos contribuintes e facilita a fiscalização que, em vez de ser direcionada a muitos contribuintes, concentra-se em número muito menor de substitutos. Essa concentração também implica redução dos custos da arrecadação e restringe as possibilidades de inadimplemento e de sonegação.

Exemplos de substituição tributária são os casos em que as instituições financeiras, ao efetuarem o creditamento dos rendimentos de uma aplicação financeira, são obrigadas a proceder à retenção do imposto sobre a renda respectivo ou que, ao concederem crédito, são obrigadas a exigir do mutuário o montante do imposto sobre operações de crédito. Lembre-se, também, da obrigação atribuída por algumas leis municipais à própria Administração Pública, quando contratante, de reter o ISS incidente sobre a prestação de serviços e da obrigação constante de lei federal de que os tomadores de serviços prestados mediante cessão de mão de obra retenham antecipação da contribuição previdenciária. É o caso, também, do empregador, a quem as leis determina que retenha e recolha o imposto de renda e a contribuição previdenciária dos seus empregados.

A doutrina costuma classificar os casos de substituição tributária em substituição para frente, substituição para trás e, por vezes, em substituição simultânea. São dois os critérios adotados para proceder à classificação: 1º – a posição do responsável na cadeia econômica, se anterior (para frente) ou posterior (para trás) ao contribuinte; 2º – o momento da retenção relativamente à ocorrência do fato gerador, se anterior (para frente), simultânea (simultânea) ou posterior (para trás).

A substituição para frente é expressamente autorizada pelo art. 150, § 7º, da CF. Implica a antecipação do pagamento relativamente à obrigação que surgiria para o contribuinte à frente, caso em que o legislador tem de presumir a base de cálculo provável.

Na substituição simultânea, a retenção deve ocorrer por ocasião da ocorrência do fato gerador e o pagamento logo em seguida, no prazo que for estipulado pela legislação.

Na substituição para trás, há uma postergação do pagamento do tributo, transferindo-se a obrigação de reter e recolher o montante devido, que seria do vendedor, ao adquirente dos produtos ou serviços. Deve-se ter cuidado para não confundir a substituição para trás com a figura do diferimento. Na substituição para trás, continua havendo a figura do contribuinte, mas é do responsável a obrigação de recolher o tributo.

A legislação refere os casos de substituição tributária pela sigla ST. Assim, para o ICMS exigido do contribuinte pelo substituto para fins de repasse ao Fisco, utiliza-se da sigla ICMS-ST, para a Cofins objeto de substituição tributária, Cofins-ST, e assim por diante.

O CTN ainda regula a chamada responsabilidade por transferência, em que a obrigação tributária surge originariamente para o contribuinte e, apenas no caso de inadimplemento por parte dele, poderá ser exigida do responsável, exclusiva, solidária ou subsidiariamente, conforme estabeleçam as hipóteses disciplinadas pelo próprio CTN ou as leis ordinárias de cada tributo.

Dentre as responsabilidades tributárias por transferências, os arts. 134 e 135 estabelecem a responsabilidade de terceiros, o que, no sistema do código, diz respeito a pessoas que não são nem os próprios contribuintes, nem seus sucessores. "Terceiros" são os pais, os tutores e curadores, os administradores de bens de terceiros, o inventariante, o síndico e o comissário, os tabeliães, escrivães e demais serventuários de ofício e os sócios de sociedades de pessoas.

Esses terceiros têm deveres próprios de boa administração ou de fiscalização cujo cumprimento é capaz de assegurar o pagamento dos tributos devidos por seus representados ou pelas pessoas que praticaram atos perante eles. Respondem eles "nos atos em que intervierem ou pelas omissões de que forem responsáveis", conforme os diversos incisos do art. 134.

Caso descumpram seus deveres, passam a garantir o crédito tributário com seus próprios bens. Assim, por exemplo, o tabelião e o registrador que, por ocasião da lavratura de uma escritura de compra e venda ou do seu registro, deixem de exigir as guias comprobatórias do pagamento dos tributos inerentes à operação ou certidão negativa passam a ser responsáveis pelos respectivos créditos tributários[89].

A responsabilidade dos terceiros, nas hipóteses do art. 134, tem caráter subsidiário, ocorrendo "nos casos de impossibilidade do cumprimento da obrigação principal pelo contribuinte"[90]. Alcança os tributos e as multas moratórias, conforme o parágrafo único do art. 134.

Na hipótese de os terceiros referidos no art. 134 darem ensejo ao surgimento de créditos tributários ao praticarem atos "com excesso de poderes ou infração de lei,

---

89. Vejam-se, a respeito, também os arts. 48 e 49 da Lei n. 8.212/91.
90. "10. Flagrante ausência de tecnicidade legislativa se verifica no art. 134, do CTN, em que se indica hipótese de responsabilidade solidária 'nos casos de impossibilidade de exigência do cumprimento da obrigação principal pelo contribuinte', uma vez cediço que o instituto da solidariedade não se coaduna com o benefício de ordem ou de excussão. Em verdade, o aludido preceito normativo cuida de responsabilidade subsidiária" (STJ, Primeira Seção, EREsp 446.955, 2008).

contrato social ou estatutos", sua responsabilidade será pessoal, ou seja, exclusiva (art. 135, I). A mesma responsabilidade é atribuída, nesses casos, aos mandatários, prepostos e empregados (inciso II), bem como aos "diretores, gerentes ou representantes de pessoas jurídicas de direito privado" (inciso III). Este último caso, aliás, é a hipótese de responsabilidade tributária mais aplicada e discutida no direito brasileiro.

No art. 135, III, do CTN, encontra-se a hipótese mais recorrente de responsabilidade tributária por transferência: a responsabilidade pessoal do diretor, gerente ou representante de pessoa jurídica pelos créditos tributários decorrentes de atos praticados com infração à lei, contrato social ou estatutos.

A responsabilidade de que cuida o art. 135, III, do CTN pressupõe uma situação grave de descumprimento da lei, do contrato social ou dos estatutos em ato que nem sequer se poderia tomar como constituindo ato regular da sociedade e do qual decorra a obrigação tributária objeto da responsabilidade, daí por que é pessoal do sócio-gerente.

Tendo em conta que se trata de responsabilidade pessoal decorrente da prática de ilícito, impende que seja apurada, já na esfera administrativa, não apenas a ocorrência do fato gerador, mas o próprio ilícito que faz com que o débito possa ser exigido do terceiro, oportunizando-se aos responsáveis o exercício do direito de defesa. Assim, verificada a responsabilidade dos diretores nos autos do processo administrativo instaurado contra a empresa, deve ser lavrado termo apontando que foi constatada a prática de ilícitos que tem por consequência a sua responsabilização pessoal pelos tributos devidos pela empresa, dando-se aos supostos responsáveis a possibilidade de oferecerem defesa em nome próprio. Aliás, conforme afirmado pelo STF: "Os princípios do contraditório e da ampla defesa aplicam-se plenamente à constituição do crédito tributário em desfavor de qualquer espécie de sujeito passivo, irrelevante sua nomenclatura legal (contribuintes, responsáveis, substitutos, devedores solidários etc.)"[91].

Somente os "diretores, gerentes ou representantes de pessoas jurídicas de direito privado" podem ser responsabilizados, e não todo e qualquer sócio. Faz-se necessário, pois, que o sócio tenha exercido a direção ou a gerência da sociedade, com poder de gestão. Efetivamente, a responsabilização exige que as pessoas indicadas tenham praticado diretamente, ou tolerado, a prática do ato abusivo e ilegal quando em posição de influir para a sua não ocorrência. Constitui prova para a configuração da responsabilidade o fato de o agente encontrar-se na direção da empresa na data do cumprimento da obrigação, devendo ter poderes de decisão quanto ao recolhimento do tributo[92].

....
91. STF, RE 608426 AgR, 2011.
92. Conclusão tomada por maioria no I Encontro Nacional de Juízes Federais sobre Processo de Execução Fiscal, promovido pela AJUFE em 1999.

A mera condição de sócio é insuficiente, pois a condução da sociedade é que é relevante. Daí por que o art. 13 da Lei n. 8.620/93, no que estabelece a solidariedade dos sócios de empresas por cotas de responsabilidade limitada, sem nenhum condicionamento, extrapola o comando do art. 135, III, do CTN, contrariando a norma geral de direito tributário e, portanto, incorrendo em invasão à reserva de lei complementar, com ofensa ao art. 146, III, *b*, da CF[93]. Efetivamente, a responsabilidade pessoal dos sócios das sociedades por quotas de responsabilidade limitada, prevista no art. 13 da Lei n. 8.620/93, só existe quando presentes as condições estabelecidas no art. 135, III, do CTN[94].

Sendo a responsabilidade, assim, do diretor, gerente ou representante, e não do simples sócio sem poderes de gestão, também não é possível responsabilizar pessoalmente o diretor ou o gerente por atos praticados em período anterior ou posterior a sua gestão. Assim, sócios que não tenham tido nenhuma ingerência sobre os fatos não podem ser pessoalmente responsabilizados pelos créditos tributários decorrentes.

Sendo a responsabilidade apenas de quem tem poder de gestão, também não é possível estendê-la, por exemplo, a advogados e contadores que atuem profissionalmente nas suas funções típicas.

Situação típica de incidência do art. 135, III, do CTN é, sim, a apropriação indébita de contribuições e de impostos, quando a empresa retém os tributos devidos, mas os seus sócios-gerentes não cumprem a obrigação de repassar os respectivos valores aos cofres públicos.

---

93. "5. O art. 135, III, do CTN responsabiliza apenas aqueles que estejam na direção, gerência ou representação da pessoa jurídica e tão somente quando pratiquem atos com excesso de poder ou infração à lei, contrato social ou estatutos. Desse modo, apenas o sócio com poderes de gestão ou representação da sociedade é que pode ser responsabilizado, o que resguarda a pessoalidade entre o ilícito (má gestão ou representação) e a consequência de ter de responder pelo tributo devido pela sociedade. 6. O art. 13 da Lei n. 8.620/93 não se limitou a repetir ou detalhar a regra de responsabilidade constante do art. 135 do CTN, tampouco cuidou de uma nova hipótese específica e distinta. Ao vincular à simples condição de sócio a obrigação de responder solidariamente pelos débitos da sociedade limitada perante a Seguridade Social, tratou a mesma situação genérica regulada pelo art. 135, III, do CTN, mas de modo diverso, incorrendo em inconstitucionalidade por violação ao art. 146, III, da CF. 7. O art. 13 da Lei n. 8.620/93 também se reveste de inconstitucionalidade material, porquanto não é dado ao legislador estabelecer confusão entre os patrimônios das pessoas física e jurídica, o que, além de impor desconsideração *ex lege* e objetiva da personalidade jurídica, descaracterizando as sociedades limitadas, implica irrazoabilidade e inibe a iniciativa privada, afrontando os arts. 5º, XIII, e 170, parágrafo único, da Constituição. 8. Reconhecida a inconstitucionalidade do art. 13 da Lei n. 8.620/93 na parte em que determinou que os sócios das empresas por cotas de responsabilidade limitada responderiam solidariamente, com seus bens pessoais, pelos débitos junto à Seguridade Social" (STF, Tribunal Pleno, RE 562276, 2011).
94. STJ, REsp 796.613/RS.

O mero inadimplemento de obrigação tributária é insuficiente para configurar a responsabilidade tributária de terceiro do art. 135 do CTN, na medida em que diz respeito à atuação normal da empresa, inerente ao risco do negócio, à existência ou não de disponibilidade financeira no vencimento, gerando exclusivamente multa moratória a cargo da própria pessoa jurídica. Veja-se a Súmula 430 do STJ: "O inadimplemento da obrigação tributária pela sociedade não gera, por si só, a responsabilidade solidária do sócio-gerente"[95].

A falência não constitui ato ilícito, não podendo, de modo algum, ser invocada pelo Fisco para justificar a incidência do art. 135, III, do CTN. Aliás, é justamente a falta do requerimento da autofalência que implica a chamada dissolução irregular, a qual, contudo, a rigor, também não se enquadra na previsão constante do art. 135 do CTN. Note-se que, ou a empresa encerra suas atividades após o pagamento de todos os seus débitos tributários, obtendo, assim, a certidão negativa indispensável à requisição de baixa, ou a encerra com débitos que não tem como saldar. Neste último caso, deverá requerer a autofalência. Muitas vezes, porém, simplesmente fecha as portas deixando credores. Mas, ainda assim, é certo que tal dissolução irregular (de fato, não de direito) não é fato gerador de tributo algum; da dissolução, propriamente, não decorre obrigação tributária nova.

A dissolução irregular tem sido considerada causa para o redirecionamento da execução contra o sócio-gerente. Nesse sentido, consolidou-se a jurisprudência do STJ, conforme se vê da Súmula 435: "Presume-se dissolvida irregularmente a empresa que deixar de funcionar no seu domicílio fiscal, sem comunicação aos órgãos competentes, legitimando o redirecionamento da execução fiscal para o sócio-gerente". Importa ter em conta: "A certidão emitida por oficial de justiça, atestando que a empresa devedora não funciona mais no endereço constante dos seus assentamentos na junta comercial, constitui indício suficiente de dissolução irregular e autoriza o redirecionamento da execução fiscal contra os sócios-gerentes"[96]. O STJ já decidiu que é possível "redirecionar a execução fiscal contra o sócio-gerente que exerce a gerência por ocasião da dissolução irregular da sociedade contribuinte, independentemente do momento da ocorrência do fato gerador ou da data do vencimento do tributo"[97]. E, mais recentemente, afetou ao rito dos recursos especiais repetitivos a controvérsia acerca do redirecionamento de execução fiscal na hipótese de dissolução irregular, assim elaborada: "À luz do art. 135, III, do CTN, o pedido de redirecionamento da Execução Fiscal, quando fundado na hipótese de dissolução irregular da sociedade empresária executada ou de presunção de sua ocorrência (Súmula 435 do STJ), pode ser autorizado contra: (i) o sócio com poderes de administração da sociedade, na data em que configurada a sua dissolução

---

95. No mesmo sentido: STJ, AgRg no REsp 1295391, set. 2013.
96. STJ, AgRg no REsp 1339991, 2013.
97. STJ, REsp 1.520.257, 2015.

irregular ou a presunção de sua ocorrência (Súmula 435 do STJ), e que, concomitantemente, tenha exercido poderes de gerência, na data em que ocorrido o fato gerador da obrigação tributária não adimplida; ou (ii) o sócio com poderes de administração da sociedade, na data em que configurada a sua dissolução irregular ou a presunção de sua ocorrência (Súmula 435 do STJ), ainda que não tenha exercido poderes de gerência, na data em que ocorrido o fato gerador do tributo não adimplido"[98].

A Instrução Normativa RFB 1862/2018, dispondo sobre o procedimento de imputação de responsabilidade tributária no âmbito da Secretaria da Receita Federal do Brasil, exige que a imputação de responsabilidade seja formalizada, no lançamento de ofício, mediante apontamento da qualificação das pessoas, descrição dos fatos que caracterizam a responsabilidade tributária e o enquadramento legal do vínculo de responsabilidade.

A Lei n. 10.522/2002, em seu art. 20-D, incluído pela Lei n. 13.606/2018, estabelece procedimento, no âmbito da Procuradoria-Geral da Fazenda Nacional, para a apuração da responsabilidade tributária, civil e empresarial de terceiros, como sócios e administradores. Prevê, inclusive, sua notificação para depoimentos ou esclarecimentos. E determina que se aplique, a tal procedimento administrativo de apuração de responsabilidade por débito inscrito em dívida ativa da União, a Lei n. 9.784/99, lei geral dos processos administrativos no âmbito da Administração Pública Federal.

A responsabilidade por infrações à legislação tributária tem disciplina própria nos arts. 136 a 138 do CTN.

Na sua primeira parte, o art. 136 estabelece que a responsabilidade por infrações independe da intenção do agente ou do responsável. Com isso, dispensa o dolo como elemento dos tipos que definem as infrações tributárias. A regra geral em matéria de infrações tributárias, assim, é que a culpa é suficiente para a responsabilização do agente. A necessidade do dolo é que deve ser expressamente exigida, quando assim entender o legislador. Trata-se de regra inversa à que se tem no direito penal, porquanto o art. 18 do Código Penal dispõe: "Salvo os casos expressos em lei, ninguém pode ser punido por fato previsto como crime, senão quando o pratica dolosamente".

Nessa mesma linha, NOGUEIRA ensina: "[...] o que o art. 136, em combinação com o item III do art. 112, deixa claro é que, para a matéria da autoria, imputabilidade ou punibilidade, somente é exigida a intenção ou dolo para os casos das infrações fiscais mais graves e para as quais o texto da lei tenha exigido esse requisito. Para as demais, isto é, não dolosas, é necessário e suficiente um dos três graus de culpa. De tudo isso decorre o princípio fundamental e universal, segundo o qual, se não houver dolo nem culpa, não existe infração da legislação tributária"[99]. AMARO também pondera: "[...] o

---

98. STJ, ProAfR no REsp 1645333, 2017.
99. NOGUEIRA, Ruy Barbosa. *Curso de direito tributário*. 14. ed. São Paulo: Saraiva, 1995, p. 106-107.

dispositivo não diz que a responsabilidade por infrações independa da culpa. Ele diz que independe da 'intenção'. Ora, intenção, aqui, significa vontade: eu quero lesar o Fisco. Eu quero ludibriar a arrecadação do tributo. Isto é vontade. Isto é intenção. [...] O Código não está aqui dizendo que todos podem ser punidos independentemente de culpa"[100]. E reforça, alhures: "Se ficar evidenciado que o indivíduo não quis descumprir a lei, e o eventual descumprimento se deveu a razões que escaparam a seu controle, a infração ficará descaracterizada, não cabendo, pois, falar-se em responsabilidade"[101]. Mas há quem vislumbre no art. 136 uma opção pela responsabilidade objetiva[102], entendendo que, ao termo *intenção* corresponderia "todo e qualquer aspecto da vontade, abarcando, além do dolo, também a culpa [...] e exigindo apenas o nexo de causalidade entre a conduta e o resultado, sem qualquer valoração subjetiva"[103].

Vale lembrar, no ponto, referência feita por AYALA e BECERRIL ao entendimento do Tribunal Constitucional Espanhol acerca da responsabilidade por infrações à legislação tributária. Diz ele: "El Tribunal Constitucional, en su sentencia de 26 de abril de 1990, señaló que no es aceptable, en materia de infracciones tributarias, la responsabilidad objetiva, sino que rige el principio de culpabilidad (por dolo, culpa o negligencia grave o culpa o negligencia leve o simple negligencia), principio que excluye la imposición de sanciones por el mero resultado y sin atender a la conducta diligente del contribuyente (Fundamento Jurídico 41)"[104].

Em nosso país, o STJ, em matéria de ICMS interestadual, entendeu que não se pode responsabilizar a empresa vendedora quando tenha adotado as cautelas de praxe para a regularidade da operação e que só a sua participação em ato infracional para burlar a fiscalização, concorrendo para a tredestinação da mercadoria, é que ensejaria "ser responsabilizada pelo pagamento dos tributos que deixaram de ser oportunamente recolhidos". E concluiu que, afastando-se "a caracterização de conduta culposa, não pode ser objetivamente responsabilizada pelo pagamento do diferencial de alíquota de ICMS

---

100. AMARO, Luciano da Silva. Infrações tributárias. *RDT*, São Paulo, n. 67, p. 32-33.
101. AMARO, Luciano. *Direito tributário brasileiro*. 19. ed. São Paulo: Saraiva, 2013, p. 471.
102. "Ao aderir à teoria da objetividade da infração fiscal, o CTN passa a desconsiderar o elemento subjetivo do injusto, isto é, a existência ou não de culpa ou dolo" (MELLO, Elizabete Rosa de. *Direito fundamental a uma tributação justa*. São Paulo: Atlas, 2013, p. 93); "O ilícito puramente fiscal é, em princípio, objetivo. Deve sê-lo. Não faz sentido indagar se o contribuinte deixou de emitir uma fatura fiscal por dolo ou culpa (negligência, imperícia ou imprudência). De qualquer modo a lei foi lesada. De resto, se se pudesse alegar que o contribuinte deixou de agir por desconhecer a lei, por estar obnubilado ou por ter-se dela esquecido, destruído estaria todo o sistema de proteção jurídica da Fazenda" (COÊLHO, Sacha Calmon Navarro. *Teoria e prática das multas tributárias*. Rio de Janeiro: Forense, 2001, p. 55-56).
103. PADILHA, Maria Ângela Lopes. *As sanções no direito tributário*. São Paulo: Noeses, 2015, p. 79.
104. AYALA, Jose Luis Perez; BECERRIL, Miguel Perez de Ayala. *Fundamentos de derecho tributario*. 7. ed. Madri: GL, 2007, p. 194-195.

em razão de a mercadoria não ter chegado ao destino declarado na nota fiscal, não sendo dela exigível a fiscalização de seu itinerário"[105].

Em matéria de infrações à legislação tributária não se requer, como regra, que o agente tenha a intenção de praticar a infração, bastando que aja com culpa. E a culpa é presumida, porquanto cabe aos contribuintes agir com diligência no cumprimento das suas obrigações fiscais. Essa presunção relativa pode ser afastada pelo contribuinte que demonstre que agiu diligentemente. Aliás, o próprio Código afasta expressamente a imposição de penalidades, por exemplo, quando o contribuinte tenha incorrido em ilegalidade induzido por normas complementares, como regulamentos e instruções normativas (art. 100, parágrafo único, do CTN). O STJ decidiu: "tendo o contribuinte sido induzido a erro, ante o não lançamento correto pela fonte pagadora do tributo devido, fica descaracterizada sua intenção de omitir certos valores da declaração do imposto de renda, afastando-se a imposição de juros e multa ao sujeito passivo da obrigação tributária"[106]. Em outro precedente lavrado no mesmo sentido, destacou que, em tais casos, a responsabilidade deve recair sobre a fonte pagadora e não sobre o contribuinte induzido em erro[107]. Há precedente, também, dando relevância à boa-fé do contribuinte e concluindo: "I – Presume-se a boa-fé do contribuinte quando este reiteradamente recolhe o ISS sobre sua atividade, baseado na interpretação dada ao Decreto-Lei n. 406/68 pelo Município, passando a se caracterizar como costume, complementar à referida legislação. II – A falta de pagamento do ICMS, pelo fato de se presumir ser contribuinte do ISS, não impõe a condenação em multa, devendo-se incidir os juros e a correção monetária a partir do momento em que a empresa foi notificada do tributo estadual"[108].

Na sua segunda parte, o art. 136 estabelece que a responsabilidade por infrações independe da efetividade, natureza e extensão dos efeitos do ato. Isso significa que, praticado o ato que a legislação indica como implicando infração a que comina multa, não se perquirem outros aspectos atinentes à situação. MELLO destaca: "O sucesso do agente em concluir o ato ilícito e os seus efeitos, nos termos do referido artigo, também são desprezados. É bastante que o ato do agente acarrete risco para o erário para que aquele seja penalizado com as sanções legais"[109]. Aliás, FANUCCHI, há muito, já ensinava:

....
105. STJ, EREsp 1657359, Primeira Seção, 2018.
106. STJ, AgRg no REsp 1384020, 2013.
107. "É indevida a imposição de multa ao contribuinte quando, induzido a erro pela fonte pagadora, inclui em sua declaração de ajuste os rendimentos como isentos e não tributáveis. Situação em que a responsabilidade pelo recolhimento da penalidade (multa) e juros de mora deve ser atribuída à fonte pagadora" (BRASIL. STF, REsp 1218222, 2014).
108. STJ, REsp 215655, 2003.
109. MELLO, Elizabete Rosa de. *Direito fundamental a uma tributação justa*. São Paulo: Atlas, 2013, p. 93.

"Isso significa que a violação da lei tributária pode até não determinar prejuízo para a Fazenda e, ainda assim, ser possível se afirmar a responsabilidade pela infração"[110].

De qualquer modo, vale destacar que as normas que estabelecem penalidades têm como pressuposto de fato uma infração de resultado (crimes ditos materiais) ou uma infração de mera conduta (crimes ditos formais). Para a configuração das infrações materiais, a lei exige dano efetivo, como no caso da "falta de pagamento ou recolhimento" (art. 44, I, da Lei n. 9.430/96), só verificada quando ocorrido o inadimplemento que implica prejuízo concreto à Fazenda Pública. Para a configuração das infrações formais, basta o comportamento puro e simples, sendo o dano meramente potencial, cuja verificação é desnecessária para a configuração da infração, como no caso da "falta da apresentação da declaração de rendimentos ou a sua apresentação fora de prazo" (art. 88 da Lei n. 8.981/95), em que ocorrerá a infração ainda que a situação do contribuinte não viesse a implicar qualquer reconhecimento de débito na declaração. Quando a lei que impõe a penalidade não se refere aos efeitos, deles não se perquirirá.

O art. 137 do CTN, por sua vez, estabelece o caráter pessoal da responsabilidade pelas infrações que configuram também crimes ou contravenções, definidas por dolo específico ou que envolvam dolo específico dos representantes contra os representados (art. 137, incisos I, II e III).

Há de se referir, ainda, o instituto da denúncia espontânea, disciplinado pelo art. 138 do CTN. Tem por objetivo estimular o contribuinte infrator a tomar a iniciativa de se colocar em situação de regularidade, pagando os tributos que omitira, com juros, mas sem multa. Incentiva, portanto, o "arrependimento fiscal": "o agente desiste do proveito pecuniário que a infração poderia trazer" e cumpre sua obrigação[111].

Restringe-se a créditos cuja existência seja desconhecida pelo Fisco e que nem sequer estejam sendo objeto de fiscalização, de modo que, não fosse a iniciativa do contribuinte, talvez jamais viessem a ser satisfeitos. Na medida em que a responsabilidade por infrações resta afastada apenas com o cumprimento da obrigação e que o contribuinte infrator, não o fazendo, resta sempre ameaçado de ser autuado com pesadas multas, preserva-se a higidez do sistema, não se podendo ver na denúncia espontânea nenhum estímulo à inadimplência, pelo contrário.

Dispõe o CTN: "Art. 138. A responsabilidade é excluída pela denúncia espontânea da infração, acompanhada, se for o caso, do pagamento do tributo devido e dos juros de mora, ou do depósito da importância arbitrada pela autoridade administrativa, quando o montante do tributo dependa de apuração".

---

110. FANUCCHI, Fábio. *Curso de direito tributário*. São Paulo: Resenha Tributária, 1971. v. I, p. 131.
111. MELLO, Elizabete Rosa de. *Direito fundamental a uma tributação justa*. São Paulo: Atlas, 2013, p. 108.

O parágrafo único do art. 138 do CTN deixa claro que, juridicamente, para os fins do art. 138, é considerado espontâneo o pagamento realizado pelo contribuinte antes de sofrer fiscalização tendente à constituição do crédito tributário. O art. 196 do CTN, positivando o princípio documental, exige que a autoridade fiscal lavre termo de início do procedimento. Esse termo é o marco a partir do qual já não se pode falar em denúncia espontânea. Aliás, o § 2º do art. 7º do PAF dispõe no sentido de que o ato de início da fiscalização afasta a espontaneidade por sessenta dias.

Mas há casos em que não há que se falar em início de fiscalização, pois o próprio lançamento resta desnecessário em face da formalização do crédito tributário por outro meio: a declaração de dívida pelo contribuinte. Com a declaração, já se tem crédito tributário formalizado e do conhecimento do Fisco, estando este habilitado para a sua inscrição em dívida ativa e cobrança, de modo que o pagamento após a declaração não tem caráter espontâneo. Nesse sentido, a Súmula 360 do STJ estabelece: "O benefício da denúncia espontânea não se aplica aos tributos sujeitos a lançamento por homologação regularmente declarados, mas pagos a destempo".

Conforme entendimento do STJ, o instituto da denúncia espontânea aplica-se somente a infrações que tenham implicado o não pagamento de tributo devido. Diz respeito, assim, à obrigação principal, sendo inaplicável às infrações relativas ao descumprimento de obrigações acessórias[112]. Entendemos de modo diverso. Para nós, a denúncia espontânea alcança, sim, as obrigações acessórias. Isso porque o descumprimento destas também constitui infração à legislação tributária e não há razão alguma que possa embasar satisfatoriamente a não aplicação do art. 138 do CTN às obrigações acessórias. Pelo contrário, a expressão "se for o caso", constante de tal artigo, cumpre justamente esse papel integrador das obrigações acessórias, deixando claro que nem sempre o cumprimento da obrigação tributária implicará pagamento de tributo, pois há os simples deveres formais de fazer, não fazer ou tolerar, que caracterizam obrigações acessórias.

Não basta a simples informação sobre a infração. É requisito indispensável à incidência do art. 138 que o contribuinte se coloque em situação regular, cumprindo suas obrigações. Para que ocorra a denúncia espontânea, com o efeito de anistia das penalidades, exige-se o pagamento do tributo e dos juros moratórios. Considera-se que a correção monetária integra o valor do tributo devido. O pagamento dos juros moratórios, por sua vez, está previsto no próprio *caput* do art. 138 como requisito para a exclusão da responsabilidade pelas infrações. A legislação federal estabelece a obrigação de pagar os tributos atrasados acrescidos da Selic, índice que abrange tanto correção como juros.

---

112. "Multa moratória. Art. 138 do CTN. Entrega em atraso da declaração de rendimentos. 1. A denúncia espontânea não tem o condão de afastar a multa decorrente do atraso na entrega da declaração de rendimentos, uma vez que os efeitos do art. 138 do CTN não se estendem às obrigações acessórias autônomas" (STJ, AgRg no AREsp 11.340, 2011).

Exige-se o pagamento, não sendo suficiente que o contribuinte, ao discutir judicialmente o crédito, realize o depósito do tributo, suspensivo da sua exigibilidade (art. 151, II, do CTN)[113].

Não há exigência de forma especial. Como os pagamentos de tributos são efetuados através de guias em que constam, expressamente, o código da receita (qual o tributo pago), a competência, o valor principal e de juros, o simples recolhimento a destempo, desde que verificada a espontaneidade, implica a incidência do art. 138 do CTN, não se fazendo necessária comunicação especial ao Fisco.

O pedido de parcelamento, normalmente acompanhado do pagamento da primeira parcela, não é considerado suficiente para ensejar a incidência do art. 138 do CTN, que pressupõe o pagamento integral do tributo e dos juros devidos. A Súmula 208 do extinto TFR já dispunha: "A simples confissão da dívida, acompanhada do seu pedido de parcelamento, não configura denúncia espontânea".

A denúncia espontânea exclui a responsabilidade tanto pela multa moratória como pela multa de ofício. Efetivamente, o STJ firmou posição, em sede de recurso repetitivo, no sentido de que "a sanção premial contida no instituto da denúncia espontânea exclui as penalidades pecuniárias, ou seja, as multas de caráter eminentemente punitivo, nas quais se incluem as multas moratórias, decorrentes da impontualidade do contribuinte"[114]. A Receita Federal e a Procuradoria da Fazenda acabaram por acolher essa orientação, conforme se vê da Nota Técnica Cosit n. 1/2012[115] e do Ato Declaratório PGFN n. 4/2011[116].

Vistas as questões da responsabilidade dos contribuintes, da responsabilidade de terceiros e da responsabilidade específica por infrações à legislação tributária, tal qual tratadas pelo Código Tributário Nacional, cabe estabelecermos um breve paralelo com a responsabilidade penal.

---

113. STJ, Primeira Seção, EREsp 1131090, 2015.
114. STJ, Primeira Seção, REsp 1149022, 2010.
115. Nota Técnica Cosit n. 1/2012: "a) não cabe a cobrança da multa de mora nas hipóteses em que ficar configurada a denúncia espontânea; [...] e) uma vez identificadas as situações caracterizadoras de denúncia espontânea, devem os delegados e inspetores da Receita Federal do Brasil rever de ofício a cobrança da multa de ofício; f) em que pese a multa de mora tenha incidência automática, fato que dispensa lançamento para a sua exigibilidade, caso haja créditos constituídos com exigência da multa de mora ou de ofício, em situações que configurem denúncia espontânea, a autoridade julgadora, nas Delegacias da Receita Federal do Brasil de Julgamento, subtrairá a aplicação da penalidade".
116. Ato Declaratório PGFN n. 4/2011: "[...] fica autorizada a dispensa de apresentação de contestação, de interposição de recursos e a desistência dos já interpostos [...] 'com relação às ações e decisões judiciais que fixem o entendimento no sentido da exclusão da multa moratória quando da configuração da denúncia espontânea, ao entendimento de que inexiste diferença entre multa moratória e multa punitiva, nos moldes do art. 138 do Código Tributário Nacional'".

A "responsabilidade tributária", do ponto de vista subjetivo, é mais restrita que a responsabilidade penal. Nem todas as pessoas que concorrem para a prática do fato gerador ou para a infração tributária podem ser chamadas a satisfazer os respectivos créditos tributários. Aliás, apenas o contribuinte e as pessoas expressamente consideradas pelo Código Tributário Nacional e pelas leis tributárias como "responsáveis tributários" em sentido estrito é que respondem. É por isso, inclusive, que não se costuma referir o contribuinte como responsável pelo tributo, dotando-se a expressão "responsabilidade tributária" de um sentido técnico todo especial, restrito aos terceiros, não contribuintes, mas vinculados ao fato gerador, a quem a lei determine o pagamento dos tributos.

A responsabilidade penal tem outra dimensão. O art. 29 do CP a estende a todo aquele que concorre para o crime, de modo que não há uma delimitação que aponte para determinadas categorias, funções etc. Existem, por certo, os crimes próprios, mas mesmo estes podem contar com a coautoria de outras pessoas, forte no amplo, mas consistente, critério do art. 29 do CP.

Essas diferenças entre a esfera tributária e a penal não revelam, propriamente, incoerência, ao menos sob a perspectiva das garantias constitucionais. É que ambos os ramos estão sujeito à legalidade e, portanto, têm seus efeitos limitados aos sujeitos por eles abrangidos.

De qualquer forma, vale destacar que a condenação criminal tem como efeito tornar certa a obrigação de indenizar o dano causado pelo crime, nos termos do art. 91, I, do Código Penal, e pode levar, inclusive, à fixação, na própria sentença penal condenatória, de um valor mínimo a título de reparação do dano, conforme previsto no art. 387, IV, do CPP, o que independe de os agentes do crime tributário serem responsáveis tributários em sentido estrito. No ponto, destaco que não se costuma fixar valor mínimo a título de reparação de danos nas sentenças condenatórias por crimes materiais contra a ordem tributária praticados pelos contribuintes apenas porque já pressupõem a constituição definitiva do crédito tributário, de modo que a Fazenda Pública possui meios próprios para reaver os valores sonegados[117]. Restando definitivamente constituído o crédito e inscrito em dívida ativa, o credor pode constituir seu próprio título, expedindo certidão de dívida ativa, já com o valor consolidado.

---

117. STJ, AgRg no REsp n. 1.870.0152020.

Parte II

CRIMES PRATICADOS POR SERVIDORES CONTRA A ORDEM TRIBUTÁRIA E CORRELATOS

Capítulo 3

O Poder de Polícia Fiscal e os Servidores como Autores de Crimes contra a Ordem Tributária

14. Administração tributária e os princípios que a regem

A Administração Tributária é, antes de tudo, Administração. E há todo um subsistema de normas, na legislação tributária, regulando o seu funcionamento, cuidando, *e.g.*, das carreiras, das atribuições dos auditores, das prerrogativas da fiscalização, das competências e da motivação dos lançamentos. As normas com esse escopo revelam a origem do direito tributário, que já foi parte da disciplina de direito administrativo e que, assim como o direito financeiro, dele se emancipou, num processo que não nega a sua origem e a sua essência, mas desperta para as suas peculiaridades.

A Administração Tributária, não obstante sua especialidade, segue, necessariamente, os princípios gerais da Administração, estampados no art. 37 da CF: "Art. 37. A administração pública direta e indireta de qualquer dos Poderes da União, dos Estados, do Distrito Federal e dos Municípios obedecerá aos princípios de legalidade, impessoalidade, moralidade, publicidade e eficiência".

MELLO ensina que a legalidade é "o princípio basilar do regime jurídico-administrativo, já que o direito administrativo [...] nasce com o Estado de Direito: é uma consequência dele. É o fruto da submissão do Estado à lei. É, em suma: a consagração da ideia de que a Administração Pública só pode ser exercida na conformidade da lei e que, de conseguinte, a atividade administrativa é atividade sublegal, infralegal"[1]. E prossegue:

---
1. MELLO, Celso Antônio Bandeira de. *Curso de direito administrativo*. 4. ed. São Paulo: Malheiros, 1993, p. 47.

"[...] é a tradução jurídica de um propósito político: o de submeter os exercentes do poder em concreto – o administrativo – a um quadro normativo que embargue favoritismo, perseguições ou desmandos"[2].

Sobre o princípio da impessoalidade, destaca que "nele se traduz a ideia de tratar a todos os administrados sem discriminações, benéficas ou detrimentosas. Nem favoritismos nem perseguições são toleráveis. Simpatias ou animosidades pessoais, políticas ou ideológicas não podem interferir na atuação administrativa"[3].

Passando ao princípio da moralidade, MELLO ensina que "a Administração e seus agentes têm de atuar na conformidade de princípios éticos" e que nele estão compreendidos "os chamados princípios da lealdade e da boa-fé". Mais: é "interdito qualquer comportamento astucioso, eivado de malícia, produzido de maneira a confundir, dificultar ou minimizar o exercício de direitos por parte dos cidadãos"[4]. MAFFINI afirma que "a moralidade administrativa busca a obtenção de um estado de honestidade na Administração Pública, para o que impõe, em todas as suas relações jurídicas, deveres de boa-fé, probidade, lealdade, transparência etc."[5].

A Constituição ainda arrola o princípio da eficiência. Conforme CARVALHO FILHO, seu núcleo "é a procura de produtividade e economicidade e, o que é mais importante, a exigência de reduzir os desperdícios de dinheiro público, o que impõe a execução dos serviços públicos com presteza, perfeição e rendimento funcional". Esclarece que a eficiência não se confunde com a eficácia (meios e instrumentos) nem com a efetividade (resultados): refere-se, isso sim, "ao modo pelo qual se processa o desempenho da atividade administrativa", "a ideia diz respeito, portanto, à conduta dos agentes"[6].

A publicidade, por sua vez, tem por fundamento propiciar aos administrados "a possibilidade de controlar a legitimidade da conduta dos agentes administrativos". CARVALHO FILHO destaca que, embora a publicidade deva ser a regra, há exceções, sendo que a própria Constituição, ponderando os valores em questão, por vezes se inclinou pela "preponderância do direito de sigilo e intimidade sobre o princípio geral de informação"[7].

....

2. MELLO, Celso Antônio Bandeira de. *Curso de direito administrativo*. 4. ed. São Paulo: Malheiros, 1993, p. 47-48.
3. MELLO, Celso Antônio Bandeira de. *Curso de direito administrativo*. 4. ed. São Paulo: Malheiros, 1993, p. 58.
4. MELLO, Celso Antônio Bandeira de. *Curso de direito administrativo*. 4. ed. São Paulo: Malheiros, 1993, p. 59-60.
5. MAFFINI, Rafael. *Elementos do direito administrativo*. Porto Alegre: Livraria do Advogado, 2016, p. 49.
6. CARVALHO FILHO, José dos Santos. *Manual de direito administrativo*. 24. ed. São Paulo: Atlas, 2012, p. 29 e 31.
7. CARVALHO FILHO, José dos Santos. *Manual de direito administrativo*. 24. ed. São Paulo: Atlas, 2012, p. 25 e 28.

É importante observar, sobretudo, que o cometimento, por agentes públicos, de crimes contra a ordem tributária envolve, invariavelmente, condutas que violam a legalidade, a impessoalidade ou a moralidade no exercício das suas funções. O servidor atento aos princípios constitucionais e suas diretrizes dificilmente praticará algum crime. É o desprezo pelos princípios que regem a Administração que dá ensejo à deterioração da função pública e à violação de bens jurídicos tutelados pelas normas penais.

Nessa perspectiva, vale ressaltar a necessidade de os agentes fiscais se aterem à legislação, valendo-se das suas prerrogativas funcionais para o exclusivo desempenho das suas funções, sem deixarem de aplicá-las nem cometerem excessos. Tais servidores devem ser fiéis aos fins públicos que inspiram suas funções, abstendo-se de favorecer e de perseguir quem quer que seja. A um só tempo, precisam agir com empenho na fiscalização e cobrança dos tributos e atentar para os limites das suas competências e prerrogativas. Diga-se, ainda, que a ação em conformidade com a moralidade administrativa, que tem caráter objetivo, impede a prática de condutas abjetas, como o uso da função em benefício próprio.

O cometimento de crimes pelos servidores, de qualquer modo, não se extrai diretamente dos princípios; depende, isso sim, do enquadramento das suas condutas danosas nos tipos penais, forte no art. 5º, XXXIX, da CF: "não há crime sem lei anterior que o defina, nem pena sem prévia cominação legal".

15. Fiscalização tributária e suas prerrogativas

A Administração Tributária, ou seja, o Estado-Administração no que diz respeito às suas funções tributárias, apresenta-se de modo muito especializado, com órgãos, carreiras e cargos específicos. Aliás, revela-se um nicho de excelência no Poder Executivo federal e, frequentemente, também o é nos Estados. Nos Municípios, a situação varia muito. Há aqueles que têm legislação, procedimentos, rotinas e pessoal qualificados. Há outros, porém, normalmente os menores, em que a situação é precária, nos quais sequer existem carreiras específicas e cujos servidores, responsáveis pela matéria, não ostentam qualquer especialização. Vejamos a função e a estrutura das Administrações Tributárias.

O sujeito ativo da relação jurídico-tributária exerce as funções de fiscalizar, lançar e cobrar os respectivos tributos. No âmbito federal, a maior parte dos tributos (os impostos em geral, as contribuições de seguridade social, inclusive as previdenciárias e a terceiros etc.) tem como sujeito ativo a própria União, que os administra através da Secretaria da Receita Federal do Brasil (SRFB), forte na unificação da administração tributária federal estabelecida pela Lei n. 11.457/2007. No portal da RFB, encontram-se todas as informações oficiais sobre os tributos que esse órgão do Ministério da Fazenda fiscaliza[8].

---

8. *Vide*: BRASIL. Ministério da Economia. Receita Federal. Disponível em: www.receita.economia.gov.br. Acesso em: 6 out. 2021.

Nos âmbitos estadual, distrital e municipal, a administração dos tributos dá-se através das respectivas Secretarias da Fazenda.

O art. 37 da CF, em seus incisos XVIII e XXII, reconhece as administrações tributárias da União, dos Estados, do Distrito Federal e dos Municípios como "atividades essenciais ao funcionamento do Estado, exercidas por servidores de carreiras específicas", com "precedência sobre os demais setores administrativos", estabelecendo que contarão com "recursos prioritários para a realização de suas atividades e atuarão de forma integrada, inclusive com o compartilhamento de cadastros e de informações fiscais, na forma da lei ou convênio". Assim, podemos falar de uma primazia da Administração Tributária no contexto do Poder Executivo.

A Lei de Responsabilidade Fiscal (LC n. 101/2000) prevê que constituem "requisitos essenciais da responsabilidade na gestão fiscal a instituição, previsão e efetiva arrecadação de todos os tributos da competência constitucional do ente da Federação". A opção política por instituir ou não determinado tributo da competência do ente político, portanto, depende de haver condições para isso. Se o ente político estiver com superávit, arrecadando mais do que necessita para dar conta dos seus compromissos, poderá reduzir a carga tributária e até mesmo extinguir tributos. Do contrário, ficando no vermelho ao final de cada exercício e tendo de se valer de operações de crédito para financiamento das suas despesas correntes, terá de exercer toda a sua competência tributária, o que não autorizará, em nenhuma hipótese, patamares confiscatórios. Aplicar a legislação tributária e exigir de modo eficiente os tributos é uma obrigação sempre, sendo certo que constitui não apenas requisito de responsabilidade fiscal, mas também de igualdade. A isonomia, diga-se, não se restringe à igualdade formal, na lei e perante a lei, estendendo-se, isso sim, à igualdade na aplicação da lei e, portanto, na efetividade da tributação.

Embora a Administração Tributária esteja inserida, em âmbito federal, na Secretaria da Receita Federal, e, nos âmbitos estadual e municipal, nas respectivas Secretarias da Fazenda (Sefaz), é preciso ter em conta que, por vezes, não haverá uma chefia direta dessa atividade pelo secretário, mas por outra autoridade que, dirigindo órgão específico de fiscalização, lhe será subordinada administrativamente, mas não tecnicamente. No âmbito federal, chefiam a fiscalização tributária os delegados e inspetores da Receita Federal, de modo que eventuais mandados de segurança são dirigidos contra tais autoridades e não contra os superintendentes, tampouco contra o Secretário Especial da Receita Federal. Estes últimos desenvolvem atividades de administração e planejamento, elaborando e implantando políticas fiscais. No âmbito do Estado do Rio Grande do Sul, a chefia das atividades de fiscalização e lançamento é do Subsecretário da Receita Estadual, havendo precedentes que o referem como Subsecretário da Fazenda[9].

---

9. TJRS, MS 70062327465, 2015.

A Lei n. 10.593/2002, com suas alterações, dispõe sobre a carreira da Auditoria da Receita Federal (ARF), estabelecendo que o ingresso é feito mediante concurso público de provas ou de provas e títulos, "exigindo-se curso superior em nível de graduação concluído". A carreira é composta pelos cargos de nível superior de auditor-fiscal da Receita Federal do Brasil e de analista-tributário da Receita Federal do Brasil. Cabe aos auditores-fiscais, em caráter privativo: "a) constituir, mediante lançamento, o crédito tributário e de contribuições; b) elaborar e proferir decisões ou delas participar em processo administrativo-fiscal, bem como em processos de consulta, restituição ou compensação de tributos e contribuições e de reconhecimento de benefícios fiscais; c) executar procedimentos de fiscalização, praticando os atos definidos na legislação específica, inclusive os relacionados com o controle aduaneiro, apreensão de mercadorias, livros, documentos, materiais, equipamentos e assemelhados; d) examinar a contabilidade de sociedades empresariais, empresários, órgãos, entidades, fundos e demais contribuintes, não se lhes aplicando as restrições previstas nos arts. 1.190 a 1.192 do Código Civil e observado o disposto no art. 1.193 do mesmo diploma legal; e) proceder à orientação do sujeito passivo no tocante à interpretação da legislação tributária; e f) supervisionar as demais atividades de orientação ao contribuinte". Ao analista-tributário, por sua vez, compete "exercer atividades de natureza técnica, acessórias ou preparatórias ao exercício das atribuições privativas dos auditores-fiscais da Receita Federal do Brasil" e "atuar no exame de matérias e processos administrativos", ressalvadas as competências dos auditores. O Decreto n. 6.641/2008 regulamenta a carreira.

É importante que os Estados e também os milhares de Municípios organizem suas carreiras de administração tributária criando cargos de nível superior para o exercício das funções típicas de fiscalização, lançamento e julgamento tributários. Ademais, parece-nos que não basta exigir nível superior, devendo-se delimitar os cursos que habilitem ao exercício profissional da função de auditor-fiscal ou de fiscal, vinculados à área do direito, da economia, da contabilidade, da administração e do comércio exterior. Isso porque tais cursos trabalham conhecimentos e habilidades importantes para a compreensão e aplicação da legislação tributária.

Os tribunais têm entendido que a habilitação para o exercício do cargo de auditor-fiscal decorre da aprovação em concurso público mediante o cumprimento dos requisitos estabelecidos por lei para o provimento do cargo, não sendo necessária a comprovação de outros requisitos, como o da condição de contador e registro no Conselho Regional de Contabilidade[10].

As Administrações Tributárias têm procurado desenvolver políticas mais colaborativas nas suas relações com os contribuintes. Alcançaram a compreensão de que a polarização acirrada entre os atores da cena tributária em um ambiente demasiadamente

---

10. STJ, AgRgResp 10.906, 2012.

litigioso não contribui para a eficiência na arrecadação dos tributos[11]. Temos destacado que cabe ao Fisco simplificar procedimentos, fornecer informação clara e confiável e se aproximar dos contribuintes não como uma ameaça, mas de modo colaborativo, orientando os sujeitos passivos sobre o correto cumprimento das obrigações acessórias e principais, bem como estabelecendo uma postura mais reeducadora que punitiva perante os infratores, de modo que busquem a conformidade.

Nesse sentido, aliás, é que vêm sendo adotadas práticas de fiscalização orientadora que fomentam a autorregularização dos contribuintes, com excelentes resultados evidenciados pelo acréscimo de arrecadação[12]. Conforme MANGIERI, "Critério da 'Dupla-Visita' ou 'Fiscalização Orientadora' é o procedimento pelo qual se dá uma chance ao contribuinte de regularizar suas pendências tributárias constatadas pela fiscalização numa primeira visita, sem a aplicação das chamadas multas sancionatórias"[13]. Em fiscalização orientadora, pode o Fisco, *e.g.*, identificar irregularidades e notificar os sujeitos passivos para as sanarem no prazo de até noventa dias, poupando-os da aplicação de pesadas multas de ofício. Esse procedimento não é litigioso, não tem caráter impositivo e não enseja apresentação de defesa pelo contribuinte. Cuida-se de fase preliminar, em que o Fisco antevê irregularidades e procura, justamente, evitar a necessidade de autuação, discussão administrativa, inscrição em dívida, protesto e execução. Em nosso *Curso de direito tributário completo*, abrimos um item próprio e específico para cuidar da fiscalização orientadora e dos programas de autorregularização[14].

Mas a fiscalização orientadora não é pressuposto nem condição de validade para a autuação dos contribuintes, porquanto a legislação não a impõe. Aliás, poucas são as referências legais a tal prática. A LC n. 155/2016, alterando a LC n. 123/2006 (Lei do Simples Nacional), cuidou da notificação prévia em procedimentos de fiscalização, conforme seu art. 55, mas não a impôs para os procedimentos fiscais, conforme se vê do seu *caput* e também do § 4º, de modo que a sua ausência não dá margem para que o contribuinte obtenha a anulação de lançamentos e, indiretamente, de ações penais, o que, aliás, restou frisado em precedente do TRF4: "o critério da dupla visita previsto no art. 55, § 1º, da lei em comento não se aplica ao processo administrativo fiscal, conforme expressamente estabelecido no § 4º do referido artigo"[15]. De qualquer modo, a Resolução CGSN n. 140/2018, ao regulamentar o Simples Nacional, previu, no seu

---

11. *Vide*: PORTO, Éderson Garin. *A colaboração no direito tributário*: por um novo perfil de relação obrigacional tributária. Porto Alegre: Livraria do Advogado, 2016.
12. MANGIERI, Francisco Ramos. *Administração tributária municipal*: eficiência e inteligência fiscal. Porto Alegre: Livraria do Advogado, 2015.
13. MANGIERI, Francisco Ramos. *Manual do fiscal tributário municipal*. Bauru: Ed. Tributo Municipal, 2019, p. 57.
14. PAULSEN, Leandro. *Curso de direito tributário completo*. 12. ed. São Paulo: Saraiva, 2021.
15. TRF4, ACR 5006364-27.2015.4.04.7113, 2020.

âmbito, que, sem prejuízo da ação fiscal individual, ou seja, da fiscalização dos contribuintes voltada à realização do lançamento de ofício, possa ser utilizado procedimento de notificação prévia com o fim de incentivar a autorregularização pelos contribuintes. É bom que assim ocorra, mas não se trata de imposição legal nem regulamentar, de modo que sua observância é prescindível para a validade das fiscalizações individuais.

Ademais, o sucesso da fiscalização orientadora depende da adesão voluntária do sujeito passivo à provocação para autorregularização. Cabe ao contribuinte, nesses casos, aproveitar a oportunidade para se colocar em situação regular, corrigindo suas práticas e recolhendo os tributos em atraso com os acréscimos moratórios. Caso o contribuinte, embora advertido, não regularize sua situação, o Fisco dará início à ação fiscal (fiscalização individual), lavrando o respectivo Termo de Início de Ação Fiscal ou ato equivalente, solicitando os documentos e informações pertinentes, e, na sequência, se for o caso, lavrando o auto de infração, do qual constará a constituição do crédito tributário abrangendo o tributo propriamente, os juros e a multa de ofício.

Por vezes, sequer ocorre fiscalização orientadora prévia, realizando o Fisco, diretamente, as fiscalizações a partir da identificação de indícios de inconformidades ou no cumprimento de planos gerais de fiscalização.

Cabe-nos verificar como se estabelece a fiscalização e quais as prerrogativas da Administração no seu exercício, ou seja, do poder de polícia fiscal, cuja regulamentação tem sua matriz no CTN.

A fiscalização depende de autorização específica constante de um Termo de Distribuição do Procedimento Fiscal (TDPF), que deve ser cumprido em 120 dias, podendo tal prazo ser prorrogado. Ostentando o TDPF-Fiscalização, o auditor dará início à chamada ação fiscal, notificando o sujeito passivo a apresentar a documentação cuja análise seja necessária[16].

Vale destacar que a atuação do Fisco é toda documentada. O art. 196 do CTN dispõe no sentido de que: "A autoridade administrativa que proceder ou presidir a quaisquer diligências de fiscalização lavrará os termos necessários para que se documente o início do procedimento, na forma da legislação aplicável, que fixará prazo máximo para a conclusão daquelas". Esta exigência de formalização dos diversos atos recebe detalhamento no art. 7º, I, do Decreto n. 70.235/72 (Lei do Processo Administrativo-fiscal).

As autoridades fiscais têm o "direito de examinar mercadorias, livros, arquivos, documentos, papéis e efeitos comerciais ou fiscais dos comerciantes, industriais ou produtores", devendo ser exibidos quando solicitado, nos termos do art. 195 do CTN. Conforme a Súmula 439 do STF, "estão sujeitos à fiscalização tributária ou previdenciária quaisquer livros comerciais, limitado o exame aos pontos objeto da investigação". Dentre

---

16. Portaria RFB 6478/2017.

esses livros estão o Livro Diário, em que é escriturada a posição diária de cada uma das contas contábeis, com seus respectivos saldos, e o Livro Razão, utilizado para resumir ou totalizar, por conta ou subconta, os lançamentos efetuados no Livro Diário[17].

A obrigação do contribuinte de exibir os livros fiscais abrange, também, os documentos que lhes dão sustentação. O parágrafo único do art. 195 do CTN determina que o contribuinte preserve os livros de escrituração comercial e fiscal e os comprovantes dos lançamentos neles efetuados até que ocorra a prescrição dos créditos tributários decorrentes das operações a que se refiram.

Tal art. 195 estampa, assim, a obrigação inequívoca de qualquer pessoa jurídica de dar, à fiscalização tributária, amplo acesso aos seus registros contábeis, bem como às mercadorias e aos documentos respectivos.

Mas a prerrogativa do Fisco não alcança todo e qualquer documento. A correspondência do contribuinte, por exemplo, está protegida constitucionalmente por sigilo, nos termos do art. 5º, XII, da CF.

Também pode ser solicitada, pelo Fisco, documentação relativa a terceiros. O acesso às informações mantidas sob sigilo por tabeliães, instituições financeiras e outros é objeto do art. 197 do CTN, sendo, o sigilo bancário, regulado de modo especial pela LC n. 105/2001. Essas informações podem ser solicitadas, diretamente pela autoridade fiscal, desde que no bojo de procedimento de fiscalização instaurado e justificada a necessidade, não estando sob reserva de jurisdição[18].

Já a preservação do sigilo, pelo Fisco, acerca dos dados relativos à situação econômica dos contribuintes, que se costuma designar por sigilo fiscal, é objeto do art. 198 do CTN.

Caso seja necessária a apreensão dos documentos para análise, o auditor lavrará o respectivo termo de apreensão.

Havendo descumprimento do dever de exibição dos livros e documentos por parte da pessoa sujeita à fiscalização, o Fisco pode aplicar multa por descumprimento de obrigação acessória[19] e buscar medida judicial que lhe assegure acesso a eles. Embora o art. 200 do CTN autorize a requisição do auxílio de força pública pelas próprias autoridades administrativas quando, vítimas de embaraço no exercício de suas funções, for necessário à efetivação de medida de fiscalização, o STF tem entendido que, não obstante a prerrogativa do Fisco de solicitar e analisar documentos, os fiscais só podem ingressar em escritório de empresa quando autorizados pelo proprietário, gerente ou preposto.

---

17. MARTINS, Iágaro Jung. *Obrigações acessórias*: livros e declarações. Porto Alegre: TRF – 4ª Região, 2006 (Currículo Permanente. Caderno de Direito Tributário: módulo 1).
18. STF, Tribunal Pleno, RE 601.314 e ADI 2.859, 2016.
19. *Vide* arts. 32 e 95 da Lei n. 8.212/91.

Em caso de recusa, o auxílio de força policial não pode ser requisitado diretamente pelos fiscais, mas pleiteado em Juízo pelo sujeito ativo, dependente que é de autorização judicial, forte na garantia de inviolabilidade do domicílio, oponível também ao Fisco[20].

O art. 199 do CTN determina o auxílio mútuo entre as administrações tributárias dos diversos entes políticos e até mesmo a colaboração com Estados estrangeiros no interesse da arrecadação e da fiscalização de tributos, o que abordamos com maior detalhamento no capítulo dedicado ao acesso à informação.

Feita a fiscalização e constatada infração à legislação tributária, é lavrado auto de infração, constituindo o crédito relativo ao tributo e à multa aplicada. O sujeito passivo será notificado, então, para defender-se na esfera administrativa, sendo que, apenas quando julgada sua impugnação e eventual recurso, é que se terá a constituição definitiva do crédito tributário.

O contribuinte pode opor-se a eventuais abusos dos agentes fiscais e aos efeitos de eventual lançamento que não considere hígido.

16. Acesso do Fisco à informação sigilosa

A justiça tributária depende da aplicação efetiva da lei sempre que ocorram os fatos geradores. Essa aplicação costuma ser realizada pelos próprios sujeitos passivos, quando cumprem espontaneamente suas obrigações. Mas, frequentemente, depende da ação fiscalizadora das autoridades, o que pressupõe acesso à informação.

Seja como ponto de partida ou como instrumento para o aprofundamento da apuração de ilícitos tributários, é a informação o elemento responsável por viabilizar e assegurar o sucesso do exercício do poder de polícia fiscal.

Muitas das obrigações tributárias acessórias instituídas no interesse da arrecadação e da fiscalização dos tributos, nos termos do art. 113, § 2º, e do art. 115 do CTN, têm como objeto, justamente, o registro ou a declaração de dados, de modo que o Fisco possa contar com elementos para a verificação do cumprimento das obrigações principais e, eventualmente, identificar infrações cometidas e quantificar seus créditos. Ademais, o art. 195 do CTN estabelece que o Fisco tem ampla prerrogativa de examinar "mercadorias, livros, arquivos, documentos, papéis e efeitos comerciais ou fiscais, dos comerciantes industriais ou produtores", determinando, ainda, que os obrigados devem conservar os livros obrigatórios de escrituração comercial e fiscal e os comprovantes dos lançamentos neles efetuados "até que ocorra a prescrição dos créditos tributários decorrentes das operações a que se refiram".

Lembre-se, ainda, que se tem obrigado diversos setores a adotarem práticas de *compliance*, inclusive com comunicação de atividades não usuais e suspeitas à Unidade

---

20. STF, AgRRE 331.303, 2004; STF, Tribunal Pleno, HC 79.512, 1999.

de Inteligência Financeira (UIF), antigo Conselho de Controle de Atividades Financeiras (Coaf). Esse órgão tem como missão produzir inteligência financeira capaz de apontar indícios do cometimento de crimes de lavagem de dinheiro e de qualquer outro ilícito, provendo informação para a sua investigação/fiscalização.

Dada a relevância do acesso à informação para a atividade de fiscalização tributária, o CTN, em seu art. 199, prevê que as Fazendas Públicas da União, dos Estados e dos Municípios prestar-se-ão assistência mútua, inclusive com permuta de informações, nos termos de lei ou convênio.

A Constituição Federal, ao cuidar da Administração Pública, estabelece que as administrações tributárias da União, dos Estados, do Distrito Federal e dos Municípios "atuarão de forma integrada, inclusive com o compartilhamento de cadastros e de informações fiscais, na forma da lei ou convênio" (art. 37, II, da CF). O art. 199 do CTN também prevê a assistência mútua para a fiscalização dos tributos, inclusive com permuta de informações. Na Apelação Criminal 0000629-66.2008.4.04.7106, o TRF4 decidiu que "O compartilhamento de informações entre a Receita Federal e Receita Estadual não torna ilícita a prova obtida por este meio durante o processo administrativo fiscal, pois tal medida é autorizada pelo art. 37, XXII, da Constituição Federal, e pelo art. 199 do Código Tributário Nacional"[21].

Frise-se que o art. 199 do CTN autoriza o compartilhamento de informações também com Estados estrangeiros, conforme venha a ser estabelecido em tratado. Aliás, quanto ao compartilhamento internacional, em trabalho em coautoria com FERREIRA NETO, destacamos o cenário de transição de um sistema marcado pela "intensa e irrestrita proteção ao sigilo de dados fiscais dos particulares", que deu ensejo ao estabelecimento dos paraísos fiscais voltados à evasão, para um sistema de cooperação internacional "na troca de informações, visando a fechar gradualmente as alternativas que alguns particulares possuem para resguardar o seu patrimônio da efetiva tributação por meio da remessa a determinados locais estruturados precipuamente para garantir vantagens fiscais injustificadas e injustas"[22]. Na oportunidade, apontamos a importância da lei federal estadunidense conhecida por Foreign Account Tax Compliance Act (FATCA), do Projeto da OCDE Base Erosion and Profit Shifting (BEPS) e do Mutilateral Agreement Mutual Administrative Assistance in Tax Matters, esse firmado por 103 países.

A Convenção Multilateral sobre Assistência Mútua Administrativa em Matéria Tributária[23] inaugurou um novo paradigma internacional de tributação, na medida em

---

21. TRF4, ACR 0000629-66.2008.4.04.7106, 2018.
22. FERREIRA NETO, Artur M.; PAULSEN, Leandro. *A Lei de Repatriação*: regularização cambial e tributária de ativos mantidos no exterior e não declarados às autoridades brasileiras. São Paulo: Quartier Latin, 2016.
23. O acordo conta atualmente com 103 países e jurisdições signatários, dos quais oitenta países

que aumentou a transparência mediante incremento no compartilhamento de informações. Foi internalizada em nosso ordenamento pelo Decreto n. 8.842/2016. Prevê que as partes "trocarão quaisquer informações previsivelmente relevantes". Regula a troca de informações a pedido de uma das partes e também a troca automática relativamente a determinadas categorias de casos, conforme estabeleçam de comum acordo. Até mesmo o fornecimento espontâneo de informações é previsto, por exemplo, para o caso em que uma parte puder presumir que possa haver uma perda de receita tributária de outro. Por fim, também restam previstas fiscalizações simultâneas em que duas partes fiscalizam, cada uma em seu território, a situação tributária de uma ou mais pessoas, que se revista de interesse comum ou relacionado, com vista à troca de informações relevantes assim obtidas.

Julgando apelação em ação anulatória de débito fiscal, o TRF4 afirmou a validade da utilização, pela Receita, de provas obtidas por meio de cooperação internacional fundada no Acordo de Assistência Judiciária em Matéria Penal entre Brasil e Estados Unidos (MLAT), inclusive destacando que a aplicação da cláusula de especialidade dependeria de pronunciamento expresso do Estado requerido e que, na sua ausência, nada impedia o uso dos dados para fins fiscais. Assim considerando que o contribuinte realizara "operações de remessa de divisas por intermédio de doleiros e intermediadas por empresas *offshore*, não declaradas ao Fisco e sem conhecimento das autoridades financeiras", considerou "caracterizada a sonegação e a fraude", e justificada, inclusive, a "imposição da multa de ofício qualificada, agravada pelo não atendimento às intimações para prestar esclarecimentos, no patamar de 225%, nos termos do art. 44, I, §§ 1º e 2º da Lei n. 9.430/96, mantida pela Lei n. 11.488/2007"[24].

Com o compartilhamento, as informações são aproveitadas para os diversos fins a que possam ser úteis, evita-se retrabalho, ganha-se agilidade e assegura-se eficácia às ações.

Mas, se, de um lado, é certo que o acesso a dados capazes de proverem informação sobre a prática de infrações à legislação tributária é essencial ao trabalho do Fisco, de outro, é preciso ter em conta que determinados dados podem revelar a intimidade e a privacidade das pessoas, sendo, por isso, protegidos. A Constituição, no inciso X, ressalta que são invioláveis a intimidade, a vida privada, a honra e a imagem das pessoas, e, no seu inciso XII, estabelece que é inviolável o sigilo da correspondência e das comunicações telegráficas, de dados e das comunicações telefônicas, salvo, no último caso, por ordem judicial, sendo certo que esse sigilo está a serviço da privacidade e da intimidade.

---

já o ratificaram. A relação dos referidos países e jurisdições pode ser consultada pelo *link*: http://www.oecd.org/ctp/exchange-of-tax-information/Status_of_convention.pdf. Acesso em: 6 out. 2021.

24. TRF4, APELREEX 0015772-39.2014.4.04.9999, 2015.

Conforme GONET BRANCO,[25] "há consenso em que o direito à privacidade tem por característica básica a pretensão de estar separado dos grupos, mantendo-se o indivíduo livre da observação de outras pessoas". Esse autor ressalta, forte em doutrina norte-americana, que WILLIAM PROSSER teria sustentado quatro meios básicos de afrontar a privacidade: "a) intromissão na reclusão ou na solidão do indivíduo, 2) exposição pública de fatos privados, 3) exposição do indivíduo a uma falsa percepção do público (*false light*), que ocorre quando a pessoa é retratada de modo inexato ou censurável, 4) apropriação do nome e da imagem da pessoa, sobretudo para fins comerciais". Estreitando o sentido, aponta que o direito à privacidade "conduz à pretensão do indivíduo de não ser foco da observação por terceiros, de não ter os seus assuntos, informações pessoais e características particulares expostas a terceiros ou ao público em geral".

A intimidade, por si, constitui um espaço ainda mais exclusivo, relacionado ao ser humano no âmbito da sua individualidade, seja física, emocional ou intelectual, alcançando o que diz respeito ao seu corpo, à sua sexualidade, aos seus relacionamentos e aos seus pensamentos.

Desde já, é preciso destacar que dados consolidados sobre volume de movimentações financeiras ou sobre eventuais operações que, pelas suas características (alto valor em desproporção ao perfil do correntista, numerosas operações semelhantes, especialmente se em dinheiro etc.), por exemplo, não expõem significativamente a privacidade e a intimidade do titular e são elementos indiciários importantes do cometimento de ilícito. É válida, portanto, a legislação que estabelece a sua comunicação automática ao Poder Público e o seu compartilhamento entre órgãos, desde que mantido o sigilo, de modo a lhes preservar da publicização. Assim, é hígida a comunicação de operações suspeitas, por instituições financeiras, à Unidade de Inteligência Financeira (UIF), antigo Conselho de Controle de Atividades Financeiras (Coaf) e seu compartilhamento com a Receita, com a Polícia e com o Ministério Público para que sejam tomadas medidas de fiscalização e de investigação a partir de tais dados.

A intimidade pode vir a ser tocada e, portanto, exige maior consideração quando capaz de expor a pessoa de modo mais abrangente ou profundo, abrindo detalhes quanto às suas relações, aos seus costumes, às suas preferências e à sua situação econômica, financeira, de saúde física e emocional.

Relativamente a dados cobertos por sigilo, o acesso, pelo Fisco, depende da justificação da sua necessidade para o aprofundamento de uma fiscalização já iniciada e que dependa das informações que os dados possam prover para o seu aprofundamento. No caso do sigilo bancário, o próprio legislador, através da LC n. 105/2001, realizou o juízo de ponderação, estabelecendo os requisitos necessários para o acesso, e facultou que o

---

25. MENDES, Gilmar Ferreira; COELHO, Inocêncio Mártires; BRANCO, Paulo Gustavo Gonet. *Curso de direito constitucional*. 5. ed. São Paulo: Saraiva, p. 471-472.

Fisco o solicite diretamente. Relativamente a outros dados sigilosos, caberá ao Judiciário proceder a tal ponderação, caso a caso.

Ademais, quando acessados os dados, a autoridade fiscal pode utilizá-los para as verificações próprias às suas funções, devendo, contudo, manter a sua condição de dados sigilosos. Efetivamente, o sigilo não é propriamente quebrado, porquanto não se dá publicidade às informações. Faculta-se o acesso aos dados para viabilizar a fiscalização, mas mediante compromisso de preservação do sigilo. Fala-se, por isso, de transferência do dever de sigilo.

O art. 197 do CTN estabelece, para tabeliães, instituições financeiras, administradoras de bens, corretores, leiloeiros e despachantes, inventariantes, síndicos, comissários e liquidatários, dentre outros que a lei designe em razão de seu cargo, ofício, função, ministério, atividade ou profissão, a obrigatoriedade de prestarem informações sobre bens, negócios ou atividades de terceiros. Preserva, contudo, em seu parágrafo único, as informações quanto aos fatos sobre os quais o informante esteja legalmente obrigado a observar segredo profissional, de modo que, nesses casos, o segredo prevalece sobre os deveres genéricos de informação tributária[26], só cedendo frente a autorizações legais ou judiciais específicas.

A matéria atinente à obrigação das instituições financeiras é regulada, com maior detalhamento, pela LC n. 105/2001, que determina a informação à administração tributária das operações financeiras efetuadas pelos usuários de seus serviços, com identificação dos titulares e dos montantes globais movimentados mensalmente e, mediante requisição no bojo de procedimento fiscal devidamente instaurado, que seja facultado o exame de documentos, livros e registros atinentes às respectivas movimentações.

Note-se que o sigilo bancário não constitui um valor em si. Tem cunho instrumental e não ostenta, de modo algum, caráter absoluto[27]. Na quase totalidade dos países ocidentais, existe a possibilidade de acesso às movimentações bancárias sempre que tal seja importante para a apuração de crimes e fraudes tributárias em geral. No Brasil, não é diferente. A possibilidade de quebra depende da análise do caso concreto, considerando-se as suas circunstâncias específicas e o princípio da proporcionalidade[28]. Além disso, deve-se considerar que nem sequer ocorre propriamente uma quebra de sigilo, mas, isto sim, uma transferência de sigilo. Isso porque as informações sob sigilo bancário são repassadas ao Fisco, que tem a obrigação de mantê-las sob sigilo fiscal.

A LC n. 105/2001 enseja às autoridades fiscais, desde que haja procedimento de fiscalização instaurado e a necessidade do acesso seja presente e esteja motivada, que solicitem diretamente às instituições financeiras o acesso às movimentações dos seus

---

26. VELLOSO, Andrei Pitten. *Constituição tributária interpretada*. São Paulo: Atlas, 2007, p. 48.
27. STF, Tribunal Pleno, MS 23.452, 1999; STJ, HC 24.577, 2003.
28. TRF4, AMS 2003.70.00.012284-4, 2003.

clientes para fins tributários. No RE 601.314, o Tribunal Pleno do STF, tendo como relator o ministro Edson Fachin, fixou a seguinte tese com repercussão geral: "O art. 6º da Lei Complementar n. 105/2001 não ofende o direito ao sigilo bancário, pois realiza a igualdade em relação aos cidadãos por meio do princípio da capacidade contributiva, bem como estabelece requisitos objetivos e o translado do dever de sigilo da esfera bancária para a fiscal"[29]. Na ADI 2859, por sua vez, o STF afirmou: "Os art. 5º e 6º da Lei Complementar n. 105/2001 e seus decretos regulamentares [...] consagram, de modo expresso, a permanência do sigilo das informações bancárias obtidas com espeque em seus comandos, não havendo neles autorização para a exposição ou circulação daqueles dados". E prossegue: "Trata-se de uma transferência de dados sigilosos de um determinado portador, que tem o dever de sigilo, para outro, que mantém a obrigação de sigilo, permanecendo resguardadas a intimidade e a vida privada do correntista, exatamente como determina o art. 145, § 1º, da Constituição Federal". Destaca ainda: "é preciso que se adotem mecanismos efetivos de combate à sonegação fiscal, sendo o instrumento fiscalizatório instituído nos arts. 5º e 6º da LC n. 105/2001 de extrema significância nessa tarefa. 6. O Brasil se comprometeu, perante o G20 e o Fórum Global sobre Transparência e Intercâmbio de Informações para Fins Tributários (Global Forum on Transparency and Exchange of Information for Tax Purposes), a cumprir os padrões internacionais de transparência e de troca de informações bancárias, estabelecidos com o fito de evitar o descumprimento de normas tributárias, assim como combater práticas criminosas. Não deve o Estado brasileiro prescindir do acesso automático aos dados bancários dos contribuintes por sua administração tributária, sob pena de descumprimento de seus compromissos internacionais"[30].

São válidos não apenas a requisição e o acesso às informações bancárias pelo Fisco e seu uso para fins de constituição do crédito tributário, mas também o compartilhamento desses dados, enquanto integrantes do processo administrativo fiscal, com a Procuradoria da Fazenda para fins de cobrança e com o Ministério Público para fins penais. Em item adiante, cuidamos do compartilhamento dessa hipótese.

17. Acesso do Fisco aos acordos de colaboração premiada e de leniência

Por vezes, tomando conhecimento de acordos de colaboração firmados entre réus e a Polícia Federal ou o Ministério Público Federal, a Receita Federal do Brasil oficia ao Juízo requerendo o compartilhamento do acordo de colaboração entabulado. Busca utilizar o termo de acordo e documentos que o amparam para a confirmação de indícios

---

29. STF, Tribunal Pleno, RE 601.314, 2016.
30. STF, ADI 2859, 2016.

de infração tributária apurados em procedimentos fiscais já abertos ou a serem instaurados. Pretende, portanto, obter elementos probantes com vista a subsidiar lançamentos de ofício de crédito tributário.

Os acordos de colaboração premiada não podem dispor sobre os efeitos tributários dos fatos que venham a ser revelados pelos colaboradores. Não há legitimidade da Polícia Judiciária nem do Ministério Público para disporem sobre isso. A lei, ao dispor sobre os acordos de colaboração premiada, não prevê qualquer tipo de remissão ou de anistia tributárias. O colaborador, diga-se, negocia benefícios em face de possíveis consequências penais das condutas por ele praticadas. Não tem como afastar, no acordo, as eventuais e possíveis consequências tributárias.

Ademais, as autoridades públicas devem colaborar, elas próprias, entre si. O Código Tributário Nacional estabelece o amplo acesso da fiscalização tributária a elementos que possam revelar fatos econômicos objeto de tributação, dizendo, inclusive, da possibilidade de o Fisco oficiar a pessoas privadas para que facultem acesso à informação de que disponham. É o que se vê a partir do seu art. 195 e seguintes. De outro lado, o art. 198 do CTN determina que as autoridades fiscais mantenham o sigilo quanto à situação econômica ou financeira dos sujeitos passivos fiscalizados e sobre a natureza e o estado das suas atividades.

O sigilo, diga-se, não impede o intercâmbio de informação sigilosa no âmbito da Administração Pública, devendo ser feito com as cautelas para a sua preservação. Assim, deve ser facultado à Receita Federal do Brasil amplo acesso aos acordos de colaboração premiada e todos os documentos que lhes dizem respeito ou que decorram dele, com as cautelas para a preservação do sigilo.

As discussões relativas à viabilidade ou não da tributação de fatos geradores envoltos em crimes são outro aspecto. Em regra, tratamos a questão sob a rubrica imprópria da tributação do ilícito[31]. Trata-se de tema cuja discussão ganhou nova dimensão com as grandes operações de combate à corrupção e ao crime organizado ocorridas nos últimos anos. Também desborda da questão do acesso aos documentos e do exercício da fiscalização a discussão sobre ser o acordo prova ou meio para a obtenção de provas e se é ou não adequado trasladar para o campo tributário o entendimento predominante na esfera penal.

No âmbito do STF, já restou decidido: "Ainda que remetidos a outros órgãos do Poder Judiciário para as apurações dos fatos declarados, remanesce competência ao

---

31. ADAMY, Pedro Augustin; FERREIRA NETO, Arthur M. (coord.). *Tributação do ilícito*: estudos em comemoração aos 25 anos do Instituto de Estudos Tributários – IET. São Paulo: Malheiros, 2018. Nessa obra coletiva, encontramos artigos dos organizadores e, ainda, de Hugo de Brito Machado Segundo, Ives Gandra da Silva Martins, Marco Aurélio Greco, Humberto Ávila, Ricardo Mariz de Oliveira, André Folloni, Luís Eduardo Schoueri e Guilherme Galdino, Douglas Fischer, Fabio Roberto D'Ávila e Marion Bach, Leandro Paulsen e Luciano Feldens.

juízo homologador do acordo de colaboração premiada a deliberação acerca de pretensões que envolvem o compartilhamento de termos de depoimento prestados pelo colaborador". No mérito, destacou: "É assente na jurisprudência desta Corte a admissibilidade, em procedimentos administrativos, de prova emprestada do processo penal (RE 810.906, rel. min. Roberto Barroso, j. 25-5-2015, *DJe* 28-5-2015), assim como já se decidiu pela admissibilidade para o fim de subsidiar apurações de cunho disciplinar (INQ-QO 2.725, rel. min. Carlos Britto, j. 25-6-2008, public. 26-9-2008, Tribunal Pleno)". A questão dizia respeito não ao compartilhamento para fins tributários, mas para fins de investigação da prática eventual de improbidade administrativa por parte de agente público, não tendo, aquele tribunal, vislumbrado causa impeditiva ao compartilhamento dos termos de depoimento requeridos pelo Ministério Público estadual[32]. O compartilhamento com a Receita Federal do Brasil ou com as Secretarias da Fazenda de Estados e Municípios, quando justificados o interesse e a utilidade para a fiscalização tributária, por certo, também se admite. O ideal, aliás, é que sejam realizadas forças tarefas em que os diversos órgãos colaborem com as investigações e tomem as providências próprias das suas competências.

18. O sigilo fiscal, sua preservação e o compartilhamento de informações com o Ministério Público

O sigilo fiscal é objeto do art. 198 do CTN. Com a redação da LC n. 104/2001, o art. 198 é expresso no sentido de vedar a divulgação, por parte da Fazenda Pública ou de seus servidores, de informação obtida em razão do ofício sobre a situação econômica ou financeira do sujeito passivo ou de terceiros e sobre a natureza e o estado de seus negócios.

Esse dispositivo prestigia e protege, portanto, a privacidade dos sujeitos passivos de obrigações tributárias, resguardando-lhe da revelação pública da sua situação econômica ou financeira, da natureza e do estado dos seus negócios.

A Portaria RFB 1.384/2016 disciplina a disponibilização, pela Secretaria da Receita Federal do Brasil, de dados não protegidos por sigilo fiscal a órgãos e entidades da Administração Pública Federal direta, autárquica e fundacional, constantes das bases de Cadastro de Pessoas Físicas (CPF), Cadastro Nacional da Pessoa Jurídica (CNPJ), Cadastro de Imóveis Rurais (Cafir), Consulta e Gerencial da Declaração de Operações Imobiliárias (DOI), Nota Fiscal Eletrônica (NF-e), créditos ativos de pessoas jurídicas de direito público, sistemas de controle de débitos de pessoas jurídicas de direito público, créditos parcelados, sistemas de controle de débitos parcelados e sistema de emissão de Certidão de Regularidade Fiscal perante a Fazenda Nacional, mas delimita, em seus anexos, os dados

---

32. STF, Pet 7065 AgR, 2018.

compartilháveis. Seu anexo V, *e.g.*, indica como dados do Sistema de Nota Fiscal Eletrônica passíveis de disponibilização o nome ou razão social, o número de inscrição do CPF ou CNPJ, a inscrição estadual e a unidade federativa. A solicitação independe de haver fiscalização ou investigação em andamento. Basta que seja realizada mediante formalização com a devida identificação do órgão solicitante e do seu dirigente relação detalhada dos dados solicitados, descrição da forma e da periodicidade em que deseja receber os dados solicitados (eventual ou continuada) e demonstração da necessidade do compartilhamento e das finalidades de uso dos dados solicitados. A Portaria RFB 2.189/2017, por sua vez, autoriza o Serviço Federal de Processamento de Dados a disponibilizar acesso, para terceiros, de inúmeros dados e informações, com vista à complementação de políticas públicas voltadas ao fornecimento de informações à sociedade. Mas, tendo em vista a LGPD, sofreu alterações por força da Portaria RFB 4.255/2020, sucedida pela Portaria RFB 12/2021, que mexeu no § 3º do art. 1º, dispondo: "A autorização para disponibilização de acesso ao conjunto de dados e informações relativos à Nota Fiscal Eletrônica (NF-e) por terceiros fica revogada a partir do dia 1º de junho de 2021".

A Lei Geral de Proteção de Dados (Lei n. 13.709/2018), em seu art. 7º, estabelece que o tratamento de dados pessoais somente poderá ser realizado "pela administração pública, para o tratamento e uso compartilhado de dados necessários à execução de políticas públicas previstas em leis e regulamentos ou respaldadas em contratos, convênios ou instrumentos congêneres".

O STJ já decidiu que as informações constantes da base de Nota Fiscal Eletrônica não são sigilosas, podendo ser disponibilizadas a órgãos e entidades da administração pública, "notadamente porque deles não constam informações sobre a situação econômica ou financeira do sujeito passivo ou de terceiros". O Ministério Público requisitara à Receita Estadual os valores dos combustíveis praticados por todos os postos situados na cidade de Londrina em determinado período, bem como os valores pagos pelos mencionados estabelecimentos às distribuidoras, devidamente acompanhados das respectivas notas fiscais. O tribunal considerou legítimo o compartilhamento direto de tais dados, mediante solicitação do Ministério Público, sem prévia autorização judicial[33].

Conforme os §§ 1º a 3º do art. 198, o sigilo fiscal não prejudica a assistência mútua entre as Fazendas da União, dos Estados e dos Municípios, tampouco a permuta de informações com Estados estrangeiros, ou seja, a cooperação internacional. E também não obsta o fornecimento de informação mediante "requisição de autoridade judiciária no interesse da justiça", tampouco em resposta às "solicitações de autoridade administrativa no interesse da Administração Pública, desde que seja comprovada a instauração regular de processo administrativo, no órgão ou na entidade respectiva, com o objetivo de investigar o sujeito passivo a que se refere a informação, por prática de infração

---

33. STJ, AgRg no RHC 106.945, 2019.

administrativa". Igualmente, não é vedada a divulgação de informações relativas a "representações fiscais para fins penais", "inscrições na Dívida Ativa da Fazenda Pública", "parcelamento ou moratória".

Destaco que, o art. 198 do CTN, com a redação da LC n. 104/2001, ao chancelar e disciplinar o intercâmbio de informação sigilosa, no âmbito da Administração Pública, determina que será "realizado mediante processo regularmente instaurado, e a entrega será feita pessoalmente à autoridade solicitante, mediante recibo, que formalize a transferência e assegure a preservação do sigilo".

A Convenção Multilateral sobre Assistência Mútua Administrativa em Matéria Tributária, internalizada pelo Decreto n. 8.842/2016, ocupa-se da matéria. Em seu art. 22, estabelece que quaisquer informações obtidas por uma parte "serão consideradas sigilosas e protegidas do mesmo modo que as informações obtidas com base na legislação interna e na medida necessária para garantir o nível necessário de proteção de dados de caráter pessoal". Também estabelece que "as referidas informações só poderão ser comunicadas às pessoas ou autoridades (incluindo tribunais e órgãos de administração ou supervisão) encarregadas do lançamento, arrecadação, ou cobrança dos tributos dessa parte, ou dos procedimentos de execução ou persecução, ou das decisões de recursos relativos a esses tributos, ou da supervisão das atividades precedentes", sendo que "apenas as pessoas ou autoridades referidas acima poderão utilizar essas informações e exclusivamente para os fins acima mencionados", mas que as informações poderão ser utilizadas para outros fins quando autorizado.

No que diz respeito ao compartilhamento de dados fiscais com o Ministério Público, o STJ já reconheceu que "é possível a utilização de dados obtidos pela Secretaria da Receita Federal, em regular procedimento administrativo fiscal, para fins de instrução processual penal". Frisou que "não há falar em ilicitude das provas que embasam a denúncia [...] porquanto, assim como o sigilo é transferido, sem autorização judicial, da instituição financeira ao Fisco e deste à Advocacia-Geral da União, para cobrança do crédito tributário, também o é ao Ministério Público, sempre que, no curso de ação fiscal de que resulte lavratura de auto de infração de exigência de crédito de tributos e contribuições, se constate fato que configure, em tese, crime contra a ordem tributária (Precedentes do STF)"[34]. Em outro precedente, também frisou: "É lícito o compartilhamento promovido pela Receita Federal, dos dados bancários por ela obtidos a partir de permissivo legal, com a Polícia e com o Ministério Público, ao término do procedimento administrativo fiscal, quando verificada a prática, em tese, de infração penal [...]. Não ofende a reserva de jurisdição a comunicação promovida pela Receita Federal nas condições supradescritas, por decorrer de obrigação legal expressa"[35].

....
34. STJ, HC 422.473, 2018.
35. STJ, REsp 1.601.127 AgRg, 2018.

No âmbito do STF, por sua vez, restou afirmado em decisão monocrática: "[...] sendo legítimos os meios de obtenção da prova material e sua utilização no processo administrativo fiscal, mostra-se lícita sua utilização para fins da persecução criminal. Sobretudo, quando se observa que a omissão da informação revelou a efetiva supressão de tributos, demonstrando a materialidade exigida para configuração do crime previsto no art. 1º, I, da Lei n. 8.137/90, não existindo qualquer abuso por parte da Administração Fiscal em encaminhar as informações ao *Parquet*"[36].

A matéria foi submetida ao Plenário do STF tendo em vista o reconhecimento da sua repercussão geral sob o Tema 990: "Possibilidade de compartilhamento com o Ministério Público, para fins penais, dos dados bancários e fiscais do contribuinte, obtidos pela Receita Federal no legítimo exercício de seu dever de fiscalizar, sem autorização prévia do Poder Judiciário"[37]. Em dezembro de 2019, o STF decidiu a questão, assentando: "É constitucional o compartilhamento dos relatórios de inteligência financeira da UIF e da íntegra do procedimento fiscalizatório da Receita Federal do Brasil – em que se define o lançamento do tributo – com os órgãos de persecução penal para fins criminais sem prévia autorização judicial, devendo ser resguardado o sigilo das informações em procedimentos formalmente instaurados e sujeitos a posterior controle jurisdicional". E advertiu: "O compartilhamento pela UIF e pela RFB referido no item anterior deve ser feito unicamente por meio de comunicações formais, com garantia de sigilo, certificação do destinatário e estabelecimento de instrumentos efetivos de apuração e correção de eventuais desvios"[38].

O STJ, analisando caso muito particular, estabeleceu um *distinguishing*. Tratava-se de compartilhamento de informações entre a Receita e o Ministério Público "em fase embrionária da investigação tributária, sem a precedência do lançamento tributário justificador da referida prática". Entendeu que a tese fixada pelo STF "não autorizaria o compartilhamento indiscriminado, açodado e plenamente discricionário de dados sigilosos pela Receita Federal ao Ministério Público". Destacou que o STF tratou da "Representação Fiscal para fins penais, instituto legal que autoriza o compartilhamento, de ofício, pela Receita Federal, de dados relacionados a supostos ilícitos tributários ou previdenciários após devido procedimento administrativo fiscal", de modo que "a requisição ou o compartilhamento ativo, de forma direta, pelo órgão da acusação à Receita Federal e, reversamente, com o fim de coletar/fornecer indícios para subsidiar investigação ou instrução criminal, não se encontram abarcados pela tese firmada no âmbito da repercussão geral em questão". Por fim, reconheceu nulidade no caso posto à sua consideração, "a caracterizar constrangimento ilegal sanável pelo *habeas corpus*" (STJ, EDcl no AgRg nos EDcl no RHC 119.297, 2022).

---

36. STF, APRE 953.058, 2016.
37. STF, RE 1055941, 2018.
38. STF, Tribunal Pleno, RE 1055941, 2019.

A determinação de manutenção do sigilo fiscal do art. 198 do CTN é reforçada pelo art. 116 da Lei n. 8.212/91, ao estabelecer o dever dos servidores federais de atender com presteza ao público em geral, prestando as informações requeridas, ressalvadas as protegidas por sigilo, bem como de guardar sigilo sobre assunto da repartição. A violação desses deveres sujeita o servidor a processo administrativo disciplinar.

Ademais, embora a violação de sigilo não esteja descrita em tipo específico de crime contra a ordem tributária, está no Código Penal. No capítulo dos crimes contra a liberdade individual, ao cuidar dos crimes contra a inviolabilidade dos segredos, o Código tipifica o crime de violação do segredo profissional. Seu art. 154 prevê, como conduta criminosa, "Revelar alguém, sem justa causa, segredo, de que tem ciência em razão de função, ministério, ofício ou profissão, e cuja revelação possa produzir dano a outrem", cominando pena de "detenção, de três meses a um ano, ou multa". Cuidamos da matéria adiante.

19. Os crimes praticados por servidores públicos contra a ordem tributária

Ainda que os crimes estejam, invariavelmente, relacionados à violação dos princípios, só os configuram as condutas expressamente tipificadas. Tanto o Código Penal como leis esparsas definem crimes relacionados à tributação que têm como agente funcionário público.

Ganha destaque a Lei n. 13.869/19, que estabelece os crimes de abuso de autoridade, dentre eles os abusos por invasão de imóvel, por obtenção de prova por meio ilícito ou sua utilização, por instauração de investigação sem indício de infrações, por instauração de persecução sem justa causa, por procrastinação injustificada, por negativa de acesso a procedimento de investigação e por exigência de informação ou de cumprimento de obrigação sem amparo legal. O Código Penal, em especial, no capítulo dos crimes "praticados por funcionário público contra a Administração em geral", também tipifica crimes passíveis de serem cometidos pelas autoridades tributárias, como o de violação de sigilo, o de excesso de exação, o de facilitação ao descaminho, o de inserção de dados falsos em sistemas de informação e o de modificação ou alteração de sistema de informação. A Lei n. 8.137/90, por sua vez, ao definir os crimes contra a ordem tributária, considera crimes funcionais contra a ordem tributária, além dos previstos no Código Penal[39], outras três condutas em tipos inovadores ou especiais relativamente aos crimes próprios já existentes: o extravio, sonegação ou inutilização de livro, processo ou documento fiscal, a corrupção passiva fiscal e a advocacia administrativa fiscal. Todos esses tipos são analisados adiante.

....

39. O art. 3º, efetivamente, ressalva "além dos previstos no Decreto-Lei n. 2.848, de 7 de dezembro de 1940 – Código Penal (Título XI, Capítulo I)".

Vale referir, de antemão, alguns aspectos comuns a todos eles. Note-se, desde já, que o conceito de funcionário público para fins penais não equivale ao conceito administrativo. Para fins penais, funcionário público é qualquer pessoa que esteja desempenhando alguma função pública, ainda que em caráter precário, temporário, sem vínculo, como estagiário, mesário etc. Aqui, vale retomar a lição de que, não obstante a unidade do sistema jurídico, os diversos ramos do Direito têm a sua autonomia, não havendo primazia de um ramo sobre o outro, de modo que, mesmo que se veja no Direito Penal um direito de sobreposição, que pressupõe relações regidas por outros ramos e que se valha de conceitos das diversas áreas especializadas, nada impede que o legislador penal redefina certos conceitos para fins penais. É o que ocorre com o conceito de funcionário público que, após a Constituição de 1988, poderíamos referir como sendo o conceito de servidor público para os efeitos de aplicação dos tipos penais.

Conforme o art. 327 do Código Penal, com a redação das Leis n. 6.799/80 e n. 9.983/2000: "Considera-se funcionário público, para os efeitos penais, quem, embora transitoriamente ou sem remuneração, exerce cargo, emprego ou função pública". O Código estabelece, ainda, equiparações: "§ 1º Equipara-se a funcionário público quem exerce cargo, emprego ou função em entidade paraestatal, e quem trabalha para empresa prestadora de serviço contratada ou conveniada para a execução de atividade típica da Administração Pública".

Há agravante para os funcionários ocupantes de cargos em comissão ou função de direção ou assessoramento: "§ 2º A pena será aumentada da terça parte quando os autores dos crimes previstos neste Capítulo forem ocupantes de cargos em comissão ou de função de direção ou assessoramento de órgão da administração direta, sociedade de economia mista, empresa pública ou fundação instituída pelo Poder Público".

Capítulo 4
Crimes dos Servidores em Detrimento da Administração para o Favorecimento dos Contribuintes

20. Corrupção passiva fiscal

> Lei n. 8.137/90
> Dos crimes praticados por funcionários públicos
> Art. 3º Constitui crime funcional contra a ordem tributária, além dos previstos no Decreto-Lei n. 2.848, de 7 de dezembro de 1940 – Código Penal (Título XI, Capítulo I):
> II – exigir, solicitar ou receber, para si ou para outrem, direta ou indiretamente, ainda que fora da função ou antes de iniciar seu exercício, mas em razão dela, vantagem indevida; ou aceitar promessa de tal vantagem, para deixar de lançar ou cobrar tributo ou contribuição social, ou cobrá-los parcialmente. Pena – reclusão, de 3 (três) a 8 (oito) anos, e multa.

É legítimo o anseio e a esperança dos cidadãos por uma Administração Pública honesta, pautada pela moralidade. O direito à boa administração, diga-se, chega a ser referido como direito fundamental[1]. Para que isso seja alcançado na maior medida possível, impende que se exija dos servidores públicos conduta pautada pela ética e pelo profissionalismo.

Os servidores públicos que exigem, solicitam ou recebem vantagens indevidas em razão da sua função, ou que aceitam promessa nesse sentido, se deterioraram e se

---
1. FREITAS, Juarez. *Direito fundamental à boa administração pública*. São Paulo: Malheiros, 2014.

perverterem, corrompem-se, transformando-se em párias no universo do serviço público. Ao cuidar da corrupção, PRADO ensina que "a origem desse vocábulo encontra-se ligada à ideia de degradação, deterioração, menosprezo, seja natural, seja valorativo". E prossegue: "Na função pública, 'corrupto' é o agente que faz uso de sua função para atender finalidade distinta da do interesse público, movido pelo objetivo de alcançar vantagem pessoal"[2].

O agir corrupto de servidores transforma o serviço público num espaço de promoção de interesses escusos em contraposição à legalidade, à moralidade e à eficiência. E a percepção desse agir faz com que as pessoas percam a confiança na Administração.

Nosso ordenamento jurídico ocupa-se de inibir e de reprimir o agir corrupto, salvaguardando a sociedade. E o faz na linha de convenção internacional específica contra a corrupção, firmada em 2003 no âmbito da Organização das Nações Unidas (ONU). Internalizada pelo Decreto n. 5.687/2006, seu preâmbulo estampa a preocupação dos Estados Partes "com a gravidade dos problemas e com as ameaças decorrentes da corrupção, para a estabilidade e a segurança das sociedades, ao enfraquecer as instituições e os valores da democracia, da ética e da justiça e ao comprometer o desenvolvimento sustentável e o Estado de Direito".

A Lei n. 8.137/90, no inciso II do seu art. 3º, define como crime praticado por funcionário público contra a ordem tributária exigir, solicitar ou receber vantagem indevida ou promessa de vantagem para deixar de lançar ou cobrar tributo. Eis a definição legal, *ipsis litteris*: "exigir, solicitar ou receber, para si ou para outrem, direta ou indiretamente, ainda que fora da função ou antes de iniciar seu exercício, mas em razão dela, vantagem indevida; ou aceitar promessa de tal vantagem, para deixar de lançar ou cobrar tributo ou contribuição social, ou cobrá-los parcialmente".

Note-se que, nesse tipo especial relacionado à fiscalização tributária, que denominamos "corrupção passiva fiscal", temos o verbo "exigir", que caracteriza o crime de concussão no Código Penal[3], associado aos verbos "solicitar ou receber" ou "aceitar", que caracterizam o crime de corrupção passiva naquele mesmo diploma[4]. Os crimes de

---

2. PRADO, Luiz Regis. *Comentários ao Código Penal*. 10. ed. São Paulo: Revista dos Tribunais, 2015, p. 1073.
3. BRASIL. Código Penal: "Concussão. Art. 316. Exigir, para si ou para outrem, direta ou indiretamente, ainda que fora da função ou antes de assumi-la, mas em razão dela, vantagem indevida: Pena – reclusão, de 2 (dois) a 12 (doze) anos, e multa".
4. BRASIL. Código Penal: "Corrupção passiva. Art. 317. Solicitar ou receber, para si ou para outrem, direta ou indiretamente, ainda que fora da função ou antes de assumi-la, mas em razão dela, vantagem indevida, ou aceitar promessa de tal vantagem: Pena – reclusão, de 2 (dois) a 12 (doze) anos, e multa. (Redação da Lei n. 10.763/2003.) § 1º A pena é aumentada de um terço, se, em consequência da vantagem ou promessa, o funcionário retarda ou deixa de praticar qualquer ato de ofício ou o pratica infringindo dever funcional. § 2º Se o funcionário pratica, deixa de praticar ou retarda ato de ofício, com infração de dever funcional, cedendo a pedido ou influência de outrem: Pena – detenção, de três meses a um ano, ou multa".

concussão e de corrupção passiva, descritos nos arts. 316 e 317 do Código Penal, ganham, portanto, no art. 3º, II, da Lei n. 8.137/90, um tipo especial que os congrega e é voltado ao agir corrupto dos servidores fiscais. Trata-se de propina para não constituir crédito tributário cuja existência o fiscal tenha verificado ou poderia verificar no exercício das suas funções.

Os verbos "exigir", "solicitar" e "aceitar", indicam crime formal, dispensando qualquer resultado material. O efetivo recebimento da propina pelos agentes do Fisco ou sua entrega pelo corruptor não é exigido para a caracterização do crime, porquanto a mera exigência, solicitação ou aceitação de vantagem indevida, ainda que sua natureza não seja econômica, já tipifica o ilícito penal. Mas "receber" também constitui, alternativamente, ação criminosa e é de cunho material, porquanto consiste no próprio resultado.

Essas condutas raramente são explícitas e grosseiras. Conforme COSTA JÚNIOR e DENARI, "o funcionário venal não pede, mas dá a entender que receberia; não ameaça, mas faz nascer o temor de seu poderio" e, então, "o particular (tenha ou não justa razão para temer) compreende e fica com medo; e oferece o dinheiro"[5].

Não se exige que ato de ofício tenha efetivamente sido praticado, omitido ou retardado pelo servidor.

O dispositivo ainda deixa claro que deve ser considerado configurado o crime ainda que o agente esteja fora da função ou mesmo antes de assumi-la, desde que em razão dela.

O tipo penal tem em conta, portanto, que a função pública enseja ao agente praticar atos de ofício, ou deixar de fazê-lo, no interesse daquele de quem exige ou a quem solicita ou de quem recebe vantagem indevida ou que lhe promete concedê-la. Antes, durante ou depois, desde que em razão da função, o recebimento, a exigência, a solicitação ou a aceitação de promessa de vantagem indevida enseja o enquadramento da conduta no tipo de corrupção passiva fiscal.

Entre o servidor e o particular de quem se solicita a vantagem ou de quem é recebida a vantagem ou aceita a promessa, por vezes há uma terceira pessoa interposta. Isso, aliás, é bastante comum, na medida em que esse terceiro acaba por fazer a ligação entre quem recebe e quem paga. Esse terceiro será coautor do crime de corrupção passiva por atuar em conluio com o servidor corrupto. Veja-se o que diz BALTAZAR JUNIOR: "Admite-se a coautoria ou participação de particular, como, por exemplo, quando a cobrança é feita por pessoa interposta, que não pertence aos quadros do serviço público, na chamada corrupção indireta, prática comumente adotada para dificultar a responsabilização penal do funcionário [...]. Em tais hipóteses, o particular poderá até mesmo responder

---

5. COSTA JÚNIOR, Paulo José da; DENARI, Zelmo. *Infrações tributárias e delitos fiscais*. 4. ed. São Paulo: Saraiva, 2000, p. 149.

como coautor, comunicando-se a qualidade de funcionário público, que é elementar do delito, por aplicação do art. 30 do CP, desde que essa circunstância tenha entrado em sua esfera de conhecimento"[6].

O TRF4 enfrentou caso de auditor fiscal que indicava aos contribuintes que procurassem determinado advogado através do qual veiculava a solicitação de vantagem indevida.

A corrupção passiva fiscal, nas modalidades "receber" e "aceitar", estará ligada, necessariamente, ao crime de corrupção ativa do art. 333 do CP, que envolve a oferta ou promessa de vantagem indevida, por particular, a servidor público, para determiná-lo a praticar, omitir ou retardar ato de ofício.

O STJ deparou-se com caso em que o fiscal verificou a existência de irregularidades no estabelecimento do contribuinte e, em vez de lavrar o auto de infração respectivo, exigiu dele valor em dinheiro, tendo aceitado uma parcela e facilidades, como o fornecimento de bebidas e peças de picanha sempre que desejasse[7]. A condenação não foi revertida, pois não foi fundada apenas na palavra da vítima, mas também em escuta ambiental que demonstrou as solicitações de vantagem indevida.

Em outro caso, o STJ analisou denúncia que imputava a fiscal de tributos "o recebimento [...], a título de suborno, da quantia de R$ 350.000,00 (trezentos e cinquenta mil reais) para que deixasse de lançar auto de infração". Considerou, no ponto, que estava bem apontado, na inicial, "o modo de atuação do recorrente, anunciando o titular da ação penal pública o recebimento da vantagem indevida e as demais elementares do delito, não se exigindo, neste momento, a descrição dos tributos não lançados ou lançados apenas parcialmente, mero exaurimento do crime". Havia, ainda, outro fato narrado na denúncia, em que o acusado "em razão de amizade ou mesmo agraciado pelo pagamento de propina, infringiu seu dever funcional, ao violar as atividades inerentes de seu cargo de auditor fiscal, promovendo a defesa do contribuinte M. C. B., ao prestar--lhe ajuda na elaboração de impugnação a auto de infração lavrado pelo próprio recorrente", mas, quanto a esse fato, faltou ao Ministério Público "minudenciar a vantagem indevida exigida, solicitada, recebida ou prometida ao funcionário público". O terceiro fato consistiu no recebimento de embrulho "contendo R$ 20.000,00 (vinte mil reais) em espécie, do empresário R", "valor foi recebido a título de suborno para que o auditor fiscal promovesse Representação para Inaptidão, favorecendo a empresa", de modo a "afastar da empresa a responsabilidade pelo pagamento de tributos", tendo, o tribunal, considerado que a denúncia continha a descrição suficiente, não sendo necessário todo o detalhamento pretendido pelo impetrante[8].

---

6. BALTAZAR JUNIOR, José Paulo. *Crimes federais*. 10. ed. São Paulo: Saraiva, 2015, p. 296.
7. STJ, AgInt no AREsp 1278778, 2018.
8. STJ, RHC 70.061, 2016.

21. Advocacia administrativa fiscal

> Lei n. 8.137/90
> Dos crimes praticados por funcionários públicos
> Art. 3º Constitui crime funcional contra a ordem tributária, além dos previstos no Decreto-Lei n. 2.848, de 7 de dezembro de 1940 – Código Penal (Título XI, Capítulo I):
> III – patrocinar, direta ou indiretamente, interesse privado perante a administração fazendária, valendo-se da qualidade de funcionário público.
> Pena – reclusão, de 1 (um) a 4 (quatro) anos, e multa.

A terceira conduta definida como crime no art. 3º da Lei n. 8.137/90, em seu inciso III, consiste em patrocinar interesse privado perante a administração fazendária valendo-se da sua função. Os termos utilizados pelo legislador são: "patrocinar, direta ou indiretamente, interesse privado perante a administração fazendária, valendo-se da qualidade de funcionário público". É uma variação do crime de advocacia administrativa[9] quando relacionada à tributação[10]. Podemos denominá-lo, assim, de advocacia administrativa fiscal. Para o STJ, "O art. 3º, III, da Lei n. 8.137/90 versa sobre forma especial do crime de advocacia administrativa e pressupõe que os interesses de particular tenham sido intermediados por servidor fazendário, tratando-se, portanto, de crime próprio"[11].

Ainda nos termos da orientação da Corte Superior, tal crime pressupõe que "o agente postule o interesse privado, direta ou indiretamente, utilizando-se da sua condição de funcionário para influenciar os responsáveis pela análise do pleito". Desse modo, em caso no qual não foi demonstrado que o réu tivesse atuado perante a administração fazendária para facilitar ou influenciar eventual julgamento favorável ao terceiro, considerou-se ausente o crime[12].

O STJ, analisando supostos crimes praticados por Procurador do Estado que, com seu parecer, ensejara uma compensação indevida, decidiu: "O art. 3º, III, da Lei n. 8.137/90 versa sobre forma especial do crime de advocacia administrativa e pressupõe que os

---

9. BRASIL. Código Penal: "Advocacia administrativa. Art. 321. Patrocinar, direta ou indiretamente, interesse privado perante a Administração Pública, valendo-se da qualidade de funcionário: Pena – detenção, de um a três meses, ou multa. Parágrafo único – Se o interesse é ilegítimo: Pena – detenção, de três meses a um ano, além da multa".
10. BRASIL. Lei n. 8.137/90: "Seção II. Dos crimes praticados por funcionários públicos Art. 3º Constitui crime funcional contra a ordem tributária, além dos previstos no Decreto-Lei n. 2.848, de 7 de dezembro de 1940 – Código Penal (Título XI, Capítulo I): [...] III – patrocinar, direta ou indiretamente, interesse privado perante a administração fazendária, valendo-se da qualidade de funcionário público. Pena – reclusão, de 1 (um) a 4 (quatro) anos, e multa".
11. STJ, RHC 82.377, 2017.
12. STJ, REsp 1770444, 2018.

interesses de particular tenham sido intermediados por servidor fazendário, tratando-se, portanto, de crime próprio, o que afasta, em princípio, a possibilidade de incriminação da recorrente quanto a tal crime". Note-se, porém, que o art. 3º, III, em questão, não exige o cometimento por servidor fazendário, mas por servidor público em geral que patrocine interesse privado perante a Administração Fazendária, o que é distinto[13].

No mesmo caso, o STJ também enfrentou a suposta prática do crime de prevaricação por tal Procurador do Estado. Destacou que "a imunidade do advogado público não obsta a sua responsabilização por possíveis condutas criminosas praticadas no exercício de sua atividade profissional, desde que demonstrado que agiu imbuído de dolo". Mas teve em conta o entendimento manifestado pelo STF no MS n. 24.631/DF pela "impossibilidade de responsabilização dos advogados públicos pelo conteúdo de pareceres técnico-jurídicos meramente opinativos, salvo se evidenciada a presença de culpa ou erro grosseiro". E considerou que "o ponto de vista do parecerista sobre a matéria submetida ao seu exame, não vincula a autoridade que possui competência para o exame da conveniência do ato", de modo que "a concordância do Governador do Estado com o conteúdo do parecer não consiste em mera formalidade, não havendo delegação, ainda que velada, do poder decisório sobre o ato administrativo ao Procurador Geral do Estado". Ademais, no caso concreto, teria havido manifestação favorável do Ministério Público e homologação judicial. Forte na doutrina de José dos Santos Carvalho Filho, ainda afirmou que "a responsabilidade do parecerista pelo fato de ter sugerido mal somente lhe pode ser atribuída se houve comprovação indiscutível de que agiu dolosamente, vale dizer, com intuito predeterminado de cometer improbidade administrativa", mas que tal comprovação "não dimana do parecer em si, mas, ao revés, constitui ônus daquele que impugna a validade de ato em função da conduta de seu autor". Concluiu que "o fato descrito na peça acusatória não se subsume ao tipo penal previsto no art. 319 do Código Penal", até porque "o delito de prevaricação, na modalidade 'praticar ato violando disposição expressa de lei', exige que o funcionário público tenha praticado conduta comissiva peremptoriamente vedada em lei, não restando caracterizado o elemento normativo do tipo se houver qualquer dúvida sobre a exegese do dispositivo legal alegadamente contrariado"[14].

22. Inserir dados falsos em sistema de informações

> Código Penal
> Inserção de dados falsos em sistema de informações. (Incluído pela Lei n. 9.983, de 2000)

---

13. STJ, RHC 82.377, 2017.
14. STJ, RHC 82.377, 2017.

Art. 313-A. Inserir ou facilitar, o funcionário autorizado, a inserção de dados falsos, alterar ou excluir indevidamente dados corretos nos sistemas informatizados ou bancos de dados da Administração Pública com o fim de obter vantagem indevida para si ou para outrem ou para causar dano: (Incluído pela Lei n. 9.983, de 2000)
Pena – reclusão, de 2 (dois) a 12 (doze) anos, e multa. (Incluído pela Lei n. 9.983, de 2000)

As Administrações Tributárias mantém bancos de dados em sistemas informatizados que revelam a situação fiscal dos contribuintes e de terceiros obrigados. O acesso a esse banco de dados costuma ser realizado para fins de manutenção, alimentação e atualização de dados, havendo servidores autorizados a tanto seja da área de tecnologia da informação como das áreas fins e meio. As consultas, por sua vez, são feitas por servidores e, também, conforme a informação, pelo público externo, ocorrendo, por exemplo, para o ranqueamento dos contribuintes, classificação destes como pequenos ou grandes devedores ou mesmo para a certificação da situação fiscal de pessoas físicas ou jurídicas, de modo que se habilitem a realizar atos e negócios para os quais a regularidade fiscal seja requisito, como participar de licitações[15], firmar contratos com a administração, receber por serviços prestados ao Poder Público[16], realizar negócios jurídicos ou gozar de benefícios fiscais ou creditícios[17]. O acesso aos bancos de dados pode subsidiar, também, inscrições em dívida ativa e a expedição de títulos executivos extrajudiciais (certidões de dívida ativa), ensejando o protesto judicial e a execução contra os devedores. Lembre-se, ainda, que terceiros precisam verificar a situação fiscal das pessoas com quem negociam para evitar a aquisição de bens, *e.g.*, em fraude à execução fiscal[18].

Enfim, os dados relativos à situação fiscal do contribuinte são extremamente relevantes para a Administração Tributária e para o tráfego jurídico em geral. São os dados que orientam a atuação da Administração. A inserção de dados falsos, a alteração ou a remoção que impliquem percepção equivocada quanto à situação dos contribuintes perante as Secretarias da Receita Federal e da Fazenda dos Estados e Municípios, bem como junto às Procuradorias da Fazenda Nacional, dos Estados e dos Municípios, de modo que passem a constar dados não correspondentes à verdade é capaz de causar sérios danos à Administração. O art. 313-A, aliás, consta do Código Penal dentre os primeiros tipos penais de crimes contra a Administração Pública, em sequência aos tipos de peculato comum e mediante erro de outrem (arts. 312 e 313). Conforme

---

15. Lei n. 8.666/93, arts. 27, IV, e 29, III e IV.
16. Lei n. 8.666/93, art. 55, XIII.
17. CF, art. 195, § 3º.
18. CTN, art. 185.

BITENCOURT, o bem jurídico tutelado, em sentido estrito, "é a segurança do conjunto de informações da Administração Pública"[19].

Trata-se de crime formal que se consuma com a prática da conduta tipificada, independentemente de qualquer resultado efetivo, por exemplo, de a vantagem indevida vir ou não a ser obtida ou gozada. Conforme destaca BITENCOURT, por se tratar de crime cuja fase executória admite fracionamento, admite a tentativa[20].

NUCCI destaca que, no tipo do art. 313-A, o sujeito ativo "somente pode ser o funcionário público e, no caso presente, devidamente autorizado a lidar com o sistema informatizado ou banco de dados"[21].

O crime pressupõe o dolo específico de praticar a conduta "com o fim de obter vantagem indevida para si ou para outrem ou para causar dano". Desse modo, o funcionário autorizado a acessar o sistema vale-se dessa sua particular condição não para o exercício escorreito das suas funções, mas de modo espúrio, violando seus deveres funcionais e a confiança que nele é depositada pela Administração, com vista à obtenção de vantagem para si ou para terceiros ou, tão-somente, para causar dano à Administração.

Podemos vislumbrar, por exemplo, a inserção, remoção ou alteração de dados para a obtenção de certidão de regularidade fiscal, sendo, a vantagem indevida, a prática de atos para os quais não estaria habilitado se o documento obtido irregularmente. A exclusão de dados relativos a lançamentos tributários pode, também, implicar a vantagem de afastar cobranças administrativas e judiciais, protestos de título e os correspondentes efeitos adversos junto aos órgãos de proteção ao crédito. Enfim, há muitas possibilidades que só a prática jurídica em face da diversidade e complexidade das legislações tributárias e dos interesses das pessoas ao longo do tempo é capaz de revelar.

É relevante termos em conta que se trata de tipo formal que exige o dolo específico, mas que prescinde da efetiva obtenção do resultado visado.

23. Facilitação ao descaminho

Código Penal
Facilitação de contrabando ou descaminho

---

19. BITENCOURT, Cezar Roberto. *Tratado de direito penal*: parte especial 5: crimes contra a Administração Pública e crimes praticados por prefeitos. 11. ed. São Paulo: Saraiva, 2017, p. 67.
20. BITENCOURT, Cezar Roberto. *Tratado de direito penal*: parte especial 5: crimes contra a Administração Pública e crimes praticados por prefeitos. 11. ed. São Paulo: Saraiva, 2017, p. 72.
21. NUCCI, Guilherme de Souza. *Código Penal Comentado*. 13. ed. São Paulo: Revista dos Tribunais, 2013, p. 1173.

Art. 318. Facilitar, com infração de dever funcional, a prática de contrabando ou descaminho (art. 334):
Pena – reclusão, de 3 (três) a 8 (oito) anos, e multa. (Redação dada pela Lei n. 8.137, de 27-12-1990)

Outra conduta de funcionário público que configura crime relacionado à tributação, definida no art. 318 do Código Penal[22], é facilitar a prática de descaminho, ou seja, facilitar o ingresso de produtos no país, ou a saída, iludindo o pagamento dos tributos incidentes na importação ou na exportação.

O descaminho ocorre, por exemplo, quando alguém tenta desviar produtos da fiscalização alfandegária a fim de introduzi-los no país sem o devido despacho aduaneiro e sem o pagamento dos tributos respectivos, normalmente utilizando-se de subterfúgios como a utilização de rotas alternativas e ocultando mercadorias para que não sejam vistas.

A facilitação do descaminho pode ocorrer quando o funcionário avisa aos agentes os horários em que não haverá fiscalização, quando permite que passem ao largo da fiscalização ou sem se sujeitarem aos procedimentos normais, de modo que não sejam flagrados com o produto trazido.

O TRF4 julga muitos casos de facilitação ao descaminho, porquanto é o tribunal de apelação das causas de Foz do Iguaçu, onde se encontra a tríplice fronteira (Argentina, Brasil, Paraguai). Já decidiu: "FACILITAÇÃO DE DESCAMINHO [...]. Comprovada a materialidade, a autoria e o dolo do delito de corrupção ativa pelos agentes que ofereciam e prometiam valores ao policial rodoviário estadual, em contraprestação ao fornecimento de informações acerca da atividade fiscalizatória da Polícia Rodoviária Estadual e da Polícia Rodoviária Federal"[23].

Há precedente entendendo que a condição de policial rodoviário não justifica a negativação de circunstância judicial para endurecimento da pena-base: "Somente pode facilitar o descaminho aquele que pode dificultá-lo, razão pela qual o fato de ser policial rodoviário estadual denota reprovabilidade de conduta ínsita à espécie"[24].

Importante efeito da condenação, bastante pertinente ao caso, é a perda do cargo público. Há diversos precedentes, relativos a facilitações praticadas por policial, em que se considera a conduta absolutamente incompatível com a permanência na atividade policial. Efetivamente, implica violação de dever de lealdade, implicando,

....
22. BRASIL. Código Penal: "Facilitação de contrabando ou descaminho. Art. 318. Facilitar, com infração de dever funcional, a prática de contrabando ou descaminho (art. 334): Pena – reclusão, de 3 (três) a 8 (oito) anos, e multa". (Redação da Lei n. 8.137/90)
23. TRF4, ACR 5002257-52.2010.4.04.7100, 2019.
24. TRF4, ACR 5002257-52.2010.4.04.7100, 2019.

também, desrespeito ao princípio da moralidade, o que "autoriza a decretação da perda do cargo público"[25].

Também acontece de a facilitação do descaminho estar no contexto do crime de corrupção passiva. Houve caso em que se descobriu organização criminosa que contava com funcionários públicos, tendo sido comprovada a oferta de vantagem indevida aos mesmos para determiná-los a omitir ato de ofício com violação de seus deveres funcionais, ocorrendo a condenação por corrupção ativa. No mesmo caso, restou comprovado o recebimento da vantagem indevida "em razão da função de agentes da Polícia Rodoviária Federal, bem como a efetiva omissão na prática de ato de ofício", condenando-se-os por corrupção passiva. E se decidiu que, quando "os agentes são funcionários responsáveis pela repressão dos delitos de contrabando e descaminho, é de se concluir que, em que pese não seja meio necessário, o crime de facilitação de contrabando ou descaminho caracteriza fase normal da execução do crime de corrupção passiva, atraindo, assim, a aplicação do princípio da absorção"[26].

A pena para o funcionário é de três a oito anos e multa.

---

25. TRF4, RVCR 0000186-44.2018.4.04.0000, Quarta Seção, 2018.
26. TRF4, ACR 5002522-70.2014.4.04.7017, 2016.

Capítulo 5
Outros Crimes dos Servidores em Prejuízo dos Contribuintes

24. Extravio, sonegação ou inutilização de livro, processo ou documento fiscal

> Lei n. 8.137/90
> Dos crimes praticados por funcionários públicos
> Art. 3º Constitui crime funcional contra a ordem tributária, além dos previstos no Decreto-Lei n. 2.848, de 7 de dezembro de 1940 – Código Penal (Título XI, Capítulo I):
> I – extraviar livro oficial, processo fiscal ou qualquer documento, de que tenha a guarda em razão da função; sonegá-lo, ou inutilizá-lo, total ou parcialmente, acarretando pagamento indevido ou inexato de tributo ou contribuição social;

A Lei n. 8.137/90, ao definir os crimes contra a ordem tributária, considera crimes funcionais contra a ordem tributária três condutas de funcionários públicos.

A primeira das condutas previstas no art. 3º da Lei n. 8.137/90 como crime contra a ordem tributária praticada por funcionário público consiste em extraviar, sonegar ou inutilizar documentos de que tenha a guarda em razão da função, acarretando pagamento indevido ou inexato de tributo. Diz a lei no inciso I do art. 3º: "extraviar livro oficial, processo fiscal ou qualquer documento, de que tenha a guarda em razão da função; sonegá-lo, ou inutilizá-lo, total ou parcialmente, acarretando pagamento indevido ou inexato de tributo ou contribuição social"[1].

---

1. BRASIL. Lei n. 8.137/90: "Seção II. Dos crimes praticados por funcionários públicos. Art. 3º Constitui crime funcional contra a ordem tributária, além dos previstos no Decreto-Lei n. 2.848, de 7 de dezembro de 1940 – Código Penal (Título XI, Capítulo I): I – extraviar livro oficial, processo fiscal ou qualquer documento, de que tenha a guarda em razão da função;

Trata-se de uma versão, relacionada à tributação, do crime de extravio, sonegação ou inutilização de livro ou documento, de que cuida o art. 314 do Código Penal[2]. A conduta do funcionário, no caso do crime da Lei n. 8.137/90, acaba prejudicando o obrigado tributário, porquanto tais documentos poderiam demonstrar o descabimento ou o excesso da exigência. Pode o sujeito passivo, eventualmente, até ser beneficiado, mas o pagamento será, de qualquer modo, inexato, e prosseguirá havendo pendências tributárias, ainda que em detrimento do Fisco.

Extraviar, na perspectiva de uma conduta dolosa, não corresponde à acepção de perder-se, mas de fazer sumir, tirar do caminho, desviar. COSTA JÚNIOR e DENARI compreendem esse verbo com o sentido de "desviar do caminho", "desencaminhar". E entendem que, nessa modalidade, o crime é permanente. Segundo ensinam, "a conduta se protrai, enquanto o agente entender deva o livro oficial, o processo ou o documento permanecer extraviado"[3].

Já nas modalidades de sonegar, que é "deixar de apresentar o livro ou documento quando exigido", e de inutilizar, que é "tornar a coisa imprestável a seu fim", COSTA JÚNIOR e DENARI entendem que o crime resta consumado quando da exigência legal de apresentar ou quando inicia a inutilização do livro, que pode ser parcial[4].

25. Excesso de exação

Código Penal

Art. 316. Exigir, para si ou para outrem, direta ou indiretamente, ainda que fora da função ou antes de assumi-la, mas em razão dela, vantagem indevida:

Pena – reclusão, de 2 (dois) a 12 (doze) anos, e multa (Redação dada pela Lei n. 13.964, de 2019).

Excesso de exação

§ 1º Se o funcionário exige tributo ou contribuição social que sabe ou deveria saber indevido, ou, quando devido, emprega na cobrança meio vexatório ou gravoso, que a lei não autoriza: (Redação dada pela Lei n. 8.137, de 27-12-1990)

....

sonegá-lo, ou inutilizá-lo, total ou parcialmente, acarretando pagamento indevido ou inexato de tributo ou contribuição social;".

2. BRASIL. Código Penal: "Extravio, sonegação ou inutilização de livro ou documento Art. 314. Extraviar livro oficial ou qualquer documento, de que tem a guarda em razão do cargo; sonegá-lo ou inutilizá-lo, total ou parcialmente: Pena – reclusão, de um a quatro anos, se o fato não constitui crime mais grave".
3. COSTA JÚNIOR, Paulo José da; DENARI, Zelmo. *Infrações tributárias e delitos fiscais*. 4. ed. São Paulo: Saraiva, 2000, p. 146.
4. COSTA JÚNIOR, Paulo José da; DENARI, Zelmo. *Infrações tributárias e delitos fiscais*. 4. ed. São Paulo: Saraiva, 2000, p. 146.

Pena – reclusão, de 3 (três) a 8 (oito) anos, e multa. (Redação dada pela Lei n. 8.137, de 27-12-1990)

§ 2º Se o funcionário desvia, em proveito próprio ou de outrem, o que recebeu indevidamente para recolher aos cofres públicos:

Pena – reclusão, de dois a doze anos, e multa.

A conduta do funcionário público que exige tributo "que sabe ou deveria saber indevido" ou que, ao exigir o pagamento de tributo devido, "emprega meio vexatório ou gravoso" que a lei não autoriza configura crime de excesso de exação, com pena de reclusão de três a oito anos e multa, conforme definido pelo art. 316, § 1º, do Código Penal.

Também incorre em excesso de exação o funcionário que "desvia, em proveito próprio ou de outrem, o que recebeu indevidamente para recolher aos cofres públicos", com pena de dois a doze anos e multa, conforme o § 2º do mesmo dispositivo legal.

Trata-se de uma variação do crime de concussão, definido no *caput* do art. 316: "Exigir, para si ou para outrem, direta ou indiretamente, ainda que fora da função ou antes de assumi-la, mas em razão dela, vantagem indevida".

26. Violação de sigilo fiscal

Código Penal

Art. 325. Revelar fato de que tem ciência em razão do cargo e que deva permanecer em segredo, ou facilitar-lhe a revelação:

Pena – detenção, de seis meses a dois anos, ou multa, se o fato não constitui crime mais grave.

§ 1º Nas mesmas penas deste artigo incorre quem: (Incluído pela Lei n. 9.983, de 2000)

I – permite ou facilita, mediante atribuição, fornecimento e empréstimo de senha ou qualquer outra forma, o acesso de pessoas não autorizadas a sistemas de informações ou banco de dados da Administração Pública; (Incluído pela Lei n. 9.983, de 2000)

II – se utiliza, indevidamente, do acesso restrito. (Incluído pela Lei n. 9.983, de 2000)

§ 2º Se da ação ou omissão resulta dano à Administração Pública ou a outrem: (Incluído pela Lei n. 9.983, de 2000)

Pena – reclusão, de 2 (dois) a 6 (seis) anos, e multa. (Incluído pela Lei n. 9.983, de 2000)

O sigilo fiscal é objeto do art. 198 do CTN. Com a redação da LC n. 104/2001, o art. 198 é expresso no sentido de vedar a divulgação, por parte da Fazenda Pública ou de seus servidores, de informação obtida em razão do ofício sobre a situação econômica ou financeira do sujeito passivo ou de terceiros e sobre a natureza e o estado de seus negócios. Esse dispositivo prestigia e protege, portanto, a privacidade dos sujeitos passivos de obrigações tributárias, resguardando-lhe da revelação pública da sua situação econômica ou financeira, da natureza e do estado dos seus negócios.

Conforme os §§ 1º a 3º do art. 198, o sigilo fiscal não prejudica a assistência mútua entre as Fazendas da União, dos Estados e dos Municípios, tampouco a permuta de informações com Estados estrangeiros, ou seja, a cooperação internacional. E também não obsta o fornecimento de informação mediante "requisição de autoridade judiciária no interesse da justiça", tampouco em resposta às "solicitações de autoridade administrativa no interesse da Administração Pública, desde que seja comprovada a instauração regular de processo administrativo, no órgão ou na entidade respectiva, com o objetivo de investigar o sujeito passivo a que se refere a informação, por prática de infração administrativa". Igualmente, não é vedada a divulgação de informações relativas a "representações fiscais para fins penais", "inscrições na Dívida Ativa da Fazenda Pública", "parcelamento ou moratória".

Destaco que, o art. 198 do CTN, com a redação da LC n. 104/2001, ao chancelar e disciplinar o intercâmbio de informação sigilosa, no âmbito da Administração Pública, determina que será "realizado mediante processo regularmente instaurado, e a entrega será feita pessoalmente à autoridade solicitante, mediante recibo, que formalize a transferência e assegure a preservação do sigilo".

A Convenção Multilateral sobre Assistência Mútua Administrativa em Matéria Tributária, internalizada pelo Decreto n. 8.842/2016, também se ocupa da matéria. Em seu art. 22, estabelece que quaisquer informações obtidas por uma Parte "serão consideradas sigilosas e protegidas do mesmo modo que as informações obtidas com base na legislação interna e na medida necessária para garantir o nível necessário de proteção de dados de caráter pessoal". Estabelece, ainda, que "as referidas informações só poderão ser comunicadas às pessoas ou autoridades (incluindo tribunais e órgãos de administração ou supervisão) encarregadas do lançamento, arrecadação, ou cobrança dos tributos dessa parte, ou dos procedimentos de execução ou persecução, ou das decisões de recursos relativos a esses tributos, ou da supervisão das atividades precedentes", sendo que "apenas as pessoas ou autoridades referidas acima poderão utilizar essas informações e exclusivamente para os fins acima mencionados", mas que as informações poderão ser utilizadas para outros fins quando autorizado.

A violação de sigilo não está descrita em tipo específico de crime contra a ordem tributária. Tampouco se encontra na lei dos crimes de abuso de autoridade. Mas o Código Penal, ao cuidar dos Crimes contra a Administração Pública e, em especial, dos crimes praticados por servidor público contra a Administração, em seu art. 325, criminaliza a violação do sigilo funcional[5], o que se aplica também aos servidores fiscais. À conduta de "Revelar fato de que tem ciência em razão do cargo e que deva permanecer em segredo, ou facilitar-lhe a revelação", atribui pena de detenção, de seis meses a dois anos, ou multa, que passa a ser de reclusão, de dois a seis anos e multa se, "da ação ou omissão resulta dano à Administração Pública ou a outrem".

Revelar é mostrar, fazer conhecer, divulgar. Observe-se que não apenas a revelação constitui crime, mas também a sua facilitação.

---

5. O Código Penal também preserva o sigilo devido pelos profissionais em geral quando, ao cuidar da liberdade individual e, nesta, da inviolabilidade dos segredos, tipifica o crime de violação do segredo profissional. Seu art. 154 prevê a conduta de "Revelar alguém, sem justa causa, segredo, de que tem ciência em razão de função, ministério, ofício ou profissão, e cuja revelação possa produzir dano a outrem" e lhe comina pena de "detenção, de três meses a um ano, ou multa". Cuida-se de crime de ação pública condicionada a representação.

Capítulo 6
Crimes de Abuso de Autoridade em Matéria Fiscal

27. Os limites do poder de polícia fiscal e o abuso de autoridade

A fiscalização tributária é atividade indispensável à efetividade da tributação, sendo que, a ela, estão sujeitas todas as pessoas. Levada a cabo pelos fiscais de tributos ou auditores fiscais, tem por finalidade verificar se os tributos devidos foram efetivamente apurados e pagos pelos contribuintes e, em caso negativo, instar os contribuintes a regularizarem a sua situação ou, se necessário, até mesmo lançar o tributo e aplicar a penalidade cabível, constituindo o crédito tributário através da lavratura de autos de infração. No dizer de BATISTA JÚNIOR, desempenharia, em primeiro plano, o papel de prevenir as infrações "pela possibilidade sempre presente de verificação do cumprimento das obrigações e deveres dos contribuintes"[1].

Cabe-nos analisar as prerrogativas e os limites da fiscalização tributária e, nesse contexto, a potencial aplicação da Lei n. 13.869/2019, que dispõe sobre os crimes de abuso de autoridade.

O CTN deixa claro, já ao abrir o capítulo que dedica à fiscalização, que a competência e os poderes das autoridades administrativas nessa matéria aplicam-se às pessoas naturais ou jurídicas, contribuintes ou não, inclusive às que gozem de imunidade tributária ou de isenção de caráter pessoal. É que todos têm o dever de se submeter à fiscalização tributária, independentemente de estarem ou não sujeitos ao pagamento

---
1. BATISTA JÚNIOR, Onofre Alves. *O poder de polícia fiscal*. Belo Horizonte: Mandamentos, 2001, p. 340.

de determinado tributo[2]. Há precedente bastante claro no sentido de que "A atividade de fiscalização decorre de lei e não pode ser inibida, diferentemente de seu resultado, que está sujeito ao mais amplo controle judicial"[3].

Nos termos do art. 195 do CTN, tem o fisco o direito de examinar mercadorias, livros, arquivos, documentos, papéis e efeitos comerciais e fiscais dos contribuintes que, por sua vez, têm a obrigação de exibi-los até que ocorra a prescrição, obrigação essa que se estende aos documentos que lhes dão sustentação. Há ainda o art. 197, estabelecendo que o Fisco pode intimar, por escrito, tabeliães, bancos, empresas de administração de bens, corretores, inventariantes, administrador judicial e outras entidades ou pessoas que a lei designar, para prestarem "as informações de que disponham com relação aos bens, negócios ou atividades de terceiros", ressalvadas as informações cobertas por sigilo. A prestação de informações pelas instituições financeiras é regulada, ainda, de modo especial, pela LC n. 105/2001.

Diga-se, por essencial, que o sujeito ativo da relação tributária pode estabelecer obrigações acessórias diversas, *es decir*, obrigações formais ou instrumentais, como as de emitir documentos e de prestar declarações, desde que atendam aos princípios da razoabilidade e da proporcionalidade, tendo-se como referência que se prestam a propiciar informações de modo a viabilizar ou facilitar a verificação do cumprimento das obrigações principais de pagar tributos.

E o art. 199 do CTN determina o auxílio mútuo entre as administrações tributárias dos diversos entes políticos e até mesmo a colaboração com Estados estrangeiros no interesse da arrecadação e da fiscalização de tributos.

Mas há limites à fiscalização que precisam ser observados sob pena de invalidação dos atos praticados, de responsabilização disciplinar dos respectivos servidores ou, até mesmo, de enquadramento das suas condutas em tipos penais.

Primeiramente, há que se dizer que a fiscalização tributária segue o princípio documental, devendo ser lavrados "os termos necessários para que se documente o início do procedimento, na forma da legislação aplicável", nos termos do art. 196 do CTN. No âmbito da União, a fiscalização depende de autorização específica constante de um Termo de Distribuição do Procedimento Fiscal – TDPF, que deve ser cumprido em 120 dias, podendo tal prazo ser prorrogado. O TDPF consubstancia ordem do Delegado da Receita para que um auditor-fiscal realize determinada fiscalização. O TDPF, ao mesmo tempo que autoriza a ação do auditor-fiscal, delimita o objeto da fiscalização, definindo a abrangência do trabalho a ser realizado. O prazo para o cumprimento do TDPF-F (Fiscalização) é de 120 dias, prorrogáveis. A existência de TDPF é requisito para que a

---

2. PAULSEN, Leandro. *Constituição e Código Tributário comentados à luz da doutrina e da jurisprudência*. 18. ed. São Paulo: Saraiva, 2017, p. 1251.
3. TRF4, AI 93.04.05876-7.

fiscalização ocorra de modo válido; sua ausência implica nulidade do procedimento. A matéria é regulada pelo Decreto n. 3.724/2001 e pela Portaria RFB n. 1.687/2014. Anote-se que há algumas poucas exceções à exigência de prévio TDPF, relacionadas ao despacho aduaneiro, à revisão aduaneira, à vigilância e repressão do contrabando e do descaminho em operação ostensiva e ao tratamento automático das declarações, as chamadas malhas fiscais ou malhas finas.

A ação fiscal poderá abranger apenas os tributos e períodos de apuração constantes no TDPF, sendo que a sua ampliação depende de registro no próprio termo. Essa limitação está intimamente ligada à finalidade de controle administrativo. O contribuinte tem o direito de não fornecer informações e documentos que não sejam pertinentes ao tributo e ao período delimitados pelo TDPF.

Havendo descumprimento do dever de exibição dos livros e documentos por parte da pessoa sujeita à fiscalização, o Fisco pode aplicar multa por descumprimento de obrigação acessória[4] e buscar medida judicial que lhe assegure acesso a eles. Embora o art. 200 do CTN autorize a requisição do auxílio de força pública pelas próprias autoridades administrativas quando, vítimas de embaraço no exercício das suas funções, for necessário à efetivação de medida de fiscalização, o STF tem entendido que, não obstante a prerrogativa do Fisco de solicitar e analisar documentos, os fiscais só podem ingressar em escritório de empresa quando autorizados pelo proprietário, gerente ou preposto. Em caso de recusa, o auxílio de força policial não pode ser requisitado diretamente pelos fiscais, mas pleiteado em juízo pelo sujeito ativo, dependente que é de autorização judicial, forte na garantia de inviolabilidade do domicílio, oponível também ao Fisco[5].

Ademais, o art. 198 do CTN veda às autoridades fiscais a divulgação "de informação obtida em razão do ofício sobre a situação econômica ou financeira do sujeito passivo ou de terceiro e sobre a natureza e o estado de seus negócios ou atividades".

Enfim, há inúmeras prerrogativas dos órgãos de fiscalização tributária e também dos órgãos de persecução penal. Mas há limites e garantias a serem respeitados e preservados. DUQUE e RIEGER advertem, com razão, que "jamais se pode confundir independência funcional com ausência de limites [...], os agentes públicos devem manter-se livres de cometer arbitrariedades, pautando sua conduta nos deveres que a legislação lhes impõe e na boa-fé objetiva"[6]. A infração a essas barreiras acaba por avançar de modo ilícito e ilegítimo sobre a privacidade, a liberdade e a propriedade dos indivíduos. Conforme PASCOLATI JUNIOR, "o exercício abusivo da função pública pode e deve ser

---

4. *Vide* arts. 32 e 95 da Lei n. 8.212/91.
5. STF, AgRRE 331.303, 2004; STF, Tribunal Pleno, HC 79.512, 1999.
6. DUQUE, Marcelo Schenk; RIEGER, Renata Jardim da Cunha. Lei de Abuso de Autoridade: limites legítimos ou obstáculos no combate à criminalidade? *Revista Síntese de Direito Penal e Processual Penal*, ano XXI, n. 122, jun./jul. 2020.

reprimido na medida em que a ilegitimidade desta atuação coloca em risco a própria ordem constitucional e a credibilidade das instituições"[7].

JUAREZ TAVARES destaca que a preocupação com o abuso de poder é de longa data. O Código Penal francês de 1810, relata, já criminalizava a ação do funcionário público que ordenasse ou realizasse ato arbitrário ou atentatório à liberdade individual ou aos direitos civis. No Brasil, o Código Criminal do Império, de 1830, também já estabelecia pena aos juízes que julgassem ou procedessem contra lei expressa ou que impusessem ao réu pena maior do que a expressa em lei. Já o Código Penal Republicano, de 1890, tipificava condutas como "Demorar o processo de réu preso, ou afiançado, além dos prazos legais, ou faltar aos atos do seu livramento", "Recusar, ou retardar, a concessão de uma ordem de *habeas corpus*, regularmente requerida", "Tornar a prender, pela mesma causa, o que tiver sido solto em provimento de *habeas corpus*", dentre outras condutas. O Código Penal de 1940, por sua vez, "reduziu o abuso de autoridade a dois casos: de violência arbitrária (art. 322) e de exercício arbitrário ou abuso de poder (art. 350), depois revogados pela Lei n. 4.898/65"[8].

A Lei n. 4.898/65, hoje revogada, sujeitava o abuso de autoridade a sanção administrativa civil e penal. Previa que constituía abuso de autoridade qualquer atentado à liberdade de locomoção, à inviolabilidade do domicílio, ao sigilo da correspondência, à liberdade de consciência e de crença, ao livre exercício do culto religioso, à liberdade de associação, aos direitos e garantias legais assegurados ao exercício do voto, ao direito de reunião, à incolumidade física do indivíduo e aos direitos e garantias legais assegurados ao exercício profissional. E assim também considerava diversas condutas principalmente relacionadas à prisão, como "ordenar ou executar medida privativa da liberdade individual, sem as formalidades legais ou com abuso de poder", "submeter pessoa sob sua guarda ou custódia a vexame ou a constrangimento não autorizado em lei", "prolongar a execução de prisão temporária, de pena ou de medida de segurança, deixando de expedir em tempo oportuno ou de cumprir imediatamente ordem de liberdade" e outras. NUCCI, porém, relembra que, embora essa lei fosse "composta por tipos muito mais abertos, sem exigência de elemento subjetivo específico e sem a ressalva de que a divergência de interpretação não gera abuso de autoridade", se tratava de uma lei "invisível", de rara aplicação[9].

---

7. PASCOLATI JUNIOR, Ulisses Augusto. Abuso de autoridade: uma lei de dupla proteção – o exemplo do crime de violação de prerrogativas. *Cadernos Jurídicos*, ano 22, n. 57, p. 273, jan./mar. 2021.
8. BADARÓ, Gustavo Henrique; BREDA, Juliano (coord.). Prefácio. *Comentários à Lei de Abuso de Autoridade*: Lei n. 13.869, de 5 de setembro de 2019. São Paulo: Thomson Reuters Brasil, 2020.
9. NUCCI, Guilherme de Souza. A transição das leis de abuso de autoridade: da Lei n. 4.898/1965 à Lei n. 13.869/2019. Os reflexos corporativistas das entidades representativas de agentes públicos. *RT*, v. 1.012, p. 235-253, fev. 2020.

A Lei n. 13.869/2019 ab-rogou a lei anterior. Dedica-se "a controlar racionalmente o poder institucionalizado (autoridade), uma vez que ao utilizar expressões como 'abuse do poder que lhe tenha sido atribuído' e 'mero capricho ou satisfação pessoal', ressalta que o poder emana do povo"[10]. Dispõe sobre os crimes de abuso de autoridade, cometidos por agentes públicos, servidores ou não, em razão das suas funções, para prejudicar alguém ou para beneficiar a si ou a terceiro ou mesmo por mero capricho ou satisfação pessoal.

NUCCI observa que esta nova lei, diferentemente da anterior, "buscou os tipos fechados, utilizando advérbios e termos de elevada intensidade, como, por exemplos, 'manifestamente', 'injustificadamente', 'sem motivo justo e excepcionalíssimo', 'sem justa causa', 'falta de qualquer indício da prática de crime', 'sem expresso amparo legal', 'exacerbadamente'". A par disso, "o legislador inseriu, no art. 1º, § 1º, [...] de maneira expressa, o elemento subjetivo específico" e, no § 2º, afastou "por completo o alegado 'crime de hermenêutica'"[11].

A Lei n. 13.869/2019 "a um só tempo protegeu liberdades públicas contra a atuação arbitrária dos agentes públicos e também [...] protegeu o próprio agente público, criando 'barreiras de proteção' ao exigir, para configuração da conduta, no plano subjetivo, dupla verificação do dolo – dolo direto e elementos especiais. Ademais, ainda que superada a questão do elemento subjetivo, ainda dispôs acerca de situações que excluem o injusto penal, aquilo que denominamos 'vedação ao crime de exegese'"[12]. Vale transcrevermos o art. 1º e seus parágrafos:

Art. 1º Esta Lei define os crimes de abuso de autoridade, cometidos por agente público, servidor ou não, que, no exercício de suas funções ou a pretexto de exercê-las, abuse do poder que lhe tenha sido atribuído.

§ 1º As condutas descritas nesta Lei constituem crime de abuso de autoridade quando praticadas pelo agente com a finalidade específica de prejudicar outrem ou beneficiar a si mesmo ou a terceiro, ou, ainda, por mero capricho ou satisfação pessoal.

§ 2º A divergência na interpretação de lei ou na avaliação de fatos e provas não configura abuso de autoridade.

---

10. BIBAS NETTO, Willibald Quintanilha; NOGUEIRA, Rafael Fecury. As concepções de poder e autoridade necessários à interpretação da Lei n. 13.869/2019. *Revista de Direito Penal, Processo Penal e Constituição*, v. 6, n. 2, p. 111, jul./dez. 2020.
11. NUCCI, Guilherme de Souza. A transição das leis de abuso de autoridade: da Lei n. 4.898/1965 à Lei n. 13.869/2019. Os reflexos corporativistas das entidades representativas de agentes públicos. *RT*, v. 1.012, p. 235-253, fev. 2020.
12. PASCOLATI JUNIOR, Ulisses Augusto. Abuso de autoridade: uma lei de dupla proteção – o exemplo do crime de violação de prerrogativas. *Cadernos Jurídicos*, ano 22, n. 57, p. 280, jan./mar. 2021.

A nova LCAA, inequivocamente, deixa claro que todos os crimes nela tipificados exigem o elemento subjetivo especial. Conforme SOUZA e SILVA, "há o acréscimo de certa intenção à vontade genérica de realizar o comportamento incriminado". Por força do § 1º, "é indispensável a demonstração de que a autoridade (agente ativo) tenha agido conforme a incidência típica e, para além disso, que o seu atuar esteja caracterizado pelo 'dolo específico' ou elemento subjetivo especial do tipo de prejudicar outrem, beneficiar a si mesmo, beneficiar a terceiro ou que decorra de mero capricho ou satisfação pessoal"[13].

Conforme PINHEIRO, CAVALCANTE e BRANCO, comprovar o dolo específico é "imprescindível para que se possa diferenciar o agente que cometeu um erro, ou mesmo uma ilegalidade de boa-fé (por equívoco, mas sem o propósito deliberado de abusar das prerrogativas estatais que lhe foram outorgadas) daquele que agiu com o claro propósito preordenado de praticar a conduta típica para uma daquelas finalidades específicas exigidas pela lei"[14]. Caso não se exija a demonstração do dolo específico na análise da justa causa para a instauração de investigação voltada a apurar crime de abuso de autoridade, entendem que se estará a "legitimar tentativas criminosas de constrangimentos a autoridades"[15]. SOUZA e SILVA entendem que a ausência de descrição do elemento subjetivo especial é causa de inépcia da denúncia[16].

A nova lei passou a admitir ação penal privada subsidiária da pública, caso a ação penal pública não seja oferecida no prazo legal, conforme seu art. 3º, § 1º. Esse dispositivo tem preocupado os agentes do Fisco, temerosos de que uma atuação mais contundente junto aos infratores das normas tributárias acabe por lhes sujeitar a ações penais que, consistentes ou não, terão o potencial de lhes causar constrangimentos, incômodos, despesas e insegurança. A isso se deve prestar atenção para não permitir que os sujeitos passivos das obrigações tributárias se valham dessa prerrogativa para inibir a atuação das autoridades fiscais. A subsidiariedade visa a ensejar a superação da inércia do Ministério Público, não do seu entendimento de que não tenha havido crime, ou seja, do arquivamento do inquérito.

A nova lei ainda prevê que, na condenação pelos crimes de abuso de autoridade, uma das penas restritivas de direitos substitutivas das privativas de liberdade pode ser a suspensão do exercício do cargo, da função ou do mandato por até seis meses, com perda dos vencimentos e das vantagens. Mas "perder o vínculo com a administração ou ficar

---

13. SOUZA, Sérgio Ricardo de; SILVA, Willian. *Comentários à nova Lei de Abuso de Autoridade*: Lei n. 13.869, de 5 de setembro de 2019. Curitiba: Juruá, 2020, p. 24.
14. PINHEIRO, Igor Pereira; CAVALCANTE, André Clark Nunes; BRANCO, Emerson Castelo. *Nova lei do abuso de autoridade*: comentada artigo por artigo. Leme: JH Mizuno, 2020, p. 51.
15. PINHEIRO, Igor Pereira; CAVALCANTE, André Clark Nunes; BRANCO, Emerson Castelo. *Nova lei do abuso de autoridade*: comentada artigo por artigo. Leme: JH Mizuno, 2020, p. 52.
16. SOUZA, Sérgio Ricardo de; SILVA, Willian. *Comentários à nova Lei de Abuso de Autoridade*: Lei n. 13.869, de 5 de setembro de 2019. Curitiba: Juruá, 2020, p. 26

impedido de contrair novo vínculo ocorre somente se já tiver sido condenado em sentença definitiva por abuso de autoridade", pois o legislador exige "como pressuposto para estes efeitos extrapenais da condenação a 'reincidência específica'"[17]. Frise-se que são efeitos da condenação, por força do art. 4º, tornar certa a obrigação de indenizar o dano causado e, no caso de reincidência específica, a inabilitação para o exercício de cargo, mandato ou função pública pelo período de até cinco anos e a perda da que esteja ocupando.

Os operadores do Direito divergem acerca do mérito da nova lei. Alguns consideram-na toda inconstitucional, como COSTA, para quem a atividade legislativa careceria de representação e a finalidade seria equivocada, configurando retaliação de parte do Legislativo à persecução penal relativa ao combate à corrupção[18], ou como PINHEIRO, CAVALCANTE e BRANCO, que procuram demonstrar que também não passaria num controle de convencionalidade, forte no conteúdo da Convenção da ONU de combate à corrupção (Convenção de Mérida – Decreto n. 5.687/2006)[19]. Mas há outros, como NUCCI, que ponderam: "Embora se possa defender que o momento para a promulgação dessa lei possa ter sido impróprio, porque 'pareceu' uma represália direta à magistratura e ao Ministério Público, em particular, aos atuantes em Curitiba, a verdade é que a lei é tecnicamente correta e mais precisa e detalhada do que a anterior". E arremata: "se trata de uma lei muito superior à anterior, com tipos mais fechados e outros tipos inéditos, tutelando direitos importantes"[20]. Entendemos que a lei em questão tem um papel a cumprir bastante amplo com vista a reforçar o respeito às garantais individuais e que não constitui ameaça às autoridades, mas proteção das pessoas contra o verdadeiro abuso de autoridade, o que é assegurado pelas cláusulas dos §§ 1º e 2º do art. 1º, que exigem o dolo específico e afastam o crime de hermenêutica, sem o que, efetivamente, poderia afigurar-se temerária.

SAVAZZONI adverte que é necessário interpretar a nova lei com equilíbrio, "de maneira a garantir, ao mesmo tempo, que nem os agentes públicos sintam-se intimidade no exercício legal de suas atribuições, nem os cidadãos considerem-se desprotegidos de abusos perpetrados por autoridades públicas"[21]. PASCOLATI JUNIOR ressalta que a

---

17. PASCOLATI JUNIOR, Ulisses Augusto. Abuso de autoridade: uma lei de dupla proteção – o exemplo do crime de violação de prerrogativas. *Cadernos Jurídicos*, ano 22, n. 57, p. 278, jan./mar. 2021.
18. COSTA, Caetano Ernesto da Fonseca. Abuso de autoridade: a lei que não precisava! *Revista da EMERJ*, Rio de Janeiro, v. 21, n. 3, t. 1, p. 137-145, set./dez. 2019.
19. PINHEIRO, Igor Pereira; CAVALCANTE, Adré Clark Nunes; BRANCO, Emerson Castelo. *Nova lei do abuso de autoridade*: comentada artigo por artigo. Leme: JH Mizuno, 2020, p. 31.
20. NUCCI, Guilherme de Souza. A transição das leis de abuso de autoridade: da Lei n. 4.898/1965 à Lei n. 13.869/2019. Os reflexos corporativistas das entidades representativas de agentes públicos. *RT*, v. 1.012, p. 235-253, fev. 2020.
21. SAVAZZONI, Simone de Alcântara. Lei de Abuso de Autoridade: elemento subjetivo especial do injusto e controvérsias interpretativas. *Revista Síntese de Direito Penal e Processual Penal*, ano XXI, n. 124, out./nov. 2020.

nova lei "somente tem sua aplicação efetivada quando se está diante de decisões ou comportamentos do sujeito ativo (agente público) absolutamente fora do espectro legal – beirando a teratologia"[22]. Para NUCCI, "a nova Lei de Abuso de Autoridade só encampará agentes públicos de má-fé, que agem com nítida vontade de prejudicar pessoas"[23]. Também MAIA entende que "as autoridades que exercem adequadamente as suas atividades não têm o que temer"[24]. DUQUE não destoa: "Se o texto da lei for respeitado, não será qualquer erro de julgamento que configurará crime, mas apenas os que forem praticados com a finalidade específica do tipo (para além do dolo, deverá fazer-se presente a intenção específica de prejudicar outrem ou de beneficiar a si mesmo ou a terceiro ou, ainda, a realização da conduta por mero capricho ou por satisfação pessoal)". E arremata enfaticamente: "somente nos casos em que houver prova robusta do dolo e da finalidade específica é que a punição poderá ser cogitada"[25].

São diversos os tipos penais criados pela Lei n. 13.869/2019. Algumas das condutas criminosas podem ter ensejo no contexto das fiscalizações tributárias e das persecuções penais relativas aos crimes tributários, ainda que excepcionalmente. É o que passaremos a analisar.

28. Abuso por invasão de imóvel

> Art. 22. Invadir ou adentrar, clandestina ou astuciosamente, ou à revelia da vontade do ocupante, imóvel alheio ou suas dependências, ou nele permanecer nas mesmas condições, sem determinação judicial ou fora das condições estabelecidas em lei:
> Pena – detenção, de 1 (um) a 4 (quatro) anos, e multa.
> § 1º Incorre na mesma pena, na forma prevista no *caput* deste artigo, quem:
> I – coage alguém, mediante violência ou grave ameaça, a franquear-lhe o acesso a imóvel ou suas dependências;
> II – (Vetado);
> III – cumpre mandado de busca e apreensão domiciliar após as 21h (vinte e uma horas) ou antes das 5h (cinco horas).

---

22. PASCOLATI JUNIOR, Ulisses Augusto. Abuso de autoridade: uma lei de dupla proteção – o exemplo do crime de violação de prerrogativas. *Cadernos Jurídicos*, ano 22, n. 57, p. 273, jan./mar. 2021.
23. NUCCI, Guilherme de Souza. A transição das leis de abuso de autoridade: da Lei n. 4.898/1965 à Lei n. 13.869/2019. Os reflexos corporativistas das entidades representativas de agentes públicos. *RT*, São Paulo, v. 1.012, p. 253, fev. 2020.
24. MAIA, Alneir Fernando S. Comentários à nova Lei de Abuso de Autoridade (Lei n. 13.869/2019). *Revista Magister de Direito Penal e Processual Penal*, ano XVI, n. 93, p. 121, dez./jan. 2020.
25. DUQUE, Marcelo Schenk; RIEGER, Renata Jardim da Cunha. Lei de Abuso de Autoridade: limites legítimos ou obstáculos no combate à criminalidade? *Revista Síntese de Direito Penal e Processual Penal*, ano XXI, n. 122, jun./jul. 2020.

§ 2º Não haverá crime se o ingresso for para prestar socorro, ou quando houver fundados indícios que indiquem a necessidade do ingresso em razão de situação de flagrante delito ou de desastre.

A Lei dos Crimes de Abuso de Autoridade – Lei n. 13.869/2019 – tipifica o crime de abuso por invasão de imóvel. Seu art. 22 considera crime "Invadir ou adentrar, clandestina ou astuciosamente, ou à revelia da vontade do ocupante, imóvel alheio ou suas dependências, ou nele permanecer nas mesmas condições, sem determinação judicial ou fora das condições estabelecidas em lei". E comina pena de detenção, de 1 (um) a 4 (quatro) anos, e multa.

Note-se que há a tipificação de condutas alternativas. A ação de adentrar imóvel alheio ou suas dependências à revelia da vontade do ocupante pode dar-se por ocasião das fiscalizações presenciais quando o Fisco tenha a pretensão de acessar escritórios e salas de estabelecimento do contribuinte e o faça sem o consentimento dele.

É certo que o art. 200 do CTN autoriza as autoridades administrativas federais a requisitarem "o auxílio da força pública [...] quando vítimas de embaraço ou desacato no exercício de suas funções, ou quando necessário à efetivação de medida prevista na legislação tributária". Mas AMARO ensina que "isso não tem sentido quando se trate de 'puro e simples embaraço à fiscalização, através, por exemplo, da sonegação de livros e documentos'"[26]. O efeito da negativa da apresentação de documentos está em sujeitar o contribuinte à multa pela falta da apresentação e, até mesmo, ao lançamento por arbitramento[27], podendo o Fisco, também, buscar em juízo a busca e apreensão.

É que, não obstante o art. 195 do CTN estampe a obrigação inequívoca de qualquer pessoa jurídica de dar, à fiscalização tributária, amplo acesso aos seus registros contábeis, bem como às mercadorias e aos documentos respectivos, isso não autoriza o Fisco a adentrar os escritórios para tomá-los e apreendê-los, contra a vontade dos fiscalizados.

O STF tem entendido que, não obstante a prerrogativa do Fisco de solicitar e analisar documentos, os agentes fiscais só podem ingressar em escritório de empresa quando autorizados pelo proprietário, gerente ou preposto. Em caso de recusa, não podem os agentes simplesmente requerer auxílio de força policial, eis que, forte na garantia de inviolabilidade do domicílio, oponível também ao Fisco, a medida dependerá de autorização judicial. Efetivamente, o STF analisou caso de apreensão de livros contábeis e documentos fiscais realizada, em escritório de contabilidade, por agentes fazendários e policiais federais, sem mandado judicial. Considerou tratar-se de espaço privado, área interna não aberta ao público, onde alguém exerce atividade profissional, sujeito à proteção constitucional da inviolabilidade domiciliar (art. 5º, XI, da CF), porquanto abrangido pelo conceito normativo de casa. Frisou que a Administração Tributária, "embora podendo muito, não pode

....

26. AMARO, Luciano. *Direito tributário brasileiro*. 15. ed. São Paulo: Saraiva, 2009, p. 480.
27. NOUR, Ricargo Abdul. *In*: MARTINS, Ives Gandra. *Comentários ao CTN*. São Paulo: Saraiva. v. 2, p. 503.

tudo". E reforçou que a garantia da inviolabilidade domiciliar constitui limitação constitucional ao poder do estado em tema de fiscalização tributária.

Também destacou a necessidade de mandado judicial para tanto "sob pena de a prova resultante da diligência de busca e apreensão assim executada reputar-se inadmissível, porque impregnada de ilicitude material". E arrematou com o esclarecimento de que "O atributo da autoexecutoriedade dos atos administrativos, que traduz expressão concretizadora do *privilège du préalable*, não prevalece sobre a garantia constitucional da inviolabilidade domiciliar, ainda que se cuide de atividade exercida pelo Poder Público em sede de fiscalização tributária"[28].

Esse aspecto já fora reforçado em precedente anterior, quando o STF ensinou que "o poder fiscalizador da administração tributária perdeu, em favor do reforço da garantia constitucional do domicílio, a prerrogativa da autoexecutoriedade, condicionado, pois, o ingresso dos agentes fiscais em dependência domiciliar do contribuinte, sempre que necessário vencer a oposição do morador, passou a depender de autorização judicial prévia"[29].

Assim, o ingresso de agentes do Fisco no escritório de empresa, sem autorização judicial, depende do consentimento do ocupante. Efetivamente, "é um dado elementar da incidência da garantia constitucional do domicílio o não consentimento do morador ao questionado ingresso de terceiro: malgrado a ausência da autorização judicial, só a entrada *invito domino a ofende*"[30]. A doutrina já afirmava: "Em caso de oposição inequívoca do contribuinte e desde que os livros, papéis e documentos estejam no interior de recinto protegido constitucionalmente (um escritório, por exemplo, de acesso restrito), não há dúvida que o Fisco só pode nele ingressar com ordem judicial e durante o dia (do contrário, será a prova obtida por meio ilícito)"[31].

Conclui-se que o ingresso forçado, contra a vontade do dono, implica abuso de autoridade. Se o agente coagir o sujeito passivo tributário, mediante violência ou grave ameaça, a lhe franquear o acesso, também incorrerá no crime. PINHEIRO, CAVALCANTE e BRANCO frisam que "o consentimento obtido mediante violência ou grave ameaça é obviamente viciado, de modo que o ingresso no imóvel ocorreu de fato contra a vontade do ocupante, que ainda precisou passar pelo constrangimento adicional de admitir a entrada contra sua vontade, em razão do fundado temor de sofrer mal injusto relevante por parte dos agentes públicos"[32]. Desse modo, a autorização viciada, obtida mediante coação, não autoriza a diligência.

....

28. STF, HC 93050, 2008.
29. STF, ARRE 331.303-7, 2004.
30. STF, ARRE 331.303-7, 2004.
31. GOMES, Luiz Flávio. O direito de o contribuinte não produzir prova contra si mesmo, para não se incriminar (CF, art. 5º, LXIII) e o disposto nos arts. 145, § 1º, da CF e 195 do CTN. *RFDT* 10/213, ago. 2004.
32. PINHEIRO, Igor Pereira; CAVALCANTE, André Clark Nunes; BRANCO, Emerson Castelo. *Nova lei do abuso de autoridade*: comentada artigo por artigo. Leme: JH Mizuno, 2020, p. 120.

Diferente é a solicitação de ingresso sem violência ou grave ameaça. Se o sujeito passivo tributário concede autorizar o ingresso, disponibilizando voluntariamente o acesso, ainda que mediante solicitação e até mesmo insistência por parte da autoridade, desde que sem violência ou grave ameaça, a diligência se legitima. Mas "a autorização do ocupante posterior à perpetração da conduta típica não a desconfigura, nem sequer na hipótese do adentrar à revelia da vontade do ocupante"[33].

Configurará o crime, também, a conduta de invadir ou adentrar "clandestina ou astuciosamente". Clandestino se diz do que é realizado escondido, às ocultas, de modo furtivo ou sub-reptício. Astucioso é o que tem a habilidade de enganar, o que é solerte, podendo se dar mediante o uso da lábia, ou seja, de "Falas melífluas com que se procura iludir alguém"[34].

Em síntese, caso as autoridades fiscais, dolosamente, violem a garantia constitucional da inviolabilidade de domicílio, estarão incorrendo nesse tipo do art. 22 da Lei dos Crimes de Abuso de Autoridade.

Ademais, a prova restará viciada e, a par de se tornar inservível para amparar a lavratura de auto de infração, seu uso posterior em ação penal também carecerá de higidez, e, se doloso, poderá implicar o cometimento de outro crime, desta feita por membro do Ministério Público, qual seja, o de uso de prova obtida por meio ilícito, adiante analisado.

29. Abuso por obtenção de prova por meio ilícito ou sua utilização

> Lei n. 13.869/2019 (LCAA)
> Art. 25. Proceder à obtenção de prova, em procedimento de investigação ou fiscalização, por meio manifestamente ilícito:
> Pena – detenção, de 1 (um) a 4 (quatro) anos, e multa.
> Parágrafo único. Incorre na mesma pena quem faz uso de prova, em desfavor do investigado ou fiscalizado, com prévio conhecimento de sua ilicitude.

A aplicação da lei, seja para fins de constituição do crédito tributário em face da ocorrência de fatos geradores, seja para fins de aplicação de penalidades por infrações, administrativas ou criminais, pressupõe argumentação capaz de justificá-la. Na fiscalização tributária, assim como na investigação criminal, é mister que a aplicação da

---

33. PITOMBO, Antonio Sérgio Altieri de Moraes. *In*: BADARÓ, Gustavo Henrique; BREDA, Juliano (coord.). *Comentários à Lei de Abuso de Autoridade*: Lei nº 13.869, de 5 de setembro de 2019. São Paulo: Thomson Reuters Brasil, 2020, p. 132.
34. FERREIRA, Aurélio Buarque de Holanda. *Novo dicionário Aurélio da língua portuguesa*. 4. ed. Curitiba: Positivo, 2009, p. 1169.

lei esteja embasada em elementos de convicção seguros o suficiente, conforme o grau que se exige em cada esfera. Como a aplicação da lei depende da verificação dos fatos que tenham dado ensejo à sua incidência, as questões relacionadas à obtenção e ao uso das provas são de enorme importância.

LIEBMAN ensinava que provas são "os meios que servem para dar conhecimento de um fato, e por isso a fornecer a demonstração e a formar a convicção da verdade do próprio fato"[35]. Vem-se ensinando, tanto no âmbito do processo civil como no do processo penal, que há três modelos fundamentais a respeito do conceito e da função da prova: a prova como *experimentum*, a prova como *ratio* e a prova como *argumentum*[36]. Certo é que o objeto da prova "é constituído pelo conjunto de alegações sobre fatos juridicamente relevantes", sendo que se insere "na busca de reconstrução de um retrato possível da realidade histórica considerada juridicamente relevante"[37]. Advêm diversas discussões envolvendo a questão da prova indiciária, da prova direta e da prova indireta, da distinção entre provas e presunções[38].

DOUGLAS FISCHER nos ensina, a pedido, que "Prova deve ser considerada todo e qualquer elemento, oral ou documental, direto ou indireto, que seja produzido para servir de suporte para comprovação de fatos que estejam sendo apurados em âmbito de investigação (criminal ou não) ou procedimentos específicos (independentemente de suas naturezas)". Sintetizando, ainda mais, e chamando atenção para a raiz das palavras, temos que prova é o elemento que comprova um fato objeto de apuração.

Para os fins do art. 25 da LCAA, pode-se afirmar que prova é a representação objetiva de fatos que possam influir sobre a formação da convicção quanto à ocorrência de determinado pressuposto de fato juridicamente relevante e que importa a um procedimento de investigação ou fiscalização.

A Constituição Federal, em seu art. 5º, ao tempo em que assegura os direitos fundamentais à vida, à liberdade, à igualdade, à segurança e à propriedade, no seu inciso LVI, estabelece que "são inadmissíveis, no processo, as provas obtidas por meios ilícitos". SOUZA e SILVA esclarecem que "a lógica da vedação é simples e procura mandar duas mensagens claras", sendo que "a primeira aos órgãos encarregados da produção de provas, qual seja: 'não adianta utilizar-se de meios escusos para alcançar a qualquer custo uma pseudoverdade processual, pois seus ilícitos esforços serão em vão'; a segunda

---

35. LIEBMAN, Enrico Tullio. *Manual de direito processual civil*. Tocantins: Intelectos, 2003. v. II, p. 80.
36. REICHELT, Luis Alberto. *A prova no direito processual civil*. Porto Alegre: Livraria do Advogado, 2009, p. 39-43.
37. REICHELT, Luis Alberto. *A prova no direito processual civil*. Porto Alegre: Livraria do Advogado, 2009, p. 356-357.
38. DALLAGNOL, Deltan Martinazzo. *As lógicas das provas no processo*: prova direta, indícios e presunções. Porto Alegre: Livraria do Advogado, 2015, p. 151-209.

deve ressoar em toda a sociedade a ideia de que 'na relação Estado-indivíduo não pode vigorar a máxima maquiavélica de que os fins justificam os meios, mas, sim, deve vigorar a ética do devido processo legal'"[39].

BREDA destaca que o tipo penal ocupa-se da conduta de "proceder à obtenção", o que "significa praticar atos de investigação ou processuais com a finalidade de produzir ou obter um elemento de prova, como resultado da utilização de determinado meio de prova no processo de investigação ou de fiscalização". Já a referência a "meio manifestação ilícito", segundo ele, "tem o sentido de destacar que não é o resultado da atividade probatória o elemento decisivo para a tipicidade da conduta, mas o modo de atuação do agente"[40].

Os meios de obtenção de prova importam porque há limites que pautam a sua busca. Muitas medidas invasivas, por exemplo, estão sujeitas à reserva de jurisdição, de modo que dependem da análise, da decisão e da ordem de um juiz para que possam ser levadas a efeito e ensejarem a obtenção lícita de provas. E a Administração tem de pautar-se pela legalidade e pela moralidade.

Meio é o que permite alcançar um fim[41], mas também pode significar modo, via[42].

O tipo volta-se à obtenção de prova obtida por meio manifestamente ilícito e ao seu uso (parágrafo). O Código de Processo Penal estabelece, no art. 157, que "são inadmissíveis, devendo ser desentranhadas do processo, as provas ilícitas, assim entendidas as obtidas em violação a normas constitucionais ou legais".

Há de se distinguir, no ponto, a prova ilícita da prova ilegítima, ambas espécies de provas vedadas. CABETTE invoca Pietro Nuvolone no sentido de que tanto as provas ilícitas como as ilegítimas são "provas vedadas", inadmissíveis ambas, de modo que a melhor solução é desentranhá-las dos autos "a fim de reduzir seu potencial de influência sobre a consciência dos julgadores", nos termos, aliás, do que hoje dispõe o art. 157 do CPP. Destaca que "As provas ilícitas são aquelas produzidas com infração a direito material (constitucional ou penal); já as ilegítimas são aquelas obtidas infringindo o direito adjetivo, formal ou processual"[43]. LOPES JUNIOR esclarece que a prova ilícita "é aquela

---

39. SOUZA, Sérgio Ricardo de; SILVA, Willian. *Comentários à nova Lei de Abuso de Autoridade*: Lei n. 13.869, de 5 de setembro de 2019. Curitiba: Juruá, 2020, p. 145.
40. BREDA, Juliano. *In*: BADARÓ, Gustavo Henrique; BREDA, Juliano (coord.). *Comentários à Lei de Abuso de Autoridade*: Lei n. 13.869, de 5 de setembro de 2019. São Paulo: Thomson Reuters Brasil, 2020, p. 139-140.
41. MEIO. *In*: CAMBRIDGE Dictionary. 2021. Disponível em: https://dictionary.cambridge.org/pt/dicionario/portugues-ingles/meio. Acesso em: 10 out. 2021.
42. MEIO. *In*: PRIBERAM Dicionário. 2021. Disponível em: https://dicionario.priberam.org/meio. Acesso em: 10 out. 2021.
43. CABETTE, Eduardo Luiz Santos. *Abuso de autoridade na obtenção ou uso de prova ilícita*. Disponível em: https://s3.meusitejuridico.com.br/2020/05/34adf7c2-abuso-de-autoridade-na-obtencao-ou-uso-de-prova-ilicita.pdf. Acesso em: 10 out. 2021.

que viola regra de direito material ou a Constituição no momento da sua coleta, anterior ou concomitante ao processo, mas sempre exterior a este (fora do processo)" e se vale da lição de Maria Thereza para dizer que "embora servindo, de forma imediata, também a interesses processuais", a prova ilícita "é vista, de maneira fundamental, em função dos direitos que o ordenamento reconhece aos indivíduos, independentemente do processo", sendo que, "em geral, ocorre uma violação da intimidade, privacidade ou dignidade (ex.: interceptação telefônica, quebra ilegal do sigilo bancário, fiscal etc.)." Diferentemente, temos prova ilegítima "quando ocorre a violação de uma regra de direito processual penal no momento da sua produção em juízo, no processo", sendo que "a proibição tem natureza exclusivamente processual, quando for imposta em função de interesses atinentes à lógica e à finalidade do processo", sendo exemplos a "juntada fora do prazo" e a "prova unilateralmente produzida (como o são as declarações escritas e sem contraditório)"[44].

O *caput* do art. 25 refere-se à ilicitude, tão-somente. É, portanto, restritivo e, tratando-se de norma penal incriminadora, não se pode estendê-lo às provas ilegítimas, com o que concorda CABETTE[45].

A lei indica como criminosa, note-se, a obtenção de prova por meio "manifestamente ilícito".

Manifesto é aquilo que é claro, evidente, que se percebe com facilidade, que não deixa dúvida. É a ação da autoridade que busca a prova a todo custo, ainda que mediante violação das limitações e garantias que, sabidamente, deve preservar. Há de se exigir algo fora de dúvida, incontroverso, sabido pela autoridade que, ciente da violação das barreiras legais, ainda assim decide avançar fazendo pouco caso das garantias. Conforme CABETTE, "no caso de obtenção de provas por meios em que há discussão doutrinária e/ou jurisprudencial quanto à licitude ou ilicitude não haverá crime, mesmo que a prova posteriormente seja considerada como ilícita"[46]. BREDA é ainda mais enfático: "o crime só se configurará se houver manifesta ilicitude do uso do meio de prova, ou seja, para além de qualquer dúvida ou polêmica doutrinária e jurisprudencial"[47]. Chama atenção para a existência de meios de prova não regulamentados, mas admitidos como válidos

---

44. LOPES JUNIOR, Aury. *Direito processual penal*. 10. ed. São Paulo: Saraiva, 2013, p. 593.
45. CABETTE, Eduardo Luiz Santos. *Abuso de autoridade na obtenção ou uso de prova ilícita*. Disponível em: https://s3.meusitejuridico.com.br/2020/05/34adf7c2-abuso-de-autoridade-na--obtencao-ou-uso-de-prova-ilicita.pdf. Acesso em: 10 out. 2021.
46. CABETTE, Eduardo Luiz Santos. *Abuso de autoridade na obtenção ou uso de prova ilícita*. Disponível em: https://s3.meusitejuridico.com.br/2020/05/34adf7c2-abuso-de-autoridade-na--obtencao-ou-uso-de-prova-ilicita.pdf. Acesso em: 10 out. 2021.
47. BREDA, Juliano. *In*: BADARÓ, Gustavo Henrique; BREDA, Juliano (coord.). *Comentários à Lei de Abuso de Autoridade*: Lei n. 13.869, de 5 de setembro de 2019. São Paulo: Thomson Reuters Brasil, 2020, p. 139-140.

pelos Tribunais, "como a captação de diálogo entre interlocutores ou a utilização de imagens de câmeras de monitoramento público", casos aos quais, "evidentemente, o tipo penal não se aplica"[48]. Efetivamente, a incidência da norma não tem lugar quando a viabilidade ou não do meio de obtenção da prova se presta a discussões, hipóteses em que poderemos ter vícios no procedimento ou na ação penal, mas sem o cometimento de crime. O caráter de manifesta ilegalidade deve estar retratado por jurisprudência formada pela continuidade e estabilidade de precedentes no mesmo sentido ou por acórdão relativo a recurso paradigma de demanda repetitiva do Superior Tribunal de Justiça ou, ainda, por acórdão de mérito com repercussão geral do Supremo Tribunal Federal ou outro acórdão do Plenário daquela Corte.

Note-se, ainda, que o dispositivo se refere a procedimento de investigação ou fiscalização. O termo investigação remete a procedimentos voltados à apuração de infração de que se tem conhecimento, para a compreensão e comprovação dos fatos, da sua autoria e da culpabilidade dos agentes, com vista à sua responsabilização. Já o termo fiscalização diz respeito à verificação do cumprimento de normas, o que, eventualmente, pode levar à identificação de infrações e, ato contínuo, à responsabilização dos seus agentes. "Investigação", portanto, está mais associada à persecução penal levada a cabo por policiais e membros do Ministério Público, enquanto "fiscalização" é mais bem associada ao exercício do poder de polícia administrativa, no caso, o poder de polícia fiscal realizado pelos auditores fiscais. Considerando-se a cronologia dos acontecimentos e o que ordinariamente acontece, mais adequado teria sido utilizar tais termos na ordem inversa, referindo "fiscalização ou investigação".

Já o parágrafo único traz para o tipo penal a conduta de fazer uso de prova "com prévio conhecimento de sua ilicitude". CABETTE desenvolve: "no caso de dolo subsequente, desde que o agente se omita ou prossiga na utilização da prova, tendo agora conhecimento prévio ao uso ou continuidade do uso da prova ilícita, sobre sua ilicitude, deve ser responsabilizado". Destaca que a obrigação da autoridade "seria a de cessar o uso ou reconhecer a impossibilidade do uso dessa prova no momento imediato em que toma conhecimento". Ensina que "Atos ou omissões ulteriores são perpetrados com 'prévio' conhecimento da ilicitude, satisfazendo os elementos do tipo penal", e que o "crime somente seria afastado se, ao saber posteriormente da ilicitude, o uso já houvesse se exaurido e não fosse mais possível naquele tempo impedir seus efeitos nefastos"[49].

---

48. BREDA, Juliano. *In*: BADARÓ, Gustavo Henrique; BREDA, Juliano (coord.). *Comentários à Lei de Abuso de Autoridade*: Lei n. 13.869, de 5 de setembro de 2019. São Paulo: Thomson Reuters Brasil, 2020, p. 139-141.
49. CABETTE, Eduardo Luiz Santos. *Abuso de autoridade na obtenção ou uso de prova ilícita*. Disponível em: https://s3.meusitejuridico.com.br/2020/05/34adf7c2-abuso-de-autoridade-na--obtencao-ou-uso-de-prova-ilicita.pdf. Acesso em: 10 out. 2021.

Na hipótese do parágrafo, a autoridade usa prova que sabe ilícita, também assim violando a garantia constitucional.

Exemplo dessa situação é a conduta da autoridade fiscal que se vale de prova sabidamente ilícita para dar suporte ao lançamento, formalizando-o em auto de infração e, assim, constituindo o crédito tributário contra o contribuinte ao arrepio das garantias constitucionais como a inviolabilidade de domicílio ou a proteção do sigilo, bem como do princípio da legalidade administrativa.

Vale destacar que se trata de mais um tipo doloso, de modo que tanto a obtenção da prova por meio manifestamente ilícito como o uso de prova sabidamente ilícita assumem caráter criminoso quando revestidas, as condutas, de dolo, ou seja, quando o agente está consciente de que o meio é manifestamente ilícito, mas insiste em utilizá-lo para a obtenção da prova ou faz uso da prova ilícita no processo. Ademais, o dolo tem de ser específico. Tenha-se sempre presente que só configuram abuso de autoridade as condutas "praticadas pelo agente com a finalidade específica de prejudicar outrem ou beneficiar a si mesmo ou a terceiro, ou, ainda, por mero capricho ou satisfação pessoal", nos termos do art. 1º, § 1º, da lei. Ausente o dolo específico, não haverá crime.

30. Abuso por instauração de investigação sem indício de infrações

> Lei n. 13.869/2019 (LCAA)
> Art. 27. Requisitar instauração ou instaurar procedimento investigatório de infração penal ou administrativa, em desfavor de alguém, à falta de qualquer indício da prática de crime, de ilícito funcional ou de infração administrativa:
> Pena – detenção, de 6 (seis) meses a 2 (dois) anos, e multa.
> Parágrafo único. Não há crime quando se tratar de sindicância ou investigação preliminar sumária, devidamente justificada.

O tipo do art. 27 da LCAA volta-se contra a atitude temerária de autoridades que requisitam ou instauram investigações à míngua de qualquer indício de ilicitude, ressalvadas a simples sindicância e a investigação preliminar quando justificadas. Para MAIA, "arroubos intimidatórios serão coibidos pelas condutas penais descritas nos arts. 27 e 30"[50].

A conduta tipificada, conforme TORON, "afeta de forma mediata o *status dignitatis*, o bom nome, das pessoas investigadas"[51].

....
50. MAIA, Alneir Fernando S. Comentários à nova Lei de Abuso de Autoridade (Lei n. 13.869/2019). *Revista Magister de Direito Penal e Processual Penal*, ano XVI, n. 93, p. 120, dez./jan. 2020.
51. TORON, Alberto Zacharias. In: BADARÓ, Gustavo Henrique; BREDA, Juliano (coord.). *Comentários à Lei de Abuso de Autoridade*: Lei n. 13.869, de 5 de setembro de 2019. São Paulo: Thomson Reuters Brasil, 2020, p. 144.

SILVA esclarece que requisição, "Do latim *requisitio*, de *requirere* (requerer, pedir), originalmente exprime o mesmo sentido de requerimento, pedido ou solicitação", "Mas, na linguagem jurídica, requisitar significa *pedir com autoridade* ou *exigir*"[52]. Efetivamente, quem requisita ordena, determina. Trata-se da ordem emitida por autoridade que, para aquele determinado ato ou fim, está em posição de ascendência relativamente ao destinatário. TORON ensina que "requisição é ato de natureza administrativa pelo qual a autoridade com atribuição, ou competência, ordena a instauração de procedimento investigatório". E esclarece: "Nada tem a ver com a hierarquia entre os agentes públicos. A ideia de ordenar traz consigo a da imperatividade do comando emanado da autoridade requisitante, o que distingue a requisição do mero requerimento"[53]. Já SOUZA e SILVA, justamente em face de que "não há hierarquia entre a autoridade que investiga e aquela que requisita", na esfera penal, entende que "se a autoridade requisitante não encaminha com a determinação elementos mínimos da prática da infração, a autoridade policial, para não incorrer na conduta típica, deve realizar a verificação da procedência das informações (art. 5º, § 3º, do CPP)". No âmbito administrativo, reconhecem que a situação pode se apresentar mais problemática, porquanto o requisitante pode ser autoridade hierarquicamente superior. Ainda assim, porém, entendem que "o descumprimento da requisição não importará insubordinação se o hierarquicamente inferior deixar de instaurar ante a inexistência de indício da prática de infração administrativa", nada obstando "que o requisitado instaure investigação preliminar (sindicância)"[54].

Instaurar, do latim *instaurare*, é "Iniciar, formar, preparar"[55]. Na terminologia jurídica, tem o sentido de "organização ou formação e estabelecimento", de "promoção, ou abertura", ato pelo qual "se procede, se constitui, se instala, se forma ou se promove o início"[56].

Investigação, do latim *investigatio*, é "Indagação, busca, pesquisa em torno de um fato"[57]. Normalmente relacionada à persecução criminal, está, no *caput* do art. 27, também, relacionada à esfera administrativa. Mas prossegue sendo investigação. O fato precede, a investigação sucede e visa à apuração dos detalhes relativos à materialidade, à autoria e à culpabilidade relacionados com a infração de que já se tem conhecimento.

....

52. SILVA, De Plácido e. *Vocabulário jurídico*. 32. ed. Rio de Janeiro: Forense, 2016, p. 1203.
53. TORON, Alberto Zacharias. *In*: BADARÓ, Gustavo Henrique; BREDA, Juliano (coord.). *Comentários à Lei de Abuso de Autoridade*: Lei n. 13.869, de 5 de setembro de 2019. São Paulo: Thomson Reuters Brasil, 2020, p. 145.
54. SOUZA, Sérgio Ricardo de; SILVA, Willian. *Comentários à nova Lei de Abuso de Autoridade*: Lei n. 13.869 de 5 de setembro de 2019. Curitiba: Juruá, 2020, p. 149-150.
55. SIDOU, J. M. Othon (org.). *Dicionário jurídico*. Rio de Janeiro: Forense Universitária, 1990, p. 299.
56. SILVA, De Plácido e. *Vocabulário jurídico*. 32. ed. Rio de Janeiro: Forense, 2016, p. 752.
57. SIDOU, J. M. Othon (org.). *Dicionário jurídico*. Rio de Janeiro: Forense Universitária, 1990, p. 308.

Não se confunde com fiscalização ou exercício de poder de polícia fiscal, que é a atividade administrativa de verificação de conformidade das pessoas físicas ou jurídicas diante das normas tributárias que devem observar. Quando o legislador quis abranger investigação e fiscalização, o fez expressamente, como se vê no *caput* do art. 25, relativo ao crime de abuso por obtenção de prova por meio ilícito ou sua utilização, de que tratamos em item anterior.

O art. 27, desse modo, se volta ao processo administrativo, ao inquérito civil ou policial ou outro procedimento de investigação.

O tipo não abrange a representação fiscal para fins penais por duas razões. Em primeiro lugar, não configura uma requisição, pois não se trata de uma ordem ao membro do Ministério Público, e, sim, de uma comunicação para que tome conhecimento de fatos que podem ser relevantes ao exercício das suas funções. Em segundo lugar, porque a representação fiscal para fins penais não se faz para a abertura de investigação; pelo contrário, ela se dá como desdobramento de uma fiscalização tributária em que foi apurada uma infração e, inclusive, aplicada penalidade, ou seja, a representação é feita após a apuração da infração que, pelas suas características e gravidade, entende-se que possa configurar também crime, o que será avaliado pelo Ministério Público. A representação fiscal para fins penais é feita para que, sendo o caso e a critério do Ministério Público, seja oferecida denúncia por crime contra a ordem tributária.

O dispositivo comentado, ao se referir à falta de qualquer indício da prática de crime, de ilícito funcional ou de infração administrativa, exige que se tenha em consideração o conceito de ilícito que o Código de Processo Penal, no Título VII – Da Prova, Capítulo X – Dos Indícios, traz: "Art. 239. Considera-se indício a circunstância conhecida e provada, que, tendo relação com o fato, autorize, por indução, concluir-se a existência de outra ou outras circunstâncias". TORON pontua que indício "não se confunde com a mera suspeita, a qual se relaciona com a intuição ou juízo desfavorável a respeito de alguém". E segue: "O indício, pelo contrário, apresenta um fato provado relacionado com o crime e este é que, validamente, autoriza a instauração do procedimento investigativo". Chama atenção para que "A lei fala em indícios como modo de estremar as situações de prova completa, de um lado e, de outro, o vazio probatório", e esclarece que a conduta só será criminosa "quando houver um vazio probatório que indique a ação dolosa de perseguir ou qualquer outro motivo incompatível com os princípios que norteiam o Estado democrático de direito"[58].

A requisição e a instauração de investigação criminosas, lembre-se, são aquelas consubstanciadas em ação dolosa. A incidência do art. 27 da LCAA só terá lugar em face

---

58. TORON, Alberto Zacharias. *In*: BADARÓ, Gustavo Henrique; BREDA, Juliano (coord.). *Comentários à Lei de Abuso de Autoridade*: Lei n. 13.869, de 5 de setembro de 2019. São Paulo: Thomson Reuters Brasil, 2020, p. 146.

da ação de quem, sabedor da ausência de qualquer indício de infração criminal, funcional ou administrativo-tributária, instaure a investigação. Sempre, a ideia de abuso da autoridade deve estar presente.

Não importa se a requisição ou instauração de investigação à míngua de indícios se dá por motivação política, perseguição pessoal ou qualquer outro motivo, tampouco qual o fim visado pelo agente, pois o tipo penal não traz esse elemento normativo nem exige dolo específico. Basta o dolo de submeter alguém a uma investigação sem justa causa.

Sindicância ou investigações preliminares sumárias, devidamente justificadas, não implicam crime, conforme expressamente estabelecido pelo parágrafo único do art. 27. Conforme LEITÃO JÚNIOR e OLIVEIRA, "O legislador ordinário inseriu uma causa excludente da ilicitude, em que não haverá crime quando se tratar de sindicância ou investigação preliminar sumária, devidamente justificada"[59].

A seleção e o preparo realizados pelos órgãos de administração tributária para a identificação de possíveis inconformidades e indícios de infrações não constituem, tecnicamente, a instauração de procedimento investigatório contra nenhum contribuinte em particular. Quando movidas por critérios técnicos, com respeito à impessoalidade, constituem dever das autoridades a quem cabe, efetivamente, realizar os cruzamentos de dados de modo a flagrar inconsistências, avaliar a sua relevância e abrir ação fiscal em face de determinados contribuintes, já à vista desses elementos. Ainda assim, no início da ação fiscal, o contribuinte é chamado a justificar as informações e trazer a documentação que conforte a regularidade das suas operações, enfim, colaborar com a administração inclusive no sentido de evidenciar a inexistência de irregularidades, se for o caso. Muitas vezes, esclarecidos os fatos, a ação fiscal é encerrada sem resultado. Lembre-se, por oportuno, que todos estamos sujeitos à fiscalização, desde que técnica, justificada e impessoal.

LEITÃO JÚNIOR e OLIVEIRA esclarecem que "Os autos de investigação preliminar (também recebe a terminologia de verificação de procedência das informações, procedimento de investigação, procedimento de preparação de inquérito policial, dentre outras terminologias equivalentes) têm a finalidade justamente de averiguar se há o lastro mínimo para iniciar a investigação. Com isso, a propósito, o funcionário público que atua em conformidade com o art. 27, parágrafo único, estaria resguardado pelo estrito cumprimento de um dever legal (art. 23, I, Primeira Parte, do CP)". De qualquer modo, a sindicância ou investigação preliminar sumária devem estar "devidamente

---

59. LEITÃO JÚNIOR, Joaquim; OLIVEIRA, Marcel Gomes de. Nova Lei de Abuso de Autoridade: a diferença entre requisitar/instaurar procedimento investigatório de infração penal com a falta de qualquer indício (art. 27) e dar início à persecução penal sem justa causa fundamentada (art. 30). *ADV Advocacia Dinâmica*: seleções jurídicas, n. 3, p. 23-32, mar. 2020.

justificadas para não configurarem a infração penal, pois não deixam de ser procedimentos com escopo de apurar fatos nas searas criminal e administrativa"[60].

Quando o Fisco, por exemplo, estabelece critério para a conferência das declarações de rendimentos da pessoa física, decidindo exigir os comprovantes das despesas médicas de todos aqueles que tenham deduzido, *e.g.* mais de trinta mil reais a tal título em determinado exercício, não temos, propriamente, um indício de irregularidade, mas uma situação que exige maior atenção e cuidado para a detecção de fraudes. É legítimo que o Fisco exija esclarecimentos nesses casos. Aliás, são situações que sequer implicam investigação propriamente, mas verdadeira fiscalização motivada por critérios objetivos. Há, ainda, pessoas expostas politicamente, matéria regulada pela Resolução 29/2007 do COAF, atual Unidade de Inteligência Financeira (UIF). São elas os detentores de mandatos eletivos dos Poderes Executivo e Legislativo da União, Ministros de Estado ou equiparados, Presidentes e diretores de entidades da administração pública indireta, membros dos tribunais superiores e dos tribunais regionais federais, do trabalho e eleitorais, dentre inúmeras outras autoridades, inclusive estaduais e municipais. A Resolução estabelece que suas operações sejam objeto de especial atenção, o que se estende aos seus familiares, estreitos colaboradores e pessoas jurídicas de que participem. É, portanto, um critério válido para verificações preliminares.

Por fim, vale destacar que o tipo penal de abuso de autoridade por instauração de investigação sem indício de infrações guarda certa semelhança com o de denunciação caluniosa, do art. 339 do Código Penal. Mas a denunciação caluniosa, que é crime contra a Administração da Justiça, ocorre quando alguém dá causa à instauração de investigação policial, de processo judicial, instauração de investigação administrativa, inquérito civil ou ação de improbidade administrativa contra alguém, imputando-lhe crime de que o sabe inocente. No caso do art. 27 da LCAA, é uma autoridade que requisita ou que instaura a investigação sem que disponha sequer de elementos indiciários a respeito, sujeitando o investigado a diligências e apurações que não se justificariam para o caso, com violação ao princípio da impessoalidade.

31. Abuso por instauração de persecução sem justa causa

> Lei n. 13.869/2019 (LCAA)
> Art. 30. Dar início ou proceder à persecução penal, civil ou administrativa sem justa causa fundamentada ou contra quem sabe inocente: (Promulgação partes vetadas)
> Pena – detenção, de 1 (um) a 4 (quatro) anos, e multa.

....
60. LEITÃO JÚNIOR, Joaquim; OLIVEIRA, Marcel Gomes de. Nova Lei de Abuso de Autoridade: a diferença entre requisitar/instaurar procedimento investigatório de infração penal com a falta de qualquer indício (art. 27) e dar início à persecução penal sem justa causa fundamentada (art. 30). *ADV Advocacia Dinâmica*: seleções jurídicas, n. 3, p. 23-32, mar. 2020.

O art. 30 da LCAA volta-se à esfera judicial. Cuida da conduta de "Dar início ou proceder à persecução penal, civil ou administrativa sem justa causa fundamentada ou contra quem sabe inocente".

"Persecução", do latim *persecutio*, é o "ato de encalçar, ou perseguir alguém, com o fito de aplicar-lhe punição"[61]. Persecução ou perseguição é a busca da punição ou de submissão a um efeito adverso, prejudicial. Note-se que o termo extrapola a investigação, a apuração da verdade; centra-se, isso sim, na pretensão dirigida a alguém para lhe impor consequências gravosas. A expressão "persecução penal" "pode abranger a conjugação da investigação e do processo penal (ação penal)"[62]. Mas, ainda que a expressão "persecução penal" seja, muitas vezes, utilizada com referência ao conjunto das atividades de investigação e de ação penal, a interpretação sistemática do art. 30 leva ao entendimento de que se refere à persecução num sentido mais estrito, remetendo à esfera judicial.

"Dar início" ou "proceder" são os verbos. "Dar início" é começar, originar. Proceder é realizar, efetuar.

Dar início ou proceder à persecução penal, civil ou administrativa envolve, portanto, *e.g.*, o oferecimento de denúncias criminais ou o ajuizamento de ações de improbidade e levá-las adiante.

O Código de Processo Penal determina que a denúncia seja rejeitada quando faltar justa causa para o exercício da ação penal. Trata-se de um requisito de proporcionalidade. Sendo, as pessoas, presumidamente inocentes, não se justifica submeter alguém à persecução sem que tal se justifique por razões de fato e de direito. É sabido que o simples fato de figurar como indiciado, fiscalizado ou denunciado já configura situação desgastante e, muitas vezes, constrangedora. Então, tais iniciativas têm de se sustentar em elementos convincentes, conforme a natureza de cada procedimento.

A expressão "justa causa", por vezes também é considerada equivalente a "fundadas razões"[63]. O STF já se manifestou sobre a matéria, destacando que "justa causa é exigência legal para o recebimento da denúncia, instauração e processamento da ação penal" e que se consubstancia "pela somatória de três componentes e essenciais: (a) TIPICIDADE (adequação de uma conduta fática a um tipo penal); (b) PUNIBILIDADE (além de típica, a conduta precisa ser punível, ou seja, não existir quaisquer das causas extintivas da punibilidade); e (c) VIABILIDADE (existência de fundados indícios de autoria)"[64].

---

61. SIDOU, J. M. Othon (org.). *Dicionário jurídico*. Rio de Janeiro: Forense Universitária, 1990, p. 418.
62. LEITÃO JÚNIOR, Joaquim; OLIVEIRA, Marcel Gomes de. Nova Lei de Abuso de Autoridade: a diferença entre requisitar/instaurar procedimento investigatório de infração penal com a falta de qualquer indício (art. 27) e dar início à persecução penal sem justa causa fundamentada (art. 30). *ADV Advocacia Dinâmica*: seleções jurídicas, n. 3, p. 23-32, mar. 2020.
63. STF, HC 175454 AgR, 2019.
64. STF, HC 158217, 2019.

Existindo "elementos probatórios mínimos indicativos da prática do ilícito descrito na exordial acusatória e, não sendo possível atestar de plano a atipicidade da conduta atribuída [...], impossível concluir-se pela inexistência de justa causa para a persecução criminal"[65].

Mas, ainda que o juiz rejeite a denúncia por ausência de justa causa, isso não leva, necessariamente, ao enquadramento do membro do Ministério Público no tipo penal do art. 30, o que, inclusive, atentaria contra as suas prerrogativas e fragilizaria a posição da instituição no combate à criminalidade. Da mesma maneira, a rejeição da denúncia por falta de justa causa em sede recursal não implica automático enquadramento do magistrado de primeira instância que a recebera. Conforme ensina TORON, "afastados os casos frisantes, patentes e indiscutíveis, nem sempre frequentes na vivência forense, a aferição da justa causa envolve uma subjetividade na sua percepção"[66]. Adverte que não se pode adotar interpretação que abra "espaço para os famigerados 'crimes de hermenêutica' de que falava Rui Barbosa". Ademais, haveria interferência na liberdade de convicção dos operadores do direito[67].

O parágrafo único do art. 18 do Código Penal tem de ser levado em conta: "Salvo os casos expressos em lei, ninguém pode ser punido por fato previsto como crime, senão quando o pratica dolosamente". Desse modo, só teremos o crime quando o titular da ação penal oferecer denúncia que sabe carente de justa causa fundamentada ou, como veremos, contra quem sabe inocente.

O dispositivo refere a ação sem justa causa ou contra quem "sabe inocente". Mais uma vez, vale relembrar o tipo de denunciação caluniosa, do art. 339 do CP, que se vale da mesma linguagem: o agente age contra quem "sabe inocente", ou seja, "tendo ciência da inocência"[68]. A respeito, já se pronunciou o STJ, afirmando que "é imprescindível que o sujeito ativo saiba que a imputação do crime é objetivamente falsa ou que tenha certeza de que a vítima é inocente"[69]. Dar ensejo a uma persecução contra quem se sabe inocente é mais do que iniciar uma lide temerária.

De qualquer modo, para que se considere cometido o crime, faz-se imprescindível que tenha sido dado início à persecução penal, civil ou administrativa ou nela proceder sabendo-se que assim se está fazendo sem que haja justa causa fundamentada ou que

---

65. STJ, HC 212.082, 2011.
66. TORON, Alberto Zacharias. In: BADARÓ, Gustavo Henrique; BREDA, Juliano (coord.). *Comentários à Lei de Abuso de Autoridade*: Lei n. 13.869, de 5 de setembro de 2019. São Paulo: Thomson Reuters Brasil, 2020, p. 145.
67. TORON, Alberto Zacharias. In: BADARÓ, Gustavo Henrique; BREDA, Juliano (coord.). *Comentários à Lei de Abuso de Autoridade*: Lei n. 13.869, de 5 de setembro de 2019. São Paulo: Thomson Reuters Brasil, 2020, p. 152-153.
68. STJ, AgRg no HC 339.782, 2016.
69. STJ, RHC 106.998, 2019.

aquele que responde à imputação é inocente, e isso "com a finalidade específica de prejudicar outrem ou beneficiar a si mesmo ou a terceiro, ou, ainda, por mero capricho ou satisfação pessoal", dolo específico requerido pelo art. 1º, § 1º, da lei.

32. Abuso por procrastinação injustificada

> Lei n. 13.869/2019 (LCAA)
> Art. 31. Estender injustificadamente a investigação, procrastinando-a em prejuízo do investigado ou fiscalizado:
> Pena – detenção, de 6 (seis) meses a 2 (dois) anos, e multa.
> Parágrafo único. Incorre na mesma pena quem, inexistindo prazo para execução ou conclusão de procedimento, o estende de forma imotivada, procrastinando-o em prejuízo do investigado ou do fiscalizado.

É garantia constitucional a razoável duração do processo: "Art. 5º [...]. LXXVIII – a todos, no âmbito judicial e administrativo, são assegurados a razoável duração do processo e os meios que garantam a celeridade de sua tramitação". Foi acrescentada ao rol do art. 5º da CF pela EC n. 45/2004.

Normalmente, é vista sob a perspectiva do cidadão que deduz uma pretensão, de modo que sua pretensão não seja esquecida, que não se perca nas dobras da burocracia ou das formalidades, nem reste comprometida pelo descaso. Mas, estando a pessoa no polo passivo de um processo administrativo ou judicial, essa garantia também a aproveita, prevenindo-a contra o prolongamento desnecessário, injustificado e inútil de fiscalizações, investigações ou mesmo ações penais.

TORON aponta que o dispositivo, no âmbito de inquérito ou de procedimentos de investigação criminal a cargo do Ministério Público, implica "uma exigência de respeito à dignidade humana, pois ninguém é obrigado a ficar na berlinda, com uma espada de Dâmocles sobre a cabeça, sofrendo, angustiado, com uma investigação que se eterniza, colocando a pessoa, na feliz expressão de Umberto Eco, como uma espécie de 'cera mole' nas mãos da autoridade"[70].

Temos, no dispositivo do art. 31 da LCAA, um tipo especial relativamente ao de prevaricação, do art. 319 do CP, que tem redação semelhante.

O *caput* do tipo penal em questão criminaliza a conduta de "Estender injustificadamente a investigação, procrastinando-a em prejuízo do investigado ou fiscalizado". Embora a referência à investigação – o que pressupõe um fato conhecido a ser apurado –, o

---

70. TORON, Alberto Zacharias. *In*: BADARÓ, Gustavo Henrique; BREDA, Juliano (coord.). *Comentários à Lei de Abuso de Autoridade*: Lei n. 13.869, de 5 de setembro de 2019. São Paulo: Thomson Reuters Brasil, 2020, p. 159.

dispositivo tutela não apenas o investigado, mas também o fiscalizado. Desse modo, não obstante a redação imprecisa, incide em casos de investigação ou fiscalização. Alcança tanto a investigação levada a cabo pela Polícia ou pelo Ministério Público, como também a fiscalização realizada pela Administração Tributária.

O dispositivo não põe em dúvida a legitimidade da investigação ou fiscalização, não se ocupando disso. Mas evidencia o descabimento de uma investigação ou fiscalização se prestar à procrastinação dolosa em prejuízo do investigado ou fiscalizado.

Procrastinação é expressão bastante trabalhada no âmbito do processo civil e, invariavelmente, causa de censura pelo legislador. Procrastinar é postergar, prolongar, protrair, retardar, delongar. O CPC considera "litigante de má-fé" aquele que "interpuser recursos com intuito manifestamente protelatório" (art. 80, VII, do CPC). Ao cuidar da tutela da evidência, determina que seja concedida quando "ficar caracterizado o abuso do direito de defesa ou o manifesto propósito protelatório da parte" (art. 311, I, do CPC). Em matéria de cumprimento de sentença que reconheça a obrigação de prestar alimentos, por exemplo, dispõe o CPC: "Art. 532. Verificada a conduta procrastinatória do executado, o juiz deverá, se for o caso, dar ciência ao Ministério Público dos indícios da prática do crime de abandono material". Segue determinando que o inventariante será removido "se não der ao inventário andamento regular, se suscitar dúvidas infundadas ou se praticar atos meramente protelatórios". Na disciplina dos embargos à execução, estabelece que serão rejeitados os "manifestamente protelatórios", cujo oferecimento, inclusive, é considerado "conduta atentatória à dignidade da justiça" (art. 918, III e parágrafo único, do CPC). Por fim, quanto aos embargos de declaração, estabelece que, quando "manifestamente protelatórios", o juiz ou tribunal "condenará o embargante a pagar ao embargado multa não excedente a dois por cento sobre o valor atualizado da causa" e que a reiteração de embargos declaratórios permite que seja até decuplicada a multa, não se admitindo novos embargos se os dois anteriores tiverem sido considerados protelatórios (art. 1.026, §§ 2º a 4º, do CPC).

Não é por acaso que o adjetivo *protelatório* está estritamente relacionado ao processo, que é uma sequência de atos praticados ao longo do tempo e voltados a um fim, consubstanciando um andar para a frente. Os atos protelatórios são aqueles que se desviam dos fins que lhe são próprios, fazendo o processo andar para os lados, motivando-se pelo intuito de retardar ou alongar o andamento do processo, de modo que o tempo passe sem que se avance no procedimento e na solução. Os atos protelatórios fazem da pendência do procedimento um fim em si mesmo em detrimento da segurança e da justiça, e, sobretudo, da duração razoável do processo.

O tipo penal reprime a procrastinação em prejuízo do investigado ou fiscalizado. Esse prejuízo, diga-se, decorre da própria delonga, caracteriza-se objetivamente pela sujeição à investigação ou fiscalização por tempo delongado, desnecessário e injustificável, manifesta-se *de jure*. No dizer de SOUZA e SILVA, "na hipótese em que já se tenha passado grande lapso de tempo sem que tenha sido concluído o inquérito, ou tampouco realizadas diligências que tendam a desvelar as suspeitas levantadas, notório será o constrangimento ilegal que aflige o indivíduo". Aliás, trata-se de crime formal que não exige a demonstração de um prejuízo concreto que não a sujeição ao processo por período de tempo injustificadamente estendido.

É preciso ter em conta que uma investigação ou fiscalização justifica-se como um instrumento e não como um fim, devendo ter a duração necessária à realização dos atos que lhe são inerentes e que sejam capazes de levá-la ao seu desfecho. Não se trata, aqui, de ser demasiadamente rigoroso, de sobrepor a forma ao conteúdo, mas de ter em consideração que há um rito razoável e proporcional, que guarda necessidade, adequação e medida em face da complexidade de cada caso e dos interesses em questão. A posição do investigado ou do fiscalizado é de sujeição, porquanto resta aberta a possibilidade de um resultado adverso, causando-lhe desgaste, dúvida e apreensão. O investigado ou fiscalizado tem direito a uma definição, o direito de não ficar sujeito à uma perscrutação que se prolongue imotivadamente, ao exame minucioso e atento dos seus atos e da sua situação, à sondagem e ao estudo do mérito da suas condutas, a um olhar voltado especialmente à sua pessoa senão pelo tempo que seja razoável para que os fatos sejam apurados e enquanto estiverem sendo, efetivamente, realizadas diligências para tanto.

No âmbito penal, vale relembrar o precedente em que o STJ reconheceu que "A investigação criminal gera danos à pessoa, suportáveis pelo interesse da apuração da justa causa, mas não passíveis de eternização". E, analisando caso concreto, decidiu: "Tendo sido iniciadas investigações em 2012, e encontrando-se o inquérito policial, injustificadamente, sem conclusão desde 2017, porque não realizadas diligências requeridas pela acusação, e tendo o feito ficado paralisado para manifestação acerca da prorrogação do prazo para conclusão das diligências desde 6-4-2018, não revela ilegalidade a decisão do Tribunal local de reconhecer o excesso de prazo da investigação em junho/2018, já que constatada clara mora e indevido dano estatal, a justificar a concessão de *habeas corpus* para determinar seu trancamento"[71]. De outro lado, reconhece que "o constrangimento ilegal por excesso de prazo só pode ser reconhecido quando seja a demora injustificável, impondo-se adoção de critérios de razoabilidade no exame da ocorrência de constrangimento ilegal"[72].

Aquela Corte Superior também destaca que "Os prazos processuais não têm as características de fatalidade e improrrogabilidade, fazendo-se imprescindível raciocinar com juízo de razoabilidade para definir o excesso de prazo, não se ponderando a mera soma aritmética dos prazos para os atos processuais (precedentes)" e considera ausente o constrangimento quando se verifica "que os trâmites processuais ocorrem dentro da normalidade, não se tendo qualquer notícia de fato que evidencie atraso injustificado

---

71. STJ, AgRg no AREsp 1453748, 2020.
72. STJ, AgRg no RHC 118556, 2020.

ou desídia"⁷³. TORON reconhece que "Não se pode perder de vista que há casos complexos que demandam as mais variadas perícias e oitiva de muitas testemunhas, e nem sempre o Instituto de Criminalística dos Estados, e mesmo o da Polícia Federal, atende as requisições com a prontidão desejada". Ademais, "problemas estruturais das polícias (falta de pessoal e material) dificultam a celeridade na apuração"⁷⁴.

No âmbito do processo administrativo fiscal federal, não se vislumbra como possa ocorrer procrastinação a perder de vista. A fiscalização depende de autorização específica constante de um Termo de Distribuição do Procedimento Fiscal (TDPF), que deve ser cumprido em 120 dias. Eventual prorrogação tem de ser requerida. É o que se extrai da Portaria da Receita Federal do Brasil n. 6.478/2017, que dispõe sobre o planejamento das atividades fiscais e estabelece normas para a execução de procedimentos fiscais relativos ao controle aduaneiro do comércio exterior e aos tributos administrados pela Secretaria da Receita Federal do Brasil. Ademais, o Fisco, no que diz respeito à constituição do crédito tributário, está sujeito ao prazo decadencial dos arts. 150, § 4º, ou 173 do CTN, de modo que qualquer protelação vem em favor do contribuinte, até porque estar sujeito à fiscalização tributária é incomparavelmente menos gravoso do que estar sujeito à investigação criminal.

Uma vez realizado o lançamento constitutivo do crédito tributário, não há mais que se falar em fiscalização. Essa terá cumprido o seu fim. Eventual delonga na fase litigiosa do processo administrativo fiscal desborda da hipótese do tipo penal, até porque tem por escopo analisar a consistência dos argumentos que o contribuinte opõe ao lançamento já pronto e acabado. Na fase litigiosa, aprecia-se a defesa do contribuinte que, na esfera federal, é manifestada, em primeira instância, mediante impugnação e, em segunda instância, via recurso voluntário. Não obstante a advertência de Marco Aurélio Greco no sentido de que não se pode admitir a "perenização das pendências"⁷⁵, "A jurisprudência predominante é no sentido de que não há prazo para a conclusão do processo administrativo fiscal ao argumento de que a lei complementar de normas gerais em matéria tributária não estabelece prazo específico para tanto (prazo de perempção)"⁷⁶.

Finalizo ressaltando que o parágrafo único do art. 31 da LCAA, objeto da nossa análise, deixa claro que o crime resta configurado inclusive quando inexista prazo para

---

73. STJ, HC 546139, 2020.
74. TORON, Alberto Zacharias. *In*: BADARÓ, Gustavo Henrique; BREDA, Juliano (coord.). *Comentários à Lei de Abuso de Autoridade*: Lei n. 13.869, de 5 de setembro de 2019. São Paulo: Thomson Reuters Brasil, 2020, p. 159.
75. GRECO, Marco Aurélio. *Princípios tributários no direito brasileiro e comparado*: estudos jurídicos em homenagem a Gilberto de Ulhôa Canto. Rio de Janeiro: Forense, 1988, p. 502 e seguintes.
76. PAULSEN, Leandro; ÁVILA, René Bergman; SLIWKA, Ingrid Schroder. *Leis processuais tributárias comentadas*. 9. ed. São Paulo: Saraiva, 2019, p. 22.

execução ou conclusão de procedimento, desde que seja estendido de forma imotivada e, assim, procrastinado em prejuízo do investigado ou do fiscalizado.

TORON destaca que "com o fluxo do prazo prescricional intercorrente entre o fato criminoso e a denúncia, vigorando na fase pré-processual unicamente a prescrição pelo máximo da pena em abstrato, tornou-se mais comum o prolongamento dos inquéritos policiais em prejuízo da dignidade do investigado, que fica numa espécie de limbo e com seu nome sob suspeita, tisnado"[77].

Na jurisdição, já tivemos oportunidade de nos depararmos com inquéritos alongados por anos, sem avanço nem conclusão e, por vezes, com cautelares de caráter real ou pessoal ativas. Em certo caso, o tribunal asseverou que, "pelos princípios do Estado Democrático de Direito, não se pode ter como normal que alguém seja constante e permanentemente investigado, sem que os representantes do Estado cheguem a qualquer conclusão plausível a respeito da responsabilidade criminal do cidadão". E, desse modo, considerando que se estava diante de inquérito que tramitava "há mais de dez anos sem o oferecimento de denúncia até o momento em desfavor do investigado", considerou "evidenciada a carência de elementos suficientes para a instauração de ação penal" e determinou o arquivamento do inquérito em sede de *habeas corpus*[78].

A extensão do procedimento assume relevância penal não em face do simples decurso de um prazo impróprio, mas, sim, quando a procrastinação ocorrida em fiscalização ou investigação decorra do intento doloso da autoridade em prejuízo do investigado ou fiscalizado, nos termos do art. 1º, § 1º, da lei.

33. Abuso por negativa de acesso a procedimento de investigação

> Lei n. 13.869/2019 (LCAA)
> Art. 32. Negar ao interessado, seu defensor ou advogado acesso aos autos de investigação preliminar, ao termo circunstanciado, ao inquérito ou a qualquer outro procedimento investigatório de infração penal, civil ou administrativa, assim como impedir a obtenção de cópias, ressalvado o acesso a peças relativas a diligências em curso, ou que indiquem a realização de diligências futuras, cujo sigilo seja imprescindível: (Promulgação partes vetadas)
> Pena – detenção, de 6 (seis) meses a 2 (dois) anos, e multa.

O pleno exercício do direito de defesa é muito caro à Constituição e ao Supremo Tribunal Federal como seu guardião maior. Ao enunciar os direitos e garantias

---

77. TORON, Alberto Zacharias. *In*: BADARÓ, Gustavo Henrique; BREDA, Juliano (coord.). *Comentários à Lei de Abuso de Autoridade*: Lei n. 13.869, de 5 de setembro de 2019. São Paulo: Thomson Reuters Brasil, 2020, p. 158.
78. TRF4, HC 5034564-67.2020.4.04.0000, 2020.

fundamentais, a Constituição destaca, em seu art. 5º, inciso LV, que "aos litigantes, em processo judicial ou administrativo, e aos acusados em geral são assegurados o contraditório e ampla defesa, com os meios e recursos a ela inerentes". O Supremo Tribunal Federal, por sua vez, editou a Súmula Vinculante 14 com o seguinte teor: "É direito do defensor, no interesse do representado, ter acesso amplo aos elementos de prova que, já documentados em procedimento investigatório realizado por órgão com competência de polícia judiciária, digam respeito ao exercício do direito de defesa".

O TRF4 decidiu que não se pode admitir que medidas restritivas a direitos dos cidadãos como a prisão, o sequestro de bens, a invasão de domicílio para busca e apreensão, a violação dos sigilos constitucional ou legalmente protegidos "sejam baseadas em investigações cujo segredo mantenha", porquanto, em um Estado de Direito, se tem de permitir ao cidadão "conhecer os fatos e as provas existentes", e utilizados como fundamento das decisões[79].

O Estatuto da Advocacia (Lei n. 8.904/94) dispõe, em seu art. 7º, com a redação da Lei n. 13.245/2016, que são direitos dos advogados:

> XIV – examinar, em qualquer instituição responsável por conduzir investigação, mesmo sem procuração, autos de flagrante e de investigações de qualquer natureza, findos ou em andamento, ainda que conclusos à autoridade, podendo copiar peças e tomar apontamentos, em meio físico ou digital;
>
> XXI – assistir a seus clientes investigados durante a apuração de infrações, sob pena de nulidade absoluta do respectivo interrogatório ou depoimento e, subsequentemente, de todos os elementos investigatórios e probatórios dele decorrentes ou derivados, direta ou indiretamente [...].

Mesmo a Lei n. 12.850/2013, em seu art. 23, embora admita a decretação do sigilo da investigação pela autoridade policial "para garantia da celeridade e da eficácia das diligências investigatórias", assegura "ao defensor, no interesse do representado, amplo acesso aos elementos de prova que digam respeito ao exercício do direito de defesa, devidamente precedido de autorização judicial, ressalvados os referentes às diligências em andamento".

A regra nos procedimentos e processos é, efetivamente, a transparência. E, se é certo que a restrição da publicidade, inclusive perante terceiros, é exceção, o sigilo perante os próprios interessados é excepcionalíssimo.

O dispositivo penal do art. 32 da LCAA, ao tipificar a negativa de acesso e cominar pena ao agente que incorrer em tal conduta, reforça a proteção do acesso pelos próprios interessados, pessoalmente ou através do seu advogado, a qualquer procedimento

---

79. TRF4, MS 2004.04.01.005083-2, 2005.

investigatório de infração penal, civil ou administrativa, tais como os autos de investigação preliminar, termo circunstanciado e inquérito.

A referência a "interessado, seu defensor ou advogado" bem identifica o titular do direito cuja violação se pretende evitar. O interessado referido pelo dispositivo é aquele que pode ter a sua esfera jurídica de algum modo afetada pela investigação que é voltada a si próprio ou em que é referido ou está envolvido.

Em foco, estão os autos de procedimentos investigatórios de infração penal, civil ou administrativa, exemplificados pela referência à investigação preliminar, ao termo circunstanciado e ao inquérito. Conforme BADARÓ e BREDA, "a norma ampliou sua incidência a todos os procedimentos administrativos e judiciários, compreendendo investigações e inquéritos da polícia judiciária, do Ministério Público (cíveis e criminais) e dos órgãos integrantes da administração pública, direta e indireta, como os procedimentos administrativos da administração pública, direta e indireta, como os procedimentos administrativo-fiscais da Receita Federal, do Banco Central, da Comissão de Valores Mobiliários e procedimentos administrativos de responsabilização"[80].

"Procedimento investigatório" aponta para as séries de atos tendentes à apuração de uma infração. "Penal, civil ou administrativa", qualifica a natureza ou os efeitos da infração, de modo que a proteção ganha relevo nessas três áreas.

"Investigação preliminar" é a apuração da infração pela autoridade que dela toma conhecimento, de modo que sejam confirmadas a materialidade, a autoria e a culpabilidade. Na esfera administrativa, dá-se através de sindicância ou processo administrativo, que tem a sua fase de inquérito ou instrução, conforme se pode ver nos arts. 143 a 166 da Lei n. 8.112/90, que cuida do regime jurídico dos servidores públicos da União. Na esfera penal, a investigação preliminar corresponde ao inquérito policial.

"Termo circunstanciado" é como se denomina o documento em que a autoridade policial formaliza o conhecimento da ocorrência de infração de menor potencial ofensivo para encaminhá-lo ao Juizado Especial Criminal, nos termos do art. 69 da Lei n. 9.099/95.

"Inquérito" remete de volta à investigação preliminar. Pode ser policial, civil ou administrativo. Inquérito policial "É um procedimento investigatório instaurado em razão da prática de uma infração penal, composto por uma série de diligências, que tem como objetivo obter elementos de prova para que o titular da ação possa propô-la contra o criminoso"[81]. Seu destinatário imediato é o Ministério Público, titular da ação penal. Também se pode dizer que "Constitui um conjunto de atividades desenvolvidas concatenadamente por órgãos do Estado, a partir de uma notícia-crime, com caráter prévio

---

80. BADARÓ, Gustavo Henrique; BREDA, Juliano (coord.). *Comentários à Lei de Abuso de Autoridade*: Lei n. 13.869, de 5 de setembro de 2019. São Paulo: Thomson Reuters Brasil, 2020, p. 163.
81. GONÇALVES, Victor Eduardo Rios; REIS, Alexandre Cebrian Araújo. *Direito processual penal*. 7. ed. São Paulo: Saraiva, 2018, p. 51.

e de natureza preparatória com relação ao processo penal, e que pretende averiguar a autoria e as circunstâncias de um fato aparentemente delituoso, com o fim de justificar o processo ou o não processo"[82].

Nos termos do art. 89 da LC n. 75/93, que dispõe sobre a organização, as atribuições e o estatuto do Ministério Público da União, o MPU exercerá o controle externo da atividade policial, podendo "requisitar à autoridade competente para instauração de inquérito policial sobre a omissão ou fato ilícito ocorrido no exercício da atividade policial", incumbindo-lhe, ainda, conforme seu art. 7º, "requisitar diligências investigatórias e a instauração de inquérito policial e de inquérito policial militar, podendo acompanhá-los e apresentar provas". Ademais, incumbe ao MPU, igualmente, "instaurar inquérito civil e outros procedimentos administrativos correlatos".

No âmbito da responsabilidade funcional dos servidores públicos federais, vê-se, do art. 151 da Lei n. 8.112/90, que o inquérito é uma das fases do processo administrativo disciplinar (PAD). O PAD tem a fase da "instauração, com a publicação do ato que constituir a comissão", do "inquérito administrativo, que compreende instrução, defesa e relatório" e do julgamento.

Quanto ao acesso a tais procedimentos investigativos, vale ter em conta que não é absoluto. A publicidade é a regra, mas essa garantia encontra limites, ainda que sempre pontuais e temporários.

A própria Constituição, ao dizer da publicidade dos atos processuais, ressalva os casos em que se exija o sigilo. Eis o inciso LX do seu art. 5º: "a lei só poderá restringir a publicidade dos atos processuais quando a defesa da intimidade ou o interesse social o exigirem". O STF reconhece que há "diligências que devem ser sigilosas, sob risco de comprometimento do seu bom sucesso"[83]. O princípio da eficiência no exercício das atividades administrativas e o direito de todos à proteção dos seus bens jurídicos fundamentais pelas instituições públicas, portanto, funcionam como contraponto à garantia de publicidade. O TRF4 também já frisou que a publicidade dos atos processuais e o direito de acesso encontram limites em prol da proteção social "nas hipóteses legais e quando a descoberta da diligência" possa "frustrar seus objetivos"[84].

De qualquer modo, "se o sigilo é aí necessário à apuração e à atividade instrutória, a formalização documental de seu resultado já não pode ser subtraída ao indiciado nem ao defensor, porque, é óbvio, cessou a causa mesma do sigilo". Mais: "a autoridade que investiga deve, mediante expedientes adequados, aparelhar-se para permitir que a defesa de cada paciente tenha acesso, pelo menos, ao que diga respeito a seu constituinte"[85].

....
82. LOPES JUNIOR, Aury. *Direito processual penal*. 15. ed. São Paulo: Saraiva, 2018, p. 119-120.
83. STF, HC 88190, excerto de voto, 2006.
84. TRF4, MS 2004.04.01.005083-2, 2005.
85. STF, HC 88190, excerto de voto, 2006.

BADARÓ e BREDA ressaltam que pode ser exigido requerimento formal para a facilitação do acesso e que "não é possível equiparar tal condição à recusa, desde que a formalização do pedido não frustre o exercício do direito de defesa, como nos casos de urgência de acesso aos elementos colhidos na investigação para a tutela imediata do direito da parte, especialmente em situações de prisão ou fluência de prazo para a elaboração de manifestação". Mas aponta que "a omissão em apreciar o requerimento em prazo razoável pode configurar o tipo penal em ato comissivo por omissão"[86]. O mesmo autor também esclarece que "não será típica a conduta de negar acesso a elementos cuja revelação possa frustrar a natureza da medida, como é o caso de interceptações telefônicas e telemáticas em andamento ou de mandado de busca e apreensão ainda sem cumprimento, como excepciona, inclusive, o próprio Estatuto da Advocacia e da OAB"[87].

A autoridade sob a responsabilidade de quem estejam sendo desenvolvidos procedimentos de investigação, caso negue acesso para o interessado, defensor ou advogado, fora das hipóteses em que o sigilo se faz imprescindível para viabilizar a efetividade de diligências em curso ou futuras, pode incorrer em crime de abuso de autoridade. O juízo de imprescindibilidade – quer dizer, de necessidade – é relevante. Ademais, considere-se que terá lugar a incidência da norma quando a autoridade negar acesso dolosamente, sabendo que o sigilo não é indispensável, ou seja, que não prejudicará a prática do ato e a produção dos efeitos que dele se espera, e, ainda assim, impeça o acesso ao interessado.

34. Abuso por exigência de informação ou de cumprimento de obrigação sem amparo legal

> Lei n. 13.869/2019 (LCAA)
> Art. 33. Exigir informação ou cumprimento de obrigação, inclusive o dever de fazer ou de não fazer, sem expresso amparo legal:
> Pena – detenção, de 6 (seis) meses a 2 (dois) anos, e multa.
> Parágrafo único. Incorre na mesma pena quem se utiliza de cargo ou função pública ou invoca a condição de agente público para se eximir de obrigação legal ou para obter vantagem ou privilégio indevido.

É garantia fundamental não ser obrigado "a fazer ou deixar de fazer alguma coisa senão em virtude de lei", conforme o art. 5º, inciso II, da Constituição Federal. Essa

---

86. BADARÓ, Gustavo Henrique; BREDA, Juliano (coord.). *Comentários à Lei de Abuso de Autoridade*: Lei n. 13.869, de 5 de setembro de 2019. São Paulo: Thomson Reuters Brasil, 2020, p. 162.
87. BADARÓ, Gustavo Henrique; BREDA, Juliano (coord.). *Comentários à Lei de Abuso de Autoridade*: Lei n. 13.869, de 5 de setembro de 2019. São Paulo: Thomson Reuters Brasil, 2020, p. 162.

garantia preserva o cidadão perante as autoridades públicas, resguardando a sua liberdade contra exigências indevidas, não legitimadas pelo processo legislativo.

Exigir é mais que solicitar. Exigir é impor, determinar coativamente que alguém proceda como se pretende, obter a obediência a uma determinação. Conforme SIMANTOB, para a configuração do tipo penal, "é necessário que a exigência seja uma ordem dotada de caráter coercitivo, do contrário, será mera solicitação e não exigência"[88].

Sob a perspectiva de eventual aplicação do tipo penal aos agentes do Fisco, a referência à "informação ou cumprimento de obrigação, mesmo de fazer ou não fazer" remete aos deveres instrumentais ou formais, às obrigações acessórias. Isso porque a exigência de tributo que a autoridade saiba ou deva saber indevido, ou mediante meio vexatório ou gravoso não autorizado por lei tem tipificação especial, constituindo não o crime de abuso de autoridade em questão, mas o crime de excesso de exação, tipificado pelo art. 316, § 1º, do Código Penal, com a redação que lhe atribuiu a Lei n. 8.137/90, de que nos ocupamos adiante.

Lembre-se, no ponto, o quanto já afirmamos quando abordamos a fiscalização tributária: na esfera federal, dá-se mediante "Termo de Distribuição de Procedimento Fiscal – Fiscalização" que delimita o objeto da fiscalização. Os auditores fiscais não têm, cada qual, a liberdade de escolher quem fiscalizar, relativamente a quais tributos e em qual dimensão temporal, estando jungidos por planejamentos impessoais e por atos autorizativos. As prerrogativas dos auditores fiscais devem servir ao exercício vinculado das suas atribuições, em obediência à lei e de modo transparente, impessoal e eficiente. Lembre-se que é do próprio conceito de tributo, estampado no art. 3º do CTN, a referência à cobrança dos tributos "mediante atividade administrativa plenamente vinculada".

No âmbito das suas legítimas atribuições, vale rememorar o quanto disposto pelo art. 195 do CTN: "Para os efeitos da legislação tributária, não têm aplicação quaisquer disposições legais excludentes ou limitativas do direito de examinar mercadorias, livros, arquivos, documentos, papéis e efeitos comerciais ou fiscais, dos comerciantes industriais ou produtores, ou da obrigação destes de exibi-los". Seu parágrafo único ainda acrescenta: "Os livros obrigatórios de escrituração comercial e fiscal e os comprovantes dos lançamentos neles efetuados serão conservados até que ocorra a prescrição dos créditos tributários decorrentes das operações a que se refiram". A própria Constituição, em seu art. 145, § 1º, facultada à administração tributária "identificar, respeitados os direitos individuais e nos termos da lei, o patrimônio, os rendimentos e as atividades econômicas do contribuinte". Ademais, "a ausência de manifestação do contribuinte quando chamado

---

88. SIMANTOB, Fábio Tofic. *In*: BADARÓ, Gustavo Henrique; BREDA, Juliano (coord.). *Comentários à Lei de Abuso de Autoridade*: Lei n. 13.869, de 5 de setembro de 2019. São Paulo: Thomson Reuters Brasil, 2020, p. 164.

a colaborar com a Administração Fazendária" ensejará o lançamento por arbitramento, previsto no art. 148 do CTN, que, diga-se, não constitui medida punitiva, mas método substitutivo para apuração do montante devido, não podendo a autoridade fiscal basear-se em elementos discrepantes da realidade[89]. Não há que se opor, no ponto, o direito à não autoincriminação, porquanto não é disso que se trata. Já a exasperação de multa pela falta de colaboração do contribuinte sob investigação, nos termos do art. 44, § 2º, da Lei n. 9.430/96, esta sim viola o art. 5º, LXIII, da Constituição Federal, porquanto implica indevida utilização do direito sancionador para punição do exercício do direito de permanecer calado, conforme destaca SALOMÃO[90]. De qualquer modo, a eventual prestação de declaração falsa em procedimento de fiscalização tributária é injustificável, não encontrando amparo no exercício do direito ao silêncio, pois o extrapola e avança para iludir o Fisco, atitude criminosa que atrai a aplicação da lei penal.

O Tribunal da Relação de Porto, em Portugal, proferiu acórdão em 2013, destacando que "O exercício do dever de colaboração do contribuinte com a administração fiscal e o direito à não autoincriminação não é, as mais das vezes, um problema contemporâneo, mas apenas sequencial". E esclareceu: "Quando em confronto, não se está perante uma questão de prevalência de qualquer delas, mas de compatibilidade de soluções legais, em regra para momentos temporais e processuais diversos". Seguiu: "Se na pendência do procedimento inspectivo se indiciar a prática de crime tributário [...], o sujeito passivo tributário tem de ser constituído arguido, cessando o seu dever de colaboração". Ainda: "A partir de então só colaborará se, livre e esclarecidamente, assim o entender, passando a beneficiar do catálogo de garantias constitucionais do art. 32 da CRP assegurando-se-lhe o exercício de direitos e deveres legais constantes dos arts. 57º a 67º C P Penal, nomeadamente do direito de não responder a perguntas feitas por qualquer entidade sobre factos que lhe forem imputados e sobre o conteúdo das declarações que acerca deles prestar"[91].

O acesso do Fisco aos documentos fiscais e comerciais, portanto, é amplo e legítimo, mas tem de ocorrer no bojo de fiscalização tributária devidamente autorizada e instaurada, sendo certo, ainda, que, nessa matéria, tem aplicação o chamado princípio documental, positivado no art. 196: "A autoridade administrativa que proceder ou presidir a quaisquer diligências de fiscalização lavrará os termos necessários para que se documente o início do procedimento, na forma da legislação aplicável, que fixará prazo máximo para a conclusão daquelas". A exigência de informações e documentos depende

---

89. PAULSEN, Leandro. *Curso de direito tributário completo*. 12. ed. São Paulo: Saraiva, 2021, p. 295.
90. SALOMÃO, Estellita Heloisa. Vinculação entre o direito penal e o direito tributário nos crimes contra a ordem tributária. *Revista Dialética de Direito Tributário*, São Paulo, n. 11, p. 57, 1996.
91. ACÓRDÃO do Tribunal da Relação do Porto. Disponível em: http://www.dgsi.pt/jtrp.nsf/c3f b530030ea1c61802568d9005cd5bb/45212f1350ffb94f80257b33003a42c2?OpenDocument& Highlight=0,RGIT. Acesso em: 13 out. 2021.

de determinação por escrito mediante termo lavrado no bojo de ação fiscal em curso. No que diz respeito à exigência da colaboração de terceiros, consistente na prestação à autoridade administrativa das informações de que disponham com relação aos bens, negócios ou atividades de terceiros, também deve se legitimar mediante autorização superior e ser veiculada mediante intimação escrita, como se vê do art. 197 do CTN.

Não há e não se admite exigência verbal, sem suporte documental. E, mesmo aquelas veiculadas por termo, não podem se dar fora de procedimento de fiscalização devidamente instaurado e formalizado. Ressalvam-se as hipóteses previstas no art. 7º da Lei do Processo Administrativo Fiscal federal (Decreto n. 70.235/72), que excepciona as questões aduaneiras e de malha fiscal.

O tipo penal inibe o uso abusivo das prerrogativas legais de exigência da prestação de informações e de outras obrigações de colaboração. É certo, contudo, como sempre se frisa, que só as condutas dolosas configuram o tipo, o que pressupõe que a autoridade, sabedora de que está formulando exigência sem amparo legal, ainda assim a imponha a alguém, e mais, com o dolo específico exigido pelo § 1º do art. 1º da LCAA. Do contrário, não se terá a pesada intervenção do direito penal, o que não obstará, de qualquer modo, a busca de proteção contra o ato ilegal ou abusivo da autoridade pela via administrativa, ou mesmo judicialmente, através de mandado de segurança.

35. Abuso por excesso de indisponibilidade de ativos financeiros

> Lei n. 13.869/2019 (LCAA)
> Art. 36. Decretar, em processo judicial, a indisponibilidade de ativos financeiros em quantia que extrapole exacerbadamente o valor estimado para a satisfação da dívida da parte e, ante a demonstração, pela parte, da excessividade da medida, deixar de corrigi-la:
> Pena – detenção, de 1 (um) a 4 (quatro) anos, e multa.

Outro crime de abuso de autoridade trazido pela Lei n. 13.869/2019 é o que se caracteriza pela decretação judicial da indisponibilidade de ativos financeiros em quantia que extrapole exacerbadamente o valor estimado para a satisfação da dívida da parte. Conforme BADARÓ e BREDA, o tipo penal tutela o direito de propriedade "e, eventualmente, a posse, daquele que teve seus ativos financeiros excessivamente atingidos"[92].

BADARÓ e BREDA ensinam que "um ativo financeiro é um ativo líquido não físico (intangível), cujo valor tem por fundamento uma relação contratual, representada por certificados ou documentos que o representam, e pode ser negociado nos mercados

---

92. BADARÓ, Gustavo Henrique; BREDA, Juliano (coord.). *Comentários à Lei de Abuso de Autoridade*: Lei n. 13.869, de 5 de setembro de 2019. São Paulo: Thomson Reuters Brasil, 2020, p. 168.

financeiros", abrangendo "títulos públicos ou privados, ações, moedas estrangeiras e câmbios, certificados de depósitos bancários (CDBs) e debêntures", sendo que, "o mais comum é que seja decretado o bloqueio de ativos financeiros relativamente a valores depositados em conta-corrente em instituições financeiras, por meio do sistema Bacenjud"[93]. LIMA trabalha uma noção mais simples, afirmando que o gênero de bens correspondente aos ativos financeiros são os "recursos que, em geral, são mantidos e circulam por instituições financeiras". E destaca, amparado no art. 835, § 1º, do CPC, que "o dinheiro, em espécie ou em depósito ou aplicação em instituição financeira, é o bem cuja constrição é preferencial [...], precedendo aos demais". Isso, justamente, porque é a "modalidade de bem que, com menor custo, permite a mais eficiente efetivação da prestação devida ao credor, simplificando a realização dos atos de expropriação, eis que esta se dará com a mera entrega dos recursos financeiros ao credor/exequentes"[94].

Por certo, trata-se de crime próprio só passível de ser praticado por magistrado, tendo em conta que a este é que compete decretar indisponibilidade em processo judicial.

LIMA adverte que "decretar a indisponibilidade e não desbloquear o excesso são condutas que devem coexistir", sendo que "a mera decretação da indisponibilidade, por mais gravosa e exacerbada que seja, por si só, não caracterizaria a prática do delito em testilha". E esclarece: "Isso afasta uma preocupação que teria se instalado no sentido de que a mera utilização do Sistema Bacenjud importaria expor os magistrados ao risco de incorrer na conduta delituosa. O receio adviria de, em virtude da forma como é realizada a pesquisa de ativos financeiros no aludido sistema, ser possível que a quantia objeto da indisponibilidade seja constrita, integralmente, em mais de uma instituição financeira com as quais o executado mantenha vinculação"[95]. SOUZA e SILVA seguem a mesma linha, ressaltando que à parte caberá comprovar o excesso e que "apenas após isso, não corrigida a indisponibilidade, poderá, em tese, estar configurada a conduta, a qual, repita-se, deve estar imbuída do *animus* específico de prejudicar outrem ou beneficiar a si mesmo ou a terceiro, ou, ainda, por mero capricho ou satisfação pessoal"[96].

Há ilegalidades que não estão abrangidas pela norma, como a indisponibilidade de bens impenhoráveis, a exemplo dos vencimentos, salários e remunerações e dos

---

93. BADARÓ, Gustavo Henrique; BREDA, Juliano (coord.). *Comentários à Lei de Abuso de Autoridade*: Lei n. 13.869, de 5 de setembro de 2019. São Paulo: Thomson Reuters Brasil, 2020, p. 169.
94. LIMA, Silvio Wanderley do Nascimento. Apontamentos sobre a indisponibilidade de ativos financeiros e a nova Lei de Abuso de Autoridade. *Revista do CEJ*, ano XXIV, n. 79, p. 43-54, jan./jul. 2020.
95. LIMA, Silvio Wanderley do Nascimento. Apontamentos sobre a indisponibilidade de ativos financeiros e a nova Lei de Abuso de Autoridade. *Revista do CEJ*, ano XXIV, n. 79, p. 43-54, jan./jul. 2020.
96. SOUZA, Sérgio Ricardo de; SILVA, Willian. *Comentários à nova Lei de Abuso de Autoridade*: Lei n.13.869, de 5 de setembro de 2019. Curitiba: Juruá, 2020, p. 167.

depósitos em caderneta de poupança até o limite de quarenta salários mínimos. Isso porque o tipo penal não abrange qualquer excesso de penhora, mas a que "extrapole exacerbadamente o valor estimado para a satisfação da dívida da parte".

A 4ª Seção do TRF4 deparou-se com investigação para a apuração do crime do art. 36 da LCAA originada de notícia-crime apresentada à Delegacia da Polícia Federal pelo procurador de empresas integrantes de um grupo econômico devedoras do Fisco e alcançadas por suposto excesso de indisponibilidade de bens e valores decretada em Ação Cautelar Fiscal. O abuso, no entender do noticiante, seria de responsabilidade tanto do Juiz Federal como do Procurador da Fazenda Nacional que promovera a ação. As empresas estariam "sofrendo dificuldades financeiras para manter o funcionamento e o pagamento dos empregados" em razão do excesso de indisponibilidade. O apuratório restou, porém, arquivado a pedido do Ministério Público Federal em razão da atipicidade da conduta investigada. A Cautelar fora ajuizada em razão de os requeridos constituírem grupo econômico-familiar de fato e estarem adotando atos fraudulentos tendentes à frustração das dívidas tributárias. Foram indisponibilizados bens até o limite da satisfação da dívida indicada como sendo o passivo fiscal, através da "Central Nacional de Indisponibilidade de Bens (CNIB), nos termos do Provimento n. 39/2014-CNJ e do Acordo de Cooperação n. 25/2014 firmado pelo TRF4 com a Associação dos Registradores Imobiliários de São Paulo (ARISP), junto ao Sistema de Penhora Eletrônica de Imóveis, no endereço www.indisponibilidade.org.br", bem como do "Sistema Renajud, mediante a inserção de restrição de transferência dos veículos".

Considerou, o MPF, que "o Juiz cujos atos encontram-se sob investigação, agiu na conformidade dos limites legais, sendo que, diante da presença do *periculum in mora*, identificando uma das hipóteses legais descritas no art. 2º da Lei n. 8.397/92, (com redação posterior dada pela Lei n. 9.532/97), decretou a indisponibilidade dos bens do ora representante, até o limite do crédito em questão", não identificando ilegalidade, mas inconformidade da parte com a decisão, o que, no entanto, não a transforma em ato criminoso, porquanto proferida "com suporte na análise dos fatos e do direito, estando revestida dos fundamentos necessários, não se verificando, de pronto, a existência de flagrante ilegalidade ou abuso de poder". Foi destacado que a decisão fora questionada em grau recursal e que recebeu decisão do relator "apreciando as diversas irresignações apresentadas pelo noticiante e suas empresas, tão somente restringiu o limite da constrição judicial, excluindo os 'ativos financeiros', uma vez que compõe o ativo circulante", mas reconhecendo e confirmando a presença de "[...] suficientes indícios a sustentar a inferência do Fisco, de confusão patrimonial e abuso de personalidade jurídica entre as empresas componentes do grupo econômico, com utilização de meios dissimulados a fim de frustrar a satisfação do crédito tributário". O MPF também ponderou:

> Para a caracterização do ilícito e mesmo para a instauração de investigação, é essencial a presença de elementos mínimos do dolo. É necessária – além da consciência

da ilicitude e da vontade de agir, que compõem o dolo –, a finalidade específica que deve motivar a conduta do agente. Ou seja, deve estar presente a vontade livre de causar prejuízo a outrem ou beneficiar a si próprio, o que claramente não se identifica na conduta do Magistrado representado.

Não se pode perder de vista que o abuso de autoridade, descrito no art. 36 da Lei n. 13.869/2019, aventado pelo representante, sequer se configura de forma culposa, exigindo indispensável ânimo especial do agente, de trazer prejuízo, de atender a interesse escuso ou de uma das partes, no caso o propósito de causar dano ao devedor em decorrência do excesso de penhora.

O MPF ainda destacou, amparado em doutrina, que os crimes de abuso de autoridade pressupõem o *animus abutendi*: "Além da consciência e da vontade de realizar as condutas descritas na lei, o agente público deve agir com a finalidade específica (elemento subjetivo especial), de, alternativamente (art. 1º, § 1º): a) prejudicar outrem; b) beneficiar a si mesmo ou a terceiro; c) por mero capricho; d) por satisfação pessoal".

Considerou, o relator, no voto condutor, não haver "elementos a demonstrar o alegado excesso deliberado na indisponibilidade de bens e valores", tendo votado pelo arquivamento da investigação, no que foi acompanhado pelos demais integrantes da 4ª Seção do TRF4.

BADARÓ e BREDA observam que a lei é excessivamente restritiva, porquanto não alcança medidas constritivas patrimoniais decretadas na fase pré-processual. Assim, "o crime não abarca medidas cautelares patrimoniais de arrestos prévios (CPP, art. 136 e 137), que visam assegurar a reparação do dano e só podem ser decretadas na fase de inquérito policial ou investigação preliminar", além do que também não haverá tipificada se "a medida tiver sido decretada e não corrigida na fase de inquérito civil", até porque o tipo se refere à parte e "não há partes nas investigações preliminares"[97].

---

97. BADARÓ, Gustavo Henrique; BREDA, Juliano (coord.). *Comentários à Lei de Abuso de Autoridade*: Lei n. 13.869, de 5 de setembro de 2019. São Paulo: Thomson Reuters Brasil, 2020, p. 168.

Parte III

CRIMES DE PARTICULARES CONTRA A ORDEM TRIBUTÁRIA E CORRELATOS

Capítulo 7
Crime de Descaminho

36. Descaminho

Código Penal (com a redação da Lei n. 13.008/2014)

Art. 334. Iludir, no todo ou em parte, o pagamento de direito ou imposto devido pela entrada, pela saída ou pelo consumo de mercadoria:

Pena – reclusão, de 1 (um) a 4 (quatro) anos.

§ 1º Incorre na mesma pena quem:

I – pratica navegação de cabotagem, fora dos casos permitidos em lei;

II – pratica fato assimilado, em lei especial, a descaminho;

III – vende, expõe à venda, mantém em depósito ou, de qualquer forma, utiliza em proveito próprio ou alheio, no exercício de atividade comercial ou industrial, mercadoria de procedência estrangeira que introduziu clandestinamente no País ou importou fraudulentamente ou que sabe ser produto de introdução clandestina no território nacional ou de importação fraudulenta por parte de outrem;

IV – adquire, recebe ou oculta, em proveito próprio ou alheio, no exercício de atividade comercial ou industrial, mercadoria de procedência estrangeira, desacompanhada de documentação legal ou acompanhada de documentos que sabe serem falsos.

§ 2º Equipara-se às atividades comerciais, para os efeitos deste artigo, qualquer forma de comércio irregular ou clandestino de mercadorias estrangeiras, inclusive o exercido em residências.

§ 3º A pena aplica-se em dobro se o crime de descaminho é praticado em transporte aéreo, marítimo ou fluvial.

O primeiro dos crimes tributários tipificado na legislação brasileira foi o de descaminho. Sob a rubrica "Contrabando ou descaminho", o Código Penal (Decreto-Lei n. 2.848/40) assim definia a conduta típica: "Art. 334. Importar ou exportar mercadoria proibida ou iludir, no todo ou em parte, o pagamento de direito ou imposto devido pela entrada, pela saída ou pelo consumo de mercadoria". Os aplicadores do direito jamais tiveram dúvida ao indicar que a referência à "mercadoria proibida" dizia respeito ao contrabando e a referência a "iludir, no todo ou em parte, o pagamento de direito ou imposto devido pela entrada, pela saída ou pelo consumo de mercadoria" dizia respeito ao descaminho. Mas se tratava de um tipo só, conjugado; tínhamos um crime de ação múltipla.

A Lei n. 13.008/2014 deu autonomia ao descaminho. Permaneceu tipificado no art. 334 do Código Penal, mas separadamente, com pena de um a quatro anos de reclusão, enquanto o contrabando passou ao novo art. 334-A com pena superior, de dois a cinco anos de reclusão.

Nos termos do art. 334 do Código Penal, com a redação da Lei n. 13.008/2014, o descaminho consiste em iludir, no todo ou em parte, o pagamento de direito ou imposto devido pela entrada, pela saída ou pelo consumo de mercadoria. Também incorre nas mesmas penas, nos termos do § 1º de tal artigo, dentre outros, quem vende, expõe à venda, mantém em depósito ou, de qualquer forma, utiliza no exercício de atividade comercial ou industrial mercadoria de procedência estrangeira introduzida clandestinamente no País ou que sabe importada fraudulentamente, assim como quem adquire, recebe ou oculta, no exercício de atividade comercial ou industrial, mercadoria estrangeira desacompanhada de documentação legal ou acompanhada de documentação que sabe ser falsa. Equipara-se às atividades comerciais, para os efeitos desse artigo, qualquer forma de comércio irregular ou clandestino de mercadorias estrangeiras, inclusive o exercido em residências, conforme previsão do § 2º.

A pena para o descaminho é de reclusão, de um a quatro anos, aplicando-se-a em dobro, contudo, se o crime é praticado por transporte aéreo, conforme o § 3º do mesmo artigo.

Para o início da persecução penal pela prática do crime de descaminho, no caso de introdução clandestina ou de falta de declaração de importação, a constituição de crédito tributário não é indispensável, tampouco a conclusão do procedimento administrativo iniciado com a apreensão da mercadoria[1]. Aliás, sujeita que está a mercadoria descaminhada à penalidade administrativa de perdimento, nos casos em que for flagrada quando do ingresso no território nacional, em zona aduaneira primária, sequer ocorrerá o fato gerador dos impostos e das contribuições sobre a importação, que pressupõem a incorporação do produto importado à economia nacional. Inaplicável, ao caso, a Súmula Vinculante 24 do STF.

A apreensão da mercadoria em zona primária configura a modalidade tentada. Lembre-se que, nos termos dos arts. 2º e 3º do Regulamento Aduaneiro (Decreto n. 6.759/2009), o território aduaneiro compreende todo o território nacional, enquanto

---

1. TRF4, ACR 0007108-96.2008.404.7002, 2014.

a jurisdição dos serviços aduaneiros abrange a zona primária, "constituída pelas seguintes áreas demarcadas pela autoridade aduaneira local: a) a área terrestre ou aquática, contínua ou descontínua, nos portos alfandegados; b) a área terrestre, nos aeroportos alfandegados; e c) a área terrestre, que compreende os pontos de fronteira alfandegados;" e a zona secundária, "que compreende a parte restante do território aduaneiro, nela incluídas as águas territoriais e o espaço aéreo". A apreensão da mercadoria em zona primária revela tentativa de internalização; já a apreensão em zona secundária se dá quando, já tendo ingressado no território nacional, resta identificada em fiscalização ou operação interna.

Quanto às excludentes, muito se invoca o princípio da insignificância como excludente de tipicidade em matéria de descaminho. Mas não basta que o valor das mercadorias seja diminuto. O reconhecimento da insignificância também depende de a conduta não ter o potencial de violar o bem jurídico tutelado e de não evidenciar a necessidade da resposta penal. Assim é que: "A aplicação do princípio da insignificância enseja o trancamento da ação penal quando o descaminho for diminuto e não estiver no contexto de reiteração delitiva"[2].

Conforme destacado no item específico que dedicamos à insignificância, adiante, só deixará de ser considerado crime o descaminho isolado que implique ilusão de tributos em montante inferior a R$ 20.000,00 (vinte mil reais), sujeitando-se o infrator, nesse caso, apenas à sanção administrativa de perdimento.

Para a verificação dos valores descaminhados, adequado seria tomar em consideração aquilo que seria potencialmente devido. Daí porque entendemos que se impõe considerar como iludidos os tributos que teriam sido pagos se a operação tivesse sido realizada de modo regular. A jurisprudência tem assentado que devem ser computados os montantes do Imposto de Importação e do Imposto sobre Produtos Industrializados potencialmente incidentes na importação. A rigor, também se deveria considerar o ICMS-Importação e, ainda, as contribuições de seguridade social que incidem sobre a importação, quais sejam, o PIS-Importação e a Cofins-Importação. Mas o ICMS-Importação não costuma ser quantificado nos autos de apreensão. Além disso, o STJ tem afastado a consideração dos montantes das contribuições sob o argumento de que não incidem em caso de perdimento, forte no art. 2º, III, da Lei n. 10.865/2004[3]. Fosse consistente o argumento, também não poderia ser considerado sequer o montante de Imposto de Importação, que também não incide sobre produtos sujeitos ao perdimento, nos termos do art. 1º, § 4º, III, do Decreto-Lei n. 37/66, com a redação da Lei n. 10.833/2003. Quanto ao argumento de que o texto do art. 334 do CP se refere à ilusão do pagamento de "direito ou imposto", por sua vez, não seria suficiente para afastar as

....

2. TRF4, HC 5026502-82.2013.404.0000, 2013.
3. STJ, AgRg no REsp 1417984/SC, 2013.

contribuições, pois essas expressões têm amplo alcance. É certo que a espécie tributária *contribuição* não se confunde com a espécie *imposto*, mas a ilusão de qualquer direito configura o crime, no que se pode considerar abrangidas as contribuições.

Recorrente, ainda, é a invocação da excludente da adequação social. Mas não tem sido acatada, conforme farta jurisprudência. Já decidiu o TRF4: "Incabível falar-se em adequação social quando consumado fato típico contrário ao ordenamento jurídico. Não se pode considerar como socialmente adequada a conduta que lesa o erário, a indústria nacional e a economia do país"[4]. Há item específico adiante sobre esse ponto.

Relativamente à dosimetria, é muito comum que pessoas sejam contratadas para realizar a internalização dos produtos com ilusão do pagamento dos tributos. Por vezes, tal constitui, inclusive, seu meio de vida, o que se revela bastante deletério. Ainda assim, os tribunais têm resistido a aplicar a tais casos a agravante do art. 62, IV, do Código Penal, ou seja, a aumentar a pena em razão de o agente ter executado ou participado do crime "mediante paga ou promessa de recompensa". Há precedentes considerando que "A obtenção de lucro/vantagem já se encontra implícita no tipo penal (contrabando ou descaminho), de forma que a 'paga ou promessa de recompensa' não deve ser considerada na dosimetria para exasperar a pena (art. 62, IV, do CP)"[5].

---

4. TRF4, ACR 5002173-64.2018.4.04.7005, 2021.
5. TRF4, ACR 5009709-82.2011.404.7002, 2013.

Capítulo 8

Crime de Sonegação de Tributos

37. A evolução legislativa dos crimes praticados por particulares contra a ordem tributária

Descaminho, apropriação indébita e sonegação, eis a ordem em que foram criminalizados os ilícitos fiscais pela legislação brasileira.

Em 1940, o Código Penal (DL n. 2.848) inaugurou a série tipificando, em seu art. 334, o crime de descaminho, definido como ilusão de direito ou imposto devido pela entrada, saída ou consumo de mercadoria.

Em 1960, a Lei Orgânica da Previdência Social (Lei n. 3.807), pelo seu art. 86, determinou que se punisse "com as penas do crime de apropriação indébita a falta de recolhimento, na época própria, das contribuições e de outras quaisquer importâncias devidas às instituições de previdência e arrecadadas dos segurados ou do público". Em 1964, a Lei n. 4.357 incluiu entre as condutas configuradoras do crime de apropriação indébita "o não recolhimento, dentro de 90 (noventa) dias do término dos prazos legais" do imposto de renda e dos empréstimos compulsórios, "descontados pelas fontes pagadores de rendimentos", bem como do valor do "Impôsto de Consumo indevidamente creditado nos livros de registro de matérias-primas (modêlos 21 e 21-A do Regulamento do Impôsto de Consumo) e deduzido de recolhimentos quinzenais, referente a notas fiscais que não correspondam a uma efetiva operação de compra e venda ou que tenham sido emitidas em nome de firma ou sociedade inexistente ou fictícia" e do "valor do Impôsto do Sêlo recebido de terceiros pelos estabelecimentos sujeitos ao regime de verba especial". Essa lei ainda estabeleceu que, quando a infração fosse cometida por sociedade, responderiam por ela "seus diretores, administradores, gerentes ou empregados cuja responsabilidade no crime fôr apurada em processo regular".

Apenas em 1965, com a Lei n. 4.729, é que outras condutas foram criminalizadas sob a denominação de *crime de sonegação fiscal*. Seu art. 3º dispunha: "Somente os atos definidos nesta Lei poderão constituir crime de sonegação fiscal". As condutas criminosas foram estabelecidas no art. 1º, abrangendo a prestação de declaração falsa ou a omissão de informação com a intenção de eximir-se do pagamento de tributos, a inserção de elementos inexatos ou a omissão de rendimentos ou operações em documentos ou livros com a intenção de exonerar-se do pagamento de tributos, a alteração de faturas com o propósito de fraudar a Fazenda Pública etc.[1] A pena privativa de liberdade cominada era baixa, de detenção de seis meses a dois anos, mas a pena de multa, alta, de duas a cinco vezes o valor do tributo. Seu art. 6º previa que, quando se tratasse de pessoa jurídica, a responsabilidade penal pelas infrações seria "de todos os que, direta ou indiretamente ligados à mesma, de modo permanente ou eventual, tenham praticado ou concorrido para a prática da sonegação fiscal". Nos parágrafos do art. 1º, via-se que, quando se tratasse de criminoso primário, a pena seria reduzida à multa de dez vezes o valor do tributo, que se o agente cometesse o crime prevalecendo-se de cargo público, a pena seria aumentada da sexta parte e que o funcionário com atribuições de verificação, lançamento ou fiscalização de tributos que concorresse para a prática do crime de sonegação fiscal seria punido com pena aumentada da terça parte, abrindo-se, também, o competente processo administrativo. Seu art. 7º determinava que as autoridades administrativas que tivessem conhecimento do crime remeteriam ao Ministério Público os elementos comprobatórios da infração, para instrução do procedimento criminal cabível e que, sendo suficientes os elementos, o *parquet* ofereceria, desde logo, a denúncia.

A vigência da Lei n. 4.729/65 deu-se até a sua revogação tácita pela Lei n. 8.137/90 que sobreveio para definir de modo abrangente os crimes contra a ordem tributária. COSTA JÚNIOR ensina que "A Lei n. 8.137/90 regulou integralmente a matéria dos 'crimes contra ordem jurídica tributária', pois, além de definir tipos penais, dispôs sobre

....
1. BRASIL. Lei n. 4.729/65: "Art 1º Constitui crime de sonegação fiscal: I – prestar declaração falsa ou omitir, total ou parcialmente, informação que deva ser produzida a agentes das pessoas jurídicas de direito público interno, com a intenção de eximir-se, total ou parcialmente, do pagamento de tributos, taxas e quaisquer adicionais devidos por lei; II – inserir elementos inexatos ou omitir, rendimentos ou operações de qualquer natureza em documentos ou livros exigidos pelas leis fiscais, com a intenção de exonerar-se do pagamento de tributos devidos à Fazenda Pública; III – alterar faturas e quaisquer documentos relativos a operações mercantis com o propósito de fraudar a Fazenda Pública; IV – fornecer ou emitir documentos graciosos ou alterar despesas, majorando-as, com o objetivo de obter dedução de tributos devidos à Fazenda Pública, sem prejuízo das sanções administrativas cabíveis. V – Exigir, pagar ou receber, para si ou para o contribuinte beneficiário da paga, qualquer percentagem sobre a parcela dedutível ou deduzida do impôsto sôbre a renda como incentivo fiscal. (Incluído pela Lei n. 5.569, de 1969) Pena: Detenção, de seis meses a dois anos, e multa de duas a cinco vêzes o valor do tributo".

multas e responsabilidades dos agentes, representação criminal, dando-lhes tratamento tão abrangente e exaustivo que só nos permite concluir que a lei anterior encontra-se revogada. Assim sendo, devemos admitir [...] que crimes em matéria tributária são aqueles descritos na Lei n. 8.137, de 1990, estando revogada a Lei n. 4.729/65"[2]. A revogação foi tácita, mas não suscita dúvidas nem controvérsias. FERREIRA também é categórico ao afirmar que a Lei n. 8.137/90 "derrogou a Lei n. 4.729, de 14 de julho de 1965"[3].

A Lei n. 8.137/90 cominou pena de dois a cinco anos de reclusão e multa aos crimes materiais contra a ordem tributária, cujas condutas foram arroladas no seu art. 1º, e pena de seis meses a dois anos de detenção e multa aos crimes formais.

A Lei n. 8.212/91 trouxe dispositivo especial em seu art. 95, tipificando crimes formais e materiais relativos às contribuições de seguridade social, aos quais, mediante remissão ao art. 5º da Lei n. 7.492/86, cominou pena de dois a seis anos de reclusão e multa.

A Lei n. 9.983/2000, na sequência, acrescentou ao Código Penal os tipos de apropriação indébita previdenciária (art. 168-A) e de sonegação de contribuição previdenciária (337-A), revogando expressamente o art. 95 da Lei n. 8.212/91.

Em 2014, a Lei n. 13.008 alterou o art. 334 do Código Penal, separando os crimes de descaminho e de contrabando, sendo que aquele continuou sendo disciplinado pelo referido artigo, enquanto o contrabando passou a dispositivo próprio.

Desse modo, consideradas a sequência legislativa e as revogações tácitas e expressas, o panorama dos tipos penais vigentes atualmente resta bastante enxuto. São os seguintes os dispositivos penais pertinentes, constantes de dois diplomas distintos:

- Na Lei n. 8.137/90, arts. 1º e 2º, abrangendo os crimes de sonegação de tributos em geral (de resultado), de apropriação indébita tributária em geral e outros crimes formais contra a ordem tributária;
- No Código Penal, arts. 168-A, 334 e 337-A, abrangendo os crimes de apropriação indébita previdenciária, de descaminho e de sonegação previdenciária.

Como se vê, alguns dos crimes estão previstos na Lei n. 8.137/90, que dispõe sobre os crimes contra a ordem tributária, e outros estão no próprio Código Penal. Enquanto, em regra, os tipos comuns estão no código, e os tipos especiais estão em leis esparsas, em matéria tributária acaba ocorrendo o inverso. BALTAZAR JUNIOR observa que "os tipos especiais, que são os crimes de apropriação indébita previdenciária e sonegação de contribuição previdenciária (especial em relação ao crime de sonegação de tributos

---

2. COSTA JÚNIOR, Paulo José da; DENARI, Zelmo. *Infrações tributárias e delitos fiscais*. 4. ed. São Paulo: Saraiva, 2000, p. 108.
3. FERREIRA, Roberto dos Santos. *Crimes contra a ordem tributária*. São Paulo: Malheiros, 1996, p. 54-55.

em geral), estão no CP, enquanto o tipo comum (crime de sonegação de tributos em geral) está na lei especial, que é a Lei n. 8.137/90"[4].

É comum que os crimes tributários sejam perpetrados mediante falsidade material ou ideológica. Nesses casos, o crime de falso restará absorvido pelo crime previdenciário ou contra a ordem tributária, nos termos do entendimento firmado pelo STJ na sua Súmula 17 relativamente ao estelionato: "Quando o falso se exaure no estelionato, sem mais potencialidade lesiva, é por este absorvido". Veja-se, adiante, item específico sobre a consunção.

38. Constituição definitiva do crédito tributário como condição objetiva de punibilidade dos crimes materiais contra a ordem tributária: Súmula Vinculante 24 do STF

A configuração dos crimes materiais contra a ordem tributária praticados por particulares, descritos no art. 1º da Lei n. 8.137/90 – como a supressão ou redução de tributo mediante omissão de informação ou declaração falsa, falsificação ou alteração de nota fiscal ou ainda não fornecimento de nota fiscal quando da venda de mercadoria ou prestação de serviço – depende da constituição definitiva do crédito tributário não adimplido em razão das referidas condutas.

Em 2005, o Estado de São Paulo, através da LC n. 970, já elevara à condição de garantia do contribuinte, no seu Código de Direitos, Garantias e Obrigações do Contribuinte, "o não encaminhamento ao Ministério Público, por parte da administração tributária, de representação para fins penais relativa aos crimes contra a ordem tributária enquanto não proferida a decisão final, na esfera administrativa, sobre a exigência do crédito tributário correspondente"[5].

Em 2010, o STF editou a Súmula Vinculante 24 com o seguinte teor: "Não se tipifica crime material contra a ordem tributária, previsto no art. 1º, I a IV, da Lei n. 8.137/90, antes do lançamento definitivo do tributo". Quando da aprovação dessa Súmula, disse o ministro Celso de Mello que a instauração da persecução penal antes do lançamento definitivo do tributo implicaria "instauração prematura, abusiva e destituída de justa causa"[6]. Anteriormente, o STF já decidira que: "Enquanto o crédito tributário não se

---

4. BALTAZAR JUNIOR, José Paulo. Crimes tributários: novo regime de extinção de punibilidade pelo pagamento – Lei n. 12.382/2011, art. 6º. *Estado de Direito*, n. 31, p. 443, 2011.
5. SÃO PAULO. LC n. 939/2003. Inciso IX do art. 5º, acrescentado pela LC n. 970/2005.
6. Barros, se o compreendi bem, traz interpretação inusitada do tipo do art. 1º da Lei n. 8.137/90, entendendo que esse dispositivo, ao referir a supressão ou redução de tributo, teria acabado por impedir a caracterização do tipo consumado. Justifica procurando explicar que o tributo surgiria com o lançamento constitutivo do crédito tributário, de modo que, realizado o lançamento, já não se poderia falar em supressão ou redução de tributo, de modo que poderia ter ocorrido, apenas, a supressão ou redução do pagamento, mas não do tributo (enquanto crédito tributário). *Vide*: BARROS, Luiz Celso de. *Crimes fiscais*: inconstitucionalidade e atipicidade. São Paulo: Edipro, 2014.

constituir, definitivamente, em sede administrativa, não se terá por caracterizado, no plano da tipicidade penal, o crime contra a ordem tributária, tal como previsto no art. 1º da Lei n. 8.137/90". E esclarecera: "É que, até então, não havendo sido ainda reconhecida a exigibilidade do crédito tributário (*an debeatur*) e determinado o respectivo valor (*quantum debeatur*), estar-se-á diante de conduta absolutamente desvestida de tipicidade penal". Entendeu, então, que: "A instauração de persecução penal, desse modo, nos crimes contra a ordem tributária definidos no art. 1º da Lei n. 8.137/90 somente se legitimará, mesmo em sede de investigação policial, após a definitiva constituição do crédito tributário, pois, antes que tal ocorra, o comportamento do agente será penalmente irrelevante, porque manifestamente atípico"[7]. Ainda: "Embora não condicionada a denúncia à representação da autoridade fiscal (ADInMC 1571), falta justa causa para a ação penal pela prática do crime tipificado no art. 1º da Lei n. 8.137/90 – que é material ou de resultado –, enquanto não haja decisão definitiva do processo administrativo de lançamento, quer se considere o lançamento definitivo uma condição objetiva de punibilidade ou um elemento normativo do tipo"[8].

Daí por que é condição objetiva de punibilidade dos crimes materiais contra a ordem tributária a constituição definitiva do crédito tributário na esfera administrativa, ou seja, que já tenha restado firme, após o julgamento da impugnação e dos recursos do contribuinte, que o fato gerador ocorreu e que o tributo efetivamente devido não foi pago. Inequivocamente, "é necessário o exaurimento da esfera administrativa para que tenha início a persecução criminal"[9].

Desse modo, a pendência de impugnação ou recurso administrativo no âmbito do processo administrativo-fiscal implica ausência de justa causa à ação penal[10]. De outro lado, "enquanto dure, por iniciativa do contribuinte, o processo administrativo suspende o curso da prescrição da ação penal por crime contra a ordem tributária que dependa do lançamento definitivo"[11-12].

Há jurisprudência firme no sentido de que "é possível a aplicação da Súmula Vinculante 24 a fatos anteriores à sua edição", porquanto "Os preceitos constitucionais que regem a aplicação benéfica retroativa da norma penal ao acusado e a irretroatividade da regra mais grave ao acusado (art. 5º, XL, da CR) não são aplicáveis na hipótese de precedentes jurisprudenciais, pois se referem às leis penais"[13].

....

7. STF, Tribunal Pleno, Pet 3593 QO, 2007.
8. STF, Tribunal Pleno, HC 81611, 2003.
9. STJ, AgRg no AgRg no AREsp n. 2.015.662, 2022.
10. STF, HC 91725, 2009.
11. STF, HC 81611, 2003.
12. *Vide*, ainda: MACHADO, Hugo de Brito. Início do prazo de prescrição no crime de supressão ou redução de tributo. *RDDT*, n. 211/80, abr. 2013.
13. STF, RHC 214446 AgR, 2022. Assim, também, o ARE 1.396.671, 2022.

Deve-se considerar, porém, que, quando a impugnação ou o recurso são parciais, considera-se definitivamente constituído o crédito relativamente à parte não impugnada ou não recorrida, conforme já destacamos ao cuidar do processo administrativo-fiscal. O art. 17 do Decreto n. 70.235/72 é inequívoco no sentido de que se considera não impugnada a matéria que não tenha sido expressamente contestada pelo impugnante. E o art. 21, § 1º, do Decreto n. 70.235/72[14] determina que, antes da remessa dos autos para o julgamento administrativo, sejam formados autos apartados para imediata cobrança da parte não impugnada. Assim, quanto às rubricas não impugnadas, não há suspensão da exigibilidade do crédito, nada impedindo a sua cobrança, tampouco o curso do prazo prescricional tributário relativamente a tal valor. Caso o crédito já definitivamente constituído seja suficiente para caracterizar o tipo penal, também não será necessário aguardar o final de todo o processo administrativo-fiscal para o oferecimento da denúncia.

Tenha-se em conta, ainda, que o lançamento pela autoridade é dispensado quando o crédito tenha sido formalizado pelo próprio contribuinte através de declaração prestada ao Fisco ou por confissão de débito para fins de parcelamento. Dispõe a Súmula 436 STJ: "A entrega de declaração pelo contribuinte reconhecendo débito fiscal constitui o crédito tributário, dispensada qualquer outra providência por parte do Fisco". A formalização do crédito por essa via é suficiente para que se considere o crédito definitivamente constituído. Nesse caso, não há que se esperar por processo administrativo-fiscal. É certo, porém, que, tendo sido constituído o crédito tributário por declaração do próprio contribuinte, dificilmente estaremos em face de situação que possa configurar crime material contra a ordem tributária, que pressupõe a omissão deliberada ou a fraude. Já nos crimes de apropriação indébita, que o STJ afirma também se sujeitarem à Súmula Vinculante 24[15], isso pode ser relevante, na medida em que é possível que o substituto tributário proceda à retenção ou à cobrança, as documente e as declare no cumprimento

---

14. Art. 21. Não sendo cumprida nem impugnada a exigência, a autoridade preparadora declarará à revelia, permanecendo o processo no órgão preparador, pelo prazo de trinta dias, para cobrança amigável. § 1º No caso de impugnação parcial, não cumprida a exigência relativa à parte não litigiosa do crédito, o órgão preparador, antes da remessa dos autos a julgamento, providenciará a formação de autos apartados para a imediata cobrança da parte não contestada, consignando essa circunstância no processo original. § 2º A autoridade preparadora, após a declaração de revelia e findo o prazo previsto no *caput* deste artigo, procederá, em relação às mercadorias e outros bens perdidos em razão de exigência não impugnada, na forma do art. 63. (Redação dada ao *caput*, §§ 1º e 2º pela Lei n. 8.748, de 9-12-1993.) § 3º Esgotado o prazo de cobrança amigável sem que tenha sido pago o crédito tributário, o órgão preparador declarará o sujeito passivo devedor remisso e encaminhará o processo à autoridade competente para promover a cobrança executiva. (O art. 5o do DL 1.715/79 extinguiu a declaração de devedor remisso.) § 4º O disposto no parágrafo anterior aplicar-se-á aos casos em que o sujeito passivo não cumprir as condições estabelecidas para a concessão de moratória. § 5º A autoridade preparadora, após a declaração de revelia e findo o prazo previsto no *caput* deste artigo, procederá, em relação às mercadorias ou outros bens perdidos em razão de exigência não impugnada, na forma do art. 63.
15. STJ, AgRgREsp 1850249, 2021.

de obrigação acessória correlata, mas se aproprie ou desvie o tributo para outra finalidade, deixando de recolhê-lo aos cofres públicos.

Tenha-se em conta, ainda, que se dispensa a observância da SV 24 quando estejam sendo investigados outros crimes correlatos. Nesse sentido, "é prescindível o prévio exaurimento de processo fiscal para o desencadeamento de persecução penal nos casos em que houver embaraço à fiscalização tributária ou diante de indícios da prática de outras infrações de natureza não tributária"[16]. Em outro caso, foi considerado que havia "indicação de possível associação ou associações criminosas, crime independente e autônomo, a despeito de conexo, capaz de autorizar a flexibilização da Súmula Vinculante 24/STF e, por conseguinte, permitir a continuidade das investigações"[17]. O que não se admite, e restou afirmado na mesma ocasião, é a persecução por delito-meio dos crimes contra a ordem tributária, como os de falso, quando já se vislumbre o crime-fim que o absorve, porquanto se estaria contornando o óbice da SV 24.

Embora a constituição definitiva do crédito tributário seja pressuposto para o oferecimento de denúncia por crime material contra a ordem tributária, a juntada do processo administrativo fiscal não é indispensável. É o que decidiu o STJ: "a) para o início da ação penal, basta a prova da constituição definitiva do crédito tributário (SV 24), não sendo necessária a juntada integral do PAF correspondente; b) a validade do crédito fiscal deve ser examinada no Juízo cível, não cabendo à esfera penal qualquer tentativa de sua desconstituição; c) caso a defesa entenda que a documentação apresentada pelo *parquet* é insuficiente e queira esmiuçar a dívida, pode apresentar cópia do referido PAF ou dizer de eventuais obstáculos administrativos"[18].

Outra questão a ser considerada é que a Súmula Vinculante tem efeito sobre a contagem do prazo prescricional. Em face do entendimento nela consolidado, não é possível afirmar a ocorrência do crime material contra a ordem tributária antes da constituição definitiva do crédito. Fica-se, por isso, na dependência da solução do processo administrativo fiscal. Assim, por coerência sistêmica, restou decidido que o prazo prescricional fica suspenso até que finalizado o processo administrativo fiscal. Nesse momento, viabilizando-se a ação penal, inicia-se o respectivo prazo prescricional. O STF e o STJ, porém, insistem em afirmar que tal se dá porque o crime só restaria consumado com a constituição definitiva do crédito tributário, o que não tem o menor sentido. Conforme o STJ, "nos termos do art. 111, do Código Penal, a prescrição da pretensão punitiva somente tem seu início com a constituição definitiva do crédito, momento em que se consuma o delito"[19].

---

16. STJ, AgRg no RHC n. 155.730, 2022. Tb: STF, RHC 214.446 AgR, 2022.
17. STF, RHC 151.007, 2022.
18. STJ, Quinta Turma, RHC 94.288, 2018.
19. STJ, EREsp 1.318.662-PR, 2018.

Se o lançamento restar anulado, seja por vício material ou seja por vício formal, teremos a desconstituição do crédito tributário. É certo que o reconhecimento de vício material implica anulação definitiva, enquanto o vício formal não impede novo lançamento, no prazo decadencial. Ainda assim, já não teremos certeza e liquidez quanto à efetiva existência do crédito, tampouco terá exigibilidade, de modo que restará insubsistente a condição objetiva de punibilidade. Não obstante, o STF decidiu que "se, ao tempo do recebimento da denúncia, o crédito havia sido definitivamente constituído na esfera administrativa, o recebimento da denúncia ocorreu de modo válido" e que "a superveniência de cancelamento da inscrição em dívida ativa, por vícios formais relacionados à intimação no procedimento administrativo fiscal, não enseja a nulidade do recebimento da denúncia, nem o trancamento da ação penal, pois não foram anuladas as premissas fáticas e jurídicas que embasaram o lançamento tributário", sendo que "a materialidade do crime tributário ficou, assim, preservada". Concluiu, no caso, que "a manutenção da ação penal, nessas condições, é medida que se impõe, por motivos de celeridade e eficiência processual", mas que "a prudência recomenda, no entanto, a suspensão da ação penal"[20].

O crédito tributário pode ser discutido em juízo nas Varas com competência para o julgamento de ações tributárias. Mas a "mera propositura de ação cível para anular o lançamento tributário não tem força suficiente para suspender, de forma compulsória, o curso do processo penal, haja vista a independência das instâncias cível e penal"[21]. Efetivamente, a jurisprudência uniforme no âmbito do STJ é no sentido de que "a pendência de discussão acerca da exigibilidade do crédito tributário perante o Poder Judiciário não obriga a suspensão da ação penal, dada a independência entre as esferas"[22]. Em outro caso, tendo por premissa que, "havendo lançamento definitivo, a propositura de ação cível discutindo a exigibilidade do crédito tributário não obsta o prosseguimento da ação penal que apura a ocorrência de crime contra a ordem tributária, tendo em vista a independência das esferas cível e penal"[23], o STJ chancelou acórdão no sentido de que "o fato de a ação anulatória ter sido ajuizada ou estar com recurso pendente de julgamento no segundo grau de jurisdição não implica a ausência condição de procedibilidade da ação penal, especialmente quando se verifica que a pretensão formulada pelo apelante naqueles autos foi julgada improcedente em primeiro grau"[24]. Nem mesmo a obtenção de tutela provisória, pelo contribuinte, tem qualquer efeito automático sobre a ação penal. Entende, o STJ, que a suspensão do curso do processo é facultativa, a critério do juízo penal, nos termos do art. 93 do CPP[25]. Cuidamos da matéria no capítulo 8 deste tratado.

....
20. STF, Primeira Turma, Rcl 31.194 AgR, 2019.
21. STJ, REsp 1.517.168, 2016.
22. STJ, HC 351.035, 2016.
23. STJ, AgRg no REsp 1.390.734, 2018.
24. STJ, AgRg no AgRg no AREsp n. 2.015.662, 2022.
25. STJ, RHC 617.642.016.

Mas, transitando em julgado sentença desconstitutiva do crédito tributário por razões materiais, já não mais se poderá falar em supressão ou redução de tributo, porquanto considerado indevido pelo Judiciário, o que, por certo, fulminará a respectiva ação penal.

O depósito do montante do tributo em ação anulatória, embora não corresponda ao pagamento, suspende a exigibilidade do crédito, nos termos do art. 151, II, do CTN, e fica indisponível, sujeito à decisão final que venha a transitar em julgado, de modo que, se devido for o crédito tributário, sua satisfação já estará garantida. O STJ, por isso, em face de depósito integral, entende que deve ser suspensa a ação penal respectiva, nos termos do art. 93 do CPP, até o julgamento definitivo na esfera cível[26].

39. Processo administrativo de imposição de multa tributária e ação penal por crime contra a ordem tributária

No Brasil, costuma-se constituir o crédito tributário relativo ao tributo e aos juros e, simultaneamente, no mesmo procedimento administrativo de lançamento, aplicar a multa pela infração à legislação tributária. Essa unidade de procedimentos é equivocada e dela decorre o pouco desenvolvimento dos temas relativos à responsabilidade por infrações à legislação tributária.

Se observarmos o art. 142 do CTN, poderemos ver que trata diferentemente o lançamento do tributo e a aplicação da multa. Observe-se que diz da verificação da ocorrência do fato gerador, da determinação da matéria tributável, do cálculo do montante do tributo devido e da identificação do sujeito passivo. A par disso, prevê apenas a proposição da aplicação da penalidade cabível, que, no nosso entender, deveria seguir em outro expediente, oportunizando-se, para aquele a quem se imputa o cometimento da infração, justificar a sua conduta. Vejamos o dispositivo:

> Art. 142. Compete privativamente à autoridade administrativa constituir o crédito tributário pelo lançamento, assim entendido o procedimento administrativo tendente a verificar a ocorrência do fato gerador da obrigação correspondente, determinar a matéria tributável, calcular o montante do tributo devido, identificar o sujeito passivo e, sendo caso, propor a aplicação da penalidade cabível.

Observe-se, ainda, que o art. 137 do CTN cuida de hipóteses de "responsabilidade pessoal" do agente:

> Art. 137. A responsabilidade é pessoal ao agente:
> I – quanto às infrações conceituadas por lei como crimes ou contravenções, salvo quando praticadas no exercício regular de administração, mandato, função, cargo ou emprego, ou no cumprimento de ordem expressa emitida por quem de direito;

---
26. STJ, AgRg no AgRg no REsp 1332292/RS, 2016.

II – quanto às infrações em cuja definição o dolo específico do agente seja elementar;

III – quanto às infrações que decorram direta e exclusivamente de dolo específico:

a) das pessoas referidas no art. 134, contra aquelas por quem respondem;

b) dos mandatários, prepostos ou empregados, contra seus mandantes, preponentes ou empregadores;

c) dos diretores, gerentes ou representantes de pessoas jurídicas de direito privado, contra estas.

Com razão, muitos tributaristas destacam que, sendo agente outrem que não o contribuinte, apenas esse terceiro que tenha agido com dolo específico e cometido crime ou contravenção deveria responder, e não o contribuinte que não concorreu para a infração. Para isso, porém, seria necessário apurar a infração e seus responsáveis com autonomia relativamente à constituição do crédito tributário. É certo que a imposição de penalidade normalmente pressupõe a existência do crédito tributário, mas decorre de norma específica com fundamento legal, pressuposto de fato e sujeito passivo próprios, podendo esse último coincidir ou não com a pessoa do contribuinte.

No Brasil, contudo, não obstante a redação do art. 142 do CTN, é na mesma ação fiscal e através do mesmo ato administrativo de lançamento que se constitui o crédito tributário relativo ao tributo e que se aplica a multa. Embora sob rubricas distintas, acabam por compor o crédito tributário que, assim, abrange os tributos, os juros e a multa, *es decir*, todas as obrigações tributárias ditas principais pelo art. 113, § 1º, do CTN.

Em diversos países o lançamento do tributo segue um rito, e o procedimento administrativo sancionador segue outro, em expedientes próprios e distintos. Assim é na Espanha. QUERALT *et al.* ensinam que "con carácter general, el procedimiento sancionador se tramitará de forma separada a los de aplicación de los tributos"[27].

Ademais, a vedação do *bis in idem*, de que cuidamos em item próprio, restou incorporada à legislação tributária espanhola, de modo que não se submete ninguém à dupla penalização, administrativa e penal. Se a infração constitui crime, o procedimento administrativo sancionador é suspenso para que o fato seja considerado na esfera penal, exclusivamente.

TESAURO esclarece a situação na Itália:

> [...] la sanzione penale esclude quella amministrativa, ma, pur quando pende un processo penale, la cui conclusione potrebbe escludere la sanzione amministrativa, l'ufficio 'irroga comunque le sanzioni amministrative relative alle violazioni tributarie fatte oggetto di notizia di reato' (D. lgs. N. 74, art. 21, c.1).

---

27. QUERALT, Juan Martín *et al. Curso de derecho financiero y tributario*. Madri: Editorial Tecnos, 2007, p. 578.

In pendeza del processo penale, il provvedimento di irrogazione della sanzione amministrativa resta sospeso; quando si conclude il processo penale, la sanzione amministrativa, se è da eseguire, viene eseguita, o diventa definitivamente ineseguibile.

In particolare, se il processo penale si conclude con un provvedimento di condanna, l'irroazione della sanzione penale rende ineseguibile la sanzione amministrativa.

Se, invece, il processo penale si conclude com l'archiviazione, o con sentenza irrevocabile di assoluzione (al termine del dibattimento) o di proscioglimento (al termine dell'udienza preliminare), ma permangono i presupposto della sanzione amministrativa, quest'ultima diviene eseguibile"[28].

Veja-se, portanto, que, nesses países, o procedimento administrativo sancionador é suspenso quando se verifica que a infração é crime, dando ensejo à consideração da questão na esfera penal, exclusivamente.

No Brasil, diferentemente, aplicada a sanção administrativa por ocasião do lançamento do tributo (em geral, a multa de ofício qualificada), então ocorrerá a representação fiscal para fins penais e o oferecimento da denúncia para o processamento e julgamento daquele a quem se imputa o crime, aplicando-se-lhe, se for o caso, também a pena criminal, dando ensejo ao *bis in idem*.

40. Representação fiscal para fins penais

Quem primeiro toma conhecimento da ocorrência dos crimes tributários é, geralmente, a autoridade fiscal, por ocasião das fiscalizações tributárias. Verificada a ocorrência de condutas que a lei considera crime, tem a autoridade a obrigação de proceder à representação para fins penais, noticiando a situação ao seu chefe imediato, que adotará as providências necessárias para que a questão seja submetida ao Ministério Público[29], o que, na esfera federal, se faz nos termos do art. 83 da Lei n. 9.430/96, cujo *caput* dispõe: "Art. 83. A representação fiscal para fins penais relativa aos crimes contra a ordem tributária previstos nos arts. 1º e 2º da Lei n. 8.137, de 27 de dezembro de 1990, e aos crimes contra a Previdência Social, previstos nos arts. 168-A e 337-A do Decreto-Lei no 2.848, de 7 de dezembro de 1940 (Código Penal), será encaminhada ao Ministério Público depois de proferida a decisão final, na esfera administrativa, sobre a exigência fiscal do crédito tributário correspondente" (redação dada pela Lei n. 12.350/2010). Conforme o STF, "A norma contida no art. 83 da Lei n. 9.430/96 é voltada ao agente público

---

28. TESAURO, Francesco. *Compendio di diritto tributario*. 5. ed. 1. reimpr. Milianofiori Assago: UTET Giuridica, 2014, p. 205.
29. O Decreto n. 70.235/72, que ainda hoje disciplina o Processo Administrativo-fiscal, dispõe: "Art. 12. O servidor que verificar a ocorrência de infração à legislação tributária federal e não for competente para formalizar a exigência, comunicará o fato, em representação circunstanciada, a seu chefe imediato, que adotará as providências necessárias".

responsável pela constituição do crédito tributário, não tratando de tema de direito penal ou processual penal"[30].

O encaminhamento de representação ao Ministério Público está condicionado ao prévio exaurimento do processo administrativo-fiscal. O art. 83 da Lei n. 9.430/96, com a redação da Lei n. 10.350/2010, dispõe que a representação fiscal para fins penais relativa aos crimes contra a ordem tributária e aos crimes contra a Previdência Social será encaminhada ao Ministério Público depois de proferida a decisão final, na esfera administrativa, sobre a exigência fiscal do crédito tributário correspondente[31]. Isso porque se trata de crimes materiais ou de resultado, figurando o não pagamento de tributo devido como elemento essencial do tipo.

Importa ter em conta, ainda, que o parcelamento do débito tributário suspende a punibilidade. Desse modo, se o contribuinte aderir a parcelamento, seja comum ou especial[32], também restará suspenso o encaminhamento da representação fiscal para fins penais ao Ministério Público. A representação só ocorrerá, de fato, na hipótese de o contribuinte ser excluído do parcelamento, nos termos do art. 83, § 1º, da Lei n. 9.430/96, acrescentado pela Lei n. 12.382/2011: "§ 1º Na hipótese de concessão de parcelamento do crédito tributário, a representação fiscal para fins penais somente será encaminhada ao Ministério Público após a exclusão da pessoa física ou jurídica do parcelamento". A exclusão ocorre quando o contribuinte deixa de pagar as parcelas ou quando o Fisco verifica que não cumpria os requisitos legais para aderir ao parcelamento.

Originariamente, o Decreto n. 982/93 dispunha sobre a comunicação, ao Ministério Público Federal, de crimes de natureza tributária e conexos, relacionados com as atividades de fiscalização e lançamento de tributos. Na sequência, sobreveio o Decreto n. 2.730/98, que, revogando o anterior, dispôs sobre o encaminhamento ao Ministério Público Federal da representação Fiscal para fins penais de que trata o art. 83 da Lei n. 9.430/96. Mas também este restou revogado, desta feita, pelo Decreto 10.930/2022.

....

30. STF, ADI 4.980, 2022.
31. Lei n. 9.430/96, com a redação das Leis n. 10.350/2010 e 11.382/2011: "Art. 83. A representação fiscal para fins penais relativa aos crimes contra a ordem tributária previstos nos arts. 1º e 2º da Lei n. 8.137, de 27 de dezembro de 1990, e aos crimes contra a Previdência Social, previstos nos arts. 168-A e 337-A do Decreto-Lei n. 2.848, de 7 de dezembro de 1940 (Código Penal), será encaminhada ao Ministério Público depois de proferida a decisão final, na esfera administrativa, sobre a exigência fiscal do crédito tributário correspondente. § 1º Na hipótese de concessão de parcelamento do crédito tributário, a representação fiscal para fins penais somente será encaminhada ao Ministério Público após a exclusão da pessoa física ou jurídica do parcelamento. [...]".
32. Comuns são os parcelamentos que estão disponíveis em caráter permanente, a qualquer contribuinte, como o previsto no art. 10 da Lei n. 10.522/2002. Especiais, são os parcelamentos concedidos por leis específicas, normalmente com a anistia de multas e dispensa ou redução de juros, mas com adesão temporária e, por vezes, sujeita ao oferecimento de garantias, como o Refis, o Paes, o Paex e o da Lei n. 11.941/2009.

Os procedimentos constam da Portaria RFB 1.750/2018, com a redação da Portaria RFB 199/2022, que "dispõe sobre representação fiscal para fins penais referente a crimes contra a ordem tributária, contra a Previdência Social, e de contrabando ou descaminho". Conforme seus dispositivos, o dever de representar é do Auditor-Fiscal da Receita Federal do Brasil sempre que, no exercício de suas atribuições, identificar fatos que configurem, em tese, "crime contra a ordem tributária ou contra a Previdência Social" ou "crime de contrabando ou de descaminho". Da representação, deverá constar "a identificação das pessoas físicas a quem se atribua a prática do delito penal, da pessoa jurídica autuada e, quando couber: a) das pessoas que possam ter concorrido ou contribuído para a prática do ilícito, mesmo que por intermédio de pessoa jurídica; e b) dos gerentes ou administradores de instituição financeira que possam ter concorrido para abertura de conta ou movimentação de recursos sob nome falso, em nome de pessoa física ou jurídica inexistente ou de pessoa jurídica liquidada de fato ou sem representação regular", "a descrição dos fatos caracterizadores do ilícito penal e o seu enquadramento legal" e "a identificação das pessoas que possam ser arroladas como testemunhas, assim consideradas aquelas que tenham conhecimento do fato ou que, em razão de circunstâncias a ele relacionadas, deveriam tê-lo". Deve, ainda, ser instruída com "o auto de infração ou a notificação de lançamento", "cópia atualizada do contrato social ou do estatuto social da pessoa jurídica autuada", "declarações ou escriturações apresentadas à RFB relacionadas ao lançamento", "termos lavrados na ação fiscal de que resultou o lançamento, especialmente referentes a depoimentos, declarações, diligências e perícias" e "documentos com indícios de irregularidades apreendidos no curso da ação fiscal". Diga-se, ainda, que a representação "deverá permanecer no âmbito da unidade responsável pelo controle do processo administrativo fiscal até a decisão final, na esfera administrativa, sobre a exigência fiscal do crédito tributário correspondente". Somente será formalizada a representação se comprovada a ocorrência de fatos que configurem, em tese, algum dos crimes contra a ordem tributária "e que afastem a alegação de mero erro na transmissão das informações à base de dados da RFB". Será encaminhada ao MPF "mediante ofício do titular da unidade responsável pela formalização da representação, no prazo de 10 (dez) dias, contado da data [...] do encerramento do prazo legal para cobrança amigável, depois de proferida a decisão final, na esfera administrativa, sobre a exigência fiscal do crédito tributário relacionado ao ilícito penal, sem que tenha havido o correspondente pagamento".

Em parecer sobre a matéria, BORGES e REIS afastaram a dúvida quando às consequências da *noticia criminis* equivocada, ressaltando que não configura denunciação caluniosa salvo na hipótese de "certeza do agente, no momento da denunciação, da inexistência do delito"[33].

---

33. BORGES, José Cassiano; REIS, Maria Lúcia Américo dos. *Crimes contra a ordem tributária*: pareceres. Rio de Janeiro: Forense, 1998, p. 65.

41. Ação penal pública

Os crimes tributários são de ação penal pública incondicionada, o que significa que, embora normalmente cheguem ao conhecimento do Ministério Público através de representação fiscal para fins penais formulada por autoridade fiscal, a apresentação de denúncia independe de tal provocação. Ainda que o Ministério Público tenha conhecimento do crime por outras fontes, poderá oferecer denúncia.

O art. 15 da Lei n. 8.137/90, que define os crimes contra a ordem tributária, dispõe expressamente que os crimes nela previstos "são de ação penal pública, aplicando-se-lhes o disposto no art. 100 do Decreto-Lei n. 2.848, de 7 de dezembro de 1940 – Código Penal". Seu art. 16 ainda acrescenta: "Qualquer pessoa poderá provocar a iniciativa do Ministério Público nos crimes descritos nesta lei, fornecendo-lhe por escrito informações sobre o fato e a autoria, bem como indicando o tempo, o lugar e os elementos de convicção". O STF, a respeito dos crimes por sonegação fiscal, já editara a Súmula 609: "É pública incondicionada a ação penal por crime de sonegação fiscal".

O fato de a ação penal ser pública incondicionada, prescindindo de representação fiscal para fins penais, não dispensa, contudo, que o Ministério Público verifique se há crédito tributário definitivamente constituído, pois tal é elemento do tipo nos crimes materiais contra a ordem tributária. O STF entende que "A instauração de persecução penal [...] nos crimes contra a ordem tributária definidos no art. 1º da Lei n. 8.137/90 somente se legitimará, mesmo em sede de investigação policial, após a definitiva constituição do crédito tributário, pois, antes que tal ocorra, o comportamento do agente será penalmente irrelevante, porque manifestamente atípico"[34]. De qualquer modo, ressalva o fato de que a representação fiscal não é condição para o oferecimento da denúncia: "O Ministério Público pode, entretanto, oferecer denúncia independentemente da comunicação, dita 'representação tributária', se, por outros meios, tem conhecimento do lançamento definitivo"[35].

42. Não há crime culposo contra a ordem tributária, apenas doloso

O Código Penal, em seu art.18, considera o crime "doloso, quando o agente quis o resultado ou assumiu o risco de produzi-lo" e "culposo, quando o agente deu causa ao resultado por imprudência, negligência ou imperícia". E é categórico em seu parágrafo único: "Salvo os casos expressos em lei, ninguém pode ser punido por fato previsto como crime, senão quando o pratica dolosamente".

---

34. STF, Tribunal Pleno, Pet 3593 QO, 2007.
35. STF, Tribunal Pleno, ADI 1571, 2003.

Para REIG e RAMÍREZ, "dado el contenido del bien jurídico y de su forma de protección, no hay impedimento alguno para la existência de un delito fiscal imprudente. El deber personal sobre el cual se funda el injusto no impide de por si la culpa. Diferente sería si tal posición personal requiriera del abuso o superioridad del sujeto activo, pero ello no aparece necesario para la configuración del delito fiscal"[36].

O legislador brasileiro, porém, não estabeleceu nenhum tipo culposo de crime contra a ordem tributária. As infrações culposas, portanto, estão sujeitas, exclusivamente, às sanções administrativas.

Esse aspecto é bastante importante e se correlaciona com a questão da representação fiscal para fins penais. Conforme destacamos no item específico voltado a esse tema, o art. 83 da Lei n. 9.430/96, combinado com combinado com a IN 1.750/2018, nos leva ao entendimento de que a representação é reservada às situações em que tenha sido constatado fato subsumível nos tipos de crimes contra a ordem tributária, necessariamente dolosos. O auto de infração deve refletir essa percepção da autoridade fiscal, evidenciada pela aplicação de multa qualificada ou agravada pelo dolo. Não verificado nem considerado pelas autoridades fiscais o dolo do infrator, não há razão para que seja feita a representação fiscal para fins penais.

43. Planejamento tributário e os conceitos de elisão e evasão

Há modos válidos e modos inválidos de evitar a carga tributária. É válida a atitude do contribuinte que organiza os seus negócios ou atividades de modo a evitar incidências mais gravosas, o que chamamos de elisão tributária. É inválida a conduta de quem pratica fatos geradores, mas se esquiva das suas obrigações dissimulando-os ou de qualquer outro modo impedindo que cheguem ao conhecimento do Fisco e que impliquem a cobrança dos tributos devidos.

AMARO coloca-se a questão e a resolve amparado em Rubens Gomes de Souza: "Como fixar a economia lícita do tributo e o campo de evasão? [...] Rubens Gomes de Souza pôs uma premissa que me parece inquestionável. Ele disse que a diferença entre a economia de imposto e a evasão se resolve com a pesquisa para determinar se os atos ou negócios praticados evitaram a ocorrência do fato gerador (e aí teríamos a legítima economia do tributo) ou se eles ocultaram o fato gerador ocorrido (hipótese na qual estaria figurada a evasão)"[37]. CANTO destacava que "o único critério cientificamente aceitável para se diferençar a elisão e a evasão é o temporal. Se a conduta (ação ou omissão do agente) se verifica antes da ocorrência do fato gerador da obrigação tributária

---

36. REIG, Javier Boix; RAMÍREZ, Juan Bustos. *Los delitos contra la hacienda pública*: bien jurídico y tipos legales. Madrid: Editorial Tecnos, 1987, p. 27.
37. AMARO, Luciano da Silva. IR: limites da economia fiscal. Planejamento tributário. *RDT* 71.

de que se trate, a hipótese será de elisão, pois, sempre tendo-se como pressuposto que o contribuinte não viole nenhuma norma legal, ele também não terá infringido direito algum do fisco ao tributo, uma vez que ainda não se corporificou o fato gerador [...]"[38]. O auditor-fiscal REIS explica que "Por 'elisão' entende-se o planejamento fiscal legítimo, ou seja, aquele efetuado em conformidade com a legislação tributária, em que inexiste vedação à escolha da forma de submissão ao comando da lei que propicie melhor proveito econômico-financeiro". E exemplifica com "a possibilidade de o contribuinte, sem desvirtuamento da natureza jurídica dos acordos, optar pela celebração de um contrato de arrendamento mercantil (*leasing*) no lugar de um contrato de compra e venda, por razões preponderantemente financeiras ou logísticas, com implicações na redução da carga tributária". De outro lado, afirma que "A 'evasão tributária' vem a ser o conjunto de práticas violadoras do sistema jurídico-tributário, em que se mostra evidente a intenção de se burlar a norma e se esquivar do pagamento do tributo, havendo previsão legislativa que mune as Administrações Tributárias de medidas coercitivas aptas a combater tais ilícitos fiscais"[39].

É certo que escolhas menos onerosas são admitidas, sugeridas e até estimuladas pelo direito. Na legislação do imposto de renda da pessoa física, pode-se optar pelos descontos simplificados; na do imposto de renda da pessoa jurídica, optar pela tributação pelo lucro presumido; nas atividades liberais em geral, associar-se e prestar serviços enquanto pessoa jurídica; para as pequenas empresas, optar pelo regime simplificado de tributação. De outro lado, condutas fraudulentas ou de omissão que encobrem a ocorrência, a natureza ou a dimensão de fatos geradores, implicando supressão ou redução dolosas do montante a pagar, constituem infrações graves à legislação tributária e facilmente podem ser enquadradas como crimes materiais contra a ordem tributária. Mas há uma zona gris que exige atenção e cuidado: dos negócios e atividades em que os contribuintes estão, ainda que sob a invocação de um planejamento tributário, dissimulando a ocorrência de fatos geradores.

O planejamento tributário (*tax planning* para os americanos, *steuerersparnis* para os alemães) é o estabelecimento de estratégias para a realização de atos ou negócios ou mesmo de toda uma atividade profissional ou empresarial de modo que impliquem obrigações tributárias menos onerosas. A compreensão e o enfrentamento das questões relativas aos limites do planejamento tributário exigem a ponderação do livre exercício de atividade econômica e da liberdade em geral, de um lado, com a capacidade contributiva e a solidariedade social, de outro.

---

38. CANTO, Gilberto de Ulhoa. Evasão e elisão fiscais, um tema atual. *RDT* 63/188.
39. REIS, Hélcio Lafetá. Planejamento tributário abusivo: violação da imperatividade da norma jurídica. *RDDT* 209/57, fev. 2013.

O debate não se restringe à análise da validade e da eficácia de atos de direito privado. Impende que se proceda à análise da legitimidade das opções realizadas sob a perspectiva específica do direito tributário, com seus fundamentos e perspectivas. É preciso que se tenha em consideração o dever fundamental de pagar tributos e os princípios próprios da tributação, o que envolve não apenas a segurança jurídica, mas também a capacidade contributiva e a isonomia, consideradas as pessoas enquanto contribuintes.

Acerca da evolução da análise do planejamento fiscal, GRECO ensina:

> [...] na primeira fase, predomina a liberdade do contribuinte de agir antes do fato gerador e mediante atos lícitos, salvo simulação; na segunda fase, ainda predomina a liberdade de agir antes do fato gerador e mediante atos lícitos, porém nela o planejamento é contaminado não apenas pela simulação, mas também pelas outras patologias do negócio jurídico, como o abuso de direito e a fraude à lei. Na terceira fase, acrescenta-se um outro ingrediente, que é o princípio da capacidade contributiva que – por ser um princípio constitucional tributário – acaba por eliminar o predomínio da liberdade, para temperá-la com a solidariedade social inerente à capacidade contributiva. Ou seja, mesmo que os atos praticados pelo contribuinte sejam lícitos, não padeçam de nenhuma patologia; mesmo que estejam absolutamente corretos em todos os seus aspectos (licitude, validade) nem assim o contribuinte pode agir da maneira que bem entender, pois sua ação deverá ser vista também da perspectiva da capacidade contributiva. A capacidade contributiva assume tal relevância por ser princípio constitucional consagrado no § 1º do art. 145 da CF/88, constatação a partir da qual nasce a importante discussão quanto à sua eficácia jurídica e à identificação dos seus destinatários. Como princípio constitucional, consagra uma diretriz positiva a ser seguida, um valor – tal como os demais previstos na CF/88 – perseguido pelo ordenamento e do qual as normas e regras são instrumentos operacionais de aplicação. [...] Daí o debate sobre planejamento tributário dever, ao mesmo tempo, considerar e conjugar tanto o valor liberdade quanto o valor solidariedade social que dá suporte à capacidade contributiva [...][40].

O art. 149, VII, do CTN autoriza o lançamento de ofício "quando se comprove que o sujeito passivo, ou terceiro em benefício daquele, agiu com dolo, fraude ou simulação". Aqui, estamos em face da deliberada intenção do contribuinte de enganar o Fisco. A fraude normalmente envolve falsificação material ou ideológica de documentos. Na simulação, o contribuinte representa a ocorrência de situação em verdade inexistente, visando a determinado ganho fiscal consubstanciado na redução dos tributos a pagar ou na apropriação de créditos a receber.

O parágrafo único do art. 116 do CTN (acrescido pela LC n. 104/2001) dispõe no sentido de que: "A autoridade administrativa poderá desconsiderar atos ou negócios

---

40. GRECO, Marco Aurélio. *Planejamento tributário*. 3. ed. São Paulo: Dialética, 2011, p. 319-320.

jurídicos praticados com a finalidade de dissimular a ocorrência do fato gerador do tributo ou a natureza dos elementos constitutivos da obrigação tributária, observados os procedimentos a serem estabelecidos em lei ordinária".

Dissimular é ocultar, esconder, encobrir. Resta o Fisco, assim, autorizado a desconsiderar atos ou negócios jurídicos cujo conteúdo não corresponda à sua aparência e à real intenção do contribuinte.

Note-se que o artigo exige que o ato tenha sido praticado com a finalidade de ocultar a ocorrência do fato gerador, ou seja, que tenha havido intenção, dolo, e que tenha gerado o efeito de ocultar a ocorrência do fato gerador ou a natureza dos elementos que configuram a hipótese de incidência.

Há muitas medidas de planejamento tributário, algumas bastante corriqueiras e regulares, outras desbordando para a sonegação.

Há empresas que optam por contratar a maior parte dos serviços de que necessitam sempre com pessoas jurídicas, escapando, com isso, do ônus decorrente da contribuição previdenciária que incide sobre o pagamento de remuneração às pessoas físicas (profissionais autônomos e mesmo empregados) e que não incide sobre o pagamento de serviços a pessoas jurídicas.

Alguns contribuintes pessoas físicas constituem pessoas jurídicas com o único e exclusivo intuito de submeterem suas atividades profissionais a carga tributária inferior à suportada pelas pessoas físicas. Muitas vezes, isso é facultado e até induzido pela legislação, que criou, inclusive, a figura da empresa individual de responsabilidade limitada (Lei n. 12.441/2011). Noutras, há a formação de sociedade para efetiva atuação conjunta de profissionais, de modo que se une a utilidade da sociedade com a conveniência da menor carga tributária. Em outros casos, todavia, há sociedades meramente de fachada, sem nenhum intuito associativo, em que um dos sócios presta pessoal e diretamente serviços personalíssimos, restando os demais meramente figurativos e sem nenhuma participação, com o que se revela uma sociedade aparente ou fictícia, o que é questionado pelo Fisco.

Algumas empresas, buscando reduzir sua carga tributária, fragmentam suas atividades, distribuindo-as entre diversas empresas com faturamento menor, passíveis de se enquadrarem no Simples. Quando tal ocorra de modo simulado, sem que haja efetiva autonomia de cada empresa, teremos um abuso da forma jurídica, ensejando sua desconsideração, com a cobrança dos tributos efetivamente devidos acrescidos de juros e de multas pesadas, além do que estarão os diretores sujeitos à responsabilização criminal por sonegação e até mesmo, conforme as circunstâncias, por crime de falso em razão do potencial lesivo que extrapole a sonegação, espraiando-se por outras esferas, como as comerciais e trabalhistas.

As discussões sobre os limites do planejamento tributário são muitas. Não são raros os casos de autuações fundadas em supostos planejamentos sem propósito negocial ou no abuso de formas que acabam anuladas pelo Judiciário. A questão é intrincada e precisa ser resolvida pelos juízos tributários, não pelo penal[41]. Caso o lançamento se mantenha hígido e envolva conduta dolosa, a ação penal poderá iniciar

....

41. Há um precedente do TRF4 muito relevante abordando a questão do planejamento tributário em face da livre-iniciativa, relator o Desembargador Rômulo Pizzolatti, assim ementado: "AÇÃO ANULATÓRIA. LANÇAMENTO DE OFÍCIO. PLANEJAMENTO TRIBUTÁRIO. DESCONSIDERAÇÃO DE OPERAÇÕES SOCIETÁRIAS. AUSÊNCIA DE SIMULAÇÃO. PROTEÇÃO À LIVRE-INICIATIVA. HONORÁRIOS DE SUCUMBÊNCIA. 1. No Direito brasileiro, ao lado de disposições legais específicas que neutralizam, por si sós, os efeitos tributários benéficos que adviriam de determinadas operações societárias casuisticamente escolhidas pelo legislador, há regra geral – no sentido de ser aplicável à generalidade dos tributos – prevista nos arts. 116, parágrafo único, e 149, VII, do CTN, que autoriza o Fisco a desconsiderar atos, negócios e operações realizados pelo sujeito passivo mediante o emprego de dolo, fraude ou simulação. 2. Assim, a desconsideração de 'planejamentos tributários' pela administração pública somente se legitima quando as operações empregadas forem ilícitas (dolosas, fraudulentas ou simuladas), cabendo ao legislador a edição de normas específicas que impeçam ou neutralizem eventual economia tributária quando o planejamento envolver atos lícitos. 3. Apesar de estar o legislador tributário autorizado, pela interpretação *a contrario sensu* do art. 110 do CTN, a delinear a definição, conteúdo e alcance do conceito de simulação, o fato é que não houve atividade legislativa nesse sentido, de tal maneira que o instituto deve ser empregado conforme os contornos dados pelo direito privado, nos termos do art. 109 do mesmo código. 4. Havendo perfeita correspondência da substância das operações com as formas que foram adotadas para a sua realização, não é possível afirmar-se que os atos praticados tenham sido simulados, sendo indevida a ingerência da administração tributária na liberdade de iniciativa de que dispõe o contribuinte, garantida no art. 170 da Constituição Federal, de reestruturar a exploração do seu capital da forma mais eficiente, inclusive sob a perspectiva fiscal. 5. Diante de operações lícitas que venham sendo utilizadas pelos contribuintes como substitutas não tributadas, ou ainda menos onerosas, ou bem o legislador edita norma casuística proibindo o emprego desse expediente específico (ou ainda impedindo a economia pretendida), ou bem o Estado se conforma com o montante pago, não sendo aceitável que o Fisco, a pretexto de reparar o que parece uma injustiça fiscal aos seus olhos, desconsidere tal 'planejamento', porque é do Poder Legislativo, e não da administração pública (por mais elevados que sejam os seus propósitos), a competência para regular e interferir no exercício das liberdades econômicas e no patrimônio dos indivíduos. 6. Assim, a reorganização patrimonial realizada pelo contribuinte, quando levada a efeito por meio de negócios jurídicos e operações verdadeiros, ainda que tenha por resultado a economia de tributos, não autoriza o Fisco a desconsidera-los, pois não existe – e nem poderia existir, porque ofenderia o art. 170 da Constituição Federal – uma norma geral que obrigue o administrado a, frente a possibilidade de submeter-se a dois regimes fiscais, optar pelo mais gravoso. 7. A despeito de ser possível, por força da proporcionalidade e da razoabilidade, o arbitramento equitativo dos honorários também nos casos em que da aplicação da regra prevista no art. 85, § 3º, do CPC, resulte valor exorbitante (e não apenas ínfimo, conforme literalmente previsto no § 8º do mesmo dispositivo), essa exorbitância há de ser aferida em relação ao trabalho realizado pelo beneficiário da verba, e não somente segundo um critério numérico, de tal maneira que naqueles casos em que, apesar de elevado o montante dos honorários, exista correspondência com o serviço prestado, é devida a sua fixação em percentual sobre o valor da condenação, do proveito econômico ou da causa (TRF4 5009900-93.2017.4.04.7107, Segunda Turma, relator Rômulo Pizzolatti, juntado aos autos em 11-12-2019).

e terá curso. O ajuizamento de ação para discussão da autuação no juízo tributário, por si só, não tem qualquer efeito sobre a persecução penal, sendo certo, ainda, que descabe trazer as questões de fundo para análise na ação penal. Mas, se a jurisdição tributária suspender a exigibilidade do crédito e, ao fim, extingui-lo, a persecução penal restará impedida ou suspensa e extinta, sucessivamente.

44. Conformidade e medidas para evitar as infrações tributárias: departamentos e assessorias contábeis e tributárias, auditorias e *compliance* tributário

A complexidade da tributação brasileira tem diversas causas. A forma federativa de estado é uma delas, apresentando três entes políticos dotados de competência tributária instituindo seus próprios tributos através de leis aprovadas pelas suas respectivas casas legislativas. A profusão de normas que se sucedem e sobrepõem, por sua vez, é outro fator relevante. E mais: há normas infralegais instituidoras de obrigações acessórias em grande número, diversos formatos e prazos variados. Cuida-se de um cipoal envolvendo o contribuinte em uma rede de obrigações de pagar e de fazer que geram um custo muito elevado e que, invariavelmente, exigem assessorias especializadas.

Os setores internos das empresas e as assessorias externas nessas áreas são responsáveis por um intenso trabalho de estudo, acompanhamento, interpretação e aplicação da legislação tributária em face da realidade de cada contribuinte, incluindo o desenvolvimento de planejamentos tributários voltados à redução do custo tributário. E mais, conforme o porte e a complexidade das operações, muitas vezes faz-se necessário uma estrutura específica para "manter a empresa longe de problemas"[42] e para prevenir responsabilidades. Surgem, então, as estratégias de *compliance* voltadas a evitar e corrigir, ao máximo, o mais rápido e da forma mais eficaz possível o cometimento de infrações, com transparência, informando infrações graves às autoridades e com elas colaborando.

Conforme WALKER JÚNIOR e FRAGOSO, a função do *compliance* é "assegurar, em conjunto com as demais áreas, a adequação, fortalecimento e o funcionamento do sistema de controles internos da organização, procurando mitigar os riscos, de acordo com a complexidade de seus negócios, bem como disseminar a cultura de controles para alcançar o cumprimento de leis e regulamentos existentes, além de atuar na orientação e conscientização à prevenção de atividades e condutas que possam ocasionar riscos à imagem da organização"[43].

---

42. VERÍSSIMO, Carla. *Compliance*: incentivo à adoção de medidas anticorrupção. São Paulo: Saraiva, 2017, p. 91.
43. WALKER JÚNIOR, James; FRAGOSO, Alexandre. *Direito penal tributário*: uma visão garantista da unidade do injusto penal tributário. Belo Horizonte: D'Plácido, 2017, p. 423.

O art. 41 do Decreto n. 8.420/2015, que regulamenta a Lei n. 12.846/2013, que dispõe sobre a responsabilização administrativa e civil de pessoas jurídicas pela prática de atos contra a administração pública, nacional ou estrangeira, define programa de integridade: "consiste, no âmbito de uma pessoa jurídica, no conjunto de mecanismos e procedimentos internos de integridade, auditoria e incentivo à denúncia de irregularidades e na aplicação efetiva de códigos de ética e de conduta, políticas e diretrizes com objetivo de detectar e sanar desvios, fraudes, irregularidades e atos ilícitos praticados contra a administração pública, nacional ou estrangeira". Seu parágrafo único ainda estabelece que o programa deve ser "estruturado, aplicado e atualizado de acordo com as características e riscos atuais das atividades de cada pessoa jurídica, a qual por sua vez deve garantir o constante aprimoramento e adaptação do referido programa, visando garantir sua efetividade".

VERÍSSIMO ensina que *compliance* "é um substantivo que significa concordância com o que é ordenado; *compliant* é aquele que concorda com alguma coisa, e *to comply with* significa obedecer"[44]. Seu sentido jurídico ganha relevância no mundo empresarial porquanto "são chamadas de *compliance* as medidas pelas quais as empresas pretendem assegurar-se que as regras vigentes para elas e para seus funcionários sejam cumpridas, que as infrações se descubram e eventualmente sejam punidas"[45]. Aponta que envolve objetivos preventivos e reativos. Quanto aos primeiros, ressalta: "Visa à prevenção de infrações legais em geral assim como a prevenção dos riscos legais e reputacionais aos quais a empresa está sujeita, na hipótese de que essas infrações se concretizem". E frisa: "os responsáveis pelo *compliance* – os *compliance officers* – devem avaliar, constantemente, os procedimentos da empresa de modo a garantir sua conformidade com todas as exigências legais, nacionais ou internacionais, que, de forma direta ou indireta, tenham influência ou sejam aplicáveis à sua atividade". Quanto aos objetivos reativos, ensina: "Além disso, impõe à empresa o dever de apurar as condutas ilícitas em geral, assim como as que violam as normas da empresa, além de adotar medidas corretivas e entregar os resultados de investigações internas às autoridades, quando for o caso".

Destaca, ainda, citando Coca Vila, que "o *compliance* se ocupa também dos riscos pessoais que recaem sobre os dirigentes da empresa" como "conjunto de medidas tendentes a garantir que todos e cada um dos membros de uma empresa, desde o presidente do conselho de administração, até o último empregado, cumpram com os mandados e as proibições jurídico-penais, e que, em caso de infração, seja possível sua descoberta e adequada sanção".

....

44. VERÍSSIMO, Carla. *Compliance*: incentivo à adoção de medidas anticorrupção. São Paulo: Saraiva, 2017, p. 90.
45. VERÍSSIMO, Carla. *Compliance*: incentivo à adoção de medidas anticorrupção. São Paulo: Saraiva, 2017, p. 91.

Ressalta que, além do campo clássico do direito bancário e de ações, existem diferenciações temáticas, sendo que, no âmbito do direito penal, "destacam-se o *compliance* voltado à prevenção da lavagem de dinheiro e da corrupção", comumente referido como "criminal *compliance*", sendo certo, ainda, que também existe o *compliance* com normas tributárias[46].

WALKER JÚNIOR e FRAGOSO invocam a Norma ABNT ISO 19600 ao sublinharem a autonomia e independência da função de *compliance*, reveladas pelas suas características: "autoridade e responsabilidade pelo projeto, consistência e integridade do sistema de gestão de *compliance*; apoio claro, inequívoco e acesso direto ao órgão regulamentador e à Alta Direção; acesso: a tomadores de decisão seniores e a oportunidade de contribuir no início dos processos de tomada de decisões da organização, acesso a todas as informações documentadas e dados necessários para executar as tarefas de *compliance*, a consultoria especializada em leis, regulamentos, códigos e normas organizacionais; autoridade e capacidade para executar o poder de oposição, mostrando as eventuais consequências para o *compliance*, cabendo à Alta Direção garantir a alocação de recursos adequados e apropriados para estabelecer, desenvolver, implementar, avaliar, manter e melhorar o sistema de gestão de *compliance* e os resultados de desempenho"[47].

ROQUE trabalhou especificamente a questão do *compliance* tributário. Ressalta, em linhas gerais, que "O *compliance* é um instrumento preventivo que busca a conformidade legal das empresas, organizando-as administrativamente e promovendo uma cultura de cumprimento das leis, regulamentos internos e externos da entidade. Sua função é centrada, principalmente, na coibição de ilícitos de natureza econômica, financeira, tributária, concorrencial, regulatória, administrativa, entre outros, relacionados à atividade empresarial"[48]. E avança: "O *compliance* compõe um dos pilares da governança corporativa, promovendo a transparência na gestão das companhias [...]. A governança corporativa tributária em sua dimensão externa relaciona-se ao cumprimento de diversas modalidades de deveres instrumentais. Já sua força interna compreende os departamentos internos de controladoria, auditoria e *compliance* tributário [...]"[49].

---

46. VERÍSSIMO, Carla. *Compliance*: incentivo à adoção de medidas anticorrupção. São Paulo: Saraiva, 2017, p. 92.
47. WALKER JÚNIOR, James; FRAGOSO, Alexandre. *Direito penal tributário*: uma visão garantista da unidade do injusto penal tributário. Belo Horizonte: D'Plácido, 2017, p. 423.
48. ROQUE, Luis Afonso Boeira. *O compliance como instrumento para conformidade dos deveres instrumentais tributários*. Artigo final apresentado como requisito para a obtenção do título de Especialista em Direito Tributário, pelo Curso de Especialização em Direito Tributário em Questão da Escola Superior da Magistratura Federal – ESMAFE, e UCS – Universidade de Caxias do Sul, sob orientação do professor Dr. Leandro Paulsen. Porto Alegre, 2018.
49. ROQUE, Luis Afonso Boeira. *O compliance como instrumento para conformidade dos deveres instrumentais tributários*. Artigo final apresentado como requisito para a obtenção do título de

Os profissionais dessas áreas, envolvidos com a orientação e aplicação das normas tributárias, prevenção e correção dos ilícitos tributários podem, efetivamente, evitar que infrações sejam praticadas e inibir condutas dolosas voltadas à sonegação tributária, identificar e isolar e fazer cessar eventuais ilícitos. No item dedicado à responsabilidade penal dos contribuintes, diretores, membros dos conselhos de administração e fiscal, advogados, contadores e demais pessoas que concorram para os crimes tributários, tratamos também da responsabilidade no contexto das assessorias e dos programas de *compliance*.

45. Autoria e concurso de autores nos crimes contra a ordem tributária e a teoria do domínio do fato

A matriz da autoria nos crimes contra a ordem tributária é dada pelo art. 11 da Lei n. 11.837/90, que assim dispõe:

> Art. 11. Quem, de qualquer modo, inclusive por meio de pessoa jurídica, concorre para os crimes definidos nesta lei, incide nas penas a estes cominadas, na medida de sua culpabilidade.

Esse dispositivo repete o quanto disposto no art. 29 do Código Penal, que abre o Título dedicado ao concurso de pessoas, acrescentando um esclarecimento "inclusive por meio de pessoa jurídica". Não chega a trazer norma nova, porquanto tal já se continha, implicitamente, no art. 29. "De qualquer modo" abrange as ações "por meio de pessoa jurídica". O termo "inclusive", portanto, revela um esclarecimento, um texto voltado a evitar discussões sobre esse ponto, prevenindo interpretações diversas que, embora equivocadas, pudessem ser trazidas à colação. Justifica-se a cautela do legislador, porquanto muitos crimes tributários são praticados relativamente a tributos que têm como sujeitos passivos pessoas jurídicas.

A maioria dos crimes pode ser praticada por uma única pessoa, de modo que sua prática por mais pessoas é eventual ou acidental. Exceção são os crimes chamados de plurissubjetivos, como a associação criminosa, que, por definição, tem de ser praticada por mais de uma pessoa. Quando um crime envolve mais de um agente, dizemos que há "concurso de pessoas".

Dispõe o Código Penal:

Especialista em Direito Tributário, pelo Curso de Especialização em Direito Tributário em Questão da Escola Superior da Magistratura Federal – ESMAFE, e UCS – Universidade de Caxias do Sul, sob orientação do professor Dr. Leandro Paulsen. Porto Alegre, 2018.

TÍTULO IV
DO CONCURSO DE PESSOAS
Art. 29. Quem, de qualquer modo, concorre para o crime incide nas penas a este cominadas, na medida de sua culpabilidade.

§ 1º Se a participação for de menor importância, a pena pode ser diminuída de um sexto a um terço.

§ 2º Se algum dos concorrentes quis participar de crime menos grave, ser-lhe-á aplicada a pena deste; essa pena será aumentada até metade, na hipótese de ter sido previsível o resultado mais grave.

Circunstâncias incomunicáveis
Art. 30. Não se comunicam as circunstâncias e as condições de caráter pessoal, salvo quando elementares do crime.

Casos de impunibilidade
Art. 31. O ajuste, a determinação ou instigação e o auxílio, salvo disposição expressa em contrário, não são puníveis, se o crime não chega, pelo menos, a ser tentado.

Autor é quem pratica o crime, realizando a conduta típica, pessoalmente ou por interposta pessoa, ou colaborando, de qualquer modo, para a sua prática (partícipe). ALFLEN concorda que "qualquer pessoa pode ser partícipe em crime contra a ordem tributária, desde que seu concurso tenha sido efetivo e se enquadre nas regras das disposições legais de regência"[50].

OLIVEIRA frisa que "a responsabilidade penal só cabe dentro do princípio da causabilidade" e que "há de haver um nexo subjetivo e um liame objetivo vinculando o indigitado autor ao delito". Colocadas as premissas, adverte: "o que temos visto, no entanto, são denúncias imputando a vários diretores, gerentes ou administradores condutas típicas, sem qualquer especificação quanto à participação de cada qual"[51].

Na análise da autoria, é essencial que se tenha em conta, de modo adequado, a teoria do domínio do fato. Essa teoria, diga-se, não amplia o rol daqueles que podem ser responsabilizados por um crime, mas dá elementos para que se identifique quem concorre para ele. Não se situa fora do estudo da autoria, mas nele próprio, conforme muito bem pontuado por ALAOR LEITE na palestra proferida no Instituto dos Advogados do Paraná que restou publicada em 2015, com apresentação e estudo complementar do professor RENÉ ARIEL DOTTI[52].

....

50. ALFLEN, Pablo Rodrigo. Responsabilidade penal dos sócios e administradores por crimes contra ordem tributária: pressupostos da legislação brasileira. *In*: BOSSA, Gisele Barra; RUIVO, Marcelo Almeida (coord.). *Crimes contra ordem tributária*. São Paulo: Almedina, 2019, nota 3, p. 556.
51. OLIVEIRA, Antônio Cláudio Mariz de. Responsabilidade penal tributária. *In*: OLIVEIRA, Antônio Cláudio Mariz de; CAMPOS, Dejalma de (coord.). *Direito penal tributário contemporâneo*: estudos de especialistas. São Paulo: Atlas, 1996, p. 36.
52. LEITE, Alaor. *Domínio do fato ou domínio da posição?*: autoria e participação no direito penal

ALFLEN também frisa que a teoria do domínio de fato constitui critério de delimitação da autoria e da participação[53]. Aliás, adverte que a teoria do domínio do fato não deve ser usada como mera retórica, mas como diretriz para a identificação de alguma modalidade de autoria (direta, mediata ou coautoria). E desenvolve o tema do domínio do fato pelo domínio da vontade em virtude de aparatos organizados de poder, sob o nome de *domínio da organização*, cunhado por Roxin. E esclarece: "A teoria do domínio por organização baseia-se na tese de que em uma organização delitiva os homens de trás, que possuem poder de comando (*Befehlsgewalt*) e ordenam fatos puníveis, podem ser responsabilizados como autores mediatos, se os executores diretos igualmente forem considerados como autores plenamente responsáveis. Tais homens de trás, como refere Roxin, são chamados também de 'autores de escritório' (*Schreibtischtätern*). De acordo com isso, quem possibilita ao homem de trás a execução de suas ordens não é só o 'instrumento', mas também o próprio aparato organizado. Este consiste em uma diversidade de pessoas que estão inseridas em estruturas preestabelecidas, que atuam conjuntamente em diferentes funções condicionadas pela organização e cuja totalidade assegura ao homem de trás o domínio sobre o resultado. Nesse sentido, o executor e o homem de trás possuem formas diferentes de domínio do fato, que não se excluem mutuamente, pois o primeiro possui o domínio da ação, ao passo que o segundo possui o domínio por organização"[54].

Nos termos do art. 29 do Código Penal brasileiro, é autor todo aquele que concorre para a prática do crime, sem distinguir entre o autor, em sentido estrito, e o partícipe. O chamado domínio do fato, lembre-se, pode se dar pelo domínio da ação criminosa, pelo domínio da vontade ou pelo domínio funcional ou da organização. Assim, também é considerado autor do crime, por ter o domínio da organização, quem tem poder de decisão, quem controla o *iter criminis*, podendo determinar aos autores diretos que pratiquem a conduta ou que a interrompam. DE SANCTIS se refere à teoria do domínio de fato, nessa perspectiva, do seguinte modo:

> [...] é aquela que considera também como autor o indivíduo que tem o controle final do ato, em que pese não tenha perpetrado a conduta de forma direta. Nesta hipótese, o indivíduo tem o poder de decisão, de determinar ou interromper a execução do crime (inclui o autor mediato, o mandante, o que dá a ordem etc.). Essa doutrina

---

brasileiro. Apresentação e apêndice René Ariel Dotti. Curitiba: Centro de Estudos Professor Dotti, 2016.

53. ALFLEN, Pablo Rodrigo. Responsabilidade penal dos sócios e administradores por crimes contra ordem tributária: pressupostos da legislação brasileira. *In*: BOSSA, Gisele Barra; RUIVO, Marcelo Almeida (coord.). *Crimes contra ordem tributária*. São Paulo: Almedina, 2019, p. 558.
54. ALFLEN, Pablo Rodrigo. Responsabilidade penal dos sócios e administradores por crimes CONTRA ordem tributária: pressupostos da legislação brasileira. *In*: BOSSA, Gisele Barra; RUIVO, Marcelo Almeida (coord.). *Crimes contra ordem tributária*. São Paulo: Almedina, 2019, p. 570-571.

estabelece como autor aquele que detém o domínio do fato, ou seja, quem possui o poder de decisão quanto à realização e consumação dos crimes dolosos. Trata-se de controle subjetivo do fato e do poder de atuação no exercício desse controle. Aplica-se no momento de se constatar se um determinado agente, ao praticar o crime, detinha ou não domínio sobre o fato"[55].

Note-se que aquele que não pratica diretamente a conduta típica pode ter menor ou maior participação no crime. Sua culpabilidade, portanto, pode ser menor ou maior do que a daqueles que praticaram o verbo.

Descabido, isso sim, é condenar alguém pelo simples fato de ocupar uma posição hierarquicamente superior, como se fosse um garantidor universal da conduta de seus subordinados. Até porque não se pode simplesmente presumir o seu conhecimento quanto a ilícitos praticados na sua gestão, tampouco esses crimes, de que estamos cuidando, admitem modalidade culposa que pudesse se amparar em uma culpa *in eligendo* ou mesmo na negligência de não tomar pé do que estaria ocorrendo na sua gestão. ALFLEN, também nesse ponto, é incisivo: considera "absolutamente excluída a responsabilidade penal objetiva pela simples condição funcional, posição hierárquica ou situação estática em matéria de Crimes contra a Ordem Tributária"[56]. O STJ decide nesse sentido: "Para se imputar determinada responsabilidade penal é necessária a descrição do nexo causal, isto é, não há como considerar que a posição de gestor, diretor ou sócio administrador de uma empresa implica a presunção de que houve a participação no delito, se não houver, no plano fático-probatório, alguma circunstância que o vincule à prática delitiva", sendo que "A simples invocação da teoria do domínio do fato não serve, por si só, para estabelecer o nexo causal"[57]. Reportanto-se a um caso concreto, o tribunal negou provimento ao recurso do réu, destacando que "o recorrente exerce a administração da pessoa jurídica, ainda que indiretamente, tendo, inclusive, conhecimento acerca da utilização das contas bancárias da empresa [...] para movimentação de valores da empresa [...], com a significativa redução de valores a serem pagos a título de tributos, conforme explicitado na denúncia"[58].

Há participações de menor importância quando se verifica que, mesmo sem a participação de determinado agente, o crime teria sido praticado, que agiu sob influência de outra pessoa ou que prestou mero auxílio.

....
55. SANCTIS, Fausto Martin de. *Direito penal*: parte geral. Rio de Janeiro: Forense; São Paulo: Método, 2014, p. 103-104.
56. ALFLEN, Pablo Rodrigo. Responsabilidade penal dos sócios e administradores por crimes contra ordem tributária: pressupostos da legislação brasileira. *In*: BOSSA, Gisele Barra; RUIVO, Marcelo Almeida (coord.). *Crimes contra ordem tributária*. São Paulo: Almedina, 2019, p. 563.
57. STJ, RHC n. 109.037, 2022.
58. STJ, AgRg no AREsp n. 2.149.591, 2022.

No caso da simples divisão de tarefas entre os agentes, de participação ou de domínio do fato por algum deles, teremos a coautoria, ou seja, mais de um agente concorrendo para o crime, hipótese em que todos responderão pelo crime na medida da sua culpabilidade.

DE SANCTIS aponta os seguintes requisitos, para que haja concurso de pessoas: "a) Pluralidade de ações (várias pessoas praticam atos); b) Relevância causal de cada uma das ações (cada uma deve dar causa ao resultado); c) Liame subjetivo entre as pessoas (consciência do agente que está cooperando na conduta de outro) [...]; d) Identidade de fato (há um só crime [...])"[59].

ABRÃO destaca a importância de se atentar para a conduta de cada agente de modo a se lhes aplicar a pena correspondente à sua responsabilidade: "Irradiando efeitos da conduta ilícita, cumpre apurar, em relação a cada um deles, a forma de agir, o resultado alcançado e o nexo presente, donde surge a possibilidade de fixação da pena característica da responsabilidade a eles atribuída"[60].

Conforme o art. 29, § 1º, do CP, aquele que tiver concorrido para o crime, mas com participação de menor importância, terá sua pena diminuída: "§ 1º Se a participação for de menor importância, a pena pode ser diminuída de um sexto a um terço".

De outro lado, teremos a pena agravada para qualquer coautor que promova, organize ou dirija a atividade, que coaja ou induza outrem à execução material do crime, que instigue ou determine alguém sujeito à sua autoridade ou não punível, bem como quem execute ou participe do crime mediante paga ou promessa de recompensa. Veja-se o que dispõe o art. 62, I, do Código Penal:

> Agravantes no caso de concurso de pessoas
> Art. 62. A pena será ainda agravada em relação ao agente que:
> I – promove, ou organiza a cooperação no crime ou dirige a atividade dos demais agentes;
> II – coage ou induz outrem à execução material do crime;
> III – instiga ou determina a cometer o crime alguém sujeito à sua autoridade ou não punível em virtude de condição ou qualidade pessoal;
> IV – executa o crime, ou nele participa, mediante paga ou promessa de recompensa.

A coautoria pode ser eventual ou necessária, conforme já destacamos. Eventual quando o tipo não a exige; necessária, quando é elementar do tipo.

---

59. SANCTIS, Fausto Martin de. *Direito penal*: parte geral. Rio de Janeiro: Forense; São Paulo: Método, 2014, p. 102.
60. ABRÃO, Carlos Henrique. *Crime tributário*: um estudo da norma penal tributária. 4. ed. São Paulo: Malheiros, 2015, p. 81.

Nos casos de coautoria eventual, por vezes, quando o legislador assim o estabelece ao definir o tipo, a sua ocorrência dá ensejo à forma qualificada do crime. O furto praticado mediante concurso de duas ou mais pessoas, *e.g.*, é apenado com dois a oito anos de reclusão e multa (furto qualificado), o que é o dobro da pena para a prática por um único agente (furto), conforme se vê do art. 155, *caput* e § 4º, IV, do Código Penal.

Ademais, cometem crime autônomo aqueles que se associam para cometer crimes, sem prejuízo da caracterização da coautoria e dos seus efeitos jurídicos relativamente aos crimes que venham a ser praticados.

Conforme as características e os fins da associação, teremos o crime de associação criminosa, de associação para o tráfico, de associação para o genocídio ou, até mesmo, de organização criminosa. Esses crimes, por serem autônomos, podem restar configurados e serem objeto de persecução penal independentemente de haver a persecução, nos mesmos ou em outros autos, por outros crimes praticados. Mas é comum que apareçam em concurso com outros crimes praticados, em coautoria, por todas ou por algumas das pessoas integrantes da associação ou organização criminosas ou com coautores eventuais.

A punição pelos crimes de associação ou de organização criminosa e pelos crimes que pelos mesmos agentes venham a ser praticados não constitui *bis in idem*. Não há que se falar, ademais, em consunção. Do mesmo modo, não há que se falar em *bis in idem* em razão da eventual consideração da coautoria, a um só tempo, como elemento do crime de associação e como qualificadora de outro crime praticado. A dosimetria será realizada crime a crime.

46. Responsabilidade penal dos contribuintes, diretores, membros dos conselhos de administração e fiscal, advogados, contadores e demais pessoas que concorram para os crimes tributários

Os crimes praticados por particulares contra a ordem tributária envolvem, em regra, condutas dolosas de supressão ou redução de tributos, mediante omissão ou fraude, ou de apropriação indébita, mediante retenção de tributos e seu não repasse aos cofres públicos.

As pessoas capazes de praticar essas condutas são os contribuintes pessoas físicas, os gestores das pessoas jurídicas e outras pessoas que concorram para a sua ideação, orientando, ou em execução, como advogados tributaristas e contadores.

Conforme já destacamos no item relativo à responsabilidade tributária e à responsabilidade penal, aquela é subjetivamente mais restrita que esta, porquanto os terceiros responsáveis (outras pessoas que não a própria pessoa jurídica contribuinte), em matéria tributária, são arrolados em rol *numerus clausus* nos arts. 134 e 135 do

CTN, enquanto os responsáveis penais podem ser quaisquer pessoas que concorram para a realização da conduta típica, nos termos dos arts. 29 do CP e 11 da Lei n. 8.137/90. De qualquer modo, em regra, os autores são os próprios responsáveis tributários arrolados no art. 135, III, do CTN, ou seja, os diretores, gerentes ou representantes. Mas isso porque costumam ser eles próprios, em razão do seu poder de gestão, que conduzem as atividades da pessoa jurídica, inclusive no que diz respeito à sua conformidade tributária, tendo o dever de não determinar nenhuma sonegação (sonegação ou fraude) ou apropriação indébita e de não serem coniventes nem fazerem vista grossa com a sonegação (sonegação ou fraude) ou apropriação indébita determinada por outros gestores ou realizada por seus prepostos e empregados. Em suma, são os gestores que praticam as condutas típicas de sonegação e de apropriação indébita senão diretamente, indiretamente, muitas vezes com a concorrência de outras pessoas, como advogados, contadores etc.

O que realmente importa, para a autoria desses crimes, é a conduta dolosa configuradora do tipo. A circunstância de estar investido em função de gestão é um indício da responsabilidade penal, mas não passa disso. Assim como há diretores que podem não ter tido o conhecimento ou o dolo da prática criminosa perpetrada no âmbito da empresa, também ocorre de outras pessoas não investidas nessas funções estatutárias revelarem-se gestores de fato e cometerem os crimes. Desse modo, importa é a direção ou gestão de fato, praticada por quem é efetivamente o diretor de direito ou não, sendo, esse aspecto formal, prescindível e acidental.

Mais uma vez, invoco as lições do professor ALFLEN: "[...] a ideia de responsabilidade dos sócios e administradores em matéria de crimes contra a ordem tributária dependerá do exame de todos os aspectos comumente exigidos para efeitos de atribuição de responsabilidade penal". Retoma ele premissas inafastáveis desse juízo: "exclui-se a ideia de responsabilidade penal objetiva e de imputação de resultados acidentais (*versari in re illicita*), sendo imprescindível a constatação dos pressupostos exigíveis a título de responsabilidade penal individual subjetiva". Segue: "Isso significa, por um lado, a absoluta exclusão de atribuição da qualidade de autor a sócios e administradores pela simples posição assumida, ou seja, é inconcebível a atribuição de autoria àquele que figura em contrato social e não exerce a condição de administrador de fato". E arremata: "Por outro lado, ainda que se exerça de fato a posição de administrador, há que identificar alguma contribuição efetiva que possibilite a atribuição de autoria em atenção aos critérios estabelecidos dogmaticamente para tal"[61].

O STF considera que "a circunstância objetiva de alguém meramente ser sócio de uma empresa não se revela suficiente, só por si, para autorizar qualquer presunção

---

61. ALFLEN, Pablo Rodrigo. Responsabilidade penal dos sócios e administradores por crimes contra ordem tributária: pressupostos da legislação brasileira. *In*: BOSSA, Gisele Barra; RUIVO, Marcelo Almeida (coord.). *Crimes contra ordem tributária*. São Paulo: Almedina, 2019, p. 577.

de culpa (inexistente em nosso sistema jurídico-penal) e, menos ainda, para justificar, como efeito derivado dessa particular qualificação formal, a correspondente persecução criminal em juízo". E frisa: "O simples ingresso formal de alguém em determinada sociedade simples ou empresária – que nesta não exerça função gerencial nem tenha participação efetiva na regência das atividades sociais – não basta, só por si, especialmente quando ostentar a condição de quotista minoritário, para fundamentar qualquer juízo de culpabilidade penal". Daí porque "a mera invocação da condição de quotista, sem a correspondente e objetiva descrição de determinado comportamento típico que vincule o sócio ao resultado criminoso, não constitui, nos delitos societários, fator suficiente apto a legitimar a formulação da acusação estatal ou a autorizar a prolação de decreto judicial condenatório"[62].

Os precedentes do STJ também são muito ricos sobre a matéria. Já inadmitiu denúncia genérica que não correlacionou a conduta criminosa à atividade do acusado, considerando: "Não se pode admitir que a narrativa criminosa seja resumida à simples condição de acionista, sócio, ou representante legal de uma pessoa jurídica ligada a eventual prática criminosa". Vale dizer, admitir a chamada denúncia genérica nos crimes societários e de autoria coletiva não implica aceitar que a acusação deixe de correlacionar, com o mínimo de concretude, os fatos considerados delituosos com a atividade do acusado[63].

Em outro precedente, destacou: "É equivocado afirmar que um indivíduo é autor porque detém o domínio do fato se, no plano intermediário ligado à realidade, não há nenhuma circunstância que estabeleça o nexo entre sua conduta e o resultado lesivo"[64]. No caso em questão, verificou-se que "o acusado era o responsável pela administração da empresa e, muito embora tenha contratado um escritório de contabilidade para cuidar das questões financeiras, recebia, ou ao menos deveria receber, todas as informações relativas ao planejamento contábil". Mas a conduta não foi dolosa e, sim, negligente ou imprudente, tendo havido "delegação das operações contábeis sem a necessária fiscalização", o que se considerou caracterizar culpa em sentido estrito.

Quanto às sociedades anônimas, BARRETO FILHO destaca que "em sentido formal, a administração da sociedade anônima compreende o conjunto dos órgãos instituídos para a consecução do objeto social", sendo eles: assembleia geral, conselho de administração, diretoria e conselho fiscal[65].

---

62. STF, HC 89427/BA, 2006.
63. STF, HC 224.728/PE, 2014.
64. STJ, AgRg no REsp 1874619/PE, 2020.
65. BARRETO FILHO, Oscar. Estrutura administrativa das Sociedades Anônimas. *In*: WALD, Arnoldo. *Direito empresarial*: sociedades anônimas (org.). São Paulo: Revista dos Tribunais, 2011. (Coleção Doutrinas Essenciais). v. 3, p. 443.

A assembleia geral é "o centro de competência política da companhia, legalmente investida de poderes decisórios sobre todos os negócios e matérias relativos ao objeto social", sendo que "nela reside a expressão política de comando, de iniciativa, de fixação de objetivos da companhia, e, eventualmente, de inovação do estatuto social"[66].

Nos termos da Lei das S.A., art. 138, a "administração da companhia competirá, conforme dispuser o estatuto, ao conselho de administração e à diretoria, ou somente à diretoria"; "O conselho de administração é órgão de deliberação colegiada, sendo a representação da companhia privativa dos diretores".

O Conselho de Administração é o "órgão de representação dos titulares do capital", assumindo caráter "essencialmente deliberativo", cabendo-lhe "definir o plano de ação da companhia"[67]. Conforme o art. 142 da Lei das S. A., "compete ao conselho de administração: I – fixar a orientação geral dos negócios da companhia; II – eleger e destituir os diretores da companhia e fixar-lhes as atribuições, observado o que a respeito dispuser o estatuto; III – fiscalizar a gestão dos diretores, examinar, a qualquer tempo, os livros e papéis da companhia, solicitar informações sobre contratos celebrados ou em via de celebração, e quaisquer outros atos; IV – convocar a assembleia geral quando julgar conveniente, ou no caso do art. 132; V – manifestar-se sobre o relatório da administração e as contas da diretoria; VI – manifestar-se previamente sobre atos ou contratos, quando o estatuto assim o exigir; VII – deliberar, quando autorizado pelo estatuto, sobre a emissão de ações ou de bônus de subscrição; VIII – autorizar, se o estatuto não dispuser em contrário, a alienação de bens do ativo não circulante, a constituição de ônus reais e a prestação de garantias a obrigações de terceiros; (Redação dada pela Lei n. 11.941, de 2009) IX – escolher e destituir os auditores independentes, se houver.

Não basta referir que o denunciado integra o Conselho de Administração. Existe, em tese, a possibilidade de coautoria dos membros do conselho, mas depende da demonstração de que os conselheiros determinaram a supressão ou redução de tributos ou que tomaram conhecimento e a endossaram, permitindo que prosseguisse. Analisando caso em que imputada conduta criminosa a membro do Conselho de Administração, ponderou o STJ: "Verifica-se que a denúncia é inepta, pois não descreveu nem ao menos de forma genérica a conduta típica do recorrente, mesmo considerando o fato do crime em análise ser de autoria coletiva, tendo afirmado apenas que o recorrente era membro do Conselho de Administração e seria o responsável pela sonegação de imposto,

---

66. BARRETO FILHO, Oscar. Estrutura administrativa das Sociedades Anônimas. *In*: WALD, Arnoldo. *Direito empresarial*: sociedades anônimas (org.). São Paulo: Revista dos Tribunais, 2011. (Coleção Doutrinas Essenciais). v. 3, p. 445.
67. BARRETO FILHO, Oscar. Estrutura administrativa das Sociedades Anônimas. *In*: WALD, Arnoldo. *Direito empresarial*: sociedades anônimas (org.). São Paulo: Revista dos Tribunais, 2011. (Coleção Doutrinas Essenciais). v. 3, p. 450-451.

em decorrência deste fato, pois era gestor da empresa no período em que foram emitidas as guias falsas de informação e apuração de ICMS"[68].

A responsabilidade dos diretores é mais corriqueira. Afinal, a Diretoria é "órgão de gestão quotidiana da empresa", tendo competência executiva e de representação da sociedade[69]. Nas S.A, conforme o art. 143 da respectiva lei, "A Diretoria será composta por 2 (dois) ou mais diretores, eleitos e destituíveis a qualquer tempo pelo conselho de administração, ou, se inexistente, pela assembleia geral". Salvo disposição do estatuto ou deliberação do conselho em sentido diverso, a representação da companhia compete "a qualquer diretor", assim como "a prática dos atos necessários ao seu funcionamento regular".

MENDONÇA já ensinava, no seu *Tratado de direito comercial brasileiro*, que os administradores "têm a seu cargo não somente a gestão do patrimônio social, mas também o cumprimento das leis e dos estatutos"[70], "são os órgãos executivos da sociedade anônima"[71].

O Conselho Fiscal, por sua vez, atua "na fiscalização dos órgãos da administração"; "além das funções de contraste e análise dos relatórios, propostas e demonstrações financeiras, incumbe-lhe acompanhar, efetivamente, a ação dos administradores, submetendo seus atos à apreciação crítica"[72]. Efetivamente, conforme o art. 163 da Lei das S. A., com a redação das Leis n. 10.303/2001 e 12.838/2013, compete ao Conselho Fiscal, dentre outras atribuições, "I – fiscalizar, por qualquer de seus membros, os atos dos administradores e verificar o cumprimento dos seus deveres legais e estatutários; [...] IV – denunciar, por qualquer de seus membros, aos órgãos de administração e, se estes não tomarem as providências necessárias para a proteção dos interesses da companhia, à assembleia geral, os erros, fraudes ou crimes que descobrirem, e sugerir providências úteis à companhia; [...] VI – analisar, ao menos trimestralmente, o balancete e demais demonstrações financeiras elaboradas periodicamente pela companhia; VII – examinar

---

68. STJ, RHC 111.747/PR, Quinta Turma, 2019.
69. BARRETO FILHO, Oscar. Estrutura administrativa das Sociedades Anônimas. *In*: WALD, Arnoldo. *Direito empresarial*: sociedades anônimas (org.). São Paulo: Revista dos Tribunais, 2011. (Coleção Doutrinas Essenciais). v. 3, p. 450-451.
70. MENDONÇA, J. J. Carvalho. *Tratado de direito comercial brasileiro*. 3. ed. atual. por Achilles Bevilaqua e Roberto Carvalho de Mendonça. Rio de Janeiro: Freitas Bastos, 1937. v. IV, p. 38-39.
71. MENDONÇA, J. J. Carvalho. *Tratado de direito comercial brasileiro*. 3. ed. atual. por Achilles Bevilaqua e Roberto Carvalho de Mendonça. Rio de Janeiro: Freitas Bastos, 1937. v. IV, p. 38-55.
72. BARRETO FILHO, Oscar. Estrutura administrativa das Sociedades Anônimas. *In*: WALD, Arnoldo. *Direito empresarial*: sociedades anônimas (org.). São Paulo: Revista dos Tribunais, 2011. (Coleção Doutrinas Essenciais). v. 3, p. 453-454.

as demonstrações financeiras do exercício social e sobre elas opinar". Para bem cumprir esse mister, aliás, a lei determina que os membros do conselho fiscal "assistirão às reuniões do conselho de administração, se houver, ou da diretoria, em que se deliberar sobre os assuntos em que devam opinar". As sonegações significativas devem ser percebidas pelo Conselho Fiscal. Se os seus membros deixarem de reportar os crimes ao Conselho de Administração e à Assembleia Geral, poderá haver elementos para entendermos que os membros desse órgão, podendo impedi-las, tenham feito vista grossa, deixado de reportar a questão e, com isso, passado a ser coniventes com a prática criminosa, viabilizando a sua reiteração.

Segundo o STJ, deve-se ter cuidado com a peça acusatória "nos crimes societários (ou de gabinete), que são aqueles cometidos por representantes (administradores, diretores ou quaisquer outros membros integrantes de órgão diretivo, sejam sócios ou não) da pessoa jurídica". A denúncia genérica é inadmissível e inepta, caracterizando-se pela "imputação de vários fatos típicos, genericamente, a integrantes da pessoa jurídica, sem delimitar, minimamente, qual dos denunciados teria agido de tal ou qual maneira". O tribunal chegou a se referir a esse tipo de imputação genérica como "criptoimputação", destacando que isso vulnera os princípios do contraditório e da ampla defesa, bem como a norma extraída do art. 8º, 2, "b" e "c" da Convenção Americana de Direitos Humanos e do art. 41 do CPP, "haja vista a indevida obstaculização do direito conferido ao acusado de preparar dignamente sua defesa"[73]. Nesse mesmo acórdão, frisou que é "Imprescindível explicitar o liame do fato descrito com a pessoa do denunciado, malgrado a desnecessidade da pormenorização das condutas, até pelas comuns limitações de elementos de informações angariados nos crimes societários, por ocasião do oferecimento da denúncia, sob pena de inviabilizar a persecução penal nesses crimes". Cabe à acusação "correlacionar com o mínimo de concretude os fatos delituosos com a atividade do acusado, não sendo suficiente a condição de sócio da sociedade, sob pena de responsabilização objetiva"[74]. Não se admite, de modo algum, que, nas denúncias por crime contra a ordem tributária, o Ministério Público simplesmente atribua aos gestores da sociedade a responsabilidade penal, arrolando-os todos ou aleatoriamente ou um deles mediante presunção de que, por constar seu nome nos estatutos, tenha cometido o crime.

A condição formal de diretor assume relevância quando associada ao exercício de fato da gestão. Aliás, é indispensável que a imputação esteja centrada na administração efetiva e real da sociedade, evidenciando-se que as decisões quanto à sua gestão fiscal são tomadas pelo denunciado ou, ao menos, controladas por ele.

O STJ, analisando crimes de sonegação e de apropriação indébita, considerou apta uma denúncia que indicava ser o denunciado o "único administrador de fato e de direito

---

73. STJ, RHC 72.074, 2016.
74. STJ, RHC 72.074, 2016.

da sociedade empresária"[75]. Em outro caso, entendeu que, "Devidamente narrada a conduta imputada, consistente em prestar informações falsas às autoridades fazendárias, bem como o nexo causal, em virtude de o recorrente, no exercício de suas atividades de Diretor-Superintendente, ser o responsável pela administração executiva geral dos negócios sociais, não há se falar em ausência de justa causa nem em inépcia da inicial acusatória, estando devidamente assegurado o direito à ampla defesa". Isso sem entrar no mérito propriamente, destacando que "a comprovação ou não dos fatos deve ser demonstrada durante a instrução processual", sendo "prematuro o trancamento da ação penal" logo à vista da denúncia[76].

Nas sociedades limitadas, nos termos dos arts. 1.060 e seguintes do Código Civil, a administração cabe ao sócio designado no contrato social ou a outra pessoa designada em ato separado, dependendo, nesse último caso, da investidura mediante termo de posse.

Houve caso em que, embora "apenas um dos sócios 'lidasse rotineiramente com a administração financeira, esse não poderia proceder à omissão fraudulenta de recolhimento de tributos e prestação de informações falsas sem a ciência e consentimento do outro", de modo que também esse outro foi considerado autor em crime omissivo impróprio, porquanto incorreu em omissão dolosa quando tinha o dever de evitar o resultado, praticando, assim, crime comissivo por omissão[77].

O TRF4, deparando-se com crime material contra a ordem tributária, também concluiu que "o sujeito ativo de tais crimes cometidos no âmbito de uma pessoa jurídica é, em regra, o seu administrador: a pessoa que detém o poder de gerência, o comando, o domínio sobre a prática ou não da conduta delituosa" e que "a teoria do domínio da organização, como espécie da teoria do domínio do fato, desenvolvida por Claus Roxin, a explicar a autoria mediata, em que o líder da organização, com poder de mando, determinando a prática delitiva a subordinados, autoriza a responsabilização"[78].

No ponto, é relevante destacar que o contribuinte pessoa física e o gestor de pessoa jurídica contribuinte têm responsabilidade pela sua situação fiscal. A contratação de terceiros para orientação ou cumprimento das obrigações fiscais não os desonera da responsabilidade por dolo direto nem por dolo eventual. Já se decidiu: "Cabe ao contribuinte fiscalizar se os atos realizados por terceiro obedeceram fidedignamente aos dados constantes em sua documentação, uma vez que não se exime de responsabilidade pelas declarações pela mera delegação a um preposto"[79].

---

75. STJ, RHC 72.074, 2016.
76. STJ, RHC 112.264, 2019.
77. STJ, AgRg no AREsp 1641743, 2021.
78. TRF4, ACR 5001943-96.2016.4.04.7100, 2019.
79. TRF4, ACR 5008376-19.2016.4.04.7100, 2019.

O contador também pode vir a ser autor de crime contra a ordem tributária. Isso ocorrerá quando orientar a prática criminosa ou perpetrar seus verbos típicos consciente de estar suprimindo ou reduzindo tributos mediante omissão ou fraude. Afinal, "a condenação dos réus justifica-se pela sua conduta delitiva e não pelas suas posições perante a empresa (socioadministrador e funcionário contador)"[80]. O TRF4 enfrentou caso em que "a supressão de tributos e contribuições previdenciárias foi realizada a partir de uma série de irregularidades, das quais se destaca a existência de 'registros paralelos' que demonstram a cobrança de valores pela empresa, mas que não eram lançados na contabilidade regular". As provas testemunhal e documental demonstraram que o réu efetivamente exercia a função de contabilidade da empresa e que, ao elaborar a escrituração contábil, realizou a prática delitiva, através da conduta de suprimir tributo pela omissão de receitas"[81].

O STJ tem precedente afirmando: "O agente do crime de sonegação não é a pessoa jurídica, mas a pessoa física, como o diretor, gerente ou representante de pessoa jurídica, com poder de gestão, ou mesmo o contador que prepara os documentos ficais". E mais: "O réu, como contador da sociedade empresária, era o responsável pela declaração de imposto de renda da empresa e por assinar recibos de notas fiscais [...] foi o responsável pelo preenchimento da declaração de renda com dados falsos, o que ocasionou supressão de crédito tributário no valor R$ 2.360.757,85"[82].

Merece destaque, ainda, o STJ ter entendido que a condição de contador atrair uma penalização mais elevada: "o Tribunal de origem concluiu merecer maior censura o fato de um contador, atuante há 35 anos no mercado, praticar crime tributário, que gerou prejuízo de R$ 2.360.757,85 [...] aos cofres públicos, de sorte que entendo ter sido apresentado fundamento idôneo para exasperar a pena-base com os referidos vetores, haja vista que extrapolou o comum à espécie delitiva e, ainda, considerando as peculiaridades do caso concreto"[83]. Em outra oportunidade, aliás, já decidira que "a condição de contador evidencia, ao agir com violação ao dever de ofício, a maior reprovabilidade da conduta perpetrada nos crimes contra a ordem tributária, permitindo valoração negativa da culpabilidade para o incremento da pena-base"[84].

E quanto à responsabilidade dos advogados? O STJ já decidiu que "a inviolabilidade do advogado não pode ser tida por absoluta, devendo ser limitada ao exercício regular de sua atividade profissional, não sendo admissível que sirva de salvaguarda para a prática de condutas abusivas ou atentatórias à lei e à moralidade que deve conduzir a

---

80. TRF4, ACR 5005187-95.2014.4.04.7101, 2018.
81. TRF4, ACR 5005187-95.2014.4.04.7101, 2018.
82. STJ, AgRg no REsp 1552955, 2017.
83. STJ, AgRg no REsp 1552955, 2017.
84. STJ, AgRg no AREsp 927.480, 2017.

prática da advocacia". José Danilo Tavares Lobato, em artigo sobre os riscos da advocacia frente à criminalidade econômica, também pontua: "Pretender que alguém que exerce uma profissão lícita, mas que conscientemente abusa *in concreto* de seu direito constitucional ao trabalho, venha a ser processado por ter contribuído ao injusto de outrem, não deveria trazer qualquer motivo de consternação"[85].

Na perspectiva da liberdade de exercício profissional, Lobato destaca que, com o abuso, "o valor imanente ao direito passa a não significar nada juridicamente naquele caso concreto, de modo que 'os termos concretos do comportamento do sujeito só *aparentemente* constituem exercício do direito'"[86]. E mais: "O exercício de um direito não pode implicar a afronta do direito de terceiro ou a violação do próprio ordenamento jurídico que consagra tal direito"[87]. O autor ainda invoca Greco Filho e Rasse quando "pontuam que o advogado, que 'deixa de ser advogado' para se tornar uma 'peça de organização criminosa ou de conluio para a prática dos crimes', praticará crime"[88]. Cuidando da temática das ações neutras, afirma que, "esse debate não rende quaisquer frutos", porquanto "não há nenhuma particularidade que justifique um tratamento jurídico diferenciado, na teoria do concurso de pessoas, para as participações chamadas de neutras, posto que toda e qualquer participação criminal será *de per se*, isto é, enquanto descontextualizada, neutra". Assim, "não será a resposta acerca da neutralidade da conduta do advogado que excluirá a tipicidade de seu comportamento quanto à prática da lavagem de dinheiro, sonegação fiscal ou evasão de divisas em consórcio com seu cliente-mandatário ou por conta própria". Importa é a "análise do risco permitido de sua conduta, verificando-se se, por ventura, o advogado não abusou de seus direitos e suas prerrogativas, bem como se possui consciência acerca do auxílio que presta"[89]. Assim, reforça sua conclusão categórica: "O advogado, que abusa de suas prerrogativas e direitos e se torna um agente ativo na prática de crime, passa a integrar, junto a seu

---

85. LOBATO, José Danilo Tavares. Condutas neutras: uma análise do risco da advocacia frente à criminalidade econômica. *In*: BOSSA, Gisele Barra; RUIVO, Marcelo Almeida (coord.). *Crimes contra ordem tributária*. São Paulo: Almedina, 2019, p. 344.

86. LOBATO, José Danilo Tavares. Condutas neutras: uma análise do risco da advocacia frente à criminalidade econômica. *In*: BOSSA, Gisele Barra; RUIVO, Marcelo Almeida (coord.). *Crimes contra ordem tributária*. São Paulo: Almedina, 2019, p. 343-344.

87. LOBATO, José Danilo Tavares. Condutas neutras: uma análise do risco da advocacia frente à criminalidade econômica. *In*: BOSSA, Gisele Barra; RUIVO, Marcelo Almeida (coord.). *Crimes contra ordem tributária*. São Paulo: Almedina, 2019, p. 345.

88. LOBATO, José Danilo Tavares. Condutas neutras: uma análise do risco da advocacia frente à criminalidade econômica. *In*: BOSSA, Gisele Barra; RUIVO, Marcelo Almeida (coord.). *Crimes contra ordem tributária*. São Paulo: Almedina, 2019, p. 348.

89. LOBATO, José Danilo Tavares. Condutas neutras: uma análise do risco da advocacia frente à criminalidade econômica. *In*: BOSSA, Gisele Barra; RUIVO, Marcelo Almeida (coord.). *Crimes contra ordem tributária*. São Paulo: Almedina, 2019, p. 353.

cliente-mandatário, um autêntico concurso de pessoas"[90]. E refere as Diretivas 2001/97/CE e 2001/97/CE, que cuidam, no âmbito da União Europeia, dos casos em que o advogado sabe que o cliente solicita assessoramento jurídico com a finalidade de lavar dinheiro ou financiar o terrorismo, quando o dever de sigilo cede. O STJ entende que o concurso de advogado ostenta maior reprovabilidade, autorizando majoração da pena: "O fato de o crime contra a ordem tributária ter sido praticado mediante concurso de agentes entre um servidor público e um advogado, pessoas de quem se espera maior compromisso com a legalidade e a moralidade públicas, é elemento não inerente ao tipo penal que revela um aspecto particular e mais reprovável da conduta e, portanto, autoriza a majoração da pena-base com amparo nas circunstâncias do crime"[91].

Cabe-nos analisar, ainda, a questão da responsabilidade penal no contexto das empresas que tenha adotado sistemas de integridade ou *compliance*. No item 11, cuidamos da conformidade e das medidas para evitar as infrações tributárias, como os departamentos e assessorias contábeis e tributárias, as auditorias e o *compliance* tributário. Por certo que a contratação de assessorias qualificadas e a adoção de programa de integridade pode indicar uma atuação transparente, imbuída de boa-fé e orientada para a conformidade, o que predispõe a uma percepção de não concorrência dos diretores com qualquer prática criminosa. Em matéria de sanções administrativas sob a responsabilidade da própria empresa, é levada em conta, na fixação das multas, "a existência de mecanismos e procedimentos internos de integridade, auditoria e incentivo à denúncia de irregularidades e a aplicação efetiva de códigos de ética e de conduta no âmbito da pessoa jurídica", nos termos do art. 18, V, do Decreto n. 8.420/2015, que regulamenta o art. 7º, VIII, da Lei n. 12.846/2013. Não se trata, porém, de um escudo contra a responsabilidade dos gestores por crimes contra a ordem tributária. Uma vez demonstrado que, apesar das assessorias e programa de *compliance*, os diretores tenham concorrido para a supressão ou redução de tributos mediante omissão ou fraude, ou para a apropriação indébita tributária, com o domínio do fato, responderão criminalmente.

A par disso, as assessorias e estruturas de *compliance* estão em posição de potencialmente concorrerem para a prática de ilícitos tributários. Embora seu papel seja evitar infrações e zelar pela conformidade das empresas, poderão se envolver em práticas criminosas caso tenham conhecimento da sua prática e, em vez de a reportarem às autoridades, permitirem que prossigam ocorrendo, hipótese em que as pessoas físicas que assim agirem poderão ser chamadas a responder por eles, nos termos do art. 29 do Código Penal. Poderão ser responsabilizadas pela sua ação ou pela omissão, forte no art. 13, § 2º, *b* ou *c*. WALKER JÚNIOR e FRAGOSO ponderam que deve ser analisado "se o

---

90. LOBATO, José Danilo Tavares. Condutas neutras: uma análise do risco da advocacia frente à criminalidade econômica. *In*: BOSSA, Gisele Barra; RUIVO, Marcelo Almeida (coord.). *Crimes contra ordem tributária*. São Paulo: Almedina, 2019, p. 349.
91. STJ, AgRg no AREsp n. 2.134.865, 2022.

titular da função de *compliance* possui o domínio do fato, ou seja, consciência do seu dever de garante, capacidade e possibilidade de interromper o *iter criminis*, não podendo ser criminalizado por operações ilícitas realizadas fora da órbita do seu conhecimento". Mas advertem: "o titular da função de *compliance*, em face da sua posição de garante dentro de sua organização, ou diante do estatuto devidamente homologado pelo Conselho de Administração e/ou Alta Direção, com sua ciência e concordância, também na hipótese de colocar o bem jurídico tutelado em risco, bem como em razão do domínio do fato, ciência de seu dever de garante, inclusive com a capacidade de interromper o *iter criminis*, mas não agiu para evitar o resultado previsível, poderá ser responsabilizado por crimes de omissão imprópria, em consequência dessa sua omissão ser considerada penalmente relevante"[92].

47. Irresponsabilidade das pessoas jurídicas

Societas delinquere non potest.

Em face da adoção, pelo Código Penal, da teoria finalista da ação, de Welzel, AL-FLEN esclarece que "A finalidade da conduta, como esclareceu o jurista alemão, 'baseia-se em que o homem, com amparo em sua consciência causal, pode prever as consequências possíveis de seu agir em determinadas circunstâncias, e, por isso, pode traçar diferentes fins e orientar o seu agir pelo fim escolhido'". E conclui no sentido de que "Tal ideia de ação é ínsita ao ser humano e, portanto, descabe nesse sentido transpor tal capacidade de ação à figura da pessoa jurídica"[93].

Também chama atenção para o texto do art. 11 da Lei n. 8.137/90, segundo o qual quem, de qualquer modo, inclusive por meio de pessoa jurídica, concorra para os crimes [...] incide nas penas. Ao assim redigi-lo, "destacou o legislador que a punição, em qualquer hipótese, recairá sobre a pessoa natural (física), mesmo no caso de esta se utilizar de pessoa jurídica para a prática da conduta delituosa"[94].

Apenas em matéria ambiental é que se reconhece a possibilidade de responsabilização penal da pessoa jurídica, isso em razão de que o art. 225 da Constituição, após

---

92. WALKER JÚNIOR, James; FRAGOSO, Alexandre. *Direito penal tributário*: uma visão garantista da unidade do injusto penal tributário. Belo Horizonte: D'Plácido, 2017, p. 428-429.
93. ALFLEN, Pablo Rodrigo. Responsabilidade penal dos sócios e administradores por crimes contra ordem tributária: pressupostos da legislação brasileira. *In*: BOSSA, Gisele Barra; RUIVO, Marcelo Almeida (coord.). *Crimes contra ordem tributária*. São Paulo: Almedina, 2019, p. 560.
94. ALFLEN, Pablo Rodrigo. Responsabilidade penal dos sócios e administradores por crimes contra ordem tributária: pressupostos da legislação brasileira. *In*: BOSSA, Gisele Barra; RUIVO, Marcelo Almeida (coord.). *Crimes contra ordem tributária*. São Paulo: Almedina, 2019, p. 562.

dizer do direito de todos ao meio ambiente ecologicamente equilibrado e impor ao Poder Público e à coletividade o dever de defendê-lo e preservá-lo para a presente e futuras gerações, assim dispõe: "As condutas e atividades consideradas lesivas ao meio ambiente sujeitarão os infratores, pessoas físicas ou jurídicas, a sanções penais e administrativas, independentemente da obrigação de reparar os danos causados". Mesmo nesse caso, porém, abalizada doutrina aponta equívoco na interpretação da Constituição, não aceitando a responsabilidade penal da pessoa jurídica, não nos moldes em que construído o sistema penal: "Talvez algo que não se chame mais Direito Penal"[95].

De qualquer modo, certo é que nada consta no nosso ordenamento no sentido da responsabilização penal da pessoa jurídica em matéria de crimes contra a ordem tributária e correlatos.

Vale destacar, por outro lado, que se começa a avançar nos sentido de se impedir a dupla punição pelo mesmo fato, inclusive no que diz respeito às punições administrativa e penal. No Direito italiano, se a infração tributária constitui crime tributário, remete-se a questão à esfera penal, deixando-se de aplicar a sanção administrativa tributária. Mas essa vedação de *bis in idem*, no que diz respeito aos crimes cometidos no âmbito societário, não impede que a pessoa física autora do crime seja processada no juízo criminal enquanto à pessoa jurídica reste se aplique a multa administrativa[96].

48. Questões conceituais envolvendo as palavras "sonegação" e "defraudação"

O inadimplemento tributário ou simples não pagamento de tributo no prazo de vencimento, sem que a ele esteja associada nenhuma omissão de informações ao Fisco, não emissão de documento fiscal ou prática de fraude, constitui infração exclusivamente administrativo-tributária, a menos que implique apropriação indébita por substituto que deixe de recolher tributo retido ou cobrado do contribuinte ou por contribuinte de direito que deixe de recolher tributo indireto cujo ônus financeiro tenha repassado ao consumidor, contribuinte de fato. A pura e simples inadimplência é situação corriqueira decorrente do fluxo financeiro ou da desorganização dos contribuintes, mas sem maior potencial lesivo, sendo pagos os tributos posteriormente, com multa e juros moratórios.

---

95. DOTTI, René Ariel. *Curso de direito penal*: parte geral. 6. ed. São Paulo: Thompson Reuters Brasil, 2018, p. 444. *Vide* também: PRADO, Luiz Regis; DOTTI, René Ariel (coord.). *Responsabilidade penal da pessoa jurídica*: em defesa do princípio da imputação penal subjetiva. 3. ed. São Pauto: Revista dos Tribunais, 2011. Ainda: SALVADOR NETTO, Alamiro Velludo. *Responsabilidade penal da pessoa jurídica*. São Paulo: Revista dos Tribunais, 2018.
96. TESAURO, Francesco. *Compendio di diritto tributario*. 5. ed. 1. reimpr. Milianofiori Assago: UTET Giuridica, 2014, p. 204.

Situação absolutamente distinta é aquela correspondente à evasão tributária. No item que dedicamos ao planejamento tributário, distinguimos a elisão (lícita: planejamento tributário legítimo) da evasão (ilícita). A evasão dá-se quando o contribuinte se furta, dolosamente, ao cumprimento da sua obrigação tributária principal, esquivando-se de pagar o tributo mediante omissão ou ação que procure encobrir o conhecimento da ocorrência do fato gerador, da sua natureza ou dimensão, de modo que o Fisco não tome conhecimento.

DERZI destaca que "a ordem jurídica não pune criminalmente o descumprimento em si da obrigação de pagar tributo, pois inexiste, entre nós, prisão por dívida. O delito de sonegação supõe necessária e paralelamente a ocorrência de atos ou omissões fraudulentos, enfim, ludíbrio, desonestidade destinada a diminuir ou eliminar dívida tributária, que viria a reduzir o patrimônio do contribuinte"[97]. Em outra obra, parafraseando Tipke, sintetiza: "o que se pune, no direito penal, são antes ações ou omissões desonestas". E explica: "Essa desonestidade passível de incriminação não se apresenta pelo não pagamento do tributo, mas pelo engodo, embuste, pelo ludíbrio a que a Fazenda é conduzida por meio dessas ações, dificultando-se, ou, às vezes, impossibilitando-se a descoberta do débito do contribuinte criminoso"[98].

Importa trazermos algumas questões conceituais relativas à supressão ou redução criminosa de tributos.

Podemos denominar as condutas configuradoras de crime material contra a ordem tributária, simplesmente, de crimes de evasão tributária, pois o contribuinte pratica o fato gerador, a obrigação tributária surge, mas ele realiza alguma manobra evasiva para esquivar-se do pagamento e do lançamento.

Podemos chamá-los, também, de crimes de sonegação tributária. SILVA traz o significado de sonegação: "De *sonegar*, do latim *subnegare* (negar de algum modo), entende-se a *ocultação* ou a *subtração* de alguma coisa ao destino que lhe é reservado". SILVA ainda esclarece que, "No conceito jurídico, a sonegação envolve sempre a ocultação ou a subtração dolosa de coisas, que deveriam ser mostradas, ou trazidas a certos lugares, a fim de que se satisfaçam mandos legais". E complementa: "Em sentido fiscal, a *sonegação*, em princípio, designa a *evasão do tributo* por meio de artifícios ou manejos dolosos do contribuinte". Mais: "Quer significar, pois, a *falta de pagamento do tributo devido*, ou a subtração ao pagamento do tributo, mediante o emprego de meios utilizados com esse objetivo", envolve "*o emprego de meios para se furtar a esse pagamento*"[99]. A sonegação

---

97. DERZI, Misabel Abreu Machado. Aspectos controvertidos dos delitos contra a ordem tributária. *In*: FRANCO, Alberto Silva; NUCCI, Guilherme de Souza (org.). *Direito penal*. São Paulo: Revista dos Tribunais, 2010. (Coleção Doutrinas Essenciais). v. 8, p. 454.
98. DERZI, Misabel Abreu Machado. Notas de atualização. *In*: BALEEIRO, Aliomar. *Direito tributário brasileiro*. 11. ed. Rio de Janeiro: Forense, 1999, p. 759 e 765.
99. SILVA, De Plácido e. *Vocabulário jurídico*. 32. ed. Rio de Janeiro: Forense, 2016, p. 1315.

caracteriza-se, nesse sentido, pelo não pagamento doloso de todo ou parte do tributo devido, mediante alguma manobra, seja qual for.

Há conceito de sonegação em capítulo da Lei do IPI relativo à aplicação e graduação de penalidades. Refiro-me ao art. 71 da Lei n. 4.502/64, que dispõe: "Art. 71. Sonegação é toda ação ou omissão dolosa tendente a impedir ou retardar, total ou parcialmente, o conhecimento por parte da autoridade fazendária: I – da ocorrência do fato gerador da obrigação tributária principal, sua natureza ou circunstâncias materiais; II – das condições pessoais de contribuinte, suscetíveis de afetar a obrigação tributária principal ou o crédito tributário correspondente". Perceba-se a referência à "toda ação ou omissão dolosa tendente a impedir ou retardar o conhecimento do fato gerador, sua natureza ou circunstâncias ou condições pessoais do contribuinte que afetem a obrigação correspondente.

Mas há confusões conceituais envolvendo a expressão "sonegação". A antiga e já revogada Lei n. 4.729/65 trazia como rubrica: "Define os crimes de sonegação". Ao fazê-lo, em seu art. 1º, sequer exigia o resultado do não pagamento, apontando, isso sim, infrações formais praticadas "com a intenção de eximir-se, total ou parcialmente, do pagamento de tributos", "com a intenção de exonerar-se do pagamento de tributos devidos à Fazenda Pública", "com o propósito de fraudar a Fazenda Pública", "com o objetivo de obter dedução de tributos devidos". Ou seja, tipificava infrações formais associadas ao dolo específico de fazê-lo para, de algum modo, não pagar tributos devidos. Seguindo com as possíveis confusões. Há quem considere sonegação em oposição à fraude, reservando aquela expressão para o não pagamento mediante omissão e chamando de fraude fiscal ou tributária o não pagamento mediante fraude, normalmente caracterizada pela prática de alguma falsidade material ou ideológica.

A Lei n. 8.137/90 separou, claramente, os crimes de resultado (supressão ou redução de tributos mediante não declaração, não emissão de documento ou atos fraudulentos) dos crimes formais (sobretudo o não cumprimento de obrigações acessórias com o dolo específico de não pagar tributo e o não repasse de tributos retidos ou cobrados). Com isso, outra terminologia passou a predominar. Já não se vê, tanto, a referência a crime de sonegação, mas, isso sim, a crimes materiais e a crimes formais contra a ordem tributária. Trata-se, porém, não propriamente da atribuição de um nome a tal crime, mas do uso da classificação dos crimes em materiais e formais.

BALTAZAR JUNIOR destaca que: "Como traço comum em todas as hipóteses de sonegação está a ideia de fraude consistente em omissão de informação quando existente o dever de declarar, falsificação de documento, uso de documento falso, simulação, omissão de operação tributável etc."[100].

---

100. BALTAZAR JUNIOR, José Paulo. Crimes tributários: novo regime de extinção de punibilidade pelo pagamento – Lei n. 12.382/2011, art. 6º. *Estado de Direito*, n. 31, 2011, p. 442.

Optamos por referir os crimes materiais contra a ordem tributária pela denominação *sonegação*, sejam praticados mediante omissão, fraude ou qualquer outro ardil.

É muito comum, no direito estrangeiro, a utilização do termo "defraudação" como delito tributário. Não costumamos utilizar essa expressão no direito brasileiro, mas vale compreendermos o seu sentido e, assim, o porquê da sua adoção alhures. Valhemo-nos das lições de VILLEGAS, que esclarece: "No deben confundirse los conceptos de defraudación fiscal con evasión fiscal, ya que la segunda tiene un caráter más amplio y puede definirse como 'todo acto u omisión que violando disposiciones legales, en el ámbito de un país o en la esfera internacional, produce la eliminación o la disminución de la carga fiscal', mientras que la primera se refiere únicamente al mismo resultado, pero obtenido mediante un tipo especial de conducta que se denomina 'fraude'". E prossegue: "En su acepción gramatical, la palabra 'fraude' alude a cualquier engaño, inexactitud consciente o abuso de confianza que produze o prepara un daño, mientras que 'defraudar' significa privar a alguien con abuso de confianza o con infidelidad de las obligaciones propias, lo que le toca en derecho"[101]. Mais: "el fraude fiscal puede definirse como la transgresión de un deber jurídico en la resolución de falsear, ocultar un hecho o un acto en perjuicio del fisco, siendo reprimido puesto que constituye un engaño o una astucia destinada a lograr un beneficio ilícito en perjuicio de outro". E sintetiza: "La defraudación – dice Fonrouge – supone la intención de dañar, la realización de un acto voluntario o la ocultación de cualquier circunstancia con relevancia fiscal con el propósito deliberado de sustraerse, en todo o en parte, a una obligación tributaria. Como señala Blumenstein, debe mediar un comportamiento intencional dirigido a inducir en error a la autoridad"[102]. A defraudação, portanto, corresponde à sonegação mediante fraude.

HENSEL, na obra que é considerada uma das fundantes do Direito Tributário enquanto ramo autônomo do direito, já se referia à defraudação fiscal: "La Ordenanza Tributaria há agrupado tres delitos fundamentales en una regulación única: la defraudación fiscal, la puesta en peligro del impuesto y la compra o adquisición dolosa de mercaderías obtenidas con defraudación de impuestos al consumo, aduaneros o que constituyan contrabando". "El delito más general y completo, contenido en el § 396, consiste en la provocación dolosa de una merma en los ingresos tributários (reducción dolosa de impuestos)"[103].

O art. 305 do Código Penal espanhol, ao inaugurar o título dos delitos contra a Fazenda Pública e contra a Seguridade Social, principia assim: "1. El que, por acción u omisión, defraude a la Hacienda Pública estatal, autonómica, foral o local, eludiendo el pago de

---

101. VILLEGAS, Hector B. *Derecho penal tributario*. Buenos Aires: Ed. Lerner, 1965, p. 92.
102. VILLEGAS, Hector B. *Derecho penal tributario*. Buenos Aires: Ed. Lerner, 1965, p. 92.
103. HENSEL, Albert. *Derecho tributário*. Título original: Steuerrecht. Berlín/Heidelberg: Julius Springer, 1933. Traducción y estudio preliminar por Andrés Báez Moreno, Marisa Luisa González-Cuéllar Serrano y Enrique Ortiz Calle. Madrid: Marcial Pons, 2005, p. 403-404.

tributos, cantidades retenidas o que se hubieran debido retener o ingresos a cuenta, obteniendo indebidamente devoluciones o disfrutando beneficios fiscales de la misma forma, siempre que la cuantía de la cuota defraudada, el importe no ingresado de las retenciones o ingresos a cuenta o de las devoluciones o beneficios fiscales indebidamente obtenidos o disfrutados exceda de ciento veinte mil euros será castigado con la pena de prisión de uno a cinco años y multa del tanto al séxtuplo de la citada cuantía, salvo que hubiere regularizado su situación tributaria en los términos del apartado 4 del presente artículo".

Na legislação italiana, os crimes constam da D. lgs. 10 marzo 2000, n. 74, arts. 2º a 11; Art. 76 del D.p.r. 20 dicembre 2000, n. 445. TESAURO arrola os crimes tributários na Itália em matéria de imposto de renda e sobre o consumo: "la violazione dell'obbligo di dichiarazione"; "la falsità ideológica nei rapporti con l'Amministrazione finanziaria; l'emissione di fatture o altri documenti per operazioni inesistenti; l'occultamento o la distruzione di documenti contabili; l'omesso versamento di ritenute e dell'Iva; il compimento di atti fraudolenti, sui propri beni o su beni di altri, intesi a rendere inefficace la riscossione coattiva"[104].

49. Sonegação de tributos: a supressão ou redução de tributos como elemento comum às diversas condutas caracterizadoras de crime material contra a ordem tributária

A Lei n. 8.137/90, em seu art. 1º, traz um tipo de resultado: suprimir ou reduzir tributo. Conforme SCHOERPF, "suprimir envolve a ideia de se eximir totalmente do pagamento do tributo devido, de nada pagar. A seu turno, reduzir o tributo implica diminuir o tributo a ser pago, recolhendo-o a menor"[105].

Esse crime material perfaz-se com a supressão ou redução de tributo mediante quaisquer das condutas-meio arroladas em seus cinco incisos, impondo-se, sempre, a leitura combinada do *caput* do art. 1º com cada um dos seus incisos.

PAULINO bem pontua que, embora o art. 1º da Lei n. 8.137/90 ostente diversos incisos, isso "não significa dizer que se trata de vários crimes; na verdade, o crime é um só, o de sonegação fiscal"[106]. E SCHOERPF sentencia: "Há um grau de dependência dos incisos em relação ao *caput*"[107].

---

104. TESAURO, Francesco. *Compendio di diritto tributario*. 5. ed. 1ª reimpr. Milianofiori Assago: UTET Giuridica, 2014, p. 195.
105. SCHOERPF, Patrícia. *Crimes contra a ordem tributária*: aspectos constitucionais, tributários e penais. Curitiba: Juruá, 2010, p. 143.
106. PAULINO, José Alves. *Crimes contra a ordem tributária*. 2. ed. Brasília: Projecto Editorial, 2002, p. 59.
107. SCHOERPF, Patrícia. *Crimes contra a ordem tributária*: aspectos constitucionais, tributários e penais. Curitiba: Juruá, 2010, p. 143.

Não é por outra razão que, nos diversos itens desta obra, jamais referimos os incisos do art. 1º isoladamente; sempre os referimos em complementação ao *caput* do artigo. Por certo, os incisos do art. 1º da Lei n. 8.137/90, inclusive o inciso V, só fazem sentido, só encontram o seu adequado significado e alcance, à luz do *caput*; a ele se reportam, apresentando os modos pelos quais suprimir ou reduzir tributo implica crime.

Distinta é a situação do art. 2º da Lei n. 8.137/90, porquanto seu *caput* limita-se a dizer que os incisos que arrola constituem crimes da mesma natureza, ou seja, crimes contra a ordem tributária. O *caput* do art. 2º não indica nenhuma elementar dos crimes formais contra a ordem tributária, descritas, com exclusividade, nos próprios incisos que lhe seguem. Mas se trata de um caso excepcional em que os incisos guardam autonomia, sendo bastantes em si.

50. Sonegação de tributos mediante omissão de informação ou declaração falsa, tais como omissão de receitas etc.

Lei n. 8.137/90
Art. 1º Constitui crime contra a ordem tributária suprimir ou reduzir tributo, ou contribuição social e qualquer acessório, mediante as seguintes condutas: (*Vide* Lei n. 9.964, de 10-4-2000)
I – omitir informação, ou prestar declaração falsa às autoridades fazendárias;
Pena – reclusão de 2 (dois) a 5 (cinco) anos, e multa.

Com espeque no inciso I, temos que é crime suprimir ou reduzir tributo mediante a conduta de omitir informação, ou prestar declaração falsa às autoridades fazendárias. Lembre-se, desde já, que, embora não conste do inciso I o termo fraude, prestar declaração falsa às autoridades fazendárias é fraude.

É muito comum, sobretudo no que diz respeito aos tributos sujeitos a lançamento por homologação, que haja obrigações acessórias vinculadas ao seu pagamento, *es decir*, que a lei imponha ao contribuinte perceber a ocorrência do fato gerador, calcular e pagar o montante devido e declará-lo ao Fisco.

A supressão ou redução de tributo, nesses casos, envolve a combinação das condutas de não pagar e de omitir informação ou prestar declaração falsa ao Fisco. Essa situação, infelizmente, é corriqueira.

KERN esclarece que "na modalidade omissiva, impõe-se a vigência de um dever de prestar a informação", sendo que tal dever "deve ter previsão legal, pelo princípio da legalidade estrita, sendo insuficiente, para consequências penais, que a previsão tenha fulcro em norma infralegal". Não concordamos com tal posição. Ainda que seja adequado entendermos que a instituição de obrigações acessórias dependeriam de lei em sentido estrito tendo em conta, diretamente, o art. 5º, II, da Constituição Federal, o entendimento dominante na jurisprudência do STJ é em sentido contrário, forte nas redações dos arts. 113, § 2º, e 115 do CTN. Ademais, instituídas as obrigações acessórias, ainda que pela via de atos normativos infralegais, nada justifica que o contribuinte as manipule como instrumento para a supressão ou redução de tributos. O dispositivo comentado criminaliza tal conduta, porquanto não restringe às informações ou declarações exigidas por lei, diferentemente do que se vê no inciso II do mesmo artigo.

LANA adverte que "não se pode ter como ocorrido o crime quando há divergência de interpretação da legislação tributária, ou seja, nos casos em que o Fisco e o contribuinte dão ao comando legislativo interpretações antagônicas, diversas", sendo que "tal fato não pode ser considerado como criminoso, uma vez que a fraude, o ardil, não estarão presentes"[108]. E traz à colação acórdão do STF nesse sentido: "A errônea exegese da lei tributária quanto ao cálculo correto do ICMS no lançamento de crédito, em face de diferença de alíquotas praticadas no Estado de destino e no de origem, ausente o elemento fraude, não configura a infração tipificada no art. 1º, I e II, da Lei n. 8.137/90"[109].

Avançando-se pela casuística, vê-se que já se decidiu, por exemplo, que "É típica a conduta omissiva de não apresentar Declaração Anual de Imposto de Renda referente ao ano-calendário em que apurada, mediante Ação Fiscal", a dívida. Nesse caso, prosseguiu o tribunal: "Dolo que se comprova, ademais, com a inércia diante da regular intimação da Receita Federal para prestar esclarecimentos"[110]. Efetivamente, há situações em que o contribuinte, embora perceba valores consideráveis, sujeitos ao imposto, simplesmente omite-se, deixando de proceder às antecipações mensais e ao ajuste anual: não paga e não declara. Certa feita, deparei-me com situação em que o contribuinte, embora tivesse movimentado, em suas contas bancárias, quase dez milhões de reais durante o período de três ou quatro anos, sempre prestava declaração apontando rendimentos tributáveis próximos ao valor de isenção, inferior a trinta mil reais anuais. Vejamos decisões de situações análogas: "Caracteriza crime contra a ordem tributária, tipificado no art. 1º, I, da Lei n. 8.137/90, a omissão de informações às autoridades fazendárias sobre valores depositados em contas bancárias sem comprovação de origem (art. 42 da Lei n. 9.430/96)"[111]. "A conduta omissiva de não prestar declaração ao Fisco com o fim de obter a redução ou supressão de tributo, quando atinge o resultado almejado, consubstancia crime de sonegação fiscal, na modalidade do inciso I do art. 1º da Lei n. 8.137/90"[112]. "A falta de inclusão, na declaração de ajuste anual do imposto de renda da pessoa física, de rendimentos

---

108. LANA, Cícero Marcos Lima. *Os crimes de sonegação fiscal e o princípio da intervenção mínima*. Campinas: Impactus, 2006, p. 61.
109. STF, ROHC 7.798, 1999.
110. TRF4, ACR 5005382-31.2010.4.04.7002, 2018.
111. TRF4, ACR 5001966-03.2016.4.04.7210, 2019.
112. STJ, AgRg no RHC n. 162.470, 2022.

tributáveis, auferidos de pessoa jurídica, caracteriza a supressão ilícita do imposto de renda da pessoa física, mediante a omissão de operação tributável (art. 1º, I, da Lei n. 8.137/90)"[113]. "Comprovada a omissão de valores passíveis de tributação nas declarações apresentada ao Fisco, com o fim de reduzir tributos, confirma-se a condenação do réu como incurso nas penas do art. 1º da Lei n. 8.137/90"[114].

Também ocorre de os contribuintes declararem os rendimentos tributáveis, mas apontarem deduções em desconformidade com a verdade, como gastos médicos e hospitalares não incorridos, dependentes inexistentes etc. Num desses casos, restou decidido: "1. Caracteriza crime contra a ordem tributária, tipificado no art. 1º, I, da Lei n. 8.137/90, a prestação de informações falsas às autoridades fazendárias, relacionadas a deduções indevidas de despesas com pessoas não dependentes, bem como de despesas não comprovadas ou cujo lançamento não é permitido pela legislação"[115].

Eis, ainda, alguns outros casos: "Ao omitir receitas auferidas pela empresa, o réu realizou conduta que se amolda ao art. 1º, I, da Lei n. 8.137, de 1990"[116]. "Ao declarar a inatividade da empresa perante a autoridade fiscal, sem que tal informação correspondesse à realidade, os réus realizaram conduta que se amolda ao art. 1º, I, da Lei n. 8.137, de 1990"[117].

A omissão de receitas também é recorrente: "2. Havendo provas nos autos de que o réu prestou declaração de rendimentos omitindo a renda obtida com as vendas realizadas pelo *site* 'Mercado Livre' nos anos de 2002 a 2005, impõe-se sua condenação às penas do art. 1º, I e II, da Lei n. 8.137/90"[118].

51. Sonegação de tributos mediante fraude, tais como enquadramento indevido no Simples Nacional e compensação de créditos inexistentes etc.

Lei n. 8.137/90
Dos crimes praticados por particulares
Art. 1º Constitui crime contra a ordem tributária suprimir ou reduzir tributo, ou contribuição social e qualquer acessório, mediante as seguintes condutas: (*Vide* Lei n. 9.964, de 10-4-2000)

---

113. TRF4, ACR 5002292-02.2016.4.04.7100, 2017.
114. TRF4, ACR 5007344-61.2016.4.04.7202, 2018.
115. TRF4, ACR 5008683-15.2017.4.04.7204, 2019.
116. TRF4, ACR 5000173-95.2017.4.04.7015, 2019.
117. TRF4, ACR 5002116-82.2014.4.04.7103, 2018.
118. TRF4, ACR 5001080-67.2017.4.04.7016, 2020.

II – fraudar a fiscalização tributária, inserindo elementos inexatos, ou omitindo operação de qualquer natureza, em documento ou livro exigido pela lei fiscal;
Pena – reclusão de 2 (dois) a 5 (cinco) anos, e multa.

É crime suprimir ou reduzir tributo mediante a conduta de fraudar a fiscalização tributária, inserindo elementos inexatos, ou omitindo operação de qualquer natureza, em documento ou livro exigido pela lei fiscal.

COSTA JÚNIOR afirma que, "de certa forma, a conduta retro já se acha incluída no inciso anterior", isto porque "quem omite operação está ocultando informação ao Fisco", e "quem presta declaração falsa às autoridades fazendárias insere elemento inexato na escrituração mercantil"[119]. A questão será de enquadramento em um inciso ou outro, conforme o critério da especialidade, mas sem outra repercussão.

SILVA ensina o significado de fraude: "Derivado do latim *fraus, fraudis* (engano, má-fé, logro), entende-se geralmente como o *engano malicioso* ou a *ação astuciosa*, promovidos de *má-fé*, para *ocultação da verdade* ou *fuga ao cumprimento do dever*". E esclarece que a fraude traz consigo "o *engano oculto* para furtar-se o fraudulento ao cumprimento do que é de sua obrigação ou para logro de terceiros"[120]. Aliás, a Lei n. 4.502/64, que rege o IPI, já conceituava fraude: "Art. 72. Fraude é toda ação ou omissão dolosa tendente a impedir ou retardar, total ou parcialmente, a ocorrência do fato gerador da obrigação tributária principal, ou a excluir ou modificar as suas características essenciais, de modo a reduzir o montante do imposto devido a evitar ou diferir o seu pagamento".

No tipo do inciso II do art. 1º, a Lei n. 8.137/90 torna inequívoca a qual fraude se refere, a de "inserir elementos inexatos, ou omitir operação de qualquer natureza, em documento ou livro exigido pela lei fiscal". KERN também faz este destaque: "não se trata de qualquer modalidade de fraude, mas sim, daquela cometida mediante a inserção ou omissão maliciosa de operação tributável nos livros fiscais de escrituração obrigatória, a fim de reduzir ou suprimir tributo". E dá exemplos: "a) o faturamento foi de $ 2 milhões e lança-se na contabilidade $ 1 milhão (comissivo); b) no lançamento do IPI, cobrou-se de terceiros $ 1 milhão, mas registra-se no Livro de Apuração do IPI movimentação de apenas $ 500 mil (comissivo); c) IPI: saíram do estabelecimento industrial $ 1 milhão em produtos industrializados, mas não escrituraram todas as operações (omissivo)"[121]. LANA também adverte: "insta ser observado que a ocorrência de crime está condicionada à inserção de elementos inexatos ou a omissão de informações em livros fiscais, e não em quaisquer outros livros. A prática dessas condutas em documentos e livros de

---

119. COSTA JÚNIOR, Paulo José da; DENARI, Zelmo. *Infrações tributárias e delitos fiscais*. 4. ed. São Paulo: Saraiva, 2000, p. 121.
120. SILVA, De Plácido e. *Vocabulário jurídico*. 32. ed. Rio de Janeiro: Forense, 2016, p. 640.
121. KERN, Alexandre. *O controle penal administrativo nos crimes contra a ordem tributária*. Porto Alegre: Livraria do Advogado, 2002, p. 54.

natureza alheia à fiscal, constituirá, se for o caso, crime de falsidade ideológica, descrito no art. 299 do Código Penal"[122].

Inserir elementos inexatos é conduta omissiva de fazer o lançamento de um dado incorreto, que não corresponde à realidade. Omitir operação é a conduta omissiva de não lançar informação quanto a negócio ou ato praticado e que deveria constar por ser relevante do ponto de vista tributário.

COSTA ressalta que temos "aqui uma norma penal em branco, pois a definição de quais livros são obrigatórios e quais documentos devem registrar as operações tributáveis se encontra na Lei Tributária, que complementará o tipo em comento"[123].

Há diversas obrigações acessórias que devem ser cumpridas pelos contribuintes e também por terceiros no interesse da Administração Tributária, nos termos do art. 113, § 2º, do CTN. Entre essas obrigações estão a emissão de documentos, como a Nota Fiscal Eletrônica e Conhecimento de Transporte Eletrônico, e a elaboração e envio da Escrituração Contábil Digital (ECD), que fazem parte do Sistema Público de Escrituração Digital (SPED). São relevantes para a apuração dos tributos devidos e para a atividade de fiscalização. O lançamento inexato ou a falta de lançamento de informação em documentos e livros fiscais (atualmente eletrônicos) pode constituir instrumento para a supressão ou redução de tributos. E é essa conduta dolosa que o tipo penal do art. 1º, II, alcança.

ABRAÃO vislumbra a ação de quem "elimina notas, recibos e quaisquer documentos considerados relevantes, cometendo falta grave e impedindo que a Fiscalização possa rastrear toda a operação e dela extrair o valor da operação tributária". E segue: "o ato comportamental também pode se deslocar para relação de livros fiscais obrigatórios, quando o agente procura subtraí-lo total ou integralmente, não fazendo a respectiva escrituração, eliminando páginas ou faltando com a verdade na descrição real da operação"[124].

LANA entende que "Esta modalidade de crime tem como exemplo mais significativo a inserção de valores de créditos de tributo oriundos de operações mercantis que jamais se realizaram efetivamente: é a compra de notas fiscais fictícias"[125]. Essa conduta, entretanto, a nós parece que melhor se enquadra no inciso IV deste art. 1º da Lei n. 8.137/90, como veremos adiante.

Conforme FERREIRA, "para subsunção da conduta ao tipo, mister se faz que o agente, violando o dever de informar, dolosamente omita operação ligada ao fato gerador de obrigação tributária, em livro ou documento exigido pela lei fiscal, visando a supressão

....

122. LANA, Cícero Marcos Lima. *Os crimes de sonegação fiscal e o princípio da intervenção mínima*. Campinas: Impactus, 2006, p. 63.
123. COSTA, Cláudio. *Crimes de sonegação fiscal*. Rio de Janeiro: Revan, 2003, p. 84.
124. ABRAÃO, Carlos Henrique. *Crime tributário*: um estudo da norma penal tributária. 4. ed. São Paulo: Malheiros, 2015, p. 46.
125. LANA, Cícero Marcos Lima. *Os crimes de sonegação fiscal e o princípio da intervenção mínima*. Campinas: Impactus, 2006, p. 63.

ou redução de tributo, contribuição social ou qualquer acessório". E pondera: "afigura-se imperioso, entretanto, que a operação, além de juridicamente relevante, seja apta a suprimir ou reduzir tributo, contribuição social ou qualquer acessório"[126]. COSTA JÚNIOR também destaca que "a omissão que der ensejo ao crime haverá de dispor de certo relevo", porquanto, "tratando-se de dados irrelevantes, inidôneos à redução ou à eliminação do tributo, a omissão deles não caracterizará crime". E insiste: "haverá que tratar-se de uma omissão relevante, de certo valor contábil, capaz de possibilitar a redução ou o não pagamento de tributo devido. O mesmo se diga da fraude, que deverá ser relevante, idônea a ensejar o prejuízo ao erário público"[127].

FURLAN enfrenta a questão sobre se "o fato de inserir elementos inexatos em nota fiscal, do qual decorre a redução do valor do IPI, da Cofins, do Imposto de Renda, da CSL e do ICMS devidos, configura um crime, ou tantos crimes quantos são os tributos cuja redução operou-se pela referida conduta". Sob uma perspectiva que a nós parece patrimonialista, de que a Lei n. 8.137/90 estaria alçando "à condição de crime as condutas tendentes a frustar ou prejudicar a arrecadação tributária" e considerando as autonomias tributária e financeira de cada unidade da federação, entende que, ofendendo a arrecadação tributária tanto da União como do Estado, "dois bens jurídicos distintos são afetados pelo mesmo ato delituoso", "duas pessoas jurídicas distintas terminam sendo atingidas criminosamente por uma única ação", o que configuraria concurso formal de crimes, nos termos do art. 70 do CP. Identifica, assim, a aplicação da pena aumentada de 1/6 a 1/2[128]. Na mesma obra, ESTELLITA apresenta consideração importante: "a resposta dependerá de se considerar como objeto de proteção cada tributo ou a ordem tributária ou, ainda, a arrecadação tributária". E segue: "no primeiro caso, a unidade de conduta típica com pluralidade formal de resultados típicos poderá conduzir à aplicação da regra inscrita no art. 70, *caput*, do Código Penal [...]". Então, adverte: "À outra solução chegarão os que tomarem por objeto de tutela a ordem tributária ou a arrecadação tributária", porquanto "a unidade de conduta típica com a redução de diversos tributos deverá ser considerada um só crime, mas a pluralidade de tributos reduzidos implicará maior desvalor do resultado, ou seja, em maior dano ao bem jurídico tutelado, circunstância a ser avaliada na dosimetria (cf. art. 59 do Código Penal e art. 12, I, da Lei n. 8.137/90)"[129].

....

126. FERREIRA, Roberto dos Santos. *Crimes contra a ordem tributária*. São Paulo: Malheiros, 1996, p. 53.
127. COSTA JÚNIOR, Paulo José da; DENARI, Zelmo. *Infrações tributárias e delitos fiscais*. 4. ed. São Paulo: Saraiva, 2000, p. 122.
128. FURLAN, Anderson. Sanções penais tributárias. *In*: MACHADO, Hugo de Brito (coord.). *Estudos de direito penal tributário*. São Paulo: Atlas, 2002, p. 39.
129. ESTELLITA, Heloisa. *In*: MACHADO, Hugo de Brito (coord.). *Estudos de direito penal tributário*. São Paulo: Atlas, 2002, p. 351.

Um dos modos pelos quais ocorre a supressão ou redução criminosa dos tributos devidos é enquadramento indevido, mediante declarações falsas ou qualquer outra forma de fraude, de uma pessoa jurídica no Simples Nacional. Trata-se de regime voltado a dar "tratamento diferenciado e favorecido para as microempresas e para as empresas de pequeno porte" (art. 146, III, *d*, da CF). Assim, a simulação da condição de microempresa ou de empresa de pequeno porte, com faturamento dentro dos limites que ensejam a opção por esse regime de tributação, constitui manobra capaz de, na prática, reduzir artificialmente a carga tributária de uma empresa de maior porte. Isso acontece pela omissão de receitas para manter a empresa nos limites de admissão no sistema, mas também pelo fracionamento. Efetivamente, constitui fraude o fracionamento simulado de uma empresa de maior porte em várias menores passíveis de enquadramento, cada qual, no Simples, regime simplificado de tributação que enseja um tratamento favorecido, com menor carga tributária e menos obrigações principais e acessórias. Isso porque, enquanto as empresas maiores tem de pagar, mensalmente, diversos tributos separadamente pelas suas alíquotas nominais, as microempresas e empresas de pequeno porte incluídas no Simples efetuam um módico recolhimento unificado. Vejamos, brevemente, como funciona o Simples.

A LC n. 123/2006 estabelece o regime de tributação denominado Simples Nacional, através do qual as microempresas (ME) e as empresas de pequeno porte (EPP) podem substituir a apuração e o recolhimento de cada tributo por elas devido pela apuração e recolhimento de valor único com base na receita bruta. O Simples Nacional implica recolhimento, mediante documento único, não apenas de impostos e contribuições federais – IRPJ, IPI, CSLL, Cofins, PIS/Pasep, contribuição previdenciária da empresa –, mas também do ICMS e do ISS. Os demais tributos e algumas hipóteses de substituição tributária não são abrangidos: IOF, II, IE, ITR, imposto de renda de aplicações financeiras, imposto de renda relativo aos ganhos de capital auferidos na alienação de bens do ativo permanente, contribuição previdenciária do trabalhador e ICMS nas operações ou prestações sujeitas ao regime de substituição tributária, dentre outros. O rol de tributos incluídos e dos excluídos consta do art. 13 da LC n. 123/2006. O recolhimento, no âmbito do Simples, é feito por documento único instituído pelo Comitê Gestor, sendo os valores repassados, por este, a cada um dos entes políticos conforme a parcela que lhes cabe, nos termos dos arts. 21, I, e 22 da LC n. 123/2006.

O enquadramento das pessoas jurídicas, como microempresas e como empresas de pequeno porte, depende da sua receita bruta anual. A LC n. 123/2006, em seu art. 3º, considera microempresa a pessoa jurídica que aufira no ano-calendário receita bruta de até R$ 360.000,00 (trezentos e sessenta mil reais). Por sua vez, considera empresa de pequeno porte a pessoa jurídica que aufira, no ano-calendário, receita bruta superior a R$ 360.000,00 até R$ 4.800.000,00 (quatro milhões e oitocentos mil reais). Mas, para "efeito de recolhimento do ICMS e do ISS no Simples Nacional", o limite máximo é de R$ 3.600.000,00 (três milhões e seiscentos mil reais), conforme o novo art. 13-A da LC

n. 123/2006, acrescido pela LC n. 155/2016. Com isso, a elevação do limite, de R$ 3.600.000,00 para R$ 4.800.000,00 não alcançou o imposto estadual nem o municipal, o que gera uma cisão no sistema. No referido intervalo de receita bruta, a manutenção no Simples não é plena; só tem efeitos quanto aos tributos federais. Ademais, nos termos do art. 19 da LC n. 123/2006, com a redação da LC n. 155/2016, os Estados cuja participação no Produto Interno Bruto brasileiro seja de até 1% "poderão optar pela aplicação de um sublimite para efeito de recolhimento do ICMS na forma do Simples Nacional nos respectivos territórios, para empresas com receita bruta anual de até R$ 1.800.000,00 (um milhão e oitocentos mil reais)". Cabe destacar que nem todas as empresas com receita bruta inferior ao limite estão autorizadas a optar pelo regime unificado. O art. 17 da LC n. 123/2006 traz um rol de vedações ao ingresso no Simples Nacional, dentre as quais se encontram as empresas que tenham sócio domiciliado no exterior, que prestem serviços de comunicação, decorrentes do exercício de atividade intelectual, de natureza técnica, científica, desportiva, artística ou cultural, que realizem cessão ou locação de mão de obra etc.

O legislador estabelece, ainda, outras condições para a adesão. O art. 17, V, da LC n. 123/2006, por exemplo, condiciona o ingresso e a manutenção no sistema à inexistência de débitos tributários das empresas, dispositivo que foi considerado constitucional pelo STF quando do julgamento do RE 627.543 (Tema 363 de repercussão geral): "[...] a exigência de regularidade fiscal para o ingresso ou a manutenção do contribuinte no Simples Nacional – prevista no art. 17, V, da LC n. 123/2006 – não afronta os princípios da isonomia, porquanto constitui condição imposta a todos os contribuintes, conferindo tratamento diverso e razoável àqueles que se encontram em situações desiguais relativamente às suas obrigações perante as fazendas públicas dos referidos entes políticos, não havendo, outrossim, que se falar em ofensa aos princípios da livre-iniciativa e da livre concorrência, uma vez que a exigência de requisitos mínimos para fins de participação no Simples Nacional não se confunde com limitação à atividade comercial do contribuinte". O STJ também já havia decidido que, "se o contribuinte não preenche os requisitos previstos na norma, mostra-se legítimo o ato do Fisco que impede a fruição do benefício referente ao regime especial de tributação", inclusive quando o requisito diz respeito "à quitação fiscal"[130].

As alíquotas do Simples Nacional são estabelecidas mediante a combinação de dois critérios estampados nas tabelas anexas à LC n. 123/2006, com a redação da LC n. 139/2011: o tipo de atividade (comércio, indústria, serviços e locação de bens móveis, serviços) e a receita bruta. Variam de 4% (menor alíquota do comércio) a 22,90% (maior alíquota de serviços de administração e locação de imóveis de terceiros).

---

130. STJ, RMS 27.376, 2009.

As obrigações acessórias também são reduzidas, dispondo o art. 25 da LC n. 123/2006 que "A microempresa ou empresa de pequeno porte optante pelo Simples Nacional deverá apresentar anualmente à Secretaria da Receita Federal do Brasil declaração única e simplificada de informações socioeconômicas e fiscais".

As empresas podem ser excluídas do Simples de ofício em casos como o de exercício de atividade incompatível, extrapolação dos limites de receita, embaraço à fiscalização ou falta de escrituração do livro-caixa.

A LC n. 168/2019 autorizou o retorno ao Simples Nacional, até trinta dias da sua publicação, decorridos em julho de 2019, das empresas dele excluídas em janeiro de 2018 que aderissem ao Programa Especial de Regularização Tributária das Microempresas e Empresas de Pequeno Porte optantes pelo Simples Nacional (PertSN), instituído pela LC n. 162/2018. Esse retorno se deu com efeitos retroativos a 1º de janeiro de 2018.

Há casos, porém, em que não se comprova o dolo ou mesmo que a empresa seja efetivamente de fachada.

Houve caso em que se imputou ao réu "a fraude no pagamento de contribuições sociais e previdenciárias, mediante a utilização de empresa interposta, optante do Simples Nacional. Segundo a acusação, as duas empresas eram, em verdade, uma só pessoa jurídica, figurando como independentes de forma artificial, apenas com o fim de reduzir obrigações tributárias, já que a segunda poderia se incluir em regime de tributação mais favorável que a primeira". Porém, "A defesa demonstrou de forma suficiente que a alegada empresa interposta não se tratava apenas de empresa de fachada, e sim de pessoa jurídica independente, de modo que não se pode concluir que a sua criação se deu apenas com finalidade de burlar o Fisco". Concluiu-se, assim, que "os elementos colhidos durante a instrução probatória geraram, ao menos, dúvidas acerca da materialidade delitiva e do elemento subjetivo do tipo, inviabilizando o proferimento de um decreto condenatório", com o que houve a "Manutenção do decreto absolutório, com base no art. 386, II, do CPP" (TRF4, ACR 5018360-03.2016.4.04.7108, Sétima Turma, rel. Salise Monteiro Sanchotene, 2018).

Em outro caso, estava-se frente a "Hipótese em que se imputa ao réu a fraude no pagamento de contribuições sociais e previdenciárias, mediante a utilização de empresa de fachada optante do Simples Nacional", sendo que, "Segundo a acusação, o fato do réu figurar como sócio de uma empresa de fachada configurou a fraude tributária decorrente da artificiosa decomposição da única empresa que de fato existia (e de seu faturamento e atividades) a fim de enquadrá-la indevidamente no regime simplificado de tributação, e que, naquelas circunstâncias, tinha potencial consciência a respeito da ilicitude do fato que sua conduta significava". Imputava-se o crime do art. 1º, I, da Lei n. 8.137/90 por sonegação de contribuição mediante criação de empresa de fachada para fins de recolher tributos pelo Simples Nacional". Não obstante, considerou-se que os "elementos colhidos durante a instrução probatória não são suficientes para demonstrar que o réu tenha efetivamente atuado no caso com a ciência de estar auxiliando no cometimento de um crime contra a ordem tributária ou mesmo outro crime menos grave, ou seja, não é possível afirmar que o réu tenha agido com dolo"[131].

Quanto a essas fraudes para enquadramento ou manutenção no Simples, já se decidiu também: "Comete crime contra a ordem tributária (art. 1º, I, da Lei n. 8.137/90) o agente que suprime tributos declarando falsamente à autoridade fazendária estar a empresa contribuinte enquadrada no Simples Nacional quando, na verdade, a receita bruta apurada é superior ao limite permitido, impondo-se a desclassificação da conduta para o crime previsto neste tipo penal". No caso concreto, porém, em face de dúvida quanto ao elemento subjetivo do tipo, o réu restou absolvido com fundamento no art. 386, III, do CPP[132]. Em outro caso, a condenação foi mantida porque "apresentado pedido de reinclusão da empresa no Simples, devidamente demonstrada a ciência do réu e a intenção de prestar informação falsa"[133]. Veja-se ainda: "A redução de tributos praticada mediante interposição fraudulenta de empresas para simular, de forma inidônea, a opção pelo Simples Nacional, subsume-se ao art. 1º, I, da Lei n. 8.137/90"[134]. As situações, aliás, são as mais variadas. Já se considerou que "o dolo está presente na conduta do réu que, livre e conscientemente, não prestou todas as informações à autoridade fiscal omitindo receita, através de movimentação financeira realizada em contas de outras empresas do mesmo grupo, a fim de mascarar possibilidade de exclusão do Simples Nacional"[135].

De outro lado, nem todas as questões relacionadas ao enquadramento no Simples deságuam em ilícitos penais: "A ausência de retificação das GFIP's de determinado período pela perda do prazo para efeitos retroativos da adesão ao Simples é suficiente para a apuração do crédito tributário e consequente cobrança via execução fiscal, todavia, não é caso de condenação penal quando existem dúvidas acerca do dolo do réu para suprimir tais tributos mediante fraude"[136]. O pertencimento de empresa a grupo econômico, por sua vez, não impede adesão ao Simples, a menos que seja caso de desconsideração da personalidade jurídica, nos termos do art. 50 do CPC. Eis julgado a respeito: "A acusação refere que os acusados reduziram contribuição previdenciária por meio de declaração falsa, em GFIP, de que a empresa era optante do Simples, quando, na verdade, pertencia a grupo econômico"; "Ocorre que a mera formação de grupo econômico, sem indicativos do emprego de artifício fraudulento para suprimir ou reduzir tributo, não constitui crime"; "Ausente elemento do tipo objetivo do delito de sonegação fiscal,

---

131. TRF4, ACR 5015641-82.2015.4.04.7205, 2019.
132. TRF4, ACR 5069101-71.2016.4.04.7100, 2019.
133. TRF4, ACR 5008376-19.2016.4.04.7100, 2019.
134. TRF4, ACR 5006182-41.2015.4.04.7113, 2018.
135. TRF4, ACR 5000860-15.2016.4.04.7207, 2018.
136. TRF4, ACR 5002525-21.2015.4.04.7201, 2019.

impõe-se a absolvição dos acusados com fundamento no art. 386, III, do Código de Processo Penal"[137].

Outros casos que frequentemente implicam ilícitos penais estão relacionados a compensações tributárias fraudulentas. Cabe termos em conta algumas noções relacionadas à compensação tributária para adentrarmos o tema. O art. 170 do CTN estabelece que a lei poderá autorizar compensações entre créditos tributários da Fazenda Pública e créditos do sujeito passivo contra ela. Não há direito à compensação decorrente diretamente do CTN, pois depende da intermediação de lei específica autorizadora[138]. A lei autorizadora a que refere o art. 170 do CTN será federal, estadual ou municipal, cada qual podendo autorizar a compensação com os tributos do respectivo ente político. É importante desde já destacar que o legislador pode estabelecer condições e limites para a compensação. Ademais, tratando-se de um instrumento para a extinção de créditos tributários relativos aos tributos efetivamente devidos, aplica-se a lei vigente por ocasião do exercício da compensação pelo titular do direito ao ressarcimento.

No âmbito federal, há leis autorizando compensação pelo Fisco, de ofício, e pelo contribuinte, no regime de lançamento por homologação. Essa última modalidade é a que pode tocar a questão da sonegação. A par do art. 66 da Lei n. 8.383/91, é o art. 74 da Lei n. 9.430/96 o de maior aplicabilidade. Com a redação da Lei n. 10.637/12, dispõe seu *caput*: "Art. 74. O sujeito passivo que apurar crédito, inclusive os judiciais com trânsito em julgado, relativo a tributo ou contribuição administrado pela Secretaria da Receita Federal, passível de restituição ou de ressarcimento, poderá utilizá-lo na compensação de débitos próprios relativos a quaisquer tributos e contribuições administrados por aquele Órgão". Note-se que a Lei n. 9.430/96 permite ao contribuinte aproveitar o seu crédito para satisfazer débitos relativos aos tributos administrados pela Receita Federal do Brasil. O STJ ensina que "Administrar tributos não se restringe apenas à arrecadação dos recursos, mas, também, à fiscalização e à cobrança", mas não abrange a questão da destinação do produto da arrecadação.

....

137. TRF4, ACR 5001856-57.2014.4.04.7215, 2019.
138. Apenas na hipótese em que a restituição de indébito tributário não é efetiva, em face do não pagamento de precatórios, é que se pode pretender a compensação independentemente de autorização legal, com fundamento direto no texto constitucional, pois, não efetuado o pagamento, tem o Judiciário de encontrar outro modo de dar cumprimento às suas decisões, satisfazendo o direito do credor. A garantia de acesso à Justiça tem de ser efetiva, mesmo contra o Estado, sob pena de ruptura dos pilares do Estado de direito. O art. 78 do ADCT atribui aos créditos de precatórios parcelados cujo pagamento esteja atrasado efeito liberatório para a quitação de tributos, autorizando, com isso, sua invocação para fins de compensação. Nos demais casos, contudo, ainda não há posição consolidada nos tribunais. A simples referência à possibilidade de cessão dos precatórios a terceiros no § 13 do art. 100 da CF, acrescido pela EC 62/2009, não constitui autorização para sua utilização em compensações tributárias pelos cessionários.

A compensação do art. 74 da Lei n. 9.430/96 é efetuada mediante a apresentação, pelo titular do crédito, de documento eletrônico denominado Declaração de Compensação (DCOMP), do qual constam informações relativas aos créditos utilizados e aos respectivos débitos compensados, o que é regulado pela IN RFB 1.717/2017. Terá o Fisco o prazo de cinco anos contados da declaração para homologá-la (o que ocorrerá tacitamente) ou para não homologá-la, negando efeitos à compensação e dando o débito do contribuinte por aberto. Nesse caso, de não homologação, terá o contribuinte direito à apresentação de impugnação e de recurso, ambos com efeito suspensivo da exigibilidade do crédito tributário, nos termos do Decreto n. 70.235/72 e do art. 151, III, do CTN, tal qual previsto expressamente nos §§ 9º a 11 do art. 74 da Lei n. 9.430/96, com a redação da Lei n. 10.833/2003. Não sendo provida a impugnação ou o recurso, o montante do débito apontado pelo contribuinte na declaração de compensação será considerado como confissão de dívida e instrumento hábil e suficiente para a exigência dos débitos indevidamente compensados, podendo ser encaminhada a declaração para inscrição em dívida ativa a fim de viabilizar a posterior extração de certidão de dívida ativa e ajuizamento de execução fiscal.

Há compensações expressamente vedadas por lei (§§ 3º e 12 do art. 74 da Lei n. 9.430/96) que, efetuadas pelo contribuinte, a despeito da vedação legal inequívoca, serão simplesmente consideradas não declaradas, sem direito à impugnação e a recurso com efeito suspensivo, tais como as compensações em que o crédito seja de terceiros e aquelas em que o crédito seja decorrente de decisão judicial não transitada em julgado, tudo conforme o § 12 do art. 74 da Lei n. 9.430/96.

Em matéria de compensações supostamente criminosas, há de se ter cuidado. Isso porque a legislação foi evoluindo e se tornando mais clara para vedar de modo expresso determinadas práticas que, anteriormente, eram controvertidas e largamente oferecidas aos empresários e até chanceladas por algumas decisões judiciais. O fato de compensação vir a ser considerada não homologada não significa, por si só, a prática criminosa, até porque o crime de sonegação é, necessariamente, doloso. No caso das compensações consideradas não declaradas por ofensivas a vedações legais, ainda assim o crime dependerá de alguma fraude e não simplesmente da ineficácia prevista na legislação de regência.

É preciso que seja praticada fraude, em quaisquer das suas formas, com a realização de operação sabidamente descabida. O agente tem de lograr suprimir ou reduzir tributo iludindo o Fisco com uma compensação que sabe ser infundada, obtendo criminosamente o efeito extintivo do crédito tributário. Veja-se caso em que não foi comprovado o dolo: "não restou evidenciado, no caso, o dolo do réu, gestor de empresa, porquanto, à época, a questão relacionada à possibilidade de utilização de títulos públicos para fins de compensação com débitos de tributos federais era controversa. Posteriormente, é que passou a ser expressamente vedada por lei essa compensação[139].

---

139. TRF4, ACR 5000144-25.2010.4.04.7004, 2019.

52. Sonegação de tributos por falsificação ou alteração de documento

Lei n. 8.137/90
Dos crimes praticados por particulares
Art. 1º Constitui crime contra a ordem tributária suprimir ou reduzir tributo, ou contribuição social e qualquer acessório, mediante as seguintes condutas:
III – falsificar ou alterar nota fiscal, fatura, duplicata, nota de venda, ou qualquer outro documento relativo à operação tributável;
Pena – reclusão de 2 (dois) a 5 (cinco) anos, e multa.

A supressão ou redução de tributo aponta para um crime de resultado. O modo pelo qual se dá é a falsificação ou alteração de qualquer documento relativo à operação tributável. A referência à nota fiscal, à fatura, à duplicada e à nota de venda é meramente exemplificativa. Ainda assim, o inciso III "apresenta-se mais específico em relação ao anterior"[140].

A falsificação pode ser material ou ideológica[141], originária ou superveniente. Sendo suprimido ou reduzido tributo mediante a emissão de documento fiscal em desconformidade com a realidade da operação tributável a que diz respeito, ou mediante alteração dos dados nele constantes, a conduta atrairá a incidência do art. 1º, III, da Lei n. 8.137/90. Mas há quem entenda que esse inciso III diria respeito, exclusivamente, ao falso material, porquanto o falso ideológico estaria abarcado pelo inciso II[142]. Reiteramos, porém, que tanto a falsificação como a alteração podem ser materiais ou ideológicas.

Nota fiscal, fatura, duplicada e nota de venda são exemplos de documentos fiscais e comerciais relativos a operações com bens e serviços. A Lei n. 5.474/68 cuida da fatura e da duplicata. Diz: "Art. 1º Em todo o contrato de compra e venda mercantil entre partes domiciliadas no território brasileiro, com prazo não inferior a 30 (trinta) dias, contado da data da entrega ou despacho das mercadorias, o vendedor extrairá a respectiva fatura para apresentação ao comprador". Seu parágrafo esclarece conteúdo desse documento: "§ 1º A fatura discriminará as mercadorias vendidas ou, quando convier ao vendedor, indicará somente os números e valores das notas parciais expedidas por ocasião das vendas, despachos ou entregas das mercadorias". Já o art. 2º dispõe sobre a extração de duplicada e sua aplicação: "Art. 2º No ato da emissão da fatura, dela poderá ser extraída uma duplicata para circulação como efeito comercial, não sendo admitida qualquer outra espécie de título de crédito para documentar o saque do vendedor pela importância faturada ao comprador".

---

140. COSTA, Cláudio. *Crimes de sonegação fiscal*. Rio de Janeiro: Revan, 2003, p. 86.
141. COSTA, Cláudio. *Crimes de sonegação fiscal*. Rio de Janeiro: Revan, 2003, p. 86.
142. SILVA, Juary C. *Elementos de direito penal tributário*. São Paulo: Saraiva, 1998, p. 204.

Quanto à nota fiscal, é objeto de diversos diplomas. A Lei n. 8.846/94, que dispõe sobre a emissão de documentos fiscais e o arbitramento da receita mínima para efeitos tributários, dispõe já no seu primeiro artigo: "Art. 1º A emissão de nota fiscal, recibo ou documento equivalente, relativo à venda de mercadorias, prestação de serviços ou operações de alienação de bens móveis, deverá ser efetuada, para efeito da legislação do imposto sobre a renda e proventos de qualquer natureza, no momento da efetivação da operação". E seu § 2º abre a possibilidade da existência de documentos equivalentes e da sua dispensa: "§ 2º O Ministro da Fazenda estabelecerá, para efeito da legislação do imposto sobre a renda e proventos de qualquer natureza, os documentos equivalentes à nota fiscal ou recibo podendo dispensá-los quando os considerar desnecessários". A falta da emissão da nota e a sua emissão com valor inferior ao da operação são consideradas, por lei, como caracterizadoras de omissão de receita ou de rendimentos: "Art. 2º Caracteriza omissão de receita ou de rendimentos, inclusive ganhos de capital para efeito do imposto sobre a renda e proventos de qualquer natureza e das contribuições sociais, incidentes sobre o lucro e o faturamento, a falta de emissão da nota fiscal, recibo ou documento equivalente, no momento da efetivação das operações a que se refere o artigo anterior, bem como a sua emissão com valor inferior ao da operação". A Lei n. 4.502/64, que dispõe sobre o IPI, traz toda uma seção sobre a nota fiscal. Diz da obrigatoriedade da sua emissão: "Art. 47. É obrigatória a emissão de nota fiscal em todas as operações tributáveis que importem em saídas de produtos tributados ou isentos dos estabelecimentos industriais ou dos estabelecimentos comerciais atacadistas, e ainda nas operações referidas nas alíneas *a* e *b* do inciso II do art. 5º". E, logo em seguida, diz do seu conteúdo mínimo: "Art. 48. A nota fiscal obedecerá ao modelo que o regulamento estabelecer e conterá as seguintes indicações mínimas: I – denominação 'nota fiscal' e número de ordem; II – nome, endereço e número de inscrição do emitente; III – natureza da operação; IV – nome e endereço do destinatário; V – data e via da nota e data da saída do produto do estabelecimento emitente; VI – discriminação dos produto pela quantidade, marca, tipo, modelo, número, espécie, qualidade e demais elementos que permitam a sua perfeita identificação, assim como o preço unitário e total da operação, e o preço de venda no varejo quando o cálculo do imposto estiver ligado a este ou dele decorrer isenção; VII – classificação fiscal do produto e valor do imposto sobre ele incidente; VIII – nome e endereço do transportador e forma de acondicionamento do produto (marca, numeração, quantidade, espécie e peso dos volumes)".

O Ajuste Sinief 07/2005 institui a Nota Fiscal Eletrônica (NF-e) e o Documento Auxiliar da NF-e. Dispõe: "Cláusula primeira. Fica instituída a Nota Fiscal Eletrônica – NF-e, modelo 55, que poderá ser utilizada pelos contribuintes do Imposto sobre Produtos Industrializados – IPI ou Imposto sobre Operações Relativas à Circulação de Mercadorias e sobre a Prestação de Serviços de Transporte Interestadual e Intermunicipal e de Comunicação – ICMS em substituição: I – à Nota Fiscal, modelo 1 ou 1-A; II – à Nota Fiscal de Produtor, modelo 4". E define: § 1º Considera-se Nota Fiscal Eletrônica

– NF-e o documento emitido e armazenado eletronicamente, de existência apenas digital, com o intuito de documentar operações e prestações, cuja validade jurídica é garantida pela assinatura digital do emitente e autorização de uso pela administração tributária da unidade federada do contribuinte, antes da ocorrência do fato gerador. O Protocolo ICMS 10/2010 estabelece a obrigatoriedade da emissão da NF-e para inúmeros setores da economia.

"Operação", em sentido jurídico, é negócio jurídico. "Tributável" é a operação sujeita à tributação, aquela que constitui dá ensejo ao surgimento de obrigação tributária. A referência à operação tributável, portanto, remete aos negócios sujeitos à tributação.

KERN aponta indícios de irregularidades em notas fiscais: "notas fiscais oriundas de outros estados sem carimbos de postos ficais/ quantidade de produtos ou peso incompatíveis com a capacidade do veículo transportador; numeração sequencial de Notas Fiscais relativas a um mesmo fornecedor; nota de alto valor emitida por fornecedor não habitual, são todos indícios de possíveis irregularidades", assim como notas fiscais "emitidas por empresas, ou confeccionadas por gráficas, com CNPJ inexistentes, suspensos, inativas ou baixados, também são indícios"[143].

As condutas que costumam ter referência ao tipo em questão são as que envolvem nota calçada ou meia nota. COSTA JÚNIOR esclarece: "contribuintes inescrupulosos costumam servir-se do subfaturamento e da chamada 'nota calçada'. No primeiro, o preço Constante da nota fiscal é bem inferior ao preço real da mercadoria transacionada. Na segunda, a nota fiscal que acompanha a mercadoria espelha o preço real; entretanto, aquela que permanece no talonário, com base na qual são escriturados os livros fiscais, assinala valor sensivelmente menor"[144]. KERN também define a nota fiscal calçada, revelando que se trata da "emissão de nota fiscal que consigna, em sua 1ª via (a que fica no talonário) um valor diferente, em geral, menor do que o contido nas demais vias, visando ao subfaturamento (omissão) das receitas e, por via de consequência, a um menor pagamento de tributos".

FERREIRA ainda refere a "nota sanfona" e a "nota fria": "a denominada 'nota sanfona', por sua vez, dá-se quando uma mesma nota fiscal serve para dar cobertura mais de uma vez à mesma mercadoria, bens ou serviços", ou seja, dá cobertura à saída de mercadorias idênticas sem nota; "a 'nota fria' consiste na emissão de uma nota na verdade não correspondente a qualquer venda ou prestação de serviços, a fim de aumentar custos"[145]. Para KERN, "a nota 'fria' consiste na emitida sem correspondência a qualquer operação

---

143. KERN, Alexandre. *O controle penal administrativo nos crimes contra a ordem tributária*. Porto Alegre: Livraria do Advogado, 2002, p. 128.
144. COSTA JÚNIOR, Paulo José da; DENARI, Zelmo. *Infrações tributárias e delitos fiscais*. 4. ed. São Paulo: Saraiva, 2000, p. 124.
145. FERREIRA, Roberto dos Santos. *Crimes contra a ordem tributária*. São Paulo: Malheiros, 1996, p. 54-55.

mercantil, com o fito de superfaturar custos ou omitir receitas, reduzindo, dessarte, os resultados operacionais tributáveis". E segue: "a NF 'fria' obedece a todas as formalidades intrínsecas e extrínsecas", "sua falsidade está ligada diretamente ao pseudoemitente, que, na maioria das vezes, é pessoa jurídica desativada que não recolheu seus talonários à repartição fiscal quando do encerramento de suas atividades". E avança para as suas subespécies: "trata-se de conduta genérica, que tem como espécies a nota paralela, ou 'clonada', que é a contrafação de nota verdadeira emitida com o fito de omitir totalmente a receita da operação (há, portanto, dois talonários de notas com a mesma numeração); e a nota 'sanfona', que dá cobertura a mais de uma operação efetiva de fornecimento de mercadorias, bens ou serviços (cobrindo, assim, saídas sem a emissão da devida nota fiscal)"[146].

Há diversos precedentes em que a conduta de emissão de notas calçadas restou enquadrada no art. 1º, III. Vejamos: "Demonstrado que o réu, por inserção em terceiras vias de notas fiscais de valores inferiores aos verdadeiramente praticados – constantes nas respectivas primeiras vias – reduziu tributos, está provada a prática do delito previsto no art. 1º, III, da Lei n. 8.137, de 1990"[147]; "ART. 1º, III, DA LEI N. 8.137/90 [...] NOTAS CALÇADAS E SUBFATURAMENTO [...]. 2. Materialidade estampada no procedimento fiscal, havendo comprovação da prática de escrituração subfaturada das vendas e de emissão de 'notas fiscais calçadas', gerando a supressão tributária"[148]; "ART. 1º, III, DA LEI N. 8.137/90 [...] NOTAS CALÇADAS [...]. 3. O conjunto probatório demonstra que a conduta perpetrada pelo réu consistia na emissão de notas fiscais cujos valores registrados nas primeiras vias, destinadas ao adquirente dos serviços eram superiores aos constantes das vias utilizadas para registro dessas operações em sua escrituração contábil, procedimento conhecido como emissão de notas fiscais "calçadas"[149].

53. Sonegação de tributos por emissão de documento falso ou inexato

Lei n. 8.137/90
Dos crimes praticados por particulares
Art. 1º Constitui crime contra a ordem tributária suprimir ou reduzir tributo, ou contribuição social e qualquer acessório, mediante as seguintes condutas:
IV – elaborar, distribuir, fornecer, emitir ou utilizar documento que saiba ou deva saber falso ou inexato;
Pena – reclusão de 2 (dois) a 5 (cinco) anos, e multa.

---

146. KERN, Alexandre. *O controle penal administrativo nos crimes contra a ordem tributária*. Porto Alegre: Livraria do Advogado, 2002, p. 128-129.
147. TRF4, ACR 2006.72.14.000079-0, 2011.
148. TRF4, ACR 2003.71.14.000997-2, 2010.
149. TRF4, ACR 2006.71.10.002814-2, 2010.

KERN ensina que "o inciso IV pune condutas tendentes a pôr em circulação documento falso, relacionado com a sonegação prevista no *caput*". E, após cuidar dos verbos elaborar, distribuir, fornecer e emitir, ressalta que "o núcleo verbal 'utilizar' é juridicamente muito mais significativo, porque é a conduta que vai ensejar o não pagamento do tributo"[150]. Conforme LANA, "Pune o legislador, de uma forma geral, a circulação de documentos falsos e inexatos tendentes a burlar o Fisco e, assim, eximir os contribuintes do pagamento total ou parcial de tributos"[151]. Para CORRÊA, o "legislador teve em mira atacar o comércio ilegal de documentos, conhecido vulgarmente por vendas de 'notas frias', que assola o comércio e indústria em geral, aumentando a cada dia e impossibilitando a fiscalização de atuar"[152].

Conforme COSTA JÚNIOR, "a compra e venda de 'notas falsas', prática criminosa comum em nossos dias, se subsume no presente tipo penal", sendo que 'responderão pelo ilícito não só as empresas fictícias, cujos titulares vendem as notas, como os compradores"[153]. KERN manifesta-se de modo convergente: "A compra de notas frias se subsume ao presente tipo penal" e "responderão pelo ilícito não somente quem as vendeu, como também aqueles qeu as compraram e que delas se serviram, com o fito de reduzir ou suprimir tributos"[154].

Conforme COSTA, "Há a hipótese de empresas que funcionam normalmente, mas geralmente encontram-se em sérias dificuldades financeiras, e são transferidas para testas de ferro ou compradas pelos falsários, iniciando-se, após a transferência, a emissão de notas fiscais"[155]. "A utilização de nota fiscal falsa, simulando uma operação de compra fictícia, para fins de majorar custo e reduzir a base de cálculo de impostos e contribuições federais, configura o delito previsto no art. 1º, IV, da Lei n. 8.137, de 1990"[156].

SHOERPF, referendando a posição de DECOMAIN, traz à tona situação que dá ensejo à aplicação do dispositivo: "constituem-se 'empresas fantasmas', com o devido registro e autorização para a emissão de notas fiscais, mas que, na verdade, nunca operaram de forma efetiva: 'Escriturando compras fictícias, sobre as quais supostamente já deveriam ter sido recolhidos tais tributos, credita-se a empresa 'compradora' da nota

---

150. KERN, Alexandre. *O controle penal administrativo nos crimes contra a ordem tributária*. Porto Alegre: Livraria do Advogado, 2002, p. 57.
151. LANA, Cícero Marcos Lima. Os crimes de sonegação fiscal e o princípio da intervenção mínima. Campinas: Impactus, 2006, p. 65.
152. CORRÊA, Antônio. *Dos crimes contra a ordem tributária*: comentários à Lei n. 8.137, de 27-12-1990. 2. ed. São Paulo: Saraiva, 1996, p. 122.
153. COSTA JÚNIOR, Paulo José da; DENARI, Zelmo. *Infrações tributárias e delitos fiscais*. 4. ed. São Paulo: Saraiva, 2000, p. 129.
154. KERN, Alexandre. *O controle penal administrativo nos crimes contra a ordem tributária*. Porto Alegre: Livraria do Advogado, 2002, p. 57.
155. COSTA, Cláudio. *Crimes de sonegação fiscal*. Rio de Janeiro: Revan, 2003, p. 89.
156. TRF4, ACR 2004.71.08.008008-8, 2011.

fiscal falsa do tributo com base nela supostamente recolhido, advindo disso supressão ou redução do tributo por ela devido no final do período de apuração"[157].

54. Sonegação de tributos por não emissão de documento fiscal de venda

> Lei n. 8.137/90
> Dos crimes praticados por particulares
> Art. 1º Constitui crime contra a ordem tributária suprimir ou reduzir tributo, ou contribuição social e qualquer acessório, mediante as seguintes condutas:
> V – negar ou deixar de fornecer, quando obrigatório, nota fiscal ou documento equivalente, relativa a venda de mercadoria ou prestação de serviço, efetivamente realizada, ou fornecê-la em desacordo com a legislação.
> Pena – reclusão de 2 (dois) a 5 (cinco) anos, e multa.
> Parágrafo único. A falta de atendimento da exigência da autoridade, no prazo de 10 (dez) dias, que poderá ser convertido em horas em razão da maior ou menor complexidade da matéria ou da dificuldade quanto ao atendimento da exigência, caracteriza a infração prevista no inciso V.

Neste inciso, temos o caso da supressão ou redução de tributos mediante venda de mercadorias ou prestação de serviços sem emissão de nota ou com emissão de meia nota. Como bem destaca ANDRADE FILHO, "é indispensável considerar que o resultado punível é a supressão ou redução de tributo que se consuma mediante a negativa de fornecer documento ou o fornecimento de documento em desacordo com a legislação"[158].

Lembre-se que o STF não inseriu o inciso V na redação da Súmula Vinculante 24. Desse modo, não é necessária a constituição definitiva do crédito tributário como condição para o oferecimento da denúncia. É que a ausência de documentação da operação de venda, a que corresponde o surgimento de uma obrigação tributária, implica, necessariamente ou, ao menos, presumidamente com algum grau de probabilidade, sua sonegação, independentemente da superveniência do lançamento tributário, que, quando sobrevém, sempre se reporta à ocorrência do fato gerador e que tem caráter declaratório da obrigação e constitutivo da exigibilidade do crédito tributário. Como destaca KERN, "a arrecadação do IPI, do ICMS e do ISSQN depende fundamentalmente da emissão de nota fiscal pelo contribuinte a cada ato tributável"[159].

---

157. SCHOERPF, Patrícia. *Crimes contra a ordem tributária*: aspectos constitucionais, tributários e penais. Curitiba: Juruá, 2010, p. 162.
158. ANDRADE FILHO, Edmar Oliveira. *Direito penal tributário*: crimes contra a ordem tributária e contra a previdência social. 7. ed. São Paulo: Atlas, 2015, p. 80.
159. KERN, Alexandre. *O controle penal administrativo nos crimes contra a ordem tributária*. Porto Alegre: Livraria do Advogado, 2002, p. 58.

A não abrangência pela Súmula Vinculante 24 do STF, porém, não transforma esse crime em um crime formal. É material, porque pressupõe o *caput*, que define a conduta de suprimir ou reduzir tributo, enquanto o inciso V aponta um dos meios para tal supressão, qual seja, "negar ou deixar de fornecer o documento relativo à venda de mercadoria ou prestação de serviço ou fornecê-lo em desacordo com a legislação". A consumação do crime, assim, se dá com o não pagamento do tributo como decorrência da não emissão do documento fiscal. KERN enuncia de modo inverso: "o crime aperfeiçoa-se com a simples omissão de emissão da nota, ou com sua emissão irregular, desde que o contribuinte venha a suprimir tributo"[160]. E sempre estará aberto ao denunciado demonstrar que não houve a supressão de tributos, o que afastaria a tipicidade da conduta.

LANA ensina que "configura a nota fiscal um dos mais importantes e imprescindíveis documentos emitidos pelos contribuintes, na medida em que materializa a realização da operação mercantil sujeita à tributação. Por isso, a negativa de emissão de nota fiscal, ou sua emissão em desacordo com a legislação configura ardil há muito utilizado pelos sonegadores para se eximirem do pagamento dos tributos", isso porque "a ausência de emissão das notas levará ao não registro das operações realizadas e, consequentemente, à redução ou supressão do valor do tributo devido"[161].

COSTA esclarece que se o contribuinte "emite a nota, mas não a entrega ao consumidor ou se não a emite, mas lança a venda e recolhe os tributos respectivos, não há crime", assim como se o contribuinte "se nega a fornecer o documento, mas escritura a venda e recolhe os impostos incidentes sobre a operação mercantil, ainda que passível de sanções de ordem administrativa, não há crime". Não havendo o resultado, não há crime. Daí porque afirma que "a prisão em flagrante do comerciante que se nega a emitir nota fiscal é hipótese patente de ilegalidade e abuso de poder", e explica: "existe um prazo para o recolhimento dos tributos incidentes sobre aquela operação e, naquele momento, não houve ainda a produção do resultado exigido pelo tipo, a saber a redução ou supressão do tributo"[162].

MACHADO chama atenção para a parte final do inciso V: "ou fornecê-la em desacordo com a legislação". Ressalta que "o importante é que nas operações de circulação de mercadorias e nas prestações de serviços tributados deve haver sempre um documento em que o fato [...] seja registrado". Segue: "Esse documento deve atender exigências da legislação tributária, geralmente feitas com o intuito de que a operação, ou prestação,

---

160. KERN, Alexandre. *O controle penal administrativo nos crimes contra a ordem tributária*. Porto Alegre: Livraria do Advogado, 2002, p. 58.
161. LANA, Cícero Marcos Lima. *Os crimes de sonegação fiscal e o princípio da intervenção mínima*. Campinas: Impactus, 2006, p. 66.
162. COSTA, Cláudio. *Crimes de sonegação fiscal*. Rio de Janeiro: Revan, 2003, p. 90-91.

e as mercadorias, ou os serviços, bem como os que naquelas operações ou prestações sejam parte, restem afinal perfeitamente identificados". E conclui: "O estar em desacordo com a legislação somente configura a ação meio de que se cuida quando seja apto a provocar o resultado supressão ou redução do tributo"[163].

O parágrafo único do art. 1º da Lei n. 8.137/90 também precisa ser analisado, e com calma. Estabelece que "a falta de atendimento da exigência da autoridade, no prazo de 10 (dez) dias, que poderá ser convertido em horas em razão da maior ou menor complexidade da matéria ou da dificuldade quanto ao atendimento da exigência, caracteriza a infração prevista no inciso V".

Vale destacar, desde já, que não nos parece se tratar de um novo tipo incriminador. O parágrafo único não está agregando o não atendimento de uma exigência da autoridade ao rol de condutas-meio da supressão ou redução de tributos. Tampouco, e muito menos, criando um tipo penal autônomo. De modo algum! A remissão ao inciso V é expressa, precisando ser considerada e significada. Ademais, estamos em artigo cujo *caput* traz o elemento comum a todas as condutas criminosas nele dispostas, qual seja, a supressão ou redução de tributo.

Art. 11, III, *c*, da LC n. 95/98, que dispõe sobre a elaboração e a redação das leis, bem retrata a função dos parágrafos ao estabelecer que cabe ao legislador, para obter uma ordem lógica na redação das disposições normativas, "expressar por meio dos parágrafos os aspectos complementares à norma enunciada no *caput* do artigo e as exceções à regra por este estabelecida". É o que já se afirmava e tinha por regra hermenêutica anteriormente: os parágrafos complementam ou excepcionam o quanto se contém no *caput*.

Daí porque não é possível dar ao parágrafo único interpretação dissociada do seu próprio texto e do artigo que compõe. E, no art. 1º da Lei n. 8.137/90, encontra-se o crime de supressão ou redução de tributos, ou seja, o crime que se convencionou denominar de sonegação. Seu parágrafo único complementa a disposição normativa do art. 1º, V.

Entender que "a norma dispõe sobre crime autônomo e que não exige a ocorrência da supressão ou redução de tributo"[164], que incrimina conduta omissiva que consistiria "em não atender à exigência da autoridade fiscal, deixando de fornecer documentos diversos das notas fiscais, tais como talonários de notas, faturas fiscais e guias de recolhimento e outros que se mostrem necessários à fiscalização" e que se consumaria a infração "com o mero desatendimento à exigência do Fisco, após o decurso do prazo

---

163. MACHADO, Hugo de Brito. *Crimes contra a ordem tributária*. 5. ed. Barueri: Atlas, 2022, p. 395-397.
164. ANDRADE FILHO, Edmar Oliveira. *Direito penal tributário*: crimes contra a ordem tributária e contra a previdência social. 7. ed. São Paulo: Atlas, 2015, p. 81.

estabelecido"[165], não nos parece adequado. Também nos parece equivocado afirmar que se trataria de tipo especial de desobediência[166], que seria "uma espécie de 'crime de desobediência' exclusivo das autoridades fazendárias"[167]. A interpretação equivocada do dispositivo leva alguns ao entendimento de que se estaria tutelando uma obrigação acessória e que o bem jurídico focado pelo parágrafo seria o "dever de lealdade e transparência do contribuinte em relação ao Fisco", desencadeando, sob tal pressuposto, diversas críticas, como a de que os "'deveres de informação' sofrem limitações oriundas dos princípios constitucionais e internacionais que garantem o direito ao silêncio" e que "o contribuinte estaria desobrigado de cumprir tal conduta, de forma a não colaborar à própria incriminação, respaldado no direito constitucional aduzido pelo art. 5º, LXIII"[168].

O que o parágrafo único faz, isso sim, é trazer algo raro no direito brasileiro: estabelece uma prova tarifada ou legal. Efetivamente, o efeito do parágrafo é o de determinar que, praticado o crime do inciso V, de supressão ou omissão de tributo mediante a não emissão de nota fiscal, tenha-se por comprovada a sua prática quando, exigido o documento pela autoridade, o infrator não atendê-la no prazo, ou seja, não apresentar o documento que já se tinha indícios de que não fora emitido. Essa questão é importante, porque, do contrário, se teria, quem sabe, de analisar todos os documentos e a contabilidade do contribuinte para verificar se os valores recolhidos a título de tal ou qual tributo teriam ou não abrangido a operação que se vislumbrava não ter sido documentada.

55. O tipo especial de sonegação de contribuições previdenciárias

Código Penal

Art. 337-A. Suprimir ou reduzir contribuição social previdenciária e qualquer acessório, mediante as seguintes condutas:

[...]

Pena – reclusão, de 2 (dois) a 5 (cinco) anos, e multa.

§ 1º É extinta a punibilidade se o agente, espontaneamente, declara e confessa as contribuições, importâncias ou valores e presta as informações devidas à previdência social, na forma definida em lei ou regulamento, antes do início da ação fiscal.

---

165. *E.g.*: FÖPPEL, Gamil; SANTANA, Rafael de Sá. *Crimes tributários*. 2. ed. Rio de Janeiro: Lumen Juris, 2010, p. 73.
166. LANA, Cícero Marcos Lima. *Os crimes de sonegação fiscal e o princípio da intervenção mínima*. Campinas: Impactus, 2006, p. 67.
167. COSTA, Cláudio. *Crimes de sonegação fiscal*. Rio de Janeiro: Revan, 2003, p. 93.
168. GUZELLA, Tathiana Laíz. *Crimes tributários*: aspectos e crítica. Curitiba: Juruá, 2011, p. 97-98. Também: TÓRTIMA, José Carlos. O objeto de tutela jurídica nos crimes fiscais. *In*: SALOMÃO, Heloisa Estellita (coord.). *Direito penal empresarial*. São Paulo: Dialética, 2001, p. 142.

§ 2º É facultado ao juiz deixar de aplicar a pena ou aplicar somente a de multa se o agente for primário e de bons antecedentes, desde que:

I – (VETADO);

II – o valor das contribuições devidas, inclusive acessórios, seja igual ou inferior àquele estabelecido pela previdência social, administrativamente, como sendo o mínimo para o ajuizamento de suas execuções fiscais.

§ 3º Se o empregador não é pessoa jurídica e sua folha de pagamento mensal não ultrapassa R$ 1.510,00 (um mil, quinhentos e dez reais), o juiz poderá reduzir a pena de um terço até a metade ou aplicar apenas a de multa.

§ 4º O valor a que se refere o parágrafo anterior será reajustado nas mesmas datas e nos mesmos índices do reajuste dos benefícios da previdência social.

O art. 337-A do Código Penal, acrescentado pela Lei n. 9.983/2000, traz tipo especial que criminaliza a supressão ou redução de contribuições previdenciárias mediante diversas omissões dolosas. Cuida-se de condutas evasivas que denominamos sonegação de contribuições previdenciárias.

Lembremos, inicialmente, que os tributos são classificados em cinco espécies: impostos, taxas, contribuições de melhoria, contribuições e empréstimos compulsórios.

As contribuições – ou contribuições especiais - têm como suporte os arts. 149, 149-A e 195 da Constituição. Caracterizam-se pelas suas finalidades sociais, de intervenção no domínio econômico, do interesse das categorias profissionais ou econômicas e de iluminação pública municipal e distrital. Na grande área das contribuições sociais, identificam-se, ainda, subespécies: as gerais (para outras áreas que não a seguridade social) e as de seguridade social. Prossegue-se ainda o detalhamento ao identificarmos, entre as contribuições de seguridade social, aquelas voltadas não à saúde ou à assistência, mas especificamente à previdência social. As finalidades das contribuições marcam, portanto, não apenas as suas espécies como as suas subespécies.

O tipo especial de sonegação de contribuições previdenciárias toca as contribuições sociais de seguridade social previdenciárias, exclusivamente. Alcança as contribuições de segurados, dos empregadores domésticos e das pessoas jurídicas que remuneram pessoas físicas por trabalhos prestados, todas destinadas ao Regime Geral de Previdência Social. As contribuições previdenciárias das pessoas jurídicas incidem sobre a remuneração dos seus empregados e dos segurados contribuintes individuais que lhes prestem serviços, sendo certo que também tem essa natureza as contribuições substitutivas incidentes sobre a receita. Cuida da matéria, principalmente, o art. 21 da Lei n. 8.212/91 e o art. 7º da Lei n. 12.546/2011, com a redação da Lei n. 14.020/2020. Mas não diz respeito às contribuições sociais sobre o lucro (CSL) nem às contribuições sobre a receita (PIS, Cofins e a proposta CBS), porquanto essas são destinadas ao custeio das demais políticas de seguridade social, voltadas à saúde e à assistência social.

As contribuições do Regime Geral de Previdência Social seguem o regime de lançamento por homologação (art. 150 do CTN), de modo que cabe a cada contribuinte saber quando pratica seus fatos geradores, calcular o montante devido e realizar o seu pagamento no prazo de vencimento, sujeitando-se à posterior fiscalização. Mas podem ocorrer infrações sérias nesse caminho através das quais, sobretudo, os gestores de pessoas jurídicas procurem se furtar ao cumprimento das suas obrigações, comprometendo, com isso, não apenas a ordem tributária como o direito fundamental à previdência social estampado no art. 6º da Constituição. Procuramos ressaltar esse diferencial das contribuições no item dedicado à solidariedade no custeio da previdência social, ao caráter híbrido das contribuições previdenciárias e os tipos penais tributários especiais. A previdência, reforço, constitui direito fundamental social. A arrecadação respectiva toca tanto a ordem tributária como a ordem social. O custeio é detalhado no art. 195 da Constituição, e o direito à previdência em seus arts. 201 e 202. Daí, aliás, a previsão de um tipo especial para a sonegação dessa subespécie tributária, constante do art. art. 337-A do Código Penal, acrescido pela Lei n. 9.983/2000.

Trata-se de um crime material que exige a supressão ou redução de contribuição previdenciária e qualquer acessório, ou seja, do tributo e dos seus acréscimos de correção monetária e juros. Cuida-se, portanto, de um crime material, de resultado. A supressão ou redução, por certo, dá-se na perspectiva das sérias omissões arroladas em seus incisos de I a III. BITTENCOURT destaca que "qualquer das duas condutas – suprimir ou reduzir – deve ser conjugada com aquelas descritas nos três incisos do artigo em exame"[169].

A par das condutas cuja definição se completa nos incisos I, II e III, vale referir que são comuns denúncias narrando a supressão de contribuições previdenciárias através de outras condutas, não enquadráveis dentre os modos arrolados nos incisos de I a III do art. 333-A, como a informação indevida, em GFIP, de que a pessoa jurídica era optante do Simples. A opção pelo regime simplificado de tributação da LC n. 123/2016 faz com que diversos tributos, dentre os quais as contribuições previdenciárias da pessoa jurídica, tenham o seu pagamento substituído por um recolhimento unificado de alíquota bastante moderada sobre a receita. Assim, quem é optante do Simples, deixa de pagar a contribuição previdenciária devida no regime comum, que é mais onerosa. Desse modo, fazer-se passar por uma pessoa jurídica optante implica evasão tributária quanto às contribuições previdenciárias. Nesses casos, há precedentes no sentido de que essa conduta, não se amoldando ao tipo do art. 337-A do CP, subsume-se ao art. 1º, I, da Lei n. 8.137/90, que prevê a conduta de suprimir tributo mediante a ação de *prestar informação falsa*. Veja-se: "Configura crime material contra a ordem tributária (art. 1º, I, da Lei n. 8.137/90) a supressão de tributos mediante enquadramento fraudulento no Simples Nacional"[170]; "As condutas dos incisos do art. 337-A, do CP, descrevem omissão

---

169. BITENCOURT, Cezar Roberto. *Tratado de direito penal*: parte especial 5 – crimes contra a Administração Pública e crimes praticados por prefeitos. 13. ed. São Paulo: Saraiva, 2019, p. 305.
170. TRF4, ACR 5013788-12.2013.404.7107, 2016.

de fatos geradores. Ao declarar ser optante pelo Simples Nacional, a administradora prestou declaração falsa à autoridade fazendária, de forma que a conduta subsume-se ao art. 1º, I, da Lei n. 8.137/90"[171].

Retomando a análise do art. 337-A do CP, vale destacar que o dolo é genérico: "Nos delitos previstos no art. 337-A do Código Penal e no art. 1º da Lei n. 8.137/90, o dolo é genérico. Sendo prescindível um especial fim de agir, o elemento subjetivo decorre da intenção de suprimir o pagamento de tributos, o que restou, à evidência da materialidade e da autoria delitivas, demonstrado na espécie"[172].

A previsão constante do seu § 1º, de extinção da punibilidade em face da declaração do débito pelo sujeito passivo tributário, prescinde, inclusive, do pagamento e até mesmo do parcelamento. Basta a declaração, com efeito de confissão, mas deve ser realizada "antes do início da ação fiscal", ou seja, antes de o contribuinte estar sob fiscalização relativamente a tal tributo. Assim, não terá qualquer efeito extintivo da punibilidade eventual declaração ocorrida no curso de fiscalização já iniciada ou posteriormente. Lembre-se que a declaração de débito que precede o início da ação fiscal constitui, por si mesma, o crédito tributário, nos termos da Súmula 436 do STJ: "A entrega de declaração pelo contribuinte reconhecendo débito fiscal constitui o crédito tributário, dispensada qualquer outra providência por parte do Fisco". Assim constituído o crédito, já não se fala mais em má-fé ou ardil, incidindo, exclusivamente, a multa moratória. Lançamento de ofício já não cabe, porque desnecessário.

Quanto ao § 2º, II, resta superado pela orientação jurisprudencial quanto à aplicação do princípio da insignificância em matéria de crimes contra a ordem tributária. O inciso refere a possibilidade de o juiz deixar de aplicar a pena ou aplicar somente a pena de multa se o agente for primário e de bons antecedentes e o valor das contribuições, com seus acessórios, "seja igual ou inferior àquele estabelecido pela previdência social, administrativamente, como sendo o mínimo para o ajuizamento de suas execuções fiscais". Cuida-se de perdão judicial extintivo da punibilidade, nos termos do art. 107, IX, do Código Penal. Mas a jurisprudência implica solução mais enfática, conforme destacamos no item 76 desta obra. Tem-se considerado que a supressão ou a redução de tributos até o montante de R$ 20.000,00 dão ensejo, apenas, às sanções administrativas. A insignificância exclui a própria tipicidade material da conduta, forte na ausência de lesão significativa ao bem jurídico tutelado.

Quanto às previsões dos § 3º, por sua vez, não se vislumbra a sua aplicação. Prevê a redução de pena de um terço até metade, ou aplicação exclusiva de multa, no caso de empregador que não seja pessoa jurídica e com folha que não ultrapasse R$ 1.510,00, atualizável conforme o reajuste dos benefícios da previdência social, nos

---

171. TRF4, ACR 5010022-45.2013.404.7108, 2016.
172. TRF4, ACR 5001622-15.2017.4.04.7104, 2020.

termos do § 4º. A lei em questão, publicada em 17 de julho de 2000, entrou em vigor noventa dias depois, em 15 de outubro de 2000, quando o maior salário de benefício correspondia a R$ 1.328,25. Em 2021, o teto de benefício estava em R$ 6.433,57, conforme a Portaria SEPRT 477/2021. Guardada a correspondência, o valor previsto em lei como referência para a redução de pena, de R$ 1.510,00, corresponderia, em 2021, a R$ 7.313,90 em 2021. Com tal valor de folha de salários, dificilmente eventual supressão ou redução de contribuições previdenciárias alcançaria os R$ 20.000,00, abaixo dos quais não se considera significativa a ofensa à ordem tributária a ponto de justificar a resposta penal.

Na sequência, analisaremos cada uma das condutas que, em combinação com o *caput*, configuram a sonegação previdenciária. São elas: "omitir de folha de pagamento da empresa ou de documento de informações previsto pela legislação previdenciária segurado empregado, empresário, trabalhador avulso ou trabalhador autônomo ou a este equiparado que lhe prestem serviços" (inciso I), "deixar de lançar mensalmente nos títulos próprios da contabilidade da empresa as quantias descontadas dos segurados ou as devidas pelo empregador ou pelo tomador de serviços" (inciso II) e "omitir, total ou parcialmente, receitas ou lucros auferidos, remunerações pagas ou creditadas e demais fatos geradores de contribuições sociais previdenciárias" (inciso III).

Cabe esclarecer que o tipo do art. 337-A do Código Penal apresenta condutas mais fechadas, mais estritas, que as previstas no art. 1º da Lei n. 8.137/90. Assim, há certas supressões ou reduções de contribuições previdenciárias mediante omissões dolosas ou fraudes que não guardam adequação ao tipo especial do art. 337-A, mas que acabam alcançadas pelo tipo geral do art. 1º da Lei n. 8.137/90. Assim, é possível que algumas sonegações previdenciárias acabem sendo tipificadas no art. 1º da Lei n. 8.137/90. Eis exemplo: "Ao declarar em GFIP (Guia de Recolhimento do FGTS e de Informações à Previdência Social) a pessoa jurídica como sendo optante pelo Simples, o réu prestou declaração falsa às autoridades fazendárias, o que se amolda ao art. 1º, I, da Lei n. 8.137, de 1990, e não no crime previsto no art. 337-A do Código Penal"[173].

56. Sonegação de contribuição previdenciária mediante omissão de segurado na folha de pagamento ou documento de informações

> Código Penal
> Art. 337-A. Suprimir ou reduzir contribuição social previdenciária e qualquer acessório, mediante as seguintes condutas:

---

173. TRF4, ACR 5005749-04.2014.4.04.7200, 2016.

> I – omitir de folha de pagamento da empresa ou de documento de informações previsto pela legislação previdenciária segurado empregado, empresário, trabalhador avulso ou trabalhador autônomo ou a este equiparado que lhe prestem serviços;
> [...]
> Pena – reclusão, de 2 (dois) a 5 (cinco) anos, e multa.

O tipo de sonegação tributária previdenciária especifica três modos da supressão criminosa.

O primeiro deles, estampado no art. 337-A, I, é "omitir de folha de pagamento da empresa ou de documento de informações previsto pela legislação previdenciária segurado empregado, empresário, trabalhador avulso ou trabalhador autônomo ou a este equiparado que lhe prestem serviços". Isso porque, omitindo-se o segurado, oculta-se do Fisco a ocorrência do fato gerador e deixa-se de submeter a respectiva remuneração à incidência das contribuições previdenciárias, tanto a da pessoa jurídica que remunera como a do segurado que percebe a remuneração.

57. Sonegação de contribuição previdenciária mediante conduta de deixar de lançar na contabilidade as quantias descontadas dos segurados ou as devidas pelo empregador ou tomador de serviços

> Código Penal
> Art. 337-A. Suprimir ou reduzir contribuição social previdenciária e qualquer acessório, mediante as seguintes condutas:
> [...]
> II – deixar de lançar mensalmente nos títulos próprios da contabilidade da empresa as quantias descontadas dos segurados ou as devidas pelo empregador ou pelo tomador de serviços;
> [...]
> Pena – reclusão, de 2 (dois) a 5 (cinco) anos, e multa.

O segundo modo de sonegação previdenciária, posto no art. 337-A, II, é "deixar de lançar mensalmente nos títulos próprios da contabilidade da empresa as quantias descontadas dos segurados ou as devidas pelo empregador ou pelo tomador de serviços".

Em caso com essa tipificação, restou considerado comprovado "que uma parte dos réus, enquanto presidentes da cooperativa investigada, orientaram os contadores (corréus) no sentido de que não fossem declarados, em GFIP, os pagamentos efetuados a produtores rurais"[174].

---

174. TRF4, ACR 0004893-95.2009.4.04.7105, 2014.

58. Sonegação de contribuição previdenciária mediante omissão de fatos geradores de contribuições previdenciárias como remunerações, receitas e lucros

> Código Penal
>
> Art. 337-A. Suprimir ou reduzir contribuição social previdenciária e qualquer acessório, mediante as seguintes condutas:
>
> [...]
>
> III – omitir, total ou parcialmente, receitas ou lucros auferidos, remunerações pagas ou creditadas e demais fatos geradores de contribuições sociais previdenciárias:
>
> Pena – reclusão, de 2 (dois) a 5 (cinco) anos, e multa.

O terceiro modo pelo qual se pode incorrer no tipo do art. 337-A do CP, estabelecido em seu inciso III, é suprimir ou reduzir contribuição social previdenciária e qualquer acessório mediante a conduta de "omitir, total ou parcialmente, receitas ou lucros auferidos, remunerações pagas ou creditadas e demais fatos geradores de contribuições sociais previdenciárias". Eis enquadramento nesse dispositivo: "Materialidade e autoria do crime previsto no art. 337-A, II e III, do CP, demonstradas em face da omissão de informações nas declarações prestadas ao Fisco da pessoa jurídica administrada pelo réu, acerca de remunerações pagas ou creditadas e demais fatos geradores de contribuições sociais previdenciárias[175]. Outro caso: "Comete o delito tipificado no art. 337-A, III, do CP, o agente que reduz o pagamento de contribuição social previdenciária mediante omissão de fatos geradores em GFIP"[176]. O STJ decidiu que "O descumprimento de obrigação tributária acessória, prevista no inciso III do art. 337-A do CP, por omissão ao dever de prestar informações, sem demonstração da efetiva supressão ou omissão do tributo, não configura o crime previsto no *caput* do art. 337-A do CP"[177]. Está correto quanto à conclusão, porquanto o inciso deve ser lido à luz do *caput*, que exige a supressão ou redução da contribuição. De qualquer modo, vale destacar que não se confunde a referência a "qualquer acessório" da contribuição, na redação do inciso III em questão, que remete sobretudo aos juros, com "obrigação tributária acessória", que tem sentido técnico no Direito Tributário, nos termos do art. 113, § 2º, do CTN, e que consiste em obrigação formal ou instrumental, de fazer, normalmente exemplificada pela emissão de documentos ou prestação de declarações. O descumprimento de obrigações tributárias acessórias, se realizado com dolo específico, poderá, quando muito, configurar o crime formal do art. 2º, I, da Lei n. 8.137/91.

---

175. TRF4, ACR 5001606-91.2013.4.04.7204, Sétima Turma, rel. Márcio Antônio Rocha, 2015.
176. TRF4, ACR 5002040-56.2017.4.04.7102, 2020.
177. STJ, AgRg no AREsp n. 1.940.726, 2022.

É importante observar que o inciso III referiu receitas, lucros e remunerações porque são as três principais bases econômicas relativas às pessoas jurídicas previstas constitucionalmente como tributáveis para o custeio da seguridade social (CF, art. 195, I, *a*, *b*, *c*). Porém, nos termos da legislação ordinária vigente, as contribuições específicas sobre receita (PIS e Cofins) e lucro (CSL) são destinadas à saúde e à assistência social, de modo que a sua omissão não configurará supressão ou redução de contribuição previdenciária.

Excepcional e temporariamente, com vista à desoneração da folha de salários, foram instituídas contribuições previdenciárias sobre a receita para alguns setores, com suporte nos termos do art. 195, § 13, da CF, hoje revogado pela EC 103/2019. Instituídas pela Lei n. 12.546/2011 e tornadas temporárias com a redação atribuída pela Lei n. 13.670/2018, no período da sua vigência houve essas contribuições substitutivas que, embora sobre a receita, eram contribuições previdenciárias e poderiam implicar a incidência do art. 337-A do CP.

No âmbito do Simples Nacional, o Regime Especial Unificado de Arrecadação de Tributos e Contribuições devidos pelas Microempresas e Empresas de Pequeno Porte – Simples Nacional, disciplinado pela LC n. 123/2006, temos a substituição de diversos tributos, dentre eles as contribuições previdenciárias dos empregadores, por uma contribuição sobre a receita. Mas o montante pago através do Simples Nacional não pode ser considerado, em si, uma contribuição previdenciária.

As contribuições sobre as remunerações pagas a pessoas físicas é que são, ordinariamente, destinadas à previdência social e que poderão ensejar o cometimento de crime mediante essa omissão. A Lei n. 8.212/91 – Lei de Custeio da Seguridade Social – estabelece as contribuições sobre a remuneração. Seu art. 22 estabelece a contribuição da empresa (assim entendidos a firma individual ou sociedade que assume o risco de atividade econômica urbana ou rural, com fins lucrativos ou não, bem como os órgãos e entidades da administração pública direta, indireta e fundacional, nos termos do art. 15 da mesma lei) de 20% sobre "o total das remunerações pagas, devidas ou creditadas a qualquer título, durante o mês, aos segurados empregados e trabalhadores avulsos que lhe prestem serviços, destinadas a retribuir o trabalho, qualquer que seja a sua forma, inclusive as gorjetas, os ganhos habituais sob a forma de utilidades e os adiantamentos decorrentes de reajuste salarial, quer pelos serviços efetivamente prestados, quer pelo tempo à disposição do empregador ou tomador de serviços, nos termos da lei ou do contrato ou, ainda, de convenção ou acordo coletivo de trabalho ou sentença normativa" e, ainda, um adicional de 1 a 3% para o financiamento dos benefícios relacionados aos riscos ambientais do trabalho. Também estabelece a contribuição de 20% sobre o total das remunerações pagas ou creditadas a qualquer título, no decorrer do mês, aos segurados contribuintes individuais que lhe prestem serviços", contribuintes individuais estes definidos no art. 12, V, da mesma lei, dentre os quais estão o diretor não empregado e os trabalhadores autônomos em geral.

Capítulo 9
Apropriação Indébita Tributária

59. Apropriação indébita de tributos em geral

Em 1964, a Lei n. 4.357, através do seu art. 11, incluiu "entre os fatos constitutivos do crime de apropriação indébita, definido no art. 168 do Código Penal, o não recolhimento, dentro de 90 (noventa) dias do término dos prazos legais", por exemplo, "das importâncias do Imposto de Renda, seus adicionais e empréstimos compulsórios, descontados pelas fontes pagadoras dos rendimentos" e "do valor do Imposto do Selo recebido de terceiros". Daí porque se passou a considerar o não recolhimento de valores descontados como crime de apropriação indébita tributária.

A Lei n. 8.137/90, como se verá, já não rotula como crime de apropriação indébita o não recolhimento aos cofres públicos de tributo descontado ou cobrado na qualidade de sujeito passivo. O art. 168-A do CP, contudo, acrescentado pela Lei n. 9.983/2000, traz conduta semelhante, relativa às contribuições previdenciárias, sob a rubrica *Apropriação indébita previdenciária*. Ademais, a doutrina e a jurisprudência prosseguem tratando esses casos de não repasse ou não recolhimento de tributos cobrados ou descontados como crimes de apropriação indébita tributária, embora com alguma controvérsia quanto à necessidade ou não da apropriação. Como se verá, o art. 2º, II, da Lei n. 8.137/90 limita-se a referir o não recolhimento no prazo legal.

De qualquer modo, é certo que o crime não se perfaz com a simples inadimplência e mora, exigindo a disposição dos valores no próprio interesse do agente ou da pessoa jurídica que esteja a gerir ou representar. O dolo inerente à conduta acaba por identificá-la com a ideia de apropriação.

60. Deixar de recolher tributos descontados ou cobrados

> Lei n. 8.137/90
> Dos crimes praticados por particulares

Art. 2º Constitui crime da mesma natureza:

II – deixar de recolher, no prazo legal, valor de tributo ou de contribuição social, descontado ou cobrado, na qualidade de sujeito passivo de obrigação e que deveria recolher aos cofres públicos;

Pena – detenção, de 6 (seis) meses a 2 (dois) anos, e multa.

ANDRADE FILHO adverte que "a Lei n. 8.137/90 teria abandonado a equiparação da omissão de recolhimento à apropriação indébita, erigindo como crime conduta diversa, bastando que seja reprovável que haja o desconto ou a cobrança de tributo ou contribuição e que esse não seja repassado aos cofres públicos no prazo legal"[1]. É verdade que o tipo não faz referência e, portanto, não exige a ação de "apropriar-se" do tributo descontando ou cobrando, mas, tão-somente, "deixar de recolher, no prazo legal". O verbo, portanto, é distinto daquele utilizado na apropriação indébita comum, do art. 168 do CP.

De qualquer modo, é comum a utilização da expressão apropriação indébita tributária para designar também o tipo penal do art. 2º, II, da Lei n. 8.137/90.

SILVA destaca que, na terminologia jurídica, apropriação indébita "indica o ato de conversão de coisa alheia por parte de quem a tinha sob guarda, em confiança ou consignada por qualquer título, com a obrigação de restituir ou aplicá-la somente ao uso determinado"[2]. Essa denominação é utilizada para determinados crimes cujas condutas se enquadram nessa ideia geral.

Apropriação indébita é crime que conta com um tipo geral, cunhado no próprio CP (art. 168), com um tipo específico para os tributos em geral (art. 2º, II, da Lei n. 8.137/90) e, ainda, outro ainda mais especial para as contribuições previdenciárias (art. 168-A do CP). No que diz respeito a este último tipo, embora a conduta descrita não seja "apropriar-se", mas "deixar de repassar à previdência social as contribuições recolhidas dos contribuintes", é a própria Lei n. 9.983/2000 que acrescentou o art. 168-A ao CP, que estabelece como epígrafe: "Apropriação indébita previdenciária".

O tipo do art. 2º, II, da Lei n. 8.137/90, pode-se dizer, portanto, traz o chamado crime de apropriação indébita tributária.

A descrição da conduta criminosa inicia por "Deixar de recolher", ou seja, não efetuar a entrega que se esperava fosse feita. Veja-se que o texto legal, ao final do dispositivo, explicita essa espera: "que deveria recolher aos cofres públicos".

E segue: "no prazo legal". *Es decir*, tempestivamente, na data do seu vencimento, conforme a legislação.

....

1. ANDRADE FILHO, Edmar Oliveira. *Direito penal tributário*: crimes contra a ordem tributária e contra a previdência social. 7. ed. São Paulo: Atlas, 2015, p. 85.
2. SILVA, De Plácido e. *Vocabulário jurídico*. 32. ed. Rio de Janeiro: Forense, 2016, p. 123.

Continua especificando o seu objeto: "valor de tributo ou contribuição social". Aqui, a referência é ao gênero e à espécie. Explica-se porque a lei em questão é de 1990, momento em que ainda não se havia consolidado a compreensão do Sistema Tributário Nacional posto pela Constituição de 1988, que tornou inequívoca a natureza tributária das contribuições instituídas por lei, obrigatórias, que constituem receita pública. O art. 149 da CF, em razão da discussão que então se mantinha sobre a natureza tributária das contribuições, remeteu expressamente à observância das garantias fundamentais do contribuinte (art. 150 da CF) e à lei complementar de normas gerais de direito tributário (art. 146, III, da CF)[3]. Atualmente, a noção de tributo alcança os impostos, as taxas, as contribuições de melhoria, as contribuições (especiais) e os empréstimos compulsórios. Trata-se de obrigação *ex lege* que se consubstancia em prestar dinheiro aos cofres públicos. Daí a referência, na lei, ao "valor" do tributo, estabelecido no aspecto quantitativo da norma tributária impositiva.

Pois bem, constitui apropriação indébita tributária deixar de recolher, no prazo legal, valor de tributo "descontado ou cobrado, na qualidade de sujeito passivo de obrigação".

O art. 121 do CTN cuida do sujeito passivo da obrigação tributária principal, de pagar tributo, referindo que pode ser o contribuinte ou o responsável tributário. Resta saber como identificar o contribuinte que desconta ou cobra o tributo devido. O STJ explica: "A descrição típica do crime de apropriação indébita tributária contém a expressão 'descontado ou cobrado, o que, indiscutivelmente, restringe a abrangência do sujeito ativo do delito, porquanto nem todo sujeito passivo de obrigação tributária que deixa de recolher tributo ou contribuição social responde pelo crime do art. 2º, II, da Lei n. 8.137/90, mas somente aqueles que 'descontam' ou 'cobram' o tributo ou contribuição". E prossegue: "A interpretação consentânea com a dogmática penal do termo 'descontado' é a de que ele se refere aos tributos diretos quando há responsabilidade tributária por substituição, enquanto o termo 'cobrado' deve ser compreendido nas relações tributárias havidas com tributos indiretos (incidentes sobre o consumo), de maneira que não possui relevância o fato de o ICMS ser próprio ou por substituição, porquanto, em qualquer hipótese, não haverá ônus financeiro para o contribuinte de direito"[4].

Como veremos, conforme a interpretação atribuída ao dispositivo também pelo STF, teremos apropriação indébita tanto nos casos em que um terceiro, substituto tributário, por determinação legal, tomar o valor do tributo do contribuinte, mediante

....
3. CF: Art. 149. Compete exclusivamente à União instituir contribuições sociais, de intervenção no domínio econômico e de interesse das categorias profissionais ou econômicas, como instrumento de sua atuação nas respectivas áreas, observado o disposto nos arts. 146, III, e 150, I e III, e sem prejuízo do previsto no art. 195, § 6º, relativamente às contribuições a que alude o dispositivo.
4. STJ, HC 399.109-SC, 2018.

retenção ou cobrança, com a obrigação de o repassar ao Fisco, e não o fizer (é o caso do tributo que figura nos documentos fiscais como ST, de substituição tributária), como na hipótese de o próprio contribuinte de direito receber do consumidor pagamento por mercadoria ou serviço com tributo indireto embutido e deixar de efetuar o pagamento de tal tributo ao Fisco (tributo próprio).

A apropriação indébita tributária é tipo penal que não requer omissão quanto à prestação de declarações ou emissão de documentos, tampouco nenhuma fraude: basta o não recolhimento, no prazo, do tributo retido ou cobrado. Não pressupõe clandestinidade, mas a apropriação de valores de outrem, de coisa alheia, é elementar do tipo. Conforme já se decidiu, "Para a configuração do delito de apropriação indébita tributária – tal qual se dá com a apropriação indébita em geral – o fato de o agente registrar, apurar e declarar em guia própria ou em livros fiscais o imposto devido não tem o condão de elidir ou exercer nenhuma influência na prática do delito, visto que este não pressupõe a clandestinidade"[5].

De outro lado, também não implica criminalização do simples inadimplemento, porque tem como objeto valores tomados pelo sujeito passivo para repasse ao Fisco, que é o seu titular. Temos restrições a sua aplicação aos tributos indiretos próprios, mas é a que prevaleceu no STF. Abordamos a proibição de prisão por dívida no item que dedicamos ao crime de apropriação indébita pelo depositário fiel.

Note-se que a norma é genérica, alcançando qualquer tributo, seja de que espécie for, ressalvada a especialidade do tipo relativo à apropriação indébita de contribuições previdenciárias, de que cuida o art. 168-A do CP, analisado no item adiante.

Observe-se que a jurisprudência dos tribunais superiores acabou se inclinando no sentido de que a apropriação indébita tributária "consubstancia crime omissivo material e não simplesmente formal"[6]. Mas ainda encontram-se precedentes apontando que o crime de apropriação indébita tributária seria de natureza formal, prescindindo "da constituição definitiva do crédito tributário para sua caracterização, não se aplicando ao caso a Súmula Vinculante 24, do STF, que diz respeito apenas aos crimes previstos no art. 1º da Lei n. 8.137/90"[7]. Tal denota que a questão talvez não esteja bem amadurecida no âmbito daquela Corte. Tomaremos como dominante o entendimento pela natureza material.

Sendo crime material, não apenas a retenção ou cobrança do tributo pelo substituto e o não repasse dolosos, mas a constituição do crédito tributário, aplicando-se, também aos crimes do art. 2º, II, da Lei n. 8.137/90 e 168-A do CP, a Súmula Vinculante 24 do STF[8]. Só poderá ser oferecida denúncia se for possível demonstrar o crédito tributário

---

5. STJ, HC 399.109-SC, 2018.
6. STF, Pleno, Inq 2537 AgR, 2008.
7. STJ, AgRg no REsp n. 1.969.886, 2022.
8. STJ, AgRgREsp 1.850.249, 2021, e AgRgEREsp 1.734.799, 2019.

devidamente formalizado, seja mediante lançamento ou seja por declaração ou outro documento do contribuinte, em que reconhecido o débito, seja mediante lançamento. Observe-se, inclusive, que a chamada apropriação indébita tributária chega a pressupor a regularidade documental em que evidenciada a retenção ou cobrança para que reste comprovado o não repasse de valor efetivamente retido ou cobrado. O crédito há de estar formalizado nos próprios documentos emitidos pelo sujeito passivo da obrigação tributária e agente do crime, aplica-se a Súmula 436 do STJ, segundo a qual "a entrega de declaração pelo contribuinte reconhecendo débito fiscal constitui o crédito tributário, dispensada qualquer outra providência por parte do Fisco". Seu caráter material tem reflexo, ainda, no prazo prescricional, porquanto correrá tendo em conta os termos da Súmula Vinculante 24, ou seja, da constituição definitiva do crédito tributário, retratada pelo documento fiscal ou declaração do contribuinte ou pelo exaurimento do processo administrativo fiscal, se objeto de lançamento de ofício.

61. Deixar de recolher imposto indireto (IPI/ICMS/ISS)

Roma locuta, causa finita.

Em 18 de dezembro de 2019, o Pleno do STF, ao julgar o mérito do RHC 163334, firmou o entendimento de que "O contribuinte que, de forma contumaz e com dolo de apropriação, deixa de recolher o ICMS cobrado do adquirente da mercadoria ou serviço incide no tipo penal do art. 2º, II, da Lei n. 8.137/90". Com isso, chancelou a posição adotada pela Terceira Seção do STJ no julgamento do HC 399.109, em agosto de 2018[9].

---

9. Entendemos que a orientação assumida pelos nossos tribunais superiores – STJ e STF – está equivocada. Manifestamos nossas razões, por honestidade intelectual, mas em nota de rodapé, já que superadas pelo entendimento do Pleno do STF. Vejamos. No HC 399.109, o STJ considerou que o não pagamento do ICMS próprio, embutido no preço de mercadoria comercializada, constituiria, potencialmente, crime de apropriação indébita, razão pela qual ensejou o prosseguimento de ação penal que imputara a um réu essa conduta. O Tribunal destacou, no tipo penal de apropriação indébita tributária (art. 2º, II, da Lei n. 8.137/90), referência a deixar de recolher valor de tributo "descontado ou cobrado", o que entendeu remeter aos tributos indiretos, inclusive ao ICMS embutido no preço das mercadorias, cobrado dos consumidores. Consta da ementa: "A interpretação consentânea com a dogmática penal do termo 'descontado' é a de que ele se refere aos tributos diretos quando há responsabilidade tributária por substituição, enquanto o termo 'cobrado' deve ser compreendido nas relações tributárias havidas com tributos indiretos (incidentes sobre o consumo), de maneira que não possui relevância o fato de o ICMS ser próprio ou por substituição, porquanto, em qualquer hipótese, não haverá ônus financeiro para o contribuinte de direito". Nada mais equivocado. A referência a tributo cobrado remete, isso sim, ao caso da substituição tributária para a frente. Nessa modalidade de substituição, o substituto precede o contribuinte na cadeia econômica e tem de cobrar do

contribuinte, além do preço dos seus produtos, também um valor adicional a título de substituição tributária, mediante valores presumidos que seguem critérios legais, relativo a tributo cujo fato gerador será realizado pelo contribuinte posteriormente, mas que, mediante a prévia cobrança e repasse aos cofres públicos, terá sido recolhido antecipadamente. É verdade que o crime de apropriação indébita não pressupõe clandestinidade, mas a apropriação de valores de outrem, de coisa alheia, é elementar do tipo. O ICMS, diferentemente, é tributo devido pelo próprio comerciante como contribuinte, incidindo por dentro do preço da mercadoria. O comerciante cobra pelas mercadorias vendidas e, com essa receita, paga o tributo incidente na operação, de que ele próprio é contribuinte, nos termos da LC n. 87/96. Não há a circulação, pelas mãos do comerciante contribuinte, de valores de terceiros. Inviável, assim, qualquer apropriação indevida. O que ocorre, quando do não pagamento do ICMS, é o inadimplemento de tributo, pura e simplesmente. Tenha-se em conta, ainda, que, ocorrida a saída da mercadoria do estabelecimento – fato gerador do ICMS –, o tributo terá de ser pago no seu prazo de vencimento, tenha ou não o adquirente adimplido o preço que, muitas vezes, é parcelado ou quitado em prazo superior ao do recolhimento do tributo. O contribuinte tem de efetuar o pagamento tempestivo do ICMS com os seus recursos, advindos daquela ou de outras operações, indistintamente. Não ocorre, exatamente, a triangulação imaginada no precedente. A tese de que o montante do ICMS pertenceria ao Estado decorre do precedente do STF que autorizou a dedução do ICMS da base de cálculo das contribuições PIS e Cofins. Mas se trata de posição equivocada, que seria mais compreensível sob a perspectiva – essa sim adequada – de que o tributo que grava a operação não constitui, por si e nessa medida, revelação de capacidade contributiva, pois guarda correspondência direta no passivo do comerciante. Mas entender que o montante de ICMS que incide por dentro do preço seja da titularidade jurídica do Estado, desde quando emitido o documento, é equivocado, além do que modificou jurisprudência de décadas firmada pelo antigo TFR, pelos TRFs, pelo STJ e pelo próprio STF. Essa alteração acabou criando norma nova, sem que tenha ocorrido mudança legislativa. Até a mudança da posição do STF, não se podia sequer vislumbrar que o valor do ICMS não fosse faturamento da empresa e, portanto, da sua titularidade. Desse modo, se for mantida a orientação quanto à ocorrência de apropriação indébita pelo simples inadimplemento do ICMS, ao menos não se pode aplicá-la a fatos anteriores à alteração jurisprudencial relativa às contribuições PIS e Cofins, sob pena de se violar de modo intenso a segurança jurídica, fazendo aplicação retroativa da norma penal nova. E digo isso porque jamais se cogitara, anteriormente, que o inadimplemento de ICMS configurasse o crime de apropriação indébita. Trata-se de criação jurisprudencial, o que, por certo, não poderia ter se dado em matéria penal, até porque não se aplicam leis penais por analogia. Caso não houvesse a necessária e fiel emissão de documento fiscal e a sua repercussão na apresentação mensal da Guia de Informação e Apuração do ICMS (GIA), teríamos o crime de sonegação do art. 1º da Lei n. 8.137/90. Mas, no caso de operações devidamente retratadas por documentos fiscal idôneo e declaração, nenhuma omissão ou fraude terá ocorrido. As obrigações acessórias foram cumpridas normalmente. Houve a emissão do documento fiscal quando da venda do produto, com destaque do valor do ICMS, o que é relevante para fins de informação, fiscalização e eventual apropriação de créditos em face do regime não cumulativo. Houve, também, a declaração dos valores devidos em GIA. Não há qualquer manobra ardilosa ou fraudulenta. O que ocorre é o inadimplemento do tributo. Tanto que, eventual pagamento voluntário a destempo ou cobrança pelo Fisco, incidirão apenas os juros e a multa moratória; não multa de ofício. O argumento de que o não pagamento de ICMS por algumas empresas violaria a concorrência é de outra ordem e desafia novas perspectivas. Trata-se de questão afeta à ordem econômica e que, portanto, teria ensejo no contexto do capítulo da Lei n. 8.137/90 que cuida dos crimes contra a ordem econômica. No entanto, embora a criminalização do inadimplemento deliberado e contumaz pudesse vir

O STJ vem reiterando que "o valor cobrado do consumidor a título de ICMS não integra o patrimônio do contribuinte que, nesse caso, tem o dever de recolher o valor já pago aos cofres públicos, sob pena de incorrer na conduta do art. 2º, II, da Lei n. 8.137/90"[10].

Esse entendimento das cortes superiores nos remete à classificação dos tributos, quanto ao seu ônus econômico, em tributos diretos e indiretos. Os tributos que implicam carga tributária a ser suportada pelo contribuinte de direito – assim entendido aquele que a lei coloca no polo passivo da relação tributária enquanto devedor – são denominados tributos diretos. Já os tributos que incidem por ocasião da venda de mercadorias e serviços e que compõem o valor total da operação, inclusive sendo destacados nos documentos fiscais respectivos, tendo o seu custo, desse modo, repassado ao adquirente ou consumidor – que, por isso, é considerado contribuinte de fato –, são denominados tributos indiretos.

Dentre os impostos sobre a produção e a circulação[11], encontramos o IPI, cujas normas gerais são ditadas pelos arts. 46 a 51 do CTN, o ICMS, disciplinado pela LC n. 87/96, e o ISS, objeto da LC n. 116/2003. A instituição desses impostos, por certo, faz-se por leis ordinárias, conforme a competência para a sua instituição: IPI-União, ICMS-Estados, ISS-Municípios[12].

Quanto ao IPI, a tipificação da apropriação indébita é bastante antiga. O DL 326/67, que dispunha sobre o recolhimento do imposto sobre produtos industrializados, em seu art. 2º, já estabelecia que "A utilização do produto da cobrança do imposto sobre produtos industrializados em fim diverso do recolhimento do tributo constitui crime de apropriação indébita definido no art. 168 do Código Penal, imputável aos responsáveis legais da firma [...]"[13]. Continuou em vigor por algum tempo mesmo após o advento

---

a proteger a higidez dos mercados, isso não foi objeto de tipificação pelo legislador e, portanto, só pode ser considerado *de lege ferenda*, ou seja, caso sobrevenha lei nesse sentido. Tenha-se em conta, ainda, o que há muito vem sendo afirmado e reafirmado: a inadimplência, ainda quando leve a situação de insolvência ou falência, por si só, não é nem pode ser crime. A inadimplência e suas consequências fazem parte de uma economia de mercado, em que é dado às pessoas empreenderem e arriscarem parte do seu capital. Na Lei de Falências (Lei n. 11.101/2005), os crimes arrolados nos arts. 168 a 178 são tipificados no sentido de combater a fraude a credores e o favorecimento a credores, bem como outras práticas que possam prejudicar a higidez e a eficácia do juízo universal. Mas não se criminaliza a condição de devedor.

10. STJ, HC 669661 AgRg, 2021.
11. "Impostos sobre a produção e a circulação" é expressão utilizada pelo CTN.
12. *Vide*: PAULSEN, Leandro; MELO, José Eduardo Soares. *Impostos federais, estaduais e municipais*. 11. ed. São Paulo: Saraiva, 2018. *Vide* também: PAULSEN, Leandro; Melo, Omar Augusto Leite. *ISS*: Constituição e LC 116/03 comentadas. São Paulo: Saraiva, 2020.
13. DIAS, Carlos Alberto da Costa. Apropriação indébita em matéria tributária. *In*: MARTINS, Ives Gandra da Silva; BRITO, Edvaldo (org.). *Direito tributário*: direito penal tributário. 2. ed. São Paulo: Revista dos Tribunais, 2014, p. 971. (Coleção Doutrinas Essenciais). v. 8.

do art. 2º, II, da Lei n. 8.137/90 trazer a nova tipificação da apropriação indébita tributária, até que o art. 14 da LC n. 70/91 o revogasse expressamente. Com a revogação, ausente norma especial relativa ao IPI, passou a sua apropriação a seguir a regra geral do art. 2º, II, da Lei n. 8.137/90.

O IPI é um tributo indireto[14]. Os industriais – e também os importadores[15] –, quando da saída do produto, emitem documento fiscal em que consta destacado o valor do IPI devido. A base de cálculo é "o valor da operação de que decorrer a saída da mercadoria", conforme o art. 47, II, *a*, do CTN. Suas alíquotas constam da chamada TIPI, a tabela do IPI. O período de apuração do IPI[16], para a maioria dos produtos, é mensal[17]. Desse modo, incide em cada operação, mas é pago acumuladamente, a cada mês. Nos termos do § 3º do art. 153 da CF, trata-se de imposto seletivo e não cumulativo. O IPI incidente sobre as operações internas é tributo abrangido pelo Simples Nacional, nos termos do art. 13, II, da LC n. 123/2006, de modo que, sendo optante, a empresa não recolherá separadamente o IPI. Quando o industrial promove a saída do produto com incidência do IPI, destacando-o na nota (ou seja, apontando o valor devido a título de IPI naquela operação, fazendo com que componha o valor total da nota), cobra do adquirente, que é o contribuinte de fato, e deixa de repassar o valor do IPI ao Fisco, apropria-se indevidamente de tal valor.

O ICMS onera as operações de circulação de mercadorias. É um imposto indireto[18]. A saída da mercadoria estará acompanhada de documento fiscal em que constará o destaque do ICMS por dentro do seu preço. Realizada a operação de circulação e efetuada a cobrança do adquirente, cabe ao comerciante, que é o contribuinte de direito, repassar o valor do ICMS, cobrado, com o preço da mercadoria, do adquirente contribuinte de fato, ao Fisco estadual. Caso não o faça, terá se apropriado do montante do ICMS.

O ISS também constitui um imposto que, quando incide em cada operação de prestação de serviço, apresenta-se como um tributo indireto que incide por dentro. Contribuinte de direito é o prestador de serviços. É destacado no documento fiscal, de modo que se pode visualizar o montante devido na operação. É cobrado do tomador

---

14. Salvo na operação de importação, quando o contribuinte de direito e de fato é o importador.
15. STJ, Corte Especial, EREsp 1.403.532-SC, 2015. Também: STJ, AgInt no REsp 1405431/SC, 2017.
16. Entre 1º de janeiro e 30 de setembro de 2004, foi quinzenal. Anteriormente, era decendial. Veja-se o art. 1º da Lei n. 8.850/94 com a redação das Leis n. 10.833/2003 e 11.033/2004.
17. Lei n. 8.850/94 com a redação da Lei n. 11.774/08: "Art. 1º O período de apuração do Imposto sobre Produtos Industrializados – IPI, incidente na saída dos produtos dos estabelecimentos industriais ou equiparados a industrial, passa a ser mensal. § 1º O disposto no *caput* deste artigo não se aplica aos produtos classificados no código 2402.20.00 da Tabela de Incidência do IPI – Tipi aprovada pelo Decreto n. 6.006, de 28 de dezembro de 2006, em relação aos quais o período de apuração é decendial. § 2º O disposto neste artigo não se aplica ao IPI incidente no desembaraço aduaneiro dos produtos importados".
18. Salvo nas operações de importação.

de serviços junto com o preço do serviço, de modo que o tomador suporta o ônus financeiro desse imposto. Assim, se o prestador de serviço cobra o respectivo montante do tomador e não o repassa ao Fisco municipal, apropria-se indevidamente do imposto. O STJ, inclusive, já aplicou a orientação do STF ao ISS[19].

Há de se destacar, porém, que o STF, ao considerar crime a apropriação indébita de ICMS próprio, o que também se aplica ao IPI e ao ISS, fez constar da tese que se trata de deixar de recolher "de forma contumaz e com dolo de apropriação" o imposto cobrado do adquirente da mercadoria.

Esse caráter contumaz da conduta não consta do tipo, mas se presta para diferenciar o mero inadimplemento da conduta criminosa de apropriação indébita tributária. Deixar de recolher o imposto, episodicamente, pode decorrer de problemas de caixa, simples indisponibilidade financeira, situação circunstancial e passageira. Mas o inadimplemento reiterado, contumaz, aponta para uma conduta dolosa voltada a lesar o Fisco e, diga-se, também a concorrência. Quando um contribuinte, sistematicamente, toma para si o imposto destacado nas notas, cujo ônus repassa aos adquirentes dos seus produtos, mercadorias ou serviços, viola a ordem tributária. Não se pode admitir que alguém se dedique às atividades econômicas e não cumpra as obrigações mínimas inerentes às operações que realiza, que cobre dos consumidores, já com o destaque dos impostos devidos, e não os repasse ao Fisco. Quem prossegue em situação como essa, age com o intuito de se apropriar dos impostos destacados nos documentos fiscais ou, pelo menos, aceita que tal ocorra sob sua gestão, praticando de modo consciente e livre tal conduta.

Poder-se-ia afirmar que o elemento subjetivo seria o dolo, "consistente na consciência (ainda que potencial) de não recolher o valor do tributo devido" e que seria "prescindível a existência de elemento subjetivo especial"[20]. Mas o STF definiu que "a caracterização do crime depende da demonstração do dolo de apropriação, a ser apurado a partir de circunstâncias objetivas factuais, tais como o inadimplemento prolongado sem tentativa de regularização dos débitos, a venda de produtos abaixo do preço de custo, a criação de obstáculos à fiscalização, a utilização de 'laranjas' no quadro societário, a falta de tentativa de regularização dos débitos, o encerramento irregular das suas atividades, a existência de débitos inscritos em dívida ativa em valor superior ao capital social integralizado etc."[21]. E o STJ, tendo em conta as premissas lançadas pelo STF, passou a destacar a importância de que as instâncias ordinárias façam "menção às referidas balizas de aferição de eventual dolo de apropriação"[22]. Há inúmeros precedentes afirmando que "para a caracterização do crime previsto no art. 2º, II, da Lei n. 8.137/90 exige-se o

---

19. STJ, AgRg no AREsp 1792837, 2021.
20. STJ, HC 399.109, 2018.
21. STF, RHC n. 163.334, 2019.
22. STF, AgRg no AREsp n. 1.916.244, 2022.

dolo específico de apropriação"²³. E, considerando que tal impõe análise "das circunstâncias fáticas do delito", considerou presente o dolo específico em certo caso, afirmando: "verifica-se, na hipótese, a presença da prática reiterada da conduta pela paciente por 31 (vinte e uma) vezes (sic), somada ao fato de que acusada tinha pleno conhecimento dos seus inadimplementos, visto que a ré, administradora da empresa, e detentora da responsabilidade tributária, deixou de repassar o valor arrecadado ao fisco estadual, não se podendo desconsiderar o asseverado no voto condutor do acórdão no sentido de que a materialidade do delito restou demonstrada por meio do termo de inscrição na dívida ativa, do demonstrativo de débitos, da cópia do contrato social da empresa [...], além da prova oral, principalmente a declaração da acusada de que ela detinha os poderes de decisão quanto ao recolhimento dos tributos da empresa", de modo que, "Na hipótese, é vasta a comprovação do elemento subjetivo específico da acusada, afastando o caso concreto das hipóteses de mera inadimplência eventual"²⁴. Em outro caso, também considerou existirem elementos no sentido do dolo específico, afirmando: "a denúncia destacou que o agravante deixou de recolher 12 (doze) meses de ICMS cobrado dos consumidores e 5 (cinco) meses de ICMS relativo a operações tributáveis pelo regime de substituição tributária, elementos que [...] são utilizados para caracterizar o dolo de apropriação"²⁵. Mas houve situações em que absolveu: "Considerando que no acórdão recorrido apenas evidenciou o dolo genérico, sem, contudo, apontar o dolo de apropriação, deve ser reconhecida a absolvição"²⁶. "No caso dos autos, o não pagamento do tributo por seis meses aleatórios não é circunstância suficiente para demonstrar a contumácia nem o dolo de apropriação. Ou seja, não se identifica, em tais condutas, haver sido a sonegação fiscal o recurso usado pelo empresário para financiar a continuidade da atividade em benefício próprio, em detrimento da arrecadação tributária. Ademais, trata-se de réu primário e sem antecedentes criminais"²⁷.

A apropriação contumaz dos impostos indiretos no intuito de tomar para si o que deve ser repassado ao Fisco, causando prejuízos evidentes ao erário e comprometendo a ordem tributária, configura o crime.

O STJ chegou a se deparar com ações penais em que fora imputada a apropriação indébita em face de um único não recolhimento de ICMS, tendo provido recurso para absolver o réu por atipicidade da conduta. Consta do julgado: "inafastável a conclusão de que, conquanto o fato deletério atribuído ao ora Agravante, a princípio se subsuma à figura penal antes mencionada, a ausência de contumácia – o débito com o Fisco se refere a tão-somente 1 (um) mês –, conduz ao reconhecimento da atipicidade da conduta

....
23. STJ, AgRg no AgRg no AREsp n. 1.929.845, 2022.
24. STJ, AgRg no HC n. 759.790, 2022.
25. STJ, AgRg no HC n. 728.271, 2022.
26. STJ, AgRg no REsp 1.943.290, 2021, e EDcl no AgRg no REsp n. 1.969.886, 2022.
27. STJ, HC n. 569.856, 2022.

e, por conseguinte, à absolvição do Réu com esteio no inciso III do art. 386 do Código de Processo Penal"[28].

A tipicidade material do crime de apropriação indébita em face do não recolhimento de tributo indireto depende da contumácia enquanto habitualidade, recalcitrância sistemática. Tratar-se-ia de uma norma em branco, a ser preenchida pelo legislador tributário de cada ente político? De modo algum. Em primeiro lugar, porque o tipo penal sequer refere a palavra contumácia. Segundo, porque tal expressão não pressupõe uma outra norma que preencha a previsão legal, constituindo, isso sim, um conceito aberto, a ser definido pelo intérprete. Pode-se tomar como referência eventual definição de contumácia para fins tributários que conste da legislação tributária, seja em nível legal ou infralegal, efetivamente, mas não por integrar o tipo penal e, sim, por representar um parâmetro valorativo do que se pode entender por isso.

No Rio Grande do Sul, por exemplo, a Lei n. 13.711/2011 define a contumácia e submete o devedor contumaz a Regime Especial de Fiscalização. São utilizados dois critérios alternativos, quais sejam: o número de 8 inadimplementos no período de 12 meses ou a inscrição de créditos tributários em dívida ativa em valor elevado desde que o devedor não seja credor de precatórios vencidos[29].

Analisando caso concreto, o STF afastou a tipicidade de conduta por ausência de contumácia contrastando o período de inadimplemento com o tempo de existência da empresa. Decidiu: "na espécie vertente, os julgados das instâncias anteriores não explicitaram ser contumaz o comportamento da agravada nem demonstraram o dolo de apropriação. Consta que se verificou a ocorrência no período de janeiro a dezembro de 2016, em pessoa jurídica iniciada em 1998, transformada sem modificação do quadro societário em empresa individual de responsabilidade limitada – Eireli em 2013 e que

---

28. STJ, AgRg no REsp 1.867.109, 2020.
29. Lei RS n. 13.711/2011: "Art. 2º O contribuinte será considerado como devedor contumaz e ficará submetido a Regime Especial de Fiscalização, conforme disposto em regulamento, quando qualquer de seus estabelecimentos situados no Estado, sistematicamente, deixar de recolher o ICMS devido nos prazos previstos no Regulamento do Imposto sobre Operações Relativas à Circulação de Mercadorias e sobre Prestações de Serviços de Transporte Interestadual e Intermunicipal e de Comunicação – RICMS. § 1º Para efeitos deste artigo, considera-se como devedor contumaz o contribuinte que: I – deixar de recolher o ICMS declarado em Guia de Informação e Apuração do ICMS – GIA –, sucessiva ou alternadamente, de débitos referentes a 8 (oito) meses de apuração do imposto, considerados os últimos 12 (doze) meses; ou II – tiver créditos tributários inscritos como Dívida Ativa que ultrapassem limite de valor definido em instruções baixadas pela Receita Estadual. § 2º Não serão considerados devedores contumazes, para os termos a que se refere o *caput* do art. 2º, as pessoas físicas ou jurídicas, titulares originários de créditos oriundos de precatórios inadimplidos pelo Estado e suas autarquias, até o limite do respectivo débito tributário constante de Dívida Ativa. § 3º Não serão computados para os efeitos deste artigo os débitos cuja exigibilidade esteja suspensa nos termos do Código Tributário Nacional".

as alterações contratuais foram devidamente registradas na Junta Comercial do Estado de Santa Catarina – Jucesc (fls. 50-57, v. 1)"[30]. O HC foi concedido considerando não ter sido demonstrado o não recolhimento contumaz.

Em outro precedente, reafirmou que "a caracterização do crime depende da demonstração do dolo de apropriação, a ser apurado a partir de circunstâncias objetivas factuais, tais como o inadimplemento prolongado sem tentativa de regularização dos débitos, a venda de produtos abaixo do preço de custo, a criação de obstáculos à fiscalização, a utilização de 'laranjas' no quadro societário, a falta de tentativa de regularização dos débitos, o encerramento irregular das suas atividades, a existência de débitos inscritos em dívida ativa em valor superior ao capital social integralizado etc.". E, no caso concreto, teve em conta que "a despeito de o delito ter sido perpetrado pelo período de 3 meses – o que poderia, *ictu oculi*, afastar a contumácia a que se refere o precedente acima colacionado –, consta dos autos o contrato social da empresa, cujo importe está aquém do numerário tributário devido, débito este que perfazia montante bem superior ao capital social integralizado"[31].

62. Deixar de recolher tributos sob substituição tributária

A tributação tem como foco a arrecadação de tributos. Mas, para viabilizá-la, muitas relações jurídicas de naturezas distintas são estabelecidas, envolvendo tanto contribuintes como não contribuintes. Por vezes, pessoas que não são obrigadas a suportar o pagamento de determinado tributo também são chamadas a colaborar com a administração tributária, tomando medidas que facilitem e assegurem a arrecadação, como a retenção e o repasse de tributos devidos pelos contribuintes. Essas obrigações são impostas com fundamento no dever de colaboração de qualquer pessoa com a administração tributária[32]. A lei instituidora de tais obrigações será válida na medida em que as instituir atentando para a capacidade de colaboração de tais pessoas, observando a razoabilidade e a proporcionalidade[33].

Para uma boa compreensão de tais relações jurídicas, dos diversos aspectos das obrigações respectivas e do regime jurídico a que se submetem, impõe-se ter sempre presente qual a sua natureza.

---

30. STF, RHC 197388 AgR, 2021.
31. STF, AgRg no AREsp 808.751/SC, 2021.
32. PAULSEN, Leandro. Do dever fundamental de colaboração com a Administração Tributária. *In*: MARTINS, Ives Gandra da Silva; BRITO, Edvaldo (org.). *Direito tributário*: administração tributária. São Paulo: Revista dos Tribunais, 2014, p. 127-144. (Coleção Doutrinas Essenciais). v. 11.
33. PAULSEN, Leandro. *Capacidade colaborativa*: princípio de direito tributário para obrigações acessórias e de terceiros. Porto Alegre: Livraria do Advogado, 2014.

O substituto tributário é o terceiro que a lei chama a colaborar com a Administração Tributária, obrigando-o a apurar o montante devido, a obtê-lo do contribuinte e a cumprir a obrigação de pagamento do tributo em seu lugar.

Esse terceiro sempre terá relação com o fato gerador e a prerrogativa de reter o montante do tributo ou de exigi-lo do contribuinte. Isso porque o substituto operacionaliza o pagamento em lugar, em nome e com o dinheiro do contribuinte. É um terceiro que o legislador intercala entre o contribuinte e o Fisco para facilitar a arrecadação e a fiscalização dos tributos.

Cabe ao substituto tomar a iniciativa de verificar o montante devido e proceder ao seu pagamento, colaborando, assim, com a tributação. O substituto atua em lugar do contribuinte no que diz respeito à realização do pagamento, mas jamais ocupa seu lugar na relação contributiva. O terceiro, por ser colocado na posição de substituto, não se torna contribuinte do montante que tem de recolher. É sujeito passivo, sim, mas da relação própria de substituição, e não da relação contributiva.

A opção do legislador por eleger um substituto tributário normalmente visa à concentração de sujeitos, ou seja, a que um único substituto possa responsabilizar-se pela retenção e recolhimento dos tributos devidos por inúmeros contribuintes que com ele se relacionam. Isso evita o inadimplemento pelos contribuintes e facilita a fiscalização que, em vez de ser direcionada a muitos contribuintes, concentra-se em número muito menor de substitutos. É o caso do empregador ao reter e recolher o imposto de renda dos seus empregados. Essa concentração também implica redução dos custos da arrecadação e restringe as possibilidades de inadimplemento e de sonegação. Outra razão para que o legislador estabeleça hipóteses de substituição tributária é evitar a sonegação, quando seja mais difícil exigir o tributo do contribuinte do que do substituto. É o caso da prestação de serviços por empresas domiciliadas em outro Município, hipótese em que a lei municipal muitas vezes exige do tomador sediado no seu território que, por ocasião do pagamento pelos servidores, retenha o ISS devido pelo prestador e o recolha aos cofres públicos.

A substituição pode ser operacionalizada mediante retenção do montante do imposto relativo devido pelo contribuinte que tem valores a receber do substituto. A Lei n. 7.713/88 – que cuida do IRPF –, por exemplo, ao cuidar do imposto sobre os rendimentos sujeitos à incidência na fonte (IRRF), determina que será retido por ocasião de cada pagamento ou crédito (Lei n. 7713/88, art. 7º, § 1º). Aliás, há inúmeros casos de substituição tributária espalhados pelas leis tributárias federais, estaduais e federais envolvendo tributos como o IRPF, IRPJ, IPI, ICMS, ISS, PIS, Cofins, IOF etc.

Outra técnica que, por vezes, faz-se presente na substituição tributária é a lei impor ao terceiro substituto que, ao realizar negócios como fornecedor do contribuinte, dele exija o tributo sujeito à substituição tributária juntamente com o preço da mercadoria ou serviço. A referência, no art. 2º, II, da Lei n. 8.137/90, ao tributo "cobrado" remete, justamente, a essa sistemática que se denomina substituição tributária para frente. Nessa modalidade de substituição, o substituto precede o contribuinte na cadeia econômica e tem de cobrar do contribuinte, além do preço dos seus produtos, também um valor adicional a título de substituição tributária, mediante valores presumidos que seguem critérios legais, relativo a tributo cujo fato gerador será realizado pelo contribuinte posteriormente, mas que, mediante a prévia cobrança e repasse aos cofres públicos, terá sido recolhido antecipadamente (art. 150, § 7º, da CF). Temos essa modalidade de substituição tributária em alguns casos de PIS e Cofins e em outros tributos.

Seja como for, mediante retenção ou cobrança, certo é que o regime de substituição tributária implica que o substituto obtenha, do contribuinte, o montante devido e o repasse ao Fisco. O valor do tributo transita pelas mãos do substituto que fica interpolado entre contribuinte e o Fisco, fazendo a intermediação do pagamento. Mesmo no caso de retenção, no momento em que ela é documentada, o substituo passa a deter aquele valor a tal título, valores que provêm do contribuinte e são destinados ao Fisco, de modo que, se deixar de dar a destinação prevista por lei, que é o repasse ao Fisco, estará se apropriando indevidamente do tributo.

63. Tipo especial de apropriação indébita de contribuição previdenciária

O não repasse de contribuições previdenciárias aos cofres públicos quando cobradas ou retidas dos contribuintes poderia enquadrar-se no art. 2º, II, da Lei n. 8.137/90, que regula o não recolhimento, no prazo legal, do valor de tributo ou de contribuição social, descontado ou cobrado, na qualidade de sujeito passivo de obrigação e que deveria recolher aos cofres públicos.

Mas o legislador sempre tratou da apropriação indébita de contribuições previdenciárias em tipo especial.

A "falta de recolhimento, na época própria, das contribuições e de outras quaisquer importâncias devidas às instituições de previdência e arrecadadas dos segurados ou do público" já em 1960 constituía crime, pois o art. 86 da Lei n. 3.807/60 determinou que se aplicassem a tal conduta as penas do crime de apropriação indébita. Também cuidou da matéria o art. 95 da Lei n. 8.212/91. E, finalmente, o legislador resolveu manter a tipificação especial ao substituir esse dispositivo pelo art. 168-A do CP.

64. Deixar de repassar as contribuições previdenciárias recolhidas dos contribuintes

> **Apropriação indébita previdenciária** (Incluído pela Lei n. 9.983, de 2000)
> Art. 168-A. Deixar de repassar à previdência social as contribuições recolhidas dos

contribuintes, no prazo e forma legal ou convencional: (Incluído pela Lei n. 9.983, de 2000)

Pena – reclusão, de 2 (dois) a 5 (cinco) anos, e multa. (Incluído pela Lei n. 9.983, de 2000)

[...]

§ 2º É extinta a punibilidade se o agente, espontaneamente, declara, confessa e efetua o pagamento das contribuições, importâncias ou valores e presta as informações devidas à previdência social, na forma definida em lei ou regulamento, antes do início da ação fiscal. (Incluído pela Lei n. 9.983, de 2000)

§ 3º É facultado ao juiz deixar de aplicar a pena ou aplicar somente a de multa se o agente for primário e de bons antecedentes, desde que: (Incluído pela Lei n. 9.983, de 2000)

I – tenha promovido, após o início da ação fiscal e antes de oferecida a denúncia, o pagamento da contribuição social previdenciária, inclusive acessórios; ou (Incluído pela Lei n. 9.983, de 2000)

II – o valor das contribuições devidas, inclusive acessórios, seja igual ou inferior àquele estabelecido pela previdência social, administrativamente, como sendo o mínimo para o ajuizamento de suas execuções fiscais. (Incluído pela Lei n. 9.983, de 2000)

§ 4º A faculdade prevista no § 3º deste artigo não se aplica aos casos de parcelamento de contribuições cujo valor, inclusive dos acessórios, seja superior àquele estabelecido, administrativamente, como sendo o mínimo para o ajuizamento de suas execuções fiscais. (Incluído pela Lei n. 13.606, de 2018)

O art. 168-A do CP, incluído pela Lei n. 9.983/2000, tipifica a apropriação indébita de contribuições previdenciárias. Trata-se de norma especial relativamente à do art. 2º, II, da Lei n. 8.137/90. A principal diferença entre ambos os dispositivos é a pena: à apropriação indébita previdenciária é cominada pena de reclusão de 2 a 5 anos e multa! Trata-se de reprimenda muitíssimo superior à detenção de 6 meses a 2 anos e multa cominada para a apropriação indébita de tributos em geral.

Segundo tal dispositivo, incorre em apropriação indébita quem deixa de repassar à previdência social as contribuições recolhidas dos contribuintes, no prazo e forma legal. O repasse, atualmente, faz-se à União que, por força da Lei n. 11.457/2007, é o atual sujeito ativo das contribuições previdenciárias do Regime Geral de Previdência Social. A referência às contribuições "recolhidas" dos contribuintes equivale ao valor "descontado ou cobrado", ao montante retido ou exigido do contribuinte, guardando identidade de sentido com o quanto previsto no tipo do art. 2º, II, da Lei n. 8.137/90 que cuida da apropriação indébita de tributos em geral no que diz respeito à sua aplicação aos substitutos tributários. Esses são terceiros a quem a lei impõe o dever de colaboração consistente em recolher o tributo do contribuinte a alcançá-lo ao Fisco, de modo que atua como um intermediário, interpondo-se entre o credor e o devedor da relação contributiva.

BITTENCOURT adverte que "a jurisprudência tem ignorado que muitas vezes não há o recolhimento ou desconto do contribuinte, pela simples inexistência ou falta da disponibilidade dos valores pelo empregador, que apenas reúne o suficiente para pagar o valor correspondente ao salário líquido do empregado". E esclarece que "nessa hipótese, não há retenção do valor correspondente à previdência social, e, em não havendo desconto ou recolhimento do contribuinte, não se pode falar em retenção do que não existe e, consequentemente, tampouco pode haver apropriação de algo que não há", de "que não se tem a posse ou detenção". Prossegue ainda: "somente é possível repassar algo que se tenha recebido ou recolhido. O prefixo 're' tem, etimologicamente, esse sentido de repetição. Portanto, o sujeito ativo somente poderá repassar as contribuições quando as houver recolhido"[34].

A Lei n. 8.212/91 – lei de custeio da seguridade social – traz diversos casos de substituição tributária relativamente às contribuições previdenciárias de que tratam os arts. 20 (contribuições dos segurados empregado, empregado doméstico e trabalhador avulso) e 21 (contribuições do segurado contribuinte individual). Ao cuidar da arrecadação e do recolhimento dessas contribuições, seu art. 30 determina que "I – a empresa é obrigada a: a) arrecadar as contribuições dos segurados empregados e trabalhadores avulsos a seu serviço, descontando-as da respectiva remuneração; b) recolher os valores arrecadados na forma da alínea *a* deste inciso [...] até o dia 20 (vinte) do mês subsequente ao da competência". Também estabelece que "V – o empregador doméstico é obrigado a arrecadar e a recolher a contribuição do segurado empregado a seu serviço, assim como a parcela a seu cargo, até o dia 7 do mês seguinte ao da competência".

Ressalto que "não há necessidade da comprovação do dolo de se apropriar dos valores destinados à previdência social"[35]. "O dolo do crime de apropriação indébita de contribuição previdenciária é a vontade de não repassar à previdência as contribuições recolhidas, dentro do prazo e das formas legais, não se exigindo o *animus rem sibi habendi*, sendo, portanto, descabida a exigência de se demonstrar o especial fim de agir ou o dolo específico de fraudar a Previdência Social, como elemento essencial do tipo penal"[36]. Aliás, o próprio STF já decidiu que, "quanto ao delito de apropriação indébita previdenciária, o elemento subjetivo animador da conduta típica do crime de sonegação de contribuição previdenciária é o dolo genérico"[37]. Entendeu, também, que "Longe fica de encerrar premissa a alcançar a responsabilidade objetiva denúncia em que, no tocante ao crime do art. 168-A do CP, se diz da responsabilidade do administrador da empresa quanto ao não recolhimento de contribuições descontadas de empregados"[38].

....

34. BITENCOURT, Cezar Roberto. *Tratado de direito penal*: parte especial 3: crimes contra o patrimônio até crime contra o sentimento religioso e contra o respeito aos mortos. Administração Pública e crimes praticados por prefeitos. 15. ed. São Paulo: Saraiva, 2019, p. 279.
35. STJ, AgRg no Ag 1083417, 2013.
36. STJ, AgRg no REsp 1217274, 2013.
37. STF, Tribunal Pleno, AP 516, 2010.
38. STF, HC 90.562, 2010.

Mas há quem entenda que, embora o tipo do art. 168-A do CP seja omissivo próprio, "não se esgota somente no 'deixar de recolher', isto significando que, além da existência do débito, haverá a acusação de demonstrar a intenção específica ou vontade deliberada de pretender algum benefício com a supressão ou redução, já que o agente 'podia e devia' realizar o recolhimento"[39]. Esse aspecto, por vezes, é considerado quando da análise da culpabilidade. Efetivamente, importa ter em conta o quanto afirmado pelo STF: "No âmbito dos crimes contra a ordem tributária, tem-se admitido, tanto em sede doutrinária quanto jurisprudencial, como causa supralegal de exclusão de culpabilidade a precária condição financeira da empresa, extrema ao ponto de não restar alternativa socialmente menos danosa que não a falta do não recolhimento do tributo devido. Configuração a ser aferida pelo julgador, conforme um critério valorativo de razoabilidade, de acordo com os fatos concretos revelados nos autos, cabendo a quem alega tal condição o ônus da prova, nos termos do art. 156 do CPP. Deve o julgador, também, sob outro aspecto, aferir o elemento subjetivo do comportamento, pois a boa-fé é requisito indispensável para que se confire conteúdo ético a tal comportamento"[40].

A pena cominada à apropriação indébita tributária de contribuições previdenciárias é de reclusão de dois a cinco anos e multa, o que contrasta com aquela cominada à apropriação indébita dos tributos em geral, de detenção de seis meses a dois anos e multa. Essa disparidade de penalização é criticada por SALOMÃO. Ressalta ela que "ainda que se pudesse imaginar uma ordem de importância entre elas, o que se constataria, então, sob o ponto de vista da destinação do produto arrecadado, é que, além de estarem destinadas à consecução de metas de igual importância, parte do produto arrecadado com a cobrança das outras espécies tributárias financiará a Seguridade Social, a teor da expressa disposição constitucional contida no art. 195, *caput*". E retoma a Emenda Constitucional n. 29/2000, que, ao alterar a redação dos arts. 167 e 168 da Constituição, "vinculou a receita obtida com impostos à aplicação anual em ações e serviços públicos de saúde", de modo que "atualmente, uma parcela da receita obtida com praticamente todos os impostos previstos na Constituição contribui para o financiamento das atividades próprias da Seguridade Social". Ressalta, também, que o próprio art. 167, IV, foi alterado para ressalvar essa vinculação, o que reforça "a homogeneidade da relevância, no seio do bem jurídico da arrecadação tributária, das diversas espécies tributárias [...], sendo injustificada a disparidade de tratamento penal dispensada pelo legislador", no seu entender, e conclui que "o tratamento desigual atribuído a condutas idênticas é inconstitucional por ferir o princípio da isonomia"[41]. Um argumento a favor desse raciocínio é o de que a disparidade na cominação de penas pelo crime de

....

39. STJ, AgRg no Ag 1388275, 2013.
40. STF, Tribunal Pleno, AP 516, 2010.
41. SALOMÃO, Heloisa Estellita. *A tutela penal e as obrigações tributárias na Constituição Federal*. São Paulo: Revista dos Tribunais, 2001, p. 216-217.

apropriação indébita não encontra espelhamento nos crimes de sonegação, em que tanto a sonegação de crimes em geral, tipificada no art. 1º da Lei n. 8.137/90, como a sonegação de contribuições previdenciárias, tipificada no art. 337-A do CP, estão sujeitas às mesmas penas de reclusão de dois a cinco anos e multa. Em contrário, pode-se argumentar que a invocação do custeio da seguridade como um todo e, em especial, da saúde, não é argumento válido para demonstrar a disparidade, porquanto o art. 168-A do CP se refere tão-somente às contribuições previdenciárias, o que alcança apenas uma das áreas da seguridade social, que, nos termos do texto constitucional, abrange previdência, saúde e assistência. Ademais, o não repasse das contribuições previdenciárias retidas dos segurados acaba gerando problemas não apenas à arrecadação tributária e ao custeio da previdência, mas à própria administração dos benefícios previdenciários concedidos em função do tempo de contribuição.

Os §§ 2º e 3º, I, do art. 168-A disciplinavam hipóteses de extinção da punibilidade e de possível perdão fiscal. O § 2º dispunha que restaria extinta a punibilidade no caso de pagamento da contribuição e dos acessórios antes do início da ação fiscal (fiscalização)[42] e o § 3º, I, dispunha que seria facultado ao juiz deixar de aplicar a pena ou aplicar apenas a pena de multa se o agente primário e de bons antecedentes pagasse o débito entre o início da ação fiscal e o recebimento da denúncia[43]. Mas tais dispositivos

---

42. O § 2º do art. 168-A traz hipótese de extinção da punibilidade que se perfaz quando "o agente, espontaneamente, declara, confessa e efetua o pagamento das contribuições, importâncias ou valores e presta as informações devidas à previdência social, na forma definida em lei ou regulamento, antes do início da ação fiscal". Tenha-se em conta, em primeiro lugar, que "ação fiscal" é como se designa o procedimento de fiscalização tendente ao lançamento do tributo. A ação fiscal inicia-se quando do primeiro ato escrito da autoridade cientificando o sujeito passivo com vista à fiscalização, nos termos do art. 7º, I, do Decreto n. 70.235/72. Nesse momento, normalmente, a autoridade requer a apresentação de documentos ou esclarecimentos. O § 1º desse dispositivo estabelece que "O início do procedimento exclui a espontaneidade do sujeito passivo em relação aos atos anteriores e, independentemente de intimação a dos demais envolvidos nas infrações verificadas". A Portaria RFB 6.478/2017 disciplina o planejamento das atividades fiscais e estabelece normas para a execução dos procedimentos fiscais relativos aos tributos administrados pela Secretaria da Receita Federal do Brasil, referindo diversas vezes a expressão "ação fiscal". A previsão do § 2º do art. 168-A do Código Penal corresponde ao instituto da "denúncia espontânea", regulado pelo art. 138 do CTN. Dispõe o Código que a responsabilidade por infrações à legislação tributária "é excluída pela denúncia espontânea da infração, acompanhada, se for o caso, do pagamento do tributo devido e dos juros de mora", estabelecendo, ainda, que "não se considera espontânea a denúncia apresentada após o início de qualquer procedimento administrativo ou medida de fiscalização, relacionados com a infração". Nesses casos de "denúncia espontânea", com o reconhecimento do débito e seu pagamento integral antes do início da ação fiscal, temos uma ação do contribuinte que recompõe a ordem tributária antes mesmo de o Fisco iniciar qualquer fiscalização específica relativamente a ele. Cuidamos do instituto da denúncia espontânea no item 13 deste trabalho.

43. ANDRADE FILHO considera que o § 3º do art. 168-A traz hipótese de perdão judicial. ANDRADE FILHO, Edmar Oliveira. *Direito penal tributário*: crimes contra a ordem tributária e contra a previdência social. 7. ed. São Paulo: Atlas, 2015, p. 107. Assim, também: BITENCOURT,

restam ab-rogados tacitamente pela Lei n. 10.683/2003, que, se referindo expressamente aos crimes tributários, inclusive à apropriação indébita previdenciária do art. 168-A do CP, estabelece, em seu art. 9º, § 2º: "Extingue-se a punibilidade dos crimes referidos neste artigo quando a pessoa jurídica relacionada com o agente efetuar o pagamento integral dos débitos oriundos de tributos e contribuições sociais, inclusive acessórios". Desenvolvemos essa questão no item 95 desta obra, concluindo que, a qualquer tempo, o pagamento integral tem efeito extintivo da punibilidade.

Já a extinção da punibilidade (art. 107, IX, do CP) pelo perdão judicial do § 3º, II, do art. 168-A do Código Penal, ou seja, a que ocorreria quando o valor das contribuições devidas, inclusive acessórios, fosse igual ou inferior a aquele estabelecido pela previdência social, administrativamente, como sendo o mínimo para o ajuizamento de suas execuções fiscais, traz à tona caso de insignificância penal da conduta, conforme tem sido reconhecido pela jurisprudência. Analisamos a questão, com detalhamento, no item 76 desta obra, ressaltando que o não recolhimento de tributo até o montante de R$ 20.000,00 vem sendo considerado sujeito apenas às sanções administrativas. Não se trata, sequer, de extinção da punibilidade, propriamente, mas de excludente de tipicidade vislumbrada para os diversos crimes tributários, sendo certo que a tipicidade penal material pressupõe lesão significativa ao bem jurídico tutelado.

O § 4º, por sua vez, foi incluído pela Lei n. 13.606/2018. Afasta a aplicação do § 3º aos parcelamentos tributários de débitos significativos. Em face da referência de valor, vê-se que diz respeito ao inciso I do § 3º, que disse da possibilidade de perdão em face de pagamento após o início da ação fiscal e antes de oferecida a denúncia. O efeito do § 4º restringe-se a não ensejar que se dê ao parcelamento o efeito extintivo da punibilidade próprio do pagamento. O parcelamento, conforme se pode ver do item 89 desta obra, tem efeito suspensivo da punibilidade, nos termos do art. 83, §§ 1º e 2º, da Lei n. 9.430/96, com os acréscimos determinados pela Lei n. 12.382/2011.

65. Deixar de recolher contribuição previdenciária descontada de pagamento efetuado a segurado ou arrecadada do público

Apropriação indébita previdenciária (Incluído pela Lei n. 9.983, de 2000)
Art. 168-A [...]:
Pena – reclusão, de 2 (dois) a 5 (cinco) anos, e multa.
§ 1º Nas mesmas penas incorre quem deixar de:

....

Cezar Roberto. *Tratado de direito penal: parte especial 3*: crimes contra o patrimônio até crime contra o sentimento religioso e contra o respeito aos mortos. Administração Pública e crimes praticados por prefeitos. 15. ed. São Paulo: Saraiva, 2019, p. 283.

I – recolher, no prazo legal, contribuição ou outra importância destinada à previdência social que tenha sido descontada de pagamento efetuado a segurados, a terceiros ou arrecadada do público;

O § 1º do art. 168-A do CTN arrola condutas que configuram o crime de apropriação indébita tributária, afastando dúvidas quando à sua tipicidade.

O inciso I apresenta certa sobreposição com a definição genérica do *caput*. Deixar de repassar (*caput*) ou de recolher (§ 1º) são condutas idênticas. Contribuições recolhidas dos contribuintes (*caput*) ou descontadas de pagamento efetuado a segurados, a terceiros ou arrecadadas do público (§ 1º), também. Recolhe-se mediante retenção ou cobrança.

É papel do substituto tributário (ou agente de retenção) colaborar com o Fisco, fazendo a intermediação do pagamento da contribuição devida pelo contribuinte com o qual se relaciona. Ao realizar pagamentos, por exemplo, o substituto entrega o valor líquido ao prestador de serviço segurado e retém a contribuição por esse devida, repassando-a ao Fisco mediante recolhimento do respectivo valor.

O art. 95 da Lei n. 8.212/91, expressamente revogado pela mesma Lei n. 9.983/2000, trazia tipificação mais ampla, dizendo ser crime "deixar de recolher, na época própria, contribuição ou outra importância devida à Seguridade Social e arrecadada dos segurados ou do público". Note-se que referia importância devida à Seguridade; atualmente, o art. 168-A restringe inequivocamente às contribuições previdenciárias, subespécies de contribuições sociais de seguridade social.

66. Deixar de recolher contribuição previdenciária que tenha integrado despesas ou custos relativos à venda de produtos ou serviços

Apropriação indébita previdenciária (Incluído pela Lei n. 9.983, de 2000)
Art. 168-A [...]:
Pena – reclusão, de 2 (dois) a 5 (cinco) anos, e multa.
§ 1º Nas mesmas penas incorre quem deixar de:
II – recolher contribuições devidas à previdência social que tenham integrado despesas contábeis ou custos relativos à venda de produtos ou à prestação de serviços;

A Lei n. 9.983/2000 não apenas acrescentou o art. 168-A ao CP como revogou o art. 95 da Lei n. 8.212/91 (Lei de Custeio da Seguridade Social), que dispunha: "Art. 95. Constitui crime: e) deixar de recolher contribuições devidas à Seguridade Social que tenham integrado custos ou despesas contábeis relativos a produtos ou serviços vendidos". Alcançava quaisquer contribuições à Seguridade Social, compreendendo, assim, as destinadas à saúde, à previdência e à assistência. O art. 168-A do CP, porém, assim como fez no inciso I do § 1º, também neste inciso II restringiu o crime ao não recolhimento das contribuições previdenciárias tão-somente. O não recolhimento de contribuições como PIS e Cofins, portanto, não configura o tipo do art. 168-A.

A referência às "contribuições previdenciárias que tenham integrado despesas contábeis ou custos relativos à venda de produtos ou à prestação de serviços" é bem ampla. Na Lei n. 14.133/2021 vê-se a consideração das obrigações relativas às contribuições previdenciárias dos empregadores no custo dos serviços contratados pela Administração, referidas que são no seu art. 121, sendo certo que o art. 134 diz da alteração dos preços nos casos em que, após a data da apresentação da proposta, haja a "criação, alteração ou extinção de quaisquer tributos ou encargos legais ou a superveniência de disposições legais, com comprovada repercussão sobre os preços contratados". Nesse caso das licitações, em que a composição dos custos tributários constam das propostas, com destaque para as contribuições previdenciárias na prestação de serviços mediante cessão de mão de obra, a composição dessa subespécie tributária nos custos da prestação de serviços resta clara. Em outros casos, dependerá de alguma demonstração formal que a evidencie, ou seja, que revele, inequivocamente, que parte do preço tenha sido recebido já vinculado ao atendimento dessas obrigações tributárias previdenciárias.

67. Deixar de pagar benefício devido a segurado quando os valores já tiverem sido reembolsados à empresa pela previdência social

Apropriação indébita previdenciária (Incluído pela Lei n. 9.983, de 2000)
Art. 168-A [...]:
Pena – reclusão, de 2 (dois) a 5 (cinco) anos, e multa.
§ 1º Nas mesmas penas incorre quem deixar de:
III – pagar benefício devido a segurado, quando as respectivas cotas ou valores já tiverem sido reembolsados à empresa pela previdência social.

Destaco, primeiramente, que a hipótese de apropriação indébita previdenciária do art. 168-A do CP não tem caráter tributário, porquanto o reembolso a que se refere, de benefício pago a segurado, não tem essa natureza. Não se cuida, aqui, portanto, de um crime contra a ordem tributária, mas de crime mais genérico contra a previdência social, violando o atendimento aos beneficiários.

De qualquer modo, trago alguns breves esclarecimentos.

A Lei n. 9.983/2000 não apenas acrescentou o art. 168-A ao CP como revogou o art. 95 da Lei n. 8.212/91 (Lei de Custeio da Seguridade Social), que dispunha: "Art. 95. Constitui crime: f) deixar de pagar salário-família, salário-maternidade, auxílio-natalidade ou outro benefício devido a segurado, quando as respectivas quotas e valores já tiverem sido reembolsados à empresa;" O auxílio-natalidade foi revogado pelo art. 40 da Lei n. 8.742/93, mas o rol segue útil para fins exemplificativos.

É que alguns benefícios são pagos pelo empregador, o qual é, em seguida, reembolsado pelo INSS. Quanto ao salário-maternidade, *e.g.*, o § 1º do art. 72 da Lei n. 8.213/91, incluído pela Lei n. 10.710/2003, ainda em vigor, estabelece que "Cabe à empresa pagar o salário-maternidade devido à respectiva empregada gestante, efetivando-se a compensação [...] quando do recolhimento das contribuições incidentes sobre a folha de salários e demais rendimentos pagos ou creditados, a qualquer título, à pessoa física que lhe preste serviço".

Portanto, trata-se de situações em que a empresa foi reembolsada, ainda que mediante a invocação de crédito para fins de compensação, mas não deu ao respectivo montante o destino adequado, deixando de efetuar o pagamento ao segurado e, com isso, apropriando-se de tal valor, o que enseja a responsabilização criminal de quem, dolosamente, tenha concorrido para tal conduta.

68. Apropriação indébita pelo depositário infiel em execução fiscal

Apropriação indébita
Art. 168. Apropriar-se de coisa alheia móvel, de que tem a posse ou a detenção:
Pena – reclusão, de um a quatro anos, e multa.
Aumento de pena
§ 1º – A pena é aumentada de um terço, quando o agente recebeu a coisa:
I – em depósito necessário;
II – na qualidade de tutor, curador, síndico, liquidatário, inventariante, testamenteiro ou depositário judicial;
III – em razão de ofício, emprego ou profissão.

As Execuções Fiscais são regidas pela Lei n. 6.830/80. Efetuada a citação e não realizado o pagamento, nem oferecido depósito em dinheiro, fiança bancária ou seguro garantia, é realizada a penhora sobre bens indicados pelo devedor ou sobre qualquer bem do executado, exceto os absolutamente impenhoráveis, tudo nos termos dos seus arts. 9º e seguintes.

Aplica-se, subsidiariamente, o CPC no ponto em que trata do depositário. Vejamos: "Art. 159. A guarda e a conservação de bens penhorados, arrestados, sequestrados ou arrecadados serão confiadas a depositário ou a administrador, não dispondo a lei de outro modo". Mais adiante, pontua: "Art. 161. O depositário ou o administrador responde pelos prejuízos que, por dolo ou culpa, causar à parte [...]". E adverte: "Parágrafo único. O depositário infiel responde civilmente pelos prejuízos causados, sem prejuízo de sua responsabilidade penal e da imposição de sanção por ato atentatório à dignidade da justiça".

Sob a perspectiva civil, não é possível prender o depositário em razão do descumprimento dos seus compromissos. Embora o art. 5º, LXVII, da Constituição, ao proibir a prisão civil por dívida, ressalve "a do responsável pelo inadimplemento voluntário e inescusável de obrigação alimentícia e a do depositário infiel", os direitos e garantias expressos na Constituição "não excluem outros decorrentes do regime e dos princípios por ela adotados, ou dos tratados internacionais em que a República Federativa do Brasil seja parte", conforme dispõe o § 2º do próprio art. 5º, acrescentado pela EC 45/2004. E o Brasil, em 1992, ratificou a Convenção Americana de Direitos Humanos ou Pacto de San José da Costa Rica que, internalizado e ratificado que foi, "tem força normativa entre nós"[44]. Seu art. 7º, § 7º, assim dispõe: "§ 7º. Ninguém deve ser detido por dívida. Esse princípio não limita os mandados de autoridade judiciária competente expedidos em virtude de inadimplemento de obrigação alimentar". Conforme BARROSO, "no tocante aos tratados de direitos humanos, o entendimento é de que possuem uma posição supralegal, situando-se acima da legislação ordinária, mas sem *status* constitucional. Para que se equiparem a uma norma constitucional, o art. 5º, § 3º, previu a aprovação por rito análogo ao das emendas à Constituição"[45]. MAZZUOLI ressalta que, da "inovação advinda da EC 45 veio à tona (e passou a ter visibilidade entre nós) um novo tipo de controle da produção normativa doméstica: o controle de convencionalidade das leis, que nada mais é que o processo de compatibilização vertical (sobretudo material) das normas de Direito interno com os comandos encontrados nas convenções internacionais de direitos humanos"[46]. Forte no referido compromisso internacional, o STF, em 2009, realizando o controle de convencionalidade, aprovou a Súmula Vinculante 25, dispondo que: "É ilícita a prisão civil de depositário infiel, qualquer que seja a modalidade de depósito". Desse modo, já não pode, o juiz cível, decretar a prisão do depositário infiel nos autos da execução fiscal ou de ação de depósito como instrumento para forçar o cumprimento da obrigação.

Mas o Superior Tribunal de Justiça já decidiu: "A impossibilidade, convencional e legal, de prisão do depositário infiel, impede a prisão civil para forçar ao cumprimento de obrigação – restituição do bem ou equivalente em dinheiro", mas "Razoável é a valoração legislativa de criminalizar o descumprimento ao dever de guardar e bem restituir coisa entregue por ordem judicial nessa condição temporária, pois dano socialmente relevante, assim se considerando legítimo e proporcional o crime do art. 168 e seu § 1º, II, do Código Penal"[47].

Ou seja, a vedação da prisão civil por dívida não impede o estado de buscar a responsabilização criminal do depositário quando, dolosamente, tenha se apropriado

---

44. BARROSO, Luís Roberto. *Curso de direito constitucional contemporâneo*. 9. ed. 2. tir. São Paulo: Saraiva, 2021, p. 506.
45. BARROSO, Luís Roberto. *Curso de direito constitucional contemporâneo*. 9. ed. 2. tir. São Paulo: Saraiva, 2021, p. 506.
46. MAZZUOLI, Valerio de Oliveira. *Curso de direito internacional público*. 5. ed. São Paulo: Revista dos Tribunais, 2001, p. 379.
47. STJ, RHC 58.234, 2016.

indevidamente do bem objeto do depósito. Essa responsabilização criminal tem de ser feita à luz do enquadramento no tipo legal específico e mediante ação penal revestida de todas as garantias.

A responsabilidade penal dá-se mediante enquadramento no tipo de apropriação indébita, estampado no art. 168 do CP.

Isso porque o juiz confia, ao depositário, a detenção do bem penhorado. Ainda que o proprietário executado venha a ser nomeado depositário, manterá o bem a outro título, em nome do juízo. "O depositário assume a obrigação de guardar e zelar pelo bem penhorado e de o entregar ao Juízo quando solicitado"[48]. Uma vez solicitada a entrega, deve ser efetuada. Eventual impossibilidade de fazê-lo tem de ser justificada. Caso o depositário tenha, dolosamente, dado outro destino ao bem, consumindo-o ou dele dispondo e, portanto, agindo como se proprietário fosse, dele terá se apropriado indevidamente, incorrendo no tipo penal.

O STJ é claro a respeito: "Como mero detentor dos bens, cabe ao depositário judicial restituí-los a quem tenha o direito de levantá-los, quando assim ordenado pelo Juízo; do contrário, altera-se o título dessa detenção, podendo se sujeitar o depositário, além da indenização na esfera cível, à pena do crime de apropriação indébita, majorada pela circunstância de cometê-lo no exercício da respectiva função (art. 168, § 1º, II, do CP)"[49].

Esse entendimento aplica-se, inclusive, na hipótese de penhora do faturamento. Lembre-se que o próprio faturamento das empresas pode ser parcialmente penhorado quando "o executado não tiver outros bens penhoráveis ou se, tendo-os, esses forem de difícil alienação ou insuficientes para saldar o crédito executado". Prevista no art. 835, X, do CPC e regulada no seu art. 866, a penhora de percentual do faturamento vem se tornando cada vez mais corriqueira, até porque concilia a satisfação do crédito com a execução que seja menos gravosa e que preserve, tanto quanto possível, a continuidade da empresa e seus positivos efeitos sociais. O § 2º do art. 866 dispõe: "O juiz nomeará administrador-depositário, o qual submeterá à aprovação judicial a forma de sua atuação e prestará contas mensalmente, entregando em juízo as quantias recebidas, com os respectivos balancetes mensais, a fim de serem imputadas no pagamento da dívida". Caso o depositário deixe de prestar contas, apropriando-se indevidamente do percentual de faturamento penhorado, incorrerá no tipo penal. Efetivamente, o fato de alguém "na qualidade de depositário judicial de quantias referentes à penhora de faturamento" ter "deixado de cumprir suas obrigações", "a princípio, se amolda ao tipo previsto no art. 168, § 1º, II, do Código Penal"[50]. Esse entendimento, aliás, resta consolidado também

---

48. PAULSEN, Leandro; ÁVILA, René B.; SLIWKA, Ingrid S. *Leis de processo tributário comentadas*. 9. ed. São Paulo: Saraiva, 2018, p. 624.
49. STJ, REsp 1758774, 2018.
50. STJ, HC 297234, 2015.

pela Quarta Seção do TRF4, segundo a qual "Configura o crime do art. 168, § 1º, II, do CP, a conduta do administrador de empresa que, na qualidade de depositário, não recolhe o percentual do faturamento estipulado em penhora oriunda de Execução Fiscal"[51].

No ponto, importa destacar que, não apenas "A conduta do administrador de empresa que, na qualidade de depositário, não recolhe o percentual do faturamento estipulado em penhora oriunda de execução fiscal amolda-se ao tipo penal do art. 168, § 1º, II, do CP", como é "Adequada a *emendatio libelli* operada em sentença, que afastou o crime de desobediência para enquadrar os fatos no delito de apropriação indébita qualificada". Ademais, o TRF4 também já frisou que "A falta de determinação precisa dos valores em tese apropriados decorre da própria conduta delitiva do réu, uma vez que apenas não se sabe a exata quantia que deveria ter sido repassada ao Juízo porque o agente deixou de informar o valor do faturamento da empresa", de modo que "a impossibilidade de aferir a aplicação do princípio da insignificância não pode ser empecilho ao prosseguimento do feito, até mesmo porque 'a ninguém é dado beneficiar-se da própria torpeza' (*nemo auditur propriam turpitudinem allegans*)". E mais, "restando demonstrado que a empresa continuou em funcionamento, evidente que houve o ingresso de algum valor a título de faturamento, sobre o qual deveria ter sido recolhida a fração de 5%, referente à penhora na execução fiscal", sendo "irrelevante que não se saiba precisar o montante específico do valor apropriado". E tudo porque "Ao depositário não é dado escolher qual destino deve ser dado à coisa que detém em depósito, devendo atuar segundo os limites do ato. Assim, no momento em que o réu optou em não depositar os valores em juízo, e sim dar destinação diversa a ele – ainda que em benefício da empresa –, restou configurado o elemento volitivo do tipo"[52].

Diga-se, também, que "O não atendimento à determinação judicial de apresentar os bens penhorados, dos quais era depositário judicial, configura o crime de apropriação indébita qualificada e não a simples fraude à execução"[53].

---

51. TRF4, ENUL 5008003-85.2016.4.04.7003, 2020.
52. TRF4, ACR 5002905-55.2017.4.04.7207, 2020.
53. TRF4, ACR 5018560-73.2017.4.04.7108, 2019.

Capítulo 10

Crimes Formais contra a Ordem Tributária

69. Crimes formais contra a ordem tributária e a violação de obrigações acessórias, formais ou instrumentais

O Capítulo I da Lei n. 8.137/90 dispõe sobre os crimes contra a ordem tributária. Os arts. 1º e 2º cuidam dos crimes praticados por particulares contra a ordem tributária. Enquanto o art. 1º cuida do crime material de sonegação, nas suas diversas modalidades, o art. 2º cuida dos crimes formais, à exceção do inciso II, considerado crime material.

Ao *caput* do art. 2º, ao dispor que "constituem crime da mesma natureza" as condutas arroladas em seus incisos, refere-se à natureza de crime contra a ordem tributária. A fórmula equivale ao significado que teria a frase, quem sabe mais clara, "também constituem crime contra a ordem tributária". Entendemos que não se trata de uma equiparação ao crime do art. 1º, como defende PAULINO[1], mas, isso sim, de outra modalidade de crime a tutelar o mesmo bem jurídico: a ordem tributária.

Não há que se confundir os crimes formais com crimes de violação a obrigações acessórias, que são as obrigações tributárias formais ou instrumentais.

Podemos ter um crime formal contra a ordem tributária que não corresponda, diretamente, ao descumprimento de obrigação tributária acessória.

Vejamos essas classificações de direito penal e de direito tributário.

Crime formal é uma categoria que advém da classificação dos crimes em formais e materiais. É aquele que se perfaz pela realização da conduta descrita no tipo penal, independentemente da verificação de qualquer resultado, prejuízo, dano, enfim, independentemente das consequências verificadas no plano fático como efeito daquela

---

1. PAULINO, José Alves. *Crimes contra a ordem tributária*. 2. ed. Brasília: Projeto Editorial, 2002, p. 61.

conduta. Já o crime material é aquele cujo tipo refere o resultado como pressuposto para a incidência da norma penal.

As obrigações tributárias acessórias, formais ou instrumentais, por sua vez, são as obrigações previstas na legislação tributária, com conteúdo de fazer, não fazer ou tolerar, ou seja, uma prestação diversa da que é própria das obrigações tributárias principais caracterizadas pelo pagamento de tributo ou multa. Vale nos estendermos um pouco sobre o ponto.

Os entes políticos exercem sua competência tributária atribuindo a determinadas situações (fatos, atos, negócios) o efeito de geradoras da obrigação de pagar determinado tributo. Ademais, estabelecem deveres formais no interesse da administração tributária, como os de emitir nota fiscal, prestar declaração quanto ao montante devido e facultar o acesso dos auditores fiscais aos livros da empresa. Também estabelecem penalidades, principalmente multas, pelo descumprimento das obrigações de pagar tributos e pelo descumprimento das obrigações de cumprir os deveres formais.

O art. 113 do CTN denomina as obrigações de prestar dinheiro, seja a título de tributo ou de multa, de obrigações tributárias principais (§ 1º), e as obrigações de fazer, deixar de fazer ou tolerar – os deveres formais – de obrigações tributárias acessórias (§ 2º).

As obrigações principais (de pagar) estão sob reserva legal absoluta (art. 150, I, da CF e 97, V, do CTN), dependendo de lei que defina seus diversos aspectos. Assim é que tanto a instituição de tributo, como o estabelecimento da obrigação de terceiro de pagar tributo devido por outrem na condição de substituto ou de responsável e, ainda, a cominação de penalidades dependerão de tratamento legal exaustivo, não admitindo delegação ao Executivo.

As obrigações acessórias têm como conteúdo, por exemplo, a emissão de documentos fiscais, a elaboração e escrituração fiscal e a apresentação de declarações ao Fisco[2] ou a afixação de selos especiais nos produtos. Conforme o STJ, "A obrigação tributária acessória tem por escopo facilitar a fiscalização e permitir a cobrança do tributo, sem que represente a própria prestação pecuniária devida ao Ente Público"[3]. Essas

---

2. "Hemos definido las prestaciones formales con aquellas que son objeto de deberes de hacer, no hacer o soportar inherentes a la gestión de los tributos. Son prestaciones instrumentales, no materiales y no pecuniarias. Y son tantas como la ley reguladora de cada tributo considere necesarias para la efectiva aplicación del mismo. Pueden catalogarse, no obstante, en algunos grandes géneros y, dentro de ellos, deslindar prestaciones especiales, concretas. Los grandes géneros son, a nuestro juicio, el deber de declarar, el de informar, el de contabilizar y conservar documentos, y el de facilitar las comprobaciones y controles administrativos" (LAGO MONTERO, José Maria. *La sujeción a los diversos deberes y obligaciones tributarios*. Madri: Marcial Pons, 1998, p. 104).

3. STJ, PRIMEIRA SEÇÃO, REsp 1405244, 2018.

obrigações podem impor, também, abstenções, por exemplo, proibindo o transportador de carregar mercadoria que não esteja acompanhada de nota fiscal. Há quem prefira referi-las como deveres instrumentais[4].

A referência à "legislação tributária" como fonte das obrigações acessórias, no art. 115 do CTN, remete à definição constante do art. 96 do CTN, que abrange os decretos e normas complementares, principalmente as instruções normativas e portarias. Isso tem sido considerado pelo STJ, conforme destacamos ao cuidarmos da garantia da legalidade tributária. Mas não se deve perder de vista a necessidade de que a própria lei crie o dever formal, ainda que deixe ao Executivo seu detalhamento. Estão sob reserva legal relativa (art. 5º, II, da CF), obrigando, exclusivamente, a quem a lei imponha o dever formal, independentemente de serem ou não contribuintes. Criadas por lei, podem ser detalhadas pelo Executivo.

TAKANO, porém, entende que "a lei será imprescindível para conferir a competência da Administração para fiscalizar e instituir deveres instrumentais, ao passo que o exercício dessa competência pode ser realizado por lei ou, ainda, por qualquer um dos instrumentos normativos elencados no art. 96 do CTN"[5]. Esse entendimento traduz o que vem ocorrendo em nosso país. A Lei n. 9.779/99, *e.g.*, em seu art. 16, traz autorização genérica para que a Secretaria da Receita Federal disponha sobre as obrigações acessórias relativas a impostos e contribuições que administra[6].

Embora denominadas de acessórias, têm autonomia relativamente às obrigações principais. Efetivamente, tratando-se de obrigações tributárias acessórias, não vale o adágio sempre invocado no âmbito do direito civil, de que o acessório segue o principal. Mesmo pessoas imunes ou isentas podem ser obrigadas ao cumprimento de deveres formais. Os arts. 175, parágrafo único, e 194, parágrafo único, do CTN, aliás, são expressos a respeito da necessidade de cumprimento das obrigações acessórias e de submissão à fiscalização também por parte das empresas que eventualmente não estejam sujeitas ao pagamento de determinado tributo. O art. 9º, § 1º, do CTN, por sua vez, é expresso no sentido de que a imunidade "não exclui a atribuição, por lei, às entidades nele referidas, da condição de responsáveis pelos tributos que lhes caiba reter na fonte, e não as dispensa da prática de atos, previstos em lei, assecuratórios do cumprimento de obrigações tributárias por terceiros". Segundo o STJ, "os deveres instrumentais,

---

4. TAKANO, Caio Augusto. *Deveres instrumentais dos contribuintes*: fundamentos e limites. São Paulo: Quartier Latin, 2017.
5. TAKANO, Caio Augusto. *Deveres instrumentais dos contribuintes*: fundamentos e limites. São Paulo: Quartier Latin, 2017, p. 122.
6. Lei n. 9.779/99: Art. 16. Compete à Secretaria da Receita Federal dispor sobre as obrigações acessórias relativas aos impostos e contribuições por ela administrados, estabelecendo, inclusive, forma, prazo e condições para o seu cumprimento e o respectivo responsável.

previstos na legislação tributária, ostentam caráter autônomo em relação à regra matriz de incidência do tributo, uma vez que vinculam, inclusive, as pessoas físicas ou jurídicas que gozem de imunidade ou outro benefício fiscal"[7]. Também o STF afirma: "O fato de a pessoa jurídica gozar da imunidade tributária não afasta a exigibilidade de manutenção dos livros fiscais"[8].

TAKANO destaca que os deveres instrumentais tributários "não podem ser desproporcionais em relação ao interesse da arrecadação ou da fiscalização dos tributos", tampouco ter "custos de conformidade excessivos, a ponto de prejudicares substancial e injustificadamente a atividade dos administrados"[9].

Vale especificarmos alguns exemplos de obrigações acessórias. A primeira de todas as obrigações acessórias é a inscrição no cadastro de contribuintes: CPF para as pessoas físicas; CNPJ para as jurídicas. Ademais, a legislação determina a produção de documentos fiscais, sendo de elevada importância a emissão de nota fiscal de venda de mercadorias e de prestação de serviços.

As pessoas físicas ainda têm de prestar a Declaração de Rendimentos do Imposto de Renda da Pessoa Física. As pessoas jurídicas devem manter Escrituração Contábil Fiscal (ECF), transmitida anualmente ao Sistema Público de Escrituração Digital (Sped) até o último dia útil do mês de julho do ano seguinte ao ano-calendário, contendo informações acerca de "todas as operações que influenciem a composição da base de cálculo e o valor devido do Imposto sobre a Renda da Pessoa Jurídica (IRPJ) e da Contribuição Social sobre o Lucro Líquido (CSLL)". Há, ainda, a Declaração do Imposto de Renda Retido na Fonte (DIRF), dentre muitas outras. Uma das mais importantes obrigações tributárias acessórias, na área federal, aliás, é a de apresentação mensal ou semestral de informações acerca da maior parte dos tributos federais administrados pela Secretaria da Receita Federal do Brasil através da Declaração de Débitos e Créditos Tributários Federais (DCTF)[10]. A DCTF é mensal para empresas que no ano anterior tenham tido elevada receita bruta ou cujo somatório de débitos declarados seja considerável e semestral para as demais. Constam da DCTF informações acerca dos débitos de CSLL, PIS e Cofins, bem como de outros tributos. A DCTF tem efeito de confissão de dívida. Juntamente com a DCTF, as pessoas jurídicas têm a obrigação de preencher o Demonstrativo de Apuração de Contribuições Sociais (Dacon), em que apresentam os dados relativos à apuração do PIS e da Cofins.

---

7. STJ, Primeira Seção, EDcl nos EDcl no REsp 1116792, 2012.
8. STF, RE 250.844, 2012.
9. TAKANO, Caio Augusto. *Deveres instrumentais dos contribuintes*: fundamentos e limites. São Paulo: Quartier Latin, 2017, p. 278.
10. A DCTF é regulamentada pela IN RFB n. 974/2009.

Pode ocorrer, contudo, o descumprimento das obrigações acessórias, ensejando a aplicação de multa. Ou seja, a infração à obrigação acessória (deveres formais) poderá implicar o surgimento de obrigação principal (pagar multa). O art. 113, § 3º, do CTN, ao referir que a "obrigação acessória, pelo simples fato da sua inobservância, converte-se em obrigação principal relativamente à penalidade pecuniária", destaca que o descumprimento do dever formal implica infração autônoma, que independe de ter ou não havido o inadimplemento de tributo. Mas a aplicação de multa pelo descumprimento de obrigação acessória depende de previsão legal específica, exigida expressamente pelo art. 97, V, do CTN. O art. 57 da MP 2.158-35/2001, ainda vigente, prevê multa para o obrigado que deixar de apresentar, à RFB, declaração, demonstrativo ou escrituração digital, que os prestar extemporaneamente ou que deixar de prestar esclarecimentos quando intimado, bem como que cumprir obrigações acessórias com informações inexatas, incompletas ou omitidas.

Em face desses conceitos, portanto, resta claro que podemos ter crimes formais relacionados ou não ao cumprimento de obrigações tributárias acessórias.

O crime do art. 2º, I, da Lei n. 8.137/90, de "fazer declaração falsa ou omitir declaração sobre rendas, bens ou fatos [...] para eximir-se, total ou parcialmente, de pagamento de tributo" é um crime formal que envolve falsidade ou omissão relativa à obrigação acessória de declarar a renda. Já o crime do inciso III, de "exigir, pagar ou receber, para si ou para o contribuinte beneficiário, qualquer percentagem sobre a parcela dedutível ou deduzida de imposto ou de contribuição como incentivo fiscal", desborda e prescinde de conexão com qualquer obrigação acessória.

Para GUZELLA, a criminalização de condutas acessórias, que exigem deveres de informação perante o Fisco, devem ser sancionadas, mas não pelo direito penal, pois tais obrigações entram em choque com outros direitos e garantias constitucionais, confrontando-se com bens juridicamente mais importantes na hierarquia de valores, tornando esta criminalização inconstitucional"[11].

70. Fazer declaração falsa ou omitir declaração sobre rendas, bens ou fatos ou empregar outra fraude para eximir-se de pagamento de tributo

Lei n. 8.137/90
Dos crimes praticados por particulares
Art. 2º Constitui crime da mesma natureza:

---

11. GUZELLA, Tathiana Laíz. *Crimes tributários*: aspectos e crítica. Curitiba: Juruá, 2011, p. 183.

I – fazer declaração falsa ou omitir declaração sobre rendas, bens ou fatos, ou empregar outra fraude, para eximir-se, total ou parcialmente, de pagamento de tributo;
Pena – detenção, de 6 (seis) meses a 2 (dois) anos, e multa.

Após descrever, no art. 1º, as condutas típicas configuradoras de crime material contra a ordem tributária ou, se preferirmos, do crime de sonegação, o legislador criminalizou, no art. 2º, outras condutas que prescindem de resultado para atraírem a consequência penal, configurando crimes formais. A referência a "crime da mesma natureza", já no *caput* do art. 2º, torna inequívoco que são enunciadas condutas também configuradoras de crime contra a ordem tributária. Equivoca-se quem pensa que a expressão estaria a indicar, também aqui, crime material a demandar supressão ou redução do tributo para seu aperfeiçoamento[12]. MACHADO denomina este crime de "inadimplemento fraudulento de obrigação acessória"[13].

WALTER JÚNIOR e FRAGOSO entendem que "o tipo penal do art. 2º, I, está contido no próprio normativo penal do art. 1º, I, que, ao contrário, exige para a sua consumação, a efetiva supressão ou redução do tributo devido". Portanto, o consideram um "tipo penal subsidiário, cuja conduta pode se caracterizar como fase de execução do fato típico do art. 1º na modalidade tentada, desde que, por circunstâncias alheias à vontade do agente, não haja supressão ou redução de tributo"[14]. EISELE segue a mesma linha, concluindo que "se o sujeito realiza uma conduta que consiste na tentativa da prática do fato tipificado no art. 1º, *caput*, a tipicidade será estabelecida em relação à descrição veiculada pelo art. 2º, I, solucionando-se o concurso aparente de leis pela aplicação do princípio da especialidade"[15]. Para KALACHE, a conduta do art. 2º, I, estaria "a meio caminho" daquela do art. 1º, I[16]. KERN também destaca que "o crime aperfeiçoa-se quando o agente empregar o meio fraudulento, com a finalidade de eximir-se do pagamento do tributo", pois, "caso a prática dolosa acarrete efetivo prejuízo ao Fisco, a conduta subsumir-se-á àquela prevista no art. 1º, desde que a fraude utilizada corresponda a alguma das elencadas nos incisos daquele artigo"[17].

Outra perspectiva, distinta, de compreensão do alcance desse dispositivo é a de que a declaração falsa ou a omissão de declaração a que se refere o art. 2º, I, da Lei n. 8.137/90

---

12. COSTA, Cláudio. *Crimes de sonegação fiscal*. Rio de Janeiro: Revan, 2003, p. 95.
13. MACHADO, Hugo de Brito. *Crimes contra a ordem tributária*. 3. ed. São Paulo: Atlas, 2011, p. 391.
14. WALKER JÚNIOR, James; FRAGOSO, Alexandre. *Direito penal tributário*: uma visão garantista da unidade do injusto penal tributário. Belo Horizonte: D'Plácido, 2017, p. 75-76.
15. EISELE, Andreas. *Crimes contra a ordem tributária*. 2. ed. São Paulo: Dialética, p. 169.
16. KALACHE, Maurício. *Crimes tributários*. Curitiba: Juruá, 2006, p. 169.
17. KERN, Alexandre. *O Controle penal administrativo nos crimes contra a ordem tributária*. Porto Alegre: Livraria do Advogado, 2002, p. 61.

diria respeito a momento posterior ao do fato gerador. O TRF3 tem precedente nesse sentido, afirmando: "A distinção entre as figuras típicas do art. 1 e do art. 2 da Lei n. 8.137, de 27.12.90, consiste em não estar o segundo ligado à ocorrência do fato gerador"[18].

A referência, no dispositivo, à finalidade da conduta – "para eximir-se, total ou parcialmente, de pagamento de tributo" – aponta para a necessidade de dolo específico.

Já se considerou enquadrada no art. 2º, I, da Lei n. 8.137/90 a compensação de tributos mediante invocação de créditos de terceiros, que não gerou redução ou supressão porque não chegou a produzir efeitos extintivos do crédito[19]. Lembre-se que esse tipo de compensação, no passado, era realizada à revelia da orientação em sentido contrário do Fisco, até que alteração legislativa passou a vedá-la expressamente e a considerá-la não declarada, não tendo eficácia. De qualquer modo, sempre é necessário investigar o dolo específico.

71. Exigir, pagar ou receber qualquer percentagem sobre parcela de incentivo fiscal

> Lei n. 8.137/90
> Dos crimes praticados por particulares
> Art. 2º Constitui crime da mesma natureza:
> III – exigir, pagar ou receber, para si ou para o contribuinte beneficiário, qualquer percentagem sobre a parcela dedutível ou deduzida de imposto ou de contribuição como incentivo fiscal;
> Pena – detenção, de 6 (seis) meses a 2 (dois) anos, e multa.

O dispositivo situa-se no universo dos incentivos fiscais, ou seja, da utilização extrafiscal dos tributos. Sob a perspectiva das finanças públicas, diz respeito aos "gastos tributários". São casos em que o legislador consente abrir mão da arrecadação com vista a incentivar determinadas condutas dos contribuintes. KERN esclarece que "o governo renuncia a parcela do tributo em favor do contribuinte que, em troca, deverá realizar algo geralmente de natureza econômica"[20].

COSTA JÚNIOR observa que o dispositivo do art. 2º, III, da Lei n. 8.137/90, em questão, "em muito se assemelha ao inciso V do art. 1º da Lei n. 4.729, de 1965"[21], pois

---

18. TRF34, RSE 97.03.44722-8, 1998.
19. TRF4, ACR 5016283-54.2016.4.04.7000, 2018.
20. KERN, Alexandre. *O controle penal administrativo nos crimes contra a ordem tributária*. Porto Alegre: Livraria do Advogado, 2002, p. 63.
21. A revogada Lei n. 4.729/65 dispunha: "Art 1º Constitui crime de sonegação fiscal: V – Exigir, pagar ou receber, para si ou para o contribuinte beneficiário da paga, qualquer percentagem sobre a parcela dedutível ou deduzida do imposto sobre a renda como incentivo fiscal".

"a única diferença é que o inciso ora comentado abrange todo e qualquer tributo, e não apenas o imposto de renda, como acontecia na Lei n. 4.729/65"[22].

EISELE ensina que "o incentivo fiscal pode ser implementado mediante a destinação específica do tributo a determinada atividade", sendo que "o sujeito passivo atribui (na respectiva declaração de apuração) uma parcela do valor devido, para que o Estado o repasse para a referida finalidade"[23]. Diga-se, ainda, que, por vezes, o próprio sujeito passivo da obrigação tributária realiza a destinação direta do recurso à atividade incentivada, mediante doação, e é autorizado a deduzi-la do valor de imposto devido, de modo que é incentivado a doar, a atuar como fomentador de determinadas atividades, sem precisar suportar o ônus econômico respectivo que, a rigor, é assumido indiretamente pelo Poder Público mediante renúncia de receita tributária.

Ainda EISELE: "contribuinte beneficiário é o sujeito passivo da obrigação tributária que, tendo realizado o fato imponível e, havendo imposto ou contribuição a pagar, opta, em seu planejamento tributário, pela dedução de parcela do valor correspondente, para direcionamento a determinada atividade, conforme possibilidade estabelecida na legislação tributária que prevê o incentivo"[24].

No Estado do Rio Grande do Sul, por sua vez, foi editada a LC n. 15.224/2018, instituindo o Programa de Incentivo ao Aparelhamento da Segurança Pública (Piseg/RS). Nos termos do seu art. 2º, "o Programa tem por objetivo possibilitar às empresas contribuintes de Imposto sobre Circulação de Mercadorias e Serviços – ICMS –, estabelecidas no Estado do Rio Grande do Sul, a compensação de valores destinados ao aparelhamento da segurança pública estadual [...] com valores correspondentes ao ICMS a recolher, verificado no mesmo período de apuração dos repasses". No art. 3º, § 1º, dispõe: "A compensação de valores [...] ocorrerá até o limite de 5% (cinco por cento) do saldo devedor do imposto, devendo ser discriminado na Guia de Informação e Apuração – GIA – e no Livro de Registro de Apuração do ICMS o respectivo valor a ser compensado". Dificilmente haverá condutas típicas relacionadas a tal incentivo, porquanto o beneficiário da atividade incentivada é a própria segurança pública do Estado. Mas há incentivos com o uso de técnica semelhante, porém em favor de pessoas privadas e que poderão levar a condutas de compra dos aportes incentivados por parte daqueles que realizam a atividade eleita como possível beneficiária dos recursos. Aqueles habilitados ao recebimento dos repasses podem passar a captá-los mediante contrapartida, aceitando valores inferiores aos declarados ou devolvendo parte dos valores recebidos. Essa ilicitude, muito provavelmente, acabará por estar associada

---

22. COSTA JÚNIOR, Paulo José da; DENARI, Zelmo. *Infrações tributárias e delitos fiscais*. 4. ed. São Paulo: Saraiva, 2000, p. 138.
23. EISELE, Andreas. *Crimes contra a ordem tributária*. 2. ed. São Paulo: Dialética, 2002, p. 190.
24. EISELE, Andreas. *Crimes contra a ordem tributária*. 2. ed. São Paulo: Dialética, 2002, p. 191.

ao desvio dos próprios valores efetivamente recebidos, ou seja, à prática, também, de outro crime.

Temos, ainda, o incentivo ao mecenato. A Lei n. 8.313/91, que institui o Programa Nacional de Apoio à Cultura (Pronac), em seu art. 18, faculta às pessoas físicas ou jurídicas a opção pela aplicação de parcelas do Imposto sobre a Renda, a título de doações ou patrocínios, tanto no apoio direto a projetos culturais apresentados por pessoas físicas ou por pessoas jurídicas de natureza cultural, como através de contribuições ao FNC. Esses projetos envolvem segmentos como o dos livros de valor artístico, literário ou humanístico, o da música erudita ou instrumental, o de exposições de artes visuais, acervos para bibliotecas públicas, museus, arquivos públicos, cinematecas etc. Feita a doação ou prestado o patrocínio, o contribuinte pode deduzir do imposto de renda devido a quantia despendida, até o montante do correspondente a determinado percentual do imposto de renda devido no ano: de 4% para as pessoas jurídicas e 6% para as pessoas físicas. Para que se evitem irregularidades, as doações são realizadas mediante depósito em conta, *e.g.*, do Ministério da Cultura e posteriormente repassadas aos destinatários. Ainda assim, caso donatário e beneficiário entrem em conluio, de modo que a doação efetuada seja parcialmente devolvida adiante, fazendo com que o doador, além de poder deduzir a doação do seu imposto ainda receba parte da doação de volta, teremos a incidência da norma penal.

WALKER JÚNIOR e FRAGOSO procuram vislumbrar as condutas típicas: "o agente responsável pelo repasse dos valores correspondentes ao incentivo fiscal, ao realizar o verbo exigir, passa a condicionar o repasse a um percentual do valor da contribuição a ser recebido pelo beneficiário. A segunda possibilidade seria a de o beneficiário do incentivo fiscal realizar o pagamento de parcela da contribuição recebida ou a ser recebida, e a última possibilidade seria o pagamento de parcela da contribuição pelo beneficiário ao agente responsável pelo repasse"[25].

Em todas as hipóteses, teríamos um desvio de finalidade na aplicação das cláusulas de incentivo fiscal, transformando-se a respectiva legislação em pano de fundo para um mercado espúrio, com locupletamento indevido dos envolvidos e prejuízo à finalidade que justificou a edição da norma e aos cofres públicos, porquanto a renúncia de receita tributária não atenderia ao fim pretendido.

Conforme EISELE, "se um sujeito passivo de obrigação tributária (contribuinte ou responsável tributário) ou um intermediário entre este e o beneficiário de um recurso oriundo de incentivo fiscal, condicionar o investimento (direcionamento ou aplicação da receita) ao pagamento de um valor (a qualquer deles) em contrapartida, este deixa de ser aplicado na atividade fomentada"[26].

---

25. WALKER JÚNIOR, James; FRAGOSO, Alexandre. *Direito penal tributário*: uma visão garantista da unidade do injusto penal tributário. Belo Horizonte: D'Plácido, 2017, p. 84.
26. EISELE, Andreas. *Crimes contra a ordem tributária*. 2. ed. São Paulo: Dialética, 2002, p. 190.

COSTA JÚNIOR ressalta que a consumação do crime ocorrerá "quando se operar a exigência, o pagamento ou o recebimento do percentual", "independentemente de que venha a ser obtido pelo contribuinte o resultado pretendido, ou seja, a dedução efetiva do imposto ou da contribuição"[27]. É que se trata de um crime formal.

Note-se que, nesse tipo, há a destinação de valor à atividade incentivada (cultura, desporto, conforme a lei) mediante contraprestação que poderá ser, por exemplo, um percentual desse valor, seja mediante devolução ou mediante outorga de um recibo em valor superior ao efetivamente alcançado pelo contribuinte.

Para EISELE, "a exigência de contraprestação é apresentada como elemento condicionante para que o titular do investimento (destinatário) receba o valor correspondente ao benefício"[28].

Cometem o crime tanto quem exige ou recebe como quem paga a contrapartida.

72. Deixar de aplicar conforme estatuído incentivo fiscal ou parcelas de imposto liberadas por órgão ou entidade de desenvolvimento

Lei n. 8.137/90

Dos crimes praticados por particulares

Art. 2º Constitui crime da mesma natureza

IV – deixar de aplicar, ou aplicar em desacordo com o estatuído, incentivo fiscal ou parcelas de imposto liberadas por órgão ou entidade de desenvolvimento;

O inciso IV do art. 2º também diz respeito aos incentivos fiscais, ou seja, às renúncias fiscais realizadas pelo legislador em favor de determinados fins extrafiscais. No caso, o incentivo implica disponibilidade financeira para que o beneficiário a aplique em determinadas áreas ou projetos. Renuncia-se à determinada carga tributária para que o montante correspondente tenha a aplicação social ou econômica vislumbrada.

O texto não encerra com a referência a incentivo fiscal. Remete, também, às "parcelas de imposto liberadas por órgão ou entidade de desenvolvimento". EISELE realça que "Incentivo é uma modalidade de fomento de atividade estratégica, instituído para atender a um interesse público, que possui diversas modalidades", e que "a indicação, na forma alternativa de uma das espécies respectivas (parcelas de imposto liberadas por órgão ou entidade de desenvolvimento), é supérflua, porque redundante"[29].

---

27. COSTA JÚNIOR, Paulo José da; DENARI, Zelmo. *Infrações tributárias e delitos fiscais*. 4. ed. São Paulo: Saraiva, 2000, p. 138.
28. EISELE, Andreas. *Crimes contra a ordem tributária*. 2. ed. São Paulo: Dialética, 2002, p. 191.
29. EISELE, Andreas. *Crimes contra a ordem tributária*. 2. ed. São Paulo: Dialética, 2002, p. 195.

Tem razão, mas, ainda assim, cabe-nos procurar compreender essa modalidade destacada pelo legislador.

No contexto do dispositivo, essas parcelas de imposto aparecem como subvenções, ou seja, como auxílio em favor de uma pessoa ou instituição para que se mantenha, "execute seus serviços ou obras pertinentes a seu objeto"[30] ou atividades do interesse público, tal como estiver previsto na sua disciplina legal.

Mas o que viria a ser entidade de desenvolvimento? Conforme De Plácido e Silva, entidade, em sentido jurídico, designa "qualquer instituição ou organização, cuja existência é considerada ou encarada indistinta e independentemente das próprias coisas ou pessoas físicas, mesmo que não se mostrem propriamente uma pessoa jurídica", mas também pode ser utilizada "para expressar as pessoas da Administração Pública Direta, Indireta e Fundacional"[31]. Já "Desenvolvimento econômico e social", "no Direito Administrativo refere-se a peculiar serviço público atribuído pela Lei a determinadas agências governamentais, como o Banco Nacional de Desenvolvimento Econômico e Social, atuando para o incremento de determinados setores da economia ou de regiões do país"[32].

Desse modo, entidade de desenvolvimento se refere a um ente da Administração Direta ou Indireta voltado ao fomento, ou seja, a estimular o desenvolvimento econômico e social. A Superintendência do Desenvolvimento da Amazônia (Sudam) e a Superintendência do Desenvolvimento do Nordeste (Sudene) estão nessa categoria. Há, ainda, os bancos de desenvolvimento. O BNDES, por exemplo, Banco Nacional de Desenvolvimento Econômico e Social, conforme dados colhidos do seu sítio eletrônico, foi fundado em 1952 e constitui "o principal instrumento do Governo Federal para o financiamento de longo prazo e investimento em todos os segmentos da economia brasileira", sendo que, para tanto, "apoia empreendedores de todos os portes, inclusive pessoas físicas, na realização de seus planos de modernização, de expansão e na concretização de novos negócios, tendo sempre em vista o potencial de geração de empregos, renda e de inclusão social para o Brasil"[33]. De cunho semelhante, há, ainda, diversos bancos regionais, como o BRDE (Banco Regional de Desenvolvimento do Extremo Sul) e o BDMG (Banco de Desenvolvimento de Minas Gerais).

Esse inciso IV do art. 2º da Lei n. 8.137/90 tutela a aplicação de incentivo fiscal ou de parcelas de imposto liberadas por órgão ou entidade de desenvolvimento. Amparando-nos na tentativa de vislumbrar o sentido de tal referência legal, Everardo Maciel pondera: "a. Órgão ou entidade de desenvolvimento provavelmente é uma referência à Sudene e

---

30. SILVA, De Plácido e. *Vocabulário jurídico*. 32. ed. Rio de Janeiro: Forense, 2016, p. 1345.
31. SILVA, De Plácido e. *Vocabulário jurídico*. 32. ed. Rio de Janeiro: Forense, 2016, p. 542.
32. SILVA, De Plácido e. *Vocabulário jurídico*. 32. ed. Rio de Janeiro: Forense, 2016, p. 452.
33. BNDS. Quem somos. [s.d.]. Disponível em: https://www.bndes.gov.br/wps/portal/site/home/quem-somos. Acesso em: 19 out. 2021.

à Sudam; b. "Parcelas de imposto liberadas" é certamente uma expressão associada aos incentivos do IR administrados por aquelas entidades; c. O valor do IR incentivado era contabilizado em uma conta de reserva para futuro aumento de capital, cuja efetivação ficava condicionada à liberação por aquelas entidades com base na verificação das metas constantes do projeto incentivado"[34].

Trata-se de um tipo especial relativamente a aquele trazido pelo art. 20 da Lei n. 7.492/86, que define os crimes contra o sistema financeiro e que comina pena à conduta de "aplicar, em finalidade diversa da prevista em lei ou contrato, recursos provenientes de financiamento concedido por instituição financeira oficial ou por instituição credenciada para repassá-lo". Enquanto a Lei n. 7.492/86 ocupa-se dos financiamentos em geral concedidos por instituição financeira oficial ou por instituição credenciada para repassá-lo, a Lei n. 8.217/90, que traz os crimes contra a ordem tributária, cuida especificamente dos incentivos ou parcelas de imposto liberadas por órgão ou entidade de desenvolvimento.

Conforme COSTA JÚNIOR, a norma tutela os incentivos fiscais, "que deverão ser aplicados corretamente". Adverte que "o beneficiário do incentivo fiscal haverá de empregá-lo consoante a previsão legal expressa, sob pena de incorrer no presente delito". Ensina, ainda, que "sujeito agente do crime é o beneficiário do incentivo fiscal, que não o aplica consoante determinação legal", "sujeito passivo é a entidade instituidora do tributo ao qual está vinculado o incentivo, que perde a receita tributária a que faz jus" e "o elemento subjetivo é o dolo genérico"[35].

PAULINO ressalta que o tipo "não compreende a figura do atraso na aplicação do incentivo ou da parcela liberada, mas alcança as seguintes modalidades: a) aquela em que o beneficiário recebe o incentivo fiscal e/ou a parcela liberada do imposto e não faz a sua aplicação de acordo 'com o estatuído'; b) aquela outra em que o beneficiário aplica o numerário recebido [...] e faz a sua aplicação em outro empreendimento e não de acordo 'com o estatuído', mas fora do projeto, fora do pactuado ou ajustado; aqui se compreende a figura do desvio de finalidade; c) o beneficiário recebe o incentivo e/ou a parcela liberada do imposto e faz a aplicação parcial de acordo 'com o estatuído', no projeto aprovado, gerando a figura do desvio parcial do incentivo"[36].

A não aplicação integral do benefício na sua finalidade própria por alguma razão alheia à vontade do contribuinte ou por negligência não implicará crime, até porque não há modalidade culposa.

---

34. Conforme Everardo Maciel em comunicação privada, não publicada.
35. COSTA JÚNIOR, Paulo José da; DENARI, Zelmo. *Infrações tributárias e delitos fiscais*. 4. ed. São Paulo: Saraiva, 2000, p. 139-140.
36. PAULINO, José Alves. *Crimes contra a ordem tributária*. 2. ed. Brasília: Projecto Editorial, 2002, p. 77-78.

73. Utilização ou divulgação de programa para adulteração da informação contábil

> Art. 2º Constitui crime da mesma natureza:
> V – utilizar ou divulgar programa de processamento de dados que permita ao sujeito passivo da obrigação tributária possuir informação contábil diversa daquela que é, por lei, fornecida à Fazenda Pública.
> Pena – detenção, de 6 (seis) meses a 2 (dois) anos, e multa.

Dentre os crimes formais contra a ordem tributária, encontra-se, ainda, o de utilização ou divulgação de programa para adulteração da informação contábil.

LANA ensina que "trata o dispositivo em comento da manutenção de uma escrituração diversa daquela que é entregue ao Fisco por intermédio das guias de informação". Esclarece que "as informações prestadas à fiscalização são, assim, ideologicamente falsas, não espelhando a realidade dos fatos. Essa realidade, importante mencionar, fica escondida, camuflada, em outro programa de processamento de dados, não divulgado ao Fisco". E ressalta que "para a perfeita configuração do tipo penal, então, é mister que haja na empresa um programa de processamento de dados – um *software* – que permita a formação de duas realidades distintas: uma que espelha a realidade dos fatos e nunca é entregue à fiscalização, e outra, 'maquiada', alterada, produzida apenas para lesionar o erário público"[37].

A utilização de programa para a manutenção de contabilidade paralela à fornecida ao Fisco é ação que revela ardil voltado à sonegação de parte da operação econômica da empresa.

A conduta de divulgação desses programas, por sua vez, é ainda mais gravosa, na medida em que se reveste de um potencial multiplicador do uso desse expediente ardiloso, voltado à sonegação.

No dizer de KERN, "quer-se preservar a identidade entre as informações fisco-contábeis que, por lei, devam ser de conhecimento da administração fazendária e aquelas em poder do contribuinte e utilizadas para a efetiva apuração do redito da sua atividade"[38].

COSTA JÚNIOR esclarece que a prática criminosa "consiste em valer-se o sujeito passivo da obrigação tributária de um programa de dados mais completo do que o fornecido pela Fazenda Pública", não se tratando de "uma diversidade enganosa que possa

---

37. LANA, Cícero Marcos Lima. *Os crimes de sonegação fiscal e o princípio da intervenção mínima*. Campinas: Impactus, 2006, p. 73-74.
38. KERN, Alexandre. *O controle penal administrativo nos crimes contra a ordem tributária*. Porto Alegre: Livraria do Advogado, 2002, p. 66.

levar o contribuinte a erro, mas de programa de processamento de dados diverso *in melius*, [...] da qual possa o agente usufruir vantagens".[39]

Observe-se que estamos cuidando de crime formal cuja consumação dá-se pela utilização ou divulgação do programa, independentemente de ter ocorrido ou não qualquer resultado material consistente na supressão ou redução de tributos.

COSTA JÚNIOR entende, ainda, que "o uso de contabilidade paralela, que agasalha o chamado caixa dois, poderá configurar o meio fraudulento previsto pelo art. 1º", de modo que o art. 2º, V, configuraria "norma subsidiária, socorrendo-se dela o magistrado penal se outra espécie mais grave, como aquela contida no art. 1º, não puder ser aplicada"[40]. Entendemos de modo diferente. No nosso entender, temos uma conduta que não esgota o seu potencial lesivo em tal ou qual supressão ou redução de tributos e que, portanto, não pode ser absorvida pelos crimes materiais contra a ordem tributária, definidos no art. 1º da Lei n. 8.137/90. Demonstrando-se a supressão ou redução de tributos e a utilização de programa de processamento de dados específico para a manutenção de contabilidade paralela (caixa dois), teremos concurso material de crimes.

Há quem entenda, como GUZELLA, que, no caso desse inciso V, haveria "hipótese de perigo indireto ao bem jurídico da arrecadação tributária, devendo, portanto, a reprimenda para tal conduta restringir-se às sanções administrativas, resultando que a pena, cominada no tipo legal, é desproporcional ao perigo causado"[41]. SALOMÃO chega a afirmar que, na "hipótese de divulgação de tais programas, não há ofensa ao bem jurídico da arrecadação tributária e a norma incriminadora é, sob esse ângulo, inadmissível"[42].

Temos entendimento diametralmente oposto. No nosso entender, o potencial lesivo é enorme. O legislador foi leniente, estabelecendo pena desproporcionalmente baixa. Não obstante a pena seja pequena, caracterizando crime de pequeno potencial lesivo sujeito aos Juizados Especiais, a conduta, a nosso ver, é extremamente grave por viabilizar a sonegação e pelo seu efeito multiplicador.

74. Falsificação de papéis públicos tributários

Código Penal
Falsificação de papéis públicos

---

39. COSTA JÚNIOR, Paulo José da; DENARI, Zelmo. *Infrações tributárias e delitos fiscais*. 4. ed. São Paulo: Saraiva, 2000, p. 141.
40. COSTA JÚNIOR, Paulo José da; DENARI, Zelmo. *Infrações tributárias e delitos fiscais*. 4. ed. São Paulo: Saraiva, 2000, p. 141.
41. GUZELLA, Tathiana Laíz. *Crimes tributários*: aspectos e crítica. Curitiba: Juruá, 2011, p. 100.
42. SALOMÃO, Heloisa Estellita. *A tutela penal e as obrigações tributárias na Constituição Federal*. São Paulo: Revista dos Tribunais, 2001, p. 212.

Art. 293 - Falsificar, fabricando-os ou alterando-os:

I - selo destinado a controle tributário, papel selado ou qualquer papel de emissão legal destinado à arrecadação de tributo; (Redação dada pela Lei n. 11.035, de 2004)

[...]

V - talão, recibo, guia, alvará ou qualquer outro documento relativo a arrecadação de rendas públicas ou a depósito ou caução por que o Poder Público seja responsável;

Pena - reclusão, de dois a oito anos, e multa.

§ 1º Incorre na mesma pena quem: (Redação dada pela Lei n. 11.035, de 2004)

I - usa, guarda, possui ou detém qualquer dos papéis falsificados a que se refere este artigo; (Incluído pela Lei n. 11.035, de 2004)

II - importa, exporta, adquire, vende, troca, cede, empresta, guarda, fornece ou restitui à circulação selo falsificado destinado a controle tributário; (Incluído pela Lei n. 11.035, de 2004)

III - importa, exporta, adquire, vende, expõe à venda, mantém em depósito, guarda, troca, cede, empresta, fornece, porta ou, de qualquer forma, utiliza em proveito próprio ou alheio, no exercício de atividade comercial ou industrial, produto ou mercadoria: (Incluído pela Lei n. 11.035, de 2004)

a) em que tenha sido aplicado selo que se destine a controle tributário, falsificado; (Incluído pela Lei n. 11.035, de 2004)

b) sem selo oficial, nos casos em que a legislação tributária determina a obrigatoriedade de sua aplicação. (Incluído pela Lei n. 11.035, de 2004)

§ 2º Suprimir, em qualquer desses papéis, quando legítimos, com o fim de torná-los novamente utilizáveis, carimbo ou sinal indicativo de sua inutilização:

Pena - reclusão, de um a quatro anos, e multa.

§ 3º Incorre na mesma pena quem usa, depois de alterado, qualquer dos papéis a que se refere o parágrafo anterior.

§ 4º Quem usa ou restitui à circulação, embora recibo de boa-fé, qualquer dos papéis falsificados ou alterados, a que se referem este artigo e o seu § 2º, depois de conhecer a falsidade ou alteração, incorre na pena de detenção, de seis meses a dois anos, ou multa.

Na criminalização de condutas de alto potencial ofensivo, relacionadas à tributação, encontramos falsificações que constituem instrumento para a ilusão de tributos, como "prestar declaração falsa às autoridades fazendárias", "falsificar ou alterar nota fiscal, fatura, duplicata, nota de venda, ou qualquer outro documento relativo à operação tributável" e, ainda, "elaborar, distribuir, fornecer, emitir ou utilizar documento que saiba ou deva saber falso ou inexato". Tais falsidades estão definidas nos arts. 1º e 2º, da Lei n. 8.137/90 e foram tratadas em item anterior desta obra.

O art. 293, I, do CP, contudo, ao cuidar dos crimes contra a fé pública e, em especial, da falsidade de papéis públicos, traz duas formas específicas de crime contra a fé pública, que dizem respeito à tributação, em que a falsificação implica crime por si mesma, caracterizando crimes formais: "Art. 293. Falsificar, fabricando-os ou alterando-os: I – selo destinado a controle tributário, papel selado ou qualquer papel de emissão legal destinado à arrecadação de tributo; [...] V – talão, recibo, guia, alvará ou qualquer outro documento relativo a arrecadação de rendas públicas ou a depósito ou caução por que o Poder Público seja responsável"[43]. Sujeita tais condutas delitivas à pena de reclusão de dois a oito anos, e multa.

---

43. Código Penal, art. 293, com a redação da Lei n. 11.035/2004: "Capítulo II – Da Falsidade de Títulos e Outros Papéis Públicos – Falsificação de papéis públicos. Art. 293. Falsificar, fabricando-os ou alterando-os: I – selo destinado a controle tributário, papel selado ou qualquer papel de emissão legal destinado à arrecadação de tributo; [...] V – talão, recibo, guia, alvará ou qualquer outro documento relativo a arrecadação de rendas públicas ou a depósito ou caução por que o Poder Público seja responsável; [...] Pena – reclusão, de dois a oito anos, e multa. § 1º Incorre na mesma pena quem: I – usa, guarda, possui ou detém qualquer dos papéis falsificados a que se refere este artigo; II – importa, exporta, adquire, vende, troca, cede, empresta, guarda, fornece ou restitui à circulação selo falsificado destinado a controle tributário; III – importa, exporta, adquire, vende, expõe à venda, mantém em depósito, guarda, troca, cede, empresta, fornece, porta ou, de qualquer forma, utiliza em proveito próprio ou alheio, no exercício de atividade comercial ou industrial, produto ou mercadoria: a) em que tenha sido aplicado selo que se destine a controle tributário, falsificado; b) sem selo oficial, nos casos em que a legislação tributária determina a obrigatoriedade de sua aplicação. § 2º Suprimir, em qualquer desses papéis, quando legítimos, com o fim de torná-los novamente utilizáveis, carimbo ou sinal indicativo de sua inutilização: Pena – reclusão, de um a quatro anos, e multa. § 3º Incorre na mesma pena quem usa, depois de alterado, qualquer dos papéis a que se refere o parágrafo anterior. § 4º Quem usa ou restitui à circulação, embora recibo de boa-fé, qualquer dos papéis falsificados ou alterados, a que se referem este artigo e o seu § 2º, depois de conhecer a falsidade ou alteração, incorre na pena de detenção, de 6 (seis) meses a 2 (dois) anos, ou multa. § 5º Equipara-se a atividade comercial, para os fins do inciso III do § 1º, qualquer forma de comércio irregular ou clandestino, inclusive o exercido em vias, praças ou outros logradouros públicos e em residências".

Capítulo 11
Excludentes de Tipicidade, Ilicitude e Culpabilidade

75. Excludentes de tipicidade, ilicitude e culpabilidade nos crimes contra a ordem tributária

Nem toda a conduta aparentemente típica, antijurídica e culpável constitui crime. A par da complexidade do estudo dessas categorias, é possível elencar excludentes contempladas em nosso ordenamento ou consagradas pela jurisprudência e invocadas de modo muito corriqueiro nos tribunais em ações penais relativas aos crimes contra a ordem tributária praticados pelos contribuintes ou pelos substitutos tributários.

No que diz respeito às excludentes de tipicidade, é importante tratarmos da questão da insignificância e da adequação social. Já quanto às excludentes de ilicitude ou justificantes, o estado de necessidade é que ganha vulto. Relativamente às excludentes da culpabilidade, também chamadas de exculpantes ou dirimentes, frequente é a invocação da inexigibilidade de conduta diversa.

Há um julgado, a nosso ver equivocado, entendendo que o direito a não autoincriminação constituiria causa excludente de culpabilidade dos crimes de sonegação por omissão de receitas. Veja-se: "O direito a não autoincriminação está protegido por princípio expresso na Constituição Federal, razão pela qual o réu age acobertado por causa supralegal excludente da culpabilidade – inexigibilidade de conduta diversa – ao não declarar à Receita Federal os valores que transitaram em sua conta corrente e da esposa a título de vendas de lotes irregulares oriundos de parcelamento do solo urbano ilegal qualificado, ainda que vigore na atividade tributária a máxima *pecunia non olet* – o dinheiro não tem cheiro e, por isso, para o Fisco, não importa a origem"[1]. O direito à não autoincriminação, diferentemente, não autoriza a prática de novos crimes, não é um escudo para o

---
1. TRF1, ACR 0004789-08.2013.4.01.3400, 2019.

aprofundamento da escalada criminosa. Efetivamente, há orientação consolidada no sentido de que "O direito à autodefesa ou à não autoincriminação não autoriza que o agente pratique outros crimes para encobrir delito anterior ou para esquivar-se de eventual mandado de prisão que penda contra si"[2]. A par disso, nada impede um contribuinte de efetuar o pagamento do imposto devido independentemente de declarar a origem da riqueza. Basta preencher uma guia e efetuar o pagamento. Não se deve confundir a obrigação principal de pagar tributo com a obrigação acessória de prestar declaração, ainda que correlatas. Assim, considerando que a sua invocação frente aos crimes tributários nos parece de todo insustentável, nem abriremos item sobre essa excludente.

76. Insignificância

No direito brasileiro, o legislador não estabelece um piso para a incidência dos tipos penais tributários. Poderia e deveria fazê-lo expressamente, atentando para a subsidiariedade do direito penal.

Outros legisladores o fazem. O art. 305 do Código Penal espanhol (Lei Orgânica n. 10/1995, atualizada até março de 2021) considera crime a ação de quem defraude a Fazenda Pública, iludindo o pagamento de tributos sempre que o valor exceda cento e vinte mil euros. ORTEGA destaca que esse valor mínimo "es un elemento constitutivo del tipo penal"[3].

Como não temos uma decisão política nesse sentido, limitando o uso do Direito Penal em matéria tributária em razão do valor suprimido ou reduzido, muitas vezes precisamos recorrer à noção de insignificância da conduta quando a resposta penal se apresenta desproporcional. Através da noção de bem jurídico, da tipicidade material e da subsidiariedade do direito penal, procura-se evitar a vulgarização deste que deve ser a *ultima ratio*, de modo que sua aplicação não careça de sentido e legitimidade.

Para ROXIN, "la solución correcta se produce en cada caso mediante una interpretación restrictiva orientada hacia el bien jurídico protegido". E destaca que "Dicho procedimiento es preferible a la invocación indiferenciada a la adecuación social de esas acciones, pues evita el peligro de tomar decisiones siguiendo el mero sentimiento jurídico o incluso de declarar atípicos abusos generalmente extendidos"[4].

A insignificância constitui critério para afastar a persecução penal, por ausência de justa causa, relativamente a condutas que, embora correspondentes à descrição do

---

2. TRF4, ACR 5007697-17.2019.4.04.7002, Sétima Turma, rel. Cláudia Cristina Cristofani, 2019.
3. ORTEGA, Rafael Calvo. *Curso de derecho financiero I*: derecho tributario (parte general). 11. ed., p. 419.
4. ROXIN, Claus. *Derecho penal*: parte general. Tomo I. Fundamentos. La estructura de la teoría del delito. Título original: Strafrecht. Allgemeiner Teil, Band I: Grandlagen. Der Aufbau der Verbrechenslehre. Madri: Civitas Ediciones, 1997, Reimpresión, 2008, p. 297.

tipo penal, sejam de tal modo irrelevantes em função da diminuta ofensividade, que nem sequer afetem o bem protegido pela norma, não atraindo reprovabilidade que exija e justifique, minimamente, a resposta em nível penal. Trata-se do princípio da intervenção mínima do Estado, segundo o qual o direito penal só deve cuidar de situações graves e relevantes para a coletividade. Reconhece-se ao direito penal função subsidiária, deixando-se de penalizar as condutas típicas quando a lesão ao bem jurídico tutelado pela lei penal mostrar-se irrisória, porquanto, nessa situação, a sanção penal assumiria caráter desproporcional.

Para a incidência do princípio da insignificância, o Supremo Tribunal Federal entende que, além do valor material do objeto do crime, devem estar presentes, de forma concomitante, os seguintes requisitos: a) conduta minimamente ofensiva; b) ausência de periculosidade social da ação; c) reduzido grau de reprovabilidade do comportamento; e d) lesão jurídica inexpressiva[5].

Quando a lesão ao bem tutelado for diminuta, não se justificará a persecução penal. Isso porque haveria desproporção absoluta entre o bem protegido e a restrição imposta ao agente. A liberdade é direito fundamental, só se justificando restrição ao seu exercício quando efetivamente necessária, embora se deva considerar que penalidades de até quatro anos podem ter a privação de liberdade substituída por penas restritivas de direito e que, portanto, nem toda condenação penal leva ao encarceramento.

Nas hipóteses em que o tributo iludido ou sonegado tem valor diminuto, assim considerado aquele relativamente ao qual a lei dispensa a própria cobrança judicial pelo Fisco, entende-se que não há justificativa para a persecução penal. Como afirma BALTAZAR JUNIOR, "[...] se a Fazenda não executa civilmente em razão do valor, tampouco se justificaria uma condenação criminal"[6]. Para MACHADO, "é indiscutível o acerto do princípio segundo o qual não se deve punir aquele que pratica fato sem conteúdo economicamente significativo"[7].

Em suma, não se justifica a punição do agente quando o legislador, em face da pequena dimensão da lesão, dispensa a própria reparação civil, no caso a cobrança do tributo que tenha deixado de ser pago e da multa de ofício imposta pela infração cometida.

É o que se costuma designar, em matéria penal, como "princípio da insignificância".

O STF já decidiu que "uma conduta administrativamente irrelevante não pode ter relevância criminal", forte nos princípios "da subsidiariedade, da fragmentariedade, da necessidade e da intervenção mínima que regem o direito penal"[8].

---

5. STF, HC 115319, 2013.
6. BALTAZAR JUNIOR, José Paulo. *Crimes tributários*: novo regime de extinção de punibilidade pelo pagamento – Lei n. 12.382/11, art. 6º. Estado de Direito n. 31, 2011, p. 461.
7. MACHADO, Hugo de Brito. *Crimes contra a ordem tributária*. 3. ed. São Paulo: Atlas, 2011, p. 83.
8. "*HABEAS CORPUS*. DESCAMINHO. MONTANTE DOS IMPOSTOS NÃO PAGOS. DISPENSA LEGAL DE COBRANÇA EM AUTOS DE EXECUÇÃO FISCAL. LEI N. 10.522/2002, ART. 20.

Há parâmetros bem definidos para a aferição da (in)significância penal da conduta em se tratando de tributos federais.

O art. 20 da Lei n. 10.522, com a redação da Lei n. 11.033/2004, dispõe no sentido de que: "Serão arquivados, sem baixa na distribuição, mediante requerimento do procurador da Fazenda Nacional, os autos das execuções fiscais de débitos inscritos como Dívida Ativa da União pela Procuradoria-Geral da Fazenda Nacional ou por ela cobrados, de valor consolidado igual ou inferior a R$ 10.000,00 (dez mil reais)". A Portaria n. 75/2012 ampliou esse patamar para R$ 20.000,00 (vinte mil reais). O STJ que, inicialmente, atinha-se ao limite legal, passou a acatar seu valor atualizado. Efetivamente, sua Terceira Seção, por ocasião do julgamento do REsp 1.709.029, julgado em 28.02.2018, "firmou a compreensão de ser aplicável o princípio da insignificância aos débitos tributários até o limite de R$ 20.000,00, conforme o disposto no art. 20, da Lei n. 10.522/2002, atualizada pelas Portarias n. 75 e 130, ambas do Ministério da Fazenda"[9]. Efetivamente, o STJ, forte nos princípios da segurança jurídica, da proteção da confiança e da isonomia, reviu o Tema 157 para "adequá-lo ao entendimento externado pela Suprema Corte, o qual tem considerado o parâmetro fixado nas Portarias n. 75 e 130/MF – R$ 20.000,00 (vinte mil reais) para aplicação do princípio da insignificância aos crimes tributários federais e de descaminho"[10].

A insignificância pode ser invocada tanto nas ações relativas a crimes de descaminho como naquelas relativas à apropriação indébita previdenciária ou mesmo a quaisquer outros crimes contra a ordem tributária.

Todavia, há casos em que, não obstante o pequeno valor do tributo iludido, sonegado ou apropriado, há outros elementos que apontam para a periculosidade e alta reprovabilidade da conduta. Quando o descaminho é praticado em contexto de

---

IRRELEVÂNCIA ADMINISTRATIVA DA CONDUTA. INOBSERVÂNCIA AOS PRINCÍPIOS QUE REGEM O DIREITO PENAL. AUSÊNCIA DE JUSTA CAUSA. ORDEM CONCEDIDA. 1. De acordo com o art. 20 da Lei n. 10.522/2002, na redação dada pela Lei n. 11.033/2004, os autos das execuções fiscais de débitos inferiores a dez mil reais serão arquivados, sem baixa na distribuição, mediante requerimento do Procurador da Fazenda Nacional, em ato administrativo vinculado, regido pelo princípio da legalidade. 2. O montante de impostos supostamente devido pelo paciente é inferior ao mínimo legalmente estabelecido para a execução fiscal, não constando da denúncia a referência a outros débitos em seu desfavor, em possível continuidade delitiva. 3. Ausência, na hipótese, de justa causa para a ação penal, pois uma conduta administrativamente irrelevante não pode ter relevância criminal. Princípios da subsidiariedade, da fragmentariedade, da necessidade e da intervenção mínima que regem o direito penal. Inexistência de lesão ao bem jurídico penalmente tutelado. 4. O afastamento, pelo órgão fracionário do Tribunal Regional Federal da 4ª Região, da incidência de norma prevista em lei federal aplicável à hipótese concreta, com base no art. 37 da Constituição da República, viola a cláusula de reserva de plenário. Súmula Vinculante 10 do Supremo Tribunal Federal. 5. Ordem concedida, para determinar o trancamento da ação penal" (STF, HC 92438, 2008).

9. STJ, AgInt no REsp 1617899, 2018.
10. STJ, REsp 1.688.878, 2018.

reiteração delitiva, por exemplo, a resposta penal se impõe como instrumento para fazer cessar a violação à ordem. O STF entende que a reiteração delitiva afasta a insignificância da conduta "em razão do alto grau de reprovabilidade" do comportamento[11]. Em casos tais, destacou: "Embora seja reduzida a expressividade financeira do tributo omitido ou sonegado pelo paciente, não é possível acatar a tese de irrelevância material da conduta por ele praticada, tendo em vista ser ela uma prática habitual na sua vida pregressa, o que demonstra ser ele um infrator contumaz e com personalidade voltada à prática delitiva, ainda que, formalmente, não se possa reconhecer, na espécie, a existência da reincidência"[12]. Aliás, já afirmara havia mais tempo: "o reconhecimento da insignificância material da conduta increpada ao paciente serviria muito mais como um deletério incentivo ao cometimento de novos delitos do que propriamente uma injustificada mobilização do Poder Judiciário"[13]. O STJ segue a mesma linha, tendo decidido que, se a "contumácia delitiva é patente", não há como "deixar de reconhecer, em razão dela, o elevado grau de reprovabilidade do comportamento do agravante, bem como a efetiva periculosidade ao bem jurídico que se almeja proteger, de modo a impedir a aplicação do princípio da insignificância"[14]. Ainda: "Inaplicável o princípio da insignificância quando configurada a habitualidade na conduta criminosa"[15]. O STJ frisa, ainda, que a habitualidade delitiva resta configurada "tanto pela multiplicidade de procedimentos administrativos quanto por ações penais ou inquéritos policiais em curso"[16].

No que diz respeito aos tributos estaduais e municipais, os parâmetros dependem da legislação do respectivo ente político. Conforme o STJ, "a aplicação da bagatela aos tributos de competência estadual encontra-se subordinada à existência de norma do ente competente no mesmo sentido da norma federal, porquanto a liberalidade da União para arquivar, sem baixa na distribuição, as execuções fiscais de débitos com a Fazenda Nacional cujo valor consolidado seja igual ou inferior a R$ 20.000,00 não se estende, de maneira automática, aos demais entes federados"[17].

Enfrentando caso relacionado a tributo do Estado do Ceará, o STJ levou em consideração a Lei Estadual CE n. 16.381/2017, cujo art. 2º estabeleceu o limite de dez salários mínimos para créditos de natureza tributária ou não tributárias inscritos em dívida ativa e decidiu: "Considerando que o valor está abarcado no limite estabelecido

---

11. STF, HC 115.514, 2013.
12. STF, HC 115.869, 2013.
13. STF, HC 96.202, 2010.
14. STJ, AgRg no REsp 1300640, 2012.
15. STJ, AgRg no AREsp 323.486, 2013.
16. STJ, AgRg no REsp 1838594, 2019.
17. STJ, HC 480.916, 2019.

pela legislação estadual do Ceará, imperiosa a constatação de atipicidade da conduta, com a incidência do princípio da insignificância"[18]. Já em outro caso, do Estado de São Paulo, teve como parâmetro a Lei Estadual/SP n. 14.272/2010, que autoriza a não propositura de execuções fiscais para cobrança de créditos tributários até "600 (seiscentas) Unidades Fiscais do Estado de São Paulo – UFESPs, valor atualizado para 1.200 UFESPs pela Resolução n. 21/2017 da Procuradoria-Geral do Estado de São Paulo". Assim, considerando que "o valor principal do tributo, desconsiderados juros, correção e multas" era inferior a tal patamar, aplicou o princípio da insignificância e concedeu ordem para "o trancamento do Inquérito Policial [...], ressalvada a possibilidade de reabertura caso existam outros débitos cuja soma dos valores ultrapasse o limite estabelecido no art. 1º da Lei Estadual n. 14.272/2010"[19].

É ponto relevante na análise da insignificância, justamente, considerar a supressão ou redução de tributo e assessórios, não se podendo aí incluirmos, de modo algum, as multas tributárias aplicadas quando da verificação da infração. Isso porque a multa é penalidade, não dimensiona a lesão à ordem tributária, constituindo, isso sim, uma resposta punitiva a essa lesão. Em face de um lançamento tributário, o tributo e a sua atualização, enquanto acessório, é que devem ser tomados em consideração para a percepção do significado econômico do ilícito. As penalidades impostas administrativamente ou judicialmente, ou seja, as multas tributárias, a multa penal e a prestação pecuniária substitutiva de pena privativa de liberdade não são a medida do ilícito, mas da pena. Vale o esclarecimento prestado por SALOMÃO: "o emprego da expressão qualquer acessório no *caput* do art. 1º relativamente às obrigações tributárias, deve ser devidamente delimitado. [...] as obrigações tributárias principais que têm por objeto o pagamento de penalidade pecuniária, não integrando o núcleo do bem jurídico da arrecadação tributária, não podem ser erigidas a pressuposto de figura típica destinada à tutela do bem jurídico. [...] a expressão somente pode envolver as quantias devidas a título de recomposição do valor da moeda, isto é, devidas a título de correção monetária do valor do tributo devido, e dos juros"[20]. SCHMIDT também é claro neste ponto: "A penalidade pecuniária não faz parte do dano causado, até mesmo porque seu objetivo também é reparar e prevenir este dano"[21].

....

18. STJ, RHC 106.210, 2019.
19. STJ, HC 480.916, 2019.
20. SALOMÃO, Heloisa Estellita. *A tutela penal e as obrigações tributárias na Constituição Federal*. São Paulo: Revista dos Tribunais, 2001, p. 209.
21. SCHMIDT, Andrei Zenkner. *Exclusão da punibilidade em crimes de sonegação fiscal*. Rio de Janeiro: Lumen Juris, 2003, p. 84.

77. Adequação social

A tipicidade também resta afastada quando se trata de conduta revestida de notória adequação social. Mas são casos muito pontuais, como o do boxeador que, durante uma luta, golpeia e machuca seu oponente. Se a luta se deu com consentimento e dentro das regras do esporte, jamais poderia ser condenado por lesões corporais. O mesmo se diz para a furação da orelha de uma menina com vista à colocação de brincos, numa situação normal e costumeira.

Mas a invocação da adequação social não se presta para afastar a tipicidade de condutas criminosas pelo simples fato de serem recorrentes em determinada comunidade. Ainda que, nas regiões de fronteira, os crimes de contrabando e descaminho se apresentem em grande quantidade e que muitas pessoas se dediquem a essas atividades como meio de subsistência, esse fato não afasta a ofensividade da conduta.

O descaminho, aliás, é pluriofensivo, implicando violação à ordem tributária, ao controle das importações e à livre concorrência[22]. Essa conduta, praticada por pessoas da região fronteiriça ou não, viola as normas jurídicas, ensejando repressão.

78. Erro de proibição

O juízo de culpabilidade envolve a potencial consciência da ilicitude, no que se insere a questão do erro de proibição. Dispõe o Código Penal:

> **Erro sobre a ilicitude do fato** (Redação dada pela Lei n. 7.209, de 11.7.1984)
> Art. 21. O desconhecimento da lei é inescusável. O erro sobre a ilicitude do fato, se inevitável, isenta de pena; se evitável, poderá diminuí-la de um sexto a um terço. (Redação dada pela Lei n. 7.209, de 11.7.1984)
> Parágrafo único. Considera-se evitável o erro se o agente atua ou se omite sem a consciência da ilicitude do fato, quando lhe era possível, nas circunstâncias, ter ou atingir essa consciência. (Redação dada pela Lei n. 7.209, de 11.7.1984)

HENSEL, comentando a *Reichsabgabenordnung* alemã de 1919, ou seja, a primeira consolidação de legislação tributária de que se tem notícia, ensinava que "El error no culpable sobre la existencia y aplicabilidad de preceptos tributarios es motivo de exclusión de la pena cuando el autor considerara que el hecho estaba permitido (§ 395 de la Ordenanza Tributaria)". E mais: "La jurisprudencia contrapone el error de derecho que recae sobre preceptos penales (irrelevante) y el error de derecho sobre preceptos extrapenales (relevante) y equivalente a um error de hecho. El Tribunal del Reich incluye en esta última categoria al error sobre preceptos tributários de contenido no penal; así se

---

22. TRF4, ACR 5000809-33.2013.4.04.7005, 2015.

estima relevante la consideración erronea de la inexistência de una obligación tributaria (conforme al § 59 del Código Penal), puesto que excluye el dolo"[23].

VILLEGAS também bem situa o erro de proibição: "Quien, al interpretar la ley fiscal y sin conocer la dogmática del derecho tributario, crea uma estructura jurídica que haga recaer las operaciones fuera de la definición del hecho imponible y omite pagar el impuesto, simplemente há intepretado mal la ley. Ha caído en error que es causa de exculpación". "En cambio, quien conozca la doctrina del hecho imponible y asesorado com técnicos, cumple sus actos u operaciones com forma jurídicas inapropiadas con el fin de engañar al fisco, comete la defraudación fiscal"[24].

COSTA aponta a probabilidade da ocorrência do erro de proibição em face do cipoal tributário: "[...] diante dos mais de cinco mil ordenamentos jurídicos que gravitam no universo do direito tributário brasileiro, a hipótese da ocorrência de erro de proibição é real e deve ser considerada na perspectiva de sua inevitabilidade ou evitabilidade para a determinação da isenção da pena – primeira hipótese – ou da redução da sanção penal – na segunda hipótese"[25].

Configura erro de proibição a hipótese em que "o contribuinte confia em informações de jurisprudência, em artigos de doutrina ou em orientação de profissionais da área jurídica (advogados, professores etc.). Se o tipo do injusto é praticado com fundamento em orientação de profissional da área jurídica, estamos diante de um erro de proibição inevitável, porque são profissionais legalmente habilitados para prestar tal consulta e porque o leigo não detém conhecimentos específicos para avaliar a capacidade do profissional e a correção ou não das informações"[26].

79. Estado de necessidade

Não é rara, nas ações penais tributárias, a invocação de situação de pobreza ou de graves dificuldades financeiras do agente ou de pessoa jurídica a que esteja vinculado como caracterizadora do estado de necessidade a justificar a prática de crimes tributários.

Importa destacar, com base na lei e na jurisprudência, que "Para a caracterização do estado de necessidade, imprescindível a ocorrência de uma situação excepcional, na qual o agente se obriga a praticar conduta penalmente típica para proteger direito do qual não poderia exigir o sacrifício"[27].

....

23. HENSEL, Albert. *Derecho tributário*. Título original: Steuerrecht. Berlín/Heidelberg: Julius Springer, 1933. Traducción y estudio preliminar por Andrés Báez Moreno, Marisa Luisa González-Cuéllar Serrano y Enrique Ortiz Calle. Madri: Marcial Pons, 2005, p. 399.
24. VILLEGAS, Hector B. *Derecho penal tributario*. Buenos Aires: Lerner, 1965, p. 102.
25. COSTA, Cláudio. *Crimes de sonegação fiscal*. Rio de Janeiro: Revan, 2003, p. 68
26. COSTA, Cláudio. *Crimes de sonegação fiscal*. Rio de Janeiro: Revan, 2003, p. 69.
27. TRF4, ACR 5007364-49.2016.4.04.7009, 2019.

Ademais, "A tese de [...] estado de necessidade derivada de dificuldades financeiras não se aplica ao crime de sonegação fiscal, quando o delito não se restringe à mera omissão no recolhimento dos tributos, mas decorre da omissão das informações fiscais obrigatórias ou de informações inverídicas, visando à ilusão tributária"[28].

PRATES e TAVARES afirmam que "O estado de necessidade econômica decorrente de episódio grave e imprevisível de crise pode ser identificado, com maior facilidade, nos crimes de apropriação indébita tributária e previdenciárias [...], que não exigem o emprego de fraude fiscal ou ato clandestino para manipular a operação tributável e ludibriar o Fisco". E destacam que a necessidade econômica "pode indicar a ausência de dolo de apropriação [...], como também excluir a ilicitude da conduta ou a culpabilidade do sujeito, a depender do grau de magnitude da lesão e da ponderação concreta dos deveres jurídicos em conflito". Forte nos critérios do art. 24 do CP, ainda traçam os pressupostos para o seu reconhecimento: "(i) a situação de perigo deve compor um quadro grave, excepcional e temporário de crise; (ii) o cenário de insuficiência de recursos deve ser concretamente demonstrado no curso da instrução criminal; (iii) a situação de crise não deve ter sido provocada intencionalmente pelo empresário, sócio ou administrador da empresa; (iv) outras medidas devem ser adotadas para o enfrentamento da crise econômica, antes da opção pelo não recolhimento do tributo; e (v) a omissão deve ser pautada pelo fim de preservação da atividade empresarial e manutenção do emprego"[29].

Lembre-se de que o art. 24 do CP, ao cuidar do estado de necessidade, também autoriza a redução da pena de um a dois terços quando, embora caracterizada a necessidade, ainda assim seria razoável exigir-se o sacrifício do direito ameaçado.

80. Inexigibilidade de conduta diversa

Ave, Caesar, morituri te salutant[30].

Situações anormais "podem levar a uma inexigibilidade de conduta conforme o direito"[31]. COSTA foca nas situações de insolvência da empresa, "quando o

....

28. TRF4, ACR 5008677-08.2017.4.04.7204, 2019.
29. PRATES, Felipe; TAVARES, Débora. *Crimes Tributários: aspectos práticos*. Rio de Janeiro: Lúmen Júris, 2022, p. 173 e 174.
30. "Salve, Cesare, quelli votati alla morte ti salutano (saluto dei gladiatori). Com queste parole, secondo Il racconto degli storici, i gladiatori AL loro ingresso nel circo si rivolgevano all'imperatore. Si definiscono morituri in quanto i combattimenti prevedevano dei duelli all'ultimo sangue, ed era quindi certo Che almeno la metà di essi non sarebbe sopravvissuta allo spettacolo. Naturalmente la percentuale dei morti era più alta, poiché molti uscivano dagli scontri feriti, e non sempre in modo curabile. Inoltre erano previsti anche combattimenti contro Le belve feroci, Nei quali l'animale finiva sempre per essere ucciso, ma anche molti gladiatori rimanevano sul campo" (Il Libro Delle Citazioni Latine e Greche. Milano, 1994, p. 223).
31. COSTA, Cláudio. *Crimes de sonegação fiscal*. Rio de Janeiro: Revan, 2003, p. 70.

empresário tem contra si pedidos de falência, atraso de salários, enfim, todo tipo de problema de ordem financeira", perante as quais não lhe seria exigível "sacrificar outros bens jurídicos (como aqueles que protegem o pagamento de salário e a própria manutenção da família) para não lesar a arrecadação tributária". E invoca TAVARES para destacar que "o sujeito, diante de uma situação de colisão de deveres ou de interesses, deixa de realizar a ação mandada para evitar lesão a bem jurídico próprio ou de terceiro próximo"[32]. Nessa matéria, é recorrente a invocação de precariedade ou penúria financeira, afirma-se que o cobertor é curso, que os compromissos são muito superiores à capacidade de pagamento, ouve-se sobre angústia, sobre o temor pelo fechamento do negócio, sobre preocupações com a subsistência do empreendimento e das pessoas envolvidas, sobrevém informações a respeito de penhoras, protestos, reclamatórias trabalhistas, roga-se pela memória da família fundadora de tal ou qual empreendimento.

"Não há reprovabilidade se na situação em que o agente se encontrava não se lhe poderia exigir conduta diversa"[33]. Simples e preciso, é desse modo que DOTTI inicia a abordagem dessa exculpante. Segue frisando que seria uma heresia falar-se de culpa nesse caso. SILVA pondera que "o agente que tenha cometido um fato típico e ilícito não deve suportar o juízo de censura quando as circunstâncias concretas do fato determinarem a escusabilidade da não obediência ao direito". DOTTI adverte que essa causa de exculpação "deve ficar demonstrada e não depende de um juízo puramente subjetivo e pessoal do sujeito ativo a respeito de ser ou não exigível o comportamento. [...] reconhece-se tal causa sempre que os elementos objetivos do caso concreto permitirem concluir, com segurança, que o acusado não efetivamente pôde desempenhar ação que não estivesse tipificada"[34].

Tratando-se de princípio inerente à responsabilidade pessoal, independe de expressa previsão legal. O CP estabelece algumas situações que correspondem à inexigibilidade de conduta diversa, como a coação moral irresistível e a obediência hierárquica. Mas há outras situações que, não obstante careçam de previsão legal expressa, são reconhecidas de modo pacífico pela doutrina e pela jurisprudência como causas supralegais de inexigibilidade de conduta diversa.

Em matéria de crimes contra a ordem tributária, a apropriação indébita de tributos em geral e de contribuições previdenciárias em especial, por vezes, ensejam essa discussão, sendo que se vem admitindo o afastamento da culpabilidade, por inexigibilidade

---

32. COSTA, Cláudio. *Crimes de sonegação fiscal*. Rio de Janeiro: Revan, 2003, p. 70.
33. DOTTI, René Ariel. *Curso de direito penal*: parte geral. 6. ed. São Paulo: Thomson Reuters Brasil, 2018, p. 650.
34. DOTTI, René Ariel. *Curso de direito penal*: parte geral. 6. ed. São Paulo: Thomson Reuters Brasil, 2018, p. 650 e 654.

de conduta diversa, em razão de precariedade financeira extrema. Cuida-se de um estado de necessidade, mas não aquele excludente da ilicitude ou justificante, e, sim, um estado de necessidade exculpante ou, em língua espanhola, um "estado de necesidad disculpante"[35]. Importa que "El autor se haya motivado por la necesidad, en ausencia de outra alternativa viable"[36].

O STF, em face de crime de apropriação indébita previdenciária, reconheceu que "A inexigibilidade de conduta diversa consistente na precária condição financeira da empresa, quando extrema ao ponto de não restar alternativa socialmente menos danosa do que o não recolhimento das contribuições previdenciárias, pode ser admitida como causa supralegal de exclusão da culpabilidade do agente"[37]. Na AP 516, já decidira assim, pontuando que deveria o juiz "aferir o elemento subjetivo do comportamento, pois a boa-fé é requisito indispensável para que se confira conteúdo ético a tal comportamento"[38]. Efetivamente, deve-se ter em conta que o reconhecimento dessa exculpante "se insere entre os casos de exceção, naqueles em que não é razoável que o Estado exija de um determinado acusado, conduta conforme o direito", "casos particulares e excepcionais, posto que não se pode banalizar a sua incidência, o que certamente levara ao sentimento de impunidade"[39]. Já se advertiu, com razão, que "Dificuldades financeiras não são, em regra, justificativa para o cometimento de crimes, pois devem ser solucionadas por meio de atividades lícitas, não sendo razoável a opção pelo crime como forma de solvê-las"[40].

A precariedade ou dificuldade financeira exculpante exige o inadimplemento generalizado, não apenas das obrigações tributárias, mas dos demais compromissos da empresa. Efetivamente, o inadimplemento tributário não pode ser eletivo, tem de decorrer de uma incapacidade financeira que comprometa o cumprimento das obrigações pecuniárias indistintamente. Nessa linha, o STJ já reconheceu que não se configura a inexigibilidade de conduta diversa quando "a empresa vinha honrando os pagamentos de energia elétrica, telefone, matéria-prima e mão de obra, em detrimento do recolhimento do ICMS, conforme alegado no interrogatório judicial, demonstrando que o agravante teria optado por não cumprir as obrigações fiscais do empreendimento a que estava à frente"[41]. As dificuldades tem de ser de tal ordem que a situação financeira da

---

35. CONTRERAS, Joaquin Cuello; CAFFARENA, Borja Mapelli. *Curso de derecho penal*: parte general. Madri: Editorial Tecnos, 2014, p. 130.
36. CONTRERAS, Joaquin Cuello; CAFFARENA, Borja Mapelli. *Curso de derecho penal*: parte general. Madri: Editorial Tecnos, 2014, p. 130.
37. STF, HC 113418, 2013.
38. STF, AP 516, 2020.
39. TRF2, ACR 0805526-28.2009.4.02.5101.
40. TRF4, ACR 5016771-69.2017.4.04.7001, 2020.
41. STJ, AgRg no AREsp 502.502, 2017.

empresa fuja ao controle do gestor. Assim, decidiu, o STF, que o fato de a empresa ter sido novamente autuada em períodos subsequentes, na mesma situação, "contraria a tese de precariedade financeira"[42].

Tem-se entendido, também, que as dificuldades econômicas aptas a ensejarem o acolhimento da causa supralegal de exclusão de culpabilidade "são aquelas decorrentes de circunstâncias imprevisíveis ou invencíveis, sendo necessária a produção de provas no sentido da impossibilidade absoluta de o agente atuar em conformidade com a determinação da norma penal"[43]. Deve-se tratar de "situação invencível que tenha impossibilitado, transitoriamente, o recolhimento" do tributo descontado do contribuinte"[44]. O prolongamento da situação de inadimplência tributária não é admissível. Precisaria ficar demonstrado motivo "que compelisse o apelante, de forma inevitável, a realizar a prática delituosa perpetrada, retirando completamente de sua alçada a possibilidade de agir segundo sua vontade e de forma condizente com o Direito"[45], uma "crise grave a ponto de inviabilizar, por completo, ao agente, se portar de forma diversa"[46].

Já se decidiu que "As graves dificuldades financeiras enfrentadas pela pessoa jurídica para adimplir com a obrigação tributária, que tenham afetado não só a empresa, mas também o patrimônio pessoal do acusado, constituem causa excludente de culpabilidade por inexigibilidade de conduta diversa, desde que comprovadas nos autos"[47]. Efetivamente, não faria sentido reconhecer-se a exculpante quando os tributos não tivessem sido pagos, mas o gestor tivesse seguido percebendo, em dia, remuneração elevada e desproporcional à situação da empresa. Noutro, a situação foi assim sintetizada: "Comprovada a ocorrência de situação grave, comprometendo a condição financeira da empresa, contingenciada em razão de inadimplência e penhoras sobre o faturamento, que só não levou ao encerramento das atividades em razão de esforços no sentido de sua manutenção, com parcelamento de salários para quitação de dívidas, dentre outras medidas, acolhe-se a tese excludente da culpabilidade, consistente em dificuldades financeiras intransponíveis, para fins de manter a absolvição quanto ao crime tipificado no art. 168-A do Código Penal"[48].

Note-se que as dificuldades financeiras extremas e invencíveis podem excluir a culpabilidade no que diz respeito ao pagamento não realizado ou repasse não efetuado, como no caso dos tributos indiretos cobrados com o preço das mercadorias e não

---

42. STF, AP 516, Tribunal Pleno, 2020.
43. TRF1, ACR 0000427-70.2012.4.01.3505, 2018.
44. TRF4, ACR 5016771-69.2017.4.04.7001, 2020.
45. TRF5, ACR 14888 0004184-11.2016.4.05.8100, 2019.
46. TRF5, ACR 14888 0004184-11.2016.4.05.8100, 2019.
47. TRF4, ACR 5031017-64.2017.4.04.7100, 2018.
48. TRF4, ACR 5003196-94.2013.4.04.7110, 2018.

adimplidos e dos tributos objeto de substituição tributária em que o montante foi retido ou cobrado do contribuinte e não se tenha ultimado o repasse ao Fisco. *Es decir*, aplica--se, potencialmente, aos crimes de apropriação indébita em que, não obstante o contribuinte tenha cumprido suas obrigações acessórias de emitir documentos e prestar declarações, tenha deixado de repassar ao Fisco o montante do tributo, dele se apropriando. É pertinente, portanto, aos tipos dos arts. 2º, II, da Lei n. 8.13790 e do art. 168-A do CP.

A situação de pandemia vivida em 2020 concretizou situação imprevisível que jogou inúmeros contribuintes em uma situação de enormes dificuldades financeiras. Proibidos de abrirem seus estabelecimentos, obrigados a operarem muitíssimo abaixo da sua capacidade ou mesmo afetados pela falta de clientes decorrente do isolamento ou distanciamento sociais, diversos contribuintes, pessoas físicas e jurídicas, viram suas receitas despencarem de uma hora para outra e passaram a amargar intensos e sucessivos prejuízos, o que comprometeu a possibilidade de arcarem com as suas obrigações, inclusive tributárias. Isso não ocorreu para todos os setores, mas para a maioria deles, impactados por normas de funcionamento que se alteravam a cada semana e pelas incertezas quanto à superação da pandemia e à retomada econômica. A Covid-19 marcou profundamente o ano de 2020 e, certamente, há de ser levada em conta no juízo de culpabilidade quanto aos crimes de apropriação indébita tributária daquele ano.

Mas, de modo algum, dificuldades financeiras seriam capazes de afastar a culpabilidade dos crimes de sonegação praticados mediante omissão ou fraude, em que a conduta do sujeito passivo da obrigação tributária tenha envolvido qualquer ardil no sentido de impedir que o Fisco tomasse conhecimento da ocorrência do fato gerador ou da sua real natureza ou dimensão[49]. As dificuldades financeiras podem justificar o não pagamento, mas não justificam a omissão ou a fraude. O próprio STF já decidiu que "Não é possível a aplicação da referida excludente de culpabilidade ao delito do art. 337-A do CP, porque a supressão ou redução da contribuição social e quaisquer acessórios são implementadas por meio de condutas fraudulentas – incompatíveis com a

---

49. Mas é preciso anotar que, não obstante minoritários e, a nosso ver, equivocados, há precedentes aplicando a excludente ao crime do art. 337-A do CP: "À vista da jurisprudência desta Corte Regional que tem reconhecido a excludente de culpabilidade em razão de dificuldades financeiras enfrentadas pela empresa quanto ao crime do art. 337-A do Código Penal, e considerando a possibilidade da *reformatio in melius*, a excludente de culpabilidade deve ser estendida também ao aludido crime, sobretudo quando não há dúvidas da difícil situação financeira enfrentada pela ré à época dos fatos que ensejaram a presente ação penal" (TRF1, ACR 0006070-95.2011.4.01.3811). Também: "Havendo fundada dúvida sobre a existência de circunstância excludente da culpabilidade da Ré, consubstanciada na tese de que teria praticado os crimes dos arts. 1º, I e II, da Lei n. 8.137/90 e 337-A, do CP tão-somente por absoluta impossibilidade financeira de cumprir com suas obrigações como gestora de colégio particular, impõe-se absolvê-la com fulcro no art. 386, VI, parte final, do CPP" (TRF2, ACR 0003643-44.2007.4.02.5103).

boa-fé – instrumentais à evasão, descritas nos incisos do *caput* da norma incriminadora"[50]. Não é possível se aplicar a excludente de culpabilidade nos casos em que a supressão ou redução dos tributos são obtidas mediante "conduta fraudulenta instrumental à evasão e, por isso, incompatível com a boa-fé"[51]. Não se pode invocar a inexigibilidade de conduta diversa, portanto, para os crimes de sonegação do art. 1º da Lei n. 8.13790 e do art. 337-A do CP.

É que "a sonegação pressupõe, além do inadimplemento total ou parcial da obrigação tributária, a fraude praticada pelo agente, conduta não justificável por supostas dificuldades financeiras"[52]. Efetivamente, "O agente que perpetra uma das condutas descritas no inciso do artigo 1º, da Lei n. 8.137/90, não pode ser considerado mero inadimplente de uma obrigação para com o Fisco, vez que age com fraude"[53]. Não há como se entender "que eventual dificuldade financeira possa justificar a errônea anotação contábil da empresa com o fim de prejudicar a fiscalização tributária"[54]. Até porque "privações financeiras de qualquer natureza não desobrigam o acusado de prestar adequadamente informações acerca dos seus rendimentos, permitindo a constituição do crédito tributário, ainda que este restasse, posteriormente, inadimplido"[55]. Assim, a excludente de culpabilidade por inexigibilidade de conduta diversa, decorrente de supostas dificuldades financeiras, "não se aplica aos delitos de que tratam os arts. 337-A do CP e 1º da Lei n. 8.137/90, uma vez que se perfazem com a utilização de meios fraudulentos para suprimir ou reduzir contribuições previdenciárias ou sociais"[56]. Esses crimes "envolvem não somente a supressão ou redução do pagamento de tributo, mas também – como meio para atingir esse resultado – a prática de conduta fraudulenta"[57]. Quanto aos crimes de sonegação de tributos em geral ou de contribuições previdenciárias, portanto, "as alegações de inexigibilidade de conduta diversa e de estado de necessidade são teses inaplicáveis"[58].

Por fim, cabem, ainda, algumas observações. No enfrentamento do tema da inexigibilidade de conduta diversa, as questões de fato e, portanto, de prova, são determinantes, de modo que se esgotam nos tribunais de apelação (Tribunais de Justiça e Tribunais Regionais Federais). Os tribunais superiores quase não trabalham o tema,

---

50. STF, AP 516, Tribunal Pleno, 2020.
51. TRF5, ACR 14771 0005072-59.2016.4.05.8300, 2019.
52. TRF1, ACR 0015691-55.2006.4.01.3500, 2018.
53. TRF2, ACR 0805526-28.2009.4.02.5101, 2012.
54. TRF3, ACR 0003172-02.2008.4.03.6126, 2020.
55. TRF3, ACR 0001911-35.2008.4.03.6115, 2019.
56. TRF4, ACR 5016771-69.2017.4.04.7001, 2020.
57. TRF4, ACR 5002414-73.2016.4.04.7113, 2019.
58. TRF4, ACR 5004320-54.2014.4.04.7215, 2019.

porquanto demanda revolvimento probatório, o que não é admitido nas vias excepcionais dos recursos especial e extraordinário, bem como no *writ* de *habeas corpus*[59]. Veja-se: "O Tribunal *a quo*, soberano na análise das circunstâncias fáticas e probatórias da causa, expressamente consignou que a crise financeira da empresa sonegadora não restou comprovada, afastando a alegação de atipicidade da conduta por inexigibilidade de conduta diversa. Logo, a análise do pleito absolutório implicaria acurada avaliação probatória, o que não se admite na via do recurso especial, a teor da Súmula 7 do Superior Tribunal de Justiça"[60].

Outra perspectiva interessante é que, se a precariedade financeira, eventualmente, pode vir em favor do réu por evidenciar a inexigibilidade de conduta diversa, de outro lado, o STJ já chancelou acórdão em que a boa condição financeira da empresa foi considerada como causa de maior reprovabilidade da conduta, repercutindo na pena mediante valoração negativa da culpabilidade enquanto circunstância judicial. Assim decidiu: "A majoração decorrente da culpabilidade resultou do fato de que, à época da prática delituosa, a empresa da qual o paciente seria sócio-gerente e administrador gozava de boas condições financeiras, o que foi reputado relevante para elevar o caráter reprovável de sua conduta, já que se trata de crime contra a ordem tributária, em que, em diversos casos, alega-se a dificuldade financeira da pessoa jurídica como causa excludente de culpabilidade"[61].

---

59. STJ, RHC 34.883, 2014.
60. STJ, AgRg no AREsp 341.758, 2014.
61. STJ, HC 36.804, 2004.

Capítulo 12

Concurso, Consunção, Continuidade e Dosimetria

81. Concurso de crimes nas ações penais tributárias

Há tributos cujos fatos geradores ocorrem episodicamente, como os impostos sobre a transmissão de bens onerosa ou a título gratuito (ITBI e ITCMD), sobre operações de crédito, câmbio, seguros, títulos e valores mobiliários (IOF). Outros, repetem-se a cada ano, em razão da simples manutenção da condição de proprietário (IPTU, IPVA e ITR).

A maior parte dos tributos, porém, são devidos diversas e sucessivas vezes pelos mesmos contribuintes.

Há os tributos com fato gerador instantâneo, que ocorre a cada operação, submetidos a período de apuração mensal, ou seja, que têm de ser adimplidos a cada mês (como o IPI, o ICMS e o ISS). As contribuições previdenciárias, por sua vez, sejam contribuintes as pessoas físicas ou jurídicas (CPREV), também são devidas todos os meses. Também o são as contribuições sobre a receita (PIS e Cofins). Os recolhimentos sobre a receita bruta no regime Simples Nacional, da LC n. 123/2006, também são mensais. Outros tributos têm fato gerador complexo que se completa trimestral ou anualmente, mas que, conforme o regime, impõem pagamentos mensais antecipados ou posteriores à conclusão do período (IRPF, IRPJ e CSL).

Outros aspectos também são importantes para o tratamento do concurso de crimes e dos crimes continuados.

Os tributos devidos mensalmente têm bases de cálculo com implicações e reflexos mútuos, de modo que a ocorrência de supressão ou redução de um deles arrastará efeitos sobre os demais. O preço de venda das mercadorias, serviços e utilidades, por exemplo, compõe a receita das empresas, da qual depende o cálculo do seu lucro e do seu resultado ajustado. Desse voto, a correção do preço das vendas realizadas, que é base para o cálculo e pagamento do IPI, do ICMS e do ISS, tem implicação direta na base das contribuições calculadas sobre a receita PIS, Cofins e contribuições previdenciárias sobre a receita substitutivas, e a receita reflete, por sua vez, na apuração das bases de cálculo do IRPJ e da CSL.

Ademais, as pessoas jurídicas são obrigadas à prestação de informações mensais através de documentos que contemplam bases ou valores devidos relativos a mais de um tributo.

A GFIP, por sua vez, é a Guia de Recolhimento do Fundo de Garantia do Tempo de Serviço e Informações à Previdência Social. Instituída pela Lei n. 9.528/97, obriga as pessoas jurídicas em geral[1] a informarem mensalmente a remuneração dos trabalhadores, os fatos geradores de contribuições previdenciárias do segurado empregado e do empregador e os valores devidos. Também são informados os dados relativos aos recolhimentos de FGTS, mas esta é uma obrigação trabalhista, sem natureza tributária, e, portanto, não diz respeito aos crimes contra a ordem tributária.

A DCTF e a DCTFWeb são declarações mensais prestadas pelas pessoas jurídicas (salvas as optantes pelo Simples Nacional), estando reguladas pela IN RFB 2005/2021. Segundo o art. 12 desta IN, a DCTF contém informações relativas a 12 tributos: IRPJ, IRRF, IPI, IOF, CSLL, PIS, Pasep, Cofins, Cide-Combustível, Cide-Remessa, CPSS e CPRB. Eventual venda de mercadoria ou de serviços sem nota, com meia nota ou nota incompleta, assim, implicará, não somente o não recolhimento ou recolhimento a menor de tributo estadual ou municipal incidente na operação, mas também omissão de receitas e, portanto, o recolhimento a menor também de diversos tributos federais (PIS, Cofins, IRPJ, CSLL, dentre outros), isso na mesma competência e objeto da mesma declaração.

A Lei do Processo Administrativo Fiscal, que disciplina o lançamento na esfera federal, dispõe, no seu art. 9º, *caput* e § 1º, que o lançamento de ofício é formalizado em auto de infração específico para cada tributo ou penalidade, mas que os autos de infração formalizados em relação ao mesmo sujeito passivo podem ser objeto de um único processo "quando a comprovação dos ilícitos depender dos mesmos elementos de prova"[2]. Analisamos esse ponto, com destaque para a chamada tributação reflexa, em nosso livro *Leis de processo tributário comentadas*. Explicamos que "é bastante comum que um único fato implique vários lançamentos, como a omissão de receitas por uma

---

1. Pessoas físicas também podem estar obrigadas, conforme a regulamentação, mas não os empregadores domésticos.
2. Decreto n. 70.235/72 (Lei do PAF, com nível de lei ordinária): Art. 9º A exigência do crédito tributário e a aplicação de penalidade isolada serão formalizados em autos de infração ou notificações de lançamento, distintos para cada tributo ou penalidade, os quais deverão estar instruídos com todos os termos, depoimentos, laudos e demais elementos de prova indispensáveis à comprovação do ilícito. (Redação dada pela Lei n. 11.941, de 2009) § 1º Os autos de infração e as notificações de lançamento de que trata o *caput* deste artigo, formalizados em relação ao mesmo sujeito passivo, podem ser objeto de um único processo, quando a comprovação dos ilícitos depender dos mesmos elementos de prova. (Redação dada pela Lei n. 11.196, de 2005)

empresa, na medida em que revela pagamentos a menor dos diversos tributos sobre a receita e também sobre a renda". Desse modo, "em decorrência de omissão de receitas, a autoridade fiscal lavra autos de infração de IRPJ (processo dito *matriz* ou *principal*) e também de CSLL, Cofins e PIS (processos ditos *decorrentes* ou *reflexos*)". A omissão de receitas é o fundamento de todos esses lançamentos, de modo que estão interligados. Do mesmo modo, "a dissimulação de uma relação de emprego enseja lançamento de contribuições do empregado sobre seu salário de contribuição e da empresa incidentes sobre a folha de salários e destinadas ao INSS e a terceiros".

Veja-se que há uma correlação direta entre muitos dos tributos devidos à União na mesma competência, sendo, normalmente, objeto de apurações e de declaração ao Fisco através do mesmo documento. Outrossim, quando apuradas infrações, acabam gerando a lavratura de autos de infração reunidos em um único processo administrativo fiscal.

Daí advém o questionamento sobre o cometimento de um único crime ou de diversos crimes relativos à mesma competência.

Num descaminho, por exemplo, não se consideram ocorridos diversos crimes pelo fato de o importador internalizar mercadorias diferentes de modo clandestino, iludindo o pagamento dos tributos. Ainda que a carga ou bagagem contenha diversos itens, considera-se cometido um único crime de descaminho.

No caso de sonegação de IPI, PIS, Cofins, teremos diversos crimes, ou um único crime de sonegação de tributos praticados contra a União em cada competência? Deveríamos incluir aí o IRP.

82. Consunção ou absorção dos crimes-meio pelos crimes-fim contra a ordem tributária

Absorção dos crimes formais contra a ordem tributária (não emitir documentos, emitir com falsidade etc.) pelos crimes materiais respectivos, numa relação de meio e fim.

Há crimes perpetrados como simples meios para o cometimento de outros, sem potencial lesivo autônomo. Nesses casos, o chamado crime-meio é considerado absorvido pelo crime-fim e, por isso, não resta punido de modo autônomo.

Em matéria tributária, isso é muito comum, figurando, como crime-meio, a falsificação de documento ou a falsidade ideológica.

Por vezes, isso ocorre em casos de sonegação de contribuições previdenciárias: "O crime de falso (art. 297, §§ 3º e 4º, do Código Penal), cometido com o fim de omitir o recolhimento de contribuições sociais previdenciárias, constitui crime-meio, sendo absorvido pelo crime-fim (art. 337-A do Código Penal), quando nele esgota sua potencialidade lesiva"[3]. Essa análise é feita em precedente do STF em que voto que refere que

---

3. TRF4, 4ª Seção, ENUL 5000930-14.2011.404.7205, 2013.

o denunciado teria informado às Guias de Recolhimento do FGTS e da GFIP as remunerações pagas a seus empregados com código de empresa filantrópica, sem ter o certificado necessário para tal". Considerou que "Ainda que fosse possível vislumbrar, em tese, a possibilidade de utilização dessa declaração falsa para outros fins, o delineamento fático do caso demonstra que esta suposta ação irradiou efeitos lesivos apenas aos interesses da previdência social". Assim, considerando que o suposto falso se limitara à inserção da informação nas guias, não havendo sequer falsificação material de documentos, muito menos do próprio certificado de empresa filantrópica, concluiu que "quanto aos fatos imputados ao recorrido, o delito do art. 297, § 4º, há de ser considerado absorvido pela suposta prática do crime do art. 337-A, III"[4].

Mas é preciso ter em conta que "Os crimes de falso somente são absorvidos pelo crime de sonegação fiscal quando constituem meio/caminho necessário para a sua consumação"[5].

Processa-se, julga-se e, sendo o caso, pune-se o agente pelo crime-fim exclusivamente, considerando-se o crime-meio absorvido e ausente justa causa para a sua punição autônoma[6].

Conforme ensina PEDROSO: "Na consunção (*lex consumens derogat legi consumptae*) ocorre uma continência de tipos. Alguns tipos são absorvidos e consumidos por outro, denominado consuntivo, dentro de uma linha evolutiva ou de fusão que os condensa numa relação de continente a conteúdo. O tipo consuntivo, que atrai os demais para o seu campo de força, prevalece e predomina a final como uma unidade, pois desintegra e dilui os outros em seu contexto. O tipo consuntivo pode exercer sua força atrativa sobre fatos típicos anteriores (efeito *ex tunc*), tornando-os *ante factum* impuníveis, ou absorver fatos ulteriores (efeito *ex nunc*), fazendo-os *post factum* impuníveis"[7].

A existência do crime-meio não é, todavia, desprezível. Poderá ser considerada para a avaliação da situação como um todo, afastando eventual insignificância do crime-fim e servindo de circunstância judicial desfavorável a ser considerada quando da fixação da pena-base. Há entendimento, no entanto, no sentido de que o falso, como crime-meio, não interfere no reconhecimento da insignificância do crime-fim: "Se a conduta 'fim' é irrelevante para a intervenção penal, a conduta-meio (contrafação de nota fiscal) também o é, uma vez que a intenção da denunciada era deixar de pagar os tributos devidos. Portanto, o *falsum* (art. 299 do CP) deve ser absorvido pelo descaminho, aplicando-se o princípio da consunção"[8].

---

4. STF, Inq. 3.102, excerto de voto, 2013, Plenário.
5. STJ, AgRg no REsp 1246165, 2012.
6. STJ, RHC 31.321, 2013.
7. PEDROSO, Fernando de Almeida. *Direito penal*. São Paulo: Método, 2008. v. 1, p. 678.
8. TRF4, ACR 5004593-61.2012.404.7002, 2013.

FÖPPEL destaca que "o Ministério Público não pode, a seu bel-prazer e talante, eleger por qual crime oferecerá a denúncia", de modo que "se a finalidade da fraude for a prática de crimes tributários, não pode o Parquet, seja por não ter encerrado a via fiscal, seja por estar extinto o crédito tributário, arbitrariamente eleger por qual crime oferecerá a denúncia", sendo que "outra solução não resta a não ser a promoção de arquivamento"[9].

Quando o falso não exaurir seu potencial lesivo no crime-fim, deverá ser considerado de modo autônomo, verificando-se, então, concurso de crimes. Esse foi o entendimento do STF[10] relativamente à falsidade ideológica em contrato social, *in verbis*:

> INQUÉRITO POLICIAL. Investigação sobre prática de delito de falsificação de documento público e de crime contra a ordem tributária. Arts. 297 do CP e 2º, I, da Lei n. 8.137/90. Sociedade comercial. Alteração fraudulenta do contrato social. Absorção do crime de falso pelo delito tributário, cuja punibilidade foi extinta com o pagamento do tributo. Inadmissibilidade. Potencialidade lesiva da alteração contratual, como meio da prática eventual doutros crimes, tributários ou não. HC denegado. O delito de falsificação de contrato social não é, em tese, absorvido por crime contra a ordem tributária, ainda que tenha servido de meio para sua prática[11].

O TRF4 vem seguindo essa orientação:

> PENAL. PRINCÍPIO DA CONSUNÇÃO. FALSIDADE IDEOLÓGICA VERIFICADA EM CONTRATO SOCIAL E POSTERIORES ALTERAÇÕES. EXAURIMENTO DA POTENCIALIDADE LESIVA. INEXISTÊNCIA. 1. O crime de falso, qualificado como crime-meio, é absorvido pela fraude, caracterizada como crime-fim, quando a potencialidade lesiva do primeiro é exaurida na prática do segundo. 2. A potencialidade lesiva da falsidade ideológica inserida em contrato social e em suas respectivas alterações não é exaurida na supressão de tributo, ainda que essa possa ter sido a única intenção inicial dos acusados. Assim já afirmou o Supremo Tribunal Federal, tendo em vista que "o contrato visa a regular situações jurídicas específicas e importantes da vida da sociedade, e não se adstringindo a permitir ao Fisco, por meio da desconsideração da personalidade jurídica, executar-lhe os sócios. O contrato social disciplina direitos e obrigações dos sócios, cuida da administração da sociedade e, em caráter geral, governa as relações desta com terceiros, donde a especial

---

9. FÖPPEL, Gamil; SANTANA, Rafael de Sá. *Crimes tributários*. 2. ed. Rio de Janeiro: Lumen Juris, 2010, p. 98-99.
10. Sobre o ponto, *vide*: FRIEDE, Reis. Jurisprudência penal tributária no Supremo Tribunal Federal. *Revista do CEJ*, Brasília, ano XIX, n. 66, maio/ago. 2015.
11. STF, HC 91.542, 2007.

importância que assume na vida comercial e dos negócios, reconhecida pela publicidade de que se deve revestir com o registro. [...][12].

Outro precedente importante, na mesma linha de raciocínio, é o acórdão proferido pelo STF por ocasião da análise de um crime contra a ordem tributária mediante falso, em que o denunciado, pretendendo ocultar seus rendimentos, adquirira um automóvel esportivo Lamborguini Diablo VT, colocando-o no nome de um empregado, e, posteriormente, o transferira a outra pessoa, prosseguindo na falsidade ideológica e, ainda, por valor inferior ao real. Assim decidiu o tribunal:

> SONEGAÇÃO TRIBUTÁRIA. FALSIDADE IDEOLÓGICA. ABSORÇÃO. INOCORRÊNCIA [...]. 1. A suposta falsidade ideológica não foi perpetrada em documento exclusivamente destinado à prática, em tese, do crime de sonegação tributária, em relação ao qual a ação penal foi trancada. 2. A falsidade nos documentos de registro de automóvel apresenta potencial lesivo autônomo, independentemente da prática do crime contra a ordem tributária. Inaplicabilidade do princípio da consunção[13].

Vê-se do voto condutor:

> [...] a suposta falsidade ideológica em análise não foi perpetrada em documento exclusivamente destinado a prestar contas à Receita Federal, por ocasião da declaração do Imposto de Renda. Ao contrário, trata-se de um documento que comprova a propriedade do veículo automotor, possibilitando, inclusive, que o corréu do paciente, em cujo nome o veículo foi registrado, viesse a se utilizar dos registros para contrair dívidas, dando o automóvel como garantia. Com efeito, as falsificações em tese perpetradas no Certificado de Registro do Veículo e no Certificado de Registro e Licenciamento do Veículo não constituem apenas o meio para a execução do outro crime (de sonegação), podendo prejudicar terceiros, como, por exemplo, credores do próprio paciente, que deixam de poder alcançar o valioso automóvel em questão, em caso de ação de cobrança.

Cada situação, portanto, merece análise própria à luz do caso concreto.

83. Concurso de crimes ou crime único na sonegação de diversos tributos

Há situações em que o lançamento de diversos tributos decorre de um mesmo fato. Quando uma empresa omite receitas, deixando de contabilizá-la, isso terá implicações necessárias na apuração tanto do Imposto de Renda da Pessoa Jurídica como da

---

12. TRF4, 4ª Seção, ENUL 012893-32.2005.404.7200, 2013.
13. STF, HC 91.469, 2008.

Contribuição Social sobre o Lucro, da Cofins e do PIS. Situação semelhante ocorre, por exemplo, na dissimulação de uma relação de emprego, pois enseja lançamento da contribuição previdenciária do empregado que não tenha sido apurada e retida pelo empregador, da contribuição previdenciária da empresa e das contribuições a terceiros (Sesc, Senac, Sebrae etc.) sobre a folha de salários.

Não faria sentido considerarmos ocorridos diversos crimes pelo simples fato de a conduta ter implicado a supressão de vários tributos. Paralelo esclarecedor pode ser feito com o crime de descaminho. Sendo trazidas uma única mercadoria, diversas mercadorias da mesma espécie ou diversas espécies de mercadoria, de qualquer modo, teremos um único delito.

Assim, é preciso ter cuidado com essas questões. O fato de os créditos relativos aos diversos tributos serem lançados conjuntamente, através de um mesmo auto de infração, ou a partir de ações fiscais distintas, ensejando mais de um auto de infração, não tem o condão de fazer com que se tenham diversos crimes. No âmbito do processo administrativo fiscal, quando isso ocorre, fala-se em um processo administrativo fiscal matriz ou principal e em processos decorrentes ou reflexos, cabendo a sua reunião para julgamento conjunto[14]. De qualquer modo, haverá um único crime.

MACHADO acentua que "o crime, o tipo penal, no caso, não é sonegação do ICMS, nem sonegação do IPI", "é a supressão ou redação de tributo ou contribuição mediante uma ou mais condutas-meio descritas nos vários incisos do art. 1º da Lei n. 8.137/90"[15]. FÖPPEL alinha-se a esse entendimento, afirmando que "o intuito do agente, ao se valer de nota fiscal falsa, é suprimir ou reduzir a carga tributária incidente sobre a operação tributável", e "pouco importa se a sonegação recai sobre tributos de competência de distintos entes impositores", de modo que "o concurso formal – próprio ou impróprio – resta descaracterizado". E mais: não há que se falar na violação de ordens tributárias diversas, "uma vez que o bem jurídico na Lei n. 8.137/90 é a Ordem Tributária, que não se fraciona pela circunstância de existirem âmbitos de competência próprios de cada pessoa política da federação"[16].

Ainda que se tratasse de diversos crimes, teríamos um concurso formal, e não material. Isso porque a conduta de omitir receita, *e.g.*, é conduta única que estaria implicando mais de uma sonegação, incidindo, então, se esse o entendimento, a regra do art. 70 do CP: aplicação da pena mais grave aumentada de um sexto até metade. Isso porque não haveria, propriamente, desígnios autônomos.

---

14. PAULSEN, Leandro; ÁVILA, René Bergman; SLIWKA, Ingrid Schroder. *Leis processuais tributárias comentadas*. 9. ed. São Paulo: Saraiva, 2019, p. 53.
15. MACHADO, Hugo de Brito. *Estudos de direito penal tributário*. São Paulo: Atlas, 2002, p. 219.
16. FÖPPEL, Gamil; SANTANA, Rafael de Sá. *Crimes tributários*. 2. ed. Rio de Janeiro: Lumen Juris, 2010, p. 89-90.

O concurso formal é o que acontece, aliás, quando restam sonegados tributos diversos com enquadramento em tipos penais distintos. Assim, a omissão de receitas que implique, a um só tempo, sonegação de PIS/Cofins e de Contribuição Previdenciária sobre a Receita Substitutiva atrairá a incidência simultânea do art. 1º da Lei n. 8.137/90 (supressão ou redução de tributos em geral) e do art. 337-A do CP (supressão ou redução de contribuição previdenciária).

É o que ocorrerá, também, quando da supressão ou redução de tributos sobre a folha de salários, porquanto, invariavelmente, implicará sonegação tanto de contribuições previdenciárias do empregador, tipificada pelo art. 337-A do CP, como de contribuições aos serviços sociais autônomos, que têm a mesma base e o mesmo sujeito ativo, mas natureza jurídica distinta, configurando contribuições sociais gerais, de intervenção no domínio econômico ou do interesse de categorias econômicas, conforme a interpretação, com tipificação no art. 1º da Lei n. 8.137/90.

Ademais, como os mesmos tributos costumam ser devidos pelas empresas todos os meses, teremos, invariavelmente, continuidade delitiva.

84. Continuidade delitiva nos crimes contra a ordem tributária

É muito comum que idêntico crime seja praticado diversas vezes pelo mesmo agente, o que se denomina de reiteração delitiva. Em certos casos, a reiteração se dá em face das mesmas condições de tempo, lugar e maneira de execução, configurando, então, o que se chama de continuidade delitiva.

O direito penal cuida das reiterações delitivas, determinando a aplicação de um critério que afasta a simples soma das penas, fazendo com que, em vez disso, seja aplicada a pena da infração mais grave aumentada de um sexto a dois terços, conforme determina o art. 71 do CP: "Quando o agente, mediante mais de uma ação ou omissão, pratica dois ou mais crimes da mesma espécie e, pelas condições de tempo, lugar, maneira de execução e outras semelhantes, devem os subsequentes ser havidos como continuação do primeiro, aplica-se-lhe a pena de um só dos crimes, se idênticas, ou a mais grave, se diversas, aumentada, em qualquer caso, de um sexto a dois terços". Mas, quanto às multas, determina sua aplicação distinta e integral, nos termos do art. 72 do CP.

O STF esclarece que: "A continuidade delitiva se configura pela sucessão de crimes autônomos de idêntica espécie – praticados nas mesmas condições de tempo, lugar e maneira de execução – e que se considera um só crime por *fictio iuris* (ficção de direito)"[17].

A continuidade delitiva é bastante comum em matéria tributária, porquanto as respectivas obrigações muitas vezes se repetem mês a mês, de modo que, se o

---

17. STF, Tribunal Pleno, AP 516, 2010.

contribuinte adotar prática que implique sonegação, acabará por fazê-lo repetidas vezes. Exemplo é caso do contribuinte que "praticou várias infrações contra a ordem tributária 'calçando' inúmeras notas fiscais nos exercícios de 1994 a 1996, o que ensejou o reconhecimento da continuidade delitiva"[18]. Também já se decidiu: "Tratando-se de sonegação fiscal que se perpetrou por dois exercícios financeiros, é correta a aplicação da continuidade delitiva na fração de 1/6 (um sexto)"[19]. Ocorrerá continuidade inclusive em interstícios anuais, desde que configure a reiteração própria da figura tributária respectiva: "8. A circunstância de cada fato delituoso distar do outro em aproximadamente doze meses não impede o reconhecimento da continuidade delitiva, uma vez que, tratando-se de supressão do pagamento de tributo cujo ajuste ocorre anualmente, impossível que o período entre as condutas seja inferior a um ano"[20]. Veja-se, ainda: "3. Apesar de os créditos tributários serem constituídos na mesma data, sendo concernentes a anos-calendários diversos, há de incidir o percentual de continuidade delitiva"[21]. Mais: "Em se tratando de supressão de imposto de renda pessoa física, cuja exação ocorre anualmente, entende-se por praticada a conduta tantas vezes quantos forem os anos-calendário em que se tenha omitido receitas e suprimido/reduzido o imposto. Havendo sonegação por três exercícios consecutivos (anos-calendário 2010, 2011 e 2012), o aumento da pena pela continuidade delitiva deve seguir o critério adotado à prática de três infrações"[22].

Na continuidade delitiva, toma-se a pena do delito mais grave, aumentando-a de um sexto a dois terços. Conforme o STJ, "o aumento operado em face da continuidade delitiva deve levar em conta o número de infrações cometidas", tendo considerado, no caso analisado, que "os delitos foram praticados entre as competências de 01/94 a 07/97", entendendo adequado, por isso, "o acréscimo pela continuidade delitiva na fração máxima de 2/3"[23].

Por fim, vale anotar que o "acréscimo resultante do reconhecimento da continuidade delitiva não é computado para fins de verificação do lapso prescricional"[24]. Aliás, é o que resta consolidado na Súmula 497 do STF: "Quando se tratar de crime continuado, a prescrição regula-se pela pena imposta na sentença, não se computando o acréscimo decorrente da continuação".

---

18. STJ, AgRg no REsp 1134070, 2013.
19. TRF4, ACR 5001237-55.2012.404.7100, 2013.
20. TRF4, ACR 5003394-63.2010.404.7005, 2013.
21. TRF4, 5017655-43.2013.404.7000, 2013.
22. TRF4, ACR 5000279-53.2018.4.04.7102, 2021.
23. STJ, HC 183.636, 2012.
24. TRF4, HC 0002593-96.2013.404.0000, 2013.

O STJ decidiu que "os delitos de apropriação indébita previdenciária e de sonegação de contribuição previdenciária, previstos, respectivamente, nos arts. 168-A e 337-A do CP, embora sejam do mesmo gênero, são de espécies diversas; obstando a benesse da continuidade delitiva".[25] Já se decidira em sentido contrário, sob o fundamento de que: "É possível o reconhecimento de crime continuado em relação aos delitos tipificados nos arts. 168-A e 337-A do Código Penal, porque se assemelham quanto aos elementos objetivos e subjetivos e ofendem o mesmo bem jurídico tutelado, qual seja, a arrecadação previdenciária"[26].

85. Dosimetria nos crimes contra a ordem tributária: a atenuante da reparação do dano e a causa de aumento da pena por grave dano ao erário

Enquanto o pagamento integral do montante devido, com seus acessórios, inclusive a multa administrativa, tem o efeito de extinguir a punibilidade do crime material contra a ordem tributária, o pagamento do tributo e do juros, sem a multa, desde que antes do julgamento, assegura, ao menos, a atenuação da pena. O Código Penal, ao cuidar das circunstâncias atenuantes, dispõe: que sempre atenua a pena ter o agente "procurado, por sua espontânea vontade e com eficiência, logo após o crime, evitar-lhe ou minorar-lhe as consequências, ou ter, antes do julgamento, reparado o dano! (art. 65, inciso III).

SCHMIDT acompanha a conclusão de SALOMÃO[27] no sentido de que, sem o pagamento da penalidade, embora não se obtenha a extinção da punibilidade, pode-se obter a redução da pena, desde que o pagamento seja anterior à sentença[28].

De outro lado, nos termos específicos da Lei n. 8.137/90, art. 12, é circunstância que sempre agrava a pena do crime dos arts. 1º e 2º "ocasionar grave dano à coletividade" (inciso I). Entendemos que tal deveria ser verificado com base no tributo sonegado, assim entendido o montante principal do crédito tributário, desconsiderados os juros e as multas, porquanto desbordam da infração cometida, configurando, os juros, compensação pelo tempo decorrido posteriormente e, a multa, punição administrativa da infração. Mas o STJ entende que "é possível considerar a incidência de juros e multa sobre o valor sonegado, a fim de corroborar a conclusão segundo a qual o montante do

---

25. STJ, AgRg no REsp 1868826, 2021.
26. STJ, REsp 859.050, 2013.
27. SALOMÃO, Heloisa. Arrependimento posterior nos crimes contra a ordem tributária. *Revista Dialética de Direito Tributário*, São Paulo, v. 37, p. 59-60, out. 1998.
28. SCHMIDT, Andrei Zenkner. *Exclusão da punibilidade em crimes de sonegação fiscal*. Rio de Janeiro: Lumen Juris, 2003, p. 85.

prejuízo causado ao erário ultrapassa o normal à espécie"[29]. Discussão semelhante se estabelece para análise dos patamares de insignificância, conforme já trabalhado em item próprio.

Conforme o STF, "a consideração do vultoso *quantum* sonegado é elemento suficiente para a caracterização do grave dano à coletividade constante do inciso I do art. 12 da Lei n. 8.137/90 e como parâmetro para aplicação dessa circunstância agravante"[30]. O STJ estabelece o parâmetro: "A majorante do grave dano à coletividade, prevista pelo art. 12, I, da Lei n. 8.137/90, restringe-se a situações de especialmente relevante dano, valendo, analogamente, adotar-se para tributos federais o critério já administrativamente aceito na definição de créditos prioritários, fixado em R$ 1.000.000,00 (um milhão de reais), do art. 14, *caput*, da Portaria 320/PGFN". É relevante ter em conta, ainda, deste próprio julgado, o excerto em que resta afirmado que "em se tratando de tributos estaduais ou municipais, o critério deve ser, por equivalência, aquele definido como prioritário ou de destacados créditos (grandes devedores) para a fazenda local"[31-32].

Quando o dano não chegue a patamar que o qualifique como de grave dano à coletividade, a ponto de justificar a aplicação da majorante, mas, ainda assim, seja significativo, tal pode ser considerado já na primeira fase da fixação da pena (pena-base), como circunstância judicial atinente às consequências do crime. Efetivamente, "Nos crimes contra a ordem tributária, o montante do valor sonegado, se expressivo, é motivo idôneo para a exasperação da pena-base, a título de consequências desfavoráveis da conduta"[33].

Já se decidiu: "ainda que considerada a quantia sem a incidência de juros, multa e correção monetária (aproximadamente R$ 58.000,00), não há flagrante ilegalidade na valoração negativa das consequências do crime, especialmente em se tratando de tributo municipal"[34]. Em outro caso, restou afirmado: "O valor dos tributos sonegados pode justificar a avaliação desfavorável da vetorial consequências do crime [...] descontados as multas e os juros, o resultado do ilícito atingiu R$ 240.904,17, o que justifica, de forma idônea, a exasperação da pena-base pela avaliação desfavorável pela vetorial consequências do crime"[35].

....

29. STJ, AgRg no AREsp n. 2.002.249, 2022.
30. STF, HC 129.284, 2018.
31. STJ, REsp 1.849.120, 2020.
32. Também o AgRg no AREsp n. 2.149.591, 2022.
33. STJ, AgRg no REsp n. 1.913.320, 2021
34. STJ, AgRg no HC n. 727.767, 2022.
35. STJ, AgRg no AREsp n. 2.090.887, 2022.

Capítulo 13

Institutos Despenalizantes em Face dos Crimes contra a Ordem Tributária

86. Evitando ações penais e penas privativas de liberdade

> *Sed fugit interea fugit irreparabile tempus.*
> *Virgílio*

Aplicar a lei e condenar pessoas à pena privativa de liberdade é, de certo modo, retirar-lhes, por algum tempo, a plenitude da vida. O tempo que passa enquanto se está privado de liberdade, sem a possibilidade de viver com livre-arbítrio, não volta.

Enfrentamos, neste capítulo, institutos que evitam a própria ação penal, que a suspendem ou que a extinguem sem consequências privativas de liberdade, institutos que, no próprio âmbito do direito penal, buscam uma solução sem privação de liberdade.

Não se trata de descriminalização (*abolitio criminis*), que é a revogação de lei que considerava crime determinada conduta. Essa é questão material dependente da decisão política e legislativa de retirar do âmbito penal determinada conduta, restringindo as consequências do ilícito às esferas administrativa e civil ou mesmo deixando de considerar a conduta contrária ao direito. Não é disso que cuidaremos.

Trata-se, isso sim, de figuras que envolvem composição, como na transação, no acordo de não persecução penal e nas suspensões condicionais do processo e da pena; trata-se, também, de institutos despenalizantes em sentido estrito, de que é exemplo a substituição das penas privativas de liberdade por restritivas de direitos; ainda, nos referimos às causas extintivas da punibilidade, como o pagamento do crédito tributário, o indulto e a prescrição.

A despenalização diz respeito ao afastamento da aplicação da pena de prisão ou encarceramento ou da sua aplicação dada a fundamentalidade da garantia de liberdade e da adequação, suficiência e proporcionalidade de uma resposta punitiva mais branda. Conforme o saudoso DOTTI, a despenalização "consiste na substituição da pena privativa de liberdade por outras sanções, de caráter não detentivo, assim como ocorre, em nosso sistema, com as penas restritivas de direitos (CP, arts. 43 a 48), que são autônomas e substituem a reclusão, a detenção e a prisão simples". Ensina o mestre que se trata "de um processo de redução, maior ou menor, das sanções criminais", ainda que as condutas persistam como ilícitos criminais[1].

Alguns desses institutos constam da Lei dos Juizados Especiais Cíveis e Criminais – Lei n. 9.099/95; outros, do Código Penal. E há, ainda, os que foram trazidos pela legislação extravagante.

87. "A denúncia espontânea" como instituto tributário a ser utilizado para purgar o ilícito, afastando quaisquer sanções administrativas e penais

Conforme já destacamos no item 13 desta obra, a denúncia espontânea é instituto jurídico tributário, regulado pelo art. 138 do CTN, que afasta a responsabilidade por infrações à legislação tributária nos casos em que o sujeito passivo, reconhecendo seu débito antes de qualquer medida de início de fiscalização, paga o tributo e os juros de mora.

Conforme SCHMIDT, "se a conduta mais tênue (ilícito fiscal) vê-se contemplada com a exclusão da responsabilidade fiscal (art. 138 do CTN), seria uma aberração jurídica admitirmos a persistência da responsabilidade penal neste caso"[2]. Acrescenta, ainda: "o pagamento espontâneo do tributo, devidamente corrigido monetariamente e com incidência dos juros de mora (que não se confundem com a multa moratória), se efetuado antes do início do procedimento administrativo de lançamento ou de medição de fiscalização (art. 138 do CTN), acarreta não só a exclusão da responsabilidade fiscal como, ademais, a exclusão da responsabilidade penal", e isso sem necessitarmos invocar artigo que diga da extinção da punibilidade do crime contra a ordem tributária pelo pagamento[3].

Aliás, a Lei n. 9.983/2000, ao inserir no Código Penal o tipo relativo à apropriação indébita previdenciária, expressamente estabeleceu, no art. 168-A: "§ 2º É extinta a punibilidade se o agente, espontaneamente, declara, confessa e efetua o pagamento das contribuições, importâncias ou valores e presta as informações devidas à previdência social, na forma definida em lei ou regulamento, antes do início da ação fiscal".

---

1. DOTTI, René Ariel. *Curso de direito penal*: parte geral. 6. ed. São Paulo: Thomson Reuters Brasil, 2018, p. 181.
2. SCHMIDT, Andrei Zenkner. *Exclusão da punibilidade em crimes de sonegação fiscal*. Rio de Janeiro: Lumen Juris, 2003, p. 79.
3. SCHMIDT, Andrei Zenkner. *Exclusão da punibilidade em crimes de sonegação fiscal*. Rio de Janeiro: Lumen Juris, 2003, p. 80-81.

Ao tipificar o crime de sonegação de contribuição previdenciária, a Lei n. 9.983/2000 foi ainda mais condescendente, atribuindo efeito extintivo da punibilidade à conduta posterior de declarar e confessar as contribuições e prestar as informações devidas antes do início da ação fiscal, conforme se vê do § 1º do art. 337-A: "§ 1º É extinta a punibilidade se o agente, espontaneamente, declara e confessa as contribuições, importâncias ou valores e presta as informações devidas à previdência social, na forma definida em lei ou regulamento, antes do início da ação fiscal". É que, nesses casos, ainda que mediante ação posterior, o próprio contribuinte leva ao conhecimento da autoridade a existência da infração e do respectivo débito tributário. O § 371 da Abgabenordnung também traz essa "autodenúncia liberadora da pena"[4]. A retificação dos dados entregues à autoridade fiscal e a comunicação dos dados omitidos, desde que antes da fiscalização ou investigação, isenta de pena.

O art. 305 do Código Penal espanhol, no título que cuida dos delitos contra a Fazenda Pública e contra a Seguridade Social, ao criminalizar a defraudação, também cuida de instituto semelhante ao da denúncia espontânea, impedindo a persecução inclusive pelos falsos eventualmente praticados. Veja-se:

> Art. 305. [...].
> 4. Se considerará regularizada la situación tributaria cuando se haya procedido por el obligado tributario al completo reconocimiento y pago de la deuda tributaria, antes de que por la Administración Tributaria se le haya notificado el inicio de actuaciones de comprobación o investigación tendentes a la determinación de las deudas tributarias objeto de la regularización o, en el caso de que tales actuaciones no se hubieran producido, antes de que el Ministerio Fiscal, el Abogado del Estado o el representante procesal de la Administración autonómica, foral o local de que se trate, interponga querella o denuncia contra aquél dirigida, o antes de que el Ministerio Fiscal o el Juez de Instrucción realicen actuaciones que le permitan tener conocimiento formal de la iniciación de diligencias. Asimismo, los efectos de la regularización prevista en el párrafo anterior resultarán aplicables cuando se satisfagan deudas tributarias una vez prescrito el derecho de la Administración a su determinación en vía administrativa. La regularización por el obligado tributario de su situación tributaria impedirá que se le persiga por las posibles irregularidades contables u otras falsedades instrumentales que, exclusivamente en relación a la deuda tributaria objeto de regularización, el mismo pudiera haber cometido con carácter previo a la regularización de su situación tributaria.

Nos termos do art. 138 do CTN e tendo em conta a orientação jurisprudencial a respeito da matéria, temos que, com a denúncia espontânea, pagando espontaneamente o tributo devido com juros, fica o sujeito passivo desonerado inclusive da multa

---

4. RIOS, Rodrigo Sanches. *O crime fiscal*. Porto Alegre: Sergio Antonio Fabris Editor, 1998, p. 57.

moratória. Ocorrida a denúncia espontânea, tenha-se em conta, ainda, sequer teremos lançamento do crédito pela autoridade fiscal, ou seja, lavratura de auto de infração, porque desnecessário.

O instituto da denúncia espontânea não equivale ao instituto penal da desistência voluntária e arrependimento eficaz, regulado pelo art. 15 do nosso Código Penal, que estabelece: "Art. 15. O agente que, voluntariamente, desiste de prosseguir na execução ou impede que o resultado se produza, só responde pelos atos já praticados". Aproxima-se mais do instituto do arrependimento posterior, disciplinado pelo art. 16 do CP, com a diferença de que, para os crimes em geral, o arrependimento posterior tem o efeito limitado à diminuição da pena, enquanto que, para os crimes tributários, acaba por implicar a extinção da punibilidade como um todo. Eis o art. 16 do CP: "Art. 16. Nos crimes cometidos sem violência ou grave ameaça à pessoa, reparado o dano ou restituída a coisa, até o recebimento da denúncia ou da queixa, por ato voluntário do agente, a pena será reduzida de um a dois terços".

Impende que as leis sejam manejadas, buscando uma coerência sistêmica. O direito penal, vimos, é um direito de sobreposição. Se a lei complementar de normas gerais em matéria de legislação tributária, que é o CTN, exclui a responsabilidade por infrações na hipótese de denúncia espontânea, impedindo a aplicação até mesmo das sanções administrativas mais simples, há de se ter em conta o juízo de valor que isso representa. Cuida-se de medida de política tributária que estimula o infrator a colocar-se espontaneamente em situação de regularidade e que contempla os interesses também do Fisco, que, sem essa iniciativa, talvez jamais viesse a tomar conhecimento da evasão praticada e que, portanto, poderia restar definitivamente lesado. A sanção premial é o afastamento das penalidades administrativas e, por coerência, também das criminais.

88. Causas suspensivas e extintivas da punibilidade dos crimes contra a ordem tributária e seus efeitos

Assim como a cobrança dos tributos depende da exigibilidade do respectivo crédito, a punição de crime contra a ordem tributária depende da sua punibilidade. São temas atinentes a cada um desses ramos do direito, mas que podem se tocar.

As causas suspensivas da exigibilidade do crédito tributário estão previstas no art. 151 do CTN, abrangendo a moratório e o parcelamento, o depósito integral, a pendência de defesas administrativas e as decisões judiciais. As causas de extinção do crédito constam no art. 156 do mesmo diploma, que contempla 11 incisos, dentre os quais o pagamento, a compensação, a transação, a conversão de depósito em renda, a anulação administrativa ou judicial do ato constitutivo do crédito, a prescrição e a decadência e a dação de imóvel em pagamento.

Já a suspensão e a extinção da punibilidade dos crimes contra a ordem tributária constam de previsões legais específicas sobre a matéria. O art. 83, § 2º, da Lei n. 9.430/96, com a redação da Lei n. 12.382/2011, determina a suspensão da pretensão punitiva quando formalizado parcelamento antes do recebimento da denúncia. A Lei n. 10.684/2003, em seu art. 9º, § 2º, por sua vez, estabelece a extinção da punibilidade quando ocorrer o pagamento integral dos débitos.

É pertinente perguntarmo-nos se, ausente previsão legal inequívoca, pode-se considerar que toda causa suspensiva da exigibilidade de crédito tributário também implicaria a suspensão da punibilidade pelos crimes que lhes são subjacentes e se toda causa extintiva de crédito tributário implicaria a extinção da punibilidade. Não há, porém, uma resposta padrão para tais perguntas. Tem-se que analisar cada uma das hipóteses, o que se faz nos itens seguintes.

A par disso, é importante destacar os efeitos da suspensão e da extinção da punibilidade. Suspensa a punibilidade, não haverá justa causa para a ação penal e, se já em curso, deverá ser suspensa. As medidas cautelares, por sua vez, se pessoais, por uma questão de proporcionalidade, devem ser relaxadas; se reais, comportam manutenção.

TANGERINO e OLIVE invocam o art. 141 do CPP no sentido de que "o arresto será levantado ou cancelada a hipoteca, se, por sentença irrecorrível, o réu for absolvido ou julgada extinta a punibilidade", e afirmam que, tanto no direito tributário como no direito penal, "apesar de obstar novas constrições, o parcelamento não tem o condão de acarretar a revogação de cautelares impostas previamente"[5], de modo que não exige que sejam tornadas insubsistentes eventuais medidas assecuratórias.

89. Suspensão da punibilidade pelo parcelamento

O parcelamento dos débitos tributários implica suspensão da pretensão punitiva relativa aos crimes contra a ordem tributária. Em certos parcelamentos especiais, admitiu-se tal efeito independentemente de qualquer condicionamento temporal. Mas a regra geral é no sentido de que o efeito suspensivo da punibilidade se dá "desde que o pedido de parcelamento tenha sido formalizado antes do recebimento da denúncia criminal", nos termos do art. 83 da Lei n. 9.430/96, conforme seu § 2º, acrescentado pela Lei n. 12.382/2011:

> Art. 83. A representação fiscal para fins penais relativa aos crimes contra a ordem tributária previstos nos arts. 1º e 2º da Lei n. 8.137, de 27 de dezembro de 1990, e aos crimes contra a Previdência Social, previstos nos arts. 168-A e 337-A do Decreto-Lei n. 2.848, de 7 de dezembro de 1940 (Código Penal), será encaminhada ao Ministério Público depois de proferida a decisão final, na esfera administrativa, sobre a

---

5. TANGERINO, Davi; OLIVE, Henrique. *Crédito tributário e crime*: efeitos penais da extinção e da suspensão da exigibilidade. São Paulo: InHouse, 2018, p. 62.

exigência fiscal do crédito tributário correspondente. (Redação dada pela Lei n. 12.350, de 2010)

§ 1º Na hipótese de concessão de parcelamento do crédito tributário, a representação fiscal para fins penais somente será encaminhada ao Ministério Público após a exclusão da pessoa física ou jurídica do parcelamento. (Incluído pela Lei n. 12.382, de 2011)

§ 2º É suspensa a pretensão punitiva do Estado referente aos crimes previstos no *caput*, durante o período em que a pessoa física ou a pessoa jurídica relacionada com o agente dos aludidos crimes estiver incluída no parcelamento, desde que o pedido de parcelamento tenha sido formalizado antes do recebimento da denúncia criminal. (Incluído pela Lei n. 12.382, de 2011)

§ 3º A prescrição criminal não corre durante o período de suspensão da pretensão punitiva. (Incluído pela Lei n. 12.382, de 2011)

§ 4º Extingue-se a punibilidade dos crimes referidos no *caput* quando a pessoa física ou a pessoa jurídica relacionada com o agente efetuar o pagamento integral dos débitos oriundos de tributos, inclusive acessórios, que tiverem sido objeto de concessão de parcelamento. (Incluído pela Lei n. 12.382, de 2011)

§ 5º O disposto nos §§ 1º a 4º não se aplica nas hipóteses de vedação legal de parcelamento. (Incluído pela Lei n. 12.382, de 2011)

§ 6º As disposições contidas no *caput* do art. 34 da Lei n. 9.249, de 26 de dezembro de 1995, aplicam-se aos processos administrativos e aos inquéritos e processos em curso, desde que não recebida a denúncia pelo juiz. (Renumerado do Parágrafo único pela Lei n. 12.382, de 2011)

Como não se pode deixar o agente ao alvedrio da Administração quanto ao exercício do seu direito ao parcelamento, deve-se entender suficiente, para a obtenção do efeito suspensivo da exigibilidade do crédito tributário e também da punibilidade, que o agente tenha cumprido os requisitos para a obtenção do parcelamento e, no regime da Lei n. 10.522/2002, formulado o pedido e pago a primeira parcela, mantendo-se adimplente com as subsequentes. Até porque, nos termos do art. 12, § 1º, II, da mesma lei, o pedido de parcelamento é "considerado automaticamente deferido quando decorrido o prazo de 90 (noventa) dias, contado da data do pedido de parcelamento sem que a Fazenda Nacional tenha se pronunciado". Note-se que os débitos para com a Fazenda Nacional também podem ser reparcelados, hipóteses em que se exige o pagamento de uma parcela inicial de 10% do débito ou, no caso de histórico de reparcelamento anterior, parcela inicial de 20% do débito, conforme o art. 14-A da mesma lei.

É importante ter em conta que nem todo débito tributário pode ser parcelado, pois o parcelamento depende de lei específica autorizadora, nos termos do art. 155-A do CTN. Não é possível invocar lei federal para parcelar tributos estaduais e vice-versa. Ademais, deve-se observar que as leis de parcelamento impõem condições, não o admitindo em certos casos. Normalmente, o legislador veda o parcelamento de valores retidos e não repassados aos cofres públicos. Veja-se, no ponto, a Lei n. 10.666/2003: "Art. 7º Não poderão ser objeto de parcelamento as contribuições descontadas dos empregados, inclusive dos domésticos, dos trabalhadores avulsos, dos contribuintes individuais, as decorrentes da sub-rogação e as demais importâncias descontadas na forma da legislação previdenciária". O rol de vedações para os parcelamentos comuns de débitos perante a Fazenda Nacional consta do art. 14 da Lei n. 10.522/2002, com a redação da Lei n. 11.941/2009: "Art. 14. É vedada a concessão de parcelamento de débitos relativos a: I – tributos passíveis de retenção na fonte, de desconto de terceiros ou de sub-rogação; II – Imposto sobre Operações de Crédito, Câmbio e Seguro e sobre Operações relativas a Títulos e Valores Mobiliários – IOF, retido e não recolhido ao Tesouro Nacional; III – valores recebidos pelos agentes arrecadadores não recolhidos aos cofres públicos; IV – tributos devidos no registro da Declaração de Importação; V – incentivos fiscais devidos ao Fundo de Investimento do Nordeste – Finor, Fundo de Investimento da Amazônia – Finam e Fundo de Recuperação do Estado do Espírito Santo – Funres; VI – pagamento mensal por estimativa do Imposto sobre a Renda da Pessoa Jurídica – IRPJ e da Contribuição Social sobre o Lucro Líquido – CSLL, na forma do art. 2º da Lei n. 9.430, de 27 de dezembro de 1996; VII – recolhimento mensal obrigatório da pessoa física relativo a rendimentos de que trata o art. 8º da Lei n. 7.713, de 22 de dezembro de 1988; VIII – tributo ou outra exação qualquer, enquanto não integralmente pago parcelamento anterior relativo ao mesmo tributo ou exação, salvo nas hipóteses previstas no art. 14-A desta Lei; IX – tributos devidos por pessoa jurídica com falência decretada ou por pessoa física com insolvência civil decretada; e X – créditos tributários devidos na forma do art. 4º da Lei n. 10.931, de 2 de agosto de 2004, pela incorporadora optante do Regime Especial Tributário do Patrimônio de Afetação". As vedações devem ser verificadas em cada lei autorizadora de parcelamento. Os parcelamentos especiais contêm suas próprias regras, inclusive quanto às vedações.

Há, ainda, uma limitação temporal de nível constitucional. Com a Reforma da Previdência, alterou-se a redação do § 11 do art. 195 da Constituição para dele fazer constar a proibição de parcelamento superior a sessenta meses das contribuições previdenciárias patronais e dos empregados. Vejamos o seu texto, com a redação que lhe foi atribuída pelas EC 20/98 e 103/2019:

> Art. 195. A seguridade social será financiada por toda a sociedade, de forma direta e indireta, nos termos da lei, mediante recursos provenientes dos orçamentos da União, dos Estados, do Distrito Federal e dos Municípios, e das seguintes contribuições sociais:
>
> I – do empregador, da empresa e da entidade a ela equiparada na forma da lei, incidentes sobre:
>
> a) a folha de salários e demais rendimentos do trabalho pagos ou creditados, a qualquer título, à pessoa física que lhe preste serviço, mesmo sem vínculo empregatício;
>
> [...]

II – do trabalhador e dos demais segurados da previdência social, podendo ser adotadas alíquotas progressivas de acordo com o valor do salário de contribuição, não incidindo contribuição sobre aposentadoria e pensão concedidas pelo Regime Geral de Previdência Social;

[...]

§ 11. São vedados a moratória e o parcelamento em prazo superior a 60 (sessenta) meses e, na forma de lei complementar, a remissão e a anistia das contribuições sociais de que tratam a alínea *a* do inciso I e o inciso II do *caput*. (Redação dada pela Emenda Constitucional n. 103, de 2019)

Pois bem, concluído o processo administrativo-fiscal e ainda que oferecida a denúncia, o réu ainda tem a oportunidade de suspender a punibilidade pelo parcelamento quando a lei tributária o admite. Mas tem de fazê-lo logo, antes do recebimento da denúncia pelo magistrado, nos termos do art. 6º da Lei n. 12.382/2011. Efetivamente, o efeito suspensivo só ocorre quando o parcelamento for "formalizado antes do recebimento da denúncia criminal", conforme dispõe o art. 83, § 2º, da Lei n. 9.430/96, com a redação da Lei n. 12.382/2011, já transcrito. O STF chancela essa condição ao reiterar seu entendimento de que, "à luz do disposto no art. 83, § 2º da Lei n. 12.382/2011, para que seja suspensa a pretensão punitiva do Estado, é necessário que o pedido de parcelamento tenha sido formalizado antes do recebimento da denúncia"[6].

Se forem pagas todas as parcelas, satisfazendo integralmente o crédito tributário, inclusive acessórios, extingue-se a punibilidade, nos termos do § 4º do já referido art. 83 da Lei n. 9.430/96, acrescido pela Lei n. 12.832/2011[7]. Cabe ao agente, assim, aproveitar a oportunidade do parcelamento e levá-la a sério, cumprindo-o até o final, com o que se verá livre da persecução penal.

A Lei n. 9.964/2000, instituidora do Programa de Recuperação Fiscal que se costumou denominar de Refis, determinou a suspensão da punibilidade enquanto a pessoa jurídica relacionada com o agente estiver incluída em tal parcelamento, "desde que a inclusão no referido Programa tenha ocorrido antes do recebimento da denúncia criminal". É o que dispõe seu art. 15, cujo § 3º também diz da extinção da punibilidade quando efetuado o pagamento integral dos débitos parcelados:

Art. 15. É suspensa a pretensão punitiva do Estado, referente aos crimes previstos nos arts. 1º e 2º da Lei n. 8.137, de 27 de dezembro de 1990, e no art. 95 da Lei n. 8.212, de 24 de julho de 1991, durante o período em que a pessoa jurídica relacionada com

---

6. STF, HC 202686, 2021.
7. Lei n. 9.430/96, art. 83, acrescido pela Lei n. 12.832/2011: "§ 4º Extingue-se a punibilidade dos crimes referidos no *caput* quando a pessoa física ou a pessoa jurídica relacionada com o agente efetuar o pagamento integral dos débitos oriundos de tributos, inclusive acessórios, que tiverem sido objeto de concessão de parcelamento".

o agente dos aludidos crimes estiver incluída no Refis, desde que a inclusão no referido Programa tenha ocorrido antes do recebimento da denúncia criminal.

§ 1º A prescrição criminal não corre durante o período de suspensão da pretensão punitiva.

§ 2º O disposto neste artigo aplica-se, também:

I – a programas de recuperação fiscal instituídos pelos Estados, pelo Distrito Federal e pelos Municípios, que adotem, no que couber, normas estabelecidas nesta Lei;

II – aos parcelamentos referidos nos arts. 12 e 13.

§ 3º Extingue-se a punibilidade dos crimes referidos neste artigo quando a pessoa jurídica relacionada com o agente efetuar o pagamento integral dos débitos oriundos de tributos e contribuições sociais, inclusive acessórios, que tiverem sido objeto de concessão de parcelamento antes do recebimento da denúncia criminal.

O condicionamento cronológico do efeito suspensivo ao parcelamento, limitado aos parcelamentos anteriores ao recebimento da denúncia criminal, foi chancelado pelo STJ. Decidiu a Corte que, "para a suspensão da pretensão punitiva do Estado, a Lei n. 9.964/2000, em seu art. 15, exige que a empresa jurídica devedora tenha sido incluída no Refis antes do recebimento da denúncia"[8]. Forte nessa premissa, afastou a pretensão suspensiva em outro caso, afirmando: "a adesão foi posterior ao recebimento da denúncia, razão pela qual não incide sobre a espécie a benesse legal instituída, sem qualquer mácula ao princípio da igualdade"[9].

Três anos depois, novo parcelamento especial foi instituído, desta feita, pela Lei n. 10.684/2003. Denominado de Paes (Plano de Parcelamento Especial) e, por alguns, de Refis II, seu art. 9º estabeleceu a suspensão da pretensão punitiva quanto aos crimes tributários enquanto a pessoa jurídica estivesse incluída no parcelamento, sem condicionamento temporal, ou seja, independentemente de já haver persecução penal correlata.

Art. 9º É suspensa a pretensão punitiva do Estado, referente aos crimes previstos nos arts. 1º e 2º da Lei n. 8.137, de 27 de dezembro de 1990, e nos arts. 168-A e 337-A do Decreto-Lei n. 2.848, de 7 de dezembro de 1940 – Código Penal, durante o período em que a pessoa jurídica relacionada com o agente dos aludidos crimes estiver incluída no regime de parcelamento.

§ 1º A prescrição criminal não corre durante o período de suspensão da pretensão punitiva.

§ 2º Extingue-se a punibilidade dos crimes referidos neste artigo quando a pessoa jurídica relacionada com o agente efetuar o pagamento integral dos débitos oriundos de tributos e contribuições sociais, inclusive acessórios.

---

8. STJ, RHC 11210, 2002.
9. STJ, RHC 13.806/CE, 2004.

Conforme também destaca GUZELLA[10], QUEIROZ defendeu que se tratava de norma ampla que deveria viger como norma geral[11], em detrimento do art. 34 da Lei n. 9.249/95.

A Lei n. 11.941/2009, que instituiu parcelamento especial de dívidas tributárias federais, estabelece que a pessoa física responsabilizada pelo não pagamento pode parcelar o débito nas mesmas condições permitidas à pessoa jurídica (art. 1º, § 15). Seu art. 68 dispõe:

> Art. 68. É suspensa a pretensão punitiva do Estado, referente aos crimes previstos nos arts. 1º e 2º da Lei n. 8.137, de 27 de dezembro de 1990, e nos arts. 168-A e 337-A do Decreto-Lei n. 2.848, de 7 de dezembro de 1940 – Código Penal, limitada a suspensão aos débitos que tiverem sido objeto de concessão de parcelamento, enquanto não forem rescindidos os parcelamentos de que tratam os arts. 1º a 3º desta Lei, observado o disposto no art. 69 desta Lei.
> Parágrafo único. A prescrição criminal não corre durante o período de suspensão da pretensão punitiva.

Estabelece, ainda, que, concedidos os parcelamentos a que se refere, fica suspensa a exigibilidade "enquanto não forem rescindidos os parcelamentos" (art. 68), sendo certo que a rescisão ocorre com a comunicação ao sujeito passivo em face de três parcelas em aberto, consecutivas ou não, ou da única que tenha ficado em aberto ao final do parcelamento (art. 1º, § 9º). Lembre-se que a adesão a tal parcelamento especial, conhecido como parcelamento da crise, foi reaberta até 31 de dezembro de 2013 pela Lei n. 12.865/2013. Para BALTAZAR JUNIOR, nos regimes do art. 9º da Lei n. 10.684/2003 e do art. 69 da Lei n. 11.941/2009, não há o condicionamento temporal[12]. O art. 69, diga-se, também estabelece a extinção da punibilidade por força do pagamento integral do parcelamento que instituiu:

> Art. 69. Extingue-se a punibilidade dos crimes referidos no art. 68 quando a pessoa jurídica relacionada com o agente efetuar o pagamento integral dos débitos oriundos de tributos e contribuições sociais, inclusive acessórios, que tiverem sido objeto de concessão de parcelamento.

---

10. GUZELLA, Tathiana Laíz. *Crimes tributários*: aspectos e crítica. Curitiba: Juruá, 2011, p. 128.
11. QUEIROZ, Rafael Mafei Rabelo. Extinção da punibilidade e suspensão da pretensão punitiva nos crimes contra a ordem tributária: os efeitos penais do pagamento e do parcelamento. *In*: TANGERINO, Davi de Paiva Costa; GARCIA, Denise Nunces (coord.). *Direito penal tribut*ário. São Paulo: Quartier Latin, 2007, p. 146.
12. BALTAZAR JUNIOR, José Paulo. Crimes tributários: novo regime de extinção de punibilidade pelo pagamento – Lei n. 12.382/2011, art. 6º. *Estado de Direito*, n. 31, 2011, p. 9.

Parágrafo único. Na hipótese de pagamento efetuado pela pessoa física prevista no § 15 do art. 1º desta Lei, a extinção da punibilidade ocorrerá com o pagamento integral dos valores correspondentes à ação penal.

Em 2017, através da MP 766/2017, foi instituído novo parcelamento, denominado Programa de Regularização Tributária (PRT). Ensejou o parcelamento de dívidas vencidas até 30 de novembro de 2016, de pessoas físicas ou jurídicas, inclusive com utilização de créditos, prejuízo fiscal e base de cálculo negativa de contribuição sobre o lucro. Permitiu o pagamento em até 120 meses, de modo escalonado, começando com parcelas de 0,5% da dívida. Permite acumular esse parcelamento com parcelamentos anteriores, ou fazer a migração de outro para o atual. A adesão ao parcelamento implica confissão de dívida irrevogável e irretratável. Enquanto não consolidada a dívida, o contribuinte deve calcular o montante do débito objeto do parcelamento e recolher o valor à vista e o valor mensal proporcional ao número de parcelas pretendidas. Para o parcelamento de débitos em discussão administrativa ou judicial, exige-se a desistência das impugnações e recursos administrativos e das ações judiciais, com renúncia a direito, sendo que eventuais depósitos devem ser transformados em pagamento definitivo ou convertidos em renda. Ainda em 2017, com a MP 783/2017, convertida na Lei n. 13.496/2016, sobreveio o Programa Especial de Regularização Tributária (Pert), alcançando débitos vencidos até 30 de abril de 2017.

A LC n. 162/2018 instituiu o Programa Especial de Regularização Tributária das Microempresas e Empresas de Pequeno Porte optantes pelo Simples Nacional (Pert-SN), prevendo o pagamento. Estabeleceu-o em caráter exclusivo, com desistência compulsória e definitiva de eventual parcelamento anterior. Previu o pagamento de 5% da dívida em até cinco parcelas mensais sucessivas e o restante em parcela única com desconto de 90% dos juros, de 70% das multas e de 100% dos encargos legais e honorários advocatícios, ou parcelado em até 145 parcelas com redução de 80% dos juros, 50% das multas e 100% dos encargos legais e honorários advocatícios. Estabeleceu o valor mínimo das prestações em R$ 300,00, exceto no caso dos Microempreendedores Individuais (MEIs), cujo valor mínimo foi definido pelo Comitê Gestor do Simples Nacional (CGSN). As parcelas são atualizadas pela Selic. Foi dado o prazo de noventa dias para a adesão, mas a LC n. 168/2019 reabriu o prazo por trinta dias para que as empresas excluídas do Simples Nacional em janeiro de 2018 pudessem aderir e retornar ao regime retroativamente a tal data.

Considerando que a lei estabelece, como regra geral, a possibilidade de suspensão da punibilidade pelo parcelamento do débito tributário ocorrido antes do recebimento da denúncia, importa analisarmos quando, exatamente, isso se configura.

A Lei n. 11.719/2008 impôs inúmeras alterações no Capítulo do Código de Processo Penal (CPP) relativo à Instrução Criminal e que disciplina, inclusive, o recebimento da denúncia. Por força dessas alterações, surgiu a possibilidade de interpretação no sentido de que o recebimento da denúncia teria passado a ocorrer em duas fases. Conforme o CPP, oferecida a denúncia, o juiz, se não a rejeitar liminarmente, recebê-la-á e ordenará a citação do acusado (art. 396). Apresentada resposta à acusação pelo acusado (art. 396-A), o juiz pode absolvê-lo sumariamente (art. 397) ou, recebida a denúncia, designar audiência (art. 399). As duas referências ao recebimento da denúncia, em momentos e artigos distintos, têm fundamentado o entendimento de que teria passado a ser um ato complexo. BALTAZAR JUNIOR entende que "recebimento da denúncia a que se refere o dispositivo é aquele constante da decisão judicial que recebe a denúncia (art. 339 do CPP), após a resposta do denunciado (arts. 396 e 396-A do CPP) e não a do oferecimento da denúncia mediante 'protocolização' na Vara Criminal ou distribuição", de modo que o "denunciado poderá [...] requerer o parcelamento no prazo para resposta"[13]. Há, também, acórdão da 5ª Turma do TRF3 nesse sentido: "*HABEAS CORPUS*. DIREITO PENAL E PROCESSUAL PENAL. CRIME CONTRA A ORDEM TRIBUTÁRIA. INÉPCIA DA INICIAL NÃO VERIFICADA. PARCELAMENTO. RECEBIMENTO DA DENÚNCIA. TRANCAMENTO DA AÇÃO PENAL. PRINCÍPIO FAVOR REI. ORDEM CONCEDIDA. 1. Satisfeitos os requisitos previstos pelo art. 41 do Código de Processo Penal, apresentando-se o fato criminoso com todas as suas circunstâncias, a qualificação do agente e demonstração da materialidade delitiva, não há falar em inépcia da denúncia. 2. O art. 6º da Lei n. 12.382/2011, que deu nova redação ao art. 83 da Lei n. 9.430/96, possibilita a suspensão da pretensão punitiva do Estado, quanto à prática de crimes tributários, durante o período em que a pessoa física e/ou jurídica relacionada ao agente de aludidos crimes estiver incluída no parcelamento, desde que formalizado antes do recebimento da denúncia. 3. O recebimento da denúncia, com as alterações veiculadas pela Lei n. 11.719/2008 no processo penal passou a ser exercido em duas fases distintas, a saber: tão logo oferecida a denúncia, na forma do art. 396, do Código Penal e, após a citação e o oferecimento de defesa prévia que dá início à fase instrutória do processo (arts. 397 e 399, do Código de Processo Penal). 4. O recebimento da denúncia em momentos distintos enseja dúvida quanto ao momento crucial de admissão do parcelamento para o efeito de suspender da ação penal, de modo que a solução deve recair em favor dos réus. 5. É razoável admitir a tese do exame duplo da admissibilidade da inicial acusatória, nos delitos que envolvem a sonegação de tributos para os casos, não incomuns, de alteração do quadro societário, permitindo-se, assim, que os indivíduos que se retiraram da empresa e, que desconhecem o procedimento fiscal instaurado, possam buscar o benefício do parcelamento, inclusive para aproveitar a suspensão da ação penal. 6. Ordem concedida" (TRF3, 5ª Turma, HC 5004647-30.2020.4.03.0000, Des. Fed. Maurício Kato, fev. 2020). Vejamos o voto no ponto: "Ocorre que, como destacado pelos impetrantes, com as alterações veiculadas pela Lei n. 11.719/2008 no processo penal, o ato

---

13. BALTAZAR JUNIOR, José Paulo. Crimes tributários: novo regime de extinção de punibilidade pelo pagamento – Lei n. 12.382/2011, art. 6º. *Estado de Direito*, n. 31, 2011, p. 9.

de recebimento da denúncia passou a ser exercido em duas fases distintas, a saber: tão logo oferecida a denúncia, cabe ao juízo penal exercer um primeiro exame sobre as condições da ação, na forma do art. 396, do Código Penal, e, após a citação e o oferecimento de defesa prévia, renovar-se-ia a análise pela autoridade judicial, agora sob o influxo das hipóteses de absolvição sumária que, se superada, dá início à fase instrutória do processo (arts. 397 e 399, do Código de Processo Penal). A menção dupla ao 'recebimento da denúncia', em momentos diferentes, pelo Código de Processo Penal, pode ser atribuída à má técnica legislativa e dá azo a divergências doutrinária e jurisprudencial, mas que não pode ser tratada no caso concreto de forma casuística. Aqui, considerando que na atual sistemática do processo penal o juízo, antes da instrução, analisa a inicial acusatória sob aspectos diversos e em momentos temporais diferentes, entendo que a aplicação da regra do § 2º do art. 83 da Lei n. 9.430/96 enseja dúvida quanto ao momento crucial de admissão do parcelamento para o efeito de suspender da ação penal e, portanto, me parece que a solução deve recair em favor dos réus, principalmente porque é incontroverso que a adesão e consolidação do benefício fiscal ocorreram entre o primeiro recebimento da denúncia e o juízo que analisou as respostas à acusação. De outra banda, a benesse disciplinada pelo § 2º do art. 83 da Lei n. 9.430/96 pode ser compreendida como expressão de uma política criminal comprometida com a redução da punibilidade dos agentes envolvidos com delitos de sonegação fiscal, os quais estariam mais relacionados ao interesse estatal de se garantir a arrecadação tributária que com a punição dos seus autores. Nesse contexto, tratando-se de delitos que envolvem atos administrativos, contábeis e fiscais praticados na esfera da pessoa jurídica, de responsabilidade subjetiva de seus sócios, gerentes e administradores, é razoável admitir a tese do ato complexo para os casos não incomuns de alteração do quadro societário, permitindo-se, assim, que os indivíduos que se retiraram da empresa e que desconhecem o procedimento fiscal instaurado possam buscar o benefício do parcelamento, inclusive para aproveitar a suspensão da ação penal, e essa possibilidade só está aberta após o conhecimento dos termos da denúncia".

Porém, não é esse o melhor entendimento. O recebimento da denúncia, seja como referência para a suspensão da punibilidade de que ora se trata, seja para a interrupção do prazo prescricional[14], dá-se quando, nos termos do art. 396 do CPP, oferecida a

---

14. "Após a reforma legislativa operada pela Lei n. 11.719/2008, o momento adequado ao recebimento da denúncia é o imediato ao oferecimento da acusação e anterior à apresentação de resposta à acusação, nos termos do art. 396 do Código de Processo Penal, razão pela qual tem-se como este o marco interruptivo prescricional previsto no art. 117, inciso I, do Código Penal para efeitos de contagem do lapso temporal da prescrição da pretensão punitiva estatal. 2. Considerando-se que os fatos narrados na denúncia ocorreram em 29-12-1996 e que o momento adequado ao recebimento da peça vestibular é o preconizado no art. 396 do Código de Processo Penal – após o oferecimento da acusação –, o qual, *in casu*, se deu em 6-6-2008, e estando o paciente incurso nas sanções do art. 171, § 2º, I, do Código Penal, cuja pena máxima

denúncia, o juiz, verificando não ser o caso de rejeitá-la liminarmente, a recebe e ordena a citação. Ou seja, o recebimento ou não da denúncia, em regra, ocorre já no primeiro contato do magistrado com ela. Nem se submete alguém à citação na ação penal se a denúncia não for apta. E o fato de o juiz poder realizar a absolvição sumária, conforme o art. 397 do CPP, não contradiz essa orientação. O juiz procede à absolvição sumária, à vista da resposta à acusação, quando verifica a existência manifesta de causa excludente da ilicitude do fato ou da culpabilidade do agente, que o fato narrado evidentemente não constitui crime ou que resta extinta a punibilidade do agente. Recebida a denúncia e absolvido sumariamente o réu, o feito simplesmente prosseguirá com a designação de dia e hora para a audiência, nos termos do art. 339. Nesse sentido, veja-se também a lição de PACELLI:

> E quanto ao recebimento da acusação? De tão simples o texto e a história de sua produção, sequer mereceria menção a tese – rechaçada por todos os cantos! – de duplo recebimento da denúncia (art. 396 e art. 399 do CPP). Mas, em homenagem aos seus ilustres autores, deixamos uma palavra. Não há no texto constitucional qualquer exigência de ampla defesa antes da ação penal. Aliás, como vimos no exame do sistema acusatório, a característica essencial desse sistema processual, ao lado da atribuição a órgãos diferentes das funções de acusar e de julgar, é o início da fase processual a partir justamente do ingresso da jurisdição após o oferecimento da peça acusatória. Nada impede, portanto, que se ouça a defesa antes do recebimento da acusação. No entanto, nada há que obrigue o legislador a assim se conduzir. E o que houve foi exatamente isso. A redação original do anteprojeto que culminou na Lei n. 11.719/2008 tratava a matéria de modo diferente. Previa que o recebimento da denúncia somente se daria após a apresentação da resposta escrita. No entanto, o legislador brasileiro assim não quis. Preferiu manter a regra do recebimento prévio. Não seguiu o melhor caminho, como até nos parece, mas prerrogativa constitucional para fazê-lo ele tinha. E fê-lo, para usar linguagem então escolhida: "o juiz, recebê--la-á e ordenará a citação do acusado", com todas as letras. Não há de causar perplexidade a expressão recebida a denúncia [...] constante do art. 399 do CPP. Ali, cuida--se apenas de retomar o discurso procedimental para afirmar que, não sendo o caso de absolvição sumária (art. 397 do CPP), o juiz designaria a audiência de instrução. Nada mais. É nesse sentido a decisão do Superior Tribunal de Justiça: STJ, HC 138.089-SC, 5ª Turma, rel. min. Félix Fischer, março de 2010[15].

Alhures, PACELLI e FISCHER destacam:

....

> in abstrato prevista é de 5 (cinco) anos, a prescrição somente ocorreria após decorridos 12 (doze) anos, observado o disposto no art. 109, III, daquele Estatuto Repressivo, prazo que não transcorreu, tendo em vista a interrupção do lapso prescricional com o recebimento da denúncia. 3. Ordem denegada" (STJ, HC 144.104/SP, 2010).

15. PACELLI, Eugênio. *Curso de processo penal*. 18. ed. rev. e ampl. São Paulo: Atlas, 2014, p. 685.

[...] a razão nos parece óbvia por duas circunstâncias essenciais. A primeira: o art. 396 do CPP expressamente fala que, nas hipóteses dos procedimentos ordinário e sumário, se não rejeitada a denúncia o juiz "recebê-la-á e ordenará a citação do acusado para responder à acusação, por escrito, no praz de 10 (dez) dias". Adotados os trâmites a seguir previstos (arts. 396-A e 397 do CPP), há se compreender a redação do art. 399 do CPP no sentido de que (já) recebida a denúncia (art. 396 do CPP), aí então (agora) o juiz "designará dia e hora pra a audiência, ordenando a intimação do acusado, de seu defensor, do Ministério Público e, se for o caso, do querelante e do assistente" (FISCHER, Douglas et al. *Reformas do processo penal*. 2. ed. Porto Alegre: Verbo Jurídico, 2009). Também assentamos explicitamente (PACELLI, Eugênio. *Curso de processo penal*. 20. ed., p. 687) que "não rejeitada a peça acusatória, deve o juiz recebê-la, determinando, em seguida, a citação do acusado para responder à acusação por escrito [...]". Na mesma senda, é o escólio de Andrey Borges de MENDONÇA (*Nova reforma do Código de Processo Penal*. São Paulo: Método, 2008, p. 264-265), para quem o art. 363 do CPP (na redação também da reforma havida) estipulou de forma bastante explícita que o processo terá completada a sua formação quando realizada a citação do acusado. Assim, adiciona, se o juiz determinou que a citação devesse ocorrer, é porque não verificou hipótese de indeferimento liminar da peça acusatória. E o recebimento da peça acusatória é imperativo, salvo se não for situação do indeferimento liminar. Por fim, e em complemento, somente se poderá cogitar da absolvição sumária (art. 397 do CPP) se regularmente instaurada a ação penal. Assim, é pressuposto da angularização processual (inclusive posterior citação) o (já) recebimento da denúncia. [...] Se fosse plausível a tese de que o recebimento da denúncia se dá na fase do art. 399, CPP, o juiz não deveria determinar a intimação, mas sim a citação"[16].

Enfim, o parcelamento formalizado antes do recebimento da denúncia suspende a punibilidade referente aos crimes praticados por particular contra a ordem tributária pelo período que durar. Há casos em que a lei regula a exclusão do regime de parcelamento, o que só se dará pelo procedimento e forma previstos; noutros casos, não há disciplina de exclusão, de modo que a insubsistência do parcelamento decorrerá, automaticamente, do inadimplemento das prestações.

A suspensão da punibilidade estender-se-á pelo período de suspensão da exigibilidade pelo parcelamento. Assim, "na hipótese de inadimplência de parcelamento fiscal, o prazo da prescrição da pretensão punitiva estatal relacionada a crime tributário material volta a correr no momento da exclusão formal do contribuinte do programa"[17]. Nem todo regime de parcelamento tributário, porém, prevê um ato formal de exclusão, de modo que, não havendo forma especial, se terá por ocorrida a exclusão automaticamente,

---

16. PACELLI, Eugênio; FISCHER, Douglas. *Comentários ao Código de Processo Penal e sua jurisprudência*. 11. ed. São Paulo: Atlas, 2019, p. 942.
17. STJ, AgRg no REsp n. 1.963.725, 2022.

por ocasião do próprio inadimplemento, retomando-se a exigibilidade do crédito e a punibilidade a partir de então.

90. Suspensão da punibilidade como decorrência de outras causas suspensivas da exigibilidade do crédito tributário

A suspensão da punibilidade dos crimes contra a ordem tributária em função do parcelamento, determinada pelo art. 83, § 2º, da Lei n. 9.430/96, suscita o seguinte questionamento: sendo o parcelamento uma causa de suspensão da exigibilidade do crédito tributário, prevista no art. 151, VI, do CTN, as demais causas suspensivas da exigibilidade, previstas nos outros incisos do mesmo artigo da lei geral tributária, também suspendem a punibilidade dos crimes tributários?

Vejamos quais são as causas suspensivas e quais os efeitos da suspensão.

O art. 151 do CTN regula a suspensão da exigibilidade do crédito tributário. Arrola hipóteses em que o Fisco fica impedido de exigir a sua satisfação e, mesmo, de tomar qualquer medida com vista a constranger o contribuinte ao pagamento:

> Art. 151. Suspendem a exigibilidade do crédito tributário:
>
> I – moratória;
>
> II – o depósito do seu montante integral;
>
> III – as reclamações e os recursos, nos termos das leis reguladoras do processo tributário administrativo;
>
> IV – a concessão de medida liminar em mandado de segurança;
>
> V – a concessão de medida liminar ou de tutela antecipada, em outras espécies de ação judicial;
>
> VI – o parcelamento.

Para SCHMIDT, "as causas de suspensão da exigibilidade do crédito tributário têm reflexos muito maiores no direito processual penal do que, propriamente, no direito penal, sendo isso, também, uma decorrência da unidade do ilícito. Os casos de suspensão da exigibilidade do crédito, arrolados no art. 151 do CTN, têm seu fundamento na possibilidade de esta causa suspensiva transformar-se em causa extintiva deste mesmo crédito. Uma execução fiscal não pode ser proposta, p. ex., no caso de o contribuinte inadimplente ter efetuado o depósito judicial dos valores discutidos pela simples razão de o crédito tributário estar devidamente garantido? Se o Fisco vencer a demanda judicial a respeito destes valores, então o depósito será convertido em renda, decretando-se a extinção do crédito tributário com a consequente eliminação do ilícito fiscal". E arremata: "O efeito processual penal de uma das causas arroladas no art. 151 do CTN é, nos limites materiais de política criminal previstos em lei, o impedimento do curso da ação penal, tendo em vista a prejudicialidade da questão a ser dirimida em outro processo (judicial ou administrativo)"[18]. XAVIER, por sua vez, entende que "o art. 151 do CTN é capaz de apresentar *de lege lata* todas as hipóteses em que a paralisação da demanda criminal mostrar-se-á justificada"[19].

Se relermos com atenção essas hipóteses suspensivas estabelecidas pelo art. 151, veremos que podem ser assim sintetizadas:

a) *foi dado prazo para pagamento* do tributo ou penalidade, seja por força de moratória ou de parcelamento concedido ao contribuinte (incisos I e VI);

b) *há incerteza quanto à existência do crédito*, colocado em dúvida por impugnação, manifestação de inconformidade ou recurso ainda não definitivamente julgados na esfera administrativa, ou suspenso por decisão judicial que tenha reconhecido a relevância ou verossimilhança dos argumentos do sujeito passivo em ação por este ajuizada (incisos III, IV e V); ou

c) *o crédito está garantido* por depósito em dinheiro (inciso II), cuja liquidez é plena e o destino sujeito, apenas, à solução final do processo judicial a que estiver vinculado.

As causas suspensivas da exigibilidade do crédito tributário, conforme expressamente o estabelece o art. 151 do CTN, são *numerus clausus*, ou seja, limitam-se aos casos previstos no próprio Código, fora dos quais não podem ser dispensados, "sob pena de responsabilidade funcional".

Vejamos seus efeitos. A suspensão da exigibilidade do crédito tributário, por quaisquer das hipóteses do art. 151 do CTN, impede que o Fisco cobre o respectivo montante do contribuinte e que o considere como simples inadimplente.

Algumas causas suspensivas podem ocorrer antes mesmo da formalização do crédito tributário. Exemplo é a liminar em mandado de segurança preventivo ajuizado pelo contribuinte, que determina ao Fisco que se abstenha de exigir determinado tributo cujo vencimento está por ocorrer e que, portanto, ainda não foi sequer objeto de lançamento ou de declaração do contribuinte. Em casos como esse, o que ocorre, a rigor, não é a suspensão da exigibilidade do crédito, pois ainda não há crédito exigível. O efeito será de obstar a exigibilidade do crédito que venha a ser constituído. Aliás, é importante saber que a ocorrência das hipóteses previstas no art. 151 não impede o lançamento nem interfere no prazo decadencial que continua a correr normalmente. Mas, se e quando ocorrer o lançamento, a constituição do crédito tributário será desprovida de exigibilidade enquanto perdurar a causa suspensiva.

....

18. SCHMIDT, Andrei Zenkner. *Exclusão da punibilidade em crimes de sonegação fiscal*. Rio de Janeiro: Lumen Juris, 2003, p. 183.

19. XAVIER, Leonardo Ventimiglia. *Direito sancionador tributário*: a necessária sistematização do direito de punir infrações tributárias. Dissertação de Mestrado sob a orientação do Prof. Dr. Luiz Felipe Silveira Difini. Porto Alegre: UFRGS, 2017, p. 229.

Mais comum é que as hipóteses do art. 151 do CTN ocorram após a constituição do crédito tributário e em face, portanto, de crédito exigível. Daí falar-se no seu efeito suspensivo da exigibilidade. Aliás, algumas das causas suspensivas só podem ocorrer nesse momento, como é o caso das impugnações e recursos administrativos que constituem instrumentos de defesa contra um lançamento. Por certo que, tendo ocorrido o lançamento ou tendo sido apresentada declaração com o reconhecimento do débito, o crédito tributário estará formalmente constituído e sua existência não poderá ser desconsiderada. Mas, sobrevindo causa suspensiva da exigibilidade, o Fisco já não poderá considerar que o contribuinte esteja em situação irregular.

A suspensão da exigibilidade impede o Fisco de realizar a cobrança do crédito, seja administrativa ou judicial.

Suspensa a exigibilidade, não pode o Fisco proceder à compensação de ofício do crédito tributário com eventuais valores que o contribuinte tenha direito a repetir. A compensação pressupõe créditos e débitos recíprocos revestidos de certeza, liquidez e exigibilidade e só pode ser realizada, em matéria tributária, com autorização legal específica.

Com a suspensão, já não poderá o Fisco, diga-se, enviar ao contribuinte avisos de cobrança, tampouco poderá ajuizar execução fiscal[20]. Note-se que esta pressupõe título certo, líquido e exigível[21]. Somente a Certidão de Dívida Ativa (CDA) relativa a crédito exigível é que habilita o credor ao ajuizamento de execução fiscal e, se já ajuizada, a prosseguir com a execução. Se a causa suspensiva ocorre antes do ajuizamento da execução, deve ela ser extinta porque não havia título exigível a ampará-la. Mas "a suspensão da exigibilidade do crédito tributário, perfectibilizada após a propositura da execução fiscal, ostenta o condão somente de obstar o curso do feito executivo, e não de extingui-lo", de modo que a execução ficará suspensa[22]. Em contrapartida, o prazo prescricional (art. 174 do CTN) fica igualmente suspenso, porquanto é o prazo de que dispõe o Fisco para a cobrança, só correndo quando lhe é permitido agir no sentido de buscar a satisfação do seu crédito[23].

Assim como não pode cobrar o crédito tributário com exigibilidade suspensa, também não pode o Fisco, nessas circunstâncias, inscrever o contribuinte no Cadin (Cadastro Informativo dos Créditos não Quitados de Órgãos e Entidades Federais). Ademais, o art. 7º, II, da Lei n. 10.522/2002 estabelece: "Será suspenso o registro no Cadin quando o devedor comprove que [...] esteja suspensa a exigibilidade do crédito

---

20. STJ, AgRg no AREsp 740652, 2016.
21. "É vedado o ajuizamento de execução fiscal em face do contribuinte antes do julgamento definitivo do competente recurso administrativo" (STJ, AgRg no AREsp 170309, 2012).
22. STJ, EDcl no REsp 1153771, 2012.
23. STJ, REsp 542.975, 2006.

objeto do registro". Ou seja, a suspensão da exigibilidade impede a inscrição no Cadin ou, quando ocorra relativamente a crédito já inscrito, suspende o registro.

Outro efeito importantíssimo da suspensão da exigibilidade do crédito tributário é ensejar ao contribuinte a obtenção de certidão positiva de débitos com efeitos de negativa (art. 206 do CTN). O crédito tributário, embora constituído, não pode ser oposto ao contribuinte para restringir seus direitos e prerrogativas quando esteja desprovido de exigibilidade. Daí atribuir-se à certidão positiva, nesses casos, efeitos de negativa. Enfim, com a suspensão da exigibilidade do crédito tributário, o contribuinte retoma a posição de regularidade fiscal.

A posição de regularidade do crédito que enseja ao contribuinte agir sem qualquer restrição – inclusive no que diz respeito às contratações com o Poder Público e ao gozo de incentivos e benefícios fiscais ou creditícios – e que impede o Fisco de buscar a satisfação do crédito colocado em dúvida por decisão judicial favorável ao contribuinte ou garantido por depósito integral e em dinheiro é incompatível com o início ou o prosseguimento da persecução penal contra o contribuinte. Conforme XAVIER, "o depósito integral do débito no bojo da discussão judicial travada acerca do crédito tributário na esfera cível afasta por completo qualquer risco de lesão ao bem jurídico tutelado pelas normas sancionadoras tributárias de matriz penal"[24].

Vale considerar que a Súmula Vinculante 24 do STF exige a constituição definitiva do crédito tributário justamente para que se esteja frente a um crédito firme quanto à sua existência e exigibilidade. Restando a exigibilidade suspensa, essa suspensão estende seus efeitos à punibilidade do suposto crime tributário, devendo-se impedir ou suspender a ação penal respectiva. É uma questão de coerência sistêmica. Os ramos do direito são autônomos, mas o direito penal, no ponto, é um direito de sobreposição, pressupondo a higidez do crédito tributário. Desse modo, recebe os influxos do direito tributário.

91. Suspensão da punibilidade pela moratória

As causas suspensivas da exigibilidade do crédito tributário que implicam a outorga de um novo prazo para pagamento são a moratória e o parcelamento.

O entendimento que sempre prevaleceu nos tribunais é no sentido de que a moratória é prorrogação do prazo para pagamento, com ou sem parcelamento. Efetivamente, antes mesmo de a LC n. 104/2001 acrescentar o parcelamento como causa suspensiva do crédito tributário, agregando o inciso VI ao art. 151 do CTN, a jurisprudência já lhe reconhecia tal efeito com fundamento, justamente, o inciso I do mesmo artigo, que

---

24. XAVIER, Leonardo Ventimiglia. *Direito sancionador tributário*: a necessária sistematização do direito de punir infrações tributárias. Dissertação de Mestrado sob a orientação do Prof. Dr. Luiz Felipe Silveira Difini. Porto Alegre: UFRGS, 2017, p. 227.

refere a moratória. Perceba-se, ainda, que o parcelamento tem suas normas gerais ditadas pelo art. 155-A do CTN, que integra seção sob a rubrica "Moratória"; nessa seção, os arts. 152 a 155 cuidam da moratória em sentido estrito, e o art. 155-A cuida do parcelamento, sendo que, nos termos do seu § 2º, aplicam-se ao parcelamento, subsidiariamente, as disposições comuns relativas à moratória.

O parcelamento, como se viu no item próprio, por força de lei, suspende a punibilidade do crime contra a ordem tributária quando ocorre antes do oferecimento da denúncia. Constitui, ele, um compromisso do sujeito passivo em direção à satisfação do crédito tributário acompanhado de ações atuais de adimplemento das parcelas. Desse modo, no parcelamento, o dano causado pela conduta criminosa vai, mês a mês, sendo recomposto. Parte de uma confissão de dívida, ou seja, de um reconhecimento da infração, e segue com o pagamento da totalidade do crédito tributário, incluídos juros e multa, com o que a própria penalidade administrativo-tributária é reconhecida e satisfeita. O legislador enseja ao contribuinte o pagamento parcelado, ou seja, prazo para a satisfação integral do crédito tributário, e ele aproveita a oportunidade aderindo às condições legalmente estabelecidas.

Após a alteração do art. 151 do CTN, pode-se afirmar que a moratória em sentido estrito é prorrogação do prazo de vencimento do tributo, sem parcelamento.

Por ocasião da pandemia do coronavírus, Covid-19, por exemplo, a IN RFB n. 1.930/2020 alterou a IN RFB n. 1.924/2010 que dispunha dispõe sobre a apresentação da Declaração de Ajuste Anual do Imposto sobre a Renda da Pessoa Física referente ao exercício de 2020, ano-calendário de 2019, pela pessoa física residente no Brasil, mexendo na redação do seu art. 7º de modo que o prazo para apresentação da Declaração de Ajuste anual fosse ampliado do dia 30 de abril para o dia 30 de junho. Mas, note-se, nesses casos ainda não haveria que se falar na punibilidade de nenhum crime relacionado ao imposto de renda daquele exercício ainda em curso, seja porque aberto o prazo para que o contribuinte prestasse contas ao Fisco apresentando sua declaração de ajuste e efetuando o pagamento do montante devido, seja porque sequer constituídos os créditos tributários relativos a eventuais infrações a ele correspondentes, sendo certo, ainda, que, se constituídos e verificada infração grave e dolosa caracterizadora também de crime, ainda teríamos de aguardar a constituição definitiva para vislumbrar a punibilidade do respectivo crime. Ou seja, não haveria de se pensar em punibilidade senão muito tempo depois. A moratória, assim, há muito já teria decorrido, com a retomada plena da exigibilidade.

De qualquer modo, não se afasta, em tese, a possibilidade de, em algum momento, surgir dispositivo legal que conceda prazo para a autorregularização do contribuinte relativamente a determinado tributo ou que conceda prazo para que contribuintes infratores com crédito tributário já definitivamente constituídos paguem suas dívidas e extingam o crédito tributário, com o que haveria fundadas razões para extrair-se, disso, efeitos suspensivos da punibilidade no curso de tal prazo. Mas, atenção: a possibilidade de o sonegador beneficiar-se da moratória tem de restar expressa em lei! Isso porque o parágrafo único do art. 154 do CTN estabelece que "A moratória não aproveita aos casos de dolo, fraude ou simulação do sujeito passivo ou do terceiro em benefício daquele", o que deve ser lido em consonância com o seu *caput*, que inicia com a cláusula "Salvo disposição de lei em contrário". Lembre-se que o parágrafo traz aspectos complementares ou exceções à norma enunciada no *caput*, o que, atualmente, consta do art. 11, III, *c*, da LC n. 95/98, que dispõe sobre a elaboração, a redação, a alteração e a consolidação das leis. Pode-se considerar, portanto, que a lei ordinária pode conceder moratória relativamente a casos de dolo, fraude ou simulação, desde que o faça de modo expresso, porquanto, do contrário, terá aplicação a norma supletiva do art. 154, parágrafo único, do CTN, que proíbe a tais infratores se beneficiarem de moratórias.

Forte nas regras gerais estabelecidas para a moratória nos arts. 152 a 155 do CTN, vale lembrar, ainda, que a moratória pode ser concedida em caráter geral ou em caráter individual, esta por despacho da autoridade administrativa que reconheça o preenchimento das condições estabelecidas por lei. A lei concessiva da moratória especifica o prazo de duração do favor, o tributo alcançado, suas condições e eventuais garantias exigidas, podendo atribuir à autoridade administrativa a definição do número de prestações e seus vencimentos.

92. Suspensão da punibilidade por decisão judicial em ação tributária (liminar, sentença ou acórdão recorríveis)

Há mais de uma causa suspensiva da exigibilidade do crédito tributário relacionada à incerteza quanto à higidez do crédito tributário.

A primeira delas é a defesa administrativa via impugnação ou recurso. Nesse caso, pendente a própria constituição definitiva do crédito tributário (que só ocorre quando da conclusão do processo administrativo fiscal), nem se admite o oferecimento de denúncia, considerando, o STF, na Súmula Vinculante 24, que não há certeza quanto ao crédito, de modo que não se pode afirmar a tipicidade da conduta supostamente criminosa.

As demais causas suspensivas da exigibilidade relacionadas à incerteza quanto ao crédito são as decisões judiciais em mandado de segurança (art. 151, IV, do CTN) e em outras ações judiciais (art. 151, V, do CTN).

O acesso à Justiça é, em nosso sistema jurídico, o mais amplo possível. Garantia fundamental, enseja que toda e qualquer lesão ou ameaça a direito seja levada à consideração do Judiciário. O ajuizamento de uma ação, porém, por si só, não implica qualquer juízo quanto ao mérito do direito invocado pela parte. Desse modo, o ajuizamento não atrai qualquer efeito nas relações jurídicas problematizadas.

Em matéria tributária, constituído definitivamente o crédito tributário e feita a representação fiscal para fins penais, o Ministério Público poderá oferecer denúncia. O ajuizamento, pelo sujeito passivo, de ação anulatória do crédito tributário no juízo tributário, se anterior, não impede a denúncia, e, se posterior, não suspende a ação penal.

Não ocorre nenhum efeito automático, de jure, nesse sentido. O ajuizamento não é, por si, impeditivo nem suspensivo da persecução penal.

O juiz, porém, pode determinar a suspensão se entender que a discussão é relevante. Efetivamente, o CPP, ao cuidar das questões e processos incidentes e dedicar um capítulo às questões prejudiciais, estabelece, em seu art. 93, que: "Se o reconhecimento da existência da infração penal depender de decisão sobre questão [...] da competência do juízo cível, e se neste houver sido proposta ação para resolvê-la, o juiz criminal poderá, desde que essa questão seja de difícil solução e não verse sobre direito cuja prova a lei civil limite, suspender o curso do processo, após a inquirição das testemunhas e realização das outras provas de natureza urgente". O juiz marcará o prazo para a suspensão, prorrogável, e o Ministério Público intervirá na causa cível para promover-lhe o rápido andamento. Não sobrevindo decisão do juízo cível no prazo, será retomado o curso da ação penal. Lembre-se, por oportuno, que o Código Penal, em seu art. 116, I, ao cuidar das causas impeditivas da prescrição, estabelece que não corre "enquanto não resolvida, em outro processo, questão de que dependa o reconhecimento da existência do crime", *es decir*, não tem curso durante a suspensão do processo penal que aguarda solução da ação tributária. É, aliás, o que afirma SCHMIDT: "segundo dispõe o art. 116 do CPB, não corre o prazo prescricional enquanto a questão prejudicial estiver pendente noutro processo"[25].

Essa faculdade não costuma ser adotada em face do mero ajuizamento de ação, justamente pelo pouco significado que isso tem. Mas, quando concedida tutela provisória pelo juízo tributário, considera-se adequada e recomendada a suspensão. Lembre-se que a tutela de evidência requer tese firmada (art. 311 do CPC) e que a tutela de urgência pressupõe um juízo sobre a probabilidade do direito (art. 300 do CPC).

Note-se que não é o efeito suspensivo da exigibilidade do crédito tributário, decorrente do art. 151, IV ou V, do CTN, que implica a suspensão da ação penal. O juiz criminal é que, em face da incerteza gerada pela decisão favorável ao réu no juízo cível, resolve aguardar a solução da questão prejudicial. E com razão.

A sentença de procedência da ação anulatória tributária, julgada procedente, tem eficácia desconstitutiva do lançamento e, portanto, o potencial de suprimir a condição objetiva de punibilidade do crime contra a ordem tributária consagrada na Súmula Vinculante 24 do STF. É, portanto, efetivamente, prejudicial do julgamento da ação penal.

O STJ, deparando-se com situação em que fora concedida tutela provisória de urgência para determinar a suspensão da exigibilidade dos créditos tributários, considerou que "a plausibilidade jurídica da tese apresentada pelos recorrentes foi reconhecida na seara cível" e que, "Nesse contexto, deve ser reconhecida a existência de dúvida razoável sobre a própria materialidade do delito, o que recomenda a suspensão das

---

25. SCHMIDT, Andrei Zenkner. *Exclusão da punibilidade em crimes de sonegação fiscal*. Rio de Janeiro: Lumen Juris, 2003, p. 184.

investigações no juízo criminal, nos termos do art. 93 do CPP"[26]. Entendeu que, "apesar de a constituição definitiva do crédito tributário revelar a adequada tipicidade do crime tributário, [...] verificada dúvida razoável sobre a própria materialidade do delito, é prudente suspender o trâmite no juízo penal para aguardar a solução no juízo cível, nos termos do art. 93 do CPP", sendo que, nos termos do art. 116, I, do CP, "fica igualmente suspenso o curso do prazo prescricional"[27].

93. Depósito do montante integral em ação tributária

Em face da garantia de que nenhuma lesão ou ameaça de lesão será excluída da apreciação do Judiciário, não pode o legislador condicionar o exercício do direito de ação ao depósito do tributo discutido. Esse entendimento é pacífico e foi construído a partir da censura feita ao art. 38 da LEF[28]. O depósito constitui imperativo do interesse do próprio contribuinte quanto à suspensão da exigibilidade do crédito tributário. Através do depósito, obtém, automaticamente, proteção contra o indeferimento de certidão de regularidade fiscal, inscrição no Cadin e ajuizamento de Execução Fiscal, não dependendo, para tanto, da concessão de liminar.

Constitui direito subjetivo seu optar por efetuar o depósito do montante integral que lhe está sendo exigido e, assim, obter a suspensão da exigibilidade do tributo enquanto o discute administrativa ou judicialmente. Como regra, prescinde de autorização judicial, podendo ser efetuado nos autos da ação em que discutido o tributo[29].

O direito ao depósito independe da modalidade de lançamento a que esteja sujeito o tributo, aplicando-se, também, aos que devem ser recolhidos no regime de lançamento por homologação.

Para que tenha o efeito de suspensão da exigibilidade do crédito tributário, o depósito tem de ser em dinheiro e corresponder àquilo que o Fisco exige do contribuinte, ou seja, tem de ser suficiente para garantir o crédito tributário, acautelando os interesses da Fazenda Pública. Nesse sentido, dispõe a Súmula 112 do STJ: "O depósito somente suspende a exigibilidade do crédito tributário se for integral e em dinheiro". O entendimento ainda predominante é no sentido da insuficiência do depósito mensal das prestações atinentes a parcelamento obtido pelo contribuinte. A integralidade do depósito verifica-se na data da sua realização. Efetuado, restam afastados os efeitos da mora relativamente ao montante depositado, de modo que não poderão ser cobrados

---

26. STJ, RHC 113.294, 2019.
27. STJ, RHC 113.294, 2019.
28. Súmula 247 do extinto TFR: "Não constitui pressuposto da ação anulatória do débito fiscal o depósito de que cuida o art. 38 da Lei n. 6.830, de 1980".
29. STJ, AgRg no AREsp 646123, 2016.

juros e multa sobre o montante depositado tempestivamente. De qualquer modo, os depósitos, no âmbito federal, recebem atualização pela Selic.

Os depósitos judiciais relativos à discussão de tributos perante a Justiça Federal devem ser feitos na Caixa Econômica Federal, e não em outra instituição financeira (art. 1º da Lei n. 9.703/98).

Efetuado o depósito, fica ele cumprindo função de garantia do pagamento do tributo, com destino vinculado à decisão final, após o seu trânsito em julgado.

O depósito é feito, por iniciativa do contribuinte, mediante simples preenchimento e pagamento de guia própria, diretamente na CEF, indicando o número do processo em que está sendo discutido o tributo. Independe, até mesmo, de requerimento ao juiz.

Como o depósito fica à disposição do Fisco, desde a sua efetivação, e a sua suficiência e liquidez fazem com que constitua garantia plena de satisfação do crédito, na prática, configura um pagamento condicional. Sendo improcedente a ação do contribuinte, o depósito é convertido em renda e extingue o crédito tributário nos termos do art. 156, VI, do CTN.

Constitui uma causa suspensiva da exigibilidade muito superior ao parcelamento que, lembre-se, pode vir a ser descumprido. O depósito assegura, desde quando realizado, a satisfação integral do crédito.

Impende, assim, que se reconheça ao depósito o efeito suspensivo não apenas da exigibilidade do crédito tributário, mas também da punibilidade. TANGERINO e OLIVE chegam a advogar a extinção da punibilidade em face do depósito[30], o que, no entanto, ao contrário do que afirmam, não decorre de uma interpretação sistemática. Quando lhe for dado destino extintivo do crédito, aí sim, pode-se avançar. Uma vez convertido em renda o depósito, com a extinção do crédito tributário, reconhece-se a própria extinção da punibilidade[31].

O depósito só será levantado em favor do contribuinte na hipótese de restar vencedor da ação contra o Fisco, caso em que o próprio crédito tributário restará desconstituído e não se poderá mais falar, sequer, em crime material contra a ordem tributária.

94. Suspensão da punibilidade mediante penhora em execução fiscal e outras formas de oferecimento de garantia

As causas suspensivas da exigibilidade e a penhora em execução fiscal ensejam ao sujeito passivo a obtenção de certidão positiva de débitos com efeito de negativa que o habilita a praticar todos os atos para os quais se exige regularidade fiscal. As causas

---

30. TANGERINO, Davi; OLIVE, Henrique. *Crédito tributário e crime*: efeitos penais da extinção e da suspensão da exigibilidade. São Paulo: InHouse, 2018, p. 63.
31. TRF4, 5004980-51.2018.4.04.7104, 2019.

suspensivas da exigibilidade são *numerus clausus*, dispostas no art. 151 do CTN. A penhora é regulada pela Lei de Execução Fiscal (Lei n. 8.630/80), que, em seu art. 15, I, também estabelece o direito do executado à substituição da penhora por depósito, fiança bancária ou seguro garantia.

Considerando-se a situação de regularidade pela penhora em execução fiscal, também implicaria suspensão da punibilidade dos crimes contra a ordem tributária?

O STJ entende que são taxativas as causas suspensivas e extintivas da punibilidade previstas na legislação penal em matéria de crimes contra a ordem tributária – o parcelamento e o pagamento do tributo – e, aliás, bastante benevolentes, porquanto não proporcionadas para os crimes em geral. Assim, afasta a possibilidade de que se considere a penhora ou outro modo de garantia da execução fiscal como causa suspensiva da ação penal. A garantia "não fulmina a justa causa para a persecução penal"[32]. Houve caso em que, estando penhorados o faturamento e caminhões de empresa de transporte, o tribunal destacou que "a garantia do juízo não possui natureza jurídica de parcelamento tributário" e, portanto, "não configura hipótese de suspensão do processo penal"[33]. Noutro, em que oferecida garantia para a integral satisfação do crédito, frisou "a autonomia entre as esferas cível e criminal" e considerou que a garantia da execução fiscal também não se equipara ao pagamento[34]. Certa feita, também afirmou que: "O oferecimento de garantia em embargos à execução fiscal, ainda que potencialmente capaz de saldar, ao final daquele feito, o débito fiscal questionado, não é causa extintiva de punibilidade penal prevista como tal em nosso ordenamento, sendo descabida, por razões óbvias, sua equiparação à quitação integral do débito a que se refere o art. 9º, § 2º, da Lei n. 10.684/2003"[35].

TANGERINO e OLIVE relembram decisão isolada no sentido de que a fiança bancária deveria ensejar a extinção da punibilidade em face da certeza que geraria quanto ao adimplemento da obrigação tributária e insistem que "a caução, o seguro e a penhora", por garantirem a satisfação do crédito tributário, tornando certo o pagamento futuro, deveriam implicar a extinção da punibilidade. Mas reconhecem que a orientação que tem sido firmada é em sentido oposto, "de que a fiança bancária não é uma garantia absoluta, mas apenas de presunção de adimplemento"[36].

Temos, como exposto, orientação jurisprudencial francamente contrária a que se considere suspensa a punibilidade em razão da penhora. A garantia da execução por

....
32. STJ, RHC 65.221, 2016.
33. STJ, RHC 100.736, 2019.
34. STJ, AgRg no AREsp 1282040, 2019.
35. STJ, RHC 48.687, 2014.
36. TANGERINO, Davi; OLIVE, Henrique. *Crédito tributário e crime*: efeitos penais da extinção e da suspensão da exigibilidade. São Paulo: InHouse, 2018, p. 65-66.

fiança bancária e o seguro "produzem os mesmos efeitos da penhora", nos termos do art. 9º, § 3º, da LEF e são equivalentes também na esfera penal.

O oferecimento de caução através de ação cautelar de caução ou de procedimento administrativo, por sua vez, não implica suspensão da exigibilidade do crédito tributário, mas garantia antecipada equiparada à penhora. Tanto não suspende a exigibilidade do crédito que não impede, mas, isso sim, requer e prepara a execução. Assim, nem sequer poderia estar arrolado no art. 151 como causa de suspensão da exigibilidade do crédito tributário. De qualquer modo, a caução, como antecipação de penhora, enseja ao sujeito passivo que obtenha certidão positiva de débitos com efeitos de negativa.

A PGFN regulamentou a oferta antecipada de garantia com vista à Execução Fiscal. A matéria é objeto do Capítulo III da Portaria PGFN n. 33/2018.

O oferecimento antecipado de garantia configura procedimento administrativo que enseja ao interessado com débito inscrito em dívida ativa da União oferecer bens e direitos passíveis de penhora, tais como seguro garantia ou carta de fiança bancária, bens imóveis e outros bens e direitos sujeitos a registro público. Admite-se o oferecimento, inclusive, de bens e direitos de terceiros, desde que expressamente o autorizem.

A oferta deve ser apresentada acompanhada dos documentos referentes aos bens e direitos, nos termos do art. 10 da PGFN Portaria PGFN n. 33/2018. A unidade da PGFN responsável pelo ajuizamento da execução tem o prazo de trinta dias para analisá-la, podendo recusar a oferta quando os bens ou direitos forem inúteis ou inservíveis, de difícil alienação ou sem valor comercial, não estiverem sujeitos à expropriação judicial ou forem objeto de constrição em processo movido por credor mais privilegiado.

A aceitação da garantia pela Fazenda não implica suspensão da exigibilidade do crédito tributário. Pelo contrário, assegura a satisfação do crédito que será objeto de execução fiscal a ser ajuizada no prazo máximo de trinta dias contados da aceitação, com a indicação à penhora do bem ou direito ofertado pelo devedor.

Mas a aceitação afasta, nos limites dos bens e direitos ofertados, o encaminhamento da CDA para protesto e a comunicação da inscrição aos órgãos de proteção ao crédito, bem como a averbação nos órgãos de registro de bens e direitos.

É importante destacar, ainda, que a aceitação da garantia tem o efeito jurídico de ensejar a emissão de certidão de regularidade fiscal: a certidão positiva de débitos com efeitos de negativa de que trata o art. 206 do CTN.

Esse procedimento administrativo de oferta antecipada de garantia afasta o interesse processual dos devedores para as ações cautelares de caução antecipatórias de penhora que até então eram ajuizadas em grande número, justamente, para a obtenção de certidões de regularidade.

Nas demais esferas estadual e municipal, não havendo procedimento correspondente, admite-se o oferecimento de bens em garantia através de ação cautelar como uma espécie de antecipação da penhora relativa à execução fiscal pendente de ajuizamento pelo Fisco. Efetivamente, é pacífico o entendimento do STJ de que "é viável, em sede cautelar em executivo fiscal, a caução de bem imóvel para efeito de suspensão da exigibilidade do crédito tributário com vistas à obtenção de certidão com efeito de negativa"[37]. O STJ admite que seja oferecido em caução, inclusive, crédito de precatório, mas destaca que a Fazenda pode se opor[38] e que deve ser submetido à avaliação[39].

Ademais, não há perda da eficácia da medida no caso de não ser formulado pedido principal em trinta dias. Cabe ao credor dar início à execução fiscal e a demora corre contra os seus interesses.

Como o oferecimento de caução em verdadeira antecipação de penhora não tem efeito suspensivo da exigibilidade do crédito, o Fisco pode e deve promover a execução fiscal, quando, então, a caução será convertida em penhora.

O oferecimento da caução implica reconhecimento do débito pelo contribuinte, interrompendo a prescrição (art. 174, parágrafo único, IV, do CTN). O prazo para o ajuizamento da execução, interrompido pelo ajuizamento da ação de caução, recomeça por inteiro o seu curso, sendo que, não ajuizada a execução em cinco anos, restará prescrito o crédito tributário. Nessa hipótese, restará a ação cautelar sem nenhuma utilidade, pois garantidora de crédito tributário já extinto e que não mais poderá ser cobrado, de modo que deverá ser levantado o gravame.

A tutela cautelar de caução não impede o contribuinte de questionar judicialmente o crédito tributário através de ação anulatória ou mediante o oferecimento oportuno de embargos à execução.

Ademais, ainda que o oferecimento de bens em garantia, através de procedimento administrativo ou de ação cautelar, atenue a situação do devedor perante o Fisco, não tem o condão de suspender a exigibilidade nem de extinguir o crédito tributário, sendo que também não suspende nem extingue a punibilidade e, diga-se ainda, também inexistem previsão legal e orientação jurisprudencial que sustentem tal entendimento.

95. Extinção da punibilidade pelo pagamento

O pagamento do débito tributário é causa extintiva da punibilidade dos crimes contra a ordem tributária há muitíssimo tempo[40], embora já tenha sido submetido a condicionamentos temporais. A Lei n. 4.729/65, que dispunha sobre os crimes de sonegação em seu art. 1º, já no art. 2º previa a extinção da punibilidade de tal crime

....
37. STJ, AgRg no AREsp 394.779, 2015.
38. STJ, AgRg no AREsp 710.804, 2015.
39. STJ, AgRg no AREsp 339.963, 2016.
40. Para uma recomposição dessa legislação, *vide*: ROSENTAL, Sérgio. *A extinção da punibilidade pelo pagamento do tributo no descaminho*. São Paulo: Companhia Editora Nacional, 1999.

quando o agente promovesse o recolhimento do tributo antes de ter início, na esfera administrativa, a ação fiscal própria. Logo em seguida, o art. 18 do Decreto-Lei n. 157/67 estendeu a extinção da punibilidade para o pagamento do tributo e das multas mesmo se já iniciada a ação fiscal e também para o depósito do montante considerado pelo Fisco como devido realizado na pendência do processo administrativo, para liquidação do débito após o julgamento da autoridade de primeira instância. E, havendo o pagamento ou o depósito, tal efeito extintivo de punibilidade alcançava, ainda, outras imputações penais decorrentes de ter o agente elidido o pagamento de tributo, desde que ainda não tivesse sido iniciada a ação penal. O STF, então, editou a Súmula 560, afirmando que tal dispositivo estendera a extinção da punibilidade aos crimes de contrabando ou descaminho. Mas o art. 1º do Decreto-Lei n. 1.650/78 dispôs expressamente no sentido de que a extinção da punibilidade prevista nas Leis n. 4.729/65 e DL n. 157/67 não se aplicaria aos crimes de contrabando e descaminho em suas modalidades próprias ou equiparadas. Essa não aplicação aos crimes de contrabando ou descaminho foi reiterada pelo art. 1º da Lei n. 6.910/81.

A Lei n. 8.137/90, por sua vez, já sobreveio com essa cláusula de extinção da punibilidade em seu art. 14, referindo-se aos crimes dos seus arts. 1º a 3º, com o condicionamento de que o pagamento dos tributos e acessórios se desse antes do recebimento da denúncia. Esse dispositivo foi revogado logo em seguida, de modo expresso, pelo art. 94 da Lei n. 8.383/91, que não o substituiu por nenhuma norma equivalente. Mas, na sequência, o art. 34 da Lei n. 9.249/95 reintroduziu no ordenamento norma de mesmo conteúdo, estabelecendo que os crimes definidos na Lei n. 8.137/90 e na Lei 4.729/65 teriam sua punibilidade extinta quando o agente promovesse o pagamento do tributo, inclusive acessórios, antes do recebimento da denúncia. O condicionamento temporal se mantinha.

A Lei n. 10.684/2003, finalmente, passou a tratar do assunto no seu art. 9º, § 2º, do seguinte modo:

> Art. 9º É suspensa a pretensão punitiva do Estado, referente aos crimes previstos nos arts. 1º e 2º da Lei n. 8.137, de 27 de dezembro de 1990, e nos arts. 168-A e 337-A do Decreto-Lei n. 2.848, de 7 de dezembro de 1940 – Código Penal, durante o período em que a pessoa jurídica relacionada com o agente dos aludidos crimes estiver incluída no regime de parcelamento.
>
> § 1º A prescrição criminal não corre durante o período de suspensão da pretensão punitiva.
>
> § 2º Extingue-se a punibilidade dos crimes referidos neste artigo quando a pessoa jurídica relacionada com o agente efetuar o pagamento integral dos débitos oriundos de tributos e contribuições sociais, inclusive acessórios.

Ainda que o agente tenha deixado de parcelar o débito até o recebimento da denúncia ou que tenha deixado de cumpri-lo até o final, será possível obter a extinção da punibilidade pelo pagamento do débito. Isso porque a Lei n. 12.381/2011 só alterou a regra para o parcelamento, não para o pagamento puro e simples. Continua vigendo o art. 9º, § 2º, da Lei n. 10.684/2003, no sentido de que: "Extingue-se a punibilidade [...] quando a pessoa jurídica relacionada com o agente efetuar o pagamento integral dos débitos oriundos de tributos e contribuições sociais, inclusive acessórios". Antes ou depois do recebimento da denúncia, antes ou após a condenação, antes ou após o trânsito em julgado, enfim, a qualquer tempo, o pagamento integral tem efeito extintivo da punibilidade.

Em 2013, aplicando o art. 69 da Lei n. 11.941/2009, temos a AP 516 ED, relator p/o acórdão o ministro Luiz Fux, julgamento concluído em dezembro de 2013. No caso, foi extinta a punibilidade pelo pagamento do débito tributário "realizado após o julgamento, mas antes da publicação do acórdão condenatório"[41]. Em 2017, o STJ decidiu que: "Com o advento da Lei n. 10.684/2003, no exercício da sua função constitucional e de acordo com a política criminal adotada, o legislador ordinário optou por retirar do ordenamento jurídico o marco temporal previsto para o adimplemento do débito tributário redundar na extinção da punibilidade do agente sonegador, nos termos do seu art. 9º, § 2º, sendo vedado ao Poder Judiciário estabelecer tal limite". E concluiu: "Não há como se interpretar o referido dispositivo legal de outro modo, senão considerando que o pagamento do tributo, a qualquer tempo, até mesmo após o advento do trânsito em julgado da sentença penal condenatória, é causa de extinção da punibilidade do acusado"[42].

A extinção da punibilidade pelo pagamento, forte no art. 9º, § 2º, da Lei n. 10.684/2003, aplica-se aos crimes previstos nos arts. 1º e 2º da Lei n. 8.137/90 e nos arts. 168-A e 337-A do CP. Não se aplica a outros crimes, seja ao descaminho e ao contrabando, como a outros crimes, como ao estelionato, conforme já destacado pelo STJ: "Por se tratar de norma especial, dirigida a determinadas infrações de natureza tributária, a causa especial de extinção de punibilidade prevista no § 2º do art. 9º da Lei n. 10.684/2003 (pagamento integral do crédito tributário) não se aplica ao delito de estelionato do *caput* do art. 171 do Código Penal. Precedentes"[43]. No início deste item, quando refizemos o histórico legislativo, demonstramos que chegou a haver entendimento do STF amparado no DL 157/67 no sentido de que a extinção a punibilidade alcançaria o descaminho, mas que tal restou superado, logo em seguida, por leis expressas em sentido contrário. A lei atual traz rol *numerus clausus* dos tipos alcançados pela norma, não se aplicando ao descaminho, o que é tranquilo atualmente[44].

....
41. Informativo 731 do STF.
42. STJ, HC 362.478, 2017.
43. STJ, RHC 126917, 2015.
44. Para uma defesa da aplicação do pagamento como causa extintiva de punibilidade também ao crime de descaminho, vide: ROSENTAL, Sérgio. *A extinção da punibilidade pelo pagamento do tributo no descaminho*. São Paulo: Companhia Editora Nacional, 1999. O autor argumenta que

O pagamento é o modo ordinário de satisfação e consequente extinção do crédito tributário. Deve ser feito no prazo estabelecido pela legislação tributária, aplicando-se, na falta de disposição específica, o prazo supletivo de trinta dias previsto pelo art. 160 do CTN, contados da notificação do lançamento ou, no caso dos tributos sujeitos a lançamento por homologação, da ocorrência do fato gerador.

Nos termos do art. 161 do CTN, o débito não pago no vencimento é acrescido de juros, sem prejuízo da aplicação da penalidade cabível (multa).

Na cobrança dos tributos federais, aplica-se a Selic, índice que abrange juros e correção monetária. Tal se dá por força do art. 61, § 3º, da Lei n. 9.430/96 e do art. 35 da Lei n. 8.212/91, com a redação da Lei n. 11.941/2009. Na hipótese de inexistência de lei que estabelecesse taxa de juros moratórios, aplicar-se-ia, supletivamente, o disposto no § 1º do art. 161 do CTN: 1% ao mês.

Quanto às penalidades, há multas moratórias pelo simples pagamento intempestivo realizado pelo contribuinte ou pela falta de pagamento tempestivo de tributo por ele já declarado, e multas de ofício, aplicadas pela fiscalização quando esta apura tributos não pagos nem declarados pelo contribuinte e no caso de descumprimento de obrigações acessórias, hipótese em que também são denominadas multas isoladas.

Para os tributos federais, a multa moratória é de 0,33% ao dia, até o limite de 20%, nos termos dos arts. 61 da Lei n. 9.430/96 e 35 da Lei n. 8.212/91, com a redação da Lei n. 11.941/2009. A multa de ofício é de 75%, salvo para os casos de falta de antecipação de tributos sujeitos a ajuste, quando fica em 50%, e de infração grave caracterizada por sonegação, fraude ou conluio, quando chega a 150%, tudo nos termos do art. 44, I e II e § 1º, da Lei n. 9.430/96, com a redação da Lei n. 11.488/2007, e do art. 35-A da Lei n. 8.212/91, com a redação da Lei n. 11.941/2009. Analisamos detidamente as penalidades em matéria tributária, especialmente as multas, no capítulo sobre o ilícito tributário, cuja leitura recomendamos.

É importante ter sempre presente que, em matéria de penalidades, sobrevindo lei mais benéfica, aplica-se retroativamente, nos termos do art. 106, II, c, do CTN.

O pagamento dos tributos federais é feito na rede bancária através de guia Darf (Documento de Arrecadação de Receitas Federais). O sujeito passivo preenche a guia indicando o código do tributo que pretende quitar. A imputação do pagamento, pois, normalmente dá-se dessa forma, mediante indicação do contribuinte.

Friso que extinção da punibilidade prevista no art. 9º, § 2º, da Lei n. 10.684/2003 depende do "pagamento integral dos débitos oriundos de tributos e contribuições sociais, inclusive acessórios". Note-se que não está escrito pagamento dos tributos e seus

....
o descaminho tem a mesma natureza fiscal das demais sonegações e que o perdimento de bens deveria ser equiparado ao pagamento para fins de extinção da punibilidade, embora reconheça que tal entendimento implicaria descriminalização do descaminho.

acessórios, mas pagamento dos débitos oriundos dos tributos, inclusive acessórios, o que se apresenta mais abrangente.

O pagamento, para que tenha efeito extintivo da punibilidade, deve ser integral. Conforme SANTOS, "não é possível utilizar interpretação ampliativa, a ponto de considerar extinto o tributo e a respectiva penalidade havendo somente pagamento parcial, ainda que o inadimplemento seja mínimo". Explica: "Isso, porque a lei despenalizadora cria critério objetivo e específico – pagamento integral –, não podendo o intérprete realizar interpretação *contra legem*". Mas pondera: "via de regra e abstratamente, é vedada a adoção da teoria do adimplemento substancial nos crimes tributários, salvo previsão legal em sentido contrário, concessiva de isenção ou remissão"[45].

Estamos cientes das críticas de que "a disciplina do instituto na legislação brasileira evidencia o caráter segregacionista e seletivo do sistema penal, tendo em vista que à criminalidade macroeconômica são concedidos benefícios inextensíveis à criminalidade convencional" ou a de que "a ausência de coerência é outro reproche que pode ser dirigido à regulamentação brasileira da extinção da punibilidade dos crimes tributários pelo pagamento, uma vez que se para crimes menos graves não é possível o instituto despenalizador de que ora se cuida, não há como se sustentar que para uma infração penal, que atenta contra o patrimônio da coletividade e contra as funções sociais que o tributo exerce em um Estado Democrático, seja possível a extinção da punibilidade". Também se argumenta que implica "afronta ao princípio da livre concorrência, na medida em que os empresários se sentem estimulados a agir deslealmente, cientes de que caso sejam descobertos pela administração fazendária, basta o pagamento do tributo sonegado para livrarem-se da persecução penal" e que, "ao privilegiar o aspecto financeiro-econômico e desconsiderar as circunstâncias em que normalmente as incriminações fiscais são perpetradas, o legislador acaba por desprestigiar o substrato ético que deve nortear todas as normas jurídicas, inclusive as normas penais"[46].

Não obstante, entendemos que a extinção da punibilidade é coerente com o princípio da subsidiariedade do direito penal, que deve, efetivamente, evoluir de simples argumento retórico para traduzir-se em iniciativas legislativas que restrinjam a ameaça de encarceramento às situações extremas, em respeito à dignidade da pessoa humana. Com o pagamento do tributo e da multa administrativa, a lei considera que o direito administrativo sancionador foi efetivo para a recomposição da ordem e repressão do infrator, com o que considera extinta a punibilidade pelos respectivos crimes, afastando a persecução penal. Por força da nossa legislação, os ilícitos tributários dolosos só estarão

---

45. SANTOS, Carlos Eduardo Ferreira dos. *Adimplemento Substancial nos Crimes Tributários*. Belo Horizonte: Fórum, 2022, p. 131-132.
46. XEREZ, Hugo Vasconcelos. *Crimes tributários*: teoria à extinção da punibilidade pelo pagamento. Curitiba: Juruá, 2017, p. 233-234.

sujeitos à aplicação da lei penal se o infrator não pagar o tributo e a multa que lhe tenha sido aplicada do Fisco, ou seja, se não reparar o dano e não se submeter à penalidade administrativa. Apenas ao infrator renitente que ofende a ordem tributária, não a recompõe e não cumpre a sanção administrativa, deixando se suportar a repressão correspondente, é que se aplica o direito penal tributário, como *ultima ratio*. A extinção da punibilidade pelo pagamento do crédito tributário constituído pelo auto de infração, abrangendo a penalidade administrativa que, em face das condutas dolosas costuma ser qualificada e extremamente onerosa, evidencia o regozijo frente à efetividade do direito administrativo sancionador em matéria tributária.

Vale destacar, ainda, que, não obstante a "instabilidade legislativa" quanto à matéria da extinção da punibilidade pelo pagamento, com os condicionamentos temporais e revogação ocorridos, objetos de diversos diplomas legais, o dispositivo atual, do art. 9º, § 2º, da Lei n. 10.684/2003, tem conteúdo bastante amplo, temporalmente incondicionado, além do que é aplicável retroativamente, posto que a lei penal retroage para beneficiar o réu, nos termos do art. 5º, XL, da Constituição. Desse modo, conforme observa GUZELLA, "deverá ter sua aplicação aos fatos praticados antes de sua vigência, ainda que já decididos por sentença condenatória transitada em julgado"[47].

Tenha-se presente que a referência expressa, no art. 9º, § 2º, da Lei n. 10.683/2003, à extinção da punibilidade pelo pagamento integral também dos crimes do art. 168-A e 337-A é importantíssima, porquanto esses dispositivos traziam condicionamentos temporais para tal benesse, dificultando-a, restringindo-a, conforme esclarecemos quando da análise de cada qual.

96. Extinção da punibilidade por outros modos de extinção e de exclusão do crédito tributário

O art. 156 do CTN arrola os modos de extinção do crédito tributário nos seguintes termos:

> Art. 156. Extinguem o crédito tributário:
> I – o pagamento;
> II – a compensação;
> III – a transação;
> IV – remissão;
> V – a prescrição e a decadência;
> VI – a conversão de depósito em renda;
> VII – o pagamento antecipado e a homologação do lançamento nos termos do disposto no art. 150 e seus §§ 1º e 4º;

---

47. GUZELLA, Tathiana Laíz. *Crimes tributários*: aspectos e crítica. Curitiba: Juruá, 2011, p. 119.

VIII – a consignação em pagamento, nos termos do disposto no § 2º do art. 164;
IX – a decisão administrativa irreformável, assim entendida a definitiva na órbita administrativa, que não mais possa ser objeto de ação anulatória;
X – a decisão judicial passada em julgado.
XI – a dação em pagamento em bens imóveis, na forma e condições estabelecidas em lei. (Incluído pela LC n. 104/2001)

Tendo em conta o fundamento das diversas hipóteses, vê-se que o crédito se extingue quando estiver:

- *satisfeito* mediante pagamento, pagamento seguido de homologação no caso dos tributos sujeitos a lançamento por homologação, compensação, conversão em renda de valores depositados ou consignados ou dação em pagamento de bens imóveis na forma e condições estabelecidas por lei (incisos I, II, VI, VII, VIII e XI), ainda que mediante transação (inciso III);
- *perdoado* (inciso IV: remissão);
- *precluso* o direito do Fisco de lançar ou de cobrar o crédito judicialmente (inciso V: decadência e prescrição).
- *desconstituído* por decisão administrativa ou judicial (incisos IX e X).

Vejamos as causas que implicam satisfação do crédito. É que são, quanto aos seus efeitos, equivalentes. Sob a perspectiva de eventual crime tributário subjacente, a satisfação do crédito, por qualquer dos seus meios, cumpre o efeito de reparação do dano. Desse modo, tendo o legislador, para fins tributários, previsto a extinção também da punibilidade, cabe-nos aplicá-la a todos os modos de extinção do crédito, desde que tal extinção seja perfeita e acabada, do que depende a sua equivalência. SCHMIDT pensa do mesmo modo: "Os casos de extinção do crédito tributário, arrolados no art. 156 do CTN, devem corresponder, em nome dos princípios da isonomia fiscal e da capacidade contributiva, ao 'pagamento' mencionado no art. 34 da Lei n. 9.249/95. Os parâmetros políticos desta norma buscam recuperar os valores fiscais inadimplidos (com ou sem fraude), situação esta alcançável não só com o pagamento propriamente dito como, também, com a compensação, com a dação em pagamento, com a conversão de depósito em renda etc. A apropriação, pelo direito penal, dos limites jurídicos estabelecidos pela lei tributária para a tipificação das condutas de sonegação fiscal obriga-nos, em nome da unidade da ilicitude, a reconhecermos que as hipóteses de extinção do crédito tributário e, consequentemente, do ilícito tributário devem repercutir no crime de sonegação"[48].

---

48. SCHMIDT, Andrei Zenkner. *Exclusão da punibilidade em crimes de sonegação fiscal*. Rio de Janeiro: Lumen Juris, 2003, p. 182-183.

Algumas das causas de extinção do crédito pela sua satisfação são bem mais frequentes do que outras. O ordinário é que os créditos sejam satisfeitos pelo pagamento ou por compensação, quando autorizada por lei. A transação é instituto de aplicação muito recente no Direito Tributário, só tendo sido autorizada em caráter mais amplo pela Lei n. 13.988/2020, sendo que os operadores do direito ainda especulam qual será o seu alcance efetivo. Quando ajustada a transação e cumpridas as obrigações ajustadas, o crédito tributário se extingue. A conversão de depósito em renda implica satisfação definitiva do crédito por força de decisão adversa ao contribuinte no processo em que realizado o depósito em garantia. Aliás, atualmente, a conversão em renda, por vezes, é denominada de conversão em pagamento definitivo, porquanto os depósitos integrais do valor controverso ficam, desde o início, à disposição do credor. O pagamento antecipado e sua homologação são fenômenos próprios da sistemática de lançamento por homologação, em que o contribuinte cumpre sua obrigação por iniciativa própria, sujeitando-se à posterior fiscalização. Se a fiscalização não ocorre no prazo decadencial ou se nada verifica de irregular, o pagamento resta chancelado, sendo tido como bom e suficiente. A consignação em pagamento também implica satisfação do crédito tributário quando: "Julgada procedente a consignação, o pagamento se reputa efetuado e a importância consignada é convertida em renda" (art. 164, § 2º, do CTN). Por fim, a dação em pagamento de bens imóveis, quando aceita pelo Fisco na forma e condições estabelecidas por lei, também implica satisfação do crédito tributário. A Lei n. 13.259/2016 cuidou da matéria em seu art. 4º, sendo aplicável aos créditos inscritos em dívida ativa da União.

O legislador pode conceder a remissão do crédito tributário, ou seja, o perdão da dívida atinente ao tributo. Do ponto de vista do direito penal tributário, a remissão de eventuais créditos lançados de ofício em face de infrações tributárias graves configuradoras de crime contra a ordem tributária teria o efeito de anistia penal?

Nessa medida, o perdão da dívida terá como efeito apagar a própria infração cometida.

Já a decadência e a prescrição são instrumentos de segurança jurídica em face da passagem do tempo. No direito tributário, a decadência do direito do Fisco de lançar e a prescrição da possibilidade de cobrança do crédito apresentam-se de modo sucessivo no *iter* da dinâmica tributária.

A decisão administrativa irreformável e a decisão judicial passada em julgado são aquelas que, mediante acolhida da pretensão do sujeito passivo, implicam desconstituição do crédito tributário.

O CTN ainda prevê uma forma de exclusão do crédito tributário que repercute na esfera penal. Refiro-me à anistia. Vejamos:

>Art. 175. Excluem o crédito tributário:
>II – a anistia.

A anistia abrange as infrações tributárias cometidas anteriormente à lei que a concede, nos termos do art. 180 do CTN. Implica perdão ao infrator, dispensando-o do pagamento da respectiva penalidade pecuniária. Nessa medida, também tem efeito extintivo da punibilidade, porquanto traz juízo do próprio legislador no sentido de que a punição deve ser relevada, desculpada. Se nem mesmo a penalidade mais branda será exigível, que dirá a sanção privativa de liberdade, ou suas penas substitutivas.

97. Extinção da punibilidade por compensação tributária

Dentre os modos de extinção do crédito tributário está a compensação, nos termos do art. 156, II, do CTN. Os arts. 170 e 170-A desse diploma legislativo trazem as normas gerais sobre a matéria.

Compensação é acerto de contas. Pressupõe, sempre, créditos e débitos recíprocos, ou seja, que as mesmas pessoas sejam credoras e devedoras umas das outras[49]. Com a compensação, extinguem-se os créditos até o montante em que se equivalem. No dizer do art. 368 do Código Civil, as obrigações dos credores e devedores recíprocos "extinguem-se, até onde se compensarem".

Mas o Código Civil é insuficiente para dar suporte à compensação em matéria tributária. O Código Tributário Nacional, embora preveja a compensação como modo de extinção do crédito tributário, não o estabelece em caráter geral, automático. Antes, exige a intermediação de lei específica autorizadora[50,] ou seja, de lei ordinária da União, dos Estados ou dos Municípios, cada qual relativamente à extinção dos créditos relativos aos tributos da sua competência. Efetivamente, o art. 170 do CTN estabelece que a lei poderá autorizar compensações entre créditos tributários da Fazenda Pública e créditos do sujeito passivo contra ela.

A lei autorizadora pode condicionar e limitar a compensação tributária, aplicando-se o quanto dispuser a lei vigente quando do uso de tal instrumento para a extinção do crédito tributário.

....
49. STJ, AgRgREsp 1.295.822, 2012.
50. Apenas na hipótese em que a restituição de indébito tributário não é efetiva, em face do não pagamento de precatórios, é que se pode pretender a compensação independentemente de autorização legal, com fundamento direto no texto constitucional, pois, não efetuado o pagamento, tem o Judiciário de encontrar outro modo de dar cumprimento às suas decisões, satisfazendo o direito do credor. A garantia de acesso à Justiça tem de ser efetiva, mesmo contra o Estado, sob pena de ruptura dos pilares do Estado de direito. O art. 78 do ADCT atribui aos créditos de precatórios parcelados cujo pagamento esteja atrasado efeito liberatório para a quitação de tributos, autorizando, com isso, sua invocação para fins de compensação. Nos demais casos, contudo, ainda não há posição consolidada nos tribunais. A simples referência à possibilidade de cessão dos precatórios a terceiros no § 13 do art. 100 da CF, acrescido pela EC 62/2009, não constitui autorização para sua utilização em compensações tributárias pelos cessionários.

A Lei n. 9.430/96, nos seus arts. 73 e 74, regula a compensação relativamente aos tributos administrados pela Secretaria da Receita Federal do Brasil.

No art. 73, autoriza o próprio Fisco a realizar, de ofício, a compensação. Isso ocorre quando haja algum pedido administrativo de restituição de indébito ou de ressarcimento de créditos formulado pelo contribuinte, hipótese em que a Receita deve verificar se o requerente também está com débito em aberto, e, em caso positivo, proceder à compensação.

No art. 74, é regulada a chamada compensação no regime de lançamento por homologação, ou seja, a possibilidade de o próprio contribuinte, enquanto titular do direito a ressarcimento, apurar e utilizar o seu crédito contra o Fisco para quitar débitos. Em vez de pagar seus débitos, compensa-os com seus créditos.

A compensação efetuada pelo contribuinte, desde que não vedada por lei, extingue o crédito tributário, sob condição resolutória, ou seja, produz efeitos imediatos, sujeitando-se, contudo, à fiscalização pela Administração, que pode rejeitá-la. As compensações expressamente proibidas (§§ 3º e 12 do art. 74 da Lei n. 9.430/96) serão simplesmente consideradas não declaradas, sem direito à impugnação e a recurso com efeito suspensivo, tais como as compensações em que o crédito seja de terceiros e aquelas em que o crédito seja decorrente de decisão judicial não transitada em julgado, tudo conforme o § 12 do art. 74 da Lei n. 9.430/96.

Assim dispõe o *caput* do art. 74 da Lei n. 9.430/96, com a redação da Lei n. 10.637/2012: "O sujeito passivo que apurar crédito, inclusive os judiciais com trânsito em julgado, relativo a tributo ou contribuição administrado pela Secretaria da Receita Federal, passível de restituição ou de ressarcimento, poderá utilizá-lo na compensação de débitos próprios relativos a quaisquer tributos e contribuições administrados por aquele Órgão".

A compensação do art. 74 da Lei n. 9.430/96 é efetuada mediante a apresentação, pelo titular do crédito, de documento eletrônico denominado Declaração de Compensação (DCOMP), do qual constam informações relativas aos créditos utilizados e aos respectivos débitos compensados. Terá o Fisco o prazo de cinco anos contados da declaração para homologá-la (o que ocorrerá tacitamente) ou para não a homologar, negando efeitos à compensação e dando o débito do contribuinte por aberto. Nesse caso de não homologação, o contribuinte poderá apresentar impugnação e, na sequência, recurso, ambos com efeito suspensivo da exigibilidade do crédito tributário, nos termos do Decreto n. 70.235/72 e do art. 151, III, do CTN, tal qual previsto expressamente nos §§ 9º a 11 do art. 74 da Lei n. 9.430/96, com a redação da Lei n. 10.833/2003. Não sendo provida a impugnação ou o recurso, o montante do débito apontado pelo contribuinte na declaração de compensação será considerado como confissão de dívida e instrumento hábil e suficiente para a exigência dos débitos indevidamente compensados, podendo ser encaminhada a declaração para inscrição em dívida ativa a fim de viabilizar a posterior extração de certidão de dívida ativa e ajuizamento de execução fiscal.

Além do art. 74 da Lei n. 9.430/96, também o art. 66 da Lei n. 8.383/91 dispõe sobre a compensação no âmbito federal, esse último especificamente quanto às contribuições previdenciárias e a terceiros (incidentes sobre a folha de salários, destinadas a outros entes como o Sesi e o Incra), bem como a tributos não administrados originariamente pela Receita Federal do Brasil. A possibilidade de compensação, nesses casos, é restrita aos tributos da mesma espécie e destinação devidos relativamente a período subsequente.

A compensação no regime de lançamento por homologação, implementada pelo contribuinte mediante declaração de compensação, dá-se com a condição resolutória da sua ulterior não homologação pelo Fisco no prazo de cinco anos. Mas, veja-se: tem o efeito imediato de extinção do crédito tributário, ainda que condicionado. Assim, deve-se reconhecer à compensação, nesse regime, o efeito suspensivo da exigibilidade pelo prazo dado ao Fisco para glosá-la. Decorrido esse prazo, a compensação torna-se perfeita e acabada, extinguindo definitivamente o crédito tributário, satisfazendo-o. Desse modo, decorrido o prazo, equivale ao pagamento, de modo que também implica a extinção da punibilidade.

Vale, aqui, uma advertência: sempre que o crédito invocado pelo contribuinte não decorrer de simples equívocos de cálculo ou de pagamento, mas tiver de ser reconhecido pelo Judiciário mediante discussões acerca, por exemplo, da inconstitucionalidade de lei instituidora do tributo ou da ilegalidade de atos normativos com suporte nos quais tenha sido exigido, só poderá ocorrer após o trânsito em julgado da decisão judicial, nos termos do art. 170-A do CTN. Note-se, ainda, que o reconhecimento judicial do direito à compensação, em regra, diz respeito à possibilidade de apurar créditos quanto a determinado tributo e de utilizá-lo para fins de compensação, não implicando a chancela de compensação já realizada. Assim, constitui título que enseja ao contribuinte habilitar o respectivo crédito perante o Fisco e, na sequência, apresentar a declaração de compensação. O trânsito em julgado da sentença favorável, portanto, não implica, por si mesmo, a extinção do crédito tributário, de modo que não tem efeito automático sobre a ação penal. Além disso, se a compensação é declarada pelo contribuinte sem a observância do requisito do trânsito em julgado, resta considerada não declarada, não tendo qualquer efeito extintivo ou suspensivo da exigibilidade do crédito, de modo que também não se lhe poderá atribuir efeito suspensivo da punibilidade.

98. Extinção da punibilidade por transação tributária

A transação é prevenção ou terminação de um litígio mediante concessões mútuas, nos termos do art. 840 do Código Civil. É da sua essência, portanto, que ambas as partes cedam em alguma medida e que, com isso, se coloque fim a um conflito de interesses.

Embora o art. 841 do Código Civil estabeleça que só se permitiria a transação quanto aos direitos patrimoniais de caráter privado, o CTN, que é norma geral de direito tributário com nível de lei complementar, prevê a transação como modo de extinção do crédito tributário.

Dispõe o CTN: "Art. 171. A lei pode facultar, nas condições que estabeleça, aos sujeitos ativo e passivo da obrigação tributária celebrar transação que, mediante concessões mútuas, importe em terminação de litígio e consequente extinção de crédito tributário". E complementa: "Parágrafo único. A lei indicará a autoridade competente para autorizar a transação em cada caso".

A transação, portanto, é possível em matéria tributária, mas depende de lei de cada um dos entes políticos, relativamente aos seus próprios créditos tributários, que, estabelecendo as condições a serem observadas, a autorize.

A Lei n. 13.140/2015, ao incluir o art. 14-A na Lei do Processo Administrativo Fiscal (Decreto n. 70.235/72), permite a submissão do litígio à composição extrajudicial pela Advocacia-Geral da União quando se tratar de créditos tributários da União cujo sujeito passivo seja órgão ou entidade de direito público da administração pública federal. Essa submissão terá o efeito de reclamação para fins de suspensão da exigibilidade do crédito tributário nos termos do art. 151, III, do CTN, conforme determinação expressa do referido art. 14-A.

A Lei n. 13.988/2020, por sua vez, dispõe sobre a transação para a resolução de litígio da União com seus devedores em geral, relativo à cobrança de créditos da Fazenda Pública, inclusive tributários. De pronto, torna inequívoco que a transação é discricionária, sujeita a juízo de oportunidade e conveniência, mas que tem de ser motivada e em atenção ao interesse público. Elenca que a aplicação da lei deve se dar com observância dos princípios da isonomia, da capacidade contributiva, da transparência, da moralidade, da razoável duração dos processos e da eficiência, e, resguardadas as informações protegidas por sigilo, o princípio da publicidade. Há previsão de divulgação dos termos de transação celebrados. Prevê, como modalidades de transação, a realizada por adesão a edital (realizada sempre eletronicamente) ou por proposta individual (com termo próprio assinado pela autoridade). Para transações de alto valor, exige-se autorização ministerial (art. 8º).

Conforme a Lei n. 13.988/2020, a transação importa confissão de dívida e desistência de eventuais defesas administrativas, bem como exige pedido de extinção das ações judiciais.

Ainda no regime da Lei n. 13.988/2020, a transação não pode abranger créditos do Simples enquanto lei complementar não autorizar, tampouco envolver devedor contumaz, conforme definido em lei específica (art. 5º, III). Cabe à Procuradoria-Geral da Fazenda Nacional a transação quanto aos créditos tributários da União, sendo vedada a transação de créditos não inscritos em dívida ativa. A transação não pode implicar redução do montante principal do tributo, devendo versar sobre concessão de descontos em multas, juros e encargos legais relativos a créditos de difícil recuperação, com o oferecimento de prazos de até 84 meses (admitindo-se até 145 meses para pessoa natural, microempresa ou empresa de pequeno porte, instituição de ensino, cooperativas, santas casas de misericórdia e organizações da sociedade civil) e formas de pagamento especiais, oferecimento, substituição ou alienação de garantias ou constrições.

A lei ainda traz capítulos especificando o regime jurídico da transação por adesão no contencioso tributário de relevante e disseminada controvérsia jurídica (Capítulo III) e da transação por adesão no contencioso tributário de pequeno valor, com regras próprias, podendo abranger créditos em discussão na via administrativa, implicar descontos de até 50% do total do crédito e concessão e prazo de até sessenta meses (Capítulo IV).

Os procedimentos, formas e critérios são disciplinados por ato normativo da PGFN.

A Portaria FGNF n. 14.402/2020 estabeleceu as condições para transação excepcional na cobrança da dívida ativa da União em função dos efeitos da pandemia causada pelo coronavírus, Covid-19, na perspectiva de recebimento de créditos inscritos.

Quanto aos possíveis efeitos da transação quanto ao crédito tributário e à punibilidade dos crimes tributários, vale destacar que a Lei n. 13.988/2020 é inequívoca no sentido de que a proposta de transação não suspende a exigibilidade dos créditos e também não implica novação dos créditos. Também prevê que a transação, quando envolva moratória ou parcelamento, tem efeito de suspensão da exigibilidade do crédito tributário, mas que só terá efeito de extinção dos créditos quanto integralmente cumpridos os compromissos assumidos. Efetivamente, a sua previsão como modo de extinção do crédito tributário, no art. 156, III, do CTN, sujeita-se à condição suspensiva do cumprimento integral das condições.

Desse modo, os reflexos da transação na esfera penal não decorrerão automaticamente da formalização da transação propriamente, mas do seu conteúdo e do seu cumprimento. Acordado o parcelamento do débito com descontos, assim que tiver início o seu cumprimento e enquanto perdurar, implicará a suspensão da punibilidade tal como se dá por força dos parcelamentos em geral, com fundamento no art. 83, § 2º, da Lei n. 9.430/96, com a redação da Lei n. 12.382/2011. Adiante, com o cumprimento integral das cláusulas acordadas, teremos a extinção dos créditos tributários respectivos, sendo que a satisfação do tributo nos termos acordados implicará a extinção da punibilidade por aplicação analógica do dispositivo legal que diz que esse é o efeito do pagamento, ou seja, do art. 9º, § 2º, da Lei n. 10.684/2003.

99. Extinção da punibilidade por remissão do crédito tributário

A remissão de crédito tributário depende de lei específica que a tenha como objeto normativo exclusivo ou que a estabeleça ao cuidar do tributo a que se refere, nos termos do art. 150, § 6º, da CF.

Não se trata de medida comum, até porque implica renúncia de receita e, como tal, deve estar acompanhada de estimativa do impacto orçamentário-financeiro, dentre outros cuidados, nos termos do art. 14 da LC n. 101/2000, Lei de Responsabilidade Fiscal.

Conforme o art. 172 do CTN, a lei pode autorizar a autoridade administrativa a conceder, por despacho fundamentado, remissão total ou parcial do crédito tributário, atendendo à situação econômica do sujeito passivo, ao erro ou ignorância escusáveis do sujeito passivo, quanto a matéria de fato, à diminuta importância do crédito tributário, a considerações de equidade, em relação com as características pessoais ou materiais do caso ou, ainda, a condições peculiares a determinada região do território da entidade tributante. Seu parágrafo único ainda remete ao art. 155, que refere a revogação de ofício "sempre que se apure que o beneficiado não satisfazia ou deixou de satisfazer as condições ou não cumprira ou deixou de cumprir os requisitos para a concessão do favor, cobrando-se o crédito acrescido de juros de mora".

A LC n. 160/2017 dispõe sobre convênio que permite aos Estados e ao Distrito Federal deliberar sobre a remissão dos créditos tributários, constituídos ou não, decorrentes das isenções, dos incentivos e dos benefícios fiscais ou financeiro-fiscais concedidos no âmbito da guerra fiscal, em desacordo com o disposto na alínea g do inciso XII do § 2º do art. 155 da Constituição Federal. Ensejou deliberação a esse respeito com quórum para aprovação de dois terços das unidades federadas, com pelo menos um terço das unidades de cada região do país. Sobreveio, então, o Convênio ICMS 190/2017, dispondo sobre a referida remissão.

Lembre-se que as multas podem ser classificadas, quanto à sua autonomia, em dependentes ou isoladas. Há infrações que pressupõem o não pagamento de tributo (atraso, omissão ou sonegação), e outras que independem de qualquer obrigação principal, tendo como pressuposto o descumprimento de obrigações acessórias. No primeiro caso, o lançamento e/ou a cobrança da multa costuma ser realizado juntamente com o respectivo tributo; no caso das isoladas, é lançada e cobrada apenas a multa. Já não sendo devido o principal, porquanto objeto de remissão, não haverá que se falar na cobrança da respectiva multa. E teremos um efeito de purga também quanto à infração penal.

FERREIRA NETO ensina que a lei concessiva de perdão deve ser "interpretada como um ato público de restauração da ordem por meio de uma 'cura' dos erros cometidos no passado, assumindo assim uma função quase catártica". E prossegue dizendo que perdoar por ilícitos cometidos por cidadãos brasileiros no passado parte "de um juízo político promovido, conjuntamente, pelo Executivo e pelo Legislativo, não cabendo aos operadores do direito avaliar propriamente a sua conveniência ou oportunidade, mas tão-somente sua conformidade constitucional no que se refere à sua extensão, aos seus requisitos e ao seu modo de implementação". Ainda: "Rancor e desprezo representam atitudes internas que podem inviabilizar o próprio ato de perdoar, na medida em que o rancor indica certa sensação de mágoa, a qual não permite esquecer o passado, jamais viabilizando o reparo social que a anistia visa a implementar, e o desprezo revela falha ou ausência de reconhecimento do indivíduo, o qual é tido como indigno de ser perdoado"[51]. Mas é instituto de rara aplicação no direito tributário. Quando da instituição do programa de regularização de ativos mantidos no exterior, a Lei n. 13.254/2016 oportunizou o pagamento de imposto de renda de 15% e de multa com a contrapartida da remissão de outros créditos relativos ao próprio imposto de renda e a outros tributos que pudessem vir a ser lançados, bem como a anistia de multas e também penal.

100. Extinção da punibilidade pela decadência do direito de lançar

A decadência se dá com o decurso do prazo de cinco anos para que o Fisco constitua o crédito tributário através do lançamento. Esse prazo é contado da data do fato gerador, no caso dos tributos sujeitos a lançamento por homologação (art. 150, § 4º, do CTN), ou do primeiro dia do exercício seguinte para os tributos sujeitos a lançamento de ofício (art. 173, I, do CTN). A decadência tem efeito de extinção do crédito tributário por força do art. 156, V, do CTN. Por certo que há muitos detalhes envolvendo a matéria, cujo tratamento completo pode ser encontrado nas nossas obras *Curso de direito tributário completo* e *Constituição e Código Tributário comentados à luz da doutrina e da jurisprudência*.

O que nos cabe analisar, no momento, é se poderíamos vislumbrar na decadência efeito extintivo também da punibilidade dos crimes contra a ordem tributária. A questão, embora pudesse apresentar alguma complexidade, sequer guarda maior relevância.

Isso porque, no descaminho, as apreensões costumam ocorrer em zona aduaneira primária, de modo que as mercadorias sequer ingressam no território nacional, não chegando a se aperfeiçoar a importação para fins tributários. As mercadorias são submetidas à pena de perdimento e não cabe lançamento dos tributos. Não é por acaso que a ação penal por descaminho independe de prévio lançamento dos tributos potencialmente devidos na importação.

Quanto aos crimes de sonegação, a ação penal depende da implementação de condição objetiva de punibilidade, qual seja, a constituição definitiva do crédito tributário, forte na Súmula Vinculante 24 do STF. Ocorrendo a decadência tributária, o Fisco perde a possibilidade de praticar o ato de lançamento, o que impede a implementação da condição imposta pela súmula vinculante. Não haverá, portanto, ação penal.

Relativamente aos crimes de apropriação indébita, são crimes formais, de modo que a constituição do crédito tributário desimporta. De qualquer modo, normalmente, o crédito é constituído pelo próprio contribuinte através de declarações que cumprem

---

51. FERREIRA NETO, Arthur M.; PAULSEN, Leandro. *A Lei de "Repatriação"*: regularização cambial e tributária de ativos mantidos no exterior e não declarados às autoridades brasileiras. São Paulo: Quartier Latin, 2016, p. 21-22.

função formalizadora do crédito tributário, nos termos da Súmula 436 do STJ, nem se havendo de falar em decadência.

101. Extinção da punibilidade pela prescrição da ação para execução do crédito tributário

A prescrição tributária é regulada pelo art. 174 do CTN. Diz respeito ao prazo para a cobrança do crédito tributário, que é feita pelo Fisco através de execução fiscal. O prazo é de cinco anos para todos os tributos, contados da constituição definitiva do crédito tributário. Conta-se a prescrição da constituição definitiva do crédito tributário, o que se dá com o reconhecimento do débito pelo contribuinte em declarações prestadas ao Fisco (Súmula 436 do STJ) ou com o lançamento realizado pela autoridade fiscal (arts. 142 e seguintes do CTN) não mais sujeito a recurso na esfera administrativa. Assim, quanto aos valores declarados ou confessados, considera-se definitivamente formalizado o crédito tributário no momento mesmo da apresentação da declaração, sendo que "o prazo prescricional tem início a partir da data em que tenha sido realizada a entrega da declaração do tributo e escoado o prazo para pagamento espontâneo"[52]. A suspensão do prazo prescricional ocorre por força da própria suspensão da exigibilidade do crédito tributário, nas hipóteses do art. 151 do CTN: moratória, depósito do montante integral, impugnação e recurso administrativo, liminar em mandado de segurança, liminar ou antecipação de tutela em outras ações, parcelamento. Isso porque, suspensa a exigibilidade, resta afastado um dos requisitos para a execução, que pressupõe título certo, líquido e exigível. A interrupção do prazo prescricional dá-se nas hipóteses do art. 174, parágrafo único, do CTN, sendo, a principal, "despacho do juiz que ordena a citação" na execução fiscal, que retroage a dada da propositura, nos termos da jurisprudência[53] e do art. 802, parágrafo único, do novo CPC (Lei n. 13.105/2015)[54]. Ocorrida a prescrição, extingue-se o crédito tributário, forte no art. 156, V, do CTN.

Há quem alegue que a prescrição tributária, por produzir o mesmo efeito extintivo do crédito tributário que o pagamento, nos termos do art. 156 do CTN, acabaria por implicar o desaparecimento do objeto material do crime e a extinção da punibilidade, enquanto outros sustentam que os pressupostos de fato do tributo e do crime são distintos, descabendo aplicar, automaticamente, as normas que regem a extinção do tributo ao crime[55].

....
52. STJ, REsp 1.155.127.
53. STJ, Primeira Seção, REsp 1120295, 2010.
54. STJ, AgInt nos EDcl no REsp 1505521, 2018.
55. ANDRADE FILHO, Edmar Oliveira. *Direito penal tributário*: crimes contra a ordem tributária e contra a previdência social. 7. ed. São Paulo: Atlas, 2015, p. 140.

Há de se referir, ainda, que a equiparação da prescrição ao pagamento, para efeitos penais, encontra óbice na diferença entre esses institutos. No caso de prescrição, a supressão ou redução de tributos ganha definitividade, porquanto o crédito já não mais será exigível pela Administração. Em vez de purgar, de depurar, de limpar, eterniza o dano impingido ao erário.

O pagamento do crédito lançado de ofício, por sua vez, implica satisfação do crédito e submissão à sanção administrativa, recompondo a ordem tributária. O cenário é absolutamente diverso. Aqui, sim, temos a purga da infração, aqui sim o contribuinte fica quite, liberado, em situação regular.

Aliás, a prescrição não guarda paralelo com nenhuma das demais causas de extinção do crédito tributário estabelecidas pelo art. 156 do CTN. Na compensação, na conversão de depósito em renda, na consignação em pagamento e na dação de imóveis em pagamento, assim como no pagamento de tributo mediante notificação ou sujeito a homologação, temos a satisfação do crédito tributário. Com a transação, faz-se um acordo para a terminação do litígio entre as partes, com a satisfação do crédito na dimensão e no modo acordados. Na remissão, há perdão do débito. Na decadência, perde-se a possibilidade de formalizar e constituir o crédito, de modo que jamais se terá certeza quanto à sua existência e ao seu montante nem se poderá aplicar penalidade administrativa por suposta infração. Nas decisões administrativa ou judicial definitivas, temos a eficácia desconstitutiva do crédito tributário.

O fato de a prescrição, ao lado de diversas outras causas, implicar a extinção do crédito tributário, portanto, não é suficiente para que se lhe atribua também o efeito extintivo da punibilidade dos crimes contra a ordem tributária. Não há dispositivo legal que determine a extinção da punibilidade pela prescrição tributária, tampouco revela características semelhantes ao pagamento, de modo que se lhe pudesse atribuir os mesmos efeitos jurídico penais.

102. Extinção da punibilidade pela anistia na regularização cambial e tributária da Lei n. 13.254/2016

O art. 107, II, do Código Penal dispõe que se extingue a punibilidade pela anistia.

"A anistia é o ato legislativo pelo qual o Estado renuncia ao poder-dever de punir o autor do crime, atendendo a razões de necessidade ou conveniência política". É "atribuição do Congresso Nacional, com a sanção do Presidente da República (CF, art. 48, VIII)", conforme nos ensina DOTTI[56]. Segue o autor dizendo que a anistia é causa

---

56. DOTTI, René Ariel. *Curso de direito penal*: parte geral. 6. ed. São Paulo: Thomson Reuters Brasil, 2018, p. 937.

extintiva da punibilidade de "caráter mais abrangente que o indulto e a graça, posto que se destina a fazer desaparecer o caráter reprovável do fato punível e a perdoar os seus autores, impedindo o reconhecimento da reincidência quanto aos ilícitos futuros"[57]. Conforme SILVA, "é dirigida a fatos puníveis, e não a pessoas", sendo que: "Em virtude de a anistia elidir o próprio fato punível, ficam afastados quaisquer feitos penais"[58].

A Lei n. 13.254/2016 instituiu o Regime Especial de Regularização Cambial e Tributária (RERCT) de recursos, bens ou direitos de origem lícita, não declarados ou declarados incorretamente, remetidos, mantidos no exterior ou repatriados por residentes ou domiciliados no País[59]. Esse regime foi aplicável aos residentes ou domiciliados no País em 31 de dezembro de 2014 que tivessem sido ou ainda fossem proprietários ou titulares de ativos, bens ou direitos até tal data.

A regularização deu-se mediante declaração dos ativos, com o pagamento de 30% aos cofres públicos (15% a título de imposto de renda e outro tanto de multa).

Como efeito jurídico, em contrapartida à adesão, a Lei n. 13.254/2016 estabeleceu a remissão de outros tributos porventura devidos e anistia de outras multas administrativas e administrativo-tributárias. A par disso, implicou a extinção da punibilidade de diversos crimes, como os crimes materiais contra a ordem tributária do art. 1º da Lei n. 8.137/90, os crimes formais contra a ordem tributária do art. 2º, I, II e V, da Lei n. 8.137/90, e o crime de sonegação de contribuições previdenciárias previsto no art. 337-A do Código Penal. Também restaram anistiados os crimes de evasão de divisas, bem como de lavagem de dinheiro relativos aos valores sonegados, além dos crimes de falso que tivessem sido praticados como crimes-meio.

A Lei n. 13.428/2017 reabriu, por 120 dias, o prazo para adesão ao RERCT, permitindo a regularização do patrimônio mantido no exterior até junho de 2016, com o pagamento de 15% de IR, mais 135% de multa, o que resulta no pagamento de 35,25% sobre o patrimônio regularizado. Ensejou que mesmo aquele que aderira em 2016, com suporte na Lei n. 13.254/2016, pudesse aderir novamente, complementando sua declaração pelas novas regras. A regulamentação deu-se pela INRFB 1.704/2017, e o prazo para adesão findou em 31 de julho de 2017.

---

57. DOTTI, René Ariel. *Curso de direito penal*: parte geral. 6. ed. São Paulo: Thomson Reuters Brasil, 2018, p. 938.
58. SILVA, Ângelo Roberto Ilha da. *Curso de direito penal*: parte geral. Porto Alegre: Livraria do Advogado, 2020, p. 492.
59. *Vide*: FERREIRA NETO, Arthur M.; PAULSEN, Leandro. *Lei da repatriação*: regime especial de regularização cambial e tributária. São Paulo: Quartier Latin, 2016. *Vide* também: HARADA, Kiyoshi. Lei de repatriação: breves comentários. *RET* 112, p. 9, nov./dez. 2016; TORRES, Luís Carlos Dias; FALAVIGNA, Leandro; BUENO, Fernanda Petiz Melo. Por que repatriar ou regularizar recursos não declarados de origem lícita. *RET* 112, p. 21, nov./dez. 2016.

Trata-se de uma anistia condicionada. Tendo ocorrido a adesão ao regime por quem preenchia seus requisitos e tenha efetuado o pagamento do imposto e da multa, não haverá que se falar em oferecimento de denúncia ou no prosseguimento de ação penal relativamente aos crimes elencados, relacionados aos valores repatriados.

103. Transação penal

A transação penal constitui negócio jurídico processual previsto na Lei dos Juizados Especiais Cíveis e Criminais, a Lei n. 9.099/95, aplicável também no âmbito dos juizados federais, disciplinados pela Lei n. 10.259/2001. Seu art. 76 estabelece que "o Ministério Público poderá propor a aplicação imediata de pena restritiva de direitos ou multas" e que, "acolhendo a proposta do Ministério Público aceita pelo autor da infração, o Juiz aplicará a pena restritiva de direitos ou multa, que não importará em reincidência, sendo registrada apenas para impedir novamente o mesmo benefício no prazo de cinco anos". Não é admitido acordo quando comprovado "ter sido o autor da infração condenado, pela prática de crime, à pena privativa de liberdade, por sentença definitiva", "ter sido o agente beneficiado anteriormente, no prazo de cinco anos, pela aplicação de pena restritiva ou multa, nos termos deste artigo" e "não indicarem os antecedentes, a conduta social e a personalidade do agente, bem como os motivos e as circunstâncias, ser necessária e suficiente a adoção da medida".

Esse instituto tem caráter pré-processual e evita a ação penal por crime de menor potencial ofensivo, com pena máxima de dois anos. Terá lugar, portanto, em face dos crimes formais contra a ordem tributária de que cuida o art. 2º da Lei n. 8.137/90, aos quais é cominada pena de detenção de seis meses a dois anos e multa.

104. Acordo de não Persecução Penal

O Acordo de não *Persecução Penal* (ANPP) constitui inovação legislativa trazida pela Lei n. 13.964/2019, que acrescentou o art. 28-A ao CPP.

Pressupõe pena mínima inferior a quatro anos, o que abrange todo e qualquer crime tributário, porquanto tanto os tipos do art. 1º da Lei n. 8.137/90 como os dos arts. 168-A e 337-A do CP têm pena mínima de dois anos.

O ANPP, dentre outros detalhes, pressupõe investigado que não seja reincidente nem criminoso habitual e que tenha confessado formal e circunstancialmente a prática de infração penal praticada sem violência nem grave ameaça sujeita a pena mínima inferior a quatro anos. Pressupõe, ainda, acordo com o Ministério Público mediante o qual o investigado confesso se comprometa a reparar o dano, renunciar aos instrumentos, produto e proveito do crime, prestar serviço, pagar prestação pecuniária e cumprir outra condição que seja indicada. Assim, homologado o acordo pelo juízo, estabelece que não será oferecida a denúncia, não se convertendo, portanto, o investigado em denunciado. O conteúdo do art. 28-A revela, com isso, a introdução de um negócio jurídico processual realizado na fase investigatória capaz de obstar o oferecimento de denúncia (efeito imediato de não persecução) e a potencial futura aplicação da pena cominada no tipo penal (efeito mediato despenalizante).

O acordo costuma ter lugar nos autos do inquérito policial. Quando concluído, se estaria no momento de oferecimento da denúncia pelo Ministério Público. Nos crimes tributários, porém, em regra, não se tem a necessidade de instaurar inquérito policial, porquanto o conhecimento do crime pelo Ministério Público ocorre, ordinariamente, mediante representação fiscal para fins penais que lhe é encaminhada pelo Fisco. Desse modo, e considerando que o acordo pressupõe confissão e que deve ser homologado judicialmente, caberá ao Ministério Público peticionar em juízo, formalizando proposta de acordo antes do oferecimento da denúncia, proposta essa que deverá conter a obtenção da confissão e as condições de reparação do dano, de prestação de serviços, pagamento de prestação pecuniária e cumprimento de outra condição proporcional e compatível com a infração penal imputada, cumulativa ou alternativamente. O MPF não está obrigado ao oferecimento do acordo quando considerá-lo insuficiente para a reprovação e prevenção do crime, como nos casos em que há grandes fraudes ou grave dano à comunidade evidenciado pela dimensão da sonegação.

Proposto e aceito o acordo, obstará o oferecimento da denúncia. *Há precedentes admitindo a realização do ANPP no curso da ação penal, inclusive quando já em sede de recurso.* Mas a Primeira Turma do STF é firme no sentido de que "Acordo de não Persecução Penal (ANPP) aplica-se a fatos ocorridos antes da Lei n. 13.964/2019, desde que não recebida a denúncia"; após a denúncia, descabe[60]. O TRF4 também já decidiu que "só pode ser realizado antes do oferecimento da denúncia, evitando a própria ação penal"[61], e vem assentando, na linha do entendimento do STF, que "a finalidade do acordo de não persecução penal é evitar que se inicie o processo, não havendo lógica em se discutir a composição após o oferecimento da denúncia ou da prolação da sentença"[62].

Este novo negócio jurídico processual, o ANPP, tem o potencial de abarcar a grande maioria dos crimes e pode cumprir seu papel despenalizante também quanto aos crimes contra a ordem tributária.

105. Suspensão condicional do processo

Os crimes formais contra a ordem tributária de que trata o art. 2º da Lei n. 8.137/90 tem pena cominada de seis meses a dois anos. Para esses crimes, pode ter lugar a

---

60. STF, HC 190855 AgR, 2021.
61. TRF4, Quarta Seção, ENUL 5002963-70.20217.4.04.7106, 2021.
62. TRF4, ACR 5052586-87.2018.4.04.7100, 2021.

aplicação do instituto da suspensão condicional do processo, disciplinado pelo art. 89 da Lei n. 9.099/95.

Ao oferecer a denúncia, o Ministério Público pode propor a suspensão do processo, por dois a quatro anos, "desde que o acusado não esteja sendo processado ou não tenha sido condenado por outro crime" e de que presentes os requisitos do art. 77, ou seja, que não seja reincidente em crime doloso, que a culpabilidade, os antecedentes, a conduta social e a personalidade do agente, bem como os motivos e as circunstâncias autorizem a concessão do benefício e que não seja indicada ou cabível a substituição da pena privativa de liberdade por restritivas de direitos nos termos do art. 44 do Código.

Aceita a proposta, o acusado é submetido ao período de prova sob as condições de reparar o dano, não frequentar determinados lugares, não se ausentar da comarca onde reside sem autorização do juiz e comparecer mensalmente em juízo para informar e justificar suas atividades.

Decorrido o período de prova sem revogação, o juiz declara extinta a punibilidade.

106. Substituição das penas privativas de liberdade por restritivas de direitos

Outro modo de mitigar a dureza da resposta penal é a substituição das penas privativas de liberdade por restritivas de direitos, nos termos dos arts. 43 e 44 do Código Penal.

É o caso da grande maioria das condenações por crimes contra a ordem tributária. Como a pena cominada aos crimes materiais contra a ordem tributária e ao crime de apropriação indébita tributária é de dois a cinco anos, a pena aplicada dificilmente desborda dos dois anos e pouco, três anos. É que qualquer afastamento do mínimo legal, seja em razão da negativação de circunstâncias judiciais (primeira fase da dosimetria), da aplicação de agravantes (segunda fase da dosimetria) ou de majorantes (terceira fase da dosimetria) tem de ser fundamentada e se dá em pequenas frações.

O juiz, na própria sentença, ao aplicar pena privativa de liberdade de até quatro anos, considerando que o crime não foi cometido com violência ou grave ameaça, que o réu não é reincidente em crime doloso e que a culpabilidade, os antecedentes, a conduta social e a personalidade do condenado, bem como os motivos e as circunstâncias indicam que a substituição seja suficiente, procede à substituição da pena privativa de liberdade pelas chamadas penas restritivas de direitos. Normalmente, a privação de liberdade é substituída por duas penas restritivas de direitos consistentes: uma em prestação de serviços à comunidade (uma hora por dia); e outra em uma prestação pecuniária, que não se confunde com a pena de multa do ponto de vista do seu regime jurídico, que aponta para destinação distinta, mas que, na prática, constitui outro montante a ser suportado pelo condenado. Com isso, o cárcere fica afastado.

107. Suspensão condicional da pena

Regulada pelos arts. 77 a 82 do Código Penal, a suspensão condicional da pena – ou *sursis*, na sua designação francesa – é "um substitutivo penal, em que remanesce a condenação, mas cuja execução é afastada mediante o cumprimento de determinadas condições durante certo período de tempo, ao cabo do qual é extinta a punibilidade (ou a pena privativa de liberdade)"[63]. Frise-se que, por força do art. 80 do Código Penal, a suspensão não se estende às penas restritivas de direitos nem à multa, e que, nos termos do art. 82, seu efeito, expirado o prazo, é a extinção da pena privativa de liberdade.

O instituto enseja a suspensão da execução da pena privativa de liberdade não superior a dois anos ou, por exceção, a quatro anos, nesse caso se o condenado for maior de setenta anos de idade ou as razões de saúde a justificarem.

Em regra, portanto, no caso dos crimes materiais contra a ordem tributária, só alcança as condenações à pena mínima, na medida em que, à sonegação de tributos em geral (art. 1º da Lei n. 8.137/90) e de contribuições previdenciárias (art. 337-A), é cominada pena de dois a cinco anos. Também nesse patamar é a pena prevista para a apropriação indébita previdenciária (art. 168-A do CP). A apropriação indébita de tributos em geral (art. 2º, II, da Lei n. 8.137/90) e dos demais crimes formais contra a ordem tributária é que tem penas cominadas menores, de seis meses a dois anos, ensejando a transação penal para evitar o próprio trâmite da ação penal.

A suspensão da pena, de qualquer modo, pressupõe que o condenado não seja reincidente em crime doloso, que a culpabilidade, os antecedentes, a conduta social e a personalidade do agente, bem como os motivos e as circunstâncias autorizem a concessão do benefício e que não seja indicada ou cabível a substituição da pena privativa de liberdade por restritivas de direitos nos termos do art. 44 do Código.

Durante o período de suspensão, de dois a quatro anos, o condenado fica sujeito à observação e ao cumprimento das condições estabelecidas pelo Juiz, nos termos do art. 78 do Código Penal, sendo que, no primeiro ano, deverá prestar serviços à comunidade ou submeter-se à limitação de fim de semana, salvo quando tiver reparado o dano, hipótese em que poderá, no primeiro ano, submeter-se, apenas, à proibição de frequentar determinados lugares, proibição de ausentar-se da comarca onde reside sem autorização do juiz e comparecimento mensal a juízo para informar e justificar suas atividades.

---

63. SILVA, Ângelo Roberto Ilha da. *Curso de direito penal*: parte geral. Porto Alegre: Livraria do Advogado, 2020, p. 464.

Capítulo 14

Crime de Lavagem de Dinheiro da Sonegação

108. Lavagem de dinheiro do produto da sonegação ou da apropriação indébita tributárias

Lei n. 9.613/98, com a redação da Lei n. 12.683/2012
CAPÍTULO I
Dos Crimes de "Lavagem" ou Ocultação de Bens, Direitos e Valores
Art. 1º Ocultar ou dissimular a natureza, origem, localização, disposição, movimentação ou propriedade de bens, direitos ou valores provenientes, direta ou indiretamente, de infração penal.
Pena – reclusão, de 3 (três) a 10 (dez) anos, e multa.
§ 1º Incorre na mesma pena quem, para ocultar ou dissimular a utilização de bens, direitos ou valores provenientes de infração penal:
I – os converte em ativos lícitos;
II – os adquire, recebe, troca, negocia, dá ou recebe em garantia, guarda, tem em depósito, movimenta ou transfere;
III – importa ou exporta bens com valores não correspondentes aos verdadeiros.
§ 2º Incorre, ainda, na mesma pena quem:
I – utiliza, na atividade econômica ou financeira, bens, direitos ou valores provenientes de infração penal;
II – participa de grupo, associação ou escritório tendo conhecimento de que sua atividade principal ou secundária é dirigida à prática de crimes previstos nesta Lei.
§ 3º A tentativa é punida nos termos do parágrafo único do art. 14 do Código Penal.
§ 4º A pena será aumentada de um a dois terços, se os crimes definidos nesta Lei forem cometidos de forma reiterada ou por intermédio de organização criminosa.
§ 5º A pena poderá ser reduzida de um a dois terços e ser cumprida em regime aberto ou semiaberto, facultando-se ao juiz deixar de aplicá-la ou substituí-la, a qualquer tempo, por pena restritiva de direitos, se o autor, coautor ou partícipe colaborar

espontaneamente com as autoridades, prestando esclarecimentos que conduzam à apuração das infrações penais, à identificação dos autores, coautores e partícipes, ou à localização dos bens, direitos ou valores objeto do crime.

O tormento da interseção dos direitos penal e tributário ganha destaque na questão da potencial aplicação do tipo de lavagem de dinheiro[1] tendo como antecedente um crime tributário.

O chamado crime de "lavagem de dinheiro" ou "lavagem de capitais" tutela a administração da justiça. Tipificado no art. 1º da Lei n. 9.613/98, com a redação da Lei n. 12.683/2012, consiste em ações que envolvem o produto ou o proveito de infrações penais antecedentes de modo a mantê-los a salvo do conhecimento pelas autoridades[2]. Visa a punir condutas que, ocultando ou dissimulando o produto ou o proveito de outros crimes, dificultam a sua percepção e a respectiva persecução penal.

Conforme FONSECA, "se considerarmos que o crime de lavagem de capitais, de algum modo, camufla o produto de infrações penais anteriormente praticadas, é verdade que o crime em discussão dificulta a ação ou aparato judicial organizado para aplicar a lei penal em relação aos crimes antecedentes", violando "a administração da justiça"[3]. Conforme o STF, "a dissimulação ou ocultação da natureza, origem, localização, disposição, movimentação ou propriedade dos proveitos criminosos desafia censura penal autônoma, para além daquela incidente sobre o delito antecedente"[4].

BALTAZAR JUNIOR recorda que "a criação desse tipo penal parte da ideia de que o agente que busca proveito econômico na prática criminosa precisa disfarçar a origem

---

1. O nome deste crime chama a atenção por envolver uma metáfora. Encontra-se mais de uma explicação para o nome "lavagem de dinheiro". Há quem entenda que dar aparência de licitude ao produto do crime, que é dinheiro sujo, corresponderia a lavá-lo. Outros atribuem o nome ao fato de que o criminoso Al Capone dissimulava a origem ilícita do produto dos crimes que praticava, entre os quais a venda de bebidas alcoólicas durante a Lei Seca e exploração da prostituição e do jogo, fazendo-o passar por faturamento de uma rede de lavanderias e, assim, "lavando" o dinheiro para livrá-lo da sua origem criminosa e poder utilizá-lo como se lícito fosse.
2. O legislador objetivou "impedir que se obtivesse proveito a partir de recursos oriundos de crimes" (STF, AP 470, rel. min. Joaquim Barbosa, Tribunal Pleno, 2012). Na lavagem de dinheiro, oculta-se ou dissimula-se a natureza, a origem, a localização, a disposição, a movimentação ou a propriedade de bens, direitos ou valores provenientes de infração penal para resguardar a sua fruição pelo próprio agente do crime antecedente. Na receptação, diferentemente, alguém adquire, recebe, transporta, conduz ou oculta, em proveito próprio ou alheio, coisa que sabe ser produto de crime, ou influi para que terceiro, de boa-fé, a adquira, receba ou oculte. No favorecimento real, alguém presta auxílio ao criminoso para tornar seguro o proveito do crime.
3. FONSECA, Pedro H. C. Do bem jurídico nos crimes de lavagem de dinheiro: uma abordagem dogmática. *In*: ESPIÑEIRA, Bruno; CHIETTI, Rogério Cruz; REIS JÚNIOR, Sebastião (org.). *Crimes federais*. 2. ed. Belo Horizonte: D'Plácido, 2016, p. 532.
4. STF, AP 470 El-décimos segundos, Tribunal Pleno, 2014.

dos valores, ou seja, desvincular o dinheiro da sua procedência delituosa e conferir-lhe uma aparência lícita a fim de poder aproveitar os ganhos ilícitos"[5].

Os verbos nucleares do tipo penal de lavagem de dinheiro são ocultar ou dissimular. Ocultar é esconder, agir para que não seja notado, visto ou descoberto. Dissimular também implica ocultação, encobrimento, mas através de uma conduta que faz parecer outra coisa. Quando se descobre a ocultação ou a dissimulação, encontra-se o produto do crime anterior, levanta-se o véu que encobria a prática criminosa, tornando-a desnuda, aparente, acessível.

A ocultação ou dissimulação, no tipo penal em questão, diz respeito à natureza, origem, localização, disposição, movimentação ou propriedade de bens, direitos ou valores provenientes de infração penal. Ou seja, implica esconder o que é, de onde proveio, onde está, sua disponibilidade, mudança ou transferência de lugar, titularidade. Ou dissimular, dando a impressão de que é outra coisa, de que tem outra fonte, de que está em outro lugar, de que não se tem a disponibilidade, de que não se moveu ou de que não se é proprietário ou titular. O crime de lavagem de dinheiro tem autonomia frente ao crime antecedente. Trata-se de outra conduta, com outro objetivo, violando outro bem jurídico.

O crime de lavagem de dinheiro, muitas vezes, é complexo, envolvendo fases sucessivas em que o produto do crime é dissimulado, transformado e reinserido na economia com aparência de licitude[6]. Mas a sua configuração independe de toda essa complexidade. É importante observar que se trata de crime de ação múltipla, configurando-se em face de condutas por vezes muito simples. Basta uma das ações previstas no tipo penal para a sua configuração. O STF já decidiu que "não reclama nem êxito definitivo da ocultação, visada pelo agente, nem o vulto e a complexidade dos exemplos de requintada 'engenharia financeira' transnacional, com os quais se ocupa a literatura"[7]. FONSECA também destaca: "O crime de lavagem de capitais não exige, para ser caracterizado, vultosas quantias envolvidas, ou mesmo complexidade de operações"[8].

....

5. BALTAZAR JUNIOR, José Paulo. *Crimes federais*. 10. ed. São Paulo: Saraiva, 2015, p. 1088.
6. O STF, seguindo as lições da doutrina, já distinguiu três fases do processo de lavagem de dinheiro, muitas vezes presentes nessas situações: "O delito de lavagem de dinheiro consoante assente na doutrina norte-americana (*money laundering*), caracteriza-se em três fases. A saber: a primeira é a da 'colocação' (*placement*) dos recursos derivados de uma atividade ilegal em um mecanismo de dissimulação da sua origem, que pode ser realizado por instituições financeiras, casas de câmbio, leilões de obras de arte, entre outros negócios aparentemente lícitos. Após, inicia-se a segunda fase, de 'encobrimento', 'circulação' ou 'transformação' (*layering*), cujo objetivo é tornar mais difícil a detecção da manobra dissimuladora e o descobrimento da lavagem. Por fim, dá-se a 'integração' (*integration*) dos recursos a uma economia onde pareçam legítimos" (STF, AP 470 EI-décimos segundos, Tribunal Pleno, 2014).
7. STF, RHC 80816, 2001.
8. FONSECA, Pedro H. C. Do bem jurídico nos crimes de lavagem de dinheiro: uma abordagem

Mas o ponto a ser destacado e que é decisivo para a análise das pretensões de aplicação da lavagem de dinheiro no contexto dos crimes contra a ordem tributária é a questão de que tal crime de lavagem de dinheiro sempre pressupõe uma infração antecedente ou principal e, por isso, é considerado um crime derivado.

Inicialmente, o crime de lavagem de dinheiro estava circunscrito, por lei, ao produto de crimes arrolados em um rol *numerus clausus*, como o tráfico de drogas e o terrorismo. Posteriormente, esse rol foi aumentado, e, finalmente, o tipo penal passou a ser aberto mediante a simples referência ao produto de infração penal antecedente. O STJ concedeu, em parte, ordem de *habeas corpus* para rejeitar denúncia por suposta lavagem do produto de crime tributário praticada anteriormente a 9-7-2012, quando havia rol taxativo de crimes antecedentes e os crimes tributário dele não constavam, mas denegou a ordem quanto às supostas lavagens praticadas posteriormente, imputadas com relação a crimes tributários considerados antecedentes[9].

É certo que não há mais a restrição legal da lavagem a qualquer rol de crimes antecedentes: o tipo, na sua redação atual, refere, genericamente, "infração penal" antecedente, o que, potencialmente, abrange qualquer crime ou contravenção[10]. Mas o fato de o legislador já não circunscrever a lavagem a um rol exaustivo de crimes antecedentes não implica a conclusão de que qualquer crime possa ser antecedente do crime de lavagem de dinheiro. Isso por uma questão lógica e, portanto, inafastável, se buscamos um raciocínio válido e coerente. A lavagem de dinheiro pressupõe o que lavar; pressupõe, conforme expresso no *caput* do art. 1º da Lei n. 9.613/98, "bens, direitos ou valores provenientes, direta ou indiretamente, de infração penal". Proveniente é o "que provém; oriundo, procedente"[11]. Provir é "Ter origem, derivar, proceder"[12]. Assim, só se presta como infração penal antecedente ao crime de lavagem aquela que gere para o agente bens, direitos ou valores a serem objeto de manobras de ocultação ou dissimulação.

Esses bens, direitos ou valores provenientes direta ou indiretamente de infração penal são o produto ou o proveito do crime. Os produtos do crime, ou seja, "*producta sceleris* – são os objetos, bens, valores, dinheiro ou qualquer outra coisa que represente proveito direta ou indiretamente derivado da ação criminosa (por exemplo [...] os imóveis

---

     dogmática. *In*: ESPIÑEIRA, Bruno; CHIETTI, Rogério Cruz; REIS JÚNIOR, Sebastião (org.). *Crimes federais*. 2. ed. Belo Horizonte: D'Plácido, 2016, p. 527.

9. STJ, AgInt no AREsp 1198334, 2018.
10. Nossa legislação atual, assim, caracteriza-se entre as chamadas de "terceira geração": criminaliza a lavagem não apenas do produto de um único crime definido por lei, tampouco de um rol delimitado de crimes, mas de qualquer crime.
11. FERREIRA, Aurélio Buarque de Holanda. *Novo Dicionário Aurélio da Língua Portuguesa*. 4. ed. Curitiba: Positivo, 2009, p. 1649.
12. FERREIRA, Aurélio Buarque de Holanda. *Novo Dicionário Aurélio da Língua Portuguesa*. 4. ed. Curitiba: Positivo, 2009, p. 1650.

adquiridos com o dinheiro obtido mediante peculato [...])"[13]. Trata-se "daquilo que foi diretamente conquistado com a prática delituosa, tais como o dinheiro subtraído [...]. Além do produto, é possível que o delinquente converta em outros bens ou valores o que auferiu por conta do crime, dando margem ao confisco. Nesse caso, fala-se no proveito do crime"[14]. Na lição de BADARÓ, ao produto direto, ou simplesmente, produto da infração, "corresponde o resultado útil imediato da operação delinquencial", como, por exemplo, o veículo furtado ou um dinheiro roubado. Já ao produto indireto, também chamado de "provento da infração ou proveito do crime, corresponde o resultado útil mediato da operação delinquencial", isto é, o benefício obtido pelo delinquente decorrente da utilização ou transformação econômica do produto direto do crime. Continuando no exemplo anterior, seria o numerário obtido com a venda do veículo furtado, bem assim o imóvel comprado com o dinheiro roubado[15]. ESTELLITA e HORTA seguem o mesmo raciocínio: "Bens diretamente provenientes (*producta sceleris*) da infração correspondem ao seu produto propriamente dito (produto direto). São aqueles cuja disposição resulta imediatamente da conduta típica, como o que é dado em pagamento pela venda de droga ou o que é desviado no peculato. [...]. Já os indiretamente provenientes (*fructa sceleris*) do crime, referidos no art. 91, II, *b*, do CP, como seus *proveitos*, são os resultantes da *transformação* ou *substituição* do produto direto, que guardam por isso uma ligação mediata, intermediada, com prática delitiva"[16].

O produto e o proveito do crime, portanto, são os bens ou valores gerados pelo crime[17].

A perda do produto e do proveito dos crimes em favor da vítima ou da União, aliás, é efeito genérico da condenação, aplicável relativamente a qualquer crime que a comporte[18]. O art. 91 do Código Penal estabelece, precisamente, a perda do "produto do crime ou de qualquer bem ou valor que constitua proveito auferido pelo agente com a prática do fato criminoso".

---

13. MARTINELLI, João Paulo Orsini; BEM, Leonardo Schmitt de. *Lições fundamentais de direito penal*: parte geral. 3. ed. São Paulo: Saraiva, 2018, p. 966.
14. NUCCI, Guilherme de Souza. *Código Penal Comentado*. 13. ed. São Paulo: Revista dos Tribunais, 2013, p. 557.
15. BADARÓ, Gustavo Henrique. Produto indireto de infração antecedente pode ser objeto de lavagem. *Consultor Jurídico*. 2016. Disponível em: https://www.conjur.com.br/2016-jul-16/gustavo-badaro-proveito-infracao-objeto-lavagem#author. Acesso em: 25 out. 2021.
16. ESTELLITA, Heloisa; HORTA, Frederico. Lavagem de capitais provenientes de sonegação de contribuição previdenciária (art. 337-A, CP). *Revista do Instituto de Ciências Penais*, v. 6, n. 1, p. 72, jun. 2021.
17. Na hipótese de o proveito do crime não ser encontrado ou se localizar no exterior, a perda poderá alcançar bens ou valores equivalentes, sobre estes recaindo, inclusive, medidas cautelares assecuratórias, forte nos §§ 1º e 2º do art. 91 do Código Penal.
18. MARTINELLI, João Paulo Orsini; BEM, Leonardo Schmitt de. *Lições fundamentais de direito penal*: parte geral. 3. ed. São Paulo: Saraiva, 2018.

O perdimento baseia-se no reconhecimento – declaração – de que o bem não pode pertencer de modo válido ao autor do crime e que tem de ser devolvido à vítima como seu efetivo titular ou repassado à União. O confisco do produto do crime retirado da vítima e sua devolução a ela envolve inequívoca carga declaratória da sua titularidade[19].

Essa preocupação legal de recompor o patrimônio do ofendido e de impedir, a todo custo, que o autor do crime goze do proveito econômico que dele obteve implica negar, ao criminoso, a titularidade e a disposição daquilo de que jamais deveria ter se apropriado[20]. É uma devolução das coisas à posição anterior, ao *statu quo ante*. De outro lado, o patrimônio lícito do autor do crime jamais poderá ser alcançado por sequestro, nem objeto de perdimento[21]. Poderá, isso sim, ser objeto de arresto ou de especialização de hipoteca legal, mas para a indenização da vítima ou para fazer frente às despesas processuais e ao pagamento da multa[22] e da prestação pecuniária[23].

Muitos crimes não produzem bens, direitos ou valores como resultado. São os casos, *e.g.*, dos crimes de homicídio, de difamação, de ameaça. Não há que se falar de lavagem de dinheiro do produto ou do proveito desses crimes, porque inexistem, ressalvada a hipótese de o homicídio ter sido praticado mediante paga ou promessa de recompensa, por exemplo.

---

19. A Lei n. 9.613/98, que cuida do crime de lavagem de dinheiro, reforça e amplia o efeito do perdimento fazendo referência a todos os bens, direitos e valores relacionados à prática criminosa: "Art. 7º São efeitos da condenação, além dos previstos no Código Penal: 'I – a perda, em favor da União – e dos Estados, nos casos de competência da Justiça Estadual –, de todos os bens, direitos e valores relacionados, direta ou indiretamente, à prática dos crimes previstos nesta Lei, inclusive aqueles utilizados para prestar a fiança, ressalvado o direito do lesado ou de terceiro de boa-fé'" (Redação da Lei n. 12.683/2012).
20. PAULSEN, Leandro. Interseções do processo penal com o processo fiscal: circularidade, representação penal para fins fiscais, compartilhamento de provas sob sigilo, arresto e sequestro, perdimento de bens, Súmula Vinculante 24 e representação fiscal para fins penais. *In*: ADAMY, Pedro Augustin; FERREIRA NETO, Arthur M. *et al. Tributação do ilícito.* São Paulo: Malheiros, 2018, p. 287-317.
21. Poder-se-ia objetar essa afirmação com a invocação do Decreto-Lei n. 3.240/41, que dispõe sobre o sequestro os bens de pessoas indiciadas por crimes de que resulta prejuízo para a fazenda pública e, ao fazê-lo, diz que o sequestro pode recair sobre todos os bens do indiciado. Mas se trata de um uso alargado e impreciso do termo "sequestro". E mesmo essa lei, observe-se no seu art. 8º, ao prever a perda, em favor da fazenda pública, a circunscreve aos "bens que forem produto, ou adquiridos com o produto do crime".
22. Os tipos penais costumam prescrever pena privativa de liberdade de reclusão ou detenção e multa.
23. É pena substitutiva das privativas de liberdade. Em regra, é aplicada em combinação com a prestação de serviços à comunidade ou restrições a direitos, nos termos do art. 44 do Código Penal. Assim, "multa" e "prestação pecuniária", ambas, são expressões que, no direito penal, têm sentido técnico específico, ainda que, por certo, ambas sejam penalidades, multas, prestações e pecuniárias.

Mas há tantos outros – até em maior número –, dos quais efetivamente provêm bens, direitos ou valores para os seus agentes. Aliás, obter riqueza que não possui através da atividade criminosa é a motivação e a finalidade de tais crimes. Assim, os crimes de furto, de roubo, de corrupção passiva ou de peculato. No furto ou no roubo, o agente subtrai, normalmente para si, coisa alheia móvel; na corrupção passiva, recebe propina; no peculato, apropria-se de bem móvel de que tem a posse em razão do cargo. Note-se que, nesses casos, o crime faz com que seu agente passe a dispor de bens alheios maculados pela origem criminosa, de dinheiro sujo.

Não se deve confundir o produto ou proveito do crime, em seu sentido técnico, com o resultado econômico. O crime de sonegação, que ora nos interessa, enseja um resultado econômico, mas não como riqueza gerada pelo crime, e sim porque, mediante omissão ou fraude, o agente esconde a ocorrência do fato gerador de obrigação tributária, evita a constituição do crédito tributário e se esquiva da respectiva cobrança. Com a sonegação, o infrator não agrega patrimônio, mas procura evitar um passivo que lhe seria oneroso. É manobra de evasão fiscal. Ele obtém riqueza com o exercício das suas atividades econômicas – normalmente lícitas –, mas a sonegação lhe vale porque, com ela, ele tem como dispor de modo pleno da sua riqueza sem precisar despender recursos para o pagamento de tributos. Ele não agrega um ativo, mas evita um passivo. Não é um *plus* que o agente acrescenta ao seu patrimônio, mas um *minus* que ele evita. Enriquece não por tomar para si o que não lhe pertence, mas por deixar de cumprir obrigações pecuniárias.

O que o Fisco faz quando descobre a infração? Constitui um crédito contra o contribuinte infrator. Não há um direito real do Fisco sobre o patrimônio do contribuinte, mas um direito pessoal. O Fisco constitui o seu crédito e tem o direito de cobrá-lo do devedor, para que este cumpra sua obrigação, faça o adimplemento, prestando o seu objeto, que é o tributo.

Tem um resultado econômico o crime de sonegação tributária? Tem. Esse resultado é produto do crime? Só em sentido vulgar; em sentido técnico, não. Porque a riqueza não é produzida pelo tributo[24]; pelo contrário, ela é que constitui fato gerador da obrigação tributária. A sequência é inescapável:

- o contribuinte realiza atos de conteúdo econômico, revelando capacidade contributiva;

---

24. Heloisa Estelitta alinha-se a esse entendimento. Ressalta que não há dúvida de que os crimes de apropriação indébita do art. 2º, II, da Lei n. 8.137/90, art. 168, § 1º, I, do CP e que o estelionato configurado pela restituição indevida de tributo, enquadrado no tipo comum do art. 171 do CP, geram produto. Quanto aos demais, porém, manifesta-se negativamente. Destaca, também, que, na Alemanha, alteração no § 261 da StGB teria tornado inequívoca a inviabilidade da aplicação do tipo de lavagem de dinheiro tendo como antecedente o crime tributário, porquanto não individualizável o produto do crime. Obs.: posição por ela manifestada em aula que ministramos Heloisa, eu e o ex-ministro do STJ Nefi Cordeiro em curso promovido pelo Instituto de Estudos Tributários sobre Sanções Tributárias, em 30 de junho de 2021.

- surge a obrigação tributária por força da incidência da norma tributária impositiva;
- o tributo é uma obrigação de pagar a ser cumprida pelo contribuinte.

Dizer que deixar de pagar gera a riqueza que gerou a obrigação de pagar é recair em um raciocínio circular. Em matéria de tributação não há dúvida: a riqueza precede, a tributação sucede; ou a relação não seria válida por violação ao princípio geral tributário da capacidade contributiva. A tributação não produz diretamente riqueza, senão para o sujeito ativo da relação tributária.

A tramitação dos projetos de lei que estabeleceram, no passado, rol de crimes antecedentes, traz luzes para a análise da possibilidade ou não de se considerar os crimes tributários como antecedentes da lavagem.

CASTILHO recompõe a tramitação do projeto que resultou na Lei n. 9.613/98 e, com a sua redação original, nos colocou na segunda geração das leis de crimes de lavagem de dinheiro, ampliando o rol de crimes antecedentes. Na oportunidade, não foram incluídos os crimes contra a ordem tributária. Destaca que, à época, se considerou que esses crimes não produziriam acréscimo ilícito ao patrimônio do agente. E transcreve manifestação de Nelson Jobim perante a Comissão de Finanças e Tributação da Câmara dos Deputados, em 1997: "Na sonegação fiscal, o que se passa é que a pessoa não se desfaz do seu patrimônio para cumprir obrigação fiscal. Não há, na sonegação fiscal, um aumento do patrimônio do indivíduo. E se o indivíduo deixa de pagar o tributo, porque sonega, não lava o dinheiro. No momento em que compra um apartamento, faz um investimento. Transfere dinheiro para o exterior. Ele está transferindo um dinheiro seu, não de outrem e nem dinheiro oriundo de atividade criminosa". Também cita Misabel Derzi, referindo seu entendimento no sentido de que "o agente deixa de reduzir o patrimônio, mas não o aumenta"[25]. LEMOS também entende que a sonegação fiscal não se presta como crime antecedente de lavagem: "Reafirma-se ainda a impossibilidade de o crime de sonegação fiscal ser considerado como infração penal antecedente do delito de lavagem de dinheiro, na medida em que não se vislumbra a 'origem ilícita' naquele patrimônio advindo do descumprimento de obrigação tributária e que, portanto, possa ensejar o seu enquadramento como crime de lavagem de dinheiro"[26].

Efetivamente, DERZI, ao rememorar a Exposição de Motivos 692/96 que acompanhou o Projeto do qual se originou a Lei n. 9.613/98, transcreve excerto que funda,

---

25. CASTILHO, Ela Wiecko V. de. Crimes antecedentes e lavagem de dinheiro. *In*: MARTINS, Ives Gandra da Silva; BRITO, Edvaldo (org.). *Direito tributário*: direito penal tributário. 2. ed. São Paulo: Revista dos Tribunais, 2014, p. 982-983 (Coleção Doutrinas Essenciais). v. 8.
26. LEMOS, Bruno Espiñeira. Crime de lavagem de dinheiro: o alargamento excessivo dos tipos antecedentes e o *bis in idem*. *In*: LEMOS, Bruno Espiñeira; CHIETTI CRUZ, Rogério; REIS JÚNIOR, Sebastião (org.). *Crimes federais*. 2. ed. Belo Horizonte: D'Plácido, 2016, p. 195-196.

nas idiossincrasias do crime tributário, não ter sido ele colocado no rol de crimes antecedentes naquela oportunidade: "o núcleo do tipo constitui-se na conduta de deixar de satisfazer obrigação fiscal. Não há, em decorrência de sua prática, aumento de patrimônio com agregação de valores novos. Há, isto sim, manutenção de patrimônio existente em decorrência do não pagamento de obrigação fiscal". E segue, ela própria, justificando: "o delito contra a ordem tributária repousa na resistência (dolosa e fraudulenta) do agente ao pagamento do tributo devido, incidente sobre a renda licitamente auferida, o capital ou patrimônio legitimamente obtidos"[27]. Mais adiante, ainda, pontua: "nos crimes de sonegação fiscal [...] a ilicitude é posterior, superveniente ao ganho realizado, nunca a causa da renda, do patrimônio ou do seu acréscimo. A existência da renda, do capital ou da atividade econômica é que são convertidos pela lei em fatos geradores de obrigação tributária"[28].

Não é por outra razão que DERZI também destaca que "o crime de sonegação fiscal não acarreta o perdimento dos bens correspondentes ao valor do tributo devido, mas, ao contrário, além das sanções de caráter penal, comporta a execução judicial do crédito tributário"[29].

A complexidade da sonegação, com a adoção de mecanismos até mesmo sofisticados para que o Fisco não tome conhecimento dos fatos geradores, não leva à punição por lavagem de dinheiro. Esta não se perfaz com a ocultação ou dissimulação dos fatos geradores. E o tributo, diga-se, é débito, é um passivo do contribuinte. A variedade e intensidade dos mecanismos de sonegação poderá levar, isso sim, a uma pena mais elevada pela sonegação, sendo consideradas como circunstâncias negativas a refletirem na fixação de uma pena-base mais pesada. Veja-se o precedente: "O réu Jamil [...] inscreveu as lojas Comércio Real e Comércio Central em nome da laranja Lidiane [...] para que assim pudesse sonegar impostos e dificultar a ação fiscalizatória dos órgãos responsáveis. [...]. Utilizada empresa de fachada, registrada em nome de laranja, mostra-se cabível a valoração negativa da vetorial circunstância, já que dificulta a fiscalização e, por vezes, impossibilita a recuperação patrimonial pelo Fisco"[30].

Na hipótese de o sonegador montar todo um esquema voltado a isso, com a

---

27. DERZI, Misabel Abreu Machado. Aspectos controvertidos dos delitos contra a ordem tributária. *In*: FRANCO, Alberto Silva; NUCCI, Guilherme de Souza (org.). *Direito penal*. São Paulo: Revista dos Tribunais, 2010. (Coleção Doutrinas Essenciais). v. 8, p. 449.

28. DERZI, Misabel Abreu Machado. Aspectos controvertidos dos delitos contra a ordem tributária. *In*: FRANCO, Alberto Silva; NUCCI, Guilherme de Souza (org.). *Direito penal*. São Paulo: Revista dos Tribunais, 2010. (Coleção Doutrinas Essenciais). v. 8, p. 451.

29. DERZI, Misabel Abreu Machado. Aspectos controvertidos dos delitos contra a ordem tributária. *In*: FRANCO, Alberto Silva; NUCCI, Guilherme de Souza (org.). *Direito penal*. São Paulo: Revista dos Tribunais, 2010. (Coleção Doutrinas Essenciais). v. 8, p. 455.

30. TRF4, ACR 5004651-92.2011.4.04.7101, 2019.

constituição de empresas em nome de laranjas e exercício de fato da gestão de pessoas jurídicas, por exemplo, constituindo crimes de falso com potencial lesivo que extrapole o crime tributário, o que teremos, ainda, é a possibilidade de punição pelos crimes de falso também, que não restarão absorvidos pelo crime tributário. Aliás, é o que entendeu o STF quando analisou falsidade ideológica consistente na colocação em nome de um laranja de riqueza não levada à tributação[31]. Pode-se pensar, conforme o caso, inclusive, no crime de associação criminosa e mesmo de organização criminosa, conforme a estrutura verificada.

O STJ ainda não formou jurisprudência sobre a matéria. Carecemos, por enquanto, de julgados suficientes, bem como de uma linha de entendimento reiterada. Mas já existem alguns precedentes em que começa a ser delineada a posição da Corte. Em um deles, considerou que, "Havendo indícios de existência de organização criminosa voltada a prática de fraude fiscal estruturada, com delitos tributários e outros, como a falsidade ideológica, a demonstrar que os valores ocultados e dissimulados tiveram origem da prática de outros crimes, não há como se acolher a tese de inexistência de crime antecedente ao suposto delito de lavagem de capitais"[32]. Noutro, negou a pretensão de trancar ação penal relativa à lavagem de dinheiro do suposto produto de crimes tributários[33]. Na oportunidade, a inicial narrava "sofisticado esquema delitivo voltado essencialmente à sonegação fiscal, com utilização de empresas de fachada, laranjas e práticas diversas de falsidades". Tratava-se "de complexo esquema criminoso, envolvendo a criação de diversas empresas em nome de laranjas, que exercem atividade econômica irregular até atuação repressiva pelo Fisco, quando então encerravam abruptamente suas atividades, impossibilitando a recuperação de valores, momento em que seus bens e mercadorias eram transferidos para novas empresas, recomeçando assim o ciclo delitivo". Tal restou considerado pelo tribunal para o recebimento da denúncia por demonstrar "a existência de elementos indiciários de que o capital lavado é proveniente de infração penal, bem como a associação criminosa". O tribunal não avançou sobre as alegações de os "supostos crimes de falsidade ideológica e de formação de quadrilha terem sido praticados para a continuação dos crimes contra a ordem tributária e não empregados com o intuito de dissimular a origem ilícita dos valores, uma vez que demandariam o revolvimento de fatos e provas, cabendo ao juízo natural da causa proceder ao exame dos elementos de prova colhidos e conferir a definição jurídica adequada para o caso, respeitando os princípios do contraditório e da ampla defesa". O Tribunal de origem considerara a "existência de inúmeros os créditos tributários constituídos pela Receita

---

31. STF, HC 91.469, 2008.
32. STJ, AgRg no RHC n. 155.730, 2022.
33. Houve deferimento parcial, já destacado no texto, apenas quanto às lavagens anteriores a julho de 2012.

Federal do Brasil, alguns definitivamente constituídos (lançamentos delineados no item 7.1 da denúncia), outros em fase de discussão administrativa da higidez dos lançamentos (e-STJ fls. 1169/1170)"[34].

Ao deixar de trancar a ação penal, implicitamente, aceitou, em tese, a possibilidade da lavagem de dinheiro do produto da sonegação. Embora não nos pareça a melhor orientação, podemos vislumbrar os seus fundamentos em uma visão estritamente econômica que considera como produto do crime a maior disponibilidade financeira de quem sonega. Nesses casos, impedindo que o Fisco tome conhecimento da ocorrência do fato gerador ou da sua real dimensão e assegurando que o agente mantenha a salvo do conhecimento das autoridade de persecução penal também o resultado do crime, que, nos tributos *ad valorem* (calculados mediante aplicação de uma alíquota sobre um base de cálculo) corresponde a um percentual dos valores correspondentes às operações realizadas, escondendo as movimentações reveladoras do fato gerador, o agente também estaria escondendo o impropriamente chamado produto da sonegação.

WALKER JÚNIOR e FRAGOSO entendem que "a posição de que não haveria geração de nova riqueza advinda da prática anterior de crimes tributários não é a melhor", isso porque "os tributos devidos e não repassado [...], através de manobras fraudulentas por parte do agente, passariam a integrar e acrescer o patrimônio do contribuinte, e a sua posterior ocultação ou mascaramento estaria, portanto, a caracterizar a realização do tipo penal do art. 1º, *caput* da Lei n. 9.613/98". Assim, entendem que "com a nova redação trazida pela Lei n. 12.683/2012, que substitui o rol taxativo dos crimes antecedentes por qualquer infração penal capaz de gerar uma nova riqueza, "elimina-se qualquer dúvida sobre a idoneidade de se considerar os crimes tributários como objeto do delito de lavagem de dinheiro", considerando uma questão superada[35].

CASTILHO também firma posição pela possibilidade da lavagem de dinheiro do produto da sonegação. Ressalta que "a cumulação de importâncias não pagas indiscutivelmente permite ganhos e aumento de patrimônio" e que não se pode considerar o produto da sonegação como de origem lícita, porquanto "não pagar tributo é ilícito fiscal", e "omitir rendimentos para não pagar, além de ilícito fiscal, caracteriza ilícito penal"[36].

Há de se reconhecer que os crimes tributários são praticados visando a um resultado econômico; não é outra a sua motivação nem o seu escopo. Como qualquer outro crime de cunho econômico, faz com que o seu agente disponha de um resultado da atividade criminosa. Em vez de verter valores para o pagamento dos tributos devidos, inerentes

....

34. STJ, AgInt no AREsp 1198334/RS, 2018.
35. WALKER JÚNIOR, James; FRAGOSO, Alexandre. *Direito penal tributário*: uma visão garantista da unidade do injusto penal tributário. Belo Horizonte: D'Plácido, 2017, p. 386-387.
36. CASTILHO, Ela Wiecko V. de. Crimes antecedentes e lavagem de dinheiro. *In*: MARTINS, Ives Gandra da Silva; BRITO, Edvaldo (org.). *Direito tributário*: direito penal tributário. 2. ed. São Paulo: Revista dos Tribunais, 2014. (Coleção Doutrinas Essenciais). v. 8, p. 982-983.

aos fatos geradores em que incorreu, tem a sua disponibilidade para outros fins.

É certo que os crimes materiais contra a ordem tributária – dos arts. 1º da Lei n. 8.132/90 e 337-A do Código Penal – constituem crimes de resultado e que esse resultado é a supressão ou redução dos tributos devidos correspondente ao montante de tributos que o contribuinte criminoso tenha deixado de recolher aos cofres públicos mediante omissão ou fraude. A sonegação visa ao não pagamento de tributos para que o contribuinte possa enriquecer com isso, senão pelo acréscimo de riqueza, que incorre, pelo não cumprimento das obrigações.

Na hipótese de se admitir a sonegação como crime antecedente, importará ter em conta que o crime de lavagem de dinheiro tem autonomia frente ao crime principal ou antecedente. Conforme decidiu o STF na AP 470, a lavagem de dinheiro "constitui crime autônomo em relação aos crimes antecedentes, e não mero exaurimento do crime anterior". Ainda conforme o STF, não se faz necessário sequer que se disponha de prova inequívoca da prática do crime antecedente e da identificação do seu autor: "A denúncia não precisa trazer prova cabal acerca da materialidade do crime antecedente ao de lavagem de dinheiro. Nos termos do art. 2º, II e § 1º, da Lei n. 9.613/98, o processo e o julgamento dos crimes de lavagem de dinheiro "independem do processo e julgamento das infrações penais antecedentes", bastando que a denúncia seja "instruída com indícios suficientes da existência da infração penal antecedente"[37].

Desse modo, na hipótese de se admitir a lavagem do tributo sonegado, poderíamos afirmar que a denúncia pelo crime de lavagem de dinheiro do produto do crime tributário prescindiria, dispensaria, independeria da constituição definitiva do crédito tributário, de que trata a Súmula Vinculante 24 do STF.

Afinal, os próprios crimes materiais contra a ordem tributária não se perfazem com a constituição definitiva do crédito tributário. Eles ocorrem por ocasião da supressão ou redução de tributos mediante omissão ou fraude. A constituição definitiva do crédito atribui segurança quanto à sua efetiva existência e liquidez, tornando-o inequívoco e firme na esfera administrativa. A constituição definitiva do crédito tributário não implica a consumação do crime. Constitui, isso sim, condição objetiva de punibilidade, partindo-se do pressuposto de que o direito penal tributário é um direito de sobreposição ao direito tributário e que se faz necessário prover segurança jurídica nessa matéria, tão complexa que é. Mas em nada se relaciona com a fenomenologia do crime material tributário que pressupõe, isso sim, a supressão ou redução de tributo mediante omissão ou fraude. Os atos formais de lançamento que, reportando-se ao momento pretérito do fato gerador, documentam a existência e a liquidez do crédito, tornando-o exigível, não são elementares do crime.

Admitindo-se, por hipótese, a potencial lavagem do resultado de crime tributário,

---
37. STF, HC 94.958, 2008.

bastaria que, além de haver elementos indiciários suficientes do próprio crime de lavagem, também houvesse indícios suficientes do crime tributário considerado antecedente. Esses indícios estão, por exemplo, nos elementos reunidos e nas conclusões a que tenha chegado a autoridade fiscal por ocasião da lavratura do auto de infração; mas nem mesmo esse documento é indispensável. Verificar-se-ia, caso a caso, com base em que elementos o Ministério Público estaria apontando indícios de que tivesse sido praticado crime tributário e como estaria identificando o seu produto, de modo a subsidiar a verificação dos indícios de materialidade e autoria do crime de lavagem de dinheiro.

Desse modo, no que toca aos crimes materiais contra a ordem tributária, embora a ação penal pelo crime tributário pressuponha o cumprimento da condição objetiva de punibilidade consistente na constituição definitiva do crédito tributário, a denúncia pela lavagem de dinheiro do seu produto viabilizar-se-ia antes mesmo disso, bastando que, por qualquer meio suficiente, fossem demonstrados indícios da sua ocorrência.

Não há que se sujeitar a ação penal por lavagem de dinheiro ao enunciado da Súmula Vinculante 24 do STF, que não se aplica a esse crime. Deve-se ter presente, contudo, que poucas vezes essa questão foi enfrentada pelo Judiciário e que, embora não se possa, também aqui, identificar jurisprudência sobre a matéria, há precedente inequívoco do STJ em sentido diverso. Deparou-se, aquela Corte, com recurso relativo à ação penal por lavagem de dinheiro, cuja denúncia narrava que estava instruída "com indícios suficientes das infrações penais antecedentes", dentre os quais, laudo pericial demonstrando que a empresa "mantinha ocultamente registro de operações tributáveis pelo ICMS – Imposto sobre Circulação de Mercadorias e Serviços, correspondentes a 24-6-2010 a 24-4-2015, no montante de R$ 490.694.947,42 [...], quando, no mesmo período, declarou ao Fisco estadual apenas R$ 92.750.453,26 [...]". A solução que sobreveio em sede de Recurso Ordinário em *Habeas Corpus* foi a de trancar a ação penal. Consta da ementa: "2. Embora independa a persecução pelo crime de lavagem de valores do processo e julgamento pelo crime antecedente, na forma do art. 2º, II, da Lei n. 9.613/98, exigido é que a denúncia seja instruída com indícios suficientes da existência da infração penal antecedente (art. 2º, § 1º, da Lei n. 9.613/98, com redação dada pela Lei n. 12.683, de 2012)". E mais: "3. Na espécie sequer se discute a falta de prova do crime antecedente, mas, ao contrário, certa é a inexistência do crime, pois indispensável à configuração do delito de sonegação tributária é a prévia constituição definitiva do tributo". Com essas premissas, outra não podia ter sido a conclusão: "4. Sem crime antecedente, resta configurado o constrangimento ilegal na persecução criminal por lavagem de dinheiro. 5. Recurso em *habeas corpus* provido para determinar o trancamento das ações penais, sem prejuízo do oferecimento de novas denúncias, desde que demonstrada a materialidade delitiva do delito antecedente"[38]. Do voto

---

38. STJ, RHC 73.599, 2016.

condutor, constou que "sem o exaurimento da esfera administrativa, com a constituição definitiva dos créditos tributários e, tratando-se de denúncias que imputam a mesma conduta como crime antecedente, a qual exige resultado material, configurado está o constrangimento ilegal, tendo em vista a ausência da materialidade delitiva quanto à sonegação de tributos".

WALKER JÚNIOR e FRAGOSO seguem essa linha, afirmando que "há de se aguardar a conclusão do processo administrativo fiscal, com a apuração do *quantum* do produto econômico gerado, para que se inicie o processo criminal de lavagem [...] devendo o espectro punitivo da Lei n. 9.613/98 se amoldar ao regramento já consagrado e adotado no direito penal tributário"[39].

Esse ponto, portanto, é problemático, até porque, da sua definição, pode depender a análise da prescrição. Prevalecendo o entendimento de que a denúncia por lavagem independeria da constituição definitiva do crédito tributário, decorre naturalmente que a prescrição em abstrato quanto a tal crime contar-se-ia normalmente, tendo o cometimento do crime como marco inicial da prescrição em abstrato[40]. De outro lado, caso prevaleça o entendimento posto no precedente referido, de que a Súmula Vinculante 24 seria aplicável, abre-se espaço para que, quanto ao crime de lavagem de dinheiro do produto de crime material tributário, seja invocado o entendimento que já se aplica para os crimes materiais contra a ordem tributária no sentido de que a prescrição não corre antes da constituição definitiva do crédito tributário.

Outra questão importante é saber se a extinção da punibilidade do crime tributário influiria sobre a persecução penal pelo crime de lavagem de dinheiro. A autonomia da lavagem, conforme já destacado, vem sendo afirmada e reafirmada pelos tribunais, sendo que a sua punição independe da comprovação do crime antecedente e da sua punição. Mas WALKER JÚNIOR e FRAGOSO entendem que "o pagamento integral dos tributos evadidos e acessórios, como causa de extinção da punibilidade dos crimes tributários antecedentes, obsta a aplicação do *jus puniendi* estatal nos casos de lavagem", porquanto, com a recomposição do patrimônio do Estado, ausente a geração de riqueza ilícita, perdendo o objeto material o delito de lavagem. Nos demais casos de extinção da punibilidade dos crimes tributários, como pela decadência ou prescrição, a punição pela lavagem permaneceria viável[41]. A nós parece que esse entendimento quanto à perda

---

39. WALKER JÚNIOR, James; FRAGOSO, Alexandre. *Direito penal tributário*: uma visão garantista da unidade do injusto penal tributário. Belo Horizonte: D'Plácido, 2017, p. 407.
40. Conforme o Código Penal, a prescrição pela pena em concreto não retroage para o interstício entre a consumação do crime e o recebimento da denúncia, conforme seu art. 110, § 1º: "A prescrição, depois da sentença condenatória com trânsito em julgado para a acusação ou depois de improvido seu recurso, regula-se pela pena aplicada, não podendo, em nenhuma hipótese, ter por termo inicial data anterior à da denúncia ou queixa".
41. WALKER JÚNIOR, James; FRAGOSO, Alexandre. *Direito penal tributário*: uma visão garantista

do objeto da lavagem carece de coerência lógica e cronológica, na medida em que o dinheiro é bem fungível e que o crime de lavagem já teria ocorrido no passado, não sendo possível requalificar os atos anteriores, até porque, por exemplo, a perda do produto do crime antecedente, por sequestro, não é causa de extinção da punibilidade da lavagem já ocorrida.

WALKER JÚNIOR e FRAGOSO ainda destacam que, havendo insignificância ou excludente de culpabilidade nos crimes tributários, também não teremos o crime antecedente a justificar a persecução pela lavagem do seu produto[42], com o que estamos de acordo.

Enfim, trata-se de questão tormentosa, como tantas que nos desafiam na atividade jurídica. Não podemos dar de ombros: "E que fique muito mal explicado. Não faço força para ser entendido. Quem faz sentido é soldado"[43]. Para imputarmos ou não determinado crime a alguém, essa imputação tem de decorrer da subsunção do fato à norma, tem de fazer sentido. No caso da lavagem do suposto produto da sonegação, temos um paradoxo.

---

      da unidade do injusto penal tributário. Belo Horizonte: D'Plácido, 2017, p. 400.

42. WALKER JÚNIOR, James; FRAGOSO, Alexandre. *Direito penal tributário*: uma visão garantista da unidade do injusto penal tributário. Belo Horizonte: D'Plácido, 2017, p. 420.
43. Mário Quintana ou Carlos Moreira (a autoria é controversa). Disponível em: http://emiliopacheco.blogspot.com/2006/07/os-falsos-quintanas.html. Acesso em: 24 out. 2021.

Referências

ABRÃO, Carlos Henrique. *Crime tributário*: um estudo da norma penal tributária. 4. ed. São Paulo: Malheiros, 2015.

ACÓRDÃO do Tribunal da Relação do Porto. Disponível em: http://www.dgsi.pt/jtrp.nsf/c3fb530030ea1c61802568d9005cd5bb/45212f1350ffb94f80257b33003a42c2?OpenDocument&Highlight=0,RGIT. Acesso em: 13 out. 2021.

ADAMY, Pedro Augustin; FERREIRA NETO, Arthur M. (coord.). *Tributação do ilícito*: estudos em comemoração aos 25 anos do Instituto de Estudos Tributários – IET. São Paulo: Malheiros, 2018.

AGÊNCIA BRASIL. Governo lança aplicativo que lista devedores da União. 2020. Disponível em: http://agenciabrasil.ebc.com.br/economia/noticia/2020-01/governo-lanca-aplicativo-que-lista-devedores-da-uniao. Acesso em: 3 out. 2021.

AGÊNCIA IBGE NOTÍCIAS. PIB avança 1,0% em 2017 e fecha ano em R$ 6,6 trilhões. 2018. Disponível em: https://agenciadenoticias.ibge.gov.br/agencia-noticias/2013-agencia-de-noticias/releases/20166-pib-avanca-1-0-em-2017-e-fecha-ano-em-r-6-6-trilhoes.html. Acesso em: 2 out. 2021.

ALFLEN, Pablo Rodrigo. Responsabilidade penal dos sócios e administradores por crimes contra ordem tributária: pressupostos da legislação brasileira. *In*: BOSSA, Gisele Barra; RUIVO, Marcelo Almeida (coord.). *Crimes contra ordem tributária*. São Paulo: Almedina, 2019.

ALVIM, Eduardo Arruda. *Mandado de segurança no direito tributário*. São Paulo: Revista dos Tribunais, 1998.

AMARO, Luciano da Silva. *Direito tributário brasileiro*. 19. ed. São Paulo: Saraiva, 2013.

AMARO, Luciano da Silva. Infrações tributárias. *RDT*, n. 67.

AMARO, Luciano da Silva. IR: limites da economia fiscal. Planejamento tributário. *RDT*, n. 71.

ANDRADE, José Carlos Vieira de. *Os direitos fundamentais na Constituição portuguesa de 1976*. 2. ed. Coimbra: Almedina.

ANDRADE FILHO, Edmar Oliveira. *Direito penal tributário*: crimes contra a ordem tributária e contra a previdência social. 7. ed. São Paulo: Atlas, 2015.

ASSIS, Machado de. *O alienista*. São Paulo: Ciranda Cultural, 2009.

ÁVILA, Humberto. *Constituição, liberdade e interpretação*. São Paulo: Malheiros, 2019.

ÁVILA, Humberto. Imposto sobre a Circulação de Mercadorias – ICMS. Substituição tributária... *RDDT, n. 122/123,* dez. 2005.

ÁVILA, Humberto. *Teoria da igualdade tributária*. São Paulo: Malheiros, 2008.

AYALA, Jose Luis Perez; BECERRIL, Miguel Perez de Ayala. *Fundamentos de derecho tributario.* 7. ed. Madri: GL, 2007.

BADARÓ, Gustavo Henrique. Produto indireto de infração antecedente pode ser objeto de lavagem. *Consultor Jurídico.* 2016. Disponível em: https://www.conjur.com.br/2016-jul-16/gustavo-badaro-proveito-infracao-objeto-lavagem#author. Acesso em: 25 out. 2021.

BADARÓ, Gustavo Henrique; BREDA, Juliano (coord.). *Comentários à Lei de Abuso de Autoridade*: Lei n. 13.869, de 5 de setembro de 2019. São Paulo: Thomson Reuters Brasil, 2020.

BALTAZAR JUNIOR, José Paulo. *Crimes federais*. 10. ed. São Paulo: Saraiva, 2015.

BARRETO FILHO, Oscar. Estrutura administrativa das Sociedades Anônimas. *In*: WALD, Arnoldo. *Direito empresarial*: sociedades anônimas (org.). São Paulo: Revista dos Tribunais, 2011. (Coleção Doutrinas Essenciais). v. 3, p. 443.

BARROS, Luiz Celso de. *Crimes fiscais*: inconstitucionalidade e atipicidade. São Paulo: Edipro, 2014.

BARROSO, Luís Roberto. *Curso de direito constitucional contemporâneo*. 9. ed., 2. tir. São Paulo: Saraiva, 2021.

BATISTA JÚNIOR, Onofre Alves. *O poder de polícia fiscal*. Belo Horizonte: Mandamentos, 2001.

BECKER, Alfredo Augusto. *Teoria geral do direito tributário*. 2. ed. São Paulo: Saraiva, 1972.

BELSUNCE, García. *Derecho tributario penal*. Buenos Aires: De Palma, 1985.

BERLIRI, Antonio. *Principi di diritto tributario*. 2. ed. Milão: Giuffrè, 1967. v. I.

BIBAS NETTO, Willibald Quintanilha; NOGUEIRA, Rafael Fecury. As concepções de poder e autoridade necessários à interpretação da Lei n. 13.869/2019. *Revista de Direito Penal, Processo Penal e Constituição*, v. 6, n. 2, p. 93-113, jul./dez. 2020.

BITENCOURT, Cezar Roberto. *Tratado de direito penal*: parte especial 3: crimes contra o patrimônio até crime contra o sentimento religioso e contra o respeito aos mortos. Administração Pública e crimes praticados por prefeitos. 15. ed. São Paulo: Saraiva, 2019.

BITENCOURT, Cezar Roberto. *Tratado de direito penal*: parte especial 5: crimes contra a Administração Pública e crimes praticados por prefeitos. 13. ed. São Paulo: Saraiva, 2019.

BITENCOURT, Cezar Roberto; MONTEIRO, Luciana de Oliveira. *Crimes contra a ordem tributária*. São Paulo: Saraiva, 2013.

BNDS. Quem somos. [s.d.]. Disponível em: https://www.bndes.gov.br/wps/portal/site/home/quem-somos. Acesso em: 19 out. 2021.

BORGES, José Cassiano; REIS, Maria Lúcia Américo dos. *Crimes contra a ordem tributária*: pareceres. Rio de Janeiro: Forense, 1998.

BOSSA, Gisele Barra; RUIVO, Marcelo Almeida (coord.). *Crimes contra ordem tributária*. São Paulo: Almedina, 2019.

BRASIL. Ministério da Economia. Receita Federal. Disponível em: www.receita.economia.gov.br. Acesso em: 6 out. 2021.

CABETTE, Eduardo Luiz Santos. Abuso de autoridade na obtenção ou uso de prova ilícita. Disponível em: https://s3.meusitejuridico.com.br/2020/05/34adf7c2-abuso--de-autoridade-na-obtencao-ou-uso-de-prova-ilicita.pdf. Acesso em: 21 out. 2021.

CABETTE, Eduardo Luiz Santos. Abuso de autoridade por divulgação de gravações e violação da vida privada, intimidade, honra e imagem. *Revista Síntese Direito Penal e Processual Penal*, ano XXI, n. 122, jun./jul. 2020.

CANAZARO, Fábio. *Essencialidade tributária*: igualdade, capacidade contributiva e extrafiscalidade na tributação sobre o consumo. Porto Alegre: Livraria do Advogado, 2015.

CANTO, Gilberto de Ulhoa. Evasão e elisão fiscais, um tema atual. *RDT*, n. 63/188, São Paulo: Malheiros.

CARDOSO, Alessandro Mendes. A responsabilidade do substituto tributário e os limites à praticidade. Belo Horizonte, ano 4, n. 21, maio 2006. Disponível em: http://www.editoraforum.com.br/bid/bidConteudoShow.aspx?idConteudo=36066. Acesso em: 11 fev. 2011.

CARRAZZA, Roque Antonio. *Curso de direito constitucional tributário*. 31. ed. São Paulo: Malheiros, 2017.

CARVALHO FILHO, José dos Santos. *Manual de direito administrativo*. 24. ed. São Paulo: Atlas, 2012.

CASTILHO, Ela Wiecko V. de. Crimes antecedentes e lavagem de dinheiro. *In*: MARTINS, Ives Gandra da Silva; BRITO, Edvaldo (org.). *Direito tributário*: direito penal tributário. 2. ed. São Paulo: Revista dos Tribunais, 2014. (Coleção Doutrinas Essenciais). v. 8.

CASTRO, Aldemario Araujo. Diretrizes hermenêuticas na jurisprudência tributária do Supremo Tribunal Federal: um debate fundamental em torno dos conceitos presentes na Constituição. Disponível em: http://www.aldemario.adv.br/a2.pdf. Acesso em: 10 out. 2020.

CLAUS-WILHEM CANARIS. *Pensamento sistemático e conceito de sistema na ciência do direito*. 2. ed. Lisboa: Fundação Calouste Gulbenkian, 1996.

COÊLHO, Sacha Calmon Navarro. *Curso de direito tributário brasileiro*. 10. ed. Rio de Janeiro: Forense, 2009.

COÊLHO, Sacha Calmon Navarro. *Teoria e prática das multas tributárias*. Rio de Janeiro: Forense, 2001.

COÊLHO, Sacha Calmon Navarro; MOREIRA, André Mendes. Reflexos do novo Código Civil no direito tributário. *In*: GRUPENMACHER, Betina Treiger (org.). *Direito tributário e o novo Código Civil*. São Paulo: Quartier Latin, 2004.

CONTI, José Maurício. *Sistema constitucional tributário interpretado pelos tribunais*. Oliveira Mendes e Del Rey, 1997.

CONTRERAS, Joaquin Cuello; CAFFARENA, Borja Mapelli. *Curso de derecho penal*: parte general. Madri: Editorial Tecnos, 2014.

CORRÊA, Antônio. *Dos crimes contra a ordem tributária*: comentários à Lei n. 8.137, de 27-12-1990. 2. ed. São Paulo: Saraiva, 1996.

COSTA, Caetano Ernesto da Fonseca. Abuso de autoridade: A lei que não precisava! *Revista da EMERJ*, Rio de Janeiro, v. 21, n. 3, t. I, p. 137-145, set./dez., 2019.

COSTA, Cláudio. *Crimes de sonegação fiscal*. Rio de Janeiro: Revan, 2003.

COSTA, Helena R. L. *Direito penal econômico e direito administrativo sancionador*: ne bis in idem como medida de política sancionadora integrada. Tese de Livre-Docência. São Paulo: USP, 2013.

COSTA, Regina Helena. *Praticabilidade e justiça tributária*: exequibilidade de lei tributária e direitos do contribuinte. São Paulo: Malheiros, 2007.

COSTA JÚNIOR, Paulo José da; DENARI, Zelmo. *Infrações tributárias e delitos fiscais*. 4. ed. São Paulo: Saraiva, 2000.

CUNHA, Leonardo Dias da. *A ilegitimidade da responsabilização objetiva por infração tributária*. Belo Horizonte: Arraes Editores, 2019.

DALLAGNOL, Deltan Martinazzo. As lógicas das provas no processo. Porto Alegre: Livraria do Advogado, 2015.

DERZI, Misabel Abreu Machado. Aspectos controvertidos dos delitos contra a ordem tributária. *In*: FRANCO, Alberto Silva; NUCCI, Guilherme de Souza (org.). *Direito penal*. São Paulo: Revista dos Tribunais, 2010. (Coleção Doutrinas Essenciais). v. 8.

DERZI, Misabel de Abreu Machado. *Direito tributário, direito penal e tipo*. 4. ed. Belo Horizonte: Fórum, 2021.

DERZI, Misabel Abreu Machado. Notas de atualização. *In*: BALEEIRO, Aliomar. *Direito tributário brasileiro*. 11. ed. Rio de Janeiro: Forense, 1999.

DERZI, Misabel Abreu Machado. Princípio da praticabilidade do direito tributário: segurança jurídica e tributação. *Revista de Direito Tributário*, São Paulo, n. 47, jan./mar. 1989.

DIAS, Carlos Alberto da Costa. Apropriação indébita em matéria tributária. *In*: MARTINS, Ives Gandra da Silva; BRITO, Edvaldo (org.). *Direito tributário*: direito penal tributário. 2. ed. São Paulo: Revista dos Tribunais, 2014. (Coleção Doutrinas Essenciais). v. 8.

DIFINI, Luiz Felipe Silveira. *Manual de direito tributário*. 4. ed. São Paulo: Saraiva, 2008.

DOTTI, René Ariel. *Curso de direito penal*: parte geral. 6. ed. São Paulo: Thomson Reuters Brasil, 2018.

DUQUE, Marcelo Schenk; RIEGER, Renata Jardim da Cunha. Lei de Abuso de Autoridade: Limites legítimos ou obstáculos no combate à criminalidade? *Revista Síntese de Direito Penal e Processual Penal*, ano XXI, n. 122, jun./jul. 2020.

EISELE, Andreas. *Crimes contra a ordem tributária*. 2. ed. São Paulo: Dialética, 2002.

EUROPEAN ASSOCIATION OF TAX LAW PROFESSORS. Congress 2015. Disponível em: https://www.eatlp.org/congress-milan-2015. Mediante *login*. Acesso em: 4 out. 2021.

FANUCCHI, Fábio. *Curso de direito tributário*. São Paulo: Resenha Tributária, 1971. v. I.

FERNANDES, Bruno Rocha Cesar. Praticidade no direito tributário: princípio ou técnica? Uma análise à luz da justiça federal. *RET*, n. 56, jul./ago. 2007.

FERRAZ, Roberto. A igualdade na lei e o Supremo Tribunal Federal. *RDDT*, n. 116/119, maio 2005.

FERREIRA, Aurélio Buarque de Holanda. *Novo Dicionário Aurélio da Língua Portuguesa*. 4. ed. Curitiba: Positivo, 2009.

FERREIRA, Fayad. *O vício formal no lançamento tributário*: fixação do prazo decadencial a partir de decisão anulatória definitiva. São Paulo: Livre Expressão, 2010.

FERREIRA, Roberto dos Santos. *Crimes contra a ordem tributária*. São Paulo: Malheiros, 1996.

FERREIRA NETO, Arthur M.; NICHELE, Rafael (coord.). *Curso avançado de substituição tributária*: modalidades e direitos do contribuinte. São Paulo: IOB, 2010.

FERREIRA NETO, Artur M.; PAULSEN, Leandro. *A Lei de Repatriação*: regularização cambial e tributária de ativos mantidos no exterior e não declarados às autoridades brasileiras. São Paulo: Quartier Latin, 2016.

FONSECA, Pedro H. C. Do bem jurídico nos crimes de lavagem de dinheiro: uma abordagem dogmática. In: ESPIÑEIRA, Bruno; CHIETTI, Rogério Cruz; REIS JÚNIOR, Sebastião (org.). *Crimes federais.* 2. ed. Belo Horizonte: D'Plácido, 2016.

FÖPPEL, Gamil; SANTANA, Rafael de Sá. *Crimes tributários.* 2. ed. Rio de Janeiro: Lumen Juris, 2010.

FREITAS, Juarez. *Direito fundamental à boa administração pública.* São Paulo: Malheiros, 2014.

FRIEDE, Reis. Jurisprudência penal tributária no Supremo Tribunal Federal. *Revista do CEJ*, Brasília, ano XIX, n. 66, maio/ago. 2015.

GOLDSCHMIDT, Fabio Brun. *Teoria da proibição de bis in idem no direito tributário e sancionador tributário.* São Paulo: Noeses, 2014.

GOMES, Luiz Flávio. O direito de o contribuinte não produzir prova contra si mesmo, para não se incriminar (CF, art. 5º, LXIII) e o disposto nos arts. 145, § 1º, da CF e 195 do CTN. *RFDT* 10/213, 2004.

GOMES, Luiz Flávio. *Princípio da ofensividade no direito penal.* São Paulo: Revista dos Tribunais, 2002.

GONÇALVES, Victor Eduardo Rios; REIS, Alexandre Cebrian Araújo. *Direito processual penal.* 7. ed. São Paulo: Saraiva, 2018.

GUZELLA, Tathiana Laíz. *Crimes tributários*: aspectos e crítica. Curitiba: Juruá, 2011.

GRECO, Marco Aurélio. A duplicação da multa e sanção penal: um *bis in idem* vedado? *In*: ADAMY, Pedro; FERREIRA NETO, Arthur M. (coord.). *Tributação do ilícito*: estudos em comemoração aos 25 anos do Instituto de Estudos Tributários – IET. São Paulo: Malheiros, 2018.

GRECO, Marco Aurélio. *Planejamento tributário.* 3. ed. São Paulo: Dialética, 2011

GRECO, Marco Aurélio. *Princípios tributários no direito brasileiro e comparado*: estudos jurídicos em homenagem a Gilberto de Ulhôa Canto. Rio de Janeiro: Forense, 1988.

GRUPENMACHER, Betina Treiger (org.). *Direito tributário e o novo Código Civil.* São Paulo: Quartier Latin, 2004.

HALPERIN, Eduardo Kowarick. *Multa qualificada no direito tributário.* Orientador: Prof. Titular Dr. Humberto Bergmann Ávila. Dissertação de Mestrado, USP, 2021.

HARADA, Kiyoshi. Lei de Repatriação: breves comentários. *RET*, n. 112, nov./dez. 2016.

HARADA, Kiyoshi; MUSUMECCI FILHO, Leonardo; POLIDO, Gustavo Moreno. *Crimes contra a ordem tributária.* 2. ed. São Paulo: Atlas, 2015.

HENSEL, Albert. *Derecho tributário.* Título original: Steuerrecht. Berlín/Heidelberg: Julius Springer, 1933. Traducción y estúdio preliminar por Andrés Báez Moreno, Marisa Luisa González-Cuéllar Serrano y Enrique Ortiz Calle. Madri: Marcial Pons, 2005.

JARACH, D. *El hecho imponible*: teoría general del derecho tributario sustantivo. 2. ed. Buenos Aires: Abeledo-Perrot, 1971.

KALACHE, Maurício. *Crimes tributários*. Curitiba: Juruá, 2006.

KERN, Alexandre. *O controle penal administrativo nos crimes contra a ordem tributária*. Porto Alegre: Livraria do Advogado, 2002.

LAGO, Miguel Angel Martínez; MORA, Leonardo Garcia de la. *Lecciones de derecho financiero y tributario*. Madri: Iustel, 2009.

LAGO MONTERO, José Maria. *La sujeción a los diversos deberes y obligaciones tributarios*. Madri: Marcial Pons, 1998.

LANA, Cícero Marcos Lima. *Os crimes de sonegação fiscal e o princípio da intervenção mínima*. Campinas: Impactus, 2006.

LAPATZA, José Juan Ferreiro. *Curso de derecho financiero español*. 22. ed. Madri: Marcial Pons, 2000. v. II.

LEITÃO JÚNIOR, Joaquim; OLIVEIRA, Marcel Gomes de. Nova Lei de abuso de autoridade: a diferença entre requisitar/instaurar procedimento investigatório de infração penal com a falta de qualquer indício (art. 27) e dar início à persecução penal sem justa causa fundamentada (art. 30). *ADV Advocacia Dinâmica – Seleções Jurídicas*, n. 3, p. 23-32, mar. 2020.

LEITE, Alaor. *Domínio do fato ou domínio da posição?*: autoria e participação no direito penal brasileiro. Apresentação e apêndice René Ariel Dotti. Curitiba: Centro de Estudos Professor Dotti, 2016.

LEMOS, Bruno Espiñeira. Crime de lavagem de dinheiro: o alargamento excessivo dos tipos antecedentes e o *bis in idem*. *In*: LEMOS, Bruno Espiñeira; CHIETTI CRUZ, Rogério; REIS JÚNIOR, Sebastião (org.). *Crimes federais*. 2. ed. Belo Horizonte: D'Plácido, 2016.

LIMA, Renato Brasileiro de. *Nova Lei de Abuso de Autoridade*. Salvador: Jus Podivm, 2020.

LIMA, Ruy Cirne. *Princípios de direito administrativo*. 7. ed. rev. e atual. por Paulo Alberto Pasqualini. São Paulo: Malheiros, 2007.

LOBATO, José Danilo Tavares. Condutas neutras: uma análise do risco da advocacia frente à criminalidade econômica. *In*: BOSSA, Gisele Barra; RUIVO, Marcelo Almeida (coord.). *Crimes contra ordem tributária*. São Paulo: Almedina, 2019.

LOVATTO, Alécio Adão. *Crimes tributários*: aspectos criminais e processuais. Porto Alegre: Livraria do Advogado, 2000.

LOPES JUNIOR, Aury. *Direito processual penal*. 10. ed. São Paulo: Saraiva, 2013.

LUHMANN, Niklas. *Sistemas sociais*: esboço de uma teoria geral. Petrópolis: Vozes, 2016.

LUHMANN, Niklas. *Teoria dos sistemas na prática*. Petrópolis: Vozes, 2020. v. I a III.

MACHADO, Hugo de Brito. *Crimes contra a ordem tributária*. 5. ed. Barueri: Atlas, 2022.

MACHADO, Hugo de Brito. *Estudos de direito penal tributário*. São Paulo: Atlas, 2002.

MACHADO, Hugo de Brito. Início do prazo de prescrição no crime de supressão ou redução de tributo. *RDDT*, n. 211/80, abr. 2013.

MACHADO, Hugo de Brito. *Mandado de segurança em matéria tributária*. São Paulo: Dialética, 2006.

MACHADO, Hugo de Brito (coord.). *Sanções penais tributárias*. São Paulo: Dialética; Fortaleza: ICET, 2005.

MAFFINI, Rafael. *Elementos do direito administrativo*. Porto Alegre: Livraria do Advogado, 2016.

MAIA, Alneir Fernando S. Comentários à nova Lei de Abuso de Autoridade (Lei n. 13.869/2019). *Revista Magister de Direito Penal e Processual Penal*, ano XVI, n. 93, dez./jan. 2020.

MANGIERI, Francisco Ramos. *Administração tributária municipal*: eficiência e inteligência fiscal. Porto Alegre: Livraria do Advogado, 2015.

MANGIERI, Francisco Ramos. *Manual do fiscal tributário municipal*. Bauru: Tributo Municipal, 2020.

MARCÃO, Renato. *Crimes contra a ordem tributária, econômica e relações de consumo*. 2. ed. São Paulo: Saraiva, 2018.

MARTINELLI, João Paulo Orsini; BEM, Leonardo Schmitt de. *Lições fundamentais de direito penal*: parte geral. 3. ed. São Paulo: Saraiva, 2018.

MARTINS, Iágaro Jung. *Obrigações acessórias*: livros e declarações. Porto Alegre: TRF – 4ª Região, 2006. Currículo Permanente. Caderno de Direito Tributário: módulo 1.

MARTINS, Ives Gandra da Silva (coord.). *Crimes contra a ordem tributária*. São Paulo: Revista dos Tribunais; Centro de Extensão Universitária, 2002.

MARTINS, Ives Gandra da Silva; BRITO, Edvaldo (org.). *Direito tributário*: administração tributária. São Paulo: Revista dos Tribunais, 2014. (Coleção Doutrinas Essenciais). v. 11.

MARTINS, Ives Gandra da Silva; BRITO, Edvaldo (org.). *Direito tributário*: direito penal tributário. 2. ed. São Paulo: Revista dos Tribunais, 2014. (Coleção Doutrinas Essenciais). v. 8.

MAZZUOLI, Valerio de Oliveira. *Curso de direito internacional público*. 5. ed. São Paulo: Revista dos Tribunais, 2001.

MEIO. *In*: CAMBRIDGE Dictionary. 2021. Disponível em: https://dictionary.cambridge.org/pt/dicionario/portugues-ingles/meio. Acesso em: 10 out. 2021.

MEIO. *In*: PRIBERAM Dicionário. 2021. Disponível em: https://dicionario.priberam.org/meio. Acesso em: 10 out. 2021.

MELLO, Celso Antônio Bandeira de. *Curso de direito administrativo*. 4. ed. São Paulo: Malheiros, 1993.

MELLO, Elizabete Rosa de. *Direito fundamental a uma tributação justa*. São Paulo: Atlas, 2013.

MELLO, Oswaldo Aranha Bandeira de. *Princípios gerais de direito administrativo*. 3. ed. São Paulo: Malheiros, 2010. v. 1.

MENDES, Gilmar Ferreira; COELHO, Inocêncio Mártires; BRANCO, Paulo Gustavo Gonet. *Curso de direito constitucional*. 5. ed. São Paulo: Saraiva, 2010.

MENDONÇA, J. J. Carvalho. *Tratado de direito comercial brasileiro*. 3. ed. atual. por Achilles Bevilaqua e Roberto Carvalho de Mendonça. Rio de Janeiro: Freitas Bastos, 1937. v. IV.

NABAIS, José Casalta. *Direito fiscal*. Coimbra: Almedina, 2007.

NOGUEIRA, Ruy Barbosa. *Curso de direito tributário*. 14. ed. São Paulo: Saraiva: 1995.

NOUR, Ricargo Abdul. *In*: MARTINS, Ives Gandra, *Comentários ao CTN*. São Paulo, Saraiva. v. 2.

NUCCI, Guilherme de Souza. *Código Penal comentado*. 13. ed. São Paulo: Revista dos Tribunais, 2013.

NUCCI, Guilherme de Souza. A transição das leis de Abuso de Autoridade: da Lei n. 4.898/1965 à Lei n. 13.869/2019. Os reflexos corporativistas das entidades representativas de agentes públicos. *RT*, São Paulo, v. 1.012, p. 235-253, fev. 2020.

OLIVEIRA, Antônio Cláudio Mariz de; CAMPOS, Dejalma de (coord.). *Direito penal tributário contemporâneo*: estudos de especialistas. São Paulo: Atlas, 1996.

PACELLI, Eugênio. *Curso de processo penal*. 18. ed. rev. e ampl. São Paulo: Atlas, 2014

PACELLI, Eugênio; FISCHER, Douglas. *Comentários ao Código de Processo Penal e sua jurisprudência*. 11. ed. São Paulo: Atlas, 2019.

PADILHA, Maria Ângela Lopes. *As sanções no direito tributário*. São Paulo: Noeses, 2015.

PASCOLATI JUNIOR, Ulisses Augusto. Abuso de autoridade: uma lei de dupla proteção: o exemplo do crime de violação de prerrogativas. *Cadernos Jurídicos*, ano 22, n. 57, jan./mar. 2021.

PAULINO, José Alves. *Crimes contra a ordem tributária*. 2. ed. Brasília: Projecto Editorial, 2002.

PAULSEN, Leandro. *Capacidade colaborativa*: princípio de direito tributário para obrigações acessórias e de terceiros. Porto Alegre: Livraria do Advogado, 2014.

PAULSEN, Leandro. *Constituição e Código Tributário Comentados à luz da doutrina e da jurisprudência*. 18. ed. São Paulo: Saraiva, 2017.

PAULSEN, Leandro. *Crimes federais*. 2. ed. São Paulo: Saraiva, 2018.

PAULSEN, Leandro. *Curso de direito tributário completo*. 12. ed. São Paulo: Saraiva, 2021.

PAULSEN, Leandro. Do dever fundamental de colaboração com a Administração Tributária. *In*: MARTINS, Ives Gandra da Silva; BRITO, Edvaldo (org.). *Direito tributário*: administração tributária. São Paulo: Revista dos Tribunais, 2014. (Coleção Doutrinas Essenciais). v. 11.

PAULSEN, Leandro. Interseções do processo penal com o processo fiscal: circularidade, representação penal para fins fiscais, compartilhamento de provas sob sigilo, arresto e sequestro, perdimento de bens, Súmula Vinculante 24 e representação fiscal para fins penais. In: ADAMY, Pedro Augustin et al. *Tributação do ilícito*. São Paulo: Malheiros, 2018.

PAULSEN, Leandro. *Responsabilidade e substituição tributárias*. 2. ed. Porto Alegre: Livraria do Advogado, 2014.

PAULSEN, Leandro; ÁVILA, René Bergman; SLIWKA, Ingrid Schroder. *Leis processuais tributárias comentadas*. 9. ed. São Paulo: Saraiva, 2019.

PAULSEN, Leandro; MELO, José Eduardo Soares. *Impostos federais, estaduais e municipais*. 11. ed. São Paulo: Saraiva, 2018.

PAULSEN, Leandro; MELO, Omar Augusto Leite. *ISS*: Constituição e LC n. 116/03 comentadas. São Paulo: Saraiva, 2020.

PAULSEN, Leandro; VELLOSO, Andrei Pitten. *Contribuições no Sistema Tributário brasileiro*. 4. ed. São Paulo: Saraiva, 2019.

PEDROSO, Fernando de Almeida. *Direito penal*. São Paulo: Método, 2008.

PGDL. Procuradoria-Geral Distrital de Lisboa. Disponível em: http://www.pgdlisboa.pt/leis/lei_mostra_articulado.php?nid=253&tabela=leis. Acesso em: 2 out. 2021.

PINHEIRO, Igor Pereira; CAVALCANTE, André Clark Nunes; BRANCO, Emerson Castelo. *Nova Lei do Abuso de Autoridade*: comentada artigo por artigo. Leme: JH Mizuno, 2020.

PINTO, Emerson de Lima. *A criminalidade econômico-tributária*: a (des)ordem da lei e a lei da (des)ordem: por uma (re)legitimação do direito penal do Estado Democrático de Direito. Porto Alegre: Livraria do Advogado, 2001.

PORTO, Éderson Garin. *A colaboração no direito tributário*: por um novo perfil de relação obrigacional tributária. Porto Alegre: Livraria do Advogado, 2016.

PRADO, Luiz Regis. *Comentários ao Código Penal*. 10. ed. São Paulo: Revista dos Tribunais, 2015.

PRADO, Luiz Regis; DOTTI, René Ariel (coord.). *Responsabilidade penal da pessoa jurídica*: em defesa do princípio da imputação penal subjetiva. 3. ed. São Pauto: Revista dos Tribunais, 2011.

PRATES, Felipe; TAVARES, Débora. *Crimes Tributários*: aspectos práticos. Rio de Janeiro: Lúmen Júris, 2022.

QUERALT, Juan Martín et al. *Curso de derecho financiero y tributario*. Madri: Editorial Tecnos, 2007, p. 578.

REICHELT, Luis Alberto. *A prova no direito processual civil*. Porto Alegre: Livraria do Advogado, 2009.

REIG, Javier Boix; RAMÍREZ, Juan Bustos. *Los delitos contra la Hacienda Pública*: bien jurídico y tipos legales. Madri: Editorial Tecnos, 1987.

REIS, Hélcio Lafetá. Planejamento tributário abusivo: violação da imperatividade da norma jurídica. *RDDT* 209/57, fev. 2013.

RIOS, Rodrigo Sanches. *O crime fiscal*. Porto Alegre: Sergio Antonio Fabris Editor, 1998.

ROCHA, Eduardo Morais da. Um exame crítico do julgado do Supremo Tribunal Federal que admitiu a construção de pautas fiscais de caráter absoluto na substituição tributária progressiva. *Revista Dialética de Direito Tributário*, São Paulo, n. 179, ago. 2010.

ROCHA, Eduardo Morais da. *Teoria institucional da praticabilidade tributária*. São Paulo: Noeses, 2016.

RODRIGUES, Raphael Silva. *Fundamentos éticos da tributação*. Belo Horizonte: D'Plácido, 2021.

ROQUE, Luis Afonso Boeira. *O compliance como instrumento para conformidade dos deveres instrumentais tributários*. Artigo final apresentado como requisito para a obtenção do título de Especialista em Direito Tributário, pelo Curso de Especialização em Direito Tributário da Escola Superior da Magistratura Federal – ESMAFE e UCS – Universidade de Caxias do Sul, sob orientação do professor Dr. Leandro Paulsen. Porto Alegre, 2018.

ROSENTAL, Sérgio. *A extinção da punibilidade pelo pagamento do tributo no descaminho*. São Paulo: Companhia Editora Nacional, 1999.

ROXIN, Claus. *Derecho penal*: parte general. Tomo I. Fundamentos. La estructura de la teoría del delito. Título original: Strafrecht. Allgemeiner Teil, Band I: Grandlagen. Der Aufbau der Verbrechenslehre. Madri: Civitas Ediciones, 1997.

SABOYA, Ketty M. F. S. *Punir e (re)punir*: uma investigação sobre a impossibilidade de acumulação de sanções penais e sanções administrativas à luz do princípio do *ne bis in idem*. Rio de Janeiro: UERJ, 2012.

SAINZ DE BUJANDA, Fernando. *Hacienda y derecho*. Madri: Instituto de Estúdios Políticos, 1962. v. II.

SALOMÃO, Heloisa Estellita. *A tutela penal e as obrigações tributárias na Constituição Federal*. São Paulo: Revista dos Tribunais, 2001.

SALOMÃO, Heloisa Estellita (coord.). *Direito penal empresarial*. São Paulo: Dialética, 2001.

SALVADOR NETTO, Alamiro Velludo. *Responsabilidade penal da pessoa jurídica*. São Paulo: Revista dos Tribunais, 2018.

SANCTIS, Fausto Martin de. Direito penal: *parte geral*. Rio de Janeiro: Forense; São Paulo: Método, 2014.

SANTOS, Carlos Eduardo Ferreira dos. *Adimplemento Substancial nos Crimes Tributários*. Belo Horizonte: Fórum, 2022.

SÃO PAULO. LC n. 939/2003, atualizada pela LC n. 970/2005.

SAVAZZONI, Simone de Alcantara. *Revista Síntese de Direito Penal e Processual Penal*, ano XXI, n. 124, out./nov. 2020.

SCHICK, Walter. *Haftung für Steuerschulden auf Grund Privatrechts?*: Zugleich ein Beitrag zur Abgrenzung Steuerrecht – Privatrecht. Köln: Verlag Dr. Otto Schmidt KG, 1993.

SCHMIDT, Andrei Zenkner. *Exclusão da punibilidade em crimes de sonegação fiscal*. Rio de Janeiro: Lumen Juris, 2003.

SCHOERPF, Patrícia. *Crimes contra a ordem tributária*: aspectos constitucionais, tributários e penais. Curitiba: Juruá, 2010.

SCHOUERI, Luís Eduardo. *Direito tributário*. 10. ed. São Paulo: Saraiva, 2021.

SIDOU, J. M. Othon (org.). *Dicionário jurídico*. Rio de Janeiro: Forense Universitária, 1990.

SIEYÈS, Emmanuel Joseph. *A constituinte burguesa*: Qu'est-ce que le Tiers État?. Tradução de Norma Azeredo. Rio de Janeiro: Liber Juris, 1986.

SILVA, Ângelo Roberto Ilha da. *Curso de direito penal*: parte geral. Porto Alegre: Livraria do Advogado, 2020.

SILVA, De Plácido e. *Vocabulário jurídico*. 32. ed. Rio de Janeiro: Forense, 2016.

SILVA, Juary C. *Elementos de direito penal tributário*. São Paulo: Saraiva, 1998.

SILVA, Paulo Roberto Coimbra. *Direito tributário sancionador*. São Paulo: Quartier Latin, 2007.

SINDICATO NACIONAL DOS PROCURADORES DA FAZENDA NACIONAL (SINPROFAZ). Sonegação no Brasil: uma estimativa do desvio da arrecadação do exercício de 2018. *Quanto custa o Brasil*. 2019. Disponível em: http://www.quantocustaobrasil.com.br/artigos/sonegacao-no-brasil-uma-estimativa-do-desvio-da-arrecadacao-do--exercicio-de-2018. Acesso em: 2 out. 2021.

SOUZA, Sérgio Ricardo de; SILVA, Willian. *Comentários à nova Lei de Abuso de Autoridade*: Lei n. 13.869 de 5 de setembro de 2019. Curitiba: Juruá, 2020.

TANGERINO, Davi; OLIVE, Henrique. *Crédito tributário e crime*: efeitos penais da extinção e da suspensão da exigibilidade. São Paulo: InHouse, 2018.

TAKANO, Caio Augusto. *Deveres instrumentais dos contribuintes*: fundamentos e limites. São Paulo: Quartier Latin, 2017.

TENÓRIO, Igor. *Direito penal tributário*. São Paulo: Bushatsky, 1973.

TESAURO, Francesco. *Compendio di diritto tributario*. 5. ed. Milianofiori Assago: UTET Giuridica, 2014.

TIPKE, Klaus. *Moral tributária do Estado e dos contribuintes*. Título original: *Besteuerungsmoral und Steuermoral*. Tradução de Luiz Dória Furquim. Porto Alegre: Sergio Antonio Fabris Editor, 2012.

TORRES, Luís Carlos Dias; FALAVIGNA, Leandro; BUENO, Fernanda Petiz Melo. *Por que repatriar ou regularizar recursos não declarados de origem lícita*. RET 112, nov./dez. 2016.

TORRES, Ricardo Lobo. *Curso de direito financeiro e tributário*. 16. ed. São Paulo: Renovar, 2009.

TÓRTIMA, José Carlos. O objeto de tutela jurídica nos crimes fiscais. *In*: SALOMÃO, Heloisa Estellita (coord.). *Direito penal empresarial*. São Paulo: Dialética, 2001.

VANONI, E. *Natura ed interpretazione delle leggi tributarie*. 1932. A transcrição é da edição espanhola de 1961 publicada pelo Instituto de Estúdios Fiscales, Madri.

VELLOSO, Andrei Pitten. *Conceitos e competências tributárias*. São Paulo: Dialética, 2005.

VELLOSO, Andrei Pitten. *Constituição tributária interpretada*. São Paulo: Atlas, 2007.

VELLOSO, Andrei Pitten. *O princípio da isonomia tributária*: da teoria da igualdade ao controle das desigualdades impositivas. Porto Alegre: Livraria do Advogado, 2010.

VELOSO, Roberto Carvalho. *Crimes tributários*. São Paulo: Quartier Latin, 2011.

VERÍSSIMO, Carla. *Compliance*: incentivo à adoção de medidas anticorrupção. São Paulo: Saraiva, 2017.

VILLEGAS, Hector B. Derecho penal tributario. Buenos Aires: Ed. Lerner, 1965.

VOLKWEISS, Roque Joaquim. *Direito tributário nacional*. 3. ed. Porto Alegre: Livraria do Advogado, 2002.

WALKER JÚNIOR, James; FRAGOSO, Alexandre. *Direito penal tributário*: uma visão garantista da unidade do injusto penal tributário. Belo Horizonte: D'Plácido, 2017.

XAVIER, Leonardo Ventimiglia. *Direito sancionador tributário*: a necessária sistematização do direito de punir infrações tributárias. Dissertação de Mestrado sob a orientação do Prof. Dr. Luiz Felipe Silveira Difini. Porto Alegre: UFRGS, 2017.

XEREZ, Hugo Vasconcelos. *Crimes tributários*: teoria à extinção da punibilidade pelo pagamento. Curitiba: Juruá, 2017.

Índice alfabético-remissivo

(os números referem-se ao item)

Abuso de autoridade. *Vide* Crime de abuso de autoridade, 27 a 35
Ação de depósito fiscal, 10
Ação penal pública, 41
Acordo de não persecução penal, 104
Adequação social da conduta, 77
Administração tributária, 14 e 15
Advogados como coautores, 46
Anistia tributária na regularização de ativos do exterior, 102
Apropriação indébita. *Vide* Crime de apropriação indébita, 59 a 68
Assessoria contábil, 44
Assessoria tributária, 44
Atenuantes, 85
Auditoria tributária, 44
Autoria nos crimes tributários, 45
Bem jurídico, 2
Bis in idem, 9
Causa de aumento de pena, 85
Causas extintivas da punibilidade, 88 e 95 a 102
Causas suspensivas da punibilidade, 88 a 94
Coautoria nos crimes tributários, 45 e 46

Colaborador, 6

Compensação de créditos inexistentes, 51

Compensação para extinção da punibilidade, 97

Competência jurisdicional tributária, 8

Compliance tributário, 22

Concurso de agentes nos crimes tributários, 45

Concurso de crimes tributários, 81 a 84

Conformidade tributária, 44

Conselho de Administração, 46

Conselho Fiscal, 46

Consunção, 82

Contadores como coautores, 46

Continuidade delitiva, 84

Contribuinte, 6

Controle de convencionalidade, 10

Convenção Americana de Direitos Humanos, 10

Crime de abuso de autoridade, 27 a 35
- por excesso de indisponibilidade de ativos financeiros, 35
- por exigência de informação ou de cumprimento de obrigação sem amparo legal, 34
- por instauração de investigação sem indício de infração, 30
- por instauração de persecução sem justa causa, 31
- por invasão de imóvel, 28
- por negativa de acesso a procedimento de investigação, 33
- por obtenção de prova por meio ilícito ou sua utilização, 29
- por procrastinação injustificada, 32

Crime de advocacia administrativa fiscal, 21

Crime de apropriação indébita de contribuição previdenciária, 63
- Deixar de repassar contribuição previdenciária recolhida do contribuinte, 64
- Deixar de recolher contribuição previdenciária descontada de pagamento efetuado a segurado ou arrecadada do público, 65
- Deixar de recolher contribuição previdenciária que tenha integrado despesas ou custos relativos à venda de produtos ou serviços, 66
- Deixar de pagar benefício devido a segurado quando os valores já tiverem sido reembolsados à empresa pela previdência social, 67

ÍNDICE ALFABÉTICO-REMISSIVO

Crime de apropriação indébita de tributos em geral, 59
- Deixar de recolher tributos descontados ou cobrados, 60
- Deixar de recolher imposto indireto (IPI/ICMS/ISS/IBS), 61
- Deixar de recolher tributos sob substituição tributária, 62

Crime de apropriação indébita pelo depositário infiel em execução fiscal, 68
Crime de apropriação indébita tributária, 59 a 68
Crime de corrupção passiva fiscal, 20
Crime de descaminho, 36
Crime de excesso de exação, 25
Crime de extravio, sonegação ou inutilização de livro, processo ou documento fiscal, 24
Crime de facilitação ao descaminho, 23
Crime de inserir dados falsos em sistema de informações, 22
Crime de lavagem de dinheiro do produto do crime tributário, 108
Crime de sonegação, 37 a 58
- Compensação de créditos inexistentes, 51
- Defraudação, 48
- Emissão de documento falso ou inexato, 53
- Enquadramento indevido no Simples Nacional, 51
- Falsificação ou alteração de documentos, 52
- Fraude, 51
- Não emissão de documento fiscal de venda, 54
- Omissão de informação ou declaração falsa, 50
- Supressão ou redução de tributos, 49

Crime de sonegação previdenciária, 55 a 58
- Deixar de lançar na contabilidade as quantias descontadas dos segurados, 57
- Deixar de lançar na contabilidade as quantias devidas pelo empregador ou tomador de serviços, 57
- Omissão de fatos geradores como remunerações, 58
- Omissão de segurado na folha de pagamento, 56

Crime de violação do sigilo fiscal, 26
Crimes formais contra a ordem tributária, 59 a 74
- Deixar de aplicar incentivo fiscal conforme estatuído, 72
- Exigir, pagar ou receber percentagem sobre parcela de incentivo fiscal, 71

- Falsificação de papéis públicos tributários, 74
- Fazer declaração falsa ou omitir declaração, 70
- Utilização ou divulgação de programa para adulteração da informação contábil, 73

Crimes materiais contra a ordem tributária, 37 a 58

Crimes praticados por servidores públicos contra a ordem tributária, 19 a 26

Decadência do direito de lançar, 100

Decisão judicial em ação tributária, 92

Declaração falsa, 50

Defraudação, 48

Denúncia espontânea, 13 e 65

Depositário infiel em execução fiscal, 68

Depósito do montante integral, 93

Descaminho, 36

Despenalização, 86 a 107

Deveres fundamentais, 1

Direito de sobreposição, 7

Direito fundamental social, 4

Direito penal, 7

Direito tributário, 7

Direitos fundamentais, 10

Diretores, 46

Domínio do fato, 45

Dosimetria nos crimes contra a ordem tributária, 85

Dupla punição, 9

Elisão tributária, 43

Emissão de documento falso ou inexato, 53

Erro de proibição, 78

Estado de necessidade, 79

Ética, 5

Evasão tributária, 43

Excludentes de tipicidade, ilicitude e culpabilidade, 75 a 80

Extinção da punibilidade, 88 e 95 a 102
- Anistia na regularização de ativos no exterior, 102
- Compensação tributária, 97

- Decadência tributária, 100
- Extinção do crédito tributário, 96
- Pagamento, 95
- Prescrição tributária, 101
- Remissão tributária, 99
- Transação tributária, 98

Extinção do crédito tributário, 96
Falsificação ou alteração de documentos, 52
Fiscalização tributária, 15
Fraude, 51
Garantia do crédito tributário, 94
Grave dano, 85
Ilícitos tributários, 5
Inexigibilidade de conduta diversa, 80
Insignificância, 76
Lavagem de dinheiro do produto do crime tributário, 108
Legislação dos crimes contra a ordem tributária, 37
Liminar em ação tributária, 93
Membro do Conselho de Administração, 46
Moratória, 91
Multas qualificadas, 11
Multas simples, 12
Ne bis in idem, 9
Não autoincriminação, 11, 34 e 75
Não emissão de documento fiscal de venda, 54
Nota fiscal, 54
Obrigações acessórias, formais ou instrumentais, 69
Omissão de informação ou declaração falsa, 50
Omissão de receitas, 50
Ordem tributária, 2
Pacto de Direitos Civis e Políticos, 10
Pacto de San José da Costa Rica, 10
Pagamento, 95
Parcelamento, 89

Penhora em execução fiscal, 94
Pessoas jurídicas, 47
Planejamento tributário, 43
Prejudicial, 8
Prescrição tributária, 101
Previdência social, 4
Princípio da capacidade colaborativa, 3
Princípio da capacidade contributiva, 3
Princípio da fragmentariedade do direito penal, 12
Princípio da insignificância, 76
Princípio da isonomia, 3
Princípio da praticabilidade tributária, 3
Princípio da segurança jurídica, 3
Princípio da solidariedade, 4
Princípio da subsidiariedade do direito penal, 12
Princípio do *ne bis in idem*, 9
Princípios da administração tributária, 14
Prisão por dívida, 10
Questão prejudicial, 8
Redução de tributos, 49
Remissão do crédito tributário, 99
Reparação do dano, 9, 13, 35, 85, 96 e 104
Representação fiscal para fins penais, 40
Responsabilidade administrativa, 13
Responsabilidade penal, 45 e 46
Responsabilidade penal da pessoa jurídica, 47
Sanções administrativas, 11
Sanções penais, 12
Sentença em ação tributária, 92
Servidor público, 6
Sigilo. *Vide* Crime de violação do sigilo fiscal, 26
Sigilo bancário, 16
Sigilo fiscal, 18
Simples Nacional, 51

Sonegação. *Vide* Crime de sonegação, 37 a 58

Súmula Vinculante 24, 38

Supressão de tributos, 49

Suspensão condicional da pena, 107

Suspensão condicional do processo, 105

Suspensão da punibilidade, 88 a 94
- Decisão judicial suspensiva da exigibilidade do crédito, 92
- Depósito do montante integral, 93
- Parcelamento, 89
- Penhora em execução fiscal e outras garantias, 94
- Por outras causas suspensivas da exigibilidade do crédito, 90

Suspensão do processo penal, 8

Teoria do domínio do fato, 45

Transação penal, 103

Transação tributária, 98

Ultima ratio, 12

Unidade do ilícito, 8

Unidade do injusto, 8